U0492611

经以俭也
甜须俗来

贺教芳卯

喜执问项目

必至生辉

教育部哲学社会科学研究重大课题攻关项目

"十三五"国家重点出版物出版规划项目

建设人口均衡型社会研究

RESEARCH ON THE CONSTRUCTION OF POPULATION-BALANCED SOCIETY

刘渝琳 等著

中国财经出版传媒集团

经济科学出版社
Economic Science Press

图书在版编目（CIP）数据

建设人口均衡型社会研究/刘渝琳等著. —北京：经济科学出版社，2017.12

ISBN 978 - 7 - 5141 - 8696 - 3

Ⅰ.①建… Ⅱ.①刘… Ⅲ.①人口社会学 - 研究 - 中国 Ⅳ.①C924.24

中国版本图书馆 CIP 数据核字（2017）第 284253 号

责任编辑：申先菊
责任校对：隗立娜
责任印制：李 鹏

建设人口均衡型社会研究

刘渝琳 等著

经济科学出版社出版、发行 新华书店经销
社址：北京市海淀区阜成路甲28号 邮编：100142
总编部电话：010 - 88191217 发行部电话：010 - 88191522
网址：www.esp.com.cn
电子邮件：esp@esp.com.cn
天猫网店：经济科学出版社旗舰店
网址：http://jjkxcbs.tmall.com
北京季蜂印刷有限公司印装
787×1092 16开 37印张 690000字
2018年7月第1版 2018年7月第1次印刷
ISBN 978 - 7 - 5141 - 8696 - 3 定价：108.00元
（图书出现印装问题，本社负责调换。电话：010 - 88191510）
（版权所有 侵权必究 举报电话：010 - 88191586
电子邮箱：dbts@esp.com.cn）

课题组主要成员

主要成员　刘渝琳　刘渝妍　杨　俊　刘国辉
　　　　　　　杨成钢　邱　莎　尹兴明　尹虹潘
　　　　　　　张　敏　李　舟

编审委员会成员

主　任　吕　萍
委　员　李洪波　柳　敏　陈迈利　刘来喜
　　　　樊曙华　孙怡虹　孙丽丽

总　序

哲学社会科学是人们认识世界、改造世界的重要工具,是推动历史发展和社会进步的重要力量,其发展水平反映了一个民族的思维能力、精神品格、文明素质,体现了一个国家的综合国力和国际竞争力。一个国家的发展水平,既取决于自然科学发展水平,也取决于哲学社会科学发展水平。

党和国家高度重视哲学社会科学。党的十八大提出要建设哲学社会科学创新体系,推进马克思主义中国化、时代化、大众化,坚持不懈用中国特色社会主义理论体系武装全党、教育人民。2016年5月17日,习近平总书记亲自主持召开哲学社会科学工作座谈会并发表重要讲话。讲话从坚持和发展中国特色社会主义事业全局的高度,深刻阐释了哲学社会科学的战略地位,全面分析了哲学社会科学面临的新形势,明确了加快构建中国特色哲学社会科学的新目标,对哲学社会科学工作者提出了新期待,体现了我们党对哲学社会科学发展规律的认识达到了一个新高度,是一篇新形势下繁荣发展我国哲学社会科学事业的纲领性文献,为哲学社会科学事业提供了强大精神动力,指明了前进方向。

高校是我国哲学社会科学事业的主力军。贯彻落实习近平总书记哲学社会科学座谈会重要讲话精神,加快构建中国特色哲学社会科学,高校应发挥重要作用:要坚持和巩固马克思主义的指导地位,用中国化的马克思主义指导哲学社会科学;要实施以育人育才为中心的哲学社会科学整体发展战略,构筑学生、学术、学科一体的综合发展体系;要以人为本,从人抓起,积极实施人才工程,构建种类齐全、梯队衔接的高校哲学社会科学人才体系；要深化科研管理体制改革，发挥高校人才、智力和学科优势，提升学术原创能力，激发创新创造活力，建设中国特色新型高校智库；要加强组织领导、做好统筹规划、营造良好学术生态，形成统筹推进高校哲学社会科学发展新格局。

哲学社会科学研究重大课题攻关项目计划是教育部贯彻落实党中央决策部署的一项重大举措，是实施"高校哲学社会科学繁荣计划"的重要内容。重大攻关项目采取招投标的组织方式，按照"公平竞争，择优立项，严格管理，铸造精品"的要求进行，每年评审立项约40个项目。项目研究实行首席专家负责制，鼓励跨学科、跨学校、跨地区的联合研究，协同创新。重大攻关项目以解决国家现代化建设过程中重大理论和实际问题为主攻方向，以提升为党和政府咨询决策服务能力和推动哲学社会科学发展为战略目标，集合优秀研究团队和顶尖人才联合攻关。自2003年以来，项目开展取得了丰硕成果，形成了特色品牌。一大批标志性成果纷纷涌现，一大批科研名家脱颖而出，高校哲学社会科学整体实力和社会影响力快速提升。国务院副总理刘延东同志做出重要批示，指出重大攻关项目有效调动各方面的积极性，产生了一批重要成果，影响广泛，成效显著；要总结经验，再接再厉，紧密服务国家需求，更好地优化资源，突出重点，多出精品，多出人才，为经济社会发展做出新的贡献。

作为教育部社科研究项目中的拳头产品，我们始终秉持以管理创新服务学术创新的理念，坚持科学管理、民主管理、依法管理，切实增强服务意识，不断创新管理模式，健全管理制度，加强对重大攻关项目的选题遴选、评审立项、组织开题、中期检查到最终成果鉴定的全过程管理，逐渐探索并形成一套成熟有效、符合学术研究规律的管理办法，努力将重大攻关项目打造成学术精品工程。我们将项目最终成果汇编成"教育部哲学社会科学研究重大课题攻关项目成果文库"统一组织出版。经济科学出版社倾全社之力，精心组织编辑力量，努力铸造出版精品。国学大师季羡林先生为本文库题词："经时济世　继往开来——贺教育部重大攻关项目成果出版"；欧阳中石先生题写了"教育部哲学社会科学研究重大课题攻关项目"的书名，充分体现了他们对繁荣发展高校哲学社会科学的深切勉励和由衷期望。

伟大的时代呼唤伟大的理论，伟大的理论推动伟大的实践。高校哲学社会科学将不忘初心，继续前进。深入贯彻落实习近平总书记系列重要讲话精神，坚持道路自信、理论自信、制度自信、文化自信，立足中国、借鉴国外、挖掘历史、把握当代、关怀人类、面向未来，立时代之潮头、发思想之先声，为加快构建中国特色哲学社会科学，实现中华民族伟大复兴的中国梦作出新的更大贡献！

教育部社会科学司

前言

我国人口问题贯穿于新中国成立以来的人口发展历程之中。早在1953年第一次人口普查显示，中国的人口增长与土地、粮食、就业岗位等资源之间出现了严重的不平衡；接下来的几十年里，在一定程度上人口规模与经济、社会、资源、环境的承受能力不相协调。面对如此巨大的人口压力和人口问题，自20世纪70年代开始，我国实施了计划生育政策，在一定程度上缓解了人口的急剧扩张，但是进入2000年后，我国开始出现较为严重的年龄结构失衡的状况，当前实行全面放开二孩的人口政策也正是基于调整人口结构失衡的考虑；着眼未来，在"后计划生育"时代，伴随着人口数量、质量、结构、分布等的内部均衡与经济、资源环境的外部压力共生的条件下，2010年提出建设人口均衡型社会的战略不仅有必要性而且有紧迫性。

纵观新中国成立六十多年以来的人口发展历程可以看出，中国的人口发展一直面临着许多问题和挑战，包括人口规模过大、人口增长过快、老龄化态势严峻、性别结构严重失衡、人口与资源、环境的关系紧张等许多方面，虽然这些问题表现形式各异，但其实质都可以归结为人口发展的不均衡，所以当前"人口均衡"概念的提出以及建设人口均衡型社会的目标都有着较为深刻的历史渊源与现实必要性。

目前，关于对人口均衡型社会的研究已涉足人口、经济、社会、资源环境协调发展的方方面面。纵观国内外研究现状，可以发现如下特征："人口均衡型社会"与人口、资源环境可持续发展理论虽然是两个不同的理论体系，但其本质有着惊人的一致性，即探讨人口与经济社会、资源环境的相互影响。一方面，"建设人口均衡型社会"强调了人口内部均衡与人口外部均衡的统一，即反映人口数量、人口质量、人口结构、人口分布的内部均衡与经济、社会、资源环境外部均衡的相互协调与发展，蕴含了可持续发展的理念；另一方面，在可持续发展的理论体系中，"建设人口均衡型社会"更加突出了人口内部均衡之间的矛盾与关系，从人口内部均衡中挖掘对人口外部均衡的作用机制。尽管学术界对人口均衡型社会的研究已经跳出了仅仅反映人口适度（包括人口数量与人口质量）、人口结构与人口分布某一方面的局限，但仍然忽略了对制度效应及经济、社会、资源环境不同效应动态联系的把握，削弱了综合效应对相关政策的指导性。迄今为止，学术界还没有将上述人口均衡的各种效应统一在一个框架下进行系统研究的成果。同时，"可持续发展"理论则偏向于在内生经济增长模型框架下对人口、经济、资源环境协调发展的综合效应进行研究的思想值得借鉴，本研究正是在这一启示下展开的。

基于以上启示，本研究力图回答以下几个问题：人口均衡型社会的理论机理是什么？人口内部均衡与人口外部均衡是否存在有相互影响的路径依赖关系？如果存在，如何构建人口均衡型社会的评价指标体系？这些指标是如何反映人口内部均衡与人口外部均衡的？同时，在人口外部均衡的约束下如何实现人口的内部均衡？对此，本研究的主要内容及观点包括：(1) 以 TF-IDF 建模技术、OOA 提起指标方法和组合赋权法为基础构建的人口均衡型评价指标体系包括人口发展水平、经济发展水平、社会和谐程度、资源节约程度、环境友好程度、制度保障力度六个方面的内容。(2) 以层次分析、独立权系数法、变异系数法结合的组合赋权法构造的人口均衡型社会评价指数反映了人口内部均衡与人口外部均衡等不同权重对人口均衡型社会的影响。(3) 人口均衡型社会的建设是人口发展、经济发展、社会和谐、资源节约、环境友好、制度完善等协调的理想状态及其实现过程。(4) 影响人口内部均衡的人口适度、人口结构、人口分布与经济、社会、资源环境及制度体系的外部均衡存在区域上的差异性和时间上的不一致性。(5) 人口内部均衡与人口外部均衡关系不相协调源于人口适度失衡、人口结构或人口分布与经济增长、社会保障、资源消耗和制度扭曲的共同制约。(6) 我国人口内部均衡与人口外部均衡协调发展模式具有实现机理一致性和实现形态多样性的特点。对此,"后计划生育"时代建立具有"动态性、激励性、外部性、可持续性"特征的政策体系使人口均衡型社会的实现成为可能。

写一本有关一个正在讨论激烈的研究领域的专著是一件十分困难的任务。当我们开始从事这一工作时,已有的研究成果已经较为丰富了。从开始研究起,唯一需要探讨的问题就是找到新的研究切入点。同时,我们也希望这本专著是一本能对人口均衡型社会建设较为系统地全面阐释人口内外均衡的著作。

必须指出,本研究成果属于学术研究,书中对人口均衡型社会的评价只是本课题组的研究成果。同时,我们也清楚地认识到,建设人口均衡型社会的研究是一个复杂的经济社会工程,虽然历经四年对该问题的追踪研究取得了不少的研究成果,但由于数据可得性的局限及认识的不够深入全面,使本研究还有待于进一步完善。当然,本研究旨在抛砖引玉,不妥之处,热忱期望专家学者们不吝赐教指正。

刘渝琳
二〇一七年五月于重庆

摘 要

本课题研究的基本定位是：以人口均衡型社会为研究对象，以人口内部均衡为中心，以人口外部均衡为约束，以指标评价体系为主线；基于人口失衡与结构调整的背景下，从人口适度、人口结构、人口分布决定人口发展的内部均衡与基于经济、社会、资源环境、制度影响人口发展的外部均衡揭示可能实现"人口均衡型社会"的内在原因与外在条件，探索具有中国特色的人口均衡型社会的评价指标体系及保障机制；期望本研究能够客观反映中国人口均衡型社会的现状，揭示人口均衡型社会建设的路径依赖，诠释人口均衡与保障制度有机搭配的政策效应；这不仅有利于实现可持续发展战略中的人口内部均衡与人口外部均衡的保障制度的有机衔接，而且也将支撑国家双转型（经济转型、人口转型）时期的政策优化路径，为实践科学发展观、构建人口均衡型社会提供新的思路。

具体而言：

（1）深化"人口均衡型社会"的内涵与外延。将体现人口数量与质量、人口规模与结构、人口流动与分布等人口学特征的人口适度、人口结构、人口分布"三位一体"的人口发展目标与内涵指数化，并采用"人口发展"表达前三者的基本内容。同时，基于三大内生因子（人口适度、人口结构、人口分布）、五大外生因子（经济、社会、资源、环境、制度）、四个指数体现的经济、社会、资源环境、制度约束的人口适度指数、人口结构指数、人口分布指数以及人口发展总指数确定的人口均衡型社会综合指数的构建，深化与拓展了人口均衡型社会的研究内涵。

（2）构建反映人口内部均衡与人口外部均衡的基于 TF-IDF 算法、OOA 建模的综合指数模型。本研究在 UML 基础上，揭示人口系统、经济系统、社会系统、资源系统、环境系统以及制度约束系统等六大模块之间的内在机理，引入 TF-IDF 算法并采用面向 OOA 技术选择指标，在此基础上通过组合赋权法确定权重并揭示了人口内部因子、外部因子各指标对人口均衡型社会的影响程度及贡献大小，构造了一个在技术操作下更客观科学的指标评价体系，为科学核算与评价中国"人口均衡型社会"真实水平、问题、原因及优化机制提供数据支持。

（3）构造人口均衡型社会的理论框架与内在机理。以内生经济增长模型为主线植入人口均衡型社会的研究框架中，这不仅从理论上为建设人口均衡型社会的机理分析拓宽了思路和视野，也使内生经济增长模型在适用范围上延伸了对建设人口均衡型社会的渗入。与此同时，还将制度因素融入分析框架之中，更是对内生经济增长模型的拓展和完善。因此，本研究基于人口内部均衡与人口外部均衡统一的人口均衡思想，将其拓展为"基于内生经济增长模型—人口内部与外部均衡的相互依赖路径—人口外部均衡约束下的人口内部均衡—人口均衡型社会"的新路径，与原有的研究有显著差异。

（4）实证人口均衡型社会建设的时空差异与制度成因。本研究运用统计分析和计量经济学分析方法，在采集了 1993~2014 年的 30 个样本地区反映人口均衡综合指数的 48 个指标面板数据基础上，使用 stata 软件实证分析其基本特征、影响因素和相互关系，发现并揭示人口均衡型社会的影响因素。同时，从人口内部均衡、人口外部均衡、人口均衡的递进关系分析了人口适度、人口结构、人口分布内在均衡的条件及时空差异表现，并进一步从地区经济差异、资源配置效率、环境改善、制度差异等外部均衡方面对推进人口均衡型社会的建设及原因进行了剖析，其研究的结论不仅佐证了理论分析的结果，而且为把握人口均衡型社会的现状提供了实证支持。

（5）设计人口均衡型社会建设的优化路径与数据模拟。影响人口均衡型社会的因素很多，但从其内部寻找原因更容易发掘优化人口均衡型社会的路径与制度保障。本研究通过构造影响人口均衡型社会的内部因子、外部因子的制度障碍、激励与约束机制，揭示了人口内部均衡实现的外部条件，分别通过人口适度、人口结构、人口分布、人口发展的优化路径的数据模拟，对人口均衡型社会的可持续发展作出推断。

本研究在理论分析与实证研究基础上提出了以下政策建议：（1）重视我国人口均衡型社会评价指标体系的完善与应用；（2）加强 TF-IDF 自动提取关键词 OOA 建模技术、组合赋权与灰色关联序方法在人口均衡评价中的应用与操作；（3）解除追求以人口数量为基础的人口红利的思想限制，构建人口数量与人口质量动态均衡下的人口适度的边际贡献激励机制；（4）解除人口生育政策行政化硬约束的限制，构建动态激励与约束下的"生育市场化调节"的人口结构优化政策；（5）避免农业转移人口市民化政策的简单复制，构造激励人口临近城镇化流动的人口分布优化的动态调整机制；（6）根据人口密度导向促进人口流动在区域之间合理分布，以促进我国人口分布与区域经济平衡发展；（7）积极探索在城镇就业居住的农村居民的身份转换，完善人口迁移政策；（8）解除公共资源配置"一刀切"的弊端，构建与区域经济、社会协调的人口发展优化的"激励+约束"的边际弹性支持政策；（9）依赖于经济发展的人口发展路径，构建供给侧结构性改革的区域产业结构优化的政策机制；（10）尽快实现社会保障制度全国统筹，建立方便合理的社会保险跨省区转移机制，为人口均衡发展提供托底支撑；（11）降低地区、群体收入与资源的基尼系数，促进机会公平下的人口发展优化路径的实现，促进人口内部均衡与人口外部均衡协调发展；（12）正确认识特定阶段下的公共产品供给差距，以保证人口均衡建设的制度供给的相对公平；（13）避免政策体系的庞杂与零碎，构建以围绕临近城镇化建设为载体的人口发展均衡的政策优化体系。

本研究将人口均衡与内生经济增长理论相联系，是面对人口内部均衡与人口外部均衡的路径依赖提出的新要求，特别是在双转型的背景下，揭示人口内部均衡与人口外部均衡的内在机理，为建设人口均衡型社会评价指标体系与优化路径搭建一个全新的理论平台。同时也为实现"十三五"规划提出的经济社会可持续发展战略目标以推动我国人口均衡型社会的建设提供一种全新的思维与方法。

Abstract

　　The basic orientation of this book is based on the background of disequilibrium population and structural adjustment, taking the population-balanced society as object of study, taking the internal equilibrium of population as the core, taking the external equilibrium of population as the constraint, and taking the index evaluation system as the main line; this research explores evaluation index system and safeguard mechanism of population-balanced society with Chinese characteristics as well as potential realization of "population-balanced society" from the perspectives of internal factors and external conditions including the internal equilibrium decided by appropriate population scale, population structure and population distribution, and the external equilibrium influenced by economy, society, resources and environment, and systems. This research aims to reflect objectively current situation of China's population-balanced society, reveals the path dependence of social construction of population-balanced society, and interprets policy effects of integration of population equilibrium and safeguard mechanism. It is not only contributes to realize the effective join of safeguard mechanism of internal and external population equilibrium in the process of substantial development strategy, but also supports the optimization of policy in the double transition (economic transition and population transition) of China and provides the practice of scientific development concept as well as the construction of population-balanced society with new ideas.

　　Specifically:

　　(1) Deepening the connotation and extension of "population-balanced society". It embodies population development goals and connotation indexation of a trinity of moderate population, population structure and population distribution with demographic characteristics that including quantity and quality of population, population scale and structure, population migration and distribution, which expressed by "population de-

vecopment". Meancohile, the three endogenous factors (moderate population, population structure, population distribution), five exogenous factors (economy, society, resources, environment, institution), four indexes of moderate population, population structure, population distribution and population development reflecting the economic, social, resources, environment, institutional constraints, construct the comprehensive index of population balanced society, deepen and expand the connotation of population balanced society.

(2) Constructing a comprehensive index model based on TF-IDF algorithm and OOA model to reflect the internal and external equilibrium of population. On the basis of UML, this book reveals the internal mechanism of the six modules, such as population system, economic system, social system, resource system, environmental system and institutional system. This book introduces the TF-IDF algorithm and the OOA oriented technology selection index, on the basis of the combination weighted method to determine the weight of each index and reveals the internal and external factors of population scale on the impact of population balanced society and contribution. An objective and scientific evaluation index system is constructed, which can provide the data support for the scientific accounting and evaluation of the real level, problems, causes and optimization mechanism of the population balanced society in China.

(3) Constructing the theoretical framework and internal mechanism of balanced population society. The endogenous economic growth model as the main line in the research framework of population balanced society, which is not only broaden the thinking and vision from the theory to the construction mechanism of population balanced society, also make the endogenous growth model in the scope extended to the application of population balance. Further more, taking the institutional factors into the analytical framework is an expansion and improvement of endogenous growth model. Therefore, this book is based on the idea of internal and external balanced population and expands a new approach to population-balanced society with endogenous economic growth model—interdependent path of internal and external population equilibrium—population internal equilibrium under the constraints of external balance of the population, which has significant difference with the original research.

(4) An empirical analysis on the construction of population balanced society from the temporal and spatial differences and institutional causes. This book uses the method of statistical analysis and econometric analysis, by using the software of Stata collects 48 index panel data which can reflect the index of population balance from 30 sample areas

in 1993—2014, and then analyzes the basic characteristics, influencing factors and the relationship between each other, and find out the factors affecting the population balanced society. At the same time, from the progressive relationship within the population balance, internal balance and external balance, this book analyze the conditions of the internal balance and spatial differences of moderate population, population structure, population distribution, and illustrates the promotion of construction and reasons of the population balanced society further from the aspects of regional economic differences, resource allocation efficiency, environmental improvement and institutional differences. The conclusions of this study are not only support the results of theoretical analysis, but also provide empirical support for the current situation of population balanced society.

(5) The optimal path and data simulation of population balanced society construction. There are many factors that affect the population balanced society, but it is easier to find out the path and institutional guarantee to optimize the population balanced society from the inside. This book reveals the external conditions for the realization of the internal equilibrium of the population through the construction of the internal factors, institutional barriers of external factors, incentive and restraint mechanisms. Based on the simulation of the optimal path of the moderate population, population structure, population distribution and population development, this book makes an inference on the sustainable development of the population balanced society.

On the basis of theoretical analysis and empirical research, this book puts forward the following policy recommendations: (1) Attache great importance to the improvement and application of the evaluation index system of population balanced society in china. (2) Strengthen the application and operation of TF – IDF automatic extraction of keywords with OOA modeling technology, combination weighted method and grey correlation order method in population balance evaluation. (3) Remove the pursuit of the population based on the concept of demographic dividend restrictions, then construct the population and the population quality under the dynamic equilibrium of the population moderately marginal contribution incentive mechanism. (4) Relieve the restriction of administrative hardening of population fertility policy and construct the population structure optimization policy of "fertility market regulation" under dynamic incentive and restriction. (5) Avoid the simple reproduction of the policy of population transfer of agricultural population, and construct the dynamic adjustment mechanism to optimize the population distribution of the population near the urbanization. (6) It is an effective way to promote the balanced development of population distribution and regional economy by leading the rational distribution of population movement between regions according to population density. (7) Actively explore the identity transformation of rural residents living in urban area and improve the migration policy. (8) Eliminate the drawbacks of "one size fits all" in the allocation of public resources, and establish a policy of "incentive and restraint", which is based on the coordinated development of regional economy and society. (9) Rely on the economic development of the population development path, and build the supply side of the structural reform of the regional industrial structure optimization policy mechanism. (10) Achieve social coordination of the national security system as soon as possible, and establish a convenient and reasonable social insurance inter-provincial transfer mechanism so that can provide support for the balanced development of population. (11) Reduce the Gini coefficient of region, group income and resources and promote the realization of the optimal path of population development under the opportunity fairness, thus promote the coordinated development of population internal balance and external balance. (12) Correctly understand the supply gap of public goods under certain stages so as to ensure the relative fairness of the system supply of population balanced construction. (13) To avoid the complexity and fragmentation of the policy system, build a balanced development of the population around the urbanization as the carrier of the policy optimization system.

In this book, the relationship between population equilibrium and endogenous economic growth theory is proposed, which is a new requirement for the path dependence of population internal balance and external balance. Especially under the background of double transition, it reveals the internal mechanism of population internal balance and external balance, and builds a new theoretical platform for constructing a balanced population evaluation system and optimizing the path. At the same time it also provides a new thinking and method to achieve the economic and social sustainable development strategy, put forward in the 13th Five-Year Plan and promote the construction of population balanced society in China.

目 录

第一篇

概论 1

第一章 绪论 3

第一节 问题提出与背景 3
第二节 研究目的与意义 8
第三节 研究思路与方法 11
第四节 研究重点与难点 16
第五节 研究贡献与创新 18
第六节 本章小结 21

第二章 国内外文献综述与理论借鉴 22

第一节 国内外文献综述 22
第二节 理论拓展及借鉴 51
第三节 本章小结 55

第三章 人口均衡型社会的含义和内容界定 56

第一节 人口均衡型社会的含义概述 56
第二节 人口均衡型社会的含义界定 62
第三节 人口均衡型社会的内容表现 68
第四节 本章小结 73

第二篇

理论研究   75

第四章 ▶ 人口均衡型社会的理论机理与模型构建   77

第一节　经济、社会与人口发展（人口内部均衡）的理论机理   77
第二节　资源、环境与人口发展（人口外部均衡）的理论机理   86
第三节　经济、社会、资源、环境约束下人口发展的理论机理   98
第四节　本章小结   105

第五章 ▶ 人口均衡型社会评价指标体系构建   106

第一节　人口均衡型社会领域分析   106
第二节　指标体系构建方法研究   109
第三节　人口均衡型社会评价指标体系构建   124
第四节　指标解释与计算   186
第五节　基于灰色关联序的人口均衡型社会指标体系检验   208
第六节　本章小结   223

第三篇

实证研究   225

第六章 ▶ 人口均衡型社会的现状描述
　　　　——来自评价指标体系的解释   227

第一节　人口均衡型社会的表现   227
第二节　人口内部均衡的表现   229
第三节　人口外部均衡的表现   246
第四节　描述性统计   264
第五节　本章小结   276

第七章 ▶ 人口均衡型社会的实证研究
　　　　——来自理论机理的面板数据检验   278

第一节　经济、社会、资源、环境与制度约束下的人口适度   279
第二节　经济、社会、资源、环境与制度约束下的人口结构   305

第三节　经济、社会、资源、环境与制度约束下的人口分布　334

第四节　经济、社会、资源、环境与制度约束下的人口发展　361

第五节　人口内部均衡约束下的外部均衡　403

第六节　本章小结　417

第八章 ▶ 人口均衡型社会的动态分析
——来自人口变量的动态影响与预测　418

第一节　人口内部均衡与外部均衡变量的动态描述（1960~2015年）　418

第二节　未来人口均衡型社会的人口变量预测　426

第三节　人口变量对人口均衡型社会影响的预测分析　438

第四节　本章小结　441

第四篇

政策研究　443

第九章 ▶ 建设人口均衡型社会的问题、优化政策与模拟分析　445

第一节　人口不均衡的表现及形成原因　445

第二节　人口均衡型社会的优化机理及路径选择　452

第三节　建设人口均衡型社会优化政策的模拟分析　475

第四节　本章小结　512

第十章 ▶ 建设人口均衡型社会的政策梳理与政策设计　514

第一节　建设人口均衡型社会的政策设计思路　514

第二节　建设人口均衡型社会弹性政策体系的设想　520

第三节　本章小结　524

第十一章 ▶ 研究结论与政策运用　525

第一节　研究结论　525

第二节　政策运用　531

第三节　研究展望　540

第四节　本章小结　542

参考文献　543

后记　555

Contents

Part I Population-balanced Society Generality   1

Chapter 1   Introduction   3

1.1   Question Posing and Background   3

1.2   The Research Purpose and Significance   8

1.3   The Research Thoughts and Methods   11

1.4   The Research Emphasis and Difficulty   16

1.5   The Research Contribution and Innovation   18

1.6   Summary   21

Chapter 2   Domestic and International Literature Review   22

2.1   Domestic and International Literature Review   22

2.2   Research Development and Reference   51

2.3   Summary   55

Chapter 3   The Meaning and Content Definition of Population-balanced Society   56

3.1   The Definition Overview of "Population-balanced Society"   56

3.2   The Definition of Population-balanced Society   62

3.3   The Content of Population-balanced Society   68

3.4   Summary   73

Part II Theoretical Research   75

Chapter 4 The Theoretical Mechanism and Model Construction of Population-balanced Society   77

4. 1 The Theoretical Mechanism of Economy, Society and Population Development (Internal Balance of population)   77

4. 2 The Theoretical Mechanism of Resources, Environment and Population Development (External Balance of Population)   86

4. 3 The Theoretical Mechanism of Population Development under the Constraints of Economy, Society, Resources and Environment   98

4. 4 Summary   105

Chapter 5 The Construction of Population-balanced Society Evaluation Index System   106

5. 1 Domain Analysis of Population-balanced Society   106

5. 2 Research on the Method of Index System Construction   109

5. 3 The Construction of Population-balanced Society Evaluation Index System   124

5. 4 Interpretation and Calculation of the Index   186

5. 5 The Test of Population-balanced Society Indicator System Based on Grey Relational Order   208

5. 6 Summary   223

Part III Empirical Research   225

Chapter 6 The Current Situation of Population-balanced Society—Based on the Evaluation Index System   227

6. 1 The Performance of Population-balanced Society   227

6. 2 The Performance of Internal Balance of Population   229

6. 3 The Performance of External Balance of Population   246

6. 4 Descriptive Statistics   264

6. 5 Summary   276

Chapter 7 An Empirical Research on Population-balanced Society—Tests of Panel Data Based on the Theoretical Mechanism   278

7. 1 The Optimum Population under the Restriction of Economy, Society, Resources, Environment and Institution   279

7.2　The Population Structureunder the Restriction of Economy, Society, Resources, Environment and Institution　305

7.3　The Population Distribution under the Restriction of Economy, Society, Resources, Environment and Institution　334

7.4　The Population Developmentunder the Restriction of Economy, Society, Resources, Environment and Institution　361

7.5　The External Balance of Population under the Restriction of the Internal Balance of Population　403

7.6　Summary　417

Chapter 8　Analysis of Impact—Dynamic Change and Prediction of PopulationVariables—on Population-balanced Society　418

8.1　Dynamic Description of Population Variables (1960—2015)　418

8.2　Prediction of Population Variables in the Future Population-balanced Society　426

8.3　Simulation Analysis of Population Variables Effecting on Population-balanced Society　438

8.4　Summary　441

Part IV　Policy Research　443

Chapter 9　The Problem, Optimization and Simulation on the Construction of Popuation-balanced Society　445

9.1　The Performance and Cause of Population Imbalance　445

9.2　The Optimization Mechanism and Path Selection of Population-balanced Society　452

9.3　Simulation Analysis of Optimization Policy on the Construction of population-balanced Society　475

9.4　Summary　512

Chapter 10　Policy Summary and Policy Design on the Construction of Population-balanced Society　514

10.1　The Policy Design of Population Balance　514

10.2　The Assumption of Elastic Policy System of Population-balanced Society　520

10.3　Summary　524

Chapter 11　Research Conclusion and Policy Application　525

11.1　Research Conclusion　525
11.2　Policy Application　531
11.3　Research Prospect　540
11.4　Summary　542

Reference（in Alphabetical Order）　543

Postscript　555

第一篇

概 论

第一章

绪　论

第一节　问题提出与背景

一、问题提出

当前,在经济下行的与经济结构调整的背景下,"新常态"赋予了政治、经济与社会等诸多要素新的时代内涵,其中,人口作为社会整体运行体系的重要变量,亦成为学术界关注的重点。尤其是现阶段,我国处于经济和社会高速发展与变革的战略机遇期,以人口变量为中枢的人口体系牵动了整个社会网络神经的反应与作用,人口变动与经济社会等因素调整变革的转型一定程度上使人口内部均衡与人口外部均衡不相协调。当前人口发展的严峻形势主要体现在以下两个方面:

第一,在人口体系内部,以人口老龄化为主要特征的人口结构冲击,加之人口红利的逐渐消失、性别比例的失调与农村人口问题的凸显,人口规模、人口素质、人口结构与人口分布等人口内部均衡体系陷入较为严重的失衡状态。当前的主要表现形态包括人口数量与人口质量不平衡、人口规模过大、人口素质偏低、老龄化加剧、性别比失调以及人口地域和城乡分布失衡等。

第二，伴随着经济发展与结构调整的进一步推进，以粗放型和密集型为特征的传统经济发展模式与我国建设人口均衡型社会的目标存在偏离，与之相伴而来的经济结构失衡、资源短缺和环境污染问题也与人口非均衡息息相关。经济、社会、资源与环境的运行发展遵循客观的自然规律，并深受人口变量的影响与作用。

人口能够对经济社会产生影响的根本原因在于经济和社会运行体系的基础即是人的存在及其生产生活活动，个体的活动形成了整个经济的运行体系和规律，因此，人口规模、素质、结构与分布等变化都会影响经济与社会的变化与发展。当前人口对经济社会的不利影响主要体现在人口数量与人口质量的不协调、人口结构的失衡以及人口分布的不均打破了经济社会运行的良性体系，从而产生了一系列经济社会问题。所以人口问题的根源来自人口体系内部的失衡，对此，解决人口问题归根结底需要从动态的视角来解决人口发展问题。

人口对资源环境的影响根植于人口对资源环境的需求，其主要通过两条途径影响资源和环境的状况。一种途径是通过人的直接物质需求带来的环境压力的增加，例如居住占地、生活用水的增加，生活中的排污的增加等；另一种途径是间接影响，即通过对经济投资提出更多的要求，以扩大经济活动规模来满足增长的需求压力，经济规模的扩大进一步加大对资源的需求和环境的压力，在这种情况下，矿产资源、能源以及土地、生物资源的需求都会增加，在技术水平一定的情况下，往往会导致对资源的掠夺式开发并引发严重的环境污染，从而加重环境的退化。

总之，在经济社会迅速发展、大众需求快速升级的今天，人口发展的目标已不再局限于追求人口规模的适度，而是有了更为全面、更为深刻和更为丰富的内涵。在层次上，它不但要求人口自身各个要素之间要相互协调，而且人口与外部各个因素之间也要协同互动；在内容上，它不但要求要实现人口数量上的理想状态，而且要实现人口质量、人口结构、人口分布等多方面的均衡状态。面对新的问题背景和研究目标，我们需要用一个新的概念来概括和反映这种多层次、多维度的人口发展目标。在此背景之下，"人口均衡"被提出来并成为描述新时期人口发展目标的新概念。

二、研究背景

"人口均衡型社会"概念的提出并非一蹴而就，而是有着其深刻的时间、空间、理论与政策背景，当前人口均衡型社会的提出也有着其深刻的历史必然性、现实紧迫性和政策需求性。

1. 时间背景

我国人口问题贯穿于新中国成立以来的人口发展历程之中，首先，从人口规模来看，早在1953年第一次人口普查显示，中国的人口增长与土地、粮食、就业岗位等资源之间出现了严重的不平衡。1956年，周恩来总理在国民经济计划报告中曾提到①："我们在短时期内还不可能使大家都就业，工资的增长也不可能使职工养活很多的家庭人口"，"我国人口现在平均每年增长2%左右，每年增加一千多万人，可是，我们也要看到，耕地面积、粮食产量总是增加缓慢"②。这是对当时人口过快增长，人口发展与经济、社会、资源、环境发展失衡现象的准确刻画。在接下来的几十年里，由于卫生、医疗条件的改善和人口死亡率的快速下降，人口出现了前所未有的快速增长，超出了资源环境的承载能力。在这种状况下，人口消费水平的提高也因为新增人口的消费而受到限制，与此同时，大规模的"大炼钢铁""围湖造田""毁林开荒"等运动不仅造成了资源浪费和生态破坏，也使得经济运行效率十分低下。可见，当时的人口规模已经与经济、社会、资源、环境的承受能力极不协调。面对如此巨大的人口压力和人口问题，自20世纪70年代始，我国实施了计划生育政策，并将其定位于基本国策。但是由于人口基数巨大，每年人口净增量仍然很大，总人口规模持续上升。一方面，受益于改革开放后对人力资源的充分利用，经济的飞速发展也极大地缓解了人口规模庞大带来的巨大压力；另一方面，庞大的人口存量对经济社会的运行与发展提出了挑战。与此同时，巨大的人口消费与经济发展需求造成了资源的过度消耗和浪费，粗放的经济增长方式也造成了环境的巨大污染。步入2000年后，我国人口开始出现较为严重的年龄结构失衡的状况，当前实行全面放开二孩的人口政策也正是基于调整人口结构失衡的考虑；着眼未来，在"后计划生育"时代，伴随着人口数量、质量、结构、分布等的人口内部均衡与经济、资源环境的外部压力共生的条件下，2010年提出建设人口均衡型社会的战略不仅有必要性而且有紧迫性。

纵观新中国成立六十多年以来的人口发展历程可以看出，中国的人口发展一直面临着人口规模过大、人口增长过快、老龄化态势严峻、性别结构失衡、人口与资源、环境的关系紧张等许多问题和挑战，所以"建设人口均衡型社会"的提出有着较为深刻的历史渊源与现实必要性。

2. 空间背景

在以全球化为依托、世界联系越来越密切的今天，经济社会和资源环境问题

---

① 周恩来．周恩来经济文选，经济建设的几个方针性问题 [M]．北京：中央文献出版社，1993．
② 资料来源：中国共产党新闻网《为国家算好经济账　周恩来的"加减乘除"》http：//Politics. People. com. cn/GB/1026/10998365. html. 2010年02月22日。

也具有了全球性的特点。对于发达国家而言，虽然面临较为严重的人口老龄化问题，但经济发展水平和社会保障体系与发展中国家有较大差异。尽管其产业结构和制度设计已较为完善，但大多数发达国家的人口增长率为零甚至是负增长，所以，人口发展主要面临数量的可持续发展问题。对于大多数包括中国在内的发展中国家而言，人口发展问题则更为突出。首先，人口适度（包括人口数量与人口质量）、人口结构的失衡不仅拉大了人口生活水平的差距，而且严重影响了经济社会的可持续发展。与此同时，较为低端的产业结构和落后的生产方式造成了粗放的资源开发方式和经济发展模式，在造成资源破坏性利用的同时也造成了环境的严重污染，由此产生的经济、资源环境的外在压力与人口发展的失衡不仅仅是中国的问题，而是世界性问题。因此，我国提出建设人口均衡型社会的理念不仅具有特殊的国内背景，也具有共有的全球性背景。

3. 理论背景

"人口均衡"是与"可持续发展"一脉相承又有创新和发展的新概念，因此"可持续发展"理念是人口均衡型社会提出的理论背景之一。1987年联合国环境与发展委员会出版的《我们共同的未来》明确界定了"可持续发展"的概念，即"既满足当代人的需要，又要不损害后代人满足其自身需要的能力"。"可持续发展"把人口、资源、环境和经济发展视为一个整体，从全局和长远的角度来考虑发展问题，其主要涉及人口、资源、环境、经济和社会之间的关系。总体上可概括为：资源环境是可持续发展的起点和条件，人口是可持续发展的关键，经济社会的发展则是实现可持续发展的途径，人类的发展是可持续发展的最终目标。这不仅是因为可持续发展由多种因素构成并包含着非常丰富的内涵，而且因为人口本身也是具有多种属性的社会群体。因而，可持续发展理念的提出为人口均衡概念的提出以及人口均衡型社会建设提供了思路拓展的基础和理论背景。

另外，我国长期以控制人口数量为核心的"小人口观"思想作为解决人口问题的理论借鉴，而在新的时代条件和人口背景下，"小人口观"与人口均衡型社会"统筹解决人口问题，促进人的全面发展"的发展目标是不相适应的，其不适应性主要体现在以下几个方面：一是将我国的人口问题简单归结为人多问题，忽视了人口体系中人口质量、人口结构和人口分布等其他诸多因素；二是长期以来将人口数量视为制约我经济发展的主导因素，忽视了资源环境的压力，也没有考虑人口数量、人口质量、人口结构和人口分布与经济社会和资源环境的均衡发展；三是将解决人口问题的途径简单地归结于人口控制政策，而忽视了外延性的法律法规、地方政策，以及经济、社会政策等要素对解决人口问题的重大作用。

理论指导的局限造成人口政策实施中的非预期效果，不利于有效地解决现实人口问题，我国长期以来的人口理论和政策研究主要集中在生育率以及作为结果的人口数量和增长率上面。新时期建设人口均衡型社会则需要一种富有全局性、前瞻性和系统性的理论体系指导，更需要在这种理论指导下形成一套跨学科、跨部门和跨地区的政策体系。从这个视角来看，面对我国当前较为严峻的人口发展问题，要达成建设人口均衡型社会的目标，必须站在社会建设的高度来不断提高对人口均衡型社会的认识，也强烈呼唤新的理论体系进行指导，在这样的理论背景下，对建设人口均衡型社会理论体系的探索也具有深刻的历史和现实必要性。

4. 政策背景

新中国成立以后至20世纪60年代初期，我国人口规模增长与经济社会发展之间的矛盾已经开始凸显。1962年中共中央、国务院发出《关于认真提倡计划生育的指示》，1964年国务院成立了计划生育委员会，一些地方也成立了类似的计划生育工作机构，但这些并不算是计划生育人口干预政策的发端，严格意义上只能算是为计划生育政策的正式实施所做的准备工作。从70年代开始，以计划生育为主旋律的人口控制政策在全国正式推进，1971年，在政府《关于做好计划生育工作的报告》中，强化了"计划生育"的概念，并提出了"一个不少，两个正好，三个多了"的指导原则。1978年"计划生育"第一次以法律形式载入我国《宪法》，从而将人口控制政策提升到了基本国策的重要地位，中央下发的相关报告明确提出了"最好一个，最多两个"的政策要求。1980年，党中央发表的《关于控制我国人口增长问题致全体共产党员、共青团员的公开性》，提倡"一对夫妇只生育一个孩子"。1982年，中共中央和国务院发布的《关于进一步做好计划生育工作的指示》提出了照顾农村独生子女生育二胎的政策微调。2002年，《中华人民共和国人口与计划生育法》正式开始实施，其明确规定，国家稳定现行生育政策，鼓励公民晚婚晚育，提倡一对夫妇生育一个子女，符合法律、法规规定条件的，可以要求安排生育第二个子女。

由此看到国家人口政策的重心立足于以"计划生育"为核心的人口规模控制。随着改革开放以来经济社会的发展与变迁，人口发展问题呈现了多样化的表现形式。为此，国家在"十二五"规划中就人口工作提出了新的要求，即"控制人口总量，提高人口素质，优化人口结构，促进人口长期均衡发展"，从政策视角正式提出了"人口均衡"的概念。中共十八大报告进一步做出了"坚持计划生育的基本国策，提高人口素质，逐步完善政策，促进人口长期均衡发展"的重大战略决策。2013年，中共十八届三中全会通过的《中共中央关于全面深化改革若干重大问题的决定》提出了"坚持计划生育的基本国策，启动实施一方是独生子女的夫妇可生育两个孩子的政策，逐步调整完善生育政策，促进人口长期均衡发展"的政策调整。随着人口形势的进一步变化并基于对人口发展的预期，2015年，党的十八届五中全会公报提出了全面实施一对夫妇可生育两个孩子的政策，积极开展应对人口老龄化的行动，这是人口计划生育政策的重大历史性调整与转折，体现了在"人口均衡型社会"目标和理念指引下人口政策的重大突破。在新的人口发展背景下，国家将弱化单一性的人口规模政策干预，进一步构建综合性的多样化人口政策体系，通过"控制人口数量、提高人口质量、优化人口结构、协调人口分布，促进人口与资源环境的可持续发展"，力图建立统筹解决人口问题的机制体制，为经济、社会、资源、环境协调和可持续发展创造良好的人口环境。对此，重构中国建设人口均衡型社会的政策体系将是中国新时期的重要目标与任务之一，也凸显了建设人口均衡型社会有着深刻的政策背景。

第二节　研究目的与意义

一、研究目的

基于人口失衡与结构调整的背景下，以我国进入"人口转型阶段"为研究背景，从人口适度[①]、人口结构、人口分布决定的人口发展的内部均衡与基于经济、社会、资源与环境约束的人口发展的外部均衡挖掘可能实现"人口均衡型社会"的内在原因与外在条件、探寻可持续的人口均衡增长的路径依赖，为建设"人口均衡型社会"提供理论和实证支持。具体目标体现在：

1. 深化"人口均衡型社会"的内涵与外延

将体现人口数量与质量、人口规模与结构、人口流动与分布等人口学特征的人口适度、结构、分布"三位一体"的人口发展目标与内涵指数化，结合经济、社会、资源与环境外部约束下的人口外部均衡，厘清人口内部均衡与人口外部均衡的内在机理关系，为人口均衡型社会的内涵界定提供逻辑基础。

2. 构建反映人口内部均衡与外部均衡的基于 TF－IDF 算法、OOA 建模的综合指数模型

在 UML 基础上，揭示人口系统、经济系统、社会系统、资源系统、环境系

---

① 这里的人口适度是相对于适度人口而提出的，本研究认为人口适度包括了人口数量和人口质量两个方面的内容。

统及制度约束系统这六大模块之间的内在机理,为构造人口均衡型社会的判断标准与评价体系提供理论依据,也为科学核算与评价中国"人口均衡型社会"真实水平、问题、原因及优化机制提供实证支持。

3. 丰富和发展建设人口均衡型社会的学科交叉内容

经济社会系统、资源环境系统与人口系统是一个不可分割的整体,通过经济、社会、资源环境等外在约束下的人口内部均衡,归根到底,贯穿在其间的是制度均衡问题。本课题将内生经济增长模型作为研究主线,采用计算机科学、人口学的相关理论以及制度经济学的规范研究方法,在经济、社会、资源与环境的约束条件下,构建人口发展与经济增长、社会稳定、资源环境改善等多重均衡,最终实现人口的内外部均衡,为建设人口均衡型社会的战略目标提供路径依赖。

4. 构建人口均衡型社会的理论框架与政策体系

本研究在借鉴现有研究成果基础上,还需要将既有研究成果的合理成分纳入统一的分析框架之中,并结合"广义人口均衡"① 概念以及人口外部均衡中的现实问题融入新的路径以进行理论拓展,从而得出更加富有预见性的结论,为推进人口均衡型社会的建设提供政策工具。

二、研究意义

1. 理论价值

第一,深化与拓展"人口均衡型社会"的内涵。本课题在已有研究成果的基础上对"人口均衡型社会"的内涵及外延进行整合与拓展。从反映人口数量、人口质量、人口结构、人口分布的内部均衡与影响人口的经济、社会、资源、环境约束下的外部均衡的相互依赖关系中揭示外部均衡约束下的人口内部均衡的制度设计,是对人口均衡理论的深化与拓展。

人口内部均衡体现了人口数量、人口质量、人口结构与人口分布的综合均衡格局,而且人口数量与人口质量均衡构成了人口适度均衡。人口适度、人口结构与人口分布的均衡构成了人口发展的均衡;人口外部均衡则体现了经济社会和资源环境约束下的人口内部均衡状态。这种"人口均衡"概念不仅融入了更多的人口学变量及其他学科的因素影响,而且通过因素之间的约束机制形成了一个富有逻辑性的概念体系,而且这样的"人口均衡"定义更加富有人文内涵的价值取向。在本课题的概念体系中,"人口均衡"集中体现了外部均衡与内部均衡的相

---

① 广义人口均衡的概念是相对于狭义人口均衡提出的,狭义人口均衡是指人口内部均衡,广义人口均衡则表现为人口内部均衡与人口外部均衡的统一。

互依赖关系以及外部约束下的人口内部均衡，因而人口均衡的落脚点和根本要义仍然在于人口的内部均衡，经济社会和资源环境的约束只是人口发展的条件，或是服务于人口的发展，所以本研究的"人口均衡型社会"概念不仅是对原有人口均衡概念的补充和拓展，也是为"可持续发展"理念赋予了新的内容。

第二，重构人口均衡型社会建设的理论框架。总体而言，人口均衡理论是经济学的均衡理论向人口学领域的有效拓展，是可持续发展理论的进一步深化，是人口适度理论的有效转型，对缺乏理论根基的人口均衡理论发展具有重要意义。而且本课题在已有研究成果的基础上对人口均衡理论框架进行了新的重构，摒弃了过于宏观或碎片化分析的弊端，根据研究对象的特点将人口均衡根据"外部均衡约束下的内部均衡"整体思路划分为"经济社会与人口发展互动机理""资源环境与人口发展互动机理""经济社会资源环境约束下的人口发展均衡"的递级关系，这种逻辑框架设计是对人口均衡理论体系的突破与贡献。

第三，构建科学合理的人口均衡型社会的评价指标体系。建设人口均衡型社会涉及人口内部均衡与人口外部均衡的协调与发展，科学设置人口内部均衡与人口外部均衡的指标选择，界定多维指标对人口均衡型社会建设的影响程度，是衡量人口均衡型社会的基础与评价标准。

第四，引入内生经济增长的人口均衡模型。以内生经济增长模型为主线剖析人口均衡的内在机理，需要将内生经济增长模型的基本原理与人口均衡的相关条件相结合，这不仅从理论上为人口均衡的理论分析拓宽了思路和研究视角，也使内生增长模型在适用范围上延伸了对人口均衡的渗入。与此同时，还将制度因素融入分析框架之中，更是对内生增长模型的拓展和完善，所以本研究在理论模型的拓展上也具有十分重大的学术价值。

2. 现实意义

第一，"人口内部均衡"与"人口外部均衡"的双目标协同研究，从战略高度上有助于实现人口均衡长期可持续发展。在人口发展体系中，人口适度、人口结构、人口分布等都是关系到国计民生最基础、最根本的问题，其中任何一方面发展滞后或失衡都会给经济社会的发展造成巨大影响，也会对资源和环境造成破坏。传统的人口发展主要依靠数量型扩张拉动，在我国面临人口结构失衡、人口规模过大、人口分布不均、社会矛盾突出等问题的大背景下，受外部约束的人口内部均衡与制度安排，将直接作用于人口均衡的内涵并表现在人口学特征上，其结果体现了人口均衡的长期可持续发展对于人类未来发展具有举足轻重的作用。

第二，注重人口与经济、社会资源环境协调发展的人口均衡思想已经得到政府与学术界的高度重视，但基于人口适度、人口结构、人口分布的人口发展的内部均衡及经济社会资源环境约束的外部均衡的框架尚未形成，亟需相应具体有效的政策方针支持。当前解决一系列人口问题只通过自身人口调整政策已经无法满足现实的需要，必须依据经济、社会、资源环境等外部条件约束基础上构建人口政策体系。人口均衡的政策体系与制度设计将有助于厘清我国人口数量与质量、人口流动与分布、人口结构与演变的内部规律和外部条件，构造具有可持续发展的经济结构调整投资机制、资源分配机制、福利均衡机制等，因此该选题不仅具有战略意义，更具有现实指导意义。

第三，构建反映人口适度、人口结构、人口分布的人口发展[①]内部均衡与经济、社会、资源与环境约束的人口外部均衡的统一，既系人口均衡系统工程，更系社会福利工程。按系统工程学理论观之，置于价值判断日趋多元，阶层利益已明显分化的当下社会，通过人口内部均衡与外部均衡的设计研究人口均衡型社会的思想，最终贯穿于制度均衡与人口均衡协调发展的路径将是集人口、经济、社会、资源、环境、制度于一体的系统工程体系。

第四，基于 TF－IDF、OOA 建模技术构建的人口均衡型社会评价指标体系为建设人口均衡型社会指标选择提供了可以操作的工具与方法。通过 TF－IDF 关键词自动提取算法及面向对象分析建模方法选择指标，不仅具有客观性，更具有可操作性。

第三节　研究思路与方法

一、研究思路

本研究在借鉴"可持续发展理论"与人口相关理论的基础上，在充分认识人口规模、质量、增长率、结构、分布现象基础上，从人口均衡含义出发，研究人口均衡的表现，挖掘人口内部均衡与人口外部均衡的制度特征，在此基础上构建人口均衡社会综合指数的评价体系，进一步通过建立以内生经济增长模型为主线的多目标规划下的人口均衡动态模型来揭示人口内部均衡与外部均衡相互依赖的理论机理，构造建设人口均衡型社会的约束条件与均衡路径，为推进建设人口均衡型社会提供政策工具。其内在的逻辑思路如图 1－1 所示。

---

① 将反映人口内部均衡的人口适度、人口结构、人口分布统称为人口发展。

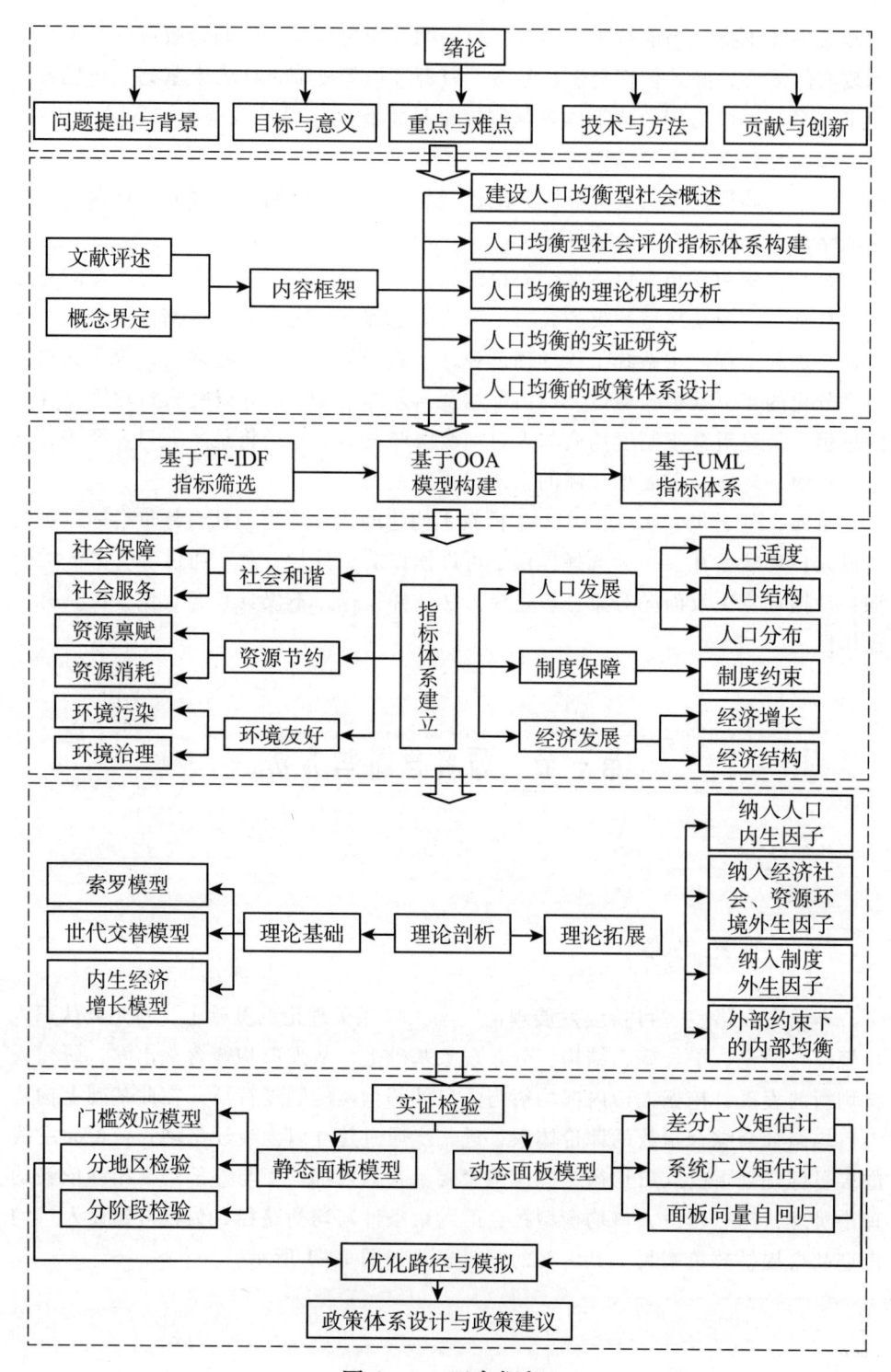

图 1-1 研究框架

二、研究框架

根据本课题的研究思路，具体内容安排如下：

第一章：绪论。本章从现实出发提出问题并厘清了问题的研究背景，在此基础上提出了本课题的研究目标并阐释了建设人口均衡型社会的意义所在，进一步地，对本课题需要探究的重点和难点进行了梳理。通过本课题的研究框架能够清晰地阐释本研究的路径依赖、主要内容及创新之处。

第二章：国内外文献综述及研究现状。本章简述了国内外学者对"人口均衡型社会"概念的定义和理解，对"人口均衡型社会"指标体系的构建思路、经济社会与"人口适度""人口结构""人口分布"以及资源环境与"人口发展"的研究现状和进展进行总结和分析。并对相关研究的特点及局限性进行评述和归纳，在此基础上提出本研究借鉴的理论依据，并挖掘出本课题需要探索和突破的问题所在。

第三章：人口均衡型社会的含义和内容界定。本章在参考国内外学者对人口均衡概念描述的基础之上，采用人口适度、人口结构、人口分布和人口发展综合衡量人口均衡，全面分析在经济、社会、资源、环境、制度因素的约束下，揭示人口内部均衡与外部均衡相互影响的机理及内容界定。

第四章：人口均衡型社会的理论机理与模型构建。本章在梳理文献与内涵界定基础上，通过分析人口内部均衡与人口外部均衡的逻辑关系，基于内生经济增长模型构建了经济社会与人口发展、资源环境与人口发展的相互关系与影响，在此基础上构建了人口外部均衡约束下的人口内部均衡的路径依赖，揭示了人口内部均衡与人口外部均衡的内在机理及理论框架。

第五章：人口均衡型社会评价指标体系的构建。本研究根据建设人口均衡型社会的内在机理，分析人口均衡型社会建设受内部、外部均衡等多种因素影响的特点，在指标选择与权重确定上，根据各指标的理论与现实意义以及数据的可得性构建综合指数，主要包括：人口适度、人口结构、人口分布、人口发展、经济增长、经济结构、社会保障、社会服务、制度约束、资源禀赋、资源消耗、环境污染、环境治理等综合指数，在以上各指数基础上，描述与分解了影响各指数的单指标的具体内容与数据表达。

第六章：人口均衡型社会的现状描述。本章在人口均衡型社会评价指标体系基础上，根据对1993~2014年的省级面板数据，通过计算全国各个省、直辖市、自治区的人口均衡指数，研究20年来我国人口均衡水平的变化情况和地区差异程度，为进一步研究其形成的理论机理与实证检验奠定基础。

第七章：人口均衡型社会的实证研究。基于人口均衡的理论框架，根据1993~2014年的省级面板数据，通过门槛模型检验和动态面板回归模型从多个角度实证了人口内外部均衡的具体表现，揭示了人口内部均衡与人口外部均衡在东中西部地区表现的差异性与阶段性特征，评价不同区域在不同发展时期人口均衡的发展变化及趋势。

第八章：人口均衡型社会的影响分析。本章基于建设人口均衡型社会面临的重大现实问题进一步展开深度剖析，从人口适度、结构与分布方面着手，筛选出人口内部均衡中的关键要素，构建人口变量的动态模型及人口变量预测，从时间维度上预测其对经济、社会、资源与环境的影响。

第九章：建设人口均衡型社会的问题、优化路径与政策模拟分析。本章基于人口均衡型社会的理论与实证检验，揭示了人口内外失衡的时空表现，在此基础上通过内生经济增长模型、博弈理论等进一步分析了人口适度、人口结构、人口分布均衡的优化机制与路径选择，在此基础上，通过相关主要变量的数据模拟，为解决人口失衡的症结提供数据考证。

第十章：人口均衡型社会的政策梳理与政策体系设计。在梳理人口均衡型社会建设的相关政策基础上，揭示其政策实施的特点及障碍；依据本研究的主体思想，总结本研究政策设计所遵循的思路及特征，为政策体系的设计提供逻辑基础。

第十一章：总结与政策建议。课题以人口均衡为基本定位，以均衡型社会建设为目标，以评价指标体系为主线，通过理论剖析与实证检验，探索建设人口均衡型社会的优化路径。本章针对人口适度、人口结构、人口分布以及人口发展与经济社会和资源环境等方面的失衡问题并结合本课题理论与实证分析结论进行了总结，在科学分析的基础上对人口均衡型社会的建设提出了相关对策建议。

三、研究方法

在社会经济理论研究的方法框架中，一般使用的方法和程序是：假设、概念、现象范围、特定理论、检验方法、价值评判与具体建议。

基本假设：人口学假设人口的增长有其自身的发展规律；人口学变量与经济、社会、资源环境互为依赖关系。经济理论的基本假设包括理性人假设、资源稀缺性假设。理性人假设是指每一个从事社会活动和进行经济决策的个人或集体都以效用最大化为目标。落实到人口均衡型社会理论中，即国家或地区或个人的决策是基于对社会福利最大化的追求。由于对人口均衡型社会的评价通常包括主观和客观两个方面，而影响人口均衡的因素不仅涉及人口数量、人口质量、人口结构、人口分布等人口内部均衡的多个方面，还涉及人口与经济、社会、资源与环境等相互依赖的人口外部均衡。本研究在构建人口均衡评价指标体系时，侧重于人口发展、经济增长、社会稳定、资源分配、环境和谐、制度供给等相互约束下的人口均衡思想。资源稀缺性假设是经济学研究存在的前提，在人口均衡评价过程中，反映人口适度的人口质量、资源禀赋、制度供给等都被认为是稀缺资源。具体而言，本课题认为人口内部均衡或外部均衡满足理性人的假设；制度供给具有外部性的假设。

概念体系：概念是形成理论框架的基石。人口均衡型社会的研究所涉及的概念相当广泛，包括与其研究密切相关的人口适度、人口结构、人口分布、人口外部均衡、人口内部均衡、人口均衡综合指数等概念，此外还包括资源配置、环境污染、制度供给等。

研究对象：该研究以人口为总体研究对象，以人口数量、质量、结构、分布等为具体研究内容，定位于人口外部均衡与人口内部均衡相互依赖的人口均衡综合评价研究。

特定理论：任何项目的研究都需要一定的理论做支撑，建设人口均衡型社会的研究涉及人口学、经济学、资源经济学、统计学、管理学、计算机科学等诸多学科的融合，是一个跨学科的交叉性课题，有坚实的理论基础并为推动该理论的进一步发展提供了广阔的研究空间，有很强的学术研究价值。本课题主要从人口学、经济学、管理学、计算机科学的角度进行研究，涉及人口增长理论、福利经济学理论、计量经济学理论、计算机技术等。同时还综合利用了世代交替模型、生命周期理论模型和知识增长模型等，并将这些理论模型分别融入内生模型的分析框架之下，这不仅使内生经济增长模型在适用范围上扩展了对人口均衡分析的思想。而且，还将制度因素融入分析框架之中，更是对内生经济增长模型的拓展和完善。所以本研究在理论模型的综合运用和拓展上也具有重大突破和创新。

研究方法：针对本课题研究的思路，本研究还应用了新古典经济增长理论、人口理论、制度经济学、计量经济学、计算机科学等相关的研究理论与方法。此外本课题的价值观念还明显地体现在有关的规范分析与实证分析中。具体而言，拟采用以下技术路线和方法：（1）指标体系的设置采用TF–IDF筛选指标及OOA建模方法；指标权重的确定采用灰色聚类、神经网络、层次分析（主观与客观）相结合的方法。表现在：根据现有反映人口均衡的内涵进行分析—TF–IDF提取指标—面向OOA技术建立指标体系；运用灰色聚类和专家咨询相结合的方法确定各层次指标的权重并设置反映人口均衡评价的各项指标，从而形成建设人口均衡型社会的指标体系,并运用统计分析方法对上述指标体系进行评价;分析人口内部均衡与外部均衡的相互依赖与制约的动态影响。(2)理论研究以历史分析、制度分析方法为主,人口均衡型社会的研究涉及新古典经济增长理论、人口理论、公共政策理论等,同时采用内生经济增长模型等方法研究人口均衡型社会的路径依赖与决策行为;结合内生经济增长理论,采用多目标动态规划方法,揭示人口内部均衡与人口外部均衡的理论机理。(3)实证研究在规范研究的基础上展开:采用归一化数学方法对指标进行标准化处理,同时,采用静态面板、动态面板分时段、分地区以及门槛效应模型进行了多维度的实证研究。而且数据的处理综合运用了 EViews、SPSS、Stata 和 MATLAB 等软件工具进行分析,但不排斥常规分析方法。(4)政策研究在理论与实证研究基础上进行归纳与总结,分析影响人口均衡的制度成因,为建设人口均衡型社会的政策建议提供理论及实证支撑。

第四节 研究重点与难点

一、研究重点

1. 概念的内涵与外延界定

概念界定的准确程度直接影响了对问题的把握程度和课题的研究质量,问题分析的核心在于对概念内涵与外延的界定。对人口均衡型社会内涵的准确把握体现了人口均衡概念及问题本质的认识和理解程度,也直接反映了对建设人口均衡型社会问题探究的深度。外延界定的广度体现了对概念认识的全面程度,对人口均衡外延把握得越全面,越能更加客观和科学地认识人口内部均衡与外部均衡的相互依赖关系。因此,科学把握概念的内涵是本课题研究的首要问题与重点所在。

2. 指标体系构建

构建科学的指标评价体系是本课题研究人口均衡型社会的基础。由于人口均衡型社会评价对象具有复杂、多元、多时序性等属性,使描述其本质特征的指标亦具有模糊性、不确定性和多元性,加之构建者价值观念、学科背景、权威程度不同,在构建多指标评价模型时,由于学科之间的差异使其研究结果具有局限性,不同的评价方法单独使用时评价结论也存在较大差异。因此,本研究融入计算机建模技术与人口、经济社会等理论方法以构建能够体现目标需求的人口均衡型社会的内容及含义。

3. 理论机制分析

理论机制是分析问题的逻辑路径，是理论分析的核心思路所在，集中体现了本研究的核心思想。不同学者对同一问题研究的差异归根结底是作用机制的分析思路不同。立足本课题而言，人口均衡是一个体系十分庞大的问题，本课题在总结已有研究成果基础上对人口均衡问题提出了以内生经济增长模型为主线构建的研究设计，将其逻辑关系融入到一个相互依赖的理论框架之中，在本研究中发挥着承前启后的作用。

4. 政策体系研究

对策措施是实现研究目标的现实路径，也是理论与实证分析的根本落脚点。人口均衡问题的提出来源于现实人口发展的失衡，本研究最终必然需要回到问题的起点，这不仅是本课题的研究目标，也是研究的价值与意义所在。

二、研究难点

本课题所研究的主题十分庞大，虽然课题设计了高效合理的研究思路，但探究问题的整个过程必然会遇到许多需要深入分析和克服的难题，其中，比较突出的难点在于：

1. 指标体系构建

针对人口均衡型社会的研究，它涉及人口、社会、经济、资源、环境等多个方面，构成了一个典型开放的复杂系统，而复杂系统的非线性、多要素耦合作用，使得单一评价方法难以用于复杂系统评价。特别是关于指标选择的随意性与权重设置的主观性的两大难题，本课题通过 TF–IDF 自动提取关键词、OOA 提取指标以及组合赋权等方法对人口均衡型社会进行指标体系构建与组合评价，不仅是对传统方法的挑战，也是需要学科交叉的科学指导才可能使难题得以突破。

2. 理论框架构建

构建人口均衡型社会的探究涉及的理论体系十分庞大，囊括了人口学、经济学、社会学、统计学和环境资源学等诸多学科理论，是一个跨学科的交叉性课题。所以本研究从经济学、人口学、社会学等角度出发，综合人口社会学、人口经济学、人口发展学、可持续发展理论、科学发展观、社会保障理论、博弈理论与计算机技术等理论，并将"人口适度"的新概念和制度因素纳入内生经济增长理论模型中，使研究面临了更大的理论挑战，也必然是本课题需要重点攻克的难点所在。

3. 研究方法选择

一方面，复杂的研究问题往往包含多而繁杂的子问题，每一个子问题都需要使用单独的研究方法或需要进一步的分解。本研究的人口均衡被划分为人口发展、经济水平、社会和谐、资源节约、环境保护、制度保障这六大因子下的人口内部均衡与人口外部均衡两大板块，所分析的外部均衡下的人口适度、人口结构、人口分布与人口发展；以及人口内部均衡约束下的外部均衡五大板块，贯穿了静态与动态面板回归模型及门槛回归的时空检验，对于本课题涉及的复杂多元的现实问题，不仅需要统计与计量经济学的现代方法，更需要数据获取的可得性及标准化处理，这无疑是研究中需要解决的难点所在。

第五节 研究贡献与创新

一、研究创新

本课题在综合已有研究成果的基础上，在概念定义、指标构建、框架体系、理论模型和方法选择上提出了本研究的贡献，主要的创新之处体现在以下几个方面：

1. 理论突破

学术界认为仅仅用内部人口均衡指数衡量人口均衡是不全面的，一些学者也曾提出过采用外部人口均衡指数来衡量，但这一指数应包括相比内部人口均衡宽泛得多的例如经济、社会等要素在内的综合人口均衡指数。由于人口内部均衡与人口外部均衡的关系始终没有梳理清晰，对该问题的研究目前也没有一个权威的理论机理作为支撑。本课题基于人口内部均衡与人口外部均衡统一的人口均衡思想，将其拓展为基于内生经济增长模型——人口内部与外部均衡的相互依赖路径——人口外部均衡约束下的人口内部均衡——人口均衡型社会建设的新路径与以往的研究具有显著差别：一方面，本课题从内生经济增长模型分析人口内部与外部均衡的相互依赖关系是一个新的切入点，是对揭示二者内在关系的一种突破；另一方面，构造经济社会与人口发展、资源环境与人口发展以及人口外部均衡下的人口内部均衡路径以及反向的路径依赖关系，不仅是对人口均衡内容的拓展，而且对分解人口均衡的层次体系并建立人口均衡型社会的优化机制提供了新的思维平台。

2. 视角新颖

人口均衡型理论的研究与人口学、新古典经济学、福利经济学、制度经济学的兴起是分不开的。本研究根据研究对象的特殊性与内容的复杂性，在人口学领域中需要跨学科的参与和贡献。特别是构建人口均衡型社会评价体系时采用的计算机建模技术与统计学等结合将使该领域的研究有更广阔的发展空间。同时把人口均衡与内生经济增长理论结合起来进行研究，一方面，不仅突破了人口均衡局限于"人口本身"的不足；另一方面，"贯穿内生经济增长的人口内外均衡"研究的主线开始向人口均衡的内生化方向发展，更是使得人口均衡问题的研究从表层走向深入。

第一，拓展了"人口均衡型社会"的内涵与外延，在结合"人口结构""人口分布"不失一般意义的基础上，利用"人口适度"代替"适度人口"作为衡量人口数量与质量的标准，并采用"人口发展"体现前三者的基本内容，使之拓展了人口内部均衡的一般表达。同时，本研究基于三大内生因子（人口适度、人口结构、人口分布）、五大外生因子（经济、社会、资源、环境、制度）、四个指数体现的经济、社会、资源、环境、制度约束下的人口适度指数、人口结构指数、人口分布指数、人口发展指数等路径依赖的人口均衡指数的构建，拓展了人口内部均衡与人口外部均衡相互依赖的人口均衡型社会的内涵与思想。

第二，厘清了"人口均衡型社会"与可持续发展理论的联系与区别，使人口均衡型社会问题的研究更加有的放矢。以人口内部均衡和人口外部均衡为主线的研究框架拓展了一直以来以抽象的"可持续发展"理念为核心的人口、资源和环境的关系模式（"可持续发展"旨在通过建立一个以人为本的自然—经济—社会复合系统，来带动经济、社会、人口、资源环境相互协调和共同发展），该模式将人口、资源和环境等放在同一层面上分析其相互影响和作用机制，无法反映人口内部结构的变化对人口发展的影响，更无法将人口适度、人口结构、人口分布作为内生增长变量对经济社会资源环境的约束进行分析；对此可以发现人口均衡型社会的思想对于实现可持续发展的目标更加细化与可行。因而本课题的理论框架设计是对人口均衡理论体系的新发展和新突破，为建设人口均衡型社会提供了新的研究视角。

第三，改变了传统意义上对内生经济增长效用函数的设定，将制度与政策因素明确纳入内生增长模型考虑的范畴，使 Hamilton 系统的一般结果发生了变化。

3. 方法、路径优化

课题以独特的 TF-IDF 筛选指标、面向 OOA 建模方法构建人口均衡型社会指标体系克服了传统指标选择随意性的弊端；以层次分析法、独立权系数法、变异系数法结合构造的组合赋权的权重确定突破了指标主观权重的分析框架；这些方法的应用使研究成果体现了鲜明的独创性，而且在客观性和科学性方面处于学术前沿。同时，课题通过真实数据进行优化路径的模拟，使研究成果不仅有理论依据，更具有现实基础。

具体来看，这些创新主要体现在以下的贡献中。

二、研究贡献

1. 建立了基于理论、实证、政策三位一体的分析框架

本课题认为：人口均衡型社会指标体系选择的理论依据不仅是由人口均衡的内部因子与外部因子所决定，更重要的是由人口均衡型社会的特征及制度选择所决定的。对当前我国人口均衡型社会评价的研究以经济可持续发展为研究的源起，以人口内部均衡与人口外部均衡为研究对象。在内生经济增长模型为主线的研究基础上，本课题的贡献在于试图挖掘现行人口发展的现状与人口失衡的内在机理及运行过程，建立一个关于评价人口均衡型社会从指标体系构建——路径依赖——实证评价——优化机制选择与政策体系设计的分析框架。第一次系统地揭示了人口均衡型社会从内生经济增长理论进行分析的框架，深化了研究的思想内容。

2. 拓展了人口均衡型社会的内涵

本课题认为：人口均衡型社会的内容应该寓于内生增长的机理之中。在此基础上，界定人口均衡型社会的概念突破了仅聚焦于"人口自身"的局限，以"综合指数"的评价作为衡量人口均衡型社会的本质不仅包括了"人口内部均衡与人口外部均衡"等涵盖的内容，而且突出了人口内部均衡与人口外部均衡的路径依赖关系，研究视角不同于已有的相关研究。有不少学者关注到用可持续发展的理念评价人口失衡的外在原因，其阐述颇具许多有启发性的观点。本课题从内部因子、外部因子两个方面；通过人口适度、人口结构、人口分布决定的人口发展的内在因子以及经济发展、社会和谐、资源禀赋、环境和谐、制度保障的外部因子等五个方面对人口均衡型社会进行内容界定，既吸收了比较统一的研究范式，又突出了本课题研究的特色，从而将问题的研究引向深入。

3. 构造了基于 TF–IDF、OOA 建模技术的人口均衡型社会的评价指标体系

本课题认为：人口均衡型社会涵盖的内容是多元的、全方位的。课题引入 TF–IDF 筛选指标，并采用面向 OOA 技术选择指标，在此基础上通过组合赋权法确定并揭示了人口内部因子、外部因子各指标对人口均衡型社会的影响程度及贡献大小。本课题的贡献在于通过对人口均衡型社会评价指标体系的选择及检

验，构造了一个在技术操作下的更客观科学的指标评价体系，通过灰色关联序与综合指数结果的排序平均误差长度的检验，使其所建立的指标体系的合理性得到进一步验证。

4. 实证了人口均衡型社会建设的区域差异与制度成因

本课题运用统计分析、计量经济学分析方法，采用 Stata、SPSS 软件，在采集了 30 个样本地区反映人口均衡型社会综合指数的 48 个指标面板数据基础上，实证地分析其基本特征、影响因素和相互关系，发现并揭示人口均衡型社会的影响因素。同时，从人口内部均衡、人口外部均衡、人口均衡的递进关系分析了人口适度、人口结构、人口分布等的改善对人口发展的重要意义。而且也从地区经济差异、资源配置效率、环境改善、制度差异等外部均衡方面对推进人口均衡型社会的建设及原因进行了剖析，其研究的结论不仅佐证了理论分析的结果，而且使研究成果具有前瞻性。

5. 设计了人口均衡型社会建设的优化路径与模拟数据考证

本课题认为：影响人口均衡型社会的因素很多，但从其内部寻找原因更容易发现人口失衡的制度障碍。本课题的贡献在于从制度的深层次原因揭示影响人口均衡型社会的制度因素。课题主要构造了影响人口均衡型社会的内部因子、外部因子的制度障碍、激励与约束机制，而且对经济社会的可持续发展也作了推断并确定了长远发展目标。同时，通过模拟优化路径的数据考证，进一步阐释了人口均衡型社会建设的制度路径，因此，分析得出的结论，既是理论上的逻辑终点，又可看作是实践的起点。

第六节　本章小结

本章是对整个研究的基本介绍，从选题背景、意义出发，概括了本研究的基本思路、内容及方法，并提炼出本研究的特色与主要贡献，是对本研究的高度概括，为以后的各章节的逻辑结构提供铺垫。

第二章

国内外文献综述与理论借鉴

在跟踪和研读既有文献中发现，国内外学者分别对人口、经济、资源与环境的研究已获得丰硕成果，但基于人口均衡视角专门分析人口内部均衡与人口外部均衡以及二者的相互依赖关系等问题的研究较为欠缺。因此，本研究在继承与借鉴前人研究成果的基础上提出需要进一步扩展的内容及空间，为本研究的进一步展开奠定基础。

第一节 国内外文献综述

为什么要建设人口均衡型社会？诸多学者给出了合理的解释。陆杰华、朱荟（2010）指出人口问题是中国经济社会可持续发展进程中的一个巨大挑战，"建设人口均衡型社会"这一理论命题符合中国特色社会主义建设的要求，是统筹解决人口问题，实现人口长期均衡发展，并促进人口与经济、社会、资源、环境全面协调持续发展的战略选择。王金营、戈艳霞（2011）指出人口问题、资源危机和环境污染是当今全球面临的三个重大社会问题，也是威胁可持续发展的三大因素，并从可持续发展的角度出发，分析了人口与经济社会、人口与资源环境的密切联系。基于此，狭义的人口均衡（人口内部均衡）与广义的人口均衡（人口内部与外部的均衡）的思想形成了学术界研究的两条主线。

一、人口均衡型社会的含义及评价

1. 人口均衡型社会的含义界定

在人口长期均衡发展的理论研究方面，学术界主要关注对人口均衡的认识，大多数学者都采用"二分法"进行分析，将人口均衡分为人口内部均衡和人口外部均衡（翟耀武、杨凡，2010；陆杰华、黄匡时，2010；于学军，2010；李建民，2010），其中，人口内部均衡指人口数量、结构、质量、分布等各要素之间的力量要均衡，人口外部均衡指人口与经济、社会、资源、环境等人口自身系统外的协调发展。人口长期均衡发展课题组（2010）提出了三分法，认为人口均衡除了内部均衡和外部均衡之外，还有一个总均衡，即当人口内部均衡和人口外部均衡两个体系有效匹配时，便实现"人口总均衡"，这对建设人口均衡型社会的内涵有了进一步的认识。

人口均衡型社会的内容"二分法"具有一定的科学性与合理性，其划分不仅从内涵上把握了人口均衡的本质内容，而且寻找到了深入分析人口均衡概念的切入点，这对本课题的研究与理论构建具有重要的启发意义。

2. 人口均衡型社会的实现

如何实现人口均衡型社会将是学术界与政府关注的研究重点，现有研究中，王金营、戈艳霞（2011）指出可以通过两条途径实现"人口均衡型社会"，其一是从人口本身着手，通过控制人口变量实现人口系统的内部均衡，以及人口系统与经济社会、资源环境系统协调发展的外部均衡；其二是基于人口外部变量视角，通过科学技术进步和社会经济发展，构建"人口均衡型"社会。崔玉宾（2012）则从马克思的两种生产理论出发，寻找解决中国人口问题的依据，认为要实现人口内部均衡以及人口与经济社会的协调发展，就必须保持人口数量、人口结构与生产资料的数量和规模相适应。张俊良、郭品超（2013）在"三分法"的基础上，提出应从人口内部均衡、人口外部均衡以及人口总体均衡三个方面着手，全面反映"均衡"内涵，以构建人口均衡型社会。首先，保证人口规模、人口质量、人口结构和人口分布等四个基本要素处于人口内部的协调状态，而且不会由于其中某一个（或多个）要素的变化而使其他一个要素背离它（们）的理想状态而发展，能够支撑人类的自身繁衍以及人口系统自我演进至更高的层次，以实现人口内部长期均衡。其次，保证人口与经济社会发展水平相协调、与资源环境承载能力相适应，人口因素既不落后于经济、社会、资源、环境等因素的发展，也不能超越经济、社会、资源、环境等因素所能承受的范围，以实现人口外部长期均衡发展。最后，协调人口内部均衡与人口外部均衡，以达到人口总体长期均衡。本项目在前人研究的基础上，基于"二分法""三分法"，深入探讨实现人口内部均衡和外部均衡的具体措施，从人口变量本身以及人口与经济社会、资源环境等外部变量的相互作用两方面入手，提出构建人口均衡型社会的具体措施。

3. 人口均衡型社会的评价

为了衡量人口均衡型社会的发展状况，学术界大都通过构建指标体系进行评价。王世巍（2008）在《城市人口均衡发展研究》一书中列出了城市人口均衡发展指标体系，但这些指标的逻辑关系不能清晰反映各个要素之间的相互关系和协调状况，也不能较好地反映人口均衡发展的程度和发展趋势。茆长宝、陈勇（2011）构建的人口内部发展均衡评价指标体系和评价模型对人口长期均衡发展测度有重要意义，但遗憾的是，该研究仅仅是人口内部均衡的一个方面，而没有对人口外部均衡展开研究。还有学者（如王颖、黄进等，2011）构建了被称为"评价监测模型"的指标体系，这是目前学术界提出的相对全面的人口长期均衡发展指标体系，但该研究主要是对人口总体均衡水平以及影响人口均衡发展的关键要素进行评价，无法对人口长期均衡发展程度和阶段做出纵向比较，也不能体现各个子系统之间的相互关系，同时所确定的均衡目标值的客观性有待质疑。

更多学者根据对人口均衡发展的不同理解，构建不同层级的指标体系并进行评价。然而由于评价体系、指标选取等差异，对我国人口均衡型社会发展的评价并未达成一致结论。王军平（2010）认为人口发展指的是人口数量、素质、结构和分布的变化及其相互关系的发展变化，以及人口与经济、社会、资源、环境之间的互动关系变化，对此，通过建立三个层级的评价指标体系，从人口自身发展水平、人口与经济社会发展水平以及人口可持续发展能力三个层面出发建立了覆盖人口数量、人口素质、人口结构、经济社会发展、就业参与、人民生活、资源约束、环境质量等方面15个评价指标，并依照熵值法、层次分析法集成确定评价指标的权重，编制全国及各地区的人口发展评价指数。龚文海（2014）认为人口均衡发展包括人口、经济、社会、资源、环境的外部均衡，也包括人口数量、人口素质、人口结构和人口分布的内部均衡。通过构建人口长期均衡发展的四个层级的评价体系，选取18个评价指标，并参照多个标准确定了指标阈值，运用模糊隶属度函数方法对各个指标进行标准化处理，采用层次分析法确定了相关层级指标权重，并运用2012年度的数据，对区域内的人口长期均衡发展状况进行了测算。结果显示：区域内各地级市之间的发展水平并不均衡，对此提出人口质量和人口分布是制约人口自身均衡发展的主要因素，人口与社会的均衡状况、人口与资源的均衡状况对人口与外部系统均衡的制约最大。周炎炎、王学义

（2014）认为新形势下人口发展的均衡，在内容上不仅表现为人口自身各要素之间的相互协调，还表现为人口发展与经济社会相协调、与资源环境承载力相适应。因此通过建立包含人口内部发展和人口与外部协调发展两个维度的中国人口发展监测指标体系，运用12个指标，基于统计数据对中国人口发展进行了评价，分析结果表明，近10年来中国的人口内外部发展并不均衡，整体协调度水平偏低。

成果提示：不同学者对人口均衡指标体系的构建既存在一定的共识，也有各自的研究特色。总体而言，大多研究主要从人口内部均衡和外部均衡两个维度构造指标体系，但指标选择普遍存在主观随意性弊端，而且指标层级之间的逻辑关系与理论支撑不足，这也是本研究需要进一步深化的方面。本课题根据"外部均衡约束下的内部均衡"理论设计并将制度因素纳入分析框架，从而形成了"人口发展水平""经济发展水平""社会和谐程度""资源节约程度""环境友好程度""制度保障力度"这六大子指标体系构成的人口均衡型社会指标体系，本研究的指标体系不仅在设计上体现了鲜明的独创性，而且在客观性和完备性上也处于学术前沿。

二、适度人口理论相关文献

学术界将人口外部均衡界定为人口与经济、社会、资源环境的相互协调；而人口内部均衡的内容界定为人口数量、人口质量、人口结构和人口分布等诸多方面，反映人口数量与规模的适度人口理论在学术界影响较大，对本研究有较强的借鉴价值，对此将对适度人口理论进行重点分析。

适度人口理论的产生，可以追溯到两千多年前柏拉图在其著作《理想国》中提出的人口应该有"最佳限度"的观点，如此才能维持人口与土地的均衡，并在《法律篇》中指出一个城邦的最佳人口数量应该为5 040人；而亚里士多德从有利推行立宪政体和人口增长对财产公有制潜在的打击出发，认为城邦人口适度的标准是达成自给生活所需的人口，最好不超过一万。

在此之后的许多古典经济学家，例如威廉·配第、亚当·斯密、弗朗索瓦·魁奈以及大卫·李嘉图等都研究了人口、经济发展与社会福利之间的关系。配第从劳动价值论出发，强调劳动力人口增长对增加社会财富的积极意义；斯密从一般商品的社会需要决定商品的社会生产这一视角出发指出社会经济发展水平和状况决定人口生产；李嘉图则从土地肥力递减规律出发，指出土地的生产力和资本积累追赶不上人口增长率，因而会导致人口对生活资料需求的压力。从上述的研究可以看出，西方古典经济学家的人口经济思想都认为人口发展应该与经济发展、自然条件相适应，这些思想对日后早期适度人口理论产生了较大的影响。

马尔萨斯在其著作《人口原理》中阐述了人口增长和生活资料的关系，认为人口是以几何级数增长，而生活资料是以算数级数增长，如果不对此种情况加以控制，则人口的增长必然会超过生活资料的增加，从而给人类带来灾难性的影响。与此同时，马尔萨斯也是进行人口与经济关系实证研究的第一人，并且从"消费"的角度出发研究人口生产和生活资料生产之间的关系。

此后，适度人口理论的研究主要经历了早期适度人口理论、现代适度人口理论和可持续发展适度人口理论三个阶段。

1. 早期适度人口研究

坎南（Edwin Cannan，1888）最早系统地分析了适度人口，创立了适度人口论，将产业最大收益作为达到经济适度人口的标准。坎南主要把适度人口看做人口的正常运动过程，虽然承认"产业最大收益点"（即经济适度人口）不是固定不变的，但是没有作进一步分析，未从静态经济适度人口上升到动态适度人口。维克塞尔（Knut Wicksell）把边际分析方法引进适度人口理论，他认为："当人口增长时，两种相反的力量会发生作用。一方面，当每个人所占用的土地份额或一般性的自然资源变少时，劳动生产率便下降；另一方面，人类的共同努力、劳动分工与合作、产业组织等总是非常重要的，在特定的重要情形下，可以征服自然力。在这两种相反的力量正好相互抵消时，真正的适度人口便达到了。"卡尔·桑德斯（A. M. Carr-Saunders）认为确定适度人口数量的唯一标准是经济标准，基于此标准，需要以人均收入为基础确定适度人口。他在论述人口与经济关系时提出了适度人口密度的理论，即一个国家的人口在所支配范围内达到居民获得最好生活水平的人口密度，并进一步指出理想的人口密度取决于应用技术和知识的程度。早期适度人口理论属于静态适度人口论，而且只涉及人口规模的适度，几乎没有讨论人口增长率和人口结构的变动，即没有揭示适度人口的动态性特征。

2. 现代适度人口研究

现代适度人口论以阿尔弗雷·索维（Alfred Sauvy）的观点为代表。他将适度人口定义为"一个以最令人满意的方式达到某项特定目标的人口"，并为适度人口设立了九个目标：个人福利、福利总和、财富增加、就业、实力、健康长寿、寿命总和、文化知识、居民人数。他不仅考察人口规模变动和经济进步的关系，而且把适度人口概念扩大到非经济领域，提出以国力和军力来衡量的实力适度人口模型（实力适度人口指一国达到最大实力时的人口）。在考察经济适度人口时，他提出人口"适度增长"的概念，并认为技术进步和生产率提高对适度人口有重要影响以此得出经济适度人口增长率。戈拉·俄林（Goran Olin，1976）将经济适度人口增长定义为人均收入的增长达到极限时的人口增长，认为人口增长刺激投资，但人口增长超过某种限度时，抚养负担的增大导致储蓄能力下降。但是戈拉·俄林的经济适度人口模型未考虑控制人口增长所需的费用。基哈德·斯密特·林克（J. Schmitt - Rink）在讨论适度人口增长率时把适度的指标确定为：其一，总人口抚养率的最小化。即平均每个劳动力人口所负担的少年儿童和老年人口的数量越少越好。其二，经济负担率最小化。即平均每个劳动力人口抚养少年儿童和老年人口的支出占人均收入的相对份额越少越好（当然，这种抚养未成年人和赡养老年人的支出本身也应该是适度的，要满足他们追求美好生活的需求）。其三，净人均消费（人均收入与平均劳动力人口的总抚养支出之差）最大化。显然，后两个准则建立在第一个准则之上，因为只有人口增长率适度，才可能形成最佳人口年龄结构，使人口总抚养率达到最小。与之不同的是学者皮尔福特（J. D. Pitchford）提出了福利适度人口模型，认为应当用最大福利来确定经济适度人口；进一步地，米德（J. Meade）则把社会福利引入适度人口分析，并认为如果人口增长可以增加社会福利（理由是人口增长意味着消费和劳动力的增长），福利适度人口更多地就会表现为以最高人均产量为基础的经济适度人口。

概括来说，现代适度人口论修正了静态适度人口研究，并沿着动态适度人口理论的方向发展，但存在一定的不足之处。首先，现代适度人口论仍然把经济标准作为衡量适度人口的唯一尺度；其次，现代适度人口理论片面强调人口的数量和增长速度，忽视了人口结构和人口地域分布，几乎从未考虑过人口素质。再次，适度人口理论主要建立在分析发达国家工业化与人口发展的关系基础上，忽视了发展中国家适度人口的问题。

3. 可持续适度人口思潮

从20世纪六七十年代起，各国学者开始将资源环境纳入适度人口的研究中，认为人口适度不仅指的是人口与经济社会相适应，而且还应该与资源环境的承载力相协调。埃利奇（Ehrlich P. R）指出，地球的资源环境容量是分析适度人口的主要因素，但也不能忽视社会因素（包括"个人"与其他人的关系以及人的心理状态同环境的关系）。W. 泽林斯等1970年的著作《地理和一个拥挤的世界》中收录了33位学者的论文，其论述的主题是关于发达国家人口与社会资源之间的关系。但是不得不指出的是符合可持续发展目标的适度人口更多探讨的是与资源环境承载力、人口容量等理论相关的内容，甚至更多文献中讨论的是"最大人口"而非"适度人口"，因而可持续发展下适度人口并未形成系统的理论，只能算是一种思潮。

成果提示：适度人口概念的立足点在于适度的人口规模，不管是早期适度人口理论的经济标准，还是现代适度人口理论非经济标准，抑或是可持续适度人口理论下的资源环境标准，其研究的目标都得出特定约束条件下的最优人口规模。可以看出，学术界对适度人口理论的发展都集中于对外部约束条件的拓展，而忽视了对适度人口本身的内涵挖掘，也忽视了其与人口素质等内部要素的均衡关系，这也是本研究将以"人口适度"替代"适度人口"的原因所在。

三、人口适度与经济社会的关系研究

1. 国外研究综述

国外学者从人口规模和人口素质两个角度研究了人口适度与经济社会的关系。研究中主要以人口增长、生育率来衡量人口规模，以寿命、人力资本积累来衡量人口素质。

（1）人口增长、生育率与经济增长的关系研究。

人口增长、生育率与经济增长之间的关系一直争议较大。主要存在三种不同观点：高生育率会抑制经济发展，低生育率会促进经济发展；人口增长对经济发展具有促进作用；人口增长对经济的作用具有不确定性。

观点一：生育率对于经济发展具有负向作用。科尔和胡弗（A. Coale, and E. Hoover）1958 年指出高生育率抑制了人均收入的增长。持相同观点的凯森（Kalsen, 2007）利用乌干达的案例研究，考察了人口与人均经济增长、贫困之间的关系。研究结论表明人口高速增长削弱了乌干达的人均经济增长水平。低生育率主要通过促进人力资本积累从而对经济增长产生积极作用。李和梅森（Lee R., Mason A., 2010）运用世代交叠模型，推导出了人力资本投资和经济增长之间的关系，研究结果表明低生育率会通过人力资本积累导致人均消费增加。普瑞特勒和布鲁姆（Prettner K., Bloom D. E., 2013）指出，生育率下降会通过减少劳动力供给从而会减缓经济增长和工业化步伐。但是，理论研究表明生育率下降对劳动力供给所产生的影响会被一些相关的行为所抵消，并在此基础上建立了一个有关消费优化模型，将生育率、教育和健康投资内生化，该模型表明，生育率下降会导致更高的教育和健康投资，其能够弥补生育率下降所带来的劳动力供给的减少，并进一步对 1980～2005 年 118 个国家的调查数据进行了实证分析并验证了上述结论。另外，阿斯拉夫等（Ashraf Q. H., 2013）定量评估了外源性生育率降低对人均产出的影响，该研究将学校教育、人口规模和人口年龄结构、父母投入抚养孩子的时间等纳入模型，通过微观估计和宏观模型组合参数分析了尼日利亚生育率变化对人均产出的影响，研究发现在过去

20年和50年间，伴随着生育率的下降，尼日利亚的人均收入分别增长了5.6%和11.9%。

观点二：人口的增长对于经济增长具有促进作用。西蒙（Simon J. L.，1989）通过对不同国家经济增长速度与人口增长之间的关系进行了实证分析，发现并没有强有力的证据表明人口增长对经济增长速度有负向影响，该研究认为最重要的积极影响来自新思想的贡献所带来的生产效率的提高以及学习所带来的经验积累。综合这种长期的正向影响和没有强有力证据支撑的中期负向影响来看，在经济的长期运行过程中，人口的增长会带来经济的增长。进一步地，伊普和张（Yip C. K.，Zhang J.，1996）通过在一般均衡模型的框架下，假设人口与经济增长这两个变量都是内生的，并在1986年罗默（Romer）和1988年卢卡斯（Lucas）提出的内生经济增长模型的基础上，探讨了两者之间的关系，研究表明在其他外生的控制变量不变的情况下，经济增长与人口增长之间存在反比关系。然而，当一些外生因素发生改变时，比如技术进步得到改善，人口增长与经济增长之间的关系具有不确定性。这一研究结果表明，之前学者们得到的互为矛盾的观点主要是由于各国观察到的变量存在异质性造成的。约翰逊（Johnson D. G.，1999）指出：传统的观点认为人口增长对实际人均收入有不利的影响。然而，有大量的证据可以驳斥人口增长对经济增长不利的结论。绝大多数对人口增长与经济增长关系的实证分析并没有发现人口增长对经济增长有不利影响，如萨瓦斯（Savas，2008）、古冈一郎（Furuoka F.，2009）、达奥（Dao M. Q.，2012）、满明志和佩尔奇（Mamingi N.，Perch J.，2013）等。

观点三：人口增长对经济的作用具有不确定性。托森和古冈一郎（Tsen W. H.，Furuoka F.，2005）研究了亚洲经济体的人口增长与经济增长之间的关系。运用约翰森（Johannsen，1988）和格雷格瑞汉森（Hanse G. R.，1996）协整方法检验得出的结果表明，就长期而言，人口增长与经济增长之间没有关系。但是，研究发现，日本、韩国、泰国的人口增长与经济增长之间存在双向的格兰杰因果关系；对于中国、新加坡、菲律宾而言，人口增长是经济增长的格兰杰原因，而经济增长不是人口增长的格兰杰原因；对于中国香港地区、马来西亚而言，经济增长是人口增长的格兰杰原因，而人口增长不是经济增长的格兰杰原因；对于中国台湾地区、马来西亚而言，人口增长与经济增长之间并不存在格兰杰因果关系。总体而言，人口增长与经济增长之间的关系并不是单一的。人口增长可能对经济增长有利也可能不利，而经济增长也可能对人口增长产生影响。海迪和霍吉（Headey D. D.，Hodge A.，2008）指出许多学者都试图研究人口增长对经济增长的影响如何，其通过回归分析发现，人口增长对经济增长的影响大小取决于政策因素，因此在研究二者关系时必须考虑决策变量的影响。

（2）寿命、人力资本水平与经济发展的关系研究

学者们普遍认为寿命对人均收入具有抑制作用。费雷拉和佩索阿（Ferreira P. C., Pessoa S. A., 2007）研究了寿命和税收对生命周期决策和长期收入的影响。研究发现个人都会在教育、工作和退休之间合理安排他们的时间，即决定每一时刻应该储蓄多少和消费多少，在进入劳动力市场后，如何划分自己的工作时间和闲暇时间。费雷拉（Ferreira P. C., Pessoa S. A., 2007）结合以往学者的研究经验，建立了包含收益曲线的关于寿命、税收对人均收入影响的模型，经研究发现预期寿命会影响人力资本的形成大小，而税收会降低劳动者的精力，影响其在校学习时间，从而会对人均收入产生负向影响。

人力资本有助于经济的发展，这在学术界已达成共识。人力资本是指依附人体体力和智力所具有的劳动价值总和，主要包括人体健康和个体知识储备，在人力资本对经济发展影响的研究方面，大多数文献着眼于教育所形成的人力资本，基于单一国家或跨国数据进行的实证分析得出了一致结论，即人力资本积累有利于经济发展［塔穆拉（Tamura R., 2002）；帕克（Park J., 2006）；埃斯科苏拉和罗斯（Escosura L. P. D. L., Rosés J. R., 2010）；玛哈穆兹（Mahmoods, 2012）］。同时，对处于不同发展阶段的国家而言，不同教育水平形成的人力资本对本国经济增长的作用存在差异。克鲁斯哥里（Khorasgani M. F., 2008）认为高等教育对后代的可持续发展具有至关重要的作用。大学和高等教育机构培育出了高素质的毕业生和有责任的公民，使他们能够满足人类所有领域的需求。克鲁斯哥里检验了伊朗高等教育与经济增长之间的关系，通过自回归分布滞后模型对每年国内生产总值、物质资本、人力资本、研发支出对高等教育与经济增长之间的长期和短期关系进行了研究，发现无论长期或短期，高等教育对经济增长都会产生积极的影响。珀玛里（Permani R., 2009）通过对有关东亚教育与经济增长之间关系的文献进行研究后也发现，教育对于经济增长来说至关重要。教育和其他能够提高生产力和生产效率的因素间的互补性通常被看作是经济增长的动力。实证结果显示，东亚地区教育与经济增长之间具有双向因果关系。而吉马和布莱姆彭（Gyimah-Brempong K., 2011）对非洲一些国家的研究发现，教育对经济发展具有显著的积极影响，并且，不同的教育程度对经济发展的程度又有所不同，对一些领域而言，小学和中学的教育可能比大专教育更重要；而从增加收入水平来看，高等教育更重要。在教育对经济增长的作用机制方面，沃尔夫（Wolff E. N., 2000）采用1950~1990年24个世界经济与合作组织的佩恩表中的国内生产总值、就业和投资数据，研究了教育作用于经济增长的三种模式：人力资本理论、阈值效应、教育与科技活动之间的互动效应，发现劳动生产率水平与劳动力所受的教育水平趋同。布兰顿（Breton T. R., 2013）从理论和历史角度研究了

教育在经济增长过程中的作用，研究发现教育对国民产出具有直接和间接的影响。由于学校教育提高了受教育工人的边际生产率，所以会直接提高他们的人均国民收入，进一步揭示了在高学历国家，投资的边际收益是递减的；而在低学历国家，投资教育的边际收入要大得多。热温格瓦等（Zivengwa T.，2013）在对津巴布韦教育与经济增长之间因果关系的探讨中发现，教育通过提高人力资本增加实物资本的回报率，从而促进了经济增长。

然而，也有研究认为教育对经济增长可能存在负向影响。热瑞（Zeira J.，2009）指出教育会通过另一种途径影响经济增长。如果说经济增长是由产业化带动的，那么在生产中机器会替代劳动力完成更多的任务，而操作这些机器则需要受过教育的工人，这些工人只需要是普通工人而不需要有什么特殊的技能。因此，如果教育成本过高则会增加经济的负担，从而可能使经济发展放缓。雷梅（Rehme G.，2007）通过研究发现教育会同时对收入增长和收入差距产生影响。由洛伦兹现行标准来评判时，高等教育程度并不会降低收入且不一定会缩小收入差距。教育程度和收入差距之间没有明确的函数关系。德尔加多等（Delgado M. S.，2014）以平均受教育年限作为衡量人力资本的标准，实证结果显示，平均受教育年限与经济增长之间具有非线性关系。

（3）来自制度的影响，即人口决策与经济增长的关系研究。

国外学者已经开始关注有关人口的制度安排可能会对经济社会的发展产生影响。斯里尼瓦桑（Srinivasan T. N.，1988）指出所谓的生育决策对经济发展的不利影响并非是由私人的生育决策造成的，而是由不恰当的政策和制度引起的。因此，政策改革和制度变迁是需要的，而不是通过影响生育决策来解决这种不利影响。但是关于人口决策与经济增长之间的研究较少，需要进行更深入的研究。

这些成果提示：国外学者的研究大都采用教育支出、平均受教育年限、入学率等指标来衡量教育水平的高低，研究结果大都表明提升教育水平能够促进经济增长。也有少数的研究认为教育与经济增长的关系具有不确定性。同时，人口规模对经济增长的影响也未得出一致性结论。总体而言，发挥适度人口对于经济增长的作用依赖于人口数量与人口质量的协调发展，偏颇任何一方面对经济增长都有不利影响。

2. 国内研究综述

国内学者仍然是从人口规模和人口素质两个层面来研究人口适度与经济社会的关系。但与国外学者不同的是：（1）国内学者构建了相应的模型来测算人口规模和人口素质；（2）国内学者对人口适度和社会经济的关系进行了双向研究。

（1）人口规模对经济社会的影响研究。

人口规模适度才能促进经济社会发展，此观点已经成为学术界的共识。张效莉等（2006）从环境承载力角度分析人口数量与经济发展的相互作用机制后发现，如果人口数量的增长超过了社会经济发展的需求和承受能力就会影响经济发展。并通过实证分析发现，人口数量与经济发展之间是相辅相成的。只有控制好人口数量尤其是农村人口数量，才能促进经济发展；只有促进经济发展，才能更好均衡人口发展。

如何确定符合社会经济发展的人口规模是当前国内学术界研究的重点，学者们考虑不同的影响因素对我国未来适度人口规模进行估计得出了不同结论。胡保生、王冼尘等（1981）从粮食生产、淡水供应和人口老龄化等 8 个方面，研究了未来中国适度人口规模应保持在 7 亿～10 亿人。宋健、孙以萍等（1985）以食物生产预测和淡水资源为基础，根据未来我国居民生活所需的热量和蛋白质，推测出我国在 21 世纪后半期的适度人口不应超 7 亿人。曹明奎（1993）从农业生态系统的生产潜力估算了人口承载力，采用能满足人体健康发育的食物消费方案，推算出我国未来的适度人口规模为 17.2 亿人。毛志峰（1995）编著的《适度人口与控制》是我国第一部关于适度人口的理论专著，该书将适度人口划分为经济适度人口、生态适度人口和社会适度人口，应用 EOP－MM 模型求解出 2030 年中国的适度人口可在 15 亿人左右。袁建华（1996）等认为，从水资源上看，我国的适度人口是 13.145 亿人；从粮食产量看，我国适度人口为 16 亿人。刘渝琳（2000）针对中国现有的人口过剩与资源环境匮乏相矛盾的国情，建立了含有四个层次的人口规模指标体系并确定了反映人口规模的数量模型，为寻找人口适度规模提供了参考。齐明珠（2010）以国家或者地区为单位，选取典型的反映人口健康、人口年龄结构特征、人口发展等人口指标，通过因子分析方法构建了世界人口发展健康指数，并对 46 个国家（地区）的人口发展健康状况进行了排名。彭宇柯（2011）运用适用于经济发展的人口规模模型（EOP－MM 模型）测算了 2001～2009 年湖南省适合于经济发展水平的适度人口规模，结果发现适于经济发展的人口规模明显低于实际人口规模。李菲雅、蒋若凡（2014）认为在建设人口均衡社会的过程中，利用灰色预测所需要信息少和神经网络非线性映射能力强的特点，筛选出妇女总和生育率、出生率、自然增长率、普通中学在校学生数、平均受教育年限、出生婴儿性别比、城市人口比重、老龄化比率、人均 GDP 值等九个与人口总量紧密联系的因素，通过建立多指标灰色 PSO－BP 神经网络人口预测模型等估计人口规模的数量，该模型预测度精度高、泛化能力强，具有较好的实用价值。

(2) 人口素质对经济社会的影响研究。

人口适度为什么要注重人口规模和人口素质并重？向志强、孔令峰（2003）指出人口发展是从数量向质量演进的过程，在我国现有的人口现状下，严格控制人口数量的同时注重加大人力资本投入，提高人口质量是我国的必然选择。杨帆、夏海勇（2010）通过研究发现人口的文化素质和道德素质协调发展有利于经济的发展以及经济与生态的兼容。李江涛（2011）认为人口结构和人口素质即将成为未来中国主要的人口矛盾，因此，国家的人口发展战略应该由"数量控制"向"数量控制、素质提高和结构调整并重"转型。汪小英、周艺（2011）认为中国在现有的生育率水平较低、人口数量即将达到顶峰、劳动力供给即将出现刘易斯拐点、资源约束的情况下实现经济社会可持续发展，需要从人口质量中获得持续发展的动力。并依据人口质量对经济增长的作用机理，提出了机制创新提升人口质量，促进人口质量向经济发展动力的转化，具体有两类创新机制为：建立起健康人力资本的学习型社会，提升人口质量；通过加快建立一体化的劳动力市场来提高人力资本的生产力、完善社会保障制度来形成人口质量的合理激励机制，从而促进人口质量转化为经济发展的动力。

国内主要通过人力资本水平衡量人口素质。毛新雅、王桂新（2005）指出教育投资能力已经成为衡量人口规模适度与否的重要因素，主要原因有三点：一是教育投资能力引发的技术创新在不断超越自然条件对人口规模的制约；二是教育投资能力引发的人力资本积累能不断超越人口数量给社会发展带来的负面影响；三是教育投资能力引发的公民素质的提高，有助于打破政策性城乡二元格局，促进人口布局优化，改善人口规模状况。国内学者在人力资本对经济社会的影响研究方面已有丰富成果，主流研究结论认为：人力资本受教育程度或者技术素养越高，对技术进步和经济增长的促进作用越明显；一国或者地区的人力资本存量越大，其对经济增长的贡献就越大。王金营（2002）、刘明显、杨淑娟（2010）、胡永远（2011）等研究均发现人力资本对经济增长具有显著的正向影响。由于人力资本包含多方面因素，单一教育指标可能造成实证结果偏差，学者们对人力资本的衡量指标进行了拓展，进一步检验人力资本与经济增长的关系。杨建芳、龚六堂、张庆华（2006）同时将教育和健康作为两种人力资本纳入 C－D 函数模型中，构建了一个内生经济增长模型，并利用 1988～2000 年中国 29 个省、自治区、直辖市的经验数据实证分析了人力资本的积累速度和存量以及人力资本的形成要素——教育和健康对中国经济增长的影响，结果发现人力资本存量增加能有效带动经济增长，并且人力资本存量和技术水平对经济增长的协同贡献为39.9%。李德煌、夏恩君（2013）则从更全面的角度对人力资本进行界定，建立了包含教育、劳动力在培训、身心健康和劳动力合理流动四个维度的新型人力资本综合测量体系，通过因子分析法对人力资本的综合水平进行了衡量，利用扩展 Solow 模型，并结合最新人口统计数据进行了实证分析，研究发现人力资本和技术进步正逐渐成为我国经济增长的主要影响因素。

随着研究的深入，国内学者认为仅仅从人力资本水平角度来衡量人口素质不够全面，对人口质量指数的构建提出了改进的思路。李松柏（2006）认为现有的人口质量指数（PQLI）由婴儿死亡率指数、预期寿命指数和文化普及率指数构成，其从健康和文化两方面并不能反映人口质量的真实状态。人口质量指数的构建需要从人口的身体素质、人口的科学文化素质和人口的思想道德素质等方面综合考虑。陈俊华等（2006）通过三层贝努里模型，即个人、家庭经济类型和区域环境三层模型分析了无锡市出生人口质量的影响因素。分析结果表明，家族遗传基因、污染源和家庭经济均会对出生人口质量产生影响。陆远权、杨丹（2007）选取了能够反映人口身体素质和文化素质的七个指标，运用聚类分析法对中国 31 个省（市）的人口质量进行了分析，结果显示，中国存在高、中、低人口质量区域。并指出在提高人口质量的过程中，必须充分考虑区域内的共性和区域间的个性而制定符合区域经济发展水平的投资策略来优化人口质量。

（3）经济社会对人口规模和人口素质的影响研究。

国内研究成果表明，人口规模、人口素质与经济社会之间的关系是相辅相成的，人口规模、人口素质影响经济社会的同时，经济社会的发展也会对人口规模和人口素质产生影响。梁鸿（1994）通过数学的拟合方法建立了期望寿命的曲线回归方程和婴儿死亡率的曲线回归方程来研究经济发展和人口死亡率、平均期望寿命之间的关系。结果表明，经济发展和死亡率之间是近似对数的曲线关系，当经济水平较低时，随着经济水平的提高，人口死亡率会出现迅速下降，平均期望寿命会迅速上升；当经济水平较高时，人口死亡率下降的速度迅速减小，平均期望寿命维持在一个比较稳定的水平。晋良花、章琴（2013）在构建的人口出生率指标体系的基础上，通过因子分析和聚类分析方法，分析了 2010 年我国 31 个省份人口出生率的地区差异后发现，我国的人口出生率在地域上存在差异，经济发展水平较高的东部沿海地区的人口出生率低于经济发展水平较低的西部偏远地区。

（4）制度影响的相关研究。

国内学者也逐渐意识到制度供给可能会对人口变化、经济社会产生影响。郭熙保、尹娟（2005）从人口与经济的关系出发，用人口增长模型论证了中国计划生育政策对减少人口的重要意义，但同时也发现，制度在调整变量的预期过程中也要承担相应的制度成本。

成果提示：国外学者重点分析了人口规模和素质对经济社会的影响，且研究涉及的领域十分广泛。国内学者则进一步研究了经济社会与人口规模和素质之间的双向影响关系。但是，大多研究只是单方面分析了人口规模或人口素质某个方面对经济社会某一领域的影响，而没有将诸多变量之间的逻辑关系纳入到一个整体性的分析框架之中，这也是本研究所要突破的内容所在。

四、人口结构与经济社会的关系研究

1. 国外研究综述

随着老龄化、少子化等问题出现，人口结构逐渐受到关注，在人口结构各因素中，年龄和性别是最基本最核心的因素，已有文献主要从年龄视角对人口结构与经济社会的关系进行了研究，但并未得出一致结论。弗格和梅瑞蒂（Fougère M., Mérette M., 1999）指出在未来的几十年里，所有世界经济与合作组织国家的人口结构将发生显著变化，其中老年人口的比重将翻一番，平均超过未来50个主要工业化国家的人口，这必将对经济社会发展产生重大影响。通过扩展1988年维丁（Hviding）与梅瑞蒂（Mérette）提出的模型，采用世代交叠模型对经济与合作组织的七个工业化国家的人口老龄化对经济增长的影响的研究，弗格和梅瑞蒂发现，长期而言，人口老龄化会为社会创造出更多的机会，有利于子孙后代人力资本积累，从而刺激经济增长。纳卡玛（Nakama, 2001）、梅森（Mason A., 2007）以及普里特勒（Prettner K., 2013）等的研究也得出了同样结论，人口老龄化并不一定是抑制经济增长的因素，反而能够促进经济增长。而传统观点则认为，人口老龄化导致劳动力供给减少、社会抚养负担加重，不利于经济社会发展。费尔德斯坦（Feldstein M. S., 2006）在对欧洲国家的研究中发现，人口寿命增加和低出生率会通过降低资本存量的积累和降低劳动生产率从而减缓经济增速。布鲁姆等（Bloom D. E., 2010）对东亚国家经济发展的分析中也得到了同样结论，认为过去对经济增长的解释忽略了人口这一重要因素，当加入人口因素，研究结果显示，东亚国家经济增长速度并没有以往那么高，这表明人口老龄化对经济发展存在抑制作用。同时，也有研究认为人口老龄化与经济增长并非线性关系，约恩（Joen, 2006）通过对OECD国家1960~2000年的面板数据进行回归和非参数估计发现，人口结构变化和经济增长之间存在对偶性关系，即在老龄化初期，经济增速随着人口老龄化水平提高而增加，随着人口老龄化进一步加深，经济增速便呈现反向变动趋势。

这些成果提示：国外学者从老龄化的角度研究人口结构变化对经济社会的影响主要聚焦于三条主线：一是人口老龄化会对经济社会发展具有促进作用；二是人口老龄化对经济社会发展具有抑制作用；三是人口老龄化与经济社会发展之间

的关系并非线性。但无论是哪条主线，人口结构的变化对经济社会的影响一定是显著的。

2. 国内研究综述

国内学者揭示了人口结构调整对人口均衡的重要意义，并从人口年龄结构对经济社会发展的影响进行了研究。张翼（2010）指出均衡型社会的建立必须解决三个问题：人口与自然环境均衡发展、人口内部结构均衡发展、人口与社会经济均衡发展。由于自然环境变化相对较慢，而社会经济的发展与人口关系密切，因此短期内只有调整人口结构，使其与自然环境、社会经济均衡发展。苏飞、张平宇（2010）指出人口结构与经济的协调发展是实现区域可持续发展的重要途径，通过构建人口结构指数和经济发展指数对辽宁省人口结构和经济发展的协调度进行了实证研究，发现二者协调度呈"倒U"型曲线，1995~2000年由初级协调向高级协调转化，2000年后协调度不断下降。朱海龙、刘晓凤（2012）在探讨了人口均衡型社会内涵的基础上，结合湖南省的实际情况，分析了湖南所面临的人口结构现状，指出湖南需要从优化人口结构的角度来建设人口均衡型社会。

国内研究成果表明，人口年龄结构变动作用于经济社会的主要途径在于通过劳动力供给影响消费、储蓄等，从而影响经济社会的发展。然而，目前研究并未得出一致结论。大部分研究认为人口年龄结构失衡会抑制经济增长。汪伟（2009）以生命周期理论为基础，分析了经济增长和人口结构变化以及其交互作用对中国储蓄率的影响。实证分析结果显示：经济高速增长与抚养比系数下降会导致储蓄率上升，经济增长对储蓄率上升的贡献随着适龄劳动人口的增加而增强，随着人口老龄化程度加深而减弱。同时，李春琦、张杰平（2009）通过建立动态宏观经济分析模型，利用1978~2007年的数据对中国人口老龄化和农村居民消费不足的问题进行了实证研究。研究结果表明，少儿抚养比和老年抚养比对中国农村居民消费的影响显著为负。王阳（2012）指出在一个依赖劳动力数量投入的经济增长中，劳动力人口不足或者老年人口过高都会成为阻碍经济发展的重要因素。同时指出，这种影响主要是通过三种途径得以实现：第一，从劳动力供给的角度来说，人口年龄结构的变化会导致相对劳动力人口的变动，即人口少儿抚养比和老年抚养比的升高会导致劳动力人口的相对减少；第二，人口年龄结构的相对变化也会导致消费和储蓄结构的变化，进而对经济发展产生影响；第三，人口年龄结构的变化还会通过影响技术进步的速度来对经济增长产生影响。另外，王鑫鑫（2013，2014）基于宏观CGE模型模拟了中国人口结构变迁对经济增长的影响，模拟结果显示，人口老龄化会导致劳动力人口的下降，使得中国经济增长呈逐步放缓的趋势。孙爱军、刘生龙

(2014)在索洛模型的基础上引入人口结构变量,通过计量分析模型,采用中国1990~2010年的省级面板数据进行实证检验,结果表明:劳动年龄人口份额上升、人口抚养比下降是过去20年来中国经济高速增长的重要原因。也有观点认为人口老龄化可以通过调整人口结构带动经济增长。史本叶(2016)利用我国省际面板数据建立PVAR模型,通过我国人口结构变化对经济转型的影响进行实证分析,揭示了当人口结构由红利型向老龄化转变时,这一过程将会推动经济向消费驱动的增长方式转变,促进产业结构调整对人口结构优化有较大影响。另外,汪伟、刘玉飞、彭冬冬(2015)从五个方面总结了人口老龄化引起产业结构转变的理论机制,通过构建多维产业升级指标并运用中国1993~2013年的分省份面板数据进行了实证研究。结果显示,人口老龄化不仅促进了中国第一、第二、第三产业间结构的优化,还推动了制造业与服务业内部技术结构的优化。总体而言,人口老龄化对中国产业结构升级的净效应为正。此外,人口老龄化带来的产业结构升级效应在中国各区域之间存在较大差异。

进一步地研究认为,以"人口老龄化"为主要特征的人口年龄结构失衡并不一定对经济发展产生不利影响,刘永平等(2008)在探讨老龄化背景下微观家庭的消费、储蓄、后代教育投资决策与经济增长的相互关系中发现,随着老龄化程度增加,后代的教育投资也将增加,老龄化程度增加虽然降低了家庭储蓄率,但并不必然导致经济衰退,其对经济增长的影响,取决于老龄化程度、资本产出弹性等参数。同样,苏春红、刘小勇(2009)则采用门限面板模型,也得出老龄化对储蓄的影响具有不确定性的结论,在经济发展的不同阶段老龄化对储蓄的影响可能是积极的,也可能是消极的,老龄化对储蓄的影响具有明显的门限特征。

一些学者为了得到更可靠的结果,将社会保险制度和计划生育政策纳入了分析框架之中。封进(2004)在迭代模型的基础上引入社会保险制度,发现人口增速下降会导致平均福利的下降和代际收入差距的扩大,而与此同时,劳动生产率的提高可以缓解人口结构变动对福利的不利影响;政府的再分配政策虽然可以缩小代际收入差距,但是人口增长率下降且劳动生产率未能提高时,其作用有限。朱超、周晔(2011)通过借助多期人口代际交叠模型分析了计划生育政策对人口结构和抚养比的影响,并对人口抚养比与储蓄率、相对生产率差异与经常项目差额进行了协整检验与因果检验。分析结果显示:计划生育政策并不可持续,人口年龄结构决定储蓄率和储蓄的跨时间转移,国家相对生产率差异决定储蓄的跨空间转移。空间上的这种转移并不改变一个国家国民的总福利,时间上的转移也不改变代与代之间的总福利。因此,提高即期消费率刺激经济应该考虑人口结构。

成果提示：国内外学者主要从人口的年龄结构探讨了人口结构对经济社会发展的影响，分析性别结构影响的文献则比较少，这可能源于人口性别结构的自然选择比较明显，研究其与经济社会影响的理论与现实意义都不太显著。就人口年龄结构而言，由于欧美等发达国家较早步入人口老龄化社会，所以国外学者集中分析了人口老龄化对经济增长的影响。而我国由于受计划生育政策的影响，步入老龄化社会的时间稍晚，但人口老年化的速度较快，而且具有"未富先老"的超前性特征，对经济的发展和社会的运行都造成了巨大的压力，所以人口年龄结构对我国经济和社会发展影响的研究成为国内研究的热点，这也将成为本课题研究人口内部均衡的主要内容。

五、人口分布与经济社会的关系

1. 国外研究综述

国外学者主要以人口迁移为切入点分析人口分布如何对经济社会产生影响，总体而言，大多研究普遍认为移民可以促进移民输入国的经济社会发展。卡萨达和约翰逊（Kasarda J. D., Johnson J. H., 2006）通过研究发现来自拉丁美洲的合法与非法的移民，都在显著地改变着北卡罗来纳州的人口与经济格局。吉塞克和马尔（Giesecke J., Meagher G. A., 2006）在 2006 年 5 月公布了一个关于"移民和人口增长对经济影响"的研究报告。根据委员会的调查发现增加的技术移民会对澳大利亚的总体人均收入水平增长产生积极的、但规模不大的影响。为了评估技术移民对经济的影响，澳大利亚委员会使用了莫纳什大学政策研究中心推演的模型，模拟了 2004~2005 年约 50% 中上水平的技术移民对于经济的增加效应。研究发现，劳动力流动通过较高的劳动参与率和使用较高技能对经济产生积极效应，但是也会产生人力资本减少、贸易条件变差的一些负面影响；通过该模型的估算，预计到 2024~2025 年，移民和人口增长对经济的净效应会带来积极影响，对经济的拉动将增加 0.7%。这一结果与其他学者的研究结果相一致。金德尔伯格（Kindleberger C. P., 2014）研究成果显示移民对经济会产生什么样的作用一直是沿着整个地中海沿岸，从葡萄牙到土耳其的一个重要问题。一方面，移民被认为是资本输出，对贫穷国家来说不利；另一方面，移民有助于缓解本国的失业现状。在没有考虑欧洲内部的南北迁移的情况下，当条件合适并且在移民输入国有效配置资源的基础上，大规模的移民可以促进移民输入国经济迅速发展。

2. 国内研究综述

国内学者也主要是从人口迁移角度来分析人口分布对经济社会发展的影响。与此同时国内学者还对人口分布的现状、人口迁移的特点和动力进行了相关研究，为本研究提供了理论参考。

（1）人口分布的现状及特征。

我国人口分布极不均衡，人口迁移表现为不同形式并且具有就业带动迁移的特征。王可（2011）的研究发现"胡焕庸线"以上人口密度极低，而"胡焕庸线"以下人口密度却已经超过联合国规定的极限标准，从而引发了多种社会问题和矛盾，不利于中国的经济发展，为此指出中国可以通过促进产业转型升级和改变经济发展方式来推动人口的自觉性迁移，促进人口向不发达地区流动。段成荣、孙玉晶（2006）提出我国的人口转移与国际通行的人口转移的含义和内容是不同的。由于我国户籍制度的存在，中国人口转移主要包括两种类型：一类是人口的转移伴随着户籍的相对变动，即迁移人口；另一类是人口虽然转移到异地但户籍没有相应的变动，即流动人口。蔡建明等（2007）通过研究发现中国人口迁移的方式主要分为三种，其一是链式迁移，也是最普通的迁移方式，指的是新移民倾向迁入与他们有社会关系的社区；其二是随机迁移；其三是递进式迁移，指的是迁移人口先从农村迁移到距离较近的小城镇，之后再迁移到中等城市乃至大城市。刘晏伶、冯健（2014）基于第六次人口普查的分析，论证了中国人口迁移特征及其影响因素，发现通过就业格局可以很好地解释人口的分布或者是人口迁移率的变化。

（2）人口迁移的动力。

人口迁移的动力主要从迁出地的推力与迁入地的拉力两方面进行分析。蔡建明等（2007）通过研究发现中国人口迁移的动力主要有五点：一是农村剩余劳动力的存在；二是城乡和地区间收入存在巨大差异；三是城市基础设施的改善和城市经济的多元化加快了城市吸纳劳动力的能力；四是城市内部人口的空间再分化和城市郊区化；五是户籍制度、就业制度和社会保障制度的进一步完善。刘晏伶、冯健（2014）基于第六次人口普查数据，运用多元线性回归技术研究了人口迁移的影响因素，结果表明，迁入地的城镇居民收入与迁移率呈正相关关系，而迁出地城镇收入、迁入地的科技文化水平、迁移距离和迁入地农村收入则与迁移率呈负相关关系。马红旗（2012）发现东部地区的经济发展需要大量的劳动力，对人口的吸引作用较强。在这种推—拉作用的双重影响下，加上我国对迁移人口管制的逐步放松，农村剩余劳动力大规模向东部沿海地区迁移，而且，跨省区的人口迁移越来越成为人口迁移的主要模式。

(3) 人口迁移对经济社会的影响。

总的来说，国内学者大多认为人口迁移对我国经济来说是一个帕累托改进，对经济增长的贡献也是多方面的。翟锦云（1994）和王桂新（2005）均从劳动力供给的角度分析人口迁移对经济增长的积极贡献。王桂新（2005）认为净迁入劳动力满足了东部地带区域经济发展对劳动力的需求，也在一定程度上缓解了东部地区就业结构性不足的矛盾；20世纪90年代后期主要表现为人均迁出人力资本对中西部地区经济发展的积极推动作用，这主要是相对迁出地人口来说，其迁出人口的教育水平及人力资本存量较高，又主要迁入到经济比较发达的东部地区，就业可以获得较高的收入，即使扣除他们在迁入地的消费，剩余部分寄回或带回迁出地的部分也往往高于当地未迁移劳动力的收入水平，因而成为中西部地区提高收入水平、促进经济发展的重要资金来源。而孙峰华（2006）则从人口迁出有助于缓解迁出地土地和就业压力的角度分析，同时，迁出人口收入的回流对迁出地经济建设和资本积累也存在积极的影响。杜晓敏、陈建宝（2010）在研究中表明，没有伴随户口变动的人口流动无论是净流入还是净流出，多数时候对省域经济都体现为正向的影响，说明人口流动引致的劳动力流动实现了要素的优化配置，对流入地和流出地来说都是有利的。对于伴随户口变动的人口迁移来说，东部主要表现为人口的净迁入，并且更多体现为积极效应；中西部地区主要表现为净迁出，较多的时候表现为一种负向影响，但是这种负向影响要么没有通过显著性检验，即使通过检验也只表现为一个微弱的负值。总体来说，无论是人口的迁移还是人口的流动，对总量经济来说都是有益的，但是人口迁移对迁出地相对不利，对迁入地有利，而人口流动则对流入和流出地呈现正向贡献。张勋、刘晓光、樊纲（2014）在二元经济框架下，从农业劳动力转移的角度探讨中国家庭储蓄率和国民储蓄率上升的原因，认为由于社会保障水平和收入水平的差异，农民工的边际储蓄倾向比农民和城镇居民高。在农业劳动力向非农部门持续转移的进程中，农民工群体随着非农部门的资本积累而不断扩大，其高储蓄行为也推动了家庭储蓄率和国民储蓄率的上升。

但是，也有学者认为人口迁移对经济也会产生负面影响。他们认为劳动力迁移会增加贫富差距以及地区间的不均衡。蔡昉、张文新（2008）等证明劳动力和高素质人才的流失将不利于迁出地农业的发展。农村劳动力的流出可能会使农业劳动力短缺、农村老龄化速度加快；而且，人口流动对于人口流入地和流出地都会产生不利的影响。张胜康（1995）认为城市外来人口的大量流入会给城市住房、交通、环境、能源等方面带来巨大的压力。此外，人口迁出也会给迁出地带来一系列社会问题，如留守儿童、留守老人、留守妻子等问题。许召元、李善同

(2008) 认为虽然区域间劳动力迁移可以有效改善配置效率，提高经济增速缩小地区间生活水平差距，但由于在一国内部资本流动性很强，存在"资本追逐劳动"现象，因此并不能缩小人均 GDP 的地区差距。虽然劳动力迁移显著提高了输出地的人均收入和消费水平，但单纯的劳动力输出并不能缩小同发达地区人均产出的差距。段平忠（2012）认为改革开放以来，除了西部地区得到了人口迁移带来的内部地区差距缩小的实惠以外，东、中、西部地区以及中国整体的地区差距都因为大规模的人口跨省迁移而显著地扩大了；贾小玫、张哲（2013）运用全要素生产率理论，采用 31 个省区市 1996～2011 年的面板数据进行实证分析，结果表明我国省际间经济差距虽然逐步呈现出收敛状态，但地区间经济差距仍在逐渐拉大。同时人口迁移并没有直接对省际间的经济差距产生收敛效应，实际上扩大了各地区的经济差距。当然，也有学者认为在讨论人口迁移对地区经济影响的时候要考虑到差异性，不同地区的经济发展情况对人口迁移的反映程度不一样。段平忠（2011）发现越是相对发达地区，其经济增长单纯受人口要素流动的影响越弱；越是相对落后地区，人口迁移对经济增长的影响效应也越大。其次，由于相同时期的人口迁移所引致的不同经济集团到达各自的稳态存在时间差，从而加剧了不同集团间的增长不均衡，并最终造成了中国经济增长总体差距的不断扩大。纵向的对比也发现，富裕地区的经济增长受人口迁移的影响不大，但是影响趋势却逐渐由促进收敛转向减缓收敛；中等发达地区的经济增长受人口迁移影响的趋势也是由促进收敛逐渐转移到减缓收敛，与富裕地区相比较，其影响的程度增强了；贫穷地区的经济受人口迁移的影响最大，并且人口迁移使贫穷地区的经济增长由最初的引致发散逐渐转向引致收敛。

（4）如何确定适度的人口迁移量。

较为精确地测算出适度的人口迁移量显得十分重要。国内目前已经有学者注意到了这个问题。曾祥旭、陈卓（2010）认为区域的适度人口规模和合理的人口分布对区域的发展具有重要的意义，基于 P－E－R 模型估算了重庆的适度人口规模，并运用 P－S 模型分别计算了动态和静态条件下重庆"一圈两翼"人口合理分布所需要的迁移数量。但国内学术界对适度人口迁移量的研究成果还比较少，没有形成系统性，测算出的人口迁移量的精确程度如何暂时还无法评估。

成果提示：人口分布是一个结果概念，国内外学者主要分析了人口迁移对经济发展的影响，而且国内学者还对人口迁移的特点、现状、动力以及适度迁移规模进行了分析与测算，但人口分布与经济社会发展水平之间的内生性关系研究较为欠缺，这也是本研究需要进一步探讨的问题之一。

六、人口发展与资源环境的关系

1. 国外研究综述

国外学者就人口对资源影响的讨论较少,而就人口对环境影响的文献比较深入。国外学者主要从人口规模、人口结构两个方面研究了人口发展对环境的影响。

(1) 人口规模对环境的影响。

国外学者普遍认为人口增加会导致环境的恶化,而减少人口有助于改善环境状况。石(Shi A.,2003)在评估和预测人口变化对二氧化碳排放的影响时发现,大多数的研究都假定二氧化碳的排放和人口变化之间都有一个弹性,即人口增加1%,二氧化碳的排放增加1%。约克(York R.,2007)根据来自14个基础欧盟国家1960~2000年的数据分析了人口因素和经济因素对能源消耗的影响,结果发现人口规模和城市化进程均会加大能源的消耗,并使用合成模型预测了2025年能源的消耗量,该预测结果显示,预计欧洲人口增速的下降将有助于遏制能源消耗的增加。小野崎(Onozaki K.,2009)基于2007年政府间气候变化专门委员会的评估报告发现全球气候变暖很可能是人为因素导致的。二氧化碳是主要的温室气体,正是二氧化碳的增加导致了全球气候变暖,特别对于发展中国家而言,其人口增长是操纵全球二氧化碳排放量增加的一个关键因素。乔根森和克拉克(Jorgenson A. K.,Clark B.,2010)探讨了人口与环境之间关系的时间效应,对人口与二氧化碳排放量之间的关系是否一直保持稳定,或者减弱或者关系更为显著进行了实证研究,结果表明,人口规模与二氧化碳排放量之间具有放大的正相关关系,这种时间效应在发达国家和欠发达国家都是成立的。奥尼尔等(O'Neill B C,2010)研究发现21世纪许多地区的人口规模、年龄结构、城市化都在发生实质性的变化,由于这些变化会影响能源使用和温室气体的排放,不应该忽视这些变化或者以过于简单的方式来进行分析。因此,奥尼尔等学者针对人口变化对全球二氧化碳的排放进行了全面的评估。研究发现,减缓人口增长对于减排来说是十分必要的,据估算,到2050年,通过减缓人口增长会使二氧化碳排放减少16%~29%。乔根森和克拉克(Jorgenson A. K.,Clark B.,2013)运用1960~2005年不同国家的面板数据进行了描述性分析和回归建模,描述性统计表明在45年的观察期间内,各地区都经历了碳排放量增加、人口规模增大的过程,但是各地区之间存在差异。就排放量的增加而言,亚洲国家居首位,其次是拉丁美洲、非洲等国家,再次是来自欧洲、北美和大洋洲国家的联合样本。实证检验结果表明,人口规模的确是二氧化碳排放量增加的主要驱动力,而就人口规模对二氧化碳排放量影响的弹性而言，非洲国家比其他国家和地区要小得多。然而，也有学者得出相反结论认为人口规模扩大不一定导致环境恶化。利德尔（Liddle B.，2014）从宏观层面基于人口规模、年龄结构、家庭规模、城市化程度、人口密度与二氧化碳排放量和能源消费之间关系进行回顾的基础上，采用时间序列研究了人口密度、城市化、家庭规模与能源使用和碳排放总量之间的关系，结果表明平均家庭规模与能源消耗、碳排放总量之间呈负相关关系；城市化与能源消耗、碳排放总量之间存在正相关关系；而较高的人口密度总是与低能源消耗和低碳排放量并存。

（2）人口结构对环境的影响。

人口老龄化会导致环境恶化，这几乎已达成了共识。克罗嫩伯格（Kronenberg T.，2008）估计了德国人口变化对能源使用和温室气体排放的影响。由于老年人与年轻人的消费模式不同，老年人口比例的增长会影响全社会的消费模式，基于环境投入产出模型进行的模拟结果表明，到2030年，人口结构的变化即老年人口占比上升会提高总的温室气体排放量中甲烷的份额，不利于减少德国的能源使用和温室气体排放。热格河利（Zagheni E.，2011）为研究人口年龄结构变化对二氧化碳排放量的影响做出了研究方法上的贡献。首先，热格河利（Zagheni E）推出IPAT方程可以推广到多部门经济；其次，热格河利指出可以以家庭消费水平来反映家庭规模，并结合人口年龄结构来量化能源密集型产品经济的规模建立模型，以此来估计特定年龄组的人对于能源密集型产品的消耗程度和二氧化碳的排放量。除此之外，热格河利通过美国的样本数据分析结果表明，在60岁之前，人均二氧化碳的排放量随着年龄的增长而增加，到了60岁之后，其结果相反。在其他因素不变的情况下，预期美国人口年龄分布对二氧化碳的排放具有正向微弱但显著的影响。威利斯等（Willis K et al.，2011）发现许多国家都在努力通过可再生资源来提供所需的能源，这些国家是正在经历老龄化的国家，如果老年人家庭不太愿意接受变化和采用新技术，那么上述国家的这些人口变化会降低可再生资源的摄取，并运用条件逻辑和混合Logit模型评估了老年人家庭对于微型发电技术设备（例如太阳能光伏和风能）安装的情况，发现老年人都不太愿意使用该技术产品，因此人口老龄化确有可能加剧传统能源使用对环境的污染。门兹和维尔斯（Menz T.，Welsch H.，2011）研究了OECD国家人口转变与二氧化碳排放之间的关系，该研究认为与二氧化碳的排放相关的消费模式取决于生活圈的位置和人口出生率，并利用26个国家1990~2005年的面板数据，通过对人口的年龄、出生率与二氧化碳排放之间的关系进行回归发现，人口老龄化水平的上升以及生育率的提高都会导致碳排放量的增加。而有学者则得出了相反的结论，认为人口老龄化反而会减少二氧化碳排放量。道尔顿等（Dalton M., 2008）结合世代交叠模型研究了年龄结构与能源消耗的关系，结果表明人口老龄化会降低能源的消耗和二氧化碳的排放。

（3）人口素质对环境的影响。

国外有些学者甚至研究了人口的身体素质对资源环境的影响，这也为以后的研究提供了新的思路。爱德华兹和罗伯茨（Edwards P., Roberts I., 2009）指出全球超重和肥胖人数的增加会对环境和人类自身的健康产生严重的影响。同时，爱德华兹和罗伯茨使用了斯科菲尔的方程来研究男、女人群需要维持基础代谢率所需的食物能量。研究结果表明，与正常的 BMI 人口数量分布相比，40% 的肥胖人口需要多消耗 19% 以上的食物能量。肥胖人口增加 10 亿所带来的粮食消耗，以及自驾出游所导致的二氧化碳增加量。因此，一个健康的体重指数对于维护较低的温室气体排放量具有重要的意义。

2. 国内研究综述

国内学者阐释了研究人口与资源环境关系的必要性，并通过模型提供了测算现有资源承载力下的适度人口规模的方法，探讨了人口对环境的影响，并为今后更全面研究人口与资源环境的关系提供了思路。

（1）研究人口与资源环境关系的必要性。

人口剧增、资源短缺、环境恶化，是人类社会发展所面临的突出问题。周毅（2003）认为人口寓于资源、环境之中，三者组成一个相互制约的巨大系统。人口既是该系统中独立的核心，又是资源的重要成分，还是环境的能动要素；人口过多、素质偏低和老龄化加快三症并发，成为中国人口与环境发展的独特现象，环境问题的实质是人类索取超过资源本身、排污超过环境自净能力、自然资源耗竭超过极限便不可逆转，因此，可持续发展是实现人口与环境协调发展的科学、合理的社会结构范式。

（2）资源承载力下的适度人口规模。

国内众多学者纷纷构建模型，力图测算出生态资源承载力下的适度人口规模。刘钦普等（2005）通过建立土地资源人口承载力动力学模型，对人口与土地资源自治系统中土地资源的数量和质量、人口数量和生活消费水平之间的相互关系进行了研究，结果表明：稳定平衡状态下人口数量与土地资源生产潜力总量成正比；人口数量和土地资源生产潜力总量与人类消费水平成反比；人口数量和土地资源生产力与耕地面积和土地单产潜力成正比。张效莉、王成璋（2007）运用逼近理想解排序（TOPSIS）的决策方法，对全国人口、经济发展与生态环境系统协调性测度进行了分析，结果显示，全国各省区协调度最高的是北京、上海、天津三大城市，其次是东部和部分中部省区，协调度最差的省区基本都在西部，表现出协调度的空间继承性。李秀霞、刘春艳（2008）认为在可持续发展的目标下，适度人口不是仅仅取决于单一要素的承载力，而是取决于生态、经济和土地等多要素的综合承载力。通过利用综合承载力构建的适度人口的计算方法和模型，对吉林省1978～2002年的适度人口进行了测算，发现吉林省适度人口总趋势是不断下降的，而总人口却是稳步上升的，从1996年开始吉林省就出现了人口赤字，其人口、资源与环境处于一种不协调状态。包正君、赵合生（2009）认为城市的发展需要适度、合理的人口承载量，而城市资源环境会影响人口承载量，他们基于生态足迹模型，通过计算南京生态足迹和生态承载力来衡量南京的适度人口规模，发现南京的人口规模已经远远超出了其适度人口规模的容量。张子珩等（2009）运用可能—满意度法，通过构建乌海市人口承载力指标体系以及可能度和满意度函数，对乌海市未来人口承载力进行了分析。结果显示，当总人口小于 49×10^4 人时，大气质量问题相当严重；当总人口大于 49×10^4 人时，水资源供需矛盾上升为主要问题；当总人口超过 63×10^4 人时，就业问题比资源环境问题更为严峻。通过测算，乌海市2020年的人口承载力为 51×10^4 人为宜，此时可能的满意度为0.61。胡春春（2013）通过构建人口、资源与经济协调发展评价指标体系，在协调发展度模型的基础上，对广东省的样本数据进行了实证分析并显示出广东省的人口、资源环境及经济发展总体上处于高度协调状态，但是有下降趋势，而这种趋势下降主要是受到资源环境的影响。戚颖颖、陶玉龙（2014）基于生态足迹与生态承载力模型测算了上海市目前的适度人口规模为2 889万人，而常住人口规模为2 300万人，上海市面临严重的生态赤字和可持续发展的压力。穆怀中、张文晓（2014）对中国耕地资源人口生存系数的研究立足于城乡人口结构条件下的耕地产出收益对城乡人口的容纳承载能力。研究发现，中国现存耕地资源一阶人口生存系数较高，适度检验效果良好；二阶人口生存系数较低，适度检验不足。在当前城镇化水平下，国家18亿亩耕地红线接近满足现有城乡人口生存需求的下限；城乡人口增长率、城镇化水平、耕地产出收益与耕地资源人口生存系数存在关联，均是提高中国耕地资源人口生存系数并实现人地协调发展的重要调控指标。

（3）人口对环境的影响。

国内学者主要从人口规模和人口结构两方面来研究人口发展对环境造成的影响，其研究并未得出一致性结论。王峰等（2010）通过人口规模对二氧化碳排放的影响分析发现，中国二氧化碳排放量年平均增长12.4%，其贡献是1.14%，人口总量对二氧化碳排放具有正向的影响。宋杰鲲（2010）在对1990～2006年中国二氧化碳排放量变化趋势进行分析的基础上，探讨了经济增长、人口、产业结构和技术这四个变量对二氧化碳排放量的影响程度，通过实证检验发现，人口总量对二氧化碳的排放具有增量效应；从人口结构来看，15 岁~64 岁人口所占比例对二氧化碳排放具有负效应，也就是说少儿抚养比和老年抚养比增加会导致二氧化碳排放量的增加。李楠等（2011）基于 1995~2007 年中国的碳排放量、人口总数、人口城市化率、老龄化率、恩格尔系数、第二产业从业人口比重等时间序列数据，运用协整理论、格兰杰因果检验和多元回归模型，对中国人口结构与碳排放量之间的关系进行了实证分析，结果表明：人口城市化率、人口的消费结构、第二产业从业人口比重对碳排放量具有正向影响，人口规模对碳排放量具有负向影响；人口的城市化率对碳排放量的正向影响最大，说明中国的碳排放量与城市化进程存在密切联系；人口老龄化对碳排放量具有负向影响。近期研究成果中郭文，孙涛（2016）通过人口结构变动对中国能源消费碳排放的影响分析，引入城镇化及居民消费等因素拓展 LMDI 模型，选择中国 30 个省份 2003~2012 年的面板数据实证分析人口结构变动对区域能源消费碳排放量变动及其分解效应的影响。结果表明：现阶段人口年龄结构、人口教育结构和人口职业结构变动减缓了中国碳排放量的增长，而人口城乡结构、区域经济水平和人口规模变动的影响方向则相反；进一步地，人口性别结构变动对碳排放量变动无显著地影响。另外，付云鹏、马树才、宋琪（2016）在空间相关性检验的基础上，以 STIRPAT 模型为理论基础，结合空间回归模型研究了人口规模、人口结构、技术进步、产业结构等因素对四项环境质量指标的影响。结果表明：四项环境质量指标均存在着显著的空间自相关性；人口规模对各项环境质量指标的影响是正向的，人口年龄结构、城镇人口比重和家庭户规模对各项环境质量指标的影响是负向的。

  成果提示：国内外学者关于人口规模和人口结构对资源和环境的影响进行了较为全面和深入的分析，但现有研究主要存在两个方面的缺陷。其一，人口发展包含了人口规模、人口素质、人口结构和人口分布等诸多内部要素，已有研究主要探讨了人口规模和人口结构对资源环境的影响，较少研究人口质量与资源环境的关系；也有一些学者开始涉足此方向，但其所定义的人口素质概念过于狭隘，而国内则鲜有相关文献的发现。其二，人口发展与资源环境之间存在一定的依存和制约关系，已有文献关于人口发展对资源环境影响的探讨较多，而分析资源和环境对人口发展影响的文献相对欠缺。另外，尽管已经有学者意识到了人口城市化对环境的影响，但较少将此与人口分布的研究结合起来，这些都是本研究将予以进一步深化的方面。

七、人口发展与制度供给的关系研究

由于中国人口发展的特殊性,其制度演进更具有中国特色,因此参考的文献也主要来自国内的学术研究。

尹德挺、胡玉萍、郝妩阳(2016)基于2001~2015年的《北京市教育事业统计资料》,利用常规统计分析方法,发现基础教育阶段的就学人口主要聚集于城市功能拓展区,为了促进教育和人口的良性互动,提出了政府部门未来应关注的问题即人口发展惯性引发的教育需求增长拐点问题、流动人口子女不同流向引发的人力资本提升受阻问题、人口空间布局优化引发的教育资源有效配置问题等,这些问题的探讨为政府公共教育投资如何缩小人口数量与质量的差异提出了思考。

易信(2016)通过户籍人口与常住人口城镇化率的关系研究,提出为落实按照基本公共服务均等化的要求,应加快引导农民工有序落户城镇,国家应统筹安排、做好顶层设计,完善与农民工"带资进城"相配套的法律法规,探索建立农民工市民化的区域协调机制;罗俊峰、童玉芬(2015)针对流动人口就业者工资性别差异及影响因素的研究发现,低学历、农村户籍,在落后地区、劳动密集型等低端行业就业的流动人口工资低且性别差异更明显,提出加快建立城乡统一的劳动力市场,保护女性流动人口就业者的合法权益迫在眉睫;段丁强、应亚珍、周靖(2016)从筹资的角度分析制约公共服务向流动人口供给的原因,研究结果表明:我国现行的以常住人口为基数核定和安排基本公共卫生服务筹资责任的政策安排给地方政府回避流动人口基本公共卫生服务的供给责任提供了制度空间,导致了流动人口公共卫生服务筹资"两头落空"的现象,影响了服务供给的均等化水平。游士兵、任静儒、赵雨(2016)通过年龄移算法描述了城乡人口迁移流动的年龄模式,发现我国农村人口乡城迁移概率随年龄的分布呈现"中间大,两头小"的特征。在此基础上,该成果认为制度是影响乡城迁移年龄模式的决定性因素,制度变迁的缓慢性以及路径依赖决定了短期内我国人口乡城迁移年龄模式的稳定性。

成果提示:国内学者从公共财政投资的制度效率倾向、公共服务产品均衡化的制度安排以及打破行政设区的制度供给在一定程度上对人口均衡型社会的建设均有一定的积极意义,也为本研究所借鉴。但研究的不足在于:一是制度效应往往与经济、社会、资源环境相联系,与人口相关的制度供给除了影响人口的内部均衡外,一定会产生对外部均衡的影响,厘清其间的逻辑关系才能挖掘人口均衡型社会优化的路径;二是大多文献几乎都应用了不同的方法进行实证研究,但对于政策变量的参数设定及模拟分析还十分欠缺,这也是本研究力求突破的关键所在。

八、文献评价

综上所述,查询众多关于可持续发展方面的文献中很少明确提到"人口均衡型社会"的概念,但在仔细研读的过程中,我们常常会感觉到其中蕴含着"人口均衡"的精髓。纵观国内外研究现状,可以发现以下重要特征:"人口均衡型社会"与可持续发展理论虽然是两个不同的理论体系,但其本质有着惊人的一致性,即探讨人口对经济、社会、资源环境的影响。一方面,可持续发展理论偏重于研究人口与经济社会、资源环境的协调关系,尽管学术界对可持续发展理论的研究已经从人口经济增长的可持续拓展到了人口与社会、资源环境等许多方面的内容,但仍然忽略了对制度变量及不同外生变量动态联系的把握,削弱了综合效应对相关政策的指导性。迄今为止学术界还没有将人口数量、人口质量、人口结构、人口分布等人口内部均衡的各种效应统一在一个框架下进行系统研究的成果。另一方面,"人口均衡型社会"理论则偏向于从人口数量、质量、结构、分布对经济、社会、资源环境产生的不同效应特别是综合福利效应进行对比,该理论发展至今所涉及的效应仅局限于单向影响下的人口对经济、社会、资源环境效应,其反映动态双向综合效应的局限性成为限制该理论发展的最大"瓶颈",但人口均衡型理论提倡的将不同效应结合起来进行综合比较评价的思想值得借鉴,本研究正是在这一思想下展开的。表2-1总结了现有文献。

表2-1　　　　　　　　　文献总结

聚焦点		主要观点	贡献与不足
人口内部均衡	人口适度	关于人口适度的研究主要集中在适度人口理论。在早期适度人口理论到可持续适度人口思潮的发展中,适度人口经历了由静态到动态的转变,基本思想认为适度人口规模应是有利于人口本身的福利以及子孙后代的持续发展	贡献:给出了确定适度人口规模的定性指标。 不足:其一,鲜有定量研究;其二,鲜有文献从人口结构、人口分布、人口质量等方面考虑人口内部均衡问题,多集中在人口数量方面;其三,鲜有文献对人口不同要素包括数量、质量、结构、分布等的逻辑关系进行梳理,因此无法对人口内部均衡问题进行系统全面的分析

续表

聚焦点		主要观点	贡献与不足
人口外部均衡	人口与经济社会	现有文献主要从人口适度、人口结构、人口分布三方面对经济社会发展的影响进行了研究。 人口适度与经济社会：以人口规模与人口素质为基本视角，主要结论认为人力资本水平越高，越能促进经济社会发展；而关于人口规模对经济社会的影响并未得出一致结论。 人口结构与经济社会：现有研究主要关注人口年龄结构，并以人口老龄化为主要研究对象，且并未得出一致结论，即人口老龄化可能促进经济社会发展，也可能抑制经济社会发展。 人口分布与经济社会：国外研究关注人口国际迁移，国内研究关注人口省际迁移，现有研究成果表明人口迁移对迁出地和迁入地来说都是一把双刃剑	贡献：从人口的三个关键要素包括人口适度、人口结构、人口分布研究了对经济社会的影响，为人口外部均衡研究提供了一定思路。 不足：其一，单向研究，并未考虑内生性问题，即经济社会发展也可能对人口发展产生影响；其二，指标选取单一，如人口结构仅考虑人口年龄结构，未将性别结构、城乡结构等纳入其中；其三，人口内部各要素包括人口规模、质量、结构、分布等是存在一定逻辑关系的，而现有研究往往单独选取一个要素进行研究，因此得出的结论有一定局限性
	人口与资源环境	国内外研究主要基于人口规模和人口结构视角研究了人口发展对环境的影响。 人口规模：主要结论认为人口规模过大会破坏生态环境，因此应该将人口数量控制在一定的范围之内。 人口结构：研究文献发现人口老龄化程度的加深会加剧二氧化碳排放，污染环境，但其结论具有不确定性	贡献：从人口两个关键要素——人口规模和人口结构探讨了人口发展对环境的影响，为本研究提供了人口政策方面的借鉴与启示。 不足：其一，缺乏人口发展对资源影响方面的研究；其二，未全面考虑人口要素，忽视了如人口质量、人口分布等重要变量；其三，单向研究，忽视了资源环境对人口发展的反作用

1. 对现有研究的反思

第一，传统人口理论的不足与局限。虽然人口均衡型社会发展的思想在以往的研究成果中有所体现，但大多相关文献对人口均衡型社会建设的目标体系不明确，人口均衡型社会具有什么样的特征与表现形式，目前没有一套客观、全面、准确的指标体系对此加以描述与评价，这也是本研究需要进一步深化与拓展的问题。

第二，人口均衡型社会包括人口发展（包括人口适度、人口结构、人口分布）、经济、社会、资源与环境的相互依赖关系。而人口内部均衡与人口外部均衡的协调发展又是一个错综复杂的统一体。大多学者更多从人口内部均衡的视角阐释其内在规律性与表现，而较少从人口内部均衡与人口外部均衡的相互依赖中揭示其影响路径的内在机理。

第三，国内学者对人口均衡型社会的研究时间并不长，随着研究的深入，人口均衡型社会的综合性特征已得到学者们的共识。但是对人口内部均衡与人口外部均衡的内容界定、指标体系的构建等内容却没有达成共识，因此对人口均衡型社会综合评价研究并未形成被广泛接受的系统理论与方法，也没有一个对人口均衡型社会综合评价的权威性指数，更没有一个将人口均衡研究纳入内生经济增长研究框架的理论体系。

第四，目前学术界对人口均衡型社会综合指数的研究主要聚焦于人口内部均衡分析，人口外部均衡的衡量也主要反映其常规的数量化特征，"人口均衡型社会"综合评价体系较少考虑到制度设计的变化对综合评价的影响，缺乏制度外生变量的均衡路径设计。

2. 反思的问题

（1）在我国人口数量和人口质量不相协调、人口结构、人口分布失衡，人口老龄化挑战与人口红利消失等大背景下，在推动经济结构调整和低碳经济发展的转型时期，如何建设人口均衡型社会以应对经济结构转型？如何在目标定位上从狭义人口均衡转向经济、社会、资源环境、制度外部均衡约束下的人口内部均衡？

（2）目前学术界尽管出现了从人口均衡角度分析经济可持续发展的苗头，但仍然未将"人口内部均衡"与"人口外部均衡"关系完全纳入发展中国家的经济发展过程中进行评价。如何使二者结合起来进行研究？学术界采用的城市可持续发展指标指数衡量"可持续发展"并不能综合反映一国人口均衡的真实水平。当考虑到人口内部均衡时，则"可持续发展"问题几乎都可以转化为"人口均衡"问题。如何跳出由人口自身解决人口问题的逻辑框架，设置反映一国人口与经济社会发展综合效应指数的"综合福利指数"来衡量"人口均衡型社会"？

（3）以往对人口均衡型社会的评价主要是从人口内部均衡效应设置指标，较少反映人口内部均衡与外部均衡效应，如何从人口内部均衡与外部均衡相结合的角度反映人口均衡的综合效应？另外，传统指标体系设置在计量上大都采取了简单的等权重处理（John Gilbert，2009），且指标选择的随意性始终存在，如何克服等权重与指标选择随意性的不足以更科学地反映人口均衡型社会的综合福利指数？

（4）国内对人口均衡型社会的政策体系构想都强调了政策实施的倾斜性或差异性，忽视了作为公共产品属性的政策体系具有的外部性特征（外部性有正效应和负效应），如何避免制度设计中的溢出效应所带来的外部负效应与人口的非均衡发展？

因此，本研究力图在此有所突破并解决以下问题：如何设置反映人口内部均衡与外部均衡的指标体系构建人口均衡型社会的综合福利指数？如何揭示人口内部均衡与人口外部均衡的相互依赖关系？如何优化建设人口均衡型社会的路径设计？

3. 进一步研究的方向

第一，从研究内容来看：大量研究文献表明，对人口均衡型社会的研究主要集中在人口数量与人口质量、人口结构与人口分布等人口内部均衡方面或者体现在人口、经济、资源环境可持续发展方面，而较少涉及人口内部均衡与人口外部均衡的相互关系与内容评价，特别是将制度变量引入人口外部均衡进行综合评价的思想几乎没有专门的研究著述，以及缺乏从省级层面上分阶段与分地区的研究成果，本研究将对以上内容进行进一步深化，这也是本研究的实践价值所在。

第二，从研究的视角来看：以往研究多从人口学理论、可持续发展理论的角度进行分析，而本课题将结合内生经济增长模型、博弈理论以及计量经济学等深入挖掘影响人口均衡的内在机理以期能够构建科学合理的人口均衡型社会的优化路径，这是本课题研究的理论价值所在。

第三，从操作性来看：本课题通过应用 TF－IDF 以及 OOA 方法选择指标体系，Stata 软件检验人口均衡的综合评价等一系列技术模型与理论，这不仅为本研究得出的结论提供科学依据及技术支撑，而且也是本研究中做出的应用性工作，同时也可为其他领域的相关研究提供可以借鉴的方法论思想，这也是本研究的创新价值所在。

第二节 理论拓展及借鉴

任何理论的提出都具有时代背景与存在前提，因此，没有任何一种理论是"放之四海而皆准的真理"。"巧妇难为无米之炊"，前人的研究是我们继续前行的基石，而"与时俱进"则是我们必须秉承的理念。众所周知，理论只能借鉴，不能照搬。传统"可持续发展"从理论层面上为人口均衡型社会建设提供了方法借鉴,但并不完全适用于发展中国家衡量"人口均衡"的真实内容,在我国经济社会发展转型时期,在人口与经济、社会、资源环境不能相互协调的背景下对人口均衡型社会进行综合效应评价,不仅可对发展中国家福利状况的变化进行真实反映,而且也是对"可持续发展理论"的进一步修正与拓展。

一、"综合福利指数"是衡量"人口均衡型社会"的参考依据

人口均衡是指在一定社会生产方式和一定价值取向指导下,依据人口数量、质量、结构、分布等内部关系,决定人口供给;依据人口系统与经济、社会、资源、环境系统等外部关系,决定人口需求;人口需求与人口供给之间实现均等、可持续状态。本研究通过对人口发展指数、经济发展指数、社会和谐指数、环境友好指数、资源节约指数以及制度支持指数的综合福利效应评价指数的构建,较之仅从人口数量、人口质量、人口结构、人口分布反映"人口内部均衡"的范围要全面且客观得多。综合福利条件指数的计量不仅从福利角度扩展了对"人口均衡增长"衡量的内容,更重要的是修正了"人口均衡"的前提及标准,这不仅是对人口均衡的数量表达,更重要的是作为衡量"人口均衡"的标准提供了依据。

二、TF-IDF关键词自动提取算法是选择人口均衡型社会评价指标的技术手段

TF-IDF算法是一个简单而实用的经典算法,能在关键词自动提取方面有较好的表现。本研究将利用计算机辅助手段从大量文档中提取出人口均衡型社会相关文档中涉及的高频关键词作为评价指标用词的主要候选词,为后续的人工筛选、组合及构建完整评价体系提供用词参考。与其他建模语言相比,TF-IDF加强了研究对象的关键词出现的词频统计,用模型描述建模元素的抽象语法,用自然语言定义模型应满足的准则和上下文条件,用自然语言描述相关的新概念和动态语义。这些技术要求将使本研究在指标选择中可以达到以下程度:(1)收集语料。(2)语料预处理。(3)对语料进行词频统计,计算TF值。(4)对词频统计结果进行停用词过滤,构成文档向量,即指标候选词集。(5)对指标候选词进行规范化处理,保留近义词中词频较高者或表达完整规范者,合计词频。(6)计算逆文档率IDF值。(7)根据已有结果计算TF-IDF值。(8)根据TF-IDF值的

降序，按高值优先参照原文选取指标参考词。（9）参考选出的指标参考词，用人工方式构造指标用词。最后得到一个具有层次结构的设计类图模型——指标体系。因此，该建模技术为本研究指标选择与构建提供了技术支持。

三、层次分析法、独立权系数法、变异系数法相结合的组合赋权法是构造"人口均衡型社会"评价指标赋权的科学依据

指标的权重是衡量该指标对研究对象影响的重要性的量。一般而言，指标在实现研究目标的作用和功能上的重要程度是不一样的，即指标的"权重"（权系数）是不一样的。所以在确定指标"权重"时需要考虑指标反映系统目标和系统功能的重要性大小。指标的权重一般通过数学模型方法获得，目前主要分为主观赋权法和客观赋权法两类。在传统的研究指标体系评价的理论中，大多数学者采用的是以层次分析法（AHP）进行主观赋权的思想，本研究借鉴了该种方法确定指标权重。为了更好地矫正 AHP 方法的主观不足，采用独立权系数法、变异系数法进行有效补充，使其指标赋权在组合赋权的确定中得到较好的矫正。

本研究通过因子分析得出的反映产出、进出口、收入、要素等数量效应以及反映消费结构、生态变化等质量效应的这两大因子对 FDI 综合效应的评价得到了有效的解释力度，为构建"福利条件"综合指数在不同区域的具体表现提供了可操作的依据。

四、可持续发展理论是构建人口均衡型社会评价指标体系的逻辑基础

学界对可持续发展理论的研究大致涵盖了以下三方面：经济发展的可持续，社会发展的可持续以及生态发展的可持续。（1）可持续发展鼓励经济增长，要求在不影响后代人生存发展的前提下，解决当代经济发展与未来经济发展之间的矛盾关系。发展是基本前提，体现了国家实力的增强与财富的积累。（2）可持续发展以改善人类的生活质量，提高人类健康水平，并创造一个人人享有平等、自由、教育、人权的社会环境为基本目的，社会保障体系建设，消除贫困，医疗卫生、缩小地区发展差距是保障社会发展可持续的重要元素。（3）可持续发展要以保护生态环境为基础，与资源和环境的承载能力相符合。要求在生态环

境承受范围之内，处理好当代人消费与生态发展的协调关系。因此，控制环境污染，保证以合理，可持续的方式使用生态资源，使人类的发展保持在地球承载能力之内。

经济发展，社会发展和生态发展三者是互相关联而不是彼此独立。单一追求经济持续发展必然导致经济崩溃；孤立追求生态的可持续发展不能缓解环境的衰退；一味追求社会发展必然缺少坚实的物质基础。可以说，生态发展是基础，经济发展是条件，社会发展是目的。人口均衡所追求的发展，应该是经济、社会、资源环境三位一体的可持续的，健康的，稳定的发展，这正是本研究进行人口均衡分析的逻辑基础。

五、内生经济增长理论是揭示建设人口均衡型社会的内在机理与路径依赖的理论支撑

内生经济增长是针对新古典理论把长期经济增长归因于经济系统外生的技术进步这一简单化的结论而提出的。尽管新古典经济增长理论为说明经济的持续增长导入了外生的技术进步和人口增长率，但外生的技术进步率和人口增长率并没有能够从理论上说明持续经济增长的问题。1956年罗伯特·索洛（R. Solow）发表了《关于经济增长理论的一篇论文》（*A Contribution to the theory of Economic Growth*），将哈罗德-多马经济增长模型中外生给定的资本系数内生化，以柯布-道格拉斯生产函数为基础，推导出一个新的增长模型，$\dot{k}(t) = sf(k(t)) - (n+g+\delta)k(t)$，强调资源的稀缺性和单纯物质资本积累带来的增长极限。内生经济增长的主要思想是：经济增长是由经济系统内部的力量决定的，即表现在储蓄率、人口增长率、技术进步是由人们的行为决定的，也是可以通过政策加以影响的，因此，把储蓄率、人口增长率和技术进步等重要参数作为内生变量来考虑，从而可以由模型的内部来决定经济的长期增长率，这些模型被称为内生经济增长模型。

从某种意义上说，内生经济增长理论的突破在于放松了新古典增长理论的假设并把相关的变量内生化。其主要贡献在于揭示了经济增长率差异的原因和解释持续经济增长的可能。该理论中，无论是主张人口增长、技术进步内生还是强调政策外生影响效应的观点都吸取了新古典经济增长理论的效用最优化的思想，这为本研究在拓展可持续发展理论与人口均衡的关系时通过动态优化模型、生产函数模型及消费福利模型共同约束下构建的福利最大化综合效应提供了可以借鉴的理论基础。

六、外部性理论是建设人口均衡型社会制度保障的理论指导

外部性是马歇尔于 1890 年在《经济学原理》一书中首先提出来的概念。外部性指的是私人收益与社会收益、私人成本与社会成本不一致的现象。新制度经济学丰富和发展了外部性理论,并把外部性、产权以及政策制定联系起来,从而把外部性引入政策分析之中。第一,政策是一种公共物品,本身极易产生外部性;第二,在一种政策下存在、在另一种政策下无法获得的利益(或反之),这是政策改变所带来的外部经济或外部不经济;第三,在一定的政策制度安排下,经济个体得到的收益与其付出的成本不一致,从而存在着外部收益或外部成本。政策制度外部性实质上就是社会责任与权利的不对称。

外部性理论不仅涉及我国现实的人口、生态、环境问题,而且涉及公共产品的效率和制度安排问题。本课题在研究人口均衡的理论分析中,由于资源环境利用的福利经济性质,不可避免地存在对资源环境的外部性特征。为了避免人口对生态破坏、环境污染等外部负效应,本研究力图构造动态演变的制度模式,从而为"外部性并非无效率"这一命题增加新的注释,为建设人口均衡型社会提供新的思路。

第三节 本章小结

本章分别对人口与经济、人口与资源环境等相关理论进行回顾与概述,发现诸如可持续发展理论、内生经济增长理论等都有较大的参考价值与借鉴意义。本研究将突破人口问题即人口数量众多的简单思维,重视人口体系中的其他重要因素及其相互关系,建立人口内外部相互均衡的协调机制,以及构建人口均衡性社会的宏观理论架构,实现人口发展与资源环境相适应,人口发展与社会经济发展相协调的最终目的,探索人口均衡型社会的制度建设、政策建构、观念引导与目标体系等内容,为进一步研究人口均衡型社会提供理论与实证选择空间。因此,在下一部分中,我们将在借鉴相关文献基础上,界定本研究人口均衡型社会的内涵与内容确定。

第三章

人口均衡型社会的含义和内容界定

根据第一章论述的研究思路与方法,本章从概念体系出发进行分析。"概念在其展开的过程中就表现为理论"(Georg Wilhelm Friedrich Hegel,中译本,1959)。分析和定义人口均衡型社会的理论内涵,是本课题研究首要开展的基础性工作。它为研究人口内部均衡、人口外部均衡与建设人口均衡型社会的逻辑关系奠定了基础并形成研究的起点,以此为依据的理论研究与创新才有概念基础。

第一节 人口均衡型社会的含义概述

国家人口发展"十二五"规划中提出,按照全面做好人口工作的总体要求,以建设人口均衡型社会为主线,稳定低生育水平,提高人口素质,优化人口结构与分布,促进人口长期均衡发展,促进人口与经济、社会、资源、环境相协调。2010年7月10日,以"促进人口长期均衡发展"为主题的中国人口学会年会(2010)在南京召开,会上提出了建设人口均衡型社会,使原本就紧密相连的人口、资源、环境协调发展并第一次正式提出建设"三型"社会的目标即:资源节约型社会、环境友好型社会和人口均衡型社会;其中,人口均衡型社会是"三型"社会中最基础、最重要的部分,它决定了资源节约型社会和环境友好型社会的建设基础及变化方向。因此,梳理人口均衡的思想及内容是建设人口均衡社会的基础性工作。

一、人口均衡理念的起源

据朱杰华、朱荟对国外文献的梳理，他们认为1789年马尔萨斯在《人口原理》中建立了"两个原理""两个级数""三个命题"为主题的人口理论体系，以及以"两个抑制"为核心的人口控制论，这为人口均衡思想的诞生奠定了初步的思想基础和理论铺垫。1874年瓦尔拉斯在《纯粹经济学要义》中研究经济要素变得趋于零的稳定状态，并第一次提出了一般均衡理论；坎南于1888年首次明确提出了适度人口论，并在1952年的《人口通论》中将适度人口概念扩展到经济领域之外，人口均衡思想此时已初具雏形；1972年罗马俱乐部发表的《增长的极限》可以视为人口均衡思想的里程碑。从此以后，如何正确处理经济发展同人口、资源及环境问题的关系成为全世界各国发展进程中必须认真考虑的中心议题。

我国学者对人口均衡理念的研究始于1994年范力达的一篇文章，其中介绍了当时人口迁移中的一些问题，并提出了均衡模型和非均衡模型的基本假设。从此开启了中国人口均衡相关研究的新篇章，但是之后的一系列文章都没有进行更加深入、严谨的研究。直到2010年，我国确定了建设人口均衡型社会的战略目标，关于人口均衡型社会的研究才成为国内学术界关注的热点问题。

在研究文献的过程中，本研究发现人口均衡型社会的理念与可持续发展思想是分不开的。建设人口均衡型社会的根本目标是为了建设可持续发展社会，对此需要把可持续发展理念作为人口均衡型社会发展的出发点。1980年3月，联合国大会首次使用了"可持续发展"概念。1987年，世界环境与发展委员会公布了题为《我们共同的未来》的报告。报告提出了可持续发展的战略，标志着一种新的发展理念的诞生。该思想体系在1987年联合国第42届大会通过。1992年6月，在巴西的里约热内卢召开了"联合国环境与发展大会"，183个国家和70多个国际组织代表以及102位国家元首或政府首脑出席了大会。大会通过了《21世纪议程》，阐述了可持续发展的40个领域的问题，提出了120个实施项目，这是可持续发展理论走向实践的一个转折点。1993年，中国政府为落实联合国大会决议，制定了《中国21世纪议程》，议程中指出"走可持续发展之路，是中国在未来和21世纪发展的自身需要和必然选择"。1996年3月，中华人民共和国第八届全国人民代表大会第四次会议通过的《中华人民共和国国民经济和社会发展"九五"计划和2010年远景目标纲要》，明确把"实施可持续发展，推进社会主义事业全面发展"作为我国的战略目标。而在"十二五"期间为达到可持续发展的目标,国家把其中的重要议题——人口均衡型社会建设纳入了国家发展的大计之中。

二、人口均衡型社会的定义集合

"人口均衡型社会"是我国"十二五"期间提出的重要概念,是我国建设三型社会的核心。现在已经处于"十三五"的中期,对于"人口均衡型社会"的研究也逐渐清晰。关于"人口均衡型社会"的概念,学者们普遍认为人口均衡型社会是以人口均衡为特征的社会,即人口的内部均衡与外部均衡的动态统一,但聚焦于人口均衡型社会含义界定的成果并不多见。对于人口均衡型社会的理解,不同的学者从不同的角度给予了阐释,表3-1集合了对"人口均衡型社会"概念界定的主要观点。

表3-1　　　　　　　　人口均衡型社会的概念界定

作者	定义	来源
王钦池（2010）	"人口均衡"是指在一定社会生产方式条件下,一定价值取向指导下,依据人口数量、质量、结构、分布等内部关系,决定人口供给;依据人口系统与经济、社会、资源、环境系统等外部关系,决定人口需求;人口需求与人口供给之间实现均等、可持续状态	《促进人口均衡发展建设人口均衡型社会——中国人口与发展咨询会（2010）观点综述》
陆杰华黄匡时（2010）	人口均衡型社会是一种以人口均衡为特征的新的人类社会发展形态,是可持续发展社会的具体表现形式,不仅是人与人均衡的社会,也是人与经济、社会、资源和环境均衡的社会	《关于构建人口均衡型社会的几点理论思考》
陆杰华朱荟（2010）	人口均衡型社会是在稳定人口系统内部诸要素均衡发展的基础上,按照科学发展观和可持续发展理念的指导,探求与人口规模、结构分布等要素相关的人口发展与经济发展、社会稳定、资源承载和环境保护之间协调平衡的社会发展模式	《建设人口均衡型社会的现实困境与出路》
翟振武杨凡（2010）	人口均衡是指人口的发展与经济社会发展水平相协调、与资源环境承载能力相适应,并且人口总量适度、人口质量全面提升、人口结构优化、人口分布合理及人口系统内部各个要素之间协调平衡发展	《为什么要建设"人口均衡型社会"?》

续表

作者	定义	来源
李建民 （2010）	人口均衡发展概念定义如下：一个国家或地区人口各要素变化之间的动态平衡，并使人口的再生产、质量、结构和分布及其与社会经济发展及资源环境关系向更高级均衡状态发展的过程	《为什么要建设"人口均衡型社会"？》
肖子华 （2010）	人口均衡型社会是指社会中实现了人口数量、素质、结构、分布之间的动态平衡，并且人口与经济社会发展水平相协调、与资源环境载能力相适应。"人口均衡既是一种理想状态和长期目标，也是一个相对的概念，受到社会制度、科技发展和认识水平等的制约"	《建设"人口均衡型社会"统筹解决人口问题——人口学会年会暨"人口均衡型社会"建设研讨会综述》
穆光宗 （2011）	人口均衡发展的科学含义是指人口系统构成要素相互匹配、互为依存、协调发展的状态，是指人口的供给和对人口的需求在数量或者结构上处在相对平衡、动态协调的状况，低水平的人口均衡是数量意义上的供求均衡，高水平的人口均衡是结构意义上的契合均衡	《构筑人口均衡发展型社会》
严维青 （2011）	所谓"人口均衡型社会"是指在人口相关的各个系统要素之间达到一种相对平衡的状态。这种状态是指人口的发展与经济社会发展水平相协调、与资源环境承载能力相适应，并且实现人口总量适度、人口素质全面提升、人口结构优化。人口合理分布及人口系统内部各个要素之间的协调平衡发展	《关于"人口均衡型社会"的理论思考》
王颖，黄进，赵娟莹，张灿坤 （2012）	将人口长期均衡发展的含义界定为：在可预见的时期内，人口自身的数量、质量、结构、分布的协调，以及人口与经济、社会、资源、环境等外部系统及国际竞争力的协调和可持续发展的理想状态，是指人口自身发展及与经济、社会、资源、环境、国际竞争力达到和谐点	《人口长期均衡发展：15个国家的比较研究》
李辉 刘云德 （2013）	人口均衡型社会是一种以人口均衡为特征的新的人类社会发展形态，是可持续发展社会的基本表现形式，不仅是人与人均衡的社会，也是人与经济、社会、资源和环境均衡的社会，其核心是由于人口的再生产和消费而导致的人口数量、结构、素质和分布的均衡以及人口与资源和环境等系统的均衡	《论人口均衡型社会的必然选择——基于历史的视角》

续表

作者	定义	来源
李国平（2014）	人口长期均衡发展是指在一定时期内，人口自身的规模、结构、素质达到协调状态；人口与经济、社会、资源、环境等外部系统达到一个协调可持续发展的和谐状态。人口长期均衡发展包括人口内部均衡和外部均衡发展。人口内部均衡体现为人口规模适度、人口结构优化、人口素质全面提升；人口外部均衡体现与经济发展相协调、与社会发展相适应、与区域资源承载力相适应、与区域环境适宜性相一致。此外，人口空间均衡发展（即人口地区分布合理），也是人口长期均衡发展的重要特征	《人口长期均衡发展水平评价及其提升举措研究》
高体健（2014）	人口均衡型社会是以人的全面发展为目标，以公平、和谐为准则，以政策统筹为手段，致力于人口自身长期均衡协调发展以及人口与经济社会、资源环境可持续发展的一种社会形态	《必须努力建设人口均衡型社会》
吴瑞君 朱宝树（2016）	人口均衡分布是人口均衡发展的重要方面。基于人地关系角度，我们可以将"均"定义为人口数量的均匀分布，将"衡"定义为人口与经济社会、资源环境承载力之间的平衡。人口均衡分布的要义就在于"均而不衡，衡而不均，不患不均，重在求衡"。人口承载力应从资源、经济与人口的关系两个角度分解考察	《中国人口的非均衡分布与"胡焕庸线"的稳定性》
原新（2016）	人口长期均衡发展是指实现人口数量、素质、结构、分布之间趋向动态平衡并且人口与经济社会发展水平相协调、与资源环境承载能力相适应的一种发展状态	《我国生育政策演进与人口均衡发展——从独生子女政策到全面二孩政策的思考》

从表 3-1 中可以看出学者们从不同角度对人口均衡型社会的含义作了描述，但对人口均衡型社会的界定仍然没有官方权威的定义，学界也并没有形成统一的认识。然而，学术界关于人口均衡型社会是以人口均衡为特征的观点基本达成共识，并且大都认为人口均衡即为人口的各个要素和社会经济因素之间的统一，只是存在着描述上的差别，但其间的逻辑机理是不同的，这也是本研究需要进一步深化与拓展的内容所在。

三、人口均衡型社会的特征

2010年我国提出建设人口均衡型社会的研究之后，我国学者明确提出了人口均衡的理论框架，与人口均衡型社会相关的理论框架包括四个方面的内容：一是经济学领域的一般均衡理论以及内外均衡理论；二是涉及人口、资源和环境等诸多因素的可持续发展理论；三是人口方面的理论，包括适度人口理论、人口安全观、大人口观和两个统筹思想；四是社会建设方面的理论，包括和谐社会理论和科学发展观等。同时，学术界论述了人口均衡型社会和资源节约型社会及环境友好型社会的关系，认为人口均衡型社会包含资源节约型社会和环境友好型社会的部分内涵，并且人口均衡型社会与资源节约型社会、环境友好型社会是密切相关的。

因此，科学认识人口均衡型社会的思想才能更好地把握建设人口均衡型社会的路径依赖。目前，大多学者认为人口均衡型社会具有以下特征：

一是长期性。人口均衡型社会建设不只是短期均衡建设，而是一个较长时期的均衡过程，短期的内外失衡并不一定影响人口中长期的内外均衡。

二是动态性。在人口均衡型社会发展中，均衡是目标而发展是常态，是指随着经济社会的不断发展和资源环境的持续变化，人口内部各要素之间及其与外部各要素的关系，不断打破原有均衡状态，在新的平台上构建新的均衡状态，由低级人口均衡转变为高级人口均衡的跨越过程，是一项复杂多变的系统工程。因此，实现这种发展状态本身是一个动态过程，随着经济社会的发展和主观意愿的改变，人们对人口长期均衡发展的理解和评价标准也会发生转变。特别是评价指标也会随着经济社会的发展而增减，但始终着重于描述人口内部系统与外部系统在相互影响、相互制约下的动态平衡关系。

三是相对性。人口长期均衡发展是一种相对均衡，而不是绝对均衡，即相对于经济、社会、资源、环境的均衡发展状态。如何在构建资源环境约束、促进经济社会均衡发展的基础上全面改善人口结构，提高人口素质，稳定生育水平，进而统筹解决人口问题是我国未来实现全面可持续发展的核心问题。由于人口均衡发展理论本身包含着价值判断，受到国情和社会经济发展所制约，因此它在一定程度上是一种相对均衡。

四是系统性。经济、社会、资源、环境系统与人口系统是一个不可分割的整体，在人口转变的新时期，应该把人口与经济、社会、资源、环境系统等作为一个整体，力求实现整体的统一与发展。

第二节 人口均衡型社会的含义界定

人口均衡型社会是在中国明确提出来的,大多学者认为人口均衡型社会就是以人口均衡为主要特征的社会。本研究认为这个界定过于抽象与模糊,对此,本研究从以下方面进一步认识人口均衡型社会的思想内核。

一、研究的视角

作为一个拥有 14 亿多人口的大国,中国人口问题显得尤为重要。从中国的人口发展历程中也可以看出,人口均衡包括人口总量的均衡但并不仅仅是人口总量的均衡。如果说过去很长一段时间中国关注的是"小人口观"——只关注人口数量的控制,而现阶段建设人口均衡型社会更关注的是"大人口观",即人口均衡发展的核心是统筹人口数量、质量、结构、分布各要素的协调发展以及人口与经济、社会、资源、环境的可持续发展。对此,借鉴已有的研究成果,本研究将从以下两个视角对人口均衡型社会的思想进行梳理与拓展。

1. 内部均衡和外部均衡相结合

在文献研究中揭示了人口均衡型社会的含义主要有两条主线:第一,人口作为一个整体,应该与外部因素的影响相协调,其主要体现在人口发展既要约束于资源与环境的承载能力,又要符合经济社会的运行规律;第二,在人口内部,各个要素之间的作用要平衡,其意义在于人口内部各要素都有自身的理想状态,不会由于其中某一个或几个要素的变化而使其他的要素背离其理想均衡状态。因此我们拟定义的人口均衡型社会是指人口的发展既符合经济社会运行发展的规律,并与资源环境承载能力相适应,即人口总量适度、人口素质全面提升、人口结构优化、人口分布合理等同时实现的一种理想均衡状态。

因此,建设人口均衡型社会,不仅要关注人口结构内部的各个因素——影响人口发展的人口适度、人口结构与人口分布的内在统一,而且要把人口发展放在中国资源、环境、经济、社会的外在约束下,达到所有要素的整体均衡,这是外部的人口均衡。如图 3-1 所示。

所谓内部均衡,表现为一个国家或地区人口内部各要素及其变化之间的动态平衡,并使人口的再生产、质量、结构和分布向更高级均衡状态发展的过程。这里的人口均衡型社会包括了人口适度(人口数量和质量)、人口结构（人口年龄和人口性别）、人口分布和人口发展等各种因素之间的动态均衡。而对于外部的人口均衡，则需要把"人口"放在与人类息息相关的经济、资源、社会的大环境之中，达到真正的人口系统与经济系统和社会环境系统的均衡，建设真正的人口均衡型社会。对此，从人口内部均衡和人口外部均衡两个方面的内容进行综合界定才能正确把握人口均衡型社会的内核。

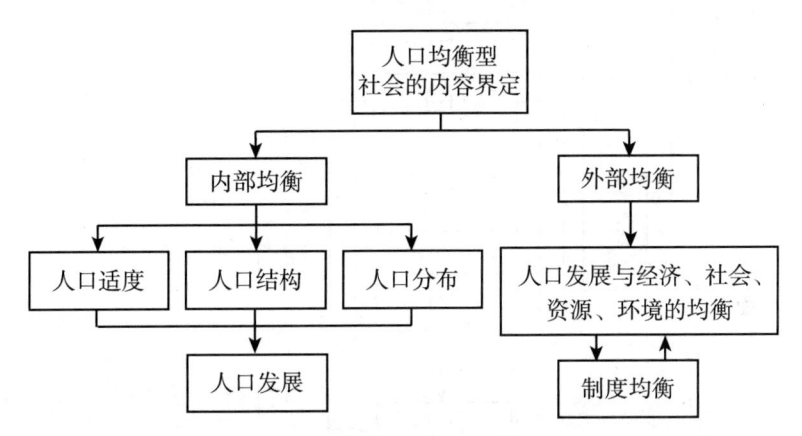

图 3 – 1 内部和外部均衡相结合

2. 狭义与广义相结合

建设人口均衡型社会是建设经济社会可持续发展的一个重要组成部分，它是我国处于经济转型时期人口转型的实施战略。从这一个层面来看，它与我国日益减少的资源、不堪重负的环境、增长速度放缓的经济相互依赖。因此人口均衡型社会内容的界定是放在整个社会和经济发展的大环境之下，它的建设与经济、社会、资源环境是相互依赖与相互制约的。但是人口均衡型社会是通过人口内部各个要素的均衡表现出来的，因此又具有微观与狭义的层面。尽管人口均衡型社会涉及了狭义与广义两个方面的内容，但是我们认为只有"安内"才能"攘外"，始终坚持"以人为本"的科学发展观，人口结构只有达到狭义的各个要素的均衡，形成一个统一的均衡结构才能与经济、社会、资源等环境相协调，促进人与社会的全面发展，而且从我国的人口发展状况来看，需要人口内部各个要素的均衡来满足经济、社会发展的需求。建设人口均衡型社会是狭义与广义有机结合的整体。因此，人口均衡型社会的内涵只有从广义和狭义的角度进行界定才能全面把握建设人口均衡型社会的科学内容。如图 3 – 2 所示。

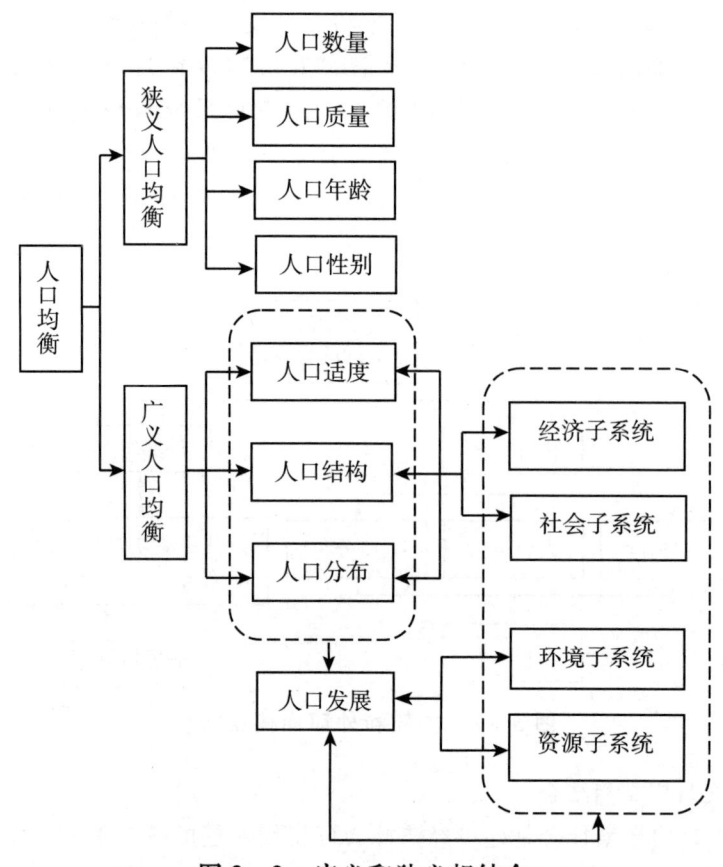

图 3-2　广义和狭义相结合

本研究从两个不同的视角研究人口均衡型社会的内涵,虽然侧重点有所差异,但是人口均衡型社会研究的主要内容却是相同的,即研究人口数量、人口质量、人口结构、人口分布与经济、社会、资源环境及制度设计的路径依赖关系。

二、人口均衡型社会与环境友好型、资源节约型社会的区别

针对中国人口学会在京举办的"建设人口均衡型社会"学术研讨会上提出的建设人口均衡型和资源节约型、环境友好型社会,统筹解决人口问题,使原本就紧密相连的人口、资源、环境形成一个统一的"三位一体"的建设目标,那么建设人口均衡型社会与资源节约型和环境友好型社会又有什么区别呢?如表 3-2 所示。

表 3-2　　人口均衡型社会与资源节约型和环境友好型社会的区别

项目	资源节约型社会	环境友好型社会	人口均衡型社会
内涵	资源节约型社会是指在生产、建设、流通、消费等领域，通过法律、经济和行政等综合性措施，提高资源利用效率，以最少的资源消耗获得最大的经济和社会收益，保障经济社会可持续发展的社会	环境友好型社会是人与自然和谐发展的社会，通过人与自然的和谐发展来促进人与人、人与社会的和谐	人口均衡型社会是一种以人口均衡为特征的新的人类社会发展形态，是可持续发展社会的基本表现形式。不仅是人与人均衡的社会，也是人与经济、社会、资源和环境均衡的社会
特征	节约性、循环性、高效性、先进性	科学性、综合性、规律性、和谐性、持续性	长期性、动态性、相对性、系统性
核心	切实保护和合理利用各种资源，提高资源利用效率，实现各个环节的节约高效	以环境承载能力为基础，以遵循自然规律为核心，以绿色科技为动力，倡导环境文化和生态文明	人口的再生产和消费而导致的人口数量、结构、素质和分布的均衡以及人口与资源和环境等系统的均衡
领域	生产、建设、流通、消费等领域	生态文明，生态环境学	人口学，人口与经济、社会、资源环境的统一
涉及因素	资源消耗，政策，科技	自然规律，生态环境，人与自然的和谐	人口内部的各个因素的均衡，人口与制度变迁的协调发展
问题和压力	1. 资源禀赋差 2. 资源消耗大 3. 资源利用率低 4. 资源下降快	1. 大气污染 2. 水质污染 3. 土壤污染 4. 生态污染等一系列环境污染	1. 人口形势不容乐观，人口老龄化、性别比不协调等问题日益严峻 2. 我国仅以"小人口观"作为指导，理论指导与社会发展不相适应 3. 没有整合专门的部门来进行处理

从表 3-2 中可以发现人口均衡型社会分别从人口内部均衡、人口外部均衡、人口均衡等三个切入点出发，构建人口内部均衡与经济社会、人口内部均

衡与资源环境、人口外部均衡约束下的人口内部均衡等相互依赖与制约的路径，达到"三位一体"的可持续发展的建设目标，其中涵盖了资源节约型与环境友好型相关内容的更加宽泛的层次体系，其内容明显地被划分成了两个部分。

第一部分，是各型社会理论层面的内容，包括人口均衡型社会的内涵，涉及领域、因素、特征、核心等理论上的内容，与资源节约型、环境友好型社会存在着差异，人口均衡型社会是更为庞大、深入的复杂系统。

第二部分，是各型社会现实层面的内容，仅包括建设过程中的问题和压力。各型社会的建设过程面临的压力似乎不一致，实质上是息息相关的。由于人口的不均衡将可能导致资源减少和环境污染，所以要建设资源节约型与环境友好型社会，其关键是建设人口均衡型社会。

三、人口均衡型社会的含义

从不同的角度分析了人口均衡型社会的内容之后，我们通过结合人口均衡型社会中的内部均衡与外部均衡的内容来界定人口均衡型社会的内涵。

人口均衡型社会的内部均衡主要反映人口内部各个要素的均衡，内部均衡主要由人口数量适度、人口质量提升、人口结构均衡、人口分布合理带来的人口发展均衡，对此，人口发展是由人口数量、人口质量、人口结构、人口分布综合构成，具有综合性与整体性的特点；建设人口均衡型社会必须是内部各个要素的动态均衡。

人口均衡型社会的外部均衡，主要是调整人口与资源、环境、经济和社会之间的均衡，相对于内部均衡而言，经济、社会、资源、环境、制度设计对人口内部均衡的制约与依赖具有时滞性与长期性，它不仅约束了人口发展的均衡，同时也依赖于人口内部均衡的程度与水平。因此，建立人口均衡型社会，不能仅研究人口内部各个要素之间的均衡，更要从人口与经济、社会、资源、环境及制度设计之间的协调关系去分析，在经济、社会、资源、环境、制度变化等外生变量的约束下揭示人口发展的内部关系更具有针对性和可操作性。

综上所述，从人口均衡型社会的两个角度所反映的内容可以更好地把握其内涵。如图3-3所示。

从图3-3中看出：内外部人口均衡与广义狭义的人口均衡所反映的内容差异主要体现在以下方面：

```
人口均衡型社会内涵              人口均衡型社会内涵
（内部均衡与外部均衡角度）        （广义与狭义角度）

        人口适度              人口发展
        人口结构              经济系统
        人口分布              社会系统
    人口与经济、社
    会、资源、环境            资源环境系统
    人口与制度设计            制度系统
```

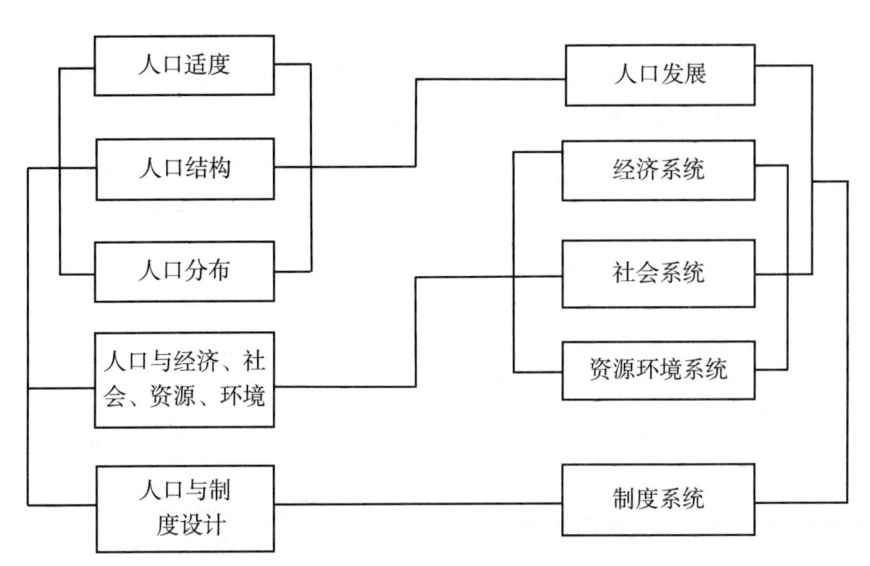

图 3-3　人口均衡型社会的内涵比较

1. 体系目标的差异

内外部人口均衡将目标确定在内部均衡的基准上，通过外部均衡以实现内部均衡的制度安排；而广义与狭义的人口均衡将目标定位在广义人口均衡并以人口发展为根本的基础上，经济、社会、资源、环境的供给程度及人口发展对其需求的实现程度。

2. 内容结构的差异

内外部人口均衡的核心是围绕外部约束下的人口内部均衡而进行分析与评价的，而广义与狭义人口均衡的中心是围绕人口发展与经济、社会、资源、环境的相互依赖与制约进行分析与评价的。

综合以上两个视角的研究，本研究认为人口均衡型社会是具有中国特色的概念体系，学术界对此研究还没有形成权威性思想。本研究在借鉴已有研究成果基础上，为了体现研究对象的共性和特殊性，通过已达成共识的人口内部均衡与外部均衡的核心内容，在不失广义均衡与狭义均衡的情况下界定本研究人口均衡型社会的内涵：**人口均衡型社会是指人口适度、人口结构、人口分布共同决定的人口发展的均衡，是建立在经济、社会、资源、环境约束基础上，对人口内部均衡及人口外部均衡的统筹、协调与可持续发展的社会均衡状态。**

第三节 人口均衡型社会的内容表现

从内部与外部、狭义与广义的视角分析人口均衡型社会的含义及在区分了三型社会内容的基础上，本研究发现人口均衡型社会的核心主要是围绕人口内部均衡与人口外部均衡的相互依赖与相互制约关系的基础上展开研究的。

一、人口内部均衡

人口作为一个研究对象不仅有数量的属性，还有质量、结构、分布等多种属性，是一个多属性的整体。从人口本身来看，人口数量、人口质量、人口结构和人口分布是人口的四个基本要素，保持这四个基本要素之间的均衡状态是人口内部均衡发展的重要体现。人口规模适度、人口质量提升、人口结构优化、人口分布合理四者相互协调，从而达到人口内部均衡。具体而言：

1. 人口数量均衡

人口数量是指一定时期内人口自身繁衍所达到的人口规模。一定规模的人口数量要求人口作为生产者和资源消耗者的双重身份能够协调和统一，人口太多或太少都会给人口均衡造成威胁。

一定数量的人口是人类生存和发展的首要条件，人口再生产的均衡是人口均衡发展的首要前提。一个国家或地区在任何时期都存在一个经济上的最大收益点，当劳动力超过或者少于这个量时，都会引起收益减少，处于"最大收益点"的人口便是最适合的人口。因此，某一个国家或地区的人口规模并非越大越好，人口规模适度是比较理想的状态。一般而言，在可持续发展的条件下，使社会、经济、环境、资源等的效益达到最大或次大的人口规模被认为是适度人口。

事实上，人口规模的大小，就其本身而言并不是问题，关键是当人口规模超出经济、社会、资源、环境发展所能承受的范围，出现了失衡的现象时，可能打破人口均衡状态。而且，人口的适度规模是动态变化的，任何国家、地区和部门都无法确定不变的适度人口标准。

2. 人口质量均衡

人口质量是指在一定的社会生产力水平下，人们所具备的身体素质和思想道德、科学文化素质的水平。人口质量要与经济、社会发展相适应。随着产业结构的转型、经济发展水平的提高，对劳动者身体和文化素质的要求越来越高。人口与发展的终极目的是实现人类本身的全面发展，归根结底是人口素质的全面提高。该子体系主要包括人口的健康水平、受教育程度、学习能力、创新能力和人文发展水平等均衡因子，这些因子从不同方面反映了一个国家或地区人口的身体素质、智力与能力素质，其中智力与能力因子居主导地位，它直接决定和反映了人口素质的高低。

人口素质主要包括健康和文化教育两方面：人口的健康素质均衡表现在"三降低二提高"。第一，婴儿死亡率的降低。婴儿死亡率的高低直接受医疗卫生条件的影响，不仅反映人口健康素质的高低，还能够折射出人口与社会医疗的均衡与否。第二，孕产妇死亡率的降低。在经济不发达的地区，孕妇分娩是导致死亡的重要原因，而大多数孕产妇死亡是可以避免的，这主要取决于当地的医疗卫生、文化观念等的发展水平，由于目前孕产妇死亡率已明显降低，对人口的健康素质均衡影响不显著，因此，在后续的研究中不作为主要的因素进行分析。第三，住院率的降低。病人若患癌症、风湿病等需要住院治疗，说明其病情的严重性或病情的不确诊性，这一方面可评价医疗效率、医疗质量和技术水平，另一方面也是反映人口身体健康的重要因素。第四，预期寿命的提高。预期寿命是整体死亡率的反映，是表现人口健康水平的重要指标。第五，文化教育素质的均衡体现在文盲率减少，人口受教育水平提升。可以看出，人口质量是一个综合概念，它涵盖了人口的自身条件及经济社会因素的影响。

3. 人口结构均衡

人口结构包括人口的自然结构和社会结构两大因子。人口自然结构主要是指人口的性别构成和年龄构成，人口社会结构是反映人与人之间的社会关系和社会地位的各个方面，主要包括人口的地域结构、城乡结构、职业结构、干群结构、家庭成员结构和人口的贫富分化程度等。人口结构合理与否直接关系到经济与社会的发展，是评价人口均衡最核心的内容。就人口自身而言，主要包括人口性别结构、年龄结构和城乡结构。

人口性别结构是经济社会条件下各年龄人口数量变化的结果，又是决定未来人口数量发展方向和发展速度的基础性因素。如果人口性别结构发生了根本性的转变，人口总量增长趋势也会发生相应的改变。人口性别结构关系劳动力市场结构。在正常的社会条件下，人口的性别主要受生物学规律的影响，性别结构一般处于稳定的均衡结构状态，即男性人口和女性人口比例在100上下波动。出生性别比是衡量人口结构的主要标志，是其他年龄人口性别比的基础，对总人口性别构成根本性影响。如果出生性别比过高或过低，将会造成未来婚龄年龄段的女性或男性短缺，形成婚姻挤压，使婚姻市场上缺少竞争力的、找不到配偶的人数大幅度增加,从而影响社会的安定并扰乱既有的婚姻秩序。

人口年龄结构从长期来看是一个变动的过程,会影响到未来的人口动态,直接关系到整个社会的负担系数和经济、社会的稳定发展。年龄结构均衡主要体现在少年和老年人口所占的比例,这两个比例直接关系到少儿抚养比和老年抚养比的大小,从而直接影响到整个社会的养老保障体系、医疗保障体系,特别是老龄化水平与经济、社会发展水平间的均衡。

人口城乡结构是从人口城镇化率的视角予以反映。这是由于城乡差距对整个经济社会的均衡发展有很大影响,当前城乡差距主要表现在城乡居民收入差距、城乡教育差距、城乡医疗差距、城乡消费差距、政府公共投入差距和城乡社会福利差距,同时城乡结构也直接影响到就业结构。因此,人口城镇化直接影响到国民经济和社会发展水平间的均衡,影响人口城乡结构均衡,进而影响人口内部均衡。

4. 人口分布均衡

人口分布是指人口地区分布,比如城市和乡村地区的人口分布和东、中、西不同区域的人口分布,这种不同的分布对整个经济社会的发展会带来很大影响,其分布的合理性直接影响了人口的生活水平。例如,一些地区人口分布过于密集,将导致或造成区域生态环境的恶化。而人口分布过于稀疏,不利于规模效应的实现,制约了经济和社会的发展。因此,人口分布是人口均衡发展的重要特征,本研究主要从以下三方面研究人口分布与经济、社会、资源、环境均衡发展的关系:第一,人口迁移率。迁移变动将对地区人口均衡产生不同效应。因此人口迁移量必须保持在适度规模,并与社会、经济、资源发展水平相协调。第二,适龄劳动人口就业率。劳动年龄人口的比重间接影响社会劳动力的总供给,以及劳动力市场的形成与发育,进而直接影响经济、社会发展的均衡。第三,人口产业承载力。由于在国内总产值中第二产业和第三产业占了很大比重,也是发展最快、前景最好、最有潜力和提升空间的经济组成部分,根据总产值的增长变化趋势调整就业人员的劳动资本结构,达到均衡合理的经济增长状态。

人口规模、人口质量、人口结构和人口分布四者之间相互作用,对经济、社会、资源、环境既有正面效应,也有负面影响。要保持四者之间的均衡,就要保持人口内部均衡与人口外部均衡协调发展。

二、人口外部均衡

人口外部均衡是指人口与经济、社会、资源、环境等人口自身之外的系统之间相互协调和持续发展达到的一种平衡状态,这种均衡本质上是"内外均衡",

而不是外部各因素之间的均衡，但为了与"内部均衡"相对应，我们把它称为"外部均衡"，人口外部均衡主要包括以下五个方面：

1. 人口与经济发展的均衡关系

经济发展以其产业结构的配置状态和劳动生产率提高的速度制约着人口再生产规模的扩大、增长速度的加快和内在结构的转变。人口作为经济活动的主体，以其劳动力的数量、质量投入及消费需求动力，促进或延缓着社会经济的发展。因此人口与经济发展的相互影响和协同机制，要求人口再生产的数量增长、结构配置等与产业结构的调整、劳动生产率的提高，以及就业人口的吸纳和增长保持一定的均衡状态，从而不断满足人们的生活消费增长需求，推动人类社会经济发展。

人口是经济活动的主体，二者无疑有着密切的联系。人口与经济均衡发展要求人口再生产的数量增长、结构配置、素质提高等同产业结构的调整、劳动生产率的提高，以及就业人口的吸纳和增长相协调。经济发展阶段不同，对人口内部因子的影响也有差异。通常在粗放型经济增长方式下，人口数量增长能显著促进经济的增长；在集约型经济增长方式下，经济增长的动力主要来自劳动素质的提升。

经济与人口协调发展表现为，人口发展应满足地区经济增长的需要，经济增长能带来更多的就业机会和更高的福利水平。具体而言，有以下特征：

一是劳动力总量能够满足经济发展的需求，且劳动力就业充分。充足的劳动力意味着更高的经济发展潜力，是经济发展的必要条件，不均衡表现为劳动力过剩或短缺。劳动力过剩会造成人力资源的浪费，未就业的劳动能力不仅不能创造价值，反而增加社会抚养负担；反之，劳动力短缺制约经济的增长。二是人口规模与结构合理，能持续为经济发展提供充足的劳动力，合理的人口结构可以为经济提供合适的劳动力。同时足够的人口规模也是促进消费、投资、储蓄增长的必备条件。三是人口素质不断提高，为产业升级和经济转型提供满足不同需求的劳动力。人口素质提高意味着劳动生产率的提高，相同数量的劳动力可以创造更多的经济产出。不均衡表现为人口素质超前或滞后。人口素质超前于产业结构和技术升级水平，过剩的劳动生产率得不到释放，造成产能浪费；相反，人口素质过低会引致结构性失业。四是经济发展和产业结构升级为人口的生存和发展带来更多福利。一方面，经济发展带来较高的人均收入；另一方面，市场的激烈竞争带来价格优势及商品和服务的多样化，提升劳动力的福利水平，实现经济与人口良性循环。五是经济发展和产业升级带来更多就业机会和高素质劳动力的需求。经济发展可提升就业吸纳能力，提供更多就业机会；产业升级需要更高素质劳动力，反过来会促使劳动力自我提升以满足产业发展的新需求。

2. 人口与社会和谐的均衡关系

社会和谐发展是人类发展的基本条件，社会和谐是指除经济以外的社会目标，是社会稳定的更高阶段。和谐能使人心情舒畅，和谐能调动全社会一切可以调动的积极因素。

人口发展是社会和谐发展的重要内容。一方面，人口因素对社会和谐发展有着重大的影响。一旦人口数量超过在各种社会系统条件下可以支持的最大人口数量，即超过了社会的承载力，人口与社会的均衡关系就会被打破。从根本上说，一定数量的人口规模，是一切社会结构体系存在和发展的前提，但是在社会和谐发展过程中，并非人口越多越好，如果对人口规模不加以控制，生产力和人民生活水平的提高就会受到严重影响。只有使人口增长与社会和谐水平相协调，才能真正有利于社会和谐发展。另一方面，社会发展的状况又制约着人口均衡的状态。社会生产力和整个社会结构体系的发展水平不同，社会文明的程度不同，对人口问题的解决方式也会有所区别。

社会和谐是以个人为基础的社会关系的和谐。主要体现在与个人生活、生产密切相关的社会公共保障和社会公共服务方面。社会公共保障包括医疗、卫生、教育等要素结构的公共事业保障，为社会生产和居民生活提供服务的政府公共财政支出（公共物质工程设施、社会救助）、社会保障（养老保障）和就业等民生保障，社会治安、国防安全等公共安全保障，这些都是保障和体现人口最基本的生存权和发展权的社会基础。社会公共服务包括道路、交通、绿化、老年及残疾人服务，但人的需求将随着社会的进步、自身发展而不断增加，因此，公共服务也应做出调整与人口需求相匹配。

3. 人口与资源节约的均衡关系

资源是人类社会生存与发展的物质基础。在人口、资源、环境与发展的相互关系中，人口与资源关系处于核心地位。在人口与资源相互作用的历史过程中，人口增长与随之带来的资源开发既促进了社会经济发展，也引起了生态环境问题。自然资源对于人类可能是财富，但不合理的生产方式可能破坏环境、危及生态。多数环境问题都是由资源过度消耗带来的。

随着人口数量的增加，对自然资源的需要也不断提高。但是过度的开发资源将会造成自然资源被大量消耗和破坏，当能提供给人类有效资源的能力越来越低于人类索取的强度，即超过了资源的承载力（在维持一定水平并不引起土地退化的前提下，一个区域能永久地供养人口数量及人类活动水平）时，人口与资源的发展关系将会失去平衡，最终危及人类生存。

4. 人口与环境友好的均衡关系

环境是人类进行生产和生活的场所，人与其生存环境形成了一个多层多单元的复合系统。在这个系统中，人是最活跃的因子，并根据自己的意愿影响、改变环境条件，而环境反过来又影响人口的分布、人口的素质与人类生活的质量。随着人口数量的增加，与自然环境之间的矛盾将愈加凸显。因此，人口规模及增长必须维持在环境的承载能力（环境承载力是指某一环境状态和结构在不发生对人类生存发展有害变化的前提下所能承受的人类社会作用在规模、强度和速度上的限制）之内，使人口规模与环境相适应。

5. 人口与制度保障的均衡关系

制度的保障力度体现为对人口均衡型社会的均衡控制力度，只有制定科学、全面的宏观政策，才能有效保障和控制人口均衡型社会的均衡状态。

第四节 本章小结

本章从狭义和广义相结合、外部均衡和内部均衡相结合两个视角进行分析，在对这二者分析基础上揭示了人口均衡型社会的内涵，在一定程度上对人口均衡型社会的内容赋予了新的含义，为构建人口均衡型社会的评价指标体系提供了概念基础。

第二篇

理论研究

第四章

人口均衡型社会的理论机理与模型构建

在中国经济转型背景下，建设人口均衡型社会对发展中国家特别是中国经济社会的影响越来越重要。长期以来的人口发展（包括人口数量、人口质量、人口结构与人口分布）对中国的经济增长产生了积极作用，但对中国的社会和谐、环境破坏、生态恶化、产业结构等不平衡的影响却越来越引进政府和学术界的高度重视。对此，以人口均衡型社会建设的含义及内容为依据，通过内生经济增长模型构建人口发展与经济社会、人口发展与资源环境、人口发展与经济、社会、资源环境、制度约束等相互之间的关系与路径依赖，力图在理论上构建人口内部均衡与人口外部均衡的内在机理及理论框架。

第一节 经济、社会与人口发展（人口内部均衡）的理论机理

一、经济、社会约束下的人口发展

人口发展是随着生产力的发展和社会生产方式的进步，人口的数量、质量、结构及分布与经济、社会等诸方面的关系不断由低级向高级运动的过程。考虑到

人口、经济与社会之间错综复杂的关系,本节在借鉴已有学者研究成果的基础上,在内生经济增长理论的分析框架下,加入社会与制度因素,构建经济、社会约束下的人口发展模型,力图从经济、社会两个维度剖析人口均衡型社会建设的作用机制。

1. 模型设计

假设整个社会中的初始禀赋为 $L(0)$ 单位劳动,$K(0)$ 单位资本,技术水平 $A(0)$。经济主体在劳动增长率外生给定的情况下,考虑技术和制度因子对经济的影响,合理配置资源,最终达到效用最大化。

借鉴 R&D 模型,采用两部门生产函数,其一是用于物质资本生产的部门,另一个则是用于技术开发的部门。假设生产函数满足新古典生产函数的基本性质,最终产品的生产决定于物质资本存量 K,有效人口发展水平 N,生产函数形式如下:

$$Y = F(K, N)$$

假定函数形式符合 Cobb-Douglas 生产函数,则有:

$$Y(t) = K^{\alpha}(t) N^{1-\alpha}(t) \quad (4.1.1)$$

其中,α 为物质资本弹性系数,$1-\alpha$ 为有效人口发展水平的弹性系数,令 $0 < \alpha < 1$。通过以上模型可以进行分解:

(1) 技术存量函数。根据阿罗(1962),罗默(1986)"干中学"的思想,技术存量的变化可以表示为:

$$A(t) = dK^{\gamma}(t) \quad (4.1.2)$$

其中,d 技术转化效率,γ 为技术影响因子,令 d 为常数,$0 < d < 1$。

(2) 有效人口发展水平函数。定义有效人口发展水平满足以下形式:

$$N(t) = A(t) \cdot L(t) \cdot \varpi(t) \quad (4.1.3)$$

其中,$A(t)$ 为技术水平,$L(t)$ 为劳动力数量,$\varpi(t)$ 为人口发展水平。定义劳动力的增长率外生给定为 n。

(3) 社会制度水平函数。社会对人口的影响,可以集中体现为制度上的约束。而制度创新实际上是以技术存量水平作为支撑的。考虑到"干中学"效应,根据制度变迁理论,假设社会制度变迁是经济增长的内在要求,忽略其他要素。因此,定义社会制度水平函数满足以下形式:

$$\dot{I}(t) = bA^{\theta}(t) I^{1-\theta}(t) \quad (4.1.4)$$

其中,$I(t)$ 为制度质量水平,$1-\theta$ 为制度影响因子,b 为制度转化效率,令 $0 < \theta < 1$。

(4) 效用函数。考虑到模型的简洁性,假设消费者的效用函数为:

$$U(C) = \frac{C^{1-\sigma} - 1}{1 - \sigma} \quad (4.1.5)$$

消费者的目标是无限时域上实现自身效用的最大化，即 $\max \int e^{-\rho t} \cdot U(C) \mathrm{d}t$，其中 ρ 为贴现因子，C 为物质消费，σ 为影响系数。

（5）资本积累函数。借鉴新古典增长模型，假定物质资本的净存量增加等于总产出 $Y(t)$ 减去消费物质资本折旧 $C(t)$，因此得到资本积累函数如下：

$$\dot{K}(t) = Y(t) - C(t) - \delta K(t) \qquad (4.1.6)$$

其中，$Y(t)$ 为总产出，$C(t)$ 为消费，δ 为资本折旧系数。

2. 平衡增长路径表达

假设存在一个代表性的消费者，在式（4.1.6）的约束条件下，如何选择最优消费 C，最大化自身的跨期总效用。于是，可以转化为寻求经济的最优增长路径，即求解以下动态最优化问题：

目标函数：$\max \int [e^{-\rho t} \cdot U(C)] \mathrm{d}t$

约束条件：$Y(t) = K^{\alpha}(t) N^{1-\alpha}(t)$
$\dot{K}(t) = Y(t) - C(t) - \delta K(t)$
$\dot{I}(t) = bA^{\theta}(t) I^{1-\theta}(t)$

该动态最优化问题可以采用 Pontryagin 最大值原理进行处理。为了分析问题的简便，省略变量下角标 t，定义 Hamilton 函数为：

$$H = \frac{C^{1-\sigma} - 1}{1 - \sigma} + \lambda_1 (Y - C - \delta K) + \lambda_2 b A^{\theta} I^{1-\theta}$$

上式中，λ_1，λ_2 代表汉密尔顿乘数，表示影子价格，C 为控制变量，K，I 为状态变量，对控制变量 C 分别求导得最大化 H，由一阶条件可得：

$$\frac{\partial H}{\partial C} = C^{-\sigma} - \lambda_1 = 0 \qquad (4.1.7)$$

由式（4.1.7）两边分别取对数求导，得到：

$$-\sigma g_C = g_{\lambda_1} \qquad (4.1.8)$$

对状态变量 K 求导，易得：

$$\frac{\partial H}{\partial K} = \lambda_1 [(\alpha + \gamma - \gamma\alpha) \mathrm{d}^{1-\alpha} K^{(\gamma-1)(1-\alpha)} (L\varpi)^{1-\alpha} - \delta]$$
$$+ \lambda_2 b\gamma\theta \mathrm{d}^{\theta} K^{\gamma\theta-1} I^{1-\theta} = \rho\lambda_1 - \dot{\lambda}_1 \qquad (4.1.9)$$

对状态变量 I 求导，易得：

$$\frac{\partial H}{\partial I} = \lambda_2 (1-\theta) b \mathrm{d}^{\theta} K^{\gamma\theta} I^{-\theta} = \rho\lambda_2 - \dot{\lambda}_2 \qquad (4.1.10)$$

对此，可以得到横截性条件：

$$\lim_{t \to \infty} \lambda_1 K e^{-\rho t} = 0 \qquad \lim_{t \to \infty} \lambda_2 I e^{-\rho t} = 0$$

为方便获得均衡解，定义变量的增长率，即 $g_X = \dfrac{\dot{X}}{X}$，由式（6.1.8）可知：

$$g_{\lambda_1} = \dfrac{\dot{\lambda}_1}{\lambda_1} = \rho - (\alpha + \gamma - \gamma\alpha) d^{1-\alpha} K^{(\gamma-1)(1-\alpha)} (L\varpi)^{1-\alpha}$$

$$+ \delta - \dfrac{\lambda_2 b\gamma\theta d^\theta K^{(\gamma\theta-1)} I^{1-\theta}}{\lambda_1} \quad (4.1.11)$$

$$g_{\lambda_2} = \dfrac{\dot{\lambda}_2}{\lambda_2} = \rho - (1-\theta) b d^\theta K^{\gamma\theta} I^{-\theta} \quad (4.1.12)$$

根据动态优化理论，在经济社会最优增长路径下，各经济变量的增长速度呈现均衡增长的状态，根据各个变量的约束方程可以求得各变量在稳态中的增长率，进而分析各种参数对增长率的影响，对此可以揭示经济、社会对人口发展的影响。

由式（4.1.6），在最优增长路径上，产出，资本，消费的关系可知：

$$g_Y = g_C = g_K = \text{const} \quad (4.1.13)$$

由式（4.1.10），可得：

$$(1-\gamma)(1-\alpha) g_K = (1-\alpha) n + (1-\alpha) g_\varpi \quad (4.1.14)$$

$$g_{\lambda_2} + (\gamma\theta - 1) g_K + (1-\theta) g_I = g_{\lambda_1} \quad (4.1.15)$$

由式（4.1.11），可得：

$$\gamma\theta g_K = \theta g_I \quad (4.1.16)$$

联立等式（4.1.8）、式（4.1.11）~式（4.1.16），可得：

$$g_\varpi = \dfrac{\rho - (1-\theta) b d^\theta K^{\gamma\theta} I^{-\theta}}{1 - \gamma - \sigma} - n \quad (4.1.17)$$

由式（4.1.17）可知，在平衡增长路径中，人口发展水平的增长率恒为正，即 $g_\varpi > 0$，则必须使：

$$\dfrac{\rho - (1-\theta) b d^\theta K^{\gamma\theta} I^{-\theta}}{1 - \gamma - \sigma} > n \quad (4.1.18)$$

将式（4.1.18）化简，可得：

$$\left[\dfrac{\rho - (1 - \gamma - \sigma) n}{(1-\theta) b} \right]^{\frac{1}{\theta}} > \dfrac{dK^\gamma}{I} = \dfrac{A}{I} \quad (4.1.19)$$

根据式（4.1.19）发现，若技术存量水平与社会制度的比值存在最高的阈值，即 $\left[\dfrac{\rho - (1-\gamma-\sigma)n}{(1-\theta)b} \right]^{\frac{1}{\theta}}$，就能保证人口发展水平始终由低级向高级不断改善。技术具有转化为生产力的属性，技术创新能够创造出巨大的财富，继而引领社会发展与生产方式的变革。而社会发展、制度变迁同样需要技术进步所创造出的坚实经济基础作为支撑，两者处在不断的协同演化中。

具体而言，一方面，从经济对人口发展的影响来看：

$$\frac{\mathrm{d}g_\varpi}{\mathrm{d}Y} = \frac{\mathrm{d}g_\varpi}{\mathrm{d}K} \cdot \frac{\mathrm{d}K}{\mathrm{d}Y} = \frac{\mathrm{d}g_\varpi}{\mathrm{d}K} \cdot \frac{1}{\frac{\mathrm{d}Y}{\mathrm{d}K}} = \frac{(\theta-1)bd^\theta K^{\gamma\theta}I^{-\theta}}{1-\gamma-\sigma} \cdot \frac{1}{(\alpha+\gamma-\gamma\alpha)(L\varpi)^{1-\alpha}d^{1-\alpha}K^{(\gamma-1)(1-\alpha)}}$$

$$= \frac{(\theta-1)bK^{\gamma(\theta-1+\alpha)+1-\alpha}I^{-\theta}}{(1-\gamma-\sigma)(\alpha+\gamma-\gamma\alpha)d^{1-\alpha-\theta}(L\varpi)^{1-\alpha}} \quad (4.1.20)$$

根据式（4.1.20），经济对人口发展的作用取决于 $(1-\gamma-\sigma)(\alpha+\gamma-\gamma\alpha)$ 的正负性。换言之，技术影响因子 γ、物质资本产出弹性 α 与贴现率 σ 共同决定了经济对人口发展的边际影响。若 $(1-\gamma-\sigma)(\alpha+\gamma-\gamma\alpha)<0$，则有 $\frac{\mathrm{d}g_\varpi}{\mathrm{d}Y}>0$；若 $(1-\gamma-\sigma)(\alpha+\gamma-\gamma\alpha)>0$，则有 $\frac{\mathrm{d}g_\varpi}{\mathrm{d}Y}<0$。据此，得到：

命题1：经济增长的实际状况制约着人口发展的程度与水平。经济增长是人口全面发展的物质基础。经济增长所创造的财富满足了人的基本生存需要；只有经济高度发达的条件下，人口数量与质量的均衡、人口结构以及人口分布的合理才可能最大限度地实现。社会生产出的物质财富才可能由每个人自由支配，为每个人的全面发展提供基础；否则，人口内部均衡是受到限制的。

另一方面，从社会与人口发展的情况看：

$$\frac{\mathrm{d}g_\varpi}{\mathrm{d}I} = \frac{\mathrm{d}\left(\frac{\rho-(1-\theta)bd^\theta K^{\gamma\theta}I^{-\theta}}{1-\gamma-\sigma}-n\right)}{\mathrm{d}I} = \frac{\theta(1-\theta)bd^\theta K^{\gamma\theta}I^{-\theta-1}}{1-\gamma-\sigma} \quad (4.1.21)$$

根据式（4.1.21），社会对人口发展的作用取决于 $1-\sigma-\gamma$ 的正负作用。换言之，技术影响因子 γ、贴现率 σ 共同决定了社会对人口发展的边际影响。若 $1-\sigma-\gamma>0$，则有 $\frac{\mathrm{d}g_\varpi}{\mathrm{d}I}>0$；若 $1-\sigma-\gamma<0$，则有 $\frac{\mathrm{d}g_\varpi}{\mathrm{d}I}<0$。

命题2：社会和谐是人口发展的载体。

人口的发展必须以社会发展作为自身发展的前提。即社会的发展对人口发展具有制约性，不能超越社会所能为人口发展给予的系列条件，诸如人口流动与生活受社会的基础设施建设情况、社会保障福利体系情况、文化教育事业发展的制约。只有使人口发展与社会发展之间相互和谐、协调，才能初步达到人口的均衡发展。

二、人口发展对经济、社会的影响

同样的思路分析，假设整个社会中的初始禀赋为 $L(0)$ 单位劳动，$K(0)$ 单位资本，技术水平 $A(0)$。经济主体在劳动增长率外生给定的情况下，考虑技和制度因子对经济的影响,合理配置资源,最终达到效用最大化。

1. 模型设计

在内生经济增长模型、戴蒙德世代交叠模型以及企业决策模型的基础上,纳入人口发展因素(从人口适度、人口结构、人口分布三个角度来考虑),为了简化分析,选用人口规模反映人口适度,用少儿抚养比和老年抚养比反映人口结构,用净迁移率反映人口分布),探讨人口发展对经济、社会的影响。对此,进行以下分解:

(1)最终产品生产部门。假设生产函数满足新古典生产函数的基本性质,最终产品的生产决定于物质资本存量 K,技术水平 A,劳动力 L,社会制度 I,生产函数形式如下:

$$Y = F(K, A, L, I)$$

假定函数形式符合 Cobb-Douglas 生产函数,则有以下生产函数形式:

$$Y(t) = K^\alpha(t)(AIL)^{1-\alpha}(t) \quad (4.1.22)$$

其中,α 为物质资本弹性系数,令 $0 < \alpha < 1$。

(2)储蓄率函数。假设在一个封闭的经济体内,总产出由消费与储蓄组成,因此有下式成立:

$$Y - S = C = (1-s)Y \quad (4.1.23)$$

其中,Y 为总产出,S 为总储蓄,C 为总消费,s 为储蓄率。

(3)迁移率函数。假设人口可以自由流动,当一个地区的净迁移率(净迁移率=迁入率-迁出率)为正时,表示当地有人口规模会增大;反之,当一个地区的净迁移率为负时,表示此地区的人口规模减小。总消费等于人均消费乘以人口规模,因此,净迁移率函数表示为:

$$C = c \cdot N \cdot (1 + m) \quad (4.1.24)$$

其中,c 为人均消费,N 为期初人口,m 为净迁移率。

(4)收支函数。假设代表性个体的生命周期为两期,分别为成年期与老年期。成年期供给一单位劳动以获取工资性收入 w_t,其收入用于自身成年期消费 $c_{1,t}$、抚养老人的支出 $c_{2,t}$、储蓄 s_t。为简化模型,不考虑遗产因素,成年期跨越到老年期时的利率水平均为 r,抚养比为 χ,成年期人口数为 L。因此,有以下等式成立:

$$c_{1,t} + \chi \cdot c_{2,t} + s_t = w_t \quad (4.1.25)$$

$$s_t \cdot (1 + r) = c_{1,t+1} \quad (4.1.26)$$

$$L = \frac{N(1+m)}{1+\chi} \quad (4.1.27)$$

2. 平衡增长路径表达

为简化模型,借鉴 Varvarigos(2013)的效用函数,令 $U_t = \ln C_t$。代表性个

体的效用取决于消费，则 t 时期的代表性个体的效用函数为：

$$U = \ln c_{1,t} + \rho \cdot \ln(c_{1,t+1}) + \psi \cdot \chi \cdot \ln(c_{2,t}) \qquad (4.1.28)$$

其中，ρ 为跨期的时间贴现因子，ψ 为成年期个体抚养老人的效用贴现率。

在式（4.1.25）、式（4.1.26）的约束条件下，构造个人效用函数最大化的拉格朗日函数：

$$H = \ln c_{1,t} + \rho \cdot \ln(c_{1,t+1}) + \psi \cdot \chi \cdot \ln(c_{2,t})$$
$$+ \lambda \left(c_{1,t} + \chi \cdot c_{2,t} + \frac{c_{1,t+1}}{1+r} - w_t \right) \qquad (4.1.29)$$

由一阶条件，求得各期最优消费：

$$c_{1,t+1} = \frac{c_{1,t}(1+r)}{\rho} \qquad (4.1.30)$$

$$c_{2,t} = \psi c_{1,t} \qquad (4.1.31)$$

联立等式（4.1.25）、式（4.1.26）、式（4.1.30）、式（4.1.31），可得：

$$s_t = \frac{w_t}{\rho + \rho \chi \psi + 1} \qquad (4.1.32)$$

假定经济体内部中，资本回报率为 r_t，劳动力回报率为 w_t，企业利润为 π_t。同时，整个经济体处于劳动力市场均衡状态，即劳动力需求等于劳动力供给。

该经济体中企业所得利润的表达式为：

$$\pi_t = F(K_t, A_t, L_t, I_t) - K_t r_t - L_t w_t = K_t^\alpha (A_t I_t L_t)^{1-\alpha} - K_t r_t - L_t w_t$$
$$\qquad (4.1.33)$$

求得企业利润最大化时各要素的价格为：

$$r_t = \frac{\partial F_t}{\partial K_t} = \alpha K_t^{\alpha-1}(A_t I_t L_t)^{1-\alpha} \qquad (4.1.34)$$

$$w_t = \frac{\partial F_t}{\partial L_t} = (1-\alpha)K_t^\alpha (AL)^{1-\alpha} L^{-\alpha} \qquad (4.1.35)$$

由等式（4.1.35），可得：

$$K_t = \left[\frac{r_t}{\alpha(A_t I_t L_t)^{1-\alpha}} \right]^{\frac{1}{\alpha-1}} \qquad (4.1.36)$$

其次，将等式（4.1.36）代入等式（4.1.35）中，可以得到：

$$w_t = (1-\alpha)\left[\frac{r_t}{\alpha(A_t I_t L_t)^{1-\alpha}} \right]^{\frac{\alpha}{\alpha-1}} (AL)^{1-\alpha} L^{-\alpha} = (1-\alpha)\left(\frac{r_t}{\alpha} \right)^{\frac{\alpha}{\alpha-1}} AI \qquad (4.1.37)$$

将等式（4.1.36）代入等式（4.1.22）中，可以得到：

$$Y = \left[\frac{r_t}{\alpha(A_t I_t L_t)^{1-\alpha}} \right]^{\frac{\alpha}{\alpha-1}} \cdot (A_t I_t L_t)^{1-\alpha} = \left(\frac{r_t}{\alpha} \right)^{\frac{\alpha}{\alpha-1}} AIL \qquad (4.1.38)$$

由于整个社会中仅有成年期个体进行储蓄，因此定义社会的储蓄率 $\tilde{s}$ 为：

$$\tilde{s} = \frac{L_t \cdot s_t}{Y_t} \quad (4.1.39)$$

联立等式（4.1.32）、式（4.1.37）、式（4.1.38）、式（4.1.39），可以得到社会储蓄率 $\tilde{s}$ 为：

$$\tilde{s} = \frac{1-\alpha}{\rho + \rho\chi\psi + 1} \quad (4.1.40)$$

再次联立等式（4.1.22）、式（4.1.23）、式（4.1.24）、式（4.1.40），得到下式：

$$\left(1 - \frac{1-\alpha}{\rho + \rho\chi\psi + 1}\right) \cdot \left(\frac{r_t}{\alpha}\right)^{\frac{\alpha}{\alpha-1}} AIL = c \cdot N \cdot (1+m) = c \cdot L \cdot (1+\chi) \quad (4.1.41)$$

将等式（4.1.41）进行变换，得到等式（4.1.42）：

$$I = \frac{c \cdot N \cdot (1+m)}{\left(1 - \frac{1-\alpha}{\rho + \rho\chi\psi + 1}\right) \cdot \left(\frac{r_t}{\alpha}\right)^{\frac{\alpha}{\alpha-1}} AL} = \frac{c \cdot (1+\chi)}{\left(1 - \frac{1-\alpha}{\rho + \rho\chi\psi + 1}\right) \cdot \left(\frac{r_t}{\alpha}\right)^{\frac{\alpha}{\alpha-1}} A} \quad (4.1.42)$$

根据假定：$0 < \alpha < 1$；$0 < \rho$；$0 < \chi$；$0 < \psi$，可以判定：

$$\left(1 - \frac{1-\alpha}{\rho + \rho\chi\psi + 1}\right) \cdot \left(\frac{r_t}{\alpha}\right)^{\frac{\alpha}{\alpha-1}} > 0$$

据此，依据等式（4.1.21）探讨人口发展因素（包括人口规模 N、人口迁移率 m、人口结构 χ）对社会的影响机理：

（1）$\frac{\partial I}{\partial N} > 0$，现实中的人作为社会中的主体，是社会存在与发展的关键因素。一方面，人口规模的增加，导致各类需求的增长，进而对社会中生产资料分配提出了更为严格的要求。建立公平、透明的收入分配机制就显得尤为重要，进而反推社会的发展水平。另一方面，人口适度将促使人们更加注重节约使用资源，改变粗放使用资源的方式，更加重视环境保护和生态修复，促进社会发展。

命题3：人口规模的增加，会促进社会发展。

（2）$\frac{\partial I}{\partial m} > 0$，人口的流动，是一个纷繁复杂的过程。人口流动不仅改变了人口空间分布格局，影响到城乡之间、地区之间的人口总量，而且对流入地和流出地的社会、资源等各方面产生深远作用。而外来人口向当地人口角色的整体转型、实现文化和身份认同、并最终融入当地社会，同等享受基本公共服务和福利待遇，促使政府加强管理创新，构建适宜的人口服务管理模式，进而实现社会和谐发展的目的。

命题4：人口净迁移率增加，会促进社会发展。

（3）$\frac{\partial I}{\partial \chi} < 0$，一方面，人口抚养比增加，意味着每一位青壮年个体需要承担

更为严峻的抚养重担，而且青壮年劳动力的比重与规模出现一定程度的下降。作为劳动力市场中最活跃与最重要的人群，其规模的下降势必会给未来就业与劳动力市场带来负面影响。另一方面，人口抚养比增加主要表现为新生人口的出生率递减与老年人口急速上升，由此所带来养老、照料问题凸显。因而，对政府所构建的社会保障体系的可持续性提出新的挑战。

命题5：人口抚养比增加，会抑制社会发展。

联立等式（4.1.38）、式（4.1.42），可以得到等式（4.1.43）与式（4.1.44）：

$$Y = \frac{c \cdot N \cdot (1+m)}{\left(1 - \frac{1-\alpha}{\rho + \rho\chi\psi + 1}\right) \cdot \left(\frac{r_t}{\alpha}\right)^{\frac{\alpha}{\alpha-1}} AL} \cdot \left(\frac{r_t}{\alpha}\right)^{\frac{\alpha}{\alpha-1}} AL = \frac{c \cdot N \cdot (1+m)}{1 - \frac{1-\alpha}{\rho + \rho\chi\psi + 1}} \quad (4.1.43)$$

$$Y = \frac{c \cdot (1+\chi)}{\left(1 - \frac{1-\alpha}{\rho + \rho\chi\psi + 1}\right) \cdot \left(\frac{r_t}{\alpha}\right)^{\frac{\alpha}{\alpha-1}} A} \cdot \left(\frac{r_t}{\alpha}\right)^{\frac{\alpha}{\alpha-1}} AL = \frac{c \cdot L \cdot (1+\chi)}{1 - \frac{1-\alpha}{\rho + \rho\chi\psi + 1}} \quad (4.1.44)$$

据此，依据等式（4.1.22）和式（4.1.23）探讨人口发展因素（包括人口规模N、人口迁移率m、人口结构χ）对经济的影响机理：

（4）$\frac{\partial Y}{\partial N} > 0$，根据新古典增长理论和内生经济增长理论，劳动力的变化会对经济产生重要影响。人口规模的扩大能够为社会生产带来充足的劳动力供给。在其他条件不变的情况下，人口规模的增加，意味着整个社会中的个人储蓄得以快速积累，进而可以维持一个较高的社会投资率，保障经济的较快增长。

命题6：人口规模增加，会促进经济增长。

（5）$\frac{\partial Y}{\partial m} > 0$，根据刘易斯的"二元经济结构理论"，地区间的收入差距吸引剩余劳动力逐渐从传统部门向现代部门转移。而劳动力流动引起的生产要素优化配置使得劳动边际生产率得以提升，进而推动现代部门的优势产业得以快速发展和集聚。产业集聚所带来的规模经济、地区专业化与知识外溢等正外部性将进一步促进经济增长。

命题7：人口净迁移率增加，会促进经济增长。

（6）$\frac{\partial Y}{\partial \chi} < 0$，人口抚养比增加，意味着每位劳动个体需要承担的社会负担更为繁重。一方面，劳动力增长速度放缓，适龄劳动力占人口总数比例降低，减少了个人储蓄与社会投资，从而不利于经济的长期增长；另一方面，被抚养人口增多，导致政府公共开支规模不断加大，给政府带来较大压力。而通过增加税收则可能会造成宏观经济效率与福利的损失，影响经济的持续增长。

命题8：人口抚养比增加，会抑制经济增长。

第二节 资源、环境与人口发展（人口外部均衡）的理论机理

一、资源环境约束下的人口发展

自然资源是人类社会生活与发展的物质源泉，环境则为人类提供了必要的生存空间。在当前经济社会的高速发展阶段，人类活动对环境影响的深度与广度加大，资源环境问题日渐凸显。自然资源的不断枯竭，环境恶化导致人类的经济社会活动也受到影响。考虑到自然资源、环境、人口与经济系统的关系，本研究在借鉴已有学者研究成果的基础上，在内生经济增长理论框架下，增加了资源、环境两个部门，力图从多个维度来探究影响人口外部均衡的传导机制。构建资源环境约束下的内生经济增长模型，以此推导出资源，环境约束下人口发展模型。

1. 模型设计

模型假设整个社会中的初始禀赋为 $L(0)$ 单位劳动，$K(0)$ 单位资本，$R(0)$ 资源存量，技术和制度的初始存量为 $A(0)$ 与 $I(0)$。经济主体在劳动增长率外生给定的情况下，考虑技术和制度因子对经济的影响，合理配置资源，最终达到效用最大化。对此，进行以下分解：

（1）最终产品生产部门。借鉴 R&D 模型，采用两部门生产函数，其一是用于物质资本生产的部门，其二则是用于技术开发的部门。假设生产函数满足新古典生产函数的基本性质，最终产品的生产决定于物质资本存量 K，不可再生自然资源 E，技术知识存量 A，污染物存量 P，有效人口发展水平 N，生产函数形式如下：

$$Y = F(A, K, N, E, P)$$

与此同时，考虑到污染物存量 P 对生产函数的贡献为负，因此，将其单独作为一个生产要素纳入函数中。假定生产函数采用 Cobb-Douglas 生产函数，则有以下生产函数形式：

$$Y(t) = AK^\alpha(t)N^\eta(t)E^{1-\alpha-\eta}(t)P^{-\varphi}(t) \qquad (4.2.1)$$

其中，α 为物质资本弹性系数，η 为有效人口发展水平，φ 为污染物弹性系数。$0 < \alpha$，$0 < \eta$，$0 < \alpha + \eta < 1$，$1 < \varphi$。

（2）技术存量函数。根据阿罗（1962），罗默（1986）"干中学"的思想，技术存量的变化可以表示为：

$$\dot{A}(t) = b\psi A(t) \qquad (4.2.2)$$

其中，b 为投入研发的人力资本比例，ψ 为研究技术参数，且 $0<\psi$，$0<b<1$。

（3）有效人口发展水平函数。定义有效人口发展水平满足以下形式：

$$N(t) = I(t) \cdot L(t) \cdot PH(t) \qquad (4.2.3)$$

其中，$I(t)$ 为制度水平，$L(t)$ 为劳动力数量，$PH(t)$ 为人口发展水平。定义制度与劳动力的增长率外生给定，分别为 κ，n。

（4）资源部门。假设资源在生产过程中是基础性的，即当 $R=0$，则 $Y=0$；当 $Y>0$，则 $R>0$。同时资源投入的变化率 $\dot{R}/R<0$，即在长期生产过程中将减少对资源的依赖，否则总的资源将在有限的时间被消耗完，经济的持续增长将无法实现。为模型求解方便，资源消耗可以表示为：

$$\dot{R}(t) = -E \qquad (4.2.4)$$

（5）环境部门。假定环境污染物的排放是与经济活动的总产出有关。考虑到环境具有一定的再生能力，并且再生能力与现有的环境存量呈正相关。但由于环境的特殊性，当环境消耗过度时会对人类的生活造成严重的影响。所以环境部门不会坐视环境资源的无节制消耗和污染，有必要将投入一部分要素对环境进行管控，这样可以有效地降低污染所产生的损害。因此，污染物存量的变化可以表示为：

$$\dot{P}(t) = \varepsilon Y(t) - \theta P(t) - \pi M(t) \qquad (4.2.5)$$

其中，ε 为污染参数，θ 为环境系统对污染物的自净能力，M 为环境治理费用，π 为环境部门对环境的管理效率。π 越大，说明对环境的管理越有效率。

（6）效用函数。考虑到模型的简洁性以及降低模型推导的难度，假设消费者的效用函数为：

$$U(C, R, P) = \frac{C^{1-\sigma_1}-1}{1-\sigma_1} + \frac{R^{1-\sigma_2}-1}{1-\sigma_2} + \frac{P^{1+\sigma_3}+1}{1+\sigma_3} \qquad (4.2.6)$$

消费者的目标是无限时域上实现自身效用的最大化，即 $\max \int e^{-\rho t} \cdot U(C, R, P) dt$，其中 ρ 为贴现因子，C 为物质消费，R 为资源存量，P 为环境污染，σ_1，σ_2，σ_3 为影响系数。

（7）资本积累函数。制度不是天然存在的，正如产品一样需要一个制度生产和实施的过程。与此同时，制度在一定阶段也会进行调整，也就是说制度存在变迁。制度变迁的过程实际上是一个制度生产和实施的过程。在此过程中，肯定会对人力、物质财富产生消耗，当然也会受现实资源的约束，我们假设这种消耗的成本可以用资本衡量。

与新古典增长模型一样,物质资本的净存量增加等于总产出 $Y(t)$ 减去总消费 $C(t)$,物质资本折旧,环境治理费用,因此得到资本积累方程如下:

$$\dot{K}(t) = Y(t) - C(t) - (\delta_1 + \delta_2)K(t) - M(t) \qquad (4.2.7)$$

其中,δ_1 和 δ_2 分别表示在 t 时刻资本折旧消耗和制度运行所带来的资本消耗系数。

2. 平衡增长路径表达

假设存在一个代表性的消费者,在式(4.2.1)、式(4.2.2)、式(4.2.3)、式(4.2.4)、式(4.2.5)、式(4.2.6)与式(6.2.7)的约束条件下,如何选择最优消费 C,R,P,最大化自身的跨期总效用。于是,可以转化为寻求经济的最优增长路径,即求解以下动态最优化问题:

$$\text{目标函数}: \max \int [e^{-\rho \cdot t} \cdot U(C, R, P)] \, dt \qquad (4.2.8)$$

$$\text{约束条件}: Y(t) = AK^{\alpha}(t)N^{\eta}(t)E^{1-\alpha-\eta}(t)P^{-\varphi}(t)$$

$$\dot{K}(t) = Y(t) - C(t) - (\delta_1 + \delta_2)K(t) - M(t)$$

$$\dot{R}(t) = -E$$

$$\dot{A}(t) = b\psi A(t)$$

$$\dot{P}(t) = \varepsilon Y(t) - \theta P(t) - \pi M(t)$$

该动态最优化问题可以采用 Pontryagin 最大值原理进行处理。为分析简化,省略变量下角标 t,定义 Hamilton 函数为:

$$H = \frac{C^{1-\sigma_1}-1}{1-\sigma_1} + \frac{R^{1-\sigma_2}-1}{1-\sigma_2} + \frac{P^{1+\sigma_3}+1}{1+\sigma_3} + \lambda_1[Y - C - (\delta_1+\delta_2)K - M]$$

$$+ \lambda_2(b\psi A) + \lambda_3(\varepsilon Y - \theta P - \pi M) - \lambda_4 E \qquad (4.2.9)$$

式(4.2.9)中,λ_1,λ_2,λ_3,λ_4 代表汉密尔顿乘数,表示影子价格。C,M,E 为控制变量,K,P,A,R 为状态变量。

对控制变量 C,M 分别求导得最大化 H,由一阶条件:

$$\frac{\partial H}{\partial C} = 0 \qquad (4.2.10)$$

$$\frac{\partial H}{\partial M} = 0 \qquad (4.2.11)$$

$$\frac{\partial H}{\partial E} = 0 \qquad (4.2.12)$$

根据式(4.2.10),可得出:

$$C^{-1} = \lambda_1 \qquad (4.2.13)$$

根据式(4.2.11),可得出:

$$-\lambda_1 = \pi \lambda_3 \qquad (4.2.14)$$

根据式（4.2.12），可得出：

$$(\lambda_1 + \varepsilon\lambda_3)(1 - \alpha - \eta)AK^\alpha N^\eta E^{-\alpha-\eta}P^{-\varphi} = \lambda_4$$

将上式化简得：

$$(\lambda_1 + \varepsilon\lambda_3)(1 - \alpha - \eta)\frac{Y}{E} = \lambda_4 \qquad (4.2.15)$$

对状态变量 K 求导，得：

$$\frac{\partial H}{\partial K} = (\lambda_1 + \varepsilon\lambda_3)(A\alpha K^{\alpha-1}N^\eta R^{1-\alpha-\eta}P^{-\varphi} - \delta_1 - \delta_2) = \rho\lambda_1 - \dot{\lambda}_1$$

将上式化简得：

$$\frac{\partial H}{\partial K} = (\lambda_1 + \varepsilon\lambda_3)\left(\alpha\frac{Y}{K} - \delta_1 - \delta_2\right) = \rho\lambda_1 - \dot{\lambda}_1 \qquad (4.2.16)$$

对状态变量 A 求导，得：

$$\frac{\partial H}{\partial A} = (\lambda_1 + \varepsilon\lambda_3)K^\alpha N^\eta R^{1-\alpha-\eta}P^{-\varphi} + b\psi\lambda_2 = \rho\lambda_2 - \dot{\lambda}_2$$

将上式化简得：

$$\frac{\partial H}{\partial A} = (\lambda_1 + \varepsilon\lambda_3)\frac{Y}{A} + b\psi\lambda_2 = \rho\lambda_2 - \dot{\lambda}_2 \qquad (4.2.17)$$

对状态变量 P 求导，得：

$$\frac{\partial H}{\partial P} = P^{\sigma_3} - (\lambda_1 + \lambda_3\varepsilon)\varphi AK^\alpha N^\eta E^{1-\alpha-\eta}P^{-\varphi-1} - \lambda_3\theta = \rho\lambda_3 - \dot{\lambda}_3$$

将上式化简得：

$$\frac{\partial H}{\partial P} = P^{\sigma_3} - (\lambda_1 + \lambda_3\varepsilon)\varphi\frac{Y}{P} - \lambda_3\theta = \rho\lambda_3 - \dot{\lambda}_3 \qquad (4.2.18)$$

对状态变量 R 求导，得：

$$\frac{\partial H}{\partial R} = R^{-\sigma_2} = \rho\lambda_4 - \dot{\lambda}_4 \qquad (4.2.19)$$

此时，得到的横截性条件为：

$$\lim_{t\to\infty}\lambda_1 Ke^{-\rho t} = 0 \qquad \lim_{t\to\infty}\lambda_2 Ae^{-\rho t} = 0 \qquad \lim_{t\to\infty}\lambda_4 Pe^{-\rho t} = 0$$

为方便运算，定义变量的增长率，即 $g_X = \frac{\dot{X}}{X}$，有：

$$g_{\lambda_1} = \frac{\dot{\lambda}_1}{\lambda_1}g_{\lambda_2} = \frac{\dot{\lambda}_2}{\lambda_2}g_{\lambda_3} = \frac{\dot{\lambda}_3}{\lambda_3}g_Y = \frac{\dot{Y}}{Y}g_K = \frac{\dot{K}}{K}g_P = \frac{\dot{P}}{P}g_N = \frac{\dot{N}}{N} = g_{PH} + g_I + g_L$$

由式（4.2.12）可知：

$$g_{\lambda_1} = \frac{\dot{\lambda}_1}{\lambda_1} = -g_C \qquad (4.2.20)$$

将式 (4.2.14) 与式 (4.2.15) 联立，有：

$$(\varepsilon - \pi)(1 - \alpha - \eta)\lambda_3 \frac{Y}{E} = \lambda_4 \qquad (4.2.21)$$

由式 (4.2.14) 与式 (4.2.16) 可知：

$$g_{\lambda_1} = \frac{\dot{\lambda}_1}{\lambda_1} = \rho - \left(\frac{\pi - \varepsilon}{\pi}\right)\left(\frac{\alpha Y}{K} - \delta_1 - \delta_2\right) \qquad (4.2.22)$$

$$g_{\lambda_2} = \frac{\dot{\lambda}_2}{\lambda_2} = \rho - b\psi - \frac{(\varepsilon - \pi)Y\lambda_3}{A\lambda_2} \qquad (4.2.23)$$

$$g_{\lambda_3} = \frac{\dot{\lambda}_3}{\lambda_3} = \rho + \theta + \frac{(\varepsilon - \pi)\varphi Y}{P} + \frac{P^{\sigma_3}}{\lambda_3} \qquad (4.2.24)$$

$$g_{\lambda_4} = \frac{\dot{\lambda}_4}{\lambda_4} = \rho - \frac{R^{-\sigma_2}}{\lambda_4} \qquad (4.2.25)$$

由式 (4.2.19)，可以得到消费的平衡增长路径：

$$g_C = \left(\frac{\pi - \varepsilon}{\pi}\right)\left(\frac{\alpha Y}{K} - \delta_1 - \delta_2\right) - \rho \qquad (4.2.26)$$

由式 (4.2.23)，等式右边为常数，即：

$$\rho - b\psi - \frac{(\varepsilon - \pi)Y\lambda_3}{A\lambda_2} = \text{const}$$

对式 (4.2.23) 等式两边微分，因此有：

$$g_Y + g_{\lambda_3} = g_A + g_{\lambda_2} \qquad (4.2.27)$$

同理，在式 (4.2.21) 与式 (4.2.24) 中，稳态中的各个变量的增长率均为常量，故上式右端最后一项为常量，两边求微分得：

$$g_Y = g_K$$

$$g_Y + g_{\lambda_3} = g_A + g_{\lambda_2} = g_E + g_{\lambda_4}$$

$$g_{\lambda_3} = g_{\lambda_1}$$

$$g_{\lambda_4} = -\sigma_2 g_R$$

根据动态优化理论，在经济社会最优增长路径下，各经济变量的增长速度呈现均衡增长的特性。根据各个变量的约束方程可以求得各变量在稳态中的增长率，进而分析各种参数如何影响这些增长率的，进一步可以考察经济、社会对人口发展的影响。

由消费、资本、产出和环境管理费用的关系可知，C、K、Y、M 具有相同的增长率且为常数，即 $g_C = g_K = g_Y = g_M = $ 常数。

$$g_K = \frac{Y - C - M}{K} - \delta_1 - \delta_2$$

$$g_A = b\psi$$

$$g_P = \frac{\varepsilon Y - \pi M}{P} - \theta$$

$$g_Y = g_A + \alpha g_K + \eta g_N + (1-\alpha-\eta)g_E - \varphi g_P$$

$$g_N = \frac{\dot{N}}{N} = g_{PH} + g_I + g_L$$

可得：

$$g_{PH} = \frac{(\alpha+\eta-1)\left[\frac{\pi R^{-\sigma_2}EC}{(\pi-\varepsilon)Y}\right] + b\psi + (2-2\alpha-\eta)\rho - \frac{(1-\alpha)(\pi-\varepsilon)}{\pi}\left[\alpha\frac{Y}{K} - \delta_1 - \delta_2\right]}{\eta} - \kappa - n$$

(4.2.28)

由式（4.2.28）可知，在平衡增长路径中，人口发展水平的增长率，即 $g_{PH} > 0$，则必须使得有效劳动的增长率大于贴现因子、制度变迁率与劳动力增长率之和，即：$g_N > \kappa + n$。由于 $0 < \alpha + \eta < 1$，有下列不等式成立：

$$\alpha + \eta - 1 < 0;$$
$$0 < 2 - 2\alpha - \eta;$$
$$0 < 1 - \alpha;$$
$$0 < \alpha\frac{Y}{K} - \delta_1 - \delta_2;$$

（1）当 $\pi < \varepsilon$ 时，即环境部门的治理效率小于污染参数，可知 $(\alpha+\eta-1)\left[\frac{\pi R^{-\sigma_2}EC}{(\pi-\varepsilon)Y}\right] > 0$，$\frac{(1-\alpha)(\pi-\varepsilon)}{\pi}\left[\alpha\frac{Y}{K} - \delta_1 - \delta_2\right] < 0$，$g_N$ 恒为正。

（2）当 $\pi > \varepsilon$ 时，可知 $(\alpha+\eta-1)\left[\frac{\pi R^{-\sigma_2}EC}{(\pi-\varepsilon)Y}\right] < 0$，$\frac{(1-\alpha)(\pi-\varepsilon)}{\pi}\left[\alpha\frac{Y}{K} - \delta_1 - \delta_2\right] > 0$，$g_N$ 的正负作用无法确定，说明环境部门的治理效率大于污染参数，将沿着最优增长路径发展，产出，消费，资本的长期增长是可行的，即 $g_Y = g_C = g_K = g_M > 0$，有效人口水平也会随之达到可持续的增长。

一方面，从资源约束下的人口发展来看，根据以上等式得到的资源与人口发展：

$$\frac{\Delta g_{PH}}{\Delta g_R} = \frac{\mathrm{d}g_{PH}}{\mathrm{d}g_R} = \frac{\frac{\Delta g_{PH}}{\Delta K}}{\frac{\Delta g_R}{\Delta K}} = \frac{\frac{\mathrm{d}g_{PH}}{\mathrm{d}K}}{\frac{\mathrm{d}g_R}{\mathrm{d}K}} = \frac{\frac{\mathrm{d}g_{PH}}{\mathrm{d}K}}{\frac{\mathrm{d}\left(\rho - \frac{R^{-\sigma_2}}{\lambda_4}\right)}{\mathrm{d}K}} = \frac{\frac{\mathrm{d}g_{PH}}{\mathrm{d}K}}{\frac{\mathrm{d}\left(\rho - \frac{\pi CER^{-\sigma_2}}{(1-\alpha-\eta)Y}\right)}{\mathrm{d}K}}$$

$$= \frac{\mathrm{d}\left(\frac{(\alpha+\eta-1)\left[\frac{\pi R^{-\sigma_2}EC}{(\pi-\varepsilon)Y}\right] + b\psi + (2-2\alpha-\eta)\rho - \frac{(1-\alpha)(\pi-\varepsilon)}{\pi}\left[\alpha\frac{Y}{K} - \delta_1 - \delta_2\right]}{\eta} - \kappa - n\right)}{\mathrm{d}\left(\rho - \frac{\pi CER^{-\sigma_2}}{(1-\alpha-\eta)Y}\right) / \mathrm{d}K}$$

$$= \frac{\dfrac{(\alpha+\eta-1)\pi CR^{-\sigma_2}}{\alpha(\pi-\varepsilon)AK^{\alpha-1}N^{\eta}E^{-\alpha-\eta}P^{-\varphi}} + \alpha\dfrac{(\pi-\varepsilon)}{\pi}AK^{\alpha-2}N^{\eta}E^{1-\alpha-\eta}P^{-\varphi}}{\dfrac{\eta}{-\dfrac{\pi CR^{-\sigma_2}}{\alpha(1-\alpha-\eta)AK^{\alpha-1}N^{\eta}E^{-\alpha-\eta}P^{-\varphi}}}}$$

$$= \frac{\dfrac{\alpha^{2}(1-\alpha-\eta)(\pi-\varepsilon)A^{2}K^{2\alpha-3}N^{2\eta}E^{1-2\alpha-2\eta}P^{-2\varphi}}{\pi^{2}CR^{-\sigma_{2}}} + (1-\alpha-\eta)^{2}}{\eta}$$

（3）根据上式，若 $\pi>\varepsilon$ 时，即环境部门的治理效率大于污染参数，有 $\dfrac{\mathrm{d}g_R}{\mathrm{d}g_{PH}}>0$，说明环境治理的力度越大，越有利于人口发展水平的提升。

（4）根据上式，若 $\pi<\varepsilon$ 时，即环境部门的治理效率小于污染参数，有 $\dfrac{\mathrm{d}g_R}{\mathrm{d}g_{PH}}$ 的正负性无法判定。对此，得到

命题9：人口发展水平受制于环境部门的治理效率，如果环境部门的治理效率大于污染参数，人口发展水平将得到提升；相反，若环境部门的治理效率小于污染参数，对人口发展的影响具有不确定性。

首先，人类需求的增长必须与资源相适应，在维护人类社会发展的同时，应当通过维护自然资源的平衡，以保证人类社会系统和自然生态系统的协调发展与和谐共处。其次，自然资源作为经济生产过程中的基本投入，由于其本身稀缺性的特点，已接近资源承载极限。要满足人类可持续发展的需要，就必须努力实现自然资源的良性循环和永续利用，实现经济社会发展与环境保护、生态建设的统一。

另一方面，从环境约束下的人口发展来看：

$$\frac{\Delta g_{PH}}{\Delta g_P} = \frac{\mathrm{d}g_{PH}}{\mathrm{d}g_P} = \frac{\dfrac{\Delta g_{PH}}{\Delta K}}{\dfrac{\Delta g_P}{\Delta K}} = \frac{\dfrac{\mathrm{d}g_{PH}}{\mathrm{d}K}}{\dfrac{\mathrm{d}g_P}{\mathrm{d}K}} = \frac{\dfrac{\mathrm{d}g_{PH}}{\mathrm{d}K}}{\dfrac{\mathrm{d}\left(\dfrac{\varepsilon Y-\pi M}{P}-\theta\right)}{\mathrm{d}K}} = \frac{\dfrac{\mathrm{d}g_{PH}}{\mathrm{d}K}}{\dfrac{\mathrm{d}\left(\varepsilon AK^{\alpha}N^{\eta}E^{1-\alpha-\eta}P^{-\varphi-1}-\dfrac{\pi M}{P}-\theta\right)}{\mathrm{d}K}}$$

$$= \frac{\dfrac{\mathrm{d}\left((\alpha+\eta-1)\left[\dfrac{\pi R^{-\sigma_2}EC}{(\pi-\varepsilon)Y}\right]+b\psi+(2-2\alpha-\eta)\rho-\dfrac{(1-\alpha)(\pi-\varepsilon)}{\pi}\left[\alpha\dfrac{Y}{K}-\delta_1-\delta_2\right]\right)}{\eta}-\kappa-n}{\dfrac{\mathrm{d}\left(\varepsilon AK^{\alpha}N^{\eta}E^{1-\alpha-\eta}P^{-\varphi-1}-\dfrac{\pi M}{P}-\theta\right)}{\mathrm{d}K}}$$

$$= \frac{\dfrac{(\alpha+\eta-1)\pi CR^{-\sigma_2}}{\alpha(\pi-\varepsilon)AK^{\alpha-1}N^{\eta}E^{-\alpha-\eta}P^{-\varphi}} + \alpha\dfrac{(\pi-\varepsilon)}{\pi}AK^{\alpha-2}N^{\eta}E^{1-\alpha-\eta}P^{-\varphi}}{\dfrac{\eta}{\alpha\varepsilon AK^{\alpha-1}N^{\eta}E^{1-\alpha-\eta}P^{-\varphi-1}}}$$

$$= \frac{\varepsilon(\alpha+\eta-1)\pi ECR^{-\sigma_2}}{(\pi-\varepsilon)P} + \alpha^2 \frac{\frac{(\pi-\varepsilon)}{\pi}A^2 K^{2\alpha-3}N^{2\eta}E^{2-2\alpha-2\eta}P^{-2\varphi-1}}{\eta}$$

（5）根据上式，若 $\pi < \varepsilon$ 时，即环境部门的治理效率小于污染参数，有 $\frac{\mathrm{d}g_P}{\mathrm{d}g_{PH}} < 0$，即环境污染与人口发展呈负相关关系，说明环境污染不利于人口发展水平的提升。

（6）若 $\pi > \varepsilon$ 时，即环境部门的治理效率大于污染参数，$\frac{\mathrm{d}g_P}{\mathrm{d}g_{PH}}$ 的正负性无法判定。

于是得到命题 10：环境部门的治理效率与环境污染的程度具有相关性，如果环境治理效率小于污染参数，则不利于人口发展水平的提升；但环境部门的治理效率大于污染参数，对人口发展水平的提升具有不确定性。

环境是人类存在和发展的空间，是资源的载体。环境质量水平直接关系到人类的生活条件和身体健康；影响到自然资源的存量、质量水平和经济发展的。环境与人口之间协调发展的关键在于人口发展要与环境系统的承载力相适应，首先，要调整产业结构，提高生产技术水平，减少污染排放；其次，要增加环境治理投入，提高污染治理技术水平；最后，要提高公民环境意识，改变传统的消费模式，实现人口与环境的协调发展。

二、人口发展对资源、环境的影响

自 20 世纪 50 年代以来，世界经济得到了快速发展，同时也产生了一系列值得关注的全球性问题，比如人口增长过快、资源短缺、环境恶化等。而近年来，我国的人口结构与人口分布发生了显著变化，人口数量的进一步上升不可避免地加剧了对资源的消耗和对环境的压力。同时，一些社会因素也在影响着资源与环境。一方面，正如大多数新型工业化国家的发展轨迹所表明的一样，资源耗竭、环境恶化已经成为制约消费水平提升和经济增长的难题；另一方面，经济增长、消费水平的提升必然导致自然资源开采利用加快、污染物排放增加。而就人口、资源、环境而言，人口、资源、环境及其协调关系也是一种稀缺性的资源。本研究在此基础上通过构建理论模型，研究人口是如何影响资源与环境，以求寻找到能够解决我国现有的资源利用低效、环境污染严重等问题的路径依赖。

1. 模型设计

本节在内生经济增长模型、戴蒙德世代交叠模型以及企业决策模型的基础上，考虑人口（从人口适度、人口结构、人口分布三个角度来考虑）、经济两方面因素对资源、环境的影响。

（1）考虑资源，环境因素的生产函数。假设 E 是当期资源的消耗量，在产品生产函数中，假设只生产环境污染物，同时忽略在消费过程中所产生的污染，仅考虑在生产过程中资源消耗所带来的污染，将生产过程中所产生的环境污染物作为在资源消耗时产生的副产品，纳入生产函数，并且对经济增长产生负效应。假定污染流量方程为：

$$P = \psi \cdot E^\lambda, \quad \lambda > 0 \qquad (4.2.29)$$

结合相关文献，将资源和环境视为与劳动、资本类似的生产要素，从而纳入柯布道格拉斯生产函数，考虑到环境污染对物质生产的贡献为负，因此可以得到整个社会的生产函数：

$$Y = K^\alpha N^\eta E^\chi P^{-\varphi} \qquad (4.2.30)$$

其中，Y 表示总产出，K 表示资本存量，N 表示有效劳动，有效劳动可以表示为：

$$N = I \cdot A \cdot L \qquad (4.2.31)$$

其中，I 表示制度质量，A 表示技术水平，L 表示劳动力

将式（4.2.29）代入式（4.2.30）得到：

$$Y = K^\alpha N^\eta E^{\chi - \lambda \varphi} \psi^{-\varphi} \qquad (4.2.32)$$

（2）考虑消费与储蓄的关系。由于总产出等于储蓄和消费之和，因此有：

$$Y = S + C \qquad (4.2.33)$$

又由于储蓄等于储蓄率与总产出的乘积，因此式（4.2.32）可以写成：

$$(1 - s) \cdot Y = C \qquad (4.2.34)$$

其中，s 表示储蓄率。

假设1：人口是自由迁移的，当一个地区的净迁移率（净迁移率 = 迁入率 - 迁出率）为正时，表示此地区有人才流入，同时人口规模会增大；反之，当一个地区的净迁移率为负时，表示此地区有人才流出，同时人口规模会减小，由于总的消费等于人均消费乘以人口规模，故考虑净迁移率的总消费表示为：

$$C = c \cdot n \cdot (1 + M) \qquad (4.2.35)$$

其中，n 表示期初人口规模，M 表示净迁移率。

（3）考虑储蓄率的决策问题。

假设2：在戴蒙德世代交叠模型的基础上，将生命周期由两期扩展为三期，分别为少年期、中年期、老年期。少年期不生产，靠借贷消费，消费用 C_t 表示，中年期生产并消费，假设中年期通过进行生产而获得工资收入，记为 W_{t+1}，消费记为 C_{t+1}，老年期的消费来自中年期的储蓄，老年期的消费记为 C_{t+2}，中年期的储蓄记为 S_{t+1}。中年期的人数为 L，假设少儿抚养比为 dc，老年抚养比为 da。为

简化模型，不考虑各个时间利率水平的变化，因此假设生命周期的三个阶段利率水平均为 r。

根据假设 2 和假设 1 可以得到：

$$L = \frac{n \cdot (1+M)}{1 + \mathrm{d}c + \mathrm{d}a} \tag{4.2.36}$$

$$L \cdot \mathrm{d}c \cdot C_t(1+r) + L \cdot C_{t+1} + L \cdot \mathrm{d}a \cdot S_{t+1} = L \cdot W_{t+1} \tag{4.2.37}$$

假设 3：行为人在青年期和中年期的死亡率为 0，老年期面临着确定的存活率。

Evangelos（2007）、刘穷志等（2012）假设行为人成年期的死亡率为零，老年人在死亡后面临着不确定的存活率。来自政府的健康保障支出一定程度上可以看作政府的健康投资行为，决定了行为人的健康水平（Varvarigos，2013；吕娜，2011），进而提高了行为人的存活率。且朱国栋（1986）、吴玲（1991）、孙文生（1995）、Osang（2008）等提出医疗保障和社会服务水平的提高能够降低死亡率，提高社会人口存活率。

根据假设 3，令老年期行为人存活率为 ϕ_1，其中 ϕ_1，$0 < \phi_1 < 1$，

因此根据假设 2 和假设 3，行为人老年期的收支方程为：

$$\phi_1 C_{t+2} = (1+r) S_{t+1} \tag{4.2.38}$$

为方便分析，本章没有沿用 Diamond（1965）的效用函数，而是借鉴了 Varvarigos（2013）的效用函数，令 $U_t = \ln C_t$。行为人的效用取决于当期的消费，用 $\rho \in (0, 1)$ 来度量跨期的时间偏好，则 t 时期出生的行为人一生的效用函数为：

$$U = \mathrm{d}c \ln C_t + \rho \ln C_{t+1} + \mathrm{d}a \phi_1 \rho^2 \ln C_{t+2} \tag{4.2.39}$$

根据式（4.2.36）和式（4.2.37），在约束条件下，构建个人效用函数最大化的拉格朗日函数：

$$L = \mathrm{d}c \ln C_t + \rho \ln C_{t+1} + \mathrm{d}a \phi_1 \rho^2 \ln C_{t+2} + \theta \left(\mathrm{d}c \cdot C_t (1+r) + C_{t+1} + \mathrm{d}a \cdot \frac{\phi_1 C_{t+2}}{1+r} - W_{t+1} \right)$$
$$\tag{4.2.40}$$

通过对式（4.2.40）求一阶偏导，得到：

$$\frac{\partial L}{\partial C_t} = \mathrm{d}c \frac{1}{C_t} + \theta \cdot \mathrm{d}c(1+r) = 0 \tag{4.2.41}$$

$$\frac{\partial L}{\partial C_{t+1}} = \frac{\rho}{C_{t+1}} + \theta = 0 \tag{4.2.42}$$

$$\frac{\partial L}{\partial C_{t+2}} = \mathrm{d}a \frac{\rho^2 \phi_1}{C_{t+2}} + \theta \frac{\mathrm{d}a \phi_1}{1+r} = 0 \tag{6.2.43}$$

联立式（4.2.37）、式（4.2.38）、式（4.2.13）、式（4.2.42）、式（4.2.43）

可以得到：

$$S_{t+1} = \frac{\phi_1 \rho^2}{dc + \rho + \rho^2 \phi_1 da} \cdot W_{t+1} \qquad (4.2.44)$$

（4）企业决策模型。假设资本 K 的回报率为 R，劳动的回报率为 W_{t+1}，对每单位污染的排污投入为 T，企业的利润为 π。则根据上述假设，企业的利润可以表示为：

$$\pi = K^\alpha N^\eta E^{\chi - \lambda \varphi} \psi^{-\varphi} - RK - W_{t+1} L - TP \qquad (4.2.45)$$

企业利润最大化的条件为：

$$R = \alpha K^{\alpha - 1} N^\eta \psi^{-\varphi} E^{\chi - \lambda \varphi} \qquad (4.2.46)$$

$$W_{t+1} = \eta K^\alpha (AI)^\eta L^{\eta - 1} \psi^{-\varphi} E^{\chi - \lambda \varphi} \qquad (4.2.47)$$

$$P = \psi \cdot E^\lambda = \frac{(\chi - \lambda \varphi) \cdot K^\alpha N^\eta E^{\chi - \lambda \varphi} \psi^{-\varphi}}{\lambda T} \qquad (4.2.48)$$

由式（4.2.46）可以得出：

$$K = \left(\frac{\alpha N^\eta \psi^{-\varphi} E^{\chi - \lambda \varphi}}{R} \right)^{\frac{1}{\alpha - 1}} \qquad (4.2.49)$$

将式（4.2.49）代入式（4.3.47）得到：

$$W_{t+1} = \eta (AI)^\eta L^{\eta - 1} \psi^{-\varphi} E^{\chi - \lambda \varphi} \cdot \left(\frac{\alpha N^\eta \psi^{-\varphi} E^{\chi - \lambda \varphi}}{R} \right)^{\frac{\alpha}{\alpha - 1}} \qquad (4.2.50)$$

将式（4.2.49）代入式（4.2.32）得到：

$$Y = N^\eta E^{\chi - \lambda \varphi} \psi^{-\varphi} \cdot \left(\frac{\alpha N^\eta \psi^{-\varphi} E^{\chi - \lambda \varphi}}{R} \right)^{\frac{\alpha}{\alpha - 1}} \qquad (4.2.51)$$

由于全社会只有中年人，即劳动人口 L 参与生产并进行储蓄，故社会的储蓄率为：

$$s = \frac{L \cdot S_{t+1}}{Y} \qquad (4.2.52)$$

2. 平衡增长路径表达

结合式（4.2.44）、式（4.2.50）、式（4.2.51）、式（4.2.52）可以得到社会的储蓄率为：

$$s = \frac{\eta \phi_1 \rho^2}{dc + \rho + \rho^2 \phi_1 da} \qquad (4.2.53)$$

结合式（4.2.32）、式（4.2.34）、式（4.2.35）、式（4.2.53）可以得到：

$$\left(1 - \frac{\eta \phi_1 \rho^2}{dc + \rho + \rho^2 \phi_1 da} \right) \cdot K^\alpha (A \cdot I \cdot L)^\eta E^{\chi - \lambda \varphi} \psi^{-\varphi} = c \cdot n \cdot (1 + M) \qquad (4.2.54)$$

结合式（4.2.36）、式（4.2.38）、式（4.2.54）可以得到：

$$E = \left[\frac{c \cdot [n \cdot (1+M)]^{(1-\eta)} \cdot \left(1 + \frac{\eta \phi_1 \rho^2}{dc + \rho + \rho^2 \phi_1 da - \eta \varphi_1 \rho^2}\right) \cdot (1+dc+da)^{\eta} \cdot \psi^{\varphi}}{(A \cdot I)^{\eta} K^{\alpha}} \right]^{\frac{1}{\chi - \lambda \varphi}}$$

(4.2.55)

根据式（4.2.55）讨论人均消费水平 c，人口规模 n，人口净迁移率 M，少儿抚养比 dc，老年抚养比 da，储蓄率 s 对资源消耗的影响。

（1）当人均消费水平 c 提高时，就要求更多的产出用于消费，从而要求投入更多的资源，因此，人均消费水平对资源消耗具有正向影响。

（2）净迁移率增大时，当期人口规模的增大，而当人口规模增大时，意味着需要消耗更多的产出，因此就需要投入更多的资源进行生产。

（3）一方面，少儿抚养比和老年抚养比的上升会使储蓄率下降，使得当期的产出有更大比例的剩余用于消费，当消费不变的情况下，伴随着储蓄率的下降，社会投入更少的资源，减少一定量的产出，也是可以满足消费的，因此，少儿抚养比和老年抚养比对资源的消耗具有负向影响。

另一方面，少年抚养比和老年抚养比的上升会在一定程度上减少劳动力的供给，从而削弱了人口红利，会减少产出。当消费不变的情况下，社会需要投入更多的资源进行生产以满足消费，因此，少儿抚养比和老年抚养比对资源的消耗具有正向影响；再者，从技术角度来看，少儿抚养比和老年抚养比的上升使得储蓄率下降，而储蓄率也会在一定程度上抑制技术进步，导致生产效率的下降，从而需要更多资源的投入才能达到预定的产出以满足消费，因此，少儿抚养比和老年抚养比对资源消耗具有正向影响。综上所述，少儿抚养比和老年抚养比对资源消耗的影响可能为正，也可能为负，其结果取决于其对资源消耗带来的正向影响和负向影响的效应比较。

（4）一方面，储蓄率的增大使得当期的产出有更少比例的剩余以供消费，当消费不变的情况下，必须通过增加产出，通入更多的资源才能满足消费；另一方面，从技术角度来讲，储蓄率上升会促进技术进步，导致生产效率的提高，从而更少的资源投入就可以达到预定的产出，以满足消费。

结合式（4.2.48）和式（4.2.55），可以得到：

$$P = \psi \left[\frac{c \cdot [n \cdot (1+M)]^{(1-\eta)} \cdot \left(1 + \frac{\eta \phi_1 \rho^2}{dc + \rho + \rho^2 \phi_1 da - \eta \varphi_1 \rho^2}\right) \cdot (1+dc+da)^{\eta} \cdot \psi^{\varphi}}{(A \cdot I)^{\eta} K^{\alpha}} \right]^{\frac{\lambda}{\chi - \lambda \varphi}}$$

(4.2.56)

根据式（4.2.56）讨论人均消费水平 c，人口规模 n，人口净迁移率 M，少儿抚养比 dc，老年抚养比 da，储蓄率 s 对环境的影响。

(5) 人均消费水平 c 的提高要求更多的产出，以供消费，从而要求投入更多的资源，因此，人均消费水平对资源消耗具有正向影响。由于污染是在生产过程中伴随资源消耗产生的，因此，人均消费水平对环境污染具有正向影响。

(6) 净迁移率增大时，当期人口规模增大，而当人口规模增大时，意味着需要消耗更多的产出，因此需要投入更多的资源进行生产。首先，少儿抚养比和老年抚养比的上升会使储蓄率下降，使得当期的产出有更大比例的剩余以供消费，当消费不变的情况下，伴随着储蓄率的下降，社会投入更少的资源，减少一定量的产出，也是可以满足消费的。因此，少儿抚养比和老年抚养比对资源的消耗具有负向影响。其次，少年抚养比和老年抚养比的上升会在一定程度上减少劳动力的供给，从而削弱了人口红利，会减少产出，当消费不变的情况下，社会需要投入更多的资源进行生产以满足消费，因此，少儿抚养比和老年抚养比对资源的消耗具有正向影响；最后，从技术角度来看，少儿抚养比和老年抚养比的上升使得储蓄率下降，而储蓄率会在一定程度上抑制技术进步，导致生产效率的下降，从而更多资源的投入才能达到预定的产出以满足消费，因此，少儿抚养比和老年抚养比对资源消耗具有正向影响。综上所述，得到以下命题：

命题11：少儿抚养比和老年抚养比对资源消耗的影响可能为正，也可能为负，表明人口结构变化对资源环境的影响具有不确定性。

命题12：由于污染是在生产过程中伴随资源消耗产生的，因此，人口规模和人口净迁移率对环境污染具有正向影响，少儿抚养比和老年抚养比对环境污染的影响可能为正也可能为负。表明人口适度与人口分布对环境污染有显著影响；人口结构对环境污染的影响具有不确定性。

第三节　经济、社会、资源、环境约束下人口发展的理论机理

随着经济规模的扩大，增长速度的加快，资源的供需矛盾，环境压力将会越来越大。试图依靠不断消耗资源和破坏环境以换取永久性的经济产出是不现实的。因此，资源有限性和环境质量等问题会成为经济可持续发展的难题，进而影响到人口的外部均衡。本研究在借鉴已有学者研究成果的基础上，在内生经济增长理论的框架下，增加了社会、资源、环境三个部门，力图从多个维度来探究影响人口外部均衡的传导机制。构建资源环境约束下的内生经济增长模型，以此推导出经济、社会、资源，环境约束下人口发展模型。

一、理论模型设计

模型假设整个社会中的禀赋为 $L(0)$ 单位劳动，$K(0)$ 单位资本，$E(0)$ 资源存量，技术和制度的初始存量为 $A(0)$ 与 $I(0)$。经济主体在劳动增长率外生给定的情况下，考虑技术和制度因子对经济的影响，合理配置资源，最终达到效用最大化。

在此，本研究做出以下假设：

假设1：人类自身的福利依赖于整个社会所能提供的产品和服务，而后者又取决于经济制度的运行效率。经济制度的运行效率则由分工决定，只有存在交易时，专业分工才可能出现。交易成本越低，制度的生产效率才越高。因此，经济绩效很大程度上依赖于制度[①]。

假设2：制度不是天然存在的，也需要一个制度生产和实施过程。与此同时，制度在运行时也存在运行成本问题。我们假设这种成本都可以用资本衡量。

假设3：劳动力增长率与制度的变化率外生给定，增长率恒为 n，ξ。

假设4：不考虑技术进步与制度之间的相互关系，制度与技术进步对经济增长的影响是通过影响劳动实现的，制度、人口发展水平同劳动变量有效结合在一起称之为有效劳动。

1. 最终产品生产部门

考虑一个代表性的生产单一产品的厂商，其生产函数满足新古典生产函数的基本性质，表示为：

$$Y(t) = Y(K, L) = K^{\alpha}(t) L^{1-\alpha}(t) \quad 0 < \alpha < 1 \qquad (4.3.1)$$

其中，$Y(t)$ 为产量，$K(t)$ 为资本，$L(t)$ 为劳动力，α 为资本弹性，t 为时间。同时，该生产函数具有以下性质：（1）$Y(t)$ 具有连续的一阶导数和二阶导数；（2）边际产出为正，且边际产出呈现递减趋势；（3）规模报酬不变；（4）为剔除角点解，满足稻田条件。

除此以外，我们对上述函数做出以下假设：

2. 技术存量函数

根据阿罗（1962），罗默（1986）"干中学"的思想，技术存量的变化可以表示为：

$$\dot{A} = \psi b A \qquad (4.3.2)$$

[①] 科斯，诺斯等：《制度、契约与组织：从新制度经济学角度的透视》，经济科学出版社，2003年版。

其中，b 为投入研发的人力资本比例，ψ 为研究技术参数，且 $0 < \psi$，$0 < b < 1$。

3. 有效人口发展水平函数

根据上述最终生产部门生产函数的设定形式，可以表示为：

$$Y(t) = Y[A(t), K(t), N(t)] = A(t)K^{\alpha}(t)N^{1-\alpha}(t)$$

其中，$Y(t)$ 为 t 时刻总产出，$A(t)$ 为 t 时刻技术水平，$K(t)$ 为 t 时刻资本存量，$N(t)$ 为有效劳动，$N(t)$ 满足以下定义：

$$N(t) = I(t) \cdot L(t) \cdot PH(t) \quad (4.3.3)$$

其中，$I(t)$ 为制度水平，$L(t)$ 为劳动力数量，$PH(t)$ 为人口发展水平。定义制度与劳动力的增长率外生给定，分别为 κ，n。

4. 社会部门

社会发展涉及社会保障和社会服务两大基本要素。由于社会保障是维护社会成员切身利益的"托底机制"，是维护社会安全的"稳定器"。而社会服务则是在此基础上，改善和发展社会成员生活福利，是一种更为高级的公共服务。因此，在构造社会部门时，假设社会发展满足一次函数形式，具体以下所示：

$$SH = SS + vSW \quad (4.3.4)$$

其中，SH 为社会发展水平，SS 为社会保障，SW 是社会服务，v 为社会服务系数。

5. 资源部门

假设资源在生产过程中是基础性的，即当 $E = 0$，则 $Y = 0$；当 $Y > 0$，则 $E > 0$。同时资源投入的变化率 $\dot{E}/E < 0$，即在长期生产过程中将减少对资源的依赖，否则总的资源将在有限的时间被消耗完，经济的持续增长将无法实现。假设资源存在一定的自我恢复能力，一定程度上可以弥补在生产过程中的资源消费。因此，资源消耗可以表示为：

$$\dot{R}(t) = \omega \cdot R(t) - E(t) \quad (4.3.5)$$

其中，$R(t)$ 为资源存量，ω 为资源恢复率，$E(t)$ 为当期资源消耗量。

6. 环境部门

假定环境污染物的排放是与经济活动的总产出有关。同时考虑到环境具有一定的再生能力，并且再生能力与现有的环境存量呈正相关。但由于环境的特殊性，当环境消耗过度时，会对人口发展造成严重的影响。所以环境部门不会坐视环境资源的无节制消耗和污染，有必要将投入一部分要素对环境进行管控，这样可以有效地降低污染所产生的损害。因此，污染物存量的变化可以表示为：

$$\dot{P}(t) = \varepsilon Y(t) - \theta P(t) - \pi M(t) \quad (4.3.6)$$

其中，ε 为污染参数，θ 为环境系统对污染物的自净能力，M 为环境治理成本，π 为环境部门对环境的管理效率。π 越大，说明对环境的管理越有效率。

7. 效用函数

考虑到模型的简洁性，假设消费者的效用函数为：

$$U(C) = \ln C \tag{4.3.7}$$

消费者的目标是无限时域上实现自身效用的最大化，即 $\max \int e^{-\rho t} \cdot U(C)\, \mathrm{d}t$，其中 ρ 为贴现因子，C 为物质消费。

8. 考虑到社会、资源、环境的生产函数

在最终生产函数的基础上，将资源投入和环境污染因素视为与资本，有效劳动同等重要的生产要素，但考虑到环境污染对物质生产的贡献为负，将环境污染作为一个单独的生产要素纳入新古典生产函数，可以得到：

$$Y(t) = A K^{\alpha}(t) N^{\eta}(t) E^{1-\alpha-\eta}(t) P^{-\varphi}(t) \tag{4.3.8}$$

9. 资本积累函数

制度因素的性质与前面论述一样。

由于假设 2 与新古典增长模型一样，物质资本的净存量增加等于总产出 $Y(t)$ 减去总消费 $C(t)$，物质资本折旧，环境治理成本以及投入到社会发展的成本，因此得到资本积累方程如下：

$$\dot{K}(t) = Y(t) - C(t) - (\delta_1 + \delta_2) K(t) - \varsigma S H(t) - M(t) \tag{4.3.9}$$

其中，δ_1 和 δ_2 分别表示在 t 时刻资本折旧消耗和制度运行所带来的资本消耗系数，ς 为社会发展的转化效率。

二、平衡增长路径

假设存在一个代表性的消费者，面临式 (4.3.1)、式 (4.3.2)、式 (4.3.3)、式 (4.3.4) 和式 (4.3.5) 的约束条件下，如何选择最优消费 C，最大化自身的跨期总效用。于是，可以转化为寻求经济的最优增长路径，即求解以下动态最优化问题：

目标函数：

$$\max \int (e^{-\rho \cdot t} \cdot \ln C)\, \mathrm{d}t \tag{4.3.10}$$

约束条件：

$$Y(t) = A(t) K^{\alpha}(t) N^{\eta}(t) E^{1-\alpha-\eta}(t) P^{-\varphi}(t) \tag{4.3.11}$$

$$\dot{K}(t) = Y(t) - C(t) - (\delta_1 + \delta_2) K(t) - \varsigma S H(t) - M(t) \tag{4.3.12}$$

$$\dot{R}(t) = \omega \cdot R(t) - E(t) \tag{4.3.13}$$

$$\dot{P}(t) = \varepsilon Y(t) - \theta P(t) - \pi M(t) \tag{4.3.14}$$

$$\dot{A}(t) = \psi b A(t) \tag{4.3.15}$$

该动态最优化问题可以采用 Pontryagin 最大值原理进行处理。为分析简便，省略变量下角标 t，定义 Hamilton 函数为：

$$H = \ln C + \lambda_1 [Y - C - (\delta_1 + \delta_2)K - \varsigma SH - M] + \lambda_2 (\omega \cdot R - E) \\ + \lambda_3 (\varepsilon Y - \theta P - \pi M) + \lambda_4 \psi b A$$

式（4.3.7）中 λ_1，λ_2，λ_3，λ_4 代表汉密尔顿乘数，表示影子价格。C，E，M 为控制变量，K，R，P，A 为状态变量。

对控制变量 C，E，M 分别求导得最大化 H，由一阶条件：

$$\frac{\partial H}{\partial C} = 0 \tag{4.3.16}$$

$$\frac{\partial H}{\partial E} = 0 \tag{4.3.17}$$

$$\frac{\partial H}{\partial M} = 0 \tag{4.3.18}$$

根据式（4.3.16），可得出：

$$C^{-1} = \lambda_1 \tag{4.3.19}$$

根据式（4.3.17），可得出：

$$(\lambda_1 + \varepsilon \lambda_3)(1 - \alpha - \eta) A K^\alpha N^\eta E^{-\alpha-\eta} P^{-\varphi} = \lambda_2$$

化简得：

$$(\lambda_1 + \varepsilon \lambda_3)(1 - \alpha - \eta) \frac{Y}{E} = \lambda_2 \tag{4.3.20}$$

根据式（4.3.18），可得出：

$$-\lambda_1 = \pi \lambda_3 \tag{4.3.21}$$

对状态变量 K 求导，得：

$$\frac{\partial H}{\partial K} = (\lambda_1 + \lambda_3 \varepsilon)(\alpha A K^{\alpha-1} N^\eta E^{1-\alpha-\eta} P^{-\varphi} - \delta_1 - \delta_2) = \rho \lambda_1 - \dot{\lambda}_1$$

化简得：

$$\frac{\partial H}{\partial K} = (\lambda_1 + \lambda_3 \varepsilon)\left(\frac{\alpha Y}{K} - \delta_1 - \delta_2\right) = \rho \lambda_1 - \dot{\lambda}_1 \tag{4.3.22}$$

对状态变量 R 求导，得：

$$\lambda_2 \omega = \rho \lambda_2 - \dot{\lambda}_2 \tag{4.3.23}$$

对状态变量 P 求导，得：

$$-(\lambda_1 + \varepsilon \lambda_3) \varphi A K^\alpha N^\eta E^{1-\alpha-\eta} P^{-\varphi-1} - \theta \lambda_3 = \rho \lambda_3 - \dot{\lambda}_3$$

化简得：

$$-(\lambda_1 + \varepsilon \lambda_3)\frac{\varphi Y}{P} - \theta \lambda_3 = \rho \lambda_3 - \dot{\lambda}_3 \tag{4.3.24}$$

对状态变量 A 求导，得：

$$\lambda_4 \psi b = \rho \lambda_4 - \dot{\lambda}_4 \tag{4.3.25}$$

得到的横截性条件：

$$\lim_{t \to \infty} \lambda_1 K e^{-\rho t} = 0 \qquad \lim_{t \to \infty} \lambda_2 R e^{-\rho t} = 0$$

$$\lim_{t \to \infty} \lambda_3 P e^{-\rho t} = 0 \qquad \lim_{t \to \infty} \lambda_4 A e^{-\rho t} = 0$$

三、模型最优化求解

为方便求出均衡解和运算，定义变量的增长率，即 $g_X = \dfrac{\dot{X}}{X}$，有：

$$g_{\lambda_1} = \frac{\dot{\lambda}_1}{\lambda_1} \quad g_{\lambda_2} = \frac{\dot{\lambda}_2}{\lambda_2} \quad g_{\lambda_3} = \frac{\dot{\lambda}_3}{\lambda_3} \quad g_{\lambda_4} = \frac{\dot{\lambda}_4}{\lambda_4} \quad g_Y = \frac{\dot{Y}}{Y} \quad g_K = \frac{\dot{K}}{K} \quad g_I = \frac{\dot{I}}{I}$$

$$g_R = \frac{\dot{R}}{R} \quad g_P = \frac{\dot{P}}{P} \quad g_N = \frac{\dot{N}}{N} = g_{PH} + g_I + g_L$$

$$g_k = \frac{\dot{K}/K}{\dot{N}/N} = g_K - g_A - g_I - g_{PH} \quad g_c = \frac{\dot{C}/C}{\dot{N}/N} = g_C - g_N$$

由式（4.3.22）~ 式（4.3.25）

$$g_{\lambda_1} = \frac{\dot{\lambda}_1}{\lambda_1} = \rho - \left(\frac{\pi - \varepsilon}{\pi}\right)\left(\frac{\alpha Y}{K} - \delta_1 - \delta_2\right) \tag{4.3.26}$$

$$g_{\lambda_2} = \frac{\dot{\lambda}_2}{\lambda_2} = \rho - \omega \tag{4.3.27}$$

$$g_{\lambda_3} = \frac{\dot{\lambda}_3}{\lambda_3} = \rho + \theta + (\varepsilon - \pi)\frac{\varphi Y}{P} \tag{4.3.28}$$

$$g_{\lambda_4} = \frac{\dot{\lambda}_4}{\lambda_4} = \rho - \psi b \tag{4.3.29}$$

根据动态优化理论，经济社会最优增长路径下，各经济变量的增长速度呈现均衡增长的特性。根据各个变量的约束方程可以得到各变量在稳态中的增长率，进而分析各种参数如何影响这些增长率的，同时可以发现怎样才能实现社会、资源、环境对人口发展的影响。

由式（4.3.1）、式（4.3.2）、式（4.3.3）可得：物质资本增长率、技术进步增长率、制度质量增长率、资源投入增长率：

$$g_K = \frac{Y - C - \varsigma(SS + vSW) - M}{K} - \delta_1 - \delta_2 \tag{4.3.30}$$

$$g_A = \psi b \tag{4.3.31}$$

$$g_R = \omega - \frac{E}{R} \tag{4.3.32}$$

$$g_P = \frac{\varepsilon Y - \pi M}{P} - \theta \tag{4.3.33}$$

联合式（4.3.19）、式（4.3.21）、式（4.3.22），可得均衡时的消费增长率：

$$g_C = \left(\frac{\pi - \varepsilon}{\pi}\right)(\alpha A K^{\alpha-1} N^\eta E^{1-\alpha-\eta} P^{-\varphi} - \delta_1 - \delta_2) - \rho \tag{4.3.34}$$

由该式可得，如果 K，N，E 的增长速度足以抵消 P 的下降，那么就可以使 $\alpha A K^{\alpha-1} N^\eta E^\chi P^{-\varphi}$ 保持不变，这样就可能保证 $g_C > 0$。并且，ρ 越小，上述条件越容易满足。ρ 表示消费者的时间贴现率，其越小即对将来的贴现越少。物质资本与制度的折旧率 δ_1 与 δ_2 越小，也越容易实现资源环境与经济间的协调发展。

在平衡增长路径上，要求 g_C 为一常数，因此，对式（4.3.34）两边同时对 t 求导，可得 $g_Y = g_K$，再结合式（4.3.32），$g_E = g_R$。

根据式（4.3.20），可以推出：$g_{\lambda_3} + g_Y = g_E + g_{\lambda_2}$。

将 $Y(t) = A(t)K^\alpha(t)N^\eta(t)E^\chi(t)P^{-\varphi}(t)$ 两边同时对时间求导得：

$$g_Y = g_A + \alpha g_K + \eta g_N + \chi g_E - \varphi g_P$$

得到：

$$g_{PH} = \left\{ AK^{\alpha-1}N^\eta E^{1-\alpha-\eta}P^{-\varphi-1}[(1-\alpha)P + \varphi K] - \left[\frac{(1-\alpha)(C + \varsigma(SS + vSW) + M)}{K} - \delta_1 - \delta_2\right] \right.$$
$$\left. \frac{-\psi b - \varphi\left(\frac{\pi M}{P} + \theta\right) - \chi\left(\omega - \frac{E}{R}\right)}{\eta} - \kappa - n \right.$$

由上式可知，在平衡增长路径中，人口发展水平的增长率，即 $g_{PH} > 0$，则必须使得有效劳动的增长率、制度变迁率与劳动力增长率之和，即：$g_N > \kappa + n$。

1. 经济与人口发展

$$\frac{\Delta g_{PH}}{\Delta g_Y} = \frac{\frac{dg_{PH}}{dK}}{\frac{dg_Y}{dK}} = \frac{AK^{\alpha-2}N^\eta E^{1-\alpha-\eta}P^{-\varphi-1}[\alpha\varphi K - (1-\alpha)^2 P] + \frac{(1-\alpha)[C + \varsigma(SS + vSW) + M]}{K^2}}{\eta\left[(\alpha-1)AK^{\alpha-2}N^\eta E^{1-\alpha-\eta}P^{-\varphi} + \frac{C + \varsigma(SS + vSW) + M}{K^2}\right]}$$

根据上式，若存在不等式 $\frac{C + \varsigma(SS + vSW) + M}{K^2} > (\alpha - 1)AK^{\alpha-2}N^\eta E^{1-\alpha-\eta}P^{-\varphi}$ 与不等式 $\alpha\varphi K - (1-\alpha)^2 P > 0$，会有 $\frac{dg_{PH}}{dg_Y} > 0$ 成立。

命题 13：经济增长的变化率与人口发展水平的变化率呈正相关关系。

2. 资源与人口发展

$$\frac{\Delta g_{PH}}{\Delta g_R} = \frac{\frac{dg_{PH}}{dK}}{\frac{dg_R}{dK}} = \frac{AK^{\alpha-2}N^\eta E^{1-\alpha-\eta}P^{-\varphi-1}[\alpha\varphi K - (1-\alpha)^2 P] + \frac{(1-\alpha)[C + \varsigma(SS + vSW) + M]}{K^2}}{\eta AK^{\alpha-2}N^\eta E^{1-\alpha-\eta}P^{-\varphi-1}[\alpha(\varepsilon - \pi) - (\alpha-1)P]}$$

根据上式，若不等式 $\alpha(\varepsilon-\pi)-(\alpha-1)P>0$ 与不等式 $\alpha\varphi K-(1-\alpha)^2 P>0$，会有 $\dfrac{\mathrm{d}g_{PH}}{\mathrm{d}g_R}>0$。

命题14：资源存量的变化率与人口发展水平的变化率呈正相关关系。

3. 环境与人口发展

$$\frac{\Delta g_{PH}}{\Delta g_P}=\frac{\dfrac{\mathrm{d}g_{PH}}{\mathrm{d}K}}{\dfrac{\mathrm{d}g_P}{\mathrm{d}K}}=\frac{AK^{\alpha-2}N^\eta E^{1-\alpha-\eta}P^{-\varphi-1}[\alpha\varphi K-(1-\alpha)^2 P]+\dfrac{(1-\alpha)[C+\varsigma(SS+vSW)+M]}{K^2}}{-(\varphi+1)\varepsilon AK^\alpha N^\eta E^{1-\alpha-\eta}P^{-\varphi-2}+\dfrac{\pi M}{P^2}}$$

根据上式，若不等式 $\pi M<\varepsilon(\varphi+1)Y$ 与不等式 $\alpha\varphi K-(1-\alpha)^2 P>0$，会有 $\dfrac{\mathrm{d}g_{PH}}{\mathrm{d}g_P}<0$。

命题15：环境污染的变化率与人口发展水平的变化率呈负相关关系。

第四节 本章小结

本章在借鉴内生经济增长理论模型的基础上，通过构建多目标规划下的宏观经济动态模型，认识到人口均衡型社会是通过人口发展、经济水平、社会和谐、资源节约、环境消耗、制度设计综合影响人口均衡的程度和水平。从理论上论证了人口内部均衡与经济社会、资源环境外部均衡的相互依赖关系及路径表达，揭示了人口失衡的内在机理是人口发展与经济社会、资源环境产生效用的多样性及相互关系的不确定性。为了证明理论的可靠性，我们将在后面章节中采用我国省际面板数据对人口均衡的水平及程度进行验证。

第五章

人口均衡型社会评价指标体系构建

分析和评价一个国家的人口均衡状况如何，除了进行定性的描述和分析之外，更重要的是需要对其进行定量的描述和分析。所谓的定量分析就是要寻找或建立一个度量标尺，通过这一度量标尺去测量人口均衡发展状况，进而回答人们普遍关心的问题：我国的人口发展态势如何？在不同时期导致人口失衡的主要因素是什么？由于对人口均衡型社会的评价是一个涉及各个方面的连续过程，采用一个或几个指标不足以分析和评价所涉及的问题，所以需要建立一个指标体系对其进行分析和评价。指标体系的建立是进行评价的前提和基础，它是将抽象的研究对象按照其本质属性和特征的某一方面的标识分解成为具有行为化、可操作化的结构，并对指标体系中每一构成元素（即指标）赋予相应权重的过程。评价指标体系是指由表征评价对象各方面特性及其相互联系的多个指标，所构成的具有内在结构的有机整体。人口均衡型社会评价指标体系构建包括指标筛选、指标体系模型构建、指标变量标准化、指标权重的赋值等内容。

第一节 人口均衡型社会领域分析

一、人口均衡型社会的主要特征

1. 长期性

人口均衡发展不是一个短期的均衡过程，而是一个长期的均衡过程。

2. 动态性

在人口均衡发展中，均衡是目标而发展是常态，均衡是指随着经济社会的不断发展和资源环境的持续变化，人口内部的各要素之间及其与外部各要素的关系，不断打破原有均衡状态，在新的平台上构建新的均衡状态，由低级人口均衡转变为高级人口均衡的跃迁过程，是一项复杂多变的系统工程。因此，实现这种发展状态本身是一个动态过程，随着经济社会的发展和主观意愿的改变，人们对人口长期均衡发展的理解和评价标准也会发生转变。因此评价指标也会随着经济社会的发展而增减，并将着重于描述人口内部系统与外部系统在相互影响、相互制约下的动态平衡关系。

3. 相对性

人口长期均衡发展是一种相对均衡，而不是绝对均衡，即相对于经济、社会、资源、环境的均衡发展状态。如何在突破资源环境约束、促进经济社会均衡发展的基础上全面改善人口结构、提高人口素质、稳定生育水平，进而统筹解决人口问题是我国未来实现全面可持续发展的核心问题。由于人口均衡发展理论本身包含着价值判断，受到国情和社会经济发展的制约，因此它在一定程度上是一种相对均衡。

4. 系统性

人口系统与经济、社会、资源、环境系统是一个不可分割的整体，在人口转变的过程中，应该把人口与经济、社会、资源、环境系统作为一个整体，力求实现整体最佳目标。

二、人口均衡型社会网络模型建立

在社会经济快速发展、人们需求不断升级的今天，人口发展的目标已经不仅仅局限于追求人口规模适度，而是有了更为全面、更为丰富的内容。在层次上，人口自身各个要素之间要相互协调，而且人口与外部各个因素之间也要相互适应；在内容上，不但要实现人口数量上的理想状态，而且要实现人口质量、人口结构、人口分布等多方面的理想状态。在此背景下，人口均衡是指人口的发展与经济社会发展水平相协调、与资源环境承载能力相适应，并且人口总量适度、人口素质全面提升、人口结构优化、人口分布合理及人口系统内部各个要素之间协调平衡发展。人口均衡型社会网络模型如图 5-1 所示。

建成人口均衡型社会是目标系统，人口发展是根本系统，经济发展是动力系统，资源节约是物质基础，环境友好是生存基础，社会和谐是保障系统，制度保障是控制系统。人口均衡型社会的几个组成部分，围绕最终的目标，相互制约、相互联系、相互促进。建成人口均衡型社会是我国社会发展的目标，它犹如当代中国开出的一辆高速列车所确定的行进方向和要到达的目的地；人口发展是社会发展的根本，它犹如列车的火车头；经济发展是社会发展的动力，它犹如列车的发动机；社会和谐是社会发展的保障，它犹如列车的安全制动阀；制度保障是社会发展的控制器，它犹如列车的控制系统，资源节约是社会发展的物质基础，它犹如列车的发动机的能源；环境友好是人口生存的基础，它犹如列车厢的环境。

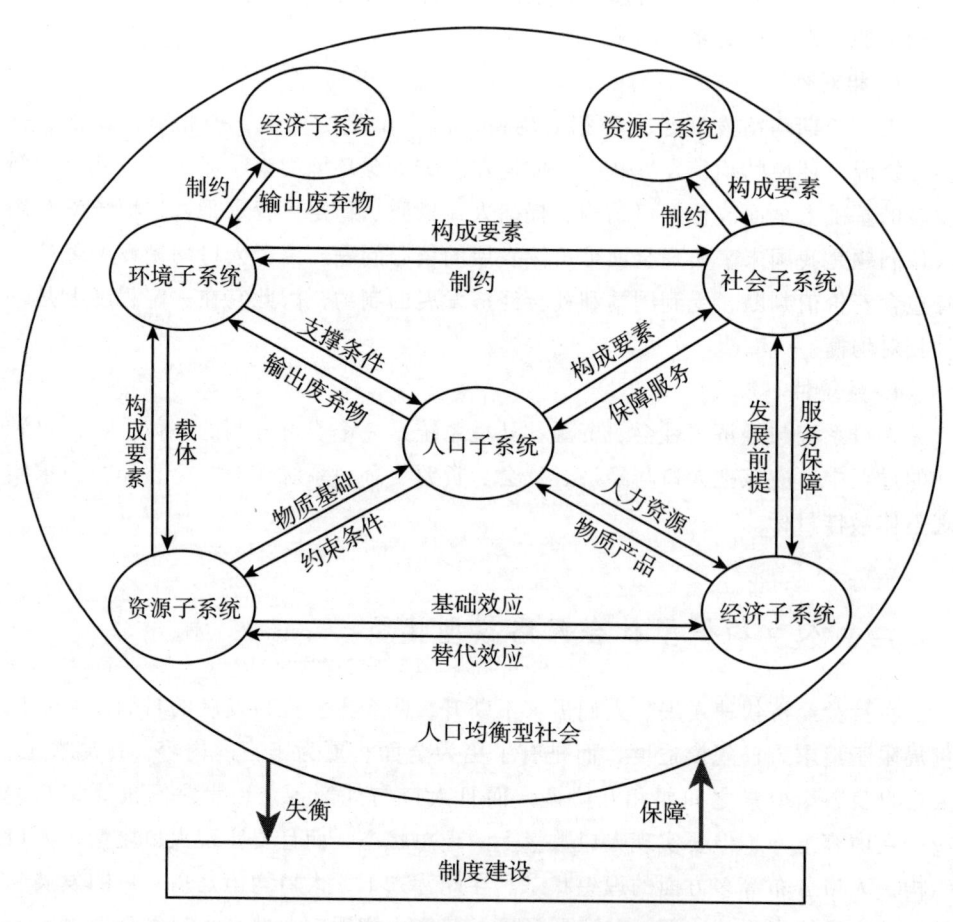

图 5-1 人口均衡型社会网络模型

基于以上分析，我们将人口均衡型社会评价指标体系研究架构在人口学、经济学、社会学等理论的基础上，对于指标的选取和解释无不体现其深厚寓意和理论框架，从而赋予指标相关的内涵和解释能力，使指标具有强大的生命力。因此，人口均衡型社会评价指标体系的构建包括三个部分：第一部分是基础理论部分，主要从人口学相关领域解读人口均衡型社会的内涵，该部分是评价指标体系建立的理论基础；第二部分，对已构建的相关评价指标体系进行分析研究，该部分对已建立的指标体系进行借鉴；第三部分，对指标体系进行面向对象的分析建模方法和统计学意义上的方法论研究，该部分人口均衡型社会评价指标体系构建的具体实现方法。

第二节　指标体系构建方法研究

由于预测、评价对象的复杂、多元、多时序性等，使描述其本质特征的指标亦具有模糊性、不确定性、多元性，加之预测、评价主体——人（专家）价值观念不同，使所构建的指标体系中包含的指标的个数和层次数十分复杂，而从方法学上对其科学合理的论证亦十分困难，从而导致建立指标体系存在各种问题。

因此，本课题在指标选择中以频度统计法定量选取指标为基础，通过对国内外各种相关评价指标进行频度统计，选择使用频度较高的指标进行调整与补充，筛选出人口均衡型社会评价指标体系中的关键词（指标）。同时利用 UML 定性选取指标，通过不断迭代分析的过程最终完成指标体系的构建。

一、多变量综合指数评价方法

综合指数评价方法是指运用多个指标对多个参评单位进行评价的方法，称为多变量综合评价方法，或简称综合指数法，其基本思想是将多个指标转化为一个能够反映综合情况的指标来进行评价。其特点是：评价过程不是逐个指标顺次完成的，而是通过一些特殊方法将多个指标的评价同时完成的；在综合评价过程中，要根据指标的重要性进行加权处理；评价结果不再是具有具体含义的统计指标，而是以指数或分值表示参评单位"综合状况"的排序。人口均衡型社会评价是基于多指标的定量评价，是建立在综合评价理论与方法的基础上的一种评价。因此，本书研究将采用综合指数法对人口均衡型社会进行相对的评价。

目前，理论界对多变量综合评价方法的研究比较传统，尚无理论上的创新，由于各种方法的机理不同、方法的属性层次相异，在应用各方法进行评价结论存在差异。在实际应用中学者们倾向于选择在评价时可以避开人为权重，减小因主观性造成的偏差，评价结论能较为客观体现评价对象的实际水平。这类方法定义为具有相同属性的综合评价方法，对于每个对象的评价结果均以一个评价值来反映，且此数值的差异在一定意义上反映对象的差异程度。

针对人口均衡型社会的研究，它涉及人口、社会、经济、资源、环境等多个方面，具有多系统、多层次、多要素的特性，组成人口均衡系统的各要素之间是相互联系、相互制约、作用方式复杂、有时滞、有非线性、有不确定性、有交叉耦合等。构成了一个典型的开放的复杂巨系统，而复杂系统的非线性、多要素耦合作用，使得单一评价方法难以用于复杂系统评价。因此，对人口均衡型社会评价问题的研究可尝试通过面向对象的分析建模方法构建指标体系模型，并采用综合指数评价方法对人口均衡型社会进行评价。

综合指数评价法的实现包括以下几个步骤。

（1）确定评价指标项（因子），这是综合评价的基础和依据。

（2）构建综合评价指标体系层次结构，这是综合评价的主体形态。

（3）确定指标体系中各指标的权数，这是综合评价量化的标准。

（4）收集数据，并对不同计量单位的指标数据进行标准化处理。

（5）计算综合评价指数。

（6）根据评价指数对参评对象进行排序，并由此进行分析提供决策参考。

二、评价指标选择方法

评价指标的选取方法分为定性和定量两大类。

1. 定性法

定性选取的优点在于能够准确把握研究对象的本质，对研究对象的价值水平、质量高低、状态好坏等进行定性判断、分析比较，但其客观性较差。

2. 定量法

定量选取的优点则体现在客观性上，通过定量检验可以发现定性检验无法觉察的一些问题，如指标之间重叠度太高，或者区分度太低。

定性选取一般是在指标形态设计时进行的，而定量选取则是在指标形态完成时进行的。不能过分依赖定量筛选指标体系的做法，因为无论用什么数学方法进行指标筛选，都不能代替人的主观判断，否则很可能得出十分荒唐的结论，使指标体系的全面性受损，况且定量筛选方法的计算依据仍然是样本，所以筛选结论必然受样本结构的影响。若样本不能完全代表总体，则由筛选结果构造的评价函数就只有一次性使用价值。

针对人口均衡型社会评价指标的选择和设计，课题组认为应该定性（面向对象分析建模法）与定量（TF-IDF的关键词自动提取法）结合并遵循以下基本原则进行筛选。

（1）科学性原则。指标体系的设置要客观、全面、真实地反映人口的状况，体现人口问题的内涵，并能比较好地反映人口与社会、经济、资源和环境等相互关系中出现的关键问题。

（2）全面性原则。指标体系应从整体上全面考虑各个因素的相互影响。

（3）客观性原则。对确定人口状况的每一个指标，都必须真实地反映它所代表的某一特殊属性。

（4）特殊性原则。由于不同的国家和地区，其人口状况因社会经济文化发展状况；历史地理条件的差异而有别。因此，指标体系应突出地域特征。

（5）可比性原则。人口指标的收集和指标体系的使用，在时间上具有相对长期性。因此指标体系在时间上和空间上都有可比性。

（6）可操作性原则。人口指标体系所需要的数据应该是比较容易获得的，计算方法也应该是比较容易掌握的。应该尽可能选择那些具有综合性的指标，并辅之一些辅助性指标。

（7）实用性原则。指标体系应从简单出发，将需要与可能、理论与实际结合起来，使指标既简单、又实用。

三、TF-IDF关键词自动提取算法

对于指标的选取，在人口均衡型社会发展研究中，包含了大量的因素（即指标），而这些指标之间哪些是主要的？哪些是次要的？哪些影响大？哪些影响小？哪些是潜在的？哪些是明显的？

目前，关键词自动提取法应用越来越广泛，它涉及数据挖掘、文本处理、信息检索等很多计算机前沿领域，有很多不同的算法。其中，TF-IDF算法是一个简单而实用的经典算法，经大量测试验证，能在关键词自动提取方面有较好的表现。人口均衡型社会相关文档中涉及的高频关键词实质上就是指标体系中的指标，本书研究将利用计算机辅助手段从大量文档中提取出评价指标用词的主要候选词，为后续的人工筛选、组合及构建完整评价体系提供用词参考，降低人工的工作量，增强指标用词选取的客观性，并尽可能发现潜在的指标候选词。

1. 基本概念

文档（Document）：是指文本或文本中的片断（段落、句群或句子）。

文档集（DocumentSet）：是指大量文档组成的集合，可以分为训练文档集（简称"训练集"）和测试文档集（简称"测试集"）。其中，训练文档集是指事先已知类别并用于训练的文档组成的集合，测试文档集有两种：一种是指类别仍

有待实验确定的文档组成的集合，另一种是事先已知类别但用于测试分析的文档组成的集合。

特征项（Term）：用来刻画文本的内容或主题，通常可以是字、词或词组等，它们的出现具有一定的规律，对文档或文档类有一定的代表性，特征提取就是选择能够充分代表文档内容的特征的过程。

文档向量（Document Vector）：一篇文档在完成特征提取后，得到的向量为 $D(d_1, d_2, \cdots, d_i, \cdots, d_n)$，$1 \leq i \leq n$，其中 d_2 为特征 t_2 在文档中出现的频率。称向量 D 为文档向量。

2. 特征项频率 TF

特征项频率 TF（Term Frequency）是指特征项在文档中出现的次数。特征项可以是字、词、短语，也可以是经过语义概念词典进行语义归并或概念特征提取后的语义单元。很多时候也将 TF 称为词频。不同类别的文档，在某些特征项的出现频率上有很大差异，因此频率信息是关键词提取的重要参考之一。在最初的研究中，文档向量就是用 TF 来构造的。

TF 的计算如下：

$$词频（TF）= 某个词在文章中的出现次数$$

考虑到文章有长短之分，为了便于不同文章的比较，进行"词频"标准化。

$$词频（TF）= \frac{某个词在文章中的出现次数}{文章的总词数}$$

或者

$$词频（TF）= \frac{某个词在文章中的出现次数}{该文出现次数最多的词的出现次数}$$

但是单纯的频率统计，只是提取训练集中的所有文档中的特征频率信息，按频率大小对特征进行加权。这种做法是基于这样一种假设：低频率特征对特征提取提供的信息不够，并且它对整个运算几乎没有影响。由于阈值筛选是基于频度统计的特征权重计算上的维数缩减算法，这种做法不符合被广泛接受的信息检索理论，即高频词没有低频词对文档特征的贡献大。所以这种算法很容易误删一些频率虽低重要度却较高的特征，而保留一些频率虽高重要度却较低的特征。

单纯使用 TF 还会导致一个问题，就是文档中大量出现的停用词会干扰特征的计算。停用词在所有文档中出现的频率都比较高，对文档意义的贡献度却很小。为了处理停用词，有的系统采用了停用词过滤的办法。这样做需要依赖于一个专家构造的停用词词典。不过停用词的界定本身就是一个主观性很强的判断，而且词典在扩充和修改上都需要一定程度的人工干预。

假设把它们都过滤掉了，只考虑剩下的有实际意义的词，可能发现有多个词出现次数一样多，如："中国""就业率""人均耕地面积"这三个词的出现次数一样多，但它们的重要性并不一样。"中国"是很常见的词，相对而言，"就业率"和"人均耕地面积"不那么常见。如果这三个词在一篇文章的出现次数一样多，有理由认为，"就业率"和"人均耕地面积"的重要程度要大于"中国"，即在关键词排序上面，"就业率"和"人均耕地面积"应该排在"中国"的前面。

所以，需要一个重要性调整系数以衡量一个词是不是常见词。如果某个词比较少见，但是它在这篇文章中多次出现，那么它很可能就反映了这篇文章的特性，正是所需要的关键词。用统计学语言表达，就是在词频的基础上，要对每个词分配一个"重要性"权重。最常见的词（如"的""是""在"）给予最小的权重，较常见的词（如"中国"）给予较小的权重，较少见的词（如"就业率""人均耕地面积"）给予较大的权重。这个权重叫做"逆文档频率"，它的大小与一个词的常见程度成反比。

3. 逆文档频率 IDF

逆文档频率（Inverse Document Frequency，IDF）是信息检索领域中计算词与文献相关权重的经典计算方法。尤其在1972年Spark Jones提出计算文献频率有助于计算词的权重后，IDF公式在信息检索中占据了重要的地位。因为它考虑的是TF和IDF的信息，我们称此为TF–IDF算法。

IDF是特征项在文档集分布情况的量化，它常用的计算方法为：

$$逆文档频率（IDF）= \log \frac{语料库的文档总数}{包含该词的文档数 + 1}$$

这时，需要一个语料库（corpus），包含多篇参与统计的文档，用来模拟语言的使用环境。参与统计的语料文档数越多，统计结果的客观性越强。如果一个词越常见，那么分母就越大，逆文档频率就越小。分母之所以要加1，是为了避免分母为0（即所有文档都不包含该词）。log表示对得到的值取对数。

该计算方法可采用如下通式表达：

$$idf(Tk) = \log(N/nk + L)$$

其中，L的取值通过实验来确定，N为文档集中的总文档数，nk为出现特征项Tk的文档数。

IDF的核心思想是，在大多数文档中都出现的特征项不如只在小部分文档中出现的特征项重要。IDF能够弱化一些在大多数文档中都出现的高频特征项的重要度，同时增强一些在小部分文档中出现的低频特征项的重要度。

4. TF–IDF算法

一个有效的分类特征项应该既能体现所属类别的内容，又能将该类别同其他类别相区分。所以在实际应用中，TF 与 IDF 通常是联合使用的。计算如下：

$$TF-IDF = 词频（TF）\times 逆文档频率（IDF）$$

TF 与 IDF 的联合公式可表达为如下通式：

$$weightTF-IDF(Tik) = tf(Tik) \times idf(Tk)$$

可以看到，TF-IDF 与一个词在文档中的出现次数成正比，与该词在整个语言中的出现次数成反比。所以，自动提取关键词的算法就是计算出文档的每个实意词的 TF-IDF 值，然后按降序排列，取排在最前面的几个词。

TF-IDF 算法的优点是简单快速，结果比较符合实际情况。缺点是，单纯以"词频"衡量一个词的重要性，不够全面，有时重要的词可能出现次数并不多。而且，这种算法无法体现词的位置信息，出现位置靠前的词与出现位置靠后的词，都被视为重要性相同，这是不正确的（一种解决方法是对全文的第一段和每一段的第一句话，给予较大的权重，该权重的确定尚需进一步研究）。

采用计算机技术关键词自动提取法，是以关键词提取为核心，主要采用的是 TF-IDF 算法。同时辅以其他技术手段，实现过程由以下步骤完成。

（1）收集语料。主要以进行"人口均衡型社会"研究的论文为主，数量 50~100 篇，另收集各类论文 50~100 篇，二者构成算法实现所需要的语料池。

（2）语料预处理。为满足词频统计工具的需要，将收集到的各类文档进行格式转换，全部转换为 txt 文本文件。

（3）对语料进行词频统计，计算 TF 值。

（4）对词频统计结果进行停用词过滤，构成文档向量，即指标候选词集。

（5）对指标候选词进行规范化处理，保留近义词中词频较高者或表达完整规范者，合计词频。

（6）计算逆文档率 IDF 值。

（7）根据已有结果计算 TF-IDF 值。

（8）根据 TF-IDF 值的降序，按高值优先参照原文选取指标参考词。

（9）参考选出的指标参考词，用人工方式构造指标用词。

四、面向对象分析建模方法

复杂系统科学认为，系统具有层次性，指标体系作为反映预测、评价对象系统特征的标识，亦具有层次性和一定的结构。指标体系的层次结构，从纵向上来说反映研究对象主要特征相互之间关系，从横向上来说，反映处于同一层次上的各因素之间的关系，在理论上它们是相对独立的。实践中指标体系构建常常存在指标层次过多，其结果可导致指标层次结构复杂。因此，一个指标体系的层次结构究竟需要几层，必须根据具体问题科学决定。对指标体系的构建，可通过系统分析方法先确定指标，再构造指标体系的框架，这是一个认识逐步抽象的过程，也是一个自下而上的过程。

面向对象分析 OOA（Object Orient Analysis）是现代软件开发中广为采用的一项有效技术，其目的是对客观世界的系统进行建模。OOA 的基本任务是从现实问题空间抽象出对象空间，要求在分析现实世界指定领域的对象和实体时尽可能地接近现实世界，即以最自然的方式表述实体。所以面向对象技术能够构建与现实世界相对应的问题模型，并保持他们的结构和关系模式。

如何划分指标体系层次结构使其更为合理，这可通过面向对象分析法，利用 UML 进行类模型构建。UML（Unified Modeling Language，统一建模语言）是一种编制系统模型的标准化语言，在表达能力、对新技术的包容能力和可扩展性等方面具有显著的优势。UML 建模过程是一个连续的迭代和增量的过程。在指标体系的构建中，主要是通过类来进行建模，它涉及以下概念。

1. 模型

模型是对现实存在的实体的抽象和简化，它提供了系统的蓝图。模型既可以包括详细的计划，也可以从高层次上考虑系统的总体计划。模型过滤了非本质的细节信息，抽象出问题本质，使问题更易理解。利用模型对复杂问题进行分解，采用"分而治之"的方案，从而更好地解决问题。

2. 对象及类模型

对象（Object）是系统的基本成分，具有特定属性和行为方式的实体。在应用领域中有意义的、与所要解决的问题有关的任何事物都可以作为对象，它既可是具体的物理实体的抽象，也可以是人为的概念，或者是任何有明确边界和意义的东西。

类（Class）是对具有相同属性和行为的一组对象的描述（抽象）。

类模型（类图）由类和类与类的关系组成，由一组图形符号进行描述。

在客观世界中，任何事物都是对象。复杂的对象可以由比较简单的对象以某种方式组合而成。如，将人口社会作为一个复杂的对象，人口、经济、社会、资源和环境等作为属性反映人口社会对象的发展，其均衡状态转换是人口社会对象的行为。人口也是一个复杂的对象。人口规模、人口质量、人口结构和人口分布等作为属性反映人口的状态，人口社会和人口都是对象，只是其粒度大小（抽象程度）不一样。

指标是粒度最小的对象，可以有具体的取值，因此指标可作为对象的属性。如，2016 年的人口结构对象，可用性别比、老年人口、少儿人口、城镇人口等属性（有具体取值的指标）进行描述。

3. 领域及领域模型

领域是由具有类似用户需求的系统所组成的一个系统集，它展示现有各系统的共性、个性和重要资源，并为相似系统的开发提供了参照模型。

领域模型显示了真实系统的静态结构，是领域中各部分形成的一种抽象的图形表示形式，这种表示为理解领域知识提供了方便。领域模型获取了详细的特定领域知识，通过问题领域的形式化模型描述来提供一个详细的文档，由此获得需求决策及在功能需求方面的具体体现。领域模型来源于对领域内相关内容十分了解的领域专家。领域模型的核心概念是用户需求及满足用户需求的模型，并强调在需求驱动下领域专家与建模设计人员之间的交流。领域建模专注于分析问题领域（Problem Domain）本身，发掘重要的业务领域概念，并建立业务领域概念之间的关系。

4. 体系结构与指标体系

体系结构是指整个系统构成的基本和主体形态。在一个发展成熟的领域中，这种结构成为建立和考察系统的总体指导或基本出发点；指标体系是由一系列相互联系、相互制约的指标组成的科学的、完整的总体，具有一定的构成要素（即指标）以及相应的结构层次；指标体系结构提供了对指标评价系统进行分析的手段，其设计结果不仅仅是提供清晰的文档，还可对文档进行依赖和一致性分析，从而发现隐藏其中的各种问题。同时，在指标评价系统的构造中，指标体系结构已成为不同参与者之间进行交流的媒介。

在本课题的研究中，领域模型被具体化为人口均衡型社会指标体系结构，由于其指标体系结构是对人口均衡型社会相关知识的静态表示，因而以分析法为基础，利用UML的类模型进行指标筛选并建立指标体系结构模型，通过StartUML建模工具画出图形对指标体系结构进行描述，使所有的参与者能够可视化整个系统，评估不同选择，更清晰地交流设计，从而避免了评价指标体系的不合理性和局限性。

面向对象分析的基本过程如下：

（1）问题域分析：借鉴文献法分析人口相关领域的业务范围、业务规则和业务处理过程，确定系统的责任、范围和边界，确定评价系统的需求。

（2）发现和定义对象与类：从收集的资料中识别对象和类。考虑到人口均衡发展的动态性，指标体系具有一段时期内的指导功能，部分指标可有一定的超前性，适当的增加一些数据不易收集，但能与时俱进反映人口均衡社会程度的指标。

（3）识别对象的外部联系：在发现和定义对象与类的过程中，需要从分析现实世界的各种真实联系中识别对象与类、类与类之间的各种外部联系。

（4）建立系统的类模型：分析系统的行为，建立系统的静态结构模型，并将其用图形和文字说明表示出来。

五、指标赋权方法

指标是说明研究对象数量特征的概念及其数量表现，是复杂事件或系统的信号，是一组反映系统特性或显示发生何种事情的信息，是从数量方面说明一定社会总体现象的某种属性或特征，它的"语言"即是数字。每个具体的指标都是由指标名称和指标数值两个基本要素构成。指标名称反映了所研究对象"质"的规定性，指明了指标所反映的实际内容；指标数值则反映了研究对象"量"的规定性，是指标概念在一定时间和空间条件下的具体数量表现。完整的指标是"质"和"量"两方面的统一。

在统计理论和实践中，权重是表明各个评价指标（或者评价项目）重要性的权数，表示各个评价指标在总体中所起的不同作用。权重有不同的种类，各种类别的权重有着不同的数学特点和经济含义，按照权重形成的数量特点的不同划分，可分为定性赋权和定量赋权。

主观赋权法，是基于决策者的知识经验或偏好，反映了决策者的意志，通过按重要性程度对各指标（属性）进行比较、赋值和计算得出其权重的方法。如：层次分析法（AHP法）、专家调研法（Delphi法）、环比评分法、最小平方法、二项系数法、比较矩阵法、重要性排序法等，这些方法虽然反映了决策者的主观判断或直觉，但方案的排序有很大的主观随意性，受到决策者的知识或经验缺乏的影响。

客观赋权法，是基于各评价指标值的客观数据差异而确定各指标权重的方法。可以有效和准确地反映出数据的共同性及本质，在很大程度上过滤了人为因素对于赋权过程的影响。如：神经网络（ANN）、独立性权系数法、变异系数法、主成分分析法、熵权法、拉开档次法、均方差法、多目标规划法、离差最大化法等。这类方法是各个指标根据一定的规则进行自动赋权的，决策或评价结果具有较强的数学理论依据，但忽视了决策者的主观信息。

如何选择对指标进行赋权是综合评价的关键问题。采用单一方法定权易受赋权方法的影响造成偏倚。采用组合赋权，可校正不同方法的偏倚性，使各种赋权方法的优点融为一体，综合运用和发挥最佳的效应。完整的指标体系不仅包含构成元素（单个指标）、层次和结构，更重要的还有指标的权重。指标的权重是衡量指标对研究对象影响重要性的量，简言之指标的"权重"是人们从价值角度对指标认识的结果，所以在确定指标"权重"时必须考虑指标反映系统目标和系统功能的重要性大小。

从以上的分析中可以看出，主客观赋权法都具有一定的局限性。基于此本课题提出了基于主观和客观的组合赋权法。

1. 层次分析法的基本原理

层次分析法（Analytic Hierarchy Process，AHP法）是系统工程中将非定量事件作定量分析的一种简便而有效的方法。AHP法把复杂的问题分解成若干组成因素，把这些因素按属性不同分成若干组，形成不同层次。上一层次的元素作为准则对下一层的某些元素起支配作用，同时它又受到更上一层元素的支配，这种从上至下的支配关系形成了一个递阶层次。处于最上面的层次叫目标层，它是分析问题的预定目标或理想结果。中间层次叫准则层或子准则层，最低一层是要素层，它们是评价系统的指标。因此，采用AHP法，将均衡型社会指标体系分成三个层次，即目标层、准则层和要素层。评价时，对二级指标（准则层指标）的权重进行集中控制，即二级指标和指标的权重应相对稳定不变。对三级指标（要素层指标）的权重可进行灵活的控制，由各地区根据具体情况确定。

2. 独立权系数法的基本原理

独立权系数法的基本原理是多元回归分析方法。即权重是通过计算复相关系数来确定的，得到的复相关系数越小，所赋的权数相应越大。反之，复相关系数越大，所赋的权数相应越小。计算每项变量与其他变量的复相关系数用 R 表示，其公式：

$$R = \sqrt{\frac{SS_{回}}{SS_{总}}} = \frac{\sum (y - \bar{y})(\hat{y} - \bar{y})}{\sqrt{\sum (y - \bar{y})^2 \sum (\hat{y} - \bar{y})^2}}$$

其中，$SS_{回}$ 是回归平方和，$SS_{总}$ 是总体平方和；y 是样本，$\bar{y}$ 是样本平均值，$\hat{y}$ 是样本估计值。

在得到指标或变量之间的复相关系数 R 之后，将复相关系数的倒数进行计分，通过归一化处理后就可得最终的权重系数。

为了弱化人为因素，本课题采用独立权系数法对所收集的数据进行客观的分析，得到数据与数据之间的联系，从而可以得到各个指标间的相关性并进一步确定指标权重。

3. 变异系数法的基本原理

变异系数法（Coefficient of Variation Method）是直接利用各项指标所包含的信息，通过计算得到指标的权重。是一种客观赋权的方法。此方法的基本做法是：在评价指标体系中，指标取值差异越大的指标，即越难以实现的指标，这样的指标更能反映被评价单位的差距。

由于评价指标体系中的各项指标的量纲不同，不宜直接比较其差异程度。为了消除各项评价指标的量纲不同的影响，需要用各项指标的变异系数来衡量各项指标取值的差异程度。各项指标的变异系数公式如下：

$$CV_i = V_i = \frac{\sigma_i}{\bar{x}_i} \quad (i = 1, 2, \cdots, n)$$

其中：CV_i 即 V_i 是第 i 项指标的标准差系数，也称为变异系数；σ_i 是第 i 项指标的标准差；$\bar{x}_i$ 是第 i 项指标的平均数。

经归一化后可得各项指标的权重为：

$$W_i = \frac{V_i}{\sum_{i=1}^{n} V_i}$$

4. 组合赋权法的基本原理

为使多特征的人口均衡型社会评价指标的权重既能有效地反映出领域专家和学者的宝贵意见又可以真实客观地体现出数据的本质。基于最优化思想，本书研究将主、客观赋权法所得的各评价指标的权重通过组合赋权法来形成最终权重的思想，使之既能客观地反映各指标的重要程度，又能反映决策者的主观愿望。组合赋权法方法如下：

设最终的组合权重为 $w_j = \alpha \cdot a_j = (1-\alpha)b_j$，其中 a_j 为第 j 个属性的客观权重，b_j 为第 j 个属性的主观权重。本课题中客观权重为独立系数法所得权重与变异系数法所得权重的加权平均。该等式中 α 为待定系数。其计算过程具体如下：

$$\alpha = \frac{n}{n-1} G_{AHP}$$

上式中 G_{AHP} 为 AHP 法各分量的差异系数：

$$G_{AHP} = \frac{2}{n}(1p_1 + 2p_2 + 3p_3 + \cdots + np_n) - \frac{n+1}{n}$$

其中，n 为指标个数，p_1、p_2、p_3、…、p_n 为层次分析法中 W_1、W_2、…、W_n 各分量从小到大的重新排序。

组合赋权法综合了主、客观赋权法的优点，使得多指标综合评价中权重的确定更趋合理。

六、灰色关联序验证方法

指标体系构建完成后，如何确定评价结果的合理性、准确性，长期以来对指标体系的检验研究较少，本课题借鉴灰色关联序与综合指数结果排序的排序平均误差长度进行检验，来说明所建立指标体系的合理性。

灰色系统认为在许多客观事物之间、因素之间，相互关系比较复杂，在认识、分析、决策时，得不到全面、足够的信息，不容易形成明确的概念。这是由于灰色因素、灰色关联性在起作用，因此，对灰色系统进行因素分析和研究时，实质就是解决如何从随机的序列中，找到因素间的关联性和关联性的度量值。

但在进行关联分析之前，对于多指标的数据序列，由于系统中各指标因素的物理意义不同，导致指标数据的量纲也不一定相同，在建模时难以进行指标间直接对比分析。具有不同的单位，或具有相同单位的不同指标，其数值的大小也有很大差异，直接用这些量纲不同的指标数值进行综合，将有可能夸大数值较大的指标的作用，不便于比较或在比较时难以得到正确的结论。因此，为了保证结果的可靠性，消除量纲和量纲单位不同所带来的不可度量性，在进行灰色关联分析时，一般要对搜集来的原始指标数据进行数据的标准化变换处理。

1. 变换算子定义及标准化变换

本课题中针对人口均衡型社会有如下定义：

定义1：设 X 为人口均衡型社会系统对象，设 i 为时间序号（$i=1, 2, \cdots, t$），则 X_i 为系统对象的时间序列；设 k 为指标序号（$k=1, 2, \cdots, n$），称 $X_i = (x_i(1), x_i(2), \cdots, x_i(n))$ 为对象 X_i 的指标序列，则 $x_i(k)$ 为对象 X_i 关于第 k 个指标的观测数据。

定义2：设 j 为指标变换算子序号，称 $D = \{D_j | j=1, 2, \cdots, m\}$ 为灰色关联指标变换算子集。对于 $X_i D_j = (x_i(1)d_j, x_i(2)d_j, \cdots, x_i(n)d_j)$，存在下列变换算子。

（1）初值化指标变换算子 D_1：

$$X_i D_1 = (x_i(1)d_1, x_i(2)d_1, \cdots, x_i(n)d_1)$$

其中：$x_i(k)d_1 = \dfrac{x_i(k)}{x_i(1)}$，称 D_1 为初值化算子。

（2）效益型指标变换算子 D_2：

$$X_i D_2 = (x_i(1)d_2, x_i(2)d_2, \cdots, x_i(n)d_2)$$

其中：$x_i(k)d_2 = \dfrac{x_i(k) - \min x_i(k)}{\max x_i(k) - \min x_i(k)}$，称 D_2 为效益算子，也称为正指标算子。

（3）成本型指标变换算子 D_3：

$$X_i D_3 = (x_i(1)d_3, x_i(2)d_3, \cdots, x_i(n)d_3)$$

其中：$x_i(k)d_3 = \dfrac{\max x_i(k) - x_i(k)}{\max x_i(k) - \min x_i(k)}$，称 D_3 为成本算子，也称为逆指标算子。

（4）固定型指标变换算子 D_4：

$$X_i D_4 = (x_i(1)d_4, x_i(2)d_4, \cdots, x_i(n)d_4)$$

其中：$x_i(k)d_4 = 1 - \dfrac{|x_i(k) - g(k)|}{\max|x_i(k) - g(k)|}$，$g(k)$ 为关于指标 k 的固定值，称 D_4 为固定算子，也称为适度指标算子。

（5）区间型指标变换算子 D_5：

$$X_i D_5 = (x_i(1)d_5, x_i(2)d_5, \cdots, x_i(n)d_5)$$

其中：

$$x_i(k)d_5 = \begin{cases} 1 - \dfrac{\alpha - x_i(k)}{\max\{\alpha - \min x_i(k), \max x_i(k) - \beta\}} & x_i(k) < \alpha \\ 1 & \alpha \leq x_i(k) \leq \beta \\ 1 - \dfrac{x_i(k) - \beta}{\max\{\alpha - \min x_i(k), \max x_i(k) - \beta\}} & x_i(k) > \beta \end{cases}$$

称 D_5 为区间算子。

（6）始点零化像指标变换算子 D_0：

$$X_i D_0 = (x_i(1)d_0, x_i(2)d_0, \cdots, x_i(n)d_0)$$

其中：$x_i(k)d_0 = x_i(k) - x_i(1)$，称 D_0 为始点零化像指标算子。

根据评价指标类型的不同，标准化处理的方法也将不同。在综合评价统计指标体系中，各个指标对综合评价的影响方向不同，有正指标、逆指标和适度指标之分。对于逆指标和适度指标，需调整方向使其与正指标的发展趋势相一致。指标一般按其性质可以分为以下几类。

（1）效益型（例如利润、产量）：指标值越大越好。

（2）成本型：指标值越小越好。

（3）固定型：指标值接近某个固定值就越好。

（4）区间型：指标值接近某个区间值就越好。

对于标准化变换后数据序列，它们之间可以进行直接比较分析。

2. 灰色系统关联分析理论

灰色关联分析方法思路明晰，可以在很大程度上减少由于信息不对称带来的损失，并且对数据要求较低，工作量较少，因此在社会各个领域中得到广泛的应用。其中，灰色绝对关联度是研究两个序列绝对增量间的关系，用两条折线间所夹的面积大小来衡量两序列的关联性大小，是目前应用较多的一种关联度。

命题：由定义1、定义2可知，若系统对象指标序列 $X_i = (x_i(1), x_i(2), \cdots, x_i(n))$，$X_0 = (x_0(1), x_0(2), \cdots, x_0(n))$ 的始点零化像分别为：$X_i^0 = (x_{i_0}^0(1), x_{i_0}^0(2), \cdots, x_{i_0}^0(n))$，$X_0^0 = (x_{0_i}^0(1), x_{0_i}^0(2), \cdots, x_{0_i}^0(n))$。

则：$|s_0| = \left| \sum_{k=2}^{n-1} x_0^0(k) + \frac{1}{2} x_0^0(n) \right|$ ；$|s_i| = \left| \sum_{k=2}^{n-1} x_i^0(k) + \frac{1}{2} x_i^0(n) \right|$

$|s_i - s_0| = \left| \sum_{k=2}^{n-1} (x_i^0(k) - x_0^0(k)) + \frac{1}{2} (x_i^0(n) - x_0^0(n)) \right|$

因此，长度相同的 X_0 与 X_i 序列具有以下特点：

（1）无论 X_0 与 X_i 序列是增长序列、衰减序列或振荡序列，X_0 与 X_i 的灰色绝对关联度 ε_{0i} 均不变，且 $\varepsilon_{0i} = \frac{1 + |s_0| + |s_i|}{1 + |s_0| + |s_i| + |s_i - s_0|}$。

（2）对 X_0 与 X_i 进行平移不会改变 s_0，s_i 和 $s_i - s_0$ 的值，也不会改变灰色绝对关联度 ε_{0i} 的值。这是由于若令 $X_0' = X_0 + a$，$X_i' = X_i + b$，a，b 为常数，则 X_0' 与 X_i' 的灰色绝对关联度 $\varepsilon_{0i}' = \varepsilon_{0i}$。

（3）若时距相同，且皆为等时距序列，则：

$$\varepsilon_{0i} = \frac{1 + \left| \sum_{k=2}^{n-1} x_0^0(k) + \frac{1}{2} x_0^0(n) \right| + \left| \sum_{k=2}^{n-1} x_i^0(k) + \frac{1}{2} x_i^0(n) \right|}{1 + \left| \sum_{k=2}^{n-1} x_0^0(k) + \frac{1}{2} x_0^0(n) \right| + \left| \sum_{k=2}^{n-1} x_i^0(k) + \frac{1}{2} x_i^0(n) \right| + \left| \sum_{k=2}^{n-1} (x_i^0(k) - \frac{1}{2} x_0^0(k)) + \frac{1}{2} (x_i^0(n) - x_0^0(n)) \right|}$$

由 $\varepsilon_{0i} = \frac{1 + |s_0| + |s_i|}{1 + |s_0| + |s_i| + |s_i - s_0|}$ 可知，$\varepsilon_{0i} > 0$，且 $|s_i - s_0| \geq 0$，所以 $\varepsilon_{0i} \leq 1$，这满足灰色关联公理中的规范性；再由 $|s_i - s_0| = |s_0 - s_i|$ 可知，$s_{0i} = s_{i0}$，即满足灰色关联公理中的偶对对称性。

3. 灰色关联序定义

灰色关联度的大小是衡量序列之间紧密程度的一种尺度，而在进行系统分析时，研究系统特征行为与因素行为之间的关系，我们主要关心的是系统特征行为序列和各个因素行为序列关联度大小的顺序，而不完全是关联度在数值上的大小。

灰色关联度是分析和确定系统因素间的影响程度或因素对系统主行为的贡献测度的一种方法。其基本思想是：以因素的数据序列为依据，用数学的方法研究因素间的几何对应关系，即序列曲线的几何形状越接近，则它们之间的灰关联度越大，反之越小。灰色关联分析实际上也是动态指标的量化分析，充分体现了动态意义。

定义3：称反映系统行为特征的数据序列为参考序列，称影响系统行为的因素组成的数据序列为比较序列。

定义4：设 X_0 为系统特征行为序列，X_i 和 X_j 为相关因素行为序列，γ 为其灰色关联度，若 $\gamma_{0i} \geq \gamma_{0j}$，则称因素 X_i 优于因素 X_j，记为 $X_i > X_j$。称 ">" 为由灰色关联度导出的灰色关联序。

根据定义4，可设 X_0 为系统行为特征的最优参考指标序列，$X_i (i = 1, 2, \cdots, t)$

为系统对象的时间指标序列，将 t 个时间指标序列对最优参考指标序列 X_0 的关联度按大小顺序排列起来，可组成关联序，用以反映各时间指标序列对于最优参考指标序列的"优劣"关系。

最优参考指标序列的获取方法，可根据国际标准、国家标准、行业标准、社会标准等直接获取。对于没有参考标准的指标，由定义2可知，根据指标的不同性质，分别利用灰色关联算子集 D 中的算子对指标数据进行变换，对指标数据进行标准化处理，并将各指标的取值限定在 [0，1] 区间，各指标的最优值可取为1。对于原始数据按其指标性质，正指标最优值取序列最大值、逆指标最优值取序列最小值、适度指标最优值取 [a，b] 区间的中心值，即 $(a+b)/2$。

灰色关联序，反映了各年份人口均衡型社会发展的状态。灰色系统关联序的具体计算步骤：

第一，确定反映系统特征行为的参考序列 X_0 和影响系统行为的比较序列 X_i。

第二，利用相关变换算子使系统参考序列和比较序列标准化。

第三，分别计算参考序列与每一个比较序列间的关联度。

（1）求始点零化像；

（2）分别计算 $|s_0|$，$|s_i|$，$|s_i-s_0|$；

（3）计算出 X_0 与 X_i 的灰色绝对关联度 $\varepsilon_{0i} = \dfrac{1+|s_0|+|s_i|}{1+|s_0|+|s_i|+|s_i-s_0|}$。

第四，根据各关联度导出灰关联序。

4. 排序平均误差长度定义

设有 n 个系统对象 S_1，S_2，…，$S_n(n\geqslant 1)$，每个系统对象都有 m 个属性 x_1，x_2，…，$x_m(m\geqslant 1)$，相应的存在 n 组观测值 $\{x_{ij}\}(1\leqslant i\leqslant n；1\leqslant j\leqslant m)$ 和已设置的一组权重集 w_1，w_2，…，$w_m(m\geqslant 1，\sum\limits_{k=1}^{m}w_k=1)$。

综合指数法是指在确定一套合理的评价指标体系基础上，对评价系统对象各项指标个体指数加权平均计算出综合值，用以反映各评价系统对象综合质量的一种评价方法。综合指数值越大，质量越好，排名也越好。即在综合指数法中，根据设置的权重 w_1，w_2，…，$w_m(\sum\limits_{k=1}^{m}w_k=1)$，计算出综合指数值，可以给出 n 个系统对象的一个排序。

灰色关联序是将关联度按大小顺序排列起来，用以反映各评价系统对象对于最优参考序列的"优劣"关系。关联度越大，系统对象越接近最优，排名也越好。

灰色关联序与综合指数排名均给出了评价系统对象的相对"优劣"关系。灰色关联相对于评价系统的最优状态（理想状态）进行排名，是一种较为客观的排名。综合指数基于一组权重，不同的权重序列对应不同的综合评价值。如何验证权重序列的合理性，以保证 n 个系统对象评价结果的准确性，本书提出排序平均误差长度的概念来验证权重设置的合理性。

定义 5：设 P_i 为第 i 个系统对象在综合指数法中的排名，G_i 为第 i 个系统对象在灰色关联序中的排名，$|P_i - G_i|$ 为第 i 个系统对象的排名差异。

定义 6：设 n 为评价系统对象数，在综合指数法的评价排名与灰色关联序的排名中，排序平均误差长度（Average Error of Length）为：$AEL = \dfrac{\sum_{i=1}^{n} |(P_i - G_i)|}{n}$。

根据定义 6，平均误差长度具有以下性质：

（1）平均误差长度 AEL 反映评价的一致性程度。在指标个数和观测值不变的情况下，以灰色关联序的排名为基准，综合指数法的排名波动不会超过 AEL。平均误差长度可作为比较综合指数法与灰色关联序法对评价系统对象排序结果差异性的衡量标准。

（2）对于给定的 $\varepsilon \geq 0$（通常取 $\varepsilon = 0.3$），若 $AEL \leq \varepsilon$，说明综合指数法对 n 个系统对象的综合评价排序是符合现实的，权重值的设置是合理的，否则需重新设置权重。

第三节 人口均衡型社会评价指标体系构建

人口均衡型社会指标体系是准确测度和把握人口均衡型社会建设进程与效果的重要工具，是"人口均衡型社会"建设过程中不可或缺的技术支持和保障。通过指标体系的评价，为正确认识人口均衡社会、正确决策以达到经济、社会可持续均衡增长提供了科学依据。本书根据人口均衡同时受到内部、外部多种因素影响的特点，明确研究的对象是人口、经济、资源、环境等领域中经济社会可持续人口均衡在不同时期的表现（纵向）。

一、已构建的相关指标体系研究

随着 2010 年 7 月人口学界提出建设人口均衡型社会以来，学者们从只关注人口发展转向了关注人口均衡型社会建设。表 5-1 列出了部分有代表性的人口均衡型社会指标体系成果。

表 5-1　　　　　　　　　人口均衡型社会指标体系成果

年份	作者	评价指标体系	评价内容	研究方法			实证对象
				指标筛选	指标赋权	分析方法	
2000	曾嵘	可持续发展分析与评价指标体系	从人口、资源、环境与经济协调发展系统分析的模型结构，建立了子系统的内部层、关联层及调控层的三个层次的指标体系	主观选择	无权重	定性分析	无
2003	刘延年	全面小康社会人口评价指标体系	以人口总量构成对人口生活质量影响的角度为目标模式，不从人均占有的角度去考虑，只考虑人口系统自身的优化问题	主观选择	无权重	定性分析	无
2003	陈友华	人口现代化评价指标体系	从生育现代化、人口素质现代化、人口结构现代化与经济现代化4个方面构建人口现代化评价指标体系	主观选择	无权重	定性分析	无
2004	朱军浩	全面建设小康社会指标体系	从"人、经济、社会、自然全面协调发展"的"安居乐业"角度构建了人口素质和生活质量子系统、经济发展子系统、社会发展子系统、自然资源利用和保护子系统等四个子系统，共27个指标	主观选择	层次分析法	实证分析	东、中、西部的城市抽样
2005	童玉芬	人口安全预警系统	从人口发展与社会、经济、资源和环境的不安全因素，分析对国家安全造成的危害	主观选择	无权重	定性分析	无
2006	王学义	人口现代化通用测度指标体系	以人口再生产现代化、人口素质现代化、人口结构现代化和逆人口现代化作为基本测度内容，以最能反映基本测度内容的指标群来构成考量人口现代化水平的通用指标体系	主观选择	无权重	对比分析	世界不同区域

续表

年份	作者	评价指标体系	评价内容	研究方法			实证对象
				指标筛选	指标赋权	分析方法	
2007	邵凡	山西省人口发展指标体系量表	从人口数量、人口素质和人口结构三方面12项指标构建人口发展指标体系	主观选择	无权重	定性分析	以山西为例
2008	蔡莉	人口承载力指标评估分析	从社会经济状况、环境资源、区域人口状况三系统构建了研究人口承载力质量指数，解析人口承载力与区域发展的内在联系	主观选择	无权重	定性分析	无
2008	蔡莉	区域人口承载力指标体系	围绕社会经济状况、环境资源、区域人口状况三系统讨论了人口承载力指标系统的构建与量化	主观选择	无权重	定性分析	无
2008	陈黎明	和谐社会评价指标体系	根据和谐社会的内涵与特征，选取4个方面18个评价指标组成层次结构指标体系	主观选择	因子分析法	模糊综合评价	中国
2009	赵军	甘肃省人口压力评价指标体系	从环境资源、人口经济、社会生活、人口自身4个方面18个评价指标组成层次结构指标体系	主观选择	层次分析法和Delphi法	实证分析	81个县级行政区划单位
2009	王玲杰	人口安全动态评价指标体系	提出人口安全系统"方向盘"式结构模型，对社会经济子系统和资源环境子系统则采用了压力、状态、响应框架模式	主观选择	无权重	定性分析	无
2009	李翠玲	和谐社会建设中和谐度评价指标体系	由"社会结构指数""社会保障指数""社会效益指数""社会安全指数""社会公平指数""社会机制指数"共6个准则层指标构成	主观选择	层次分析法	灰色综合评价法	天津、北京、上海和重庆

续表

年份	作者	评价指标体系	评价内容	指标筛选	指标赋权	分析方法	实证对象
2010	蒋正华	人口长期均衡发展评价监测模型	从人口、资源、环境、经济、社会五个子系统构建评价模型，并分别对省际和国家进行评价	主观选择	层次分析法和主成分分析法	实证分析	30个省际和国家
2011	王颖	人口均衡发展综合评价指标体系	从人口自身均衡子系统和人口与外部均衡子系统构建评价指标体系	主观选择	层次分析法	实证分析	31个省级单位
2012	高妍	两型社会建设评价指标体系	选取了经济发展、技术进步、资源节约、环境友好、社会发展等五个方面的统计指标	主观选择	熵值法	TOP-SIS方法	全国省级单位
2012	马红旗	我国人口发展综合评价指标体系	从人自身发展、人口与经济社会和人口与资源环境三个大方面构建我国人口发展的综合指标评价体系	主观选择	主、客观赋权法	组合评价实证分析	30个地区
2012	王颖	人口长期均衡发展指标体系	从人口内部均衡（人口数量、人口质量、人口结构）7个指标和人口外部均衡（人口与经济、人口与社会、人口与资源、人口与环境）13个指标构建评价模型	主观选择	层次分析法	灰色关联实证分析	15个国家
2013	张俊良	人口长期均衡发展评价指标体系	从经济学中的均衡入手，根据协调性和可持续性，从人口内部、人口外部、人口总体三个方面构建评价模型	主观选择	熵权法	熵权法实证分析	四川省1982~2010年
2013	刘志	人口均衡发展评价指标体系	从人口内部、人口与经济、人口与社会、人口与资源、人口与环境，构建了5个一级指标、15个二级指标和27个三级指标	主观选择	等权重	实证比较分析法	31个省与北京比较

续表

年份	作者	评价指标体系	评价内容	研究方法			实证对象
				指标筛选	指标赋权	分析方法	
2014	李凯	中小城镇人口结构均衡评价指标	从人口结构、人口经济发展、人口社会福利和人口资源承载方面进行分析评价	主观选择	无权重	定性分析	无
2014	龚文海	中原经济区人口长期均衡发展评价体系	从人口内部系统和人口外部系统进行综合评价	主观选择	层次分析法	实证分析	区域内28个省辖市
2014	李国平	人口均衡发展的评价体系	从人口内部均衡、人口与经济均衡、人口与社会均衡、人口与资源均衡、人口与环境均衡方面进行分析评价	主观选择	无权重	定性分析	无

由于"人口均衡型社会"的理论刚刚提出，尚无实证研究，更没有系统的理论和科学的评价标准，在实践上仍缺乏科学的理论依据和指导。根据对人口均衡型社会内涵的研究，对已构建的相关指标体系进行分析，发现国内目前对人口均衡型社会评价构建的指标体系存在以下问题。

（1）学者们采用不同的评价指标体系，其主要差别不仅体现在权重上，且还在指标上。

（2）在构建指标体系的方法上，大多数学者对人口均衡型社会指标体系的研究仅停留在理论探讨的层面。少数学者引入相关数据对构建的人口均衡型社会评价指标体系的质量进行实证检验，但因没有实际数据作实证检验，其信度和效度都无法确定，从而缺乏可信性。对于所选择的指标体系评价方法，由于人口均衡型社会评价对象的具有复杂、多元、多时序性等属性，使描述其本质特征的指标亦具有模糊性、不确定性和多元性，加之构建者价值观念、权威程度不同，在构建多指标评价模型时，结果无疑会出现差异。

（3）在构建指标体系的评价内容上，对人口均衡型社会的评价不够全面，没有形成完整的反映内部与外部的人口均衡评价体系。

（4）现行指标没有考虑人口均衡型社会处于一个动态的过程，是由不均衡状态→均衡状态→失衡状态→均衡状态的动态均衡过程。

二、利用 TF-IDF 自动提取人口均衡型社会指标

1. 分词工具选取及使用

课题组选取了几种常用的分词及词频统计工具，分别是武汉大学的 ROST 中文分词软件、北京语言大学的现代汉语通用分词系统等 4 种工具。通过多次比较（人工方式），最终决定选用北京语言大学汉语国际教育技术研发中心、北京语言大学语言信息处理研究所开发的"现代汉语通用分词系统"对指定的生语料库进行词频统计。该工具最突出的特点是，不仅能够统计词语独立出现的频率，而且还能够统计词语被包含在其他词语中的频率，可以更好地帮助发现并统计字数较多的嵌套词。

采用该词频统计工具对语料分析统计后，结果输出为两个文本文件，分别为 freq_count.txt 和 stru_count.txt，为分析统计方便，将其转换成 Excel 文件，如图 5-2、图 5-3 所示。

	word	uniCount	inCount
1	word	uniCount	inCount
2	(总词数)	123940	0
3	的	7244	0
4	,	6225	0
5	一	4709	0
6	(数字)	4652	0
7	。	2798	0
8	、	2591	0
9	人口	1987	94
10	发展	1959	65
11	和	1560	2
12			1373	0
13	城市	1362	863
14	社会	1066	51
15	指标	1060	0
16	是	961	66
17	经济	929	81
18	在	895	6
19	(英文单词)	878	0
20	环境	867	120

图 5-2　freq_count 文件数据示例

其中，freq_count 文件记录的是语料中每个词单独出现的词频以及作为其他词的组成结构的次数，由 3 列数据构成。第一列（word）：出现了的词语；第二列（uniCount）：该词语单独出现的次数；第三列（inCount）：该词语作为别的词语的结构词语出现的次数。

stru_count 文件记录的是语料中被其他词包含的词（结构词）、被哪些词语所包含及其被包含的次数，也由 3 列数据构成。第一列（inWord）：作为结构词语

的词语；第二列（outWord）：包含该结构词语的词语；第三列（count）：该词语 inWord 作为结构词语被 outWord 包含的次数。

1	inWord	outWord	count
2	化	城市化	809
3	城市	城市化	809
4	子	子系统	172
5	系统	子系统	172
6	化	城镇化	137
7	城镇	城镇化	137
8	力	劳动力	94
9	劳动	劳动力	94
10	一	进一步	79
11	保护	环境保护	79
12	步	进一步	79
13	环境	环境保护	79
14	进	进一步	79
15	化	工业化	77
16	工业	工业化	77
17	中	发展中国家	51
18	发展	发展中国家	51
19	国家	发展中国家	51
20	城市	城市群	50

图 5-3　stru_count 文件数据示例

2. 语料预处理

语料的构成为 100 篇文档，其中 50 篇为以“人口均衡型社会”为研究内容的论文资料，用于统计词频 tf，进而提取关键字为主文档；另 50 篇为各种主题及体裁的论文资料，用于构造语料池，计算逆文档率 IDF。所有文档的获取均通过网络进行，且途径合法。

由于进行词频统计时，使用的词频统计工具需要的输入源为 txt 格式，故需要将 50 篇主文档进行文档格式转换。另外，由于计算 IDF 时编程的需要，用于构造语料池的另 50 篇文档也需要转换为 txt 格式。普通 word、pdf、html 文档可以通过系统直接完成 txt 格式转换，而部分 caj、加密 pdf 文档则使用了图像文字转换工具，且需要手工校正转换内容，同时去除转换时由源文件带来的页眉、页脚、页码、部分注释等附加信息。另外，为了分词的准确性，需要将转换后的文本中的换行符作适当处理，避免一个词被换行符分割成两部分。大部分工作手工完成。

校正工作完成后，将 50 篇主文档的 txt 文件合并为一个文件，其他文档则仍独立存放。

3. 词频统计

基于统计的研究，样本数据量越大，结果越接近客观事实。较中期研究而言，为了提高统计数据的客观性，增加发现潜在的指标候选词的可能性，增加了词频统计语料的数量，进行词频统计的主文档由 10 篇增加到 50 篇，共计 913 365 个词次，16 106 个不同词。初始统计结果部分数据示例如图 5－4 所示。

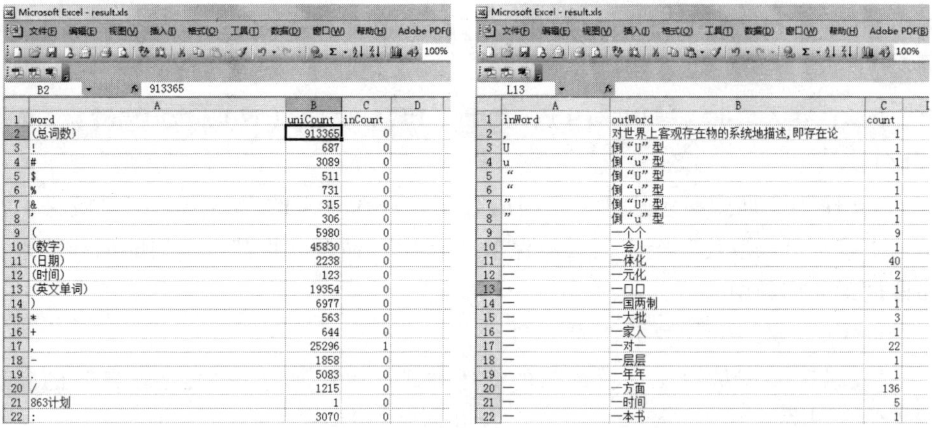

Microsoft Excel - result.xls　B2　913365

	word	uniCount	inCount
2	(总词数)	913365	0
3	!	687	0
4	#	3089	0
5	$	511	0
6	%	731	0
7	&	315	0
8	'	306	0
9	(	5980	0
10	(数字)	45830	0
11	(日期)	2238	0
12	(时间)	123	0
13	(英文单词)	19354	0
14	)	6977	0
15	*	563	0
16	+	644	0
17	,	25296	1
18	-	1858	0
19	.	5083	0
20	/	1215	0
21	863计划	1	0
22	:	3070	0

（a）freq_count数据

Microsoft Excel - result.xls　L13

	inWord	outWord	count
2	,	对世界上客观存在物的系统地描述,即存在论	1
3	U	倒“U”型	1
4	u	倒“u”型	1
5	“	倒“U”型	1
6	“	倒“u”型	1
7	”	倒“U”型	1
8	”	倒“u”型	1
9	一	一个个	9
10	一	一会儿	1
11	一	一体化	40
12	一	一元化	2
13	一	一口口	1
14	一	一国两制	1
15	一	一大批	3
16	一	一家人	1
17	一	一对一	22
18	一	一层层	1
19	一	一年年	1
20	一	一方面	136
21	一	一时间	5
22	一	一本书	1

（b）stru_count数据

图 5－4　初始词频统计结果部分数据示例

从图 5－4 以及完整数据中可以发现，有大量的停用词、近停用词、近义词、干扰词存在，会对指标候选词的提取产生严重影响，需要在进一步计算前进行处理。

4. 词频统计结果分析处理

（1）合并 freq_count 文件和 stru_count 文件。

对照两个文件中的词条，将相同词条以“大优先”的原则，保留较长且完整的词条，合并后的结果存于 result. xls 文件的 freq_count 工作表中。

（2）去掉停用词。

人名、地名、机构名一般不可能成为评价指标用词，可将其视为停用词。

公共词类：部分常用连词、动词、介词、副词、名词、形容词等，这类词与文档分类及指标用词无关，会在各类文章中出现，不能有效代表某类概念，也可将其视为停用词。

单字词很难明确表述一个具体的确定含义，有可能作为指标项用词的包含体出现，但独立作为指标用词的概率极低，可以忽略不计，且在进行词频统计时，若该单字词是指标用词的包含体，则该指标用词也已经作为一个词进行了统计，故可将单字词作为停用词处理。该项过滤使用 Excel 中的筛选功能完成。

（3）指标候选词归一化处理。

合并近义词（取词频高者或表达规范者），词频累加。由于汉语表达的灵活性和复杂性较高，很难通过某一系统准确识别近义词，故该部分工作主要手工进行。如：

例1：住宅（20）、住房（45）

两个词意义相近，使用概率无太大差异，则保留“住房”，将“住宅”的词频20累加到“住房”的词频中，形成词条“住房（65）”，删除“住宅”词条。

例2：女人（1）、妇女（4）、女生（10）、女孩（27）、女子（2）、女性（218）

“女性”一词能够包括其余5词的含义，且在意义的表达上无明显歧义，在文档中基本可以取代其余5词，故保留“女性”词条，将其余5词的词频数累加如该词条的词频中。

例3：文教（9）、文化教育（21）

“文教”一词是“文化教育”的简述方式，比较而言，“文化教育”的表达更为完整规范，故将“文教”并入“文化教育”词条，并合并词频。

整理后的词频统计结果，由原始的16 106词降到3 983词，这些词即为指标候选词。部分结果如图5-5所示。

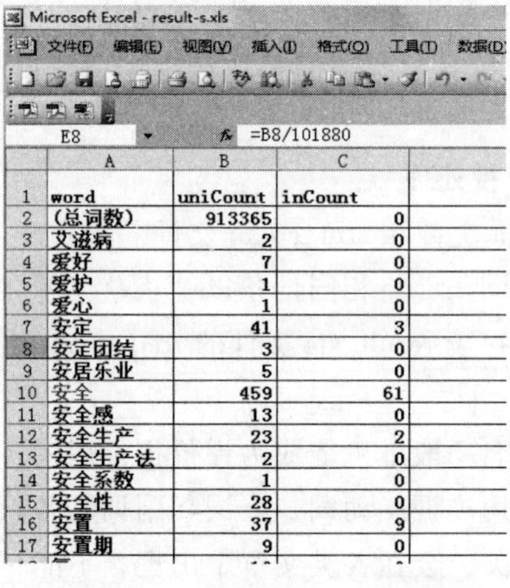

	A	B	C
1	word	uniCount	inCount
2	(总词数)	913365	0
3	艾滋病	2	0
4	爱好	7	0
5	爱护	1	0
6	爱心	1	0
7	安定	41	3
8	安定团结	3	0
9	安居乐业	5	0
10	安全	459	61
11	安全感	13	0
12	安全生产	23	2
13	安全生产法	2	0
14	安全系数	1	0
15	安全性	28	0
16	安置	37	9
17	安置期	9	0

图5-5 词频统计结果处理后的部分数据示例

在对词频统计结果进行了一系列整理后，排除了指标候选词提取的很多干扰，接下来的工作就是计算各个词条（即文档特征项）的TF-IDF值。

5. 计算词频（TF）

由于参与词频统计的50篇主文档篇幅不同，单纯的词频数不能很好表明其在文档中的重要性，也无法体现出不同文档中相同词条所具有的特征，所以在计算词频时，用单纯词频除以一个基数，使其重要性的分布更为均衡。

根据基数选择的两种方式，TF 的计算也有两种表达。

（1）文档的总词数为基数：

$$词频（TF）=\frac{某个词在文章中的出现次数}{文章的总词数}$$

（2）文档出现次数最多的词的出现次数为基数：

$$词频（TF）=\frac{某个词在文章中的出现次数}{该文出现次数最多的词的出现次数}$$

而（1）、（2）两种基数的取值在文档词频统计结果整理前后分别为不同的值，为完整观察数据，总共进行了 4 次 TF 值的统计，基数取值分别如下：

TF－a1：文章的总词数，词频统计结果整理前为 913 365 次；

TF－a2：文章的总词数，词频统计结果整理后为 101 880 次；

TF－b1：文中出现最多的词的出现次数，词频统计结果整理前为“的”（44 269 次）；

TF－b2：文中出现最多的词的出现次数，词频统计结果整理后为：“指标”（5 272 次）。

4 次 TF 计算结果的部分数据如图 5－6 所示。

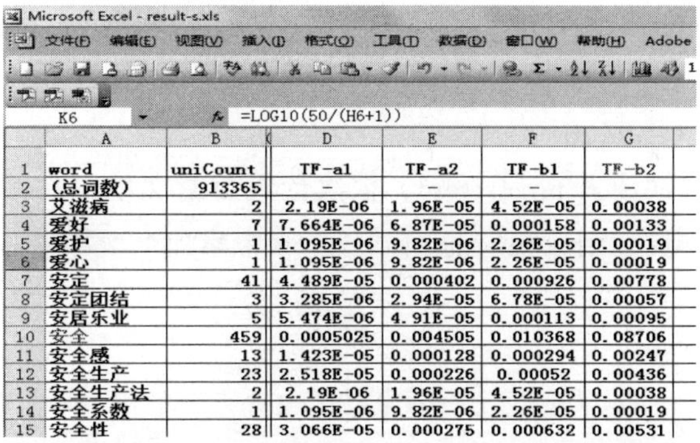

	A	B	D	E	F	G
1	word	uniCount	TF-a1	TF-a2	TF-b1	TF-b2
2	(总词数)	913365	–	–	–	–
3	艾滋病	2	2.19E-06	1.96E-05	4.52E-05	0.00038
4	爱好	7	7.664E-06	6.87E-05	0.000158	0.00133
5	爱护	1	1.095E-06	9.82E-06	2.26E-05	0.00019
6	爱心	1	1.095E-06	9.82E-06	2.26E-05	0.00019
7	安定	41	4.489E-05	0.000402	0.000926	0.00778
8	安定团结	3	3.285E-06	2.94E-05	6.78E-05	0.00057
9	安居乐业	5	5.474E-06	4.91E-05	0.000113	0.00095
10	安全	459	0.0005025	0.004505	0.010368	0.08706
11	安全感	13	1.423E-05	0.000128	0.000294	0.00247
12	安全生产	23	2.518E-05	0.000226	0.00052	0.00436
13	安全生产法	2	2.19E-06	1.96E-05	4.52E-05	0.00038
14	安全系数	1	1.095E-06	9.82E-06	2.26E-05	0.00019
15	安全性	28	3.066E-05	0.000275	0.000632	0.00531

图 5－6　TF 计算结果的部分数据示例

根据对 TF 值的计算结果比较，发现计算 TF－a1、TF－a2、TF－b1 时，分母均较大，得到的最小 TF 值分别为 1.0949×10^{-6}、9.82×10^{-6}、2.2589×10^{-5}，有可能因事件稀疏而造成数据的丢失，且这样的 TF 值不在少数，故在后面的统计中，虽然采用了所有可能的方法组合进行计算，但主要关注的是采用整理后的方法 b 计算得到的 TF 值参与计算的结果。

6. 计算逆文档率（IDF）

$$逆文档频率（IDF）=\log\frac{语料库的文档总数}{包含该词的文档数+1}$$

IDF 的计算需要两项值参与：

（1）语料库的文档总数，即语料池中的文档总数。

在进行语料池的选择构造时，根据语料组成结构和需求，可以构造以下 3 种不同语料池。

①语料池为进行词频统计的 50 篇主文档，每个文档独立，文档总数为 50。

②语料池为进行词频统计的 50 篇文档 + 其他另外 50 篇各类文档，每个文档独立，文档总数为 100。

③语料池为进行词频统计的 50 篇文档合并后作为 1 篇文档 + 其他另外 49 篇各类文档，文档总数为 50。

（2）包含该词的文档数。

包含该词的文档数采用 C 语言编程进行统计。用结构体数组存储整理后得到的 3 983 个词条，结构体由 2 个成员构成，分别为字符串成员 word[50]（用于存放各个词条）和整型成员 count（用于存放各个词条出现的文档数，初始化为 0），其结构定义如下：

struct paper

\{

char word[50]；

int count；

\}p[3 983] = \{'\0',0\}；

先将指标候选词读入 p[i].word，依次读入每篇文档，在该文档中顺序查找各个指标候选词，找到则在相应的 p[i].count 中累加 1，关键代码如下：

void count( )

\{

FILE * fp；

int i,j；

for(j = 0;j < 3 983;j ++)

for(i = 0;i < 50;i ++)   //50 为统计文档的数量,可变,可选值为 50、100

\{

if((fp = fopen(fileadd[i],"r")) == NULL)   exit(0)；

//fileadd 是存放所有统计文档的存放路径及完整文件名的字符串数组

while(fgets(str,strlen(p[j].word) + 1,fp)! = NULL)

if(strcmp(p[j].word,str) == 0)

\{

p[j].count ++ ；

```
break;
}
else fp ++ ;
fclose(fp);
}
}
```

运行时，针对 a、b、c 三种不同的语料池，需要调整用于存放所有统计文档的存放路径及完整文件名的字符串数组 fileadd[ ] 的值，以指向三种不同的语料池。IDF 部分统计数据如图 5－7 所示。

Microsoft Excel - result-s.xls

S19 =E19*L19

	A	B	H	I	J	K	L	M
1	word	uniCount	包含该词文档数-a-50	包含该词文档数-b-100	包含该词文档数-c-50	IDF-a	IDF-b	IDF-c
2	(总词数)	913365	-	-	-	-	-	-
3	艾滋病	2	1	3	3	1.39794	1.39794	1.09691
4	爱好	7	2	3	2	1.221849	1.39794	1.221849
5	爱护	1	1	2	2	1.39794	1.522879	1.221849
6	爱心	1	1	2	2	1.39794	1.522879	1.221849
7	安定	41	5	9	5	0.920819	1	0.920819
8	安定团结	3	1	4	4	1.39794	1.30103	1
9	安居乐业	5	1	5	5	1.39794	1.221849	0.920819
10	安全	459	27	31	5	0.251812	0.49485	0.920819
11	安全感	13	2	7	6	1.221849	1.09691	0.853872
12	安全生产	23	5	11	7	0.920819	0.920819	0.79588
13	安全生产法	2	2	3	2	1.221849	1.39794	1.221849
14	安全系数	1	1	3	3	1.39794	1.39794	1.09691
15	安全性	28	6	8	3	0.853872	1.045757	1.09691
16	安置	37	3	7	5	1.09691	1.09691	0.920819

图 5－7　IDF 部分统计数据示例

7. 计算 TF－IDF

获取 TF－IDF 值是辅助关键字提取的重要步骤，计算公式为：

TF－IDF＝词频（TF）×逆文档频率（IDF）

根据前文中完成的 4 种 TF 值、3 种 IDF 值计算结果，TF－IDF 值的计算可以有以下三组共 4×3＝12 种情况：

第一组：4 种 TF 值结合语料池 a

（1－1）TF－IDF＝TF－a1×IDF－a

（1－2）TF－IDF＝TF－a2×IDF－a

（1－3）TF－IDF＝TF－b1×IDF－a

（1－4）TF－IDF＝TF－b2×IDF－a

第二组：4 种 TF 值结合语料池 b

（2－1）TF－IDF＝TF－a1×IDF－b

（2－2）TF－IDF＝TF－a2×IDF－b

（2－3） TF－IDF＝TF－b1×IDF－b

（2－4） TF－IDF＝TF－b2×IDF－b

第三组：4 种 TF 值结合语料池 c

（3－1） TF－IDF＝TF－a1×IDF－c

（3－2） TF－IDF＝TF－a2×IDF－c

（3－3） TF－IDF＝TF－b1×IDF－c

（3－4） TF－IDF＝TF－b2×IDF－c

TF－IDF 部分统计数据如图 5－8 所示。

	A	B	N	O	P	Q	R	S	T	U	V	W	X	Y
1	word	uniCount	TF×IDF Ta1-Ida	TF×IDF Ta2-Ida	TF×IDF Tb1-IDa	TF×IDF Tb2-IDa	TF×IDF Ta1-IDb	TF×IDF Ta2-IDb	TF×IDF Tb1-IDb	TF×IDF Tb2-IDb	TF×IDF Ta1-Idc	TF×IDF Ta2-Idc	TF×IDF Tb1-Idc	TF×IDF Tb2-Idc
2	(总词数)	913365	-	-	-	-	-	-	-	-	-	-	-	-
3	艾滋病	2	3.06108E-06	2.74429E-05	6.31566E-05	0.00053	3.06108E-06	2.74429E-05	6.31566E-05	0.000530326	2.4E-06	2.15E-05	4.96E-05	0.000416
4	爱好	7	9.36421E-06	8.39511E-05	0.000193204	0.001622	1.07138E-05	9.60501E-05	0.000221048	0.001856142	9.36E-06	8.4E-05	0.000193	0.001622
5	爱护	1	1.53054E-06	1.37214E-05	3.15783E-05	0.000265	1.66733E-06	1.49478E-05	3.44006E-05	0.000288862	1.34E-06	1.2E-05	2.76E-05	0.000232
6	爱心	1	1.53054E-06	1.37214E-05	3.15783E-05	0.000265	1.66733E-06	1.49478E-05	3.44006E-05	0.000288862	1.34E-06	1.2E-05	2.76E-05	0.000232
7	安定	41	4.13346E-05	0.000370569	0.000852822	0.007161	4.4889E-05	0.000402434	0.000926156	0.007776935	4.13E-05	0.000371	0.000853	0.007161
8	安定团结	3	4.59161E-06	4.11643E-05	9.47349E-05	0.000795	4.27331E-06	3.83107E-05	8.81676E-05	0.000740343	3.28E-06	2.94E-05	6.78E-05	0.000569
9	安居乐业	5	7.65269E-06	6.86072E-05	0.000157892	0.001326	6.68872E-06	5.99651E-05	0.000138003	0.00115881	5.04E-06	4.52E-05	0.000104	0.000873
10	安全	459	0.000126545	0.001134489	0.002610895	0.021924	0.000248681	0.002229448	0.005130818	0.04308349	0.000463	0.004149	0.009547	0.08017
11	安全感	13	1.73907E-05	0.000155909	0.000358807	0.003013	1.56124E-05	0.000139967	0.000322118	0.002704824	1.22E-05	0.000109	0.000251	0.002106
12	安全生产	23	2.31877E-05	0.00020788	0.000478412	0.004017	2.31877E-05	0.00020788	0.000478412	0.004017229	2E-05	0.00018	0.000414	0.003472
13	安全生产法	2	2.67549E-06	2.3986E-05	5.52011E-05	0.000464	3.06108E-06	2.74429E-05	6.31566E-05	0.000530326	2.68E-06	2.4E-05	5.52E-05	0.000464
14	安全系数	1	1.53054E-06	1.37214E-05	3.15783E-05	0.000265	1.53054E-06	1.37214E-05	3.15783E-05	0.000265163	1.2E-06	1.08E-05	2.48E-05	0.000208
15	安全性	28	2.61762E-05	0.000234672	0.000540071	0.004535	3.20586E-05	0.000287409	0.000661438	0.005554099	3.36E-05	0.000301	0.000694	0.005826
16	安置	37	4.44353E-05	0.000398367	0.000916797	0.007698	4.44353E-05	0.000398367	0.000916797	0.007698344	3.73E-05	0.000334	0.00077	0.006462
17	安置期	9	1.08086E-05	9.69002E-05	0.000223005	0.001873	1.28199E-05	0.000114932	0.000264503	0.00222103	1.2E-05	0.000108	0.000248	0.002086

图 5－8 TF－IDF 部分统计数据示例

8. TF－IDF 部分统计数据结果分析

完整的 TF－IDF 数据已经通过计算获得，需要通过对数据的分析来获取可能的评价指标候选词。数据分析的主要依据为各个词条的 TF－IDF 值。TF－IDF 值越高，意味着该词越能体现此类文档的特征，成为关键字的可能性越高，也就越可能成为评价指标候选词或候选词的组成部分。所以需要按 TF－IDF 值的降序重排统计表中的词条。排序后的部分统计数据如图 5－9 所示。

（1） 多组 TF 的取舍。

由于存在多种 TF－IDF 值的计算方式，要从中选择一种最能体现 TF－IDF 值价值的方式来完成排序。通过对排序结果的比较发现，4 种 TF 的计算方式在同一语料池中的数据变化趋势是相同的，即在 IDF 值相同的情况下，4 种 TF 的计算方式获得的 TF－IDF 值虽有差异，但不影响对词条的排序。从 TF 的计算过程也能分析出，其计算过程为词频除以一个固定的基数，所以整个 TF 值的变化是单纯依赖于词频数值的。如前所述，为了避免稀疏事件导致数据丢失，参与计算 TF 的基数不宜太大，所以在各组数据中，主要关注的是 TF－b2 的值。

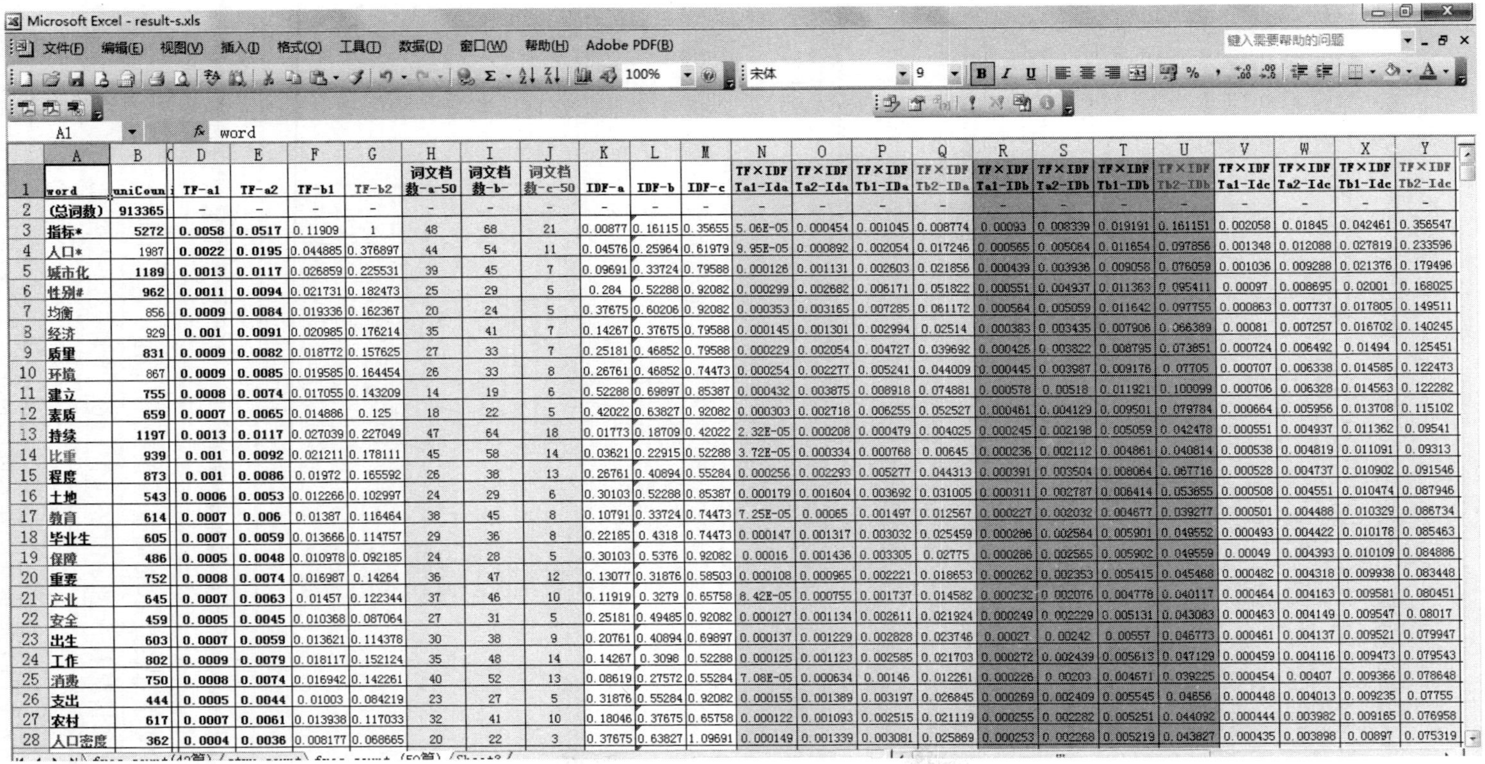

	A	B	D	E	F	G	H	I	J	K	L	M
1	word	uniCoun	TF-a1	TF-a2	TF-b1	TF-b2	词文档数-a-50	词文档数-b-	词文档数-c-50	IDF-a	IDF-b	IDF-c
2	(总词数)	913365	-	-	-	-	-	-	-	-	-	-
3	指标*	5272	0.0058	0.0517	0.11909	1	48	68	21	0.00877	0.16115	0.35655
4	人口*	1987	0.0022	0.0195	0.044885	0.376897	44	54	11	0.04576	0.25964	0.61979
5	城市化	1189	0.0013	0.0117	0.026859	0.225531	39	45	7	0.09691	0.33724	0.79588
6	性别#	962	0.0011	0.0094	0.021731	0.182473	25	29	5	0.284	0.52288	0.92082
7	均衡	856	0.0009	0.0084	0.019336	0.162367	20	24	5	0.37675	0.60206	0.92082
8	经济	929	0.001	0.0091	0.020985	0.176214	35	41	7	0.14267	0.37675	0.79588
9	质量	831	0.0009	0.0082	0.018772	0.157625	27	33	7	0.25181	0.46852	0.79588
10	环境	867	0.0009	0.0085	0.019585	0.164454	26	33	8	0.26761	0.46852	0.74473
11	建立	755	0.0008	0.0074	0.017055	0.143209	14	19	6	0.52288	0.69897	0.85387
12	素质	659	0.0007	0.0065	0.014886	0.125	18	22	5	0.42022	0.63827	0.92082
13	持续	1197	0.0013	0.0117	0.027039	0.227049	47	64	18	0.01773	0.18709	0.42022
14	比重	939	0.001	0.0092	0.021211	0.178111	45	58	14	0.03621	0.22915	0.52288
15	程度	873	0.001	0.0086	0.01972	0.165592	26	38	13	0.26761	0.40894	0.55284
16	土地	543	0.0006	0.0053	0.012266	0.102997	24	29	6	0.30103	0.52288	0.85387
17	教育	614	0.0007	0.006	0.01387	0.116464	38	45	8	0.10791	0.33724	0.74473
18	毕业生	605	0.0007	0.0059	0.013666	0.114757	29	36	8	0.22185	0.4318	0.74473
19	保障	486	0.0005	0.0048	0.010978	0.092185	24	28	5	0.30103	0.5376	0.92082
20	重要	752	0.0008	0.0074	0.016987	0.14264	36	47	12	0.13077	0.31876	0.58503
21	产业	645	0.0007	0.0063	0.01457	0.122344	37	46	10	0.11919	0.3279	0.65758
22	安全	459	0.0005	0.0045	0.010368	0.087064	27	31	5	0.25181	0.49485	0.92082
23	出生	603	0.0007	0.0059	0.013621	0.114378	30	38	9	0.20761	0.40894	0.69897
24	工作	802	0.0009	0.0079	0.018117	0.152124	35	48	14	0.14267	0.3098	0.52288
25	消费	750	0.0008	0.0074	0.016942	0.142261	40	52	13	0.08619	0.27572	0.55284
26	支出	444	0.0005	0.0044	0.01003	0.084219	23	27	5	0.31876	0.55284	0.92082
27	农村	617	0.0007	0.0061	0.013938	0.117033	32	41	10	0.18046	0.37675	0.65758
28	人口密度	362	0.0004	0.0036	0.008177	0.068665	20	22	3	0.37675	0.63827	1.09691

	A	N	O	P	Q	R	S	T	U	V	W	X	Y
1	word	TF×IDF Ta1-Ida	TF×IDF Ta2-Ida	TF×IDF Tb1-IDa	TF×IDF Tb2-IDa	TF×IDF Ta1-IDb	TF×IDF Ta2-IDb	TF×IDF Tb1-IDb	TF×IDF Tb2-IDb	TF×IDF Ta1-Idc	TF×IDF Ta2-Idc	TF×IDF Tb1-Idc	TF×IDF Tb2-Idc
2	(总词数)	-	-	-	-	-	-	-	-	-	-	-	-
3	指标*	5.06E-05	0.000454	0.001045	0.008774	0.00093	0.008339	0.019191	0.161151	0.002058	0.01845	0.042461	0.356547
4	人口*	9.95E-05	0.000892	0.002054	0.017246	0.000565	0.005064	0.011654	0.097856	0.001348	0.012088	0.027819	0.233596
5	城市化	0.000126	0.001131	0.002603	0.021856	0.000439	0.003936	0.009058	0.076059	0.001036	0.009288	0.021376	0.179496
6	性别#	0.000299	0.002682	0.006171	0.051822	0.000551	0.004937	0.011363	0.095411	0.00097	0.008695	0.02001	0.168025
7	均衡	0.000353	0.003165	0.007285	0.061172	0.000564	0.005059	0.011642	0.097755	0.000863	0.007737	0.017805	0.149511
8	经济	0.000145	0.001301	0.002994	0.02514	0.000383	0.003435	0.007906	0.066389	0.00081	0.007257	0.016702	0.140245
9	质量	0.000229	0.002054	0.004727	0.039692	0.000426	0.003822	0.008795	0.073851	0.000724	0.006492	0.01494	0.125451
10	环境	0.000254	0.002277	0.005241	0.044009	0.000445	0.003987	0.009176	0.07705	0.000707	0.006338	0.014585	0.122473
11	建立	0.000432	0.003875	0.008918	0.074881	0.000578	0.00518	0.011921	0.100099	0.000706	0.006328	0.014563	0.122282
12	素质	0.000303	0.002718	0.006255	0.052527	0.000461	0.004129	0.009501	0.079784	0.000664	0.005956	0.013708	0.115102
13	持续	2.32E-05	0.000208	0.000479	0.004025	0.000245	0.002198	0.005059	0.042478	0.000551	0.004937	0.011362	0.09541
14	比重	3.72E-05	0.000334	0.000768	0.00645	0.000236	0.002112	0.004861	0.040814	0.000538	0.004819	0.011091	0.09313
15	程度	0.000256	0.002293	0.005277	0.044313	0.000391	0.003504	0.008064	0.067716	0.000528	0.004737	0.010902	0.091546
16	土地	0.000179	0.001604	0.003692	0.031005	0.000311	0.002787	0.006414	0.053855	0.000508	0.004551	0.010474	0.087946
17	教育	7.25E-05	0.00065	0.001497	0.012567	0.000227	0.002032	0.004677	0.039277	0.000501	0.004488	0.010329	0.086734
18	毕业生	0.000147	0.001317	0.003032	0.025459	0.000286	0.002564	0.005901	0.049552	0.000493	0.004422	0.010178	0.085463
19	保障	0.00016	0.001436	0.003305	0.02775	0.000286	0.002565	0.005902	0.049559	0.00049	0.004393	0.010109	0.084886
20	重要	0.000108	0.000965	0.002221	0.018653	0.000262	0.002353	0.005415	0.045468	0.000482	0.004318	0.009938	0.083448
21	产业	8.42E-05	0.000755	0.001737	0.014582	0.000232	0.002076	0.004778	0.040117	0.000464	0.004163	0.009581	0.080451
22	安全	0.000127	0.001134	0.002611	0.021924	0.000249	0.002229	0.005131	0.043083	0.000463	0.004149	0.009547	0.08017
23	出生	0.000137	0.001229	0.002828	0.023746	0.00027	0.00242	0.00557	0.046773	0.000461	0.004137	0.009521	0.079947
24	工作	0.000125	0.001123	0.002585	0.021703	0.000272	0.002439	0.005613	0.047129	0.000459	0.004116	0.009473	0.079543
25	消费	7.08E-05	0.000634	0.00146	0.012261	0.000226	0.00203	0.004671	0.039225	0.000454	0.00407	0.009366	0.078648
26	支出	0.000155	0.001389	0.003197	0.026845	0.000269	0.002409	0.005545	0.04656	0.000448	0.004013	0.009235	0.07755
27	农村	0.000122	0.001093	0.002515	0.021119	0.000255	0.002282	0.005251	0.044092	0.000444	0.003982	0.009165	0.076958
28	人口密度	0.000149	0.001339	0.003081	0.025869	0.000253	0.002268	0.005219	0.043827	0.000435	0.003898	0.00897	0.075319

图5-9　排序后的部分统计数据示例

（2）多组 IDF 的取舍。

语料池的不同造成 IDF 的计算值存在差异，也导致 TF－IDF 值不同。在 TF 值统一取 TF－b2 的前提下，IDF 分别在 3 种语料池中的计算值对 TF－IDF 值的影响可以通过不同的排序结果来比较分析。3 种排序结果部分数据示例分别如图 5－10（a）、（b）、（c）所示。

	word	uniCount	TF×IDF Ta1-Ida	TF×IDF Ta2-Ida	TF×IDF Tb1-IDa	TF×IDF Tb2-IDa
2	(总词数)	913365	–	–	–	–
3	建立	755	0.000432219	0.003874887	0.008917605	0.074881
4	均衡	856	0.000353088	0.003165475	0.007284976	0.061172
5	素质	659	0.000303189	0.002718125	0.006255452	0.052527
6	性别#	962	0.000299119	0.002681633	0.00617147	0.051822
7	友好型	297	0.000258797	0.002320145	0.005339546	0.044836
8	程度	873	0.00025578	0.002293092	0.005277288	0.044313
9	环境	867	0.000254022	0.002277332	0.005241018	0.044009
10	特征	664	0.000245169	0.002197966	0.005058366	0.042475
11	目标	662	0.000244431	0.002191346	0.00504313	0.042347
12	政策	657	0.000242584	0.002174795	0.00500504	0.042027
13	质量	831	0.000229104	0.002053943	0.004726914	0.039692
14	增长	207	0.000208689	0.001870921	0.00430571	0.036155
15	协调	343	0.000207611	0.001861256	0.004283467	0.035968
16	农业	297	0.000201537	0.001806805	0.004158153	0.034916
17	人日	167	0.000200559	0.001798037	0.004137974	0.034747
18	专家	312	0.000199842	0.001791601	0.004123163	0.034622
19	环境污染	326	0.000197321	0.001769007	0.004071167	0.034186
20	年龄	314	0.000190058	0.001703891	0.003921308	0.032927

（a）基于语料池a

	word	uniCount	TF×IDF Ta1-IDb	TF×IDF Ta2-IDb	TF×IDF Tb1-IDb	TF×IDF Tb2-IDb
2	(总词数)	913365	–	–	–	–
3	指标*	5272	0.000930173	0.008339101	0.019191479	0.161150909
4	建立	755	0.000577778	0.005179842	0.01192081	0.100099081
5	人口*	1987	0.000564834	0.005063794	0.011653738	0.097856475
6	均衡	856	0.000564247	0.005058533	0.011641631	0.097754809
7	性别#	962	0.000550721	0.004937273	0.011362564	0.095411486
8	素质	659	0.000460518	0.004128596	0.009501488	0.07978402
9	环境	867	0.000444738	0.00398712	0.009175897	0.077050034
10	城市化	1189	0.000439015	0.003935816	0.009057827	0.0760586
11	质量	831	0.000426271	0.003821565	0.008794891	0.073850725
12	程度	873	0.000390863	0.003504123	0.008064347	0.06771635
13	经济	929	0.0003832	0.003435428	0.007906242	0.066388735
14	友好型	297	0.00034005	0.003048586	0.00701597	0.058913121
15	政策	657	0.00031916	0.0028613	0.006584952	0.055293865
16	土地	543	0.000310854	0.002786839	0.006413589	0.053854924
17	保障	486	0.000286057	0.002564533	0.005901976	0.04955891
18	毕业生	605	0.000286017	0.002564173	0.005901149	0.049551965
19	工作	802	0.00027203	0.002438778	0.005612567	0.047128745
20	出生	603	0.000269978	0.002420377	0.005570219	0.046773149

（b）基于语料池b

	word	uniCount	TF×IDF Ta1-Idc	TF×IDF Ta2-Idc	TF×IDF Tb1-Idc	TF×IDF Tb2-Idc
2	(总词数)	913365	–	–	–	–
3	指标*	5272	0.002058	0.01845	0.042461	0.356547
4	人口*	1987	0.0013483	0.012088	0.027819	0.233596
5	城市化	1189	0.0010361	0.009288	0.021376	0.179496
6	性别#	962	0.0009699	0.008695	0.02001	0.168025
7	均衡	856	0.000863	0.007737	0.017805	0.149511
8	经济	929	0.0008095	0.007257	0.016702	0.140245
9	质量	831	0.0007241	0.006492	0.01494	0.125451
10	环境	867	0.0007069	0.006338	0.014585	0.122473
11	建立	755	0.0007058	0.006328	0.014563	0.122282
12	素质	659	0.0006644	0.005956	0.013708	0.115102
13	持续	1197	0.0005507	0.004937	0.011362	0.09541
14	比重	939	0.0005376	0.004819	0.011091	0.09313
15	程度	873	0.0005284	0.004737	0.010902	0.091546
16	土地	543	0.0005076	0.004551	0.010474	0.087946
17	教育	614	0.0005006	0.004488	0.010329	0.086734
18	毕业生	605	0.0004933	0.004422	0.010178	0.085463
19	保障	486	0.00049	0.004393	0.010109	0.084886
20	重要	752	0.0004817	0.004318	0.009938	0.083448

（c）基于语料池c

图 5－10　不同语料池计算的 TF－IDF 排序结果部分数据示例

图 5－10 中灰色显示的词条为根据 TF－IDF 值人工挑选出的意向关键词，从在表中的分布情况看，图 a 中灰色词（6、9 两行）较稀疏，图 b 中灰色词（5、7、9 等行）较多，图 c 中灰色词（4、5、6 等行）最多且较集中，说明基于语料池 a 的 TF－IDF 值不能很好区分关键词与非关键词，其原因在于语料池 a 就是提

取关键词所使用的文档本身。该 50 篇均是由人工选出的以"人口均衡型社会"为主题或类似主题的文档,主要用于 TF 的计算,再将其用于 IDF 的计算。由于主题过于单一,TF 值高的值也就很可能就是关键词,很难通过 IDF 值来区分高频词在文档中的重要性,例如"人口"一词,其词频较高,在语料池 a 中的出现频率也很高,即其基于语料池 a 的 IDF 值很小,导致其 TF - IDF 值较小,在排序后,位置在表中较为靠后,会被当作无效词或干扰词而放弃掉。然而"人口"恰恰是很重要的一个关键词,常用来构造指标用词,如"人口增长率""人口迁移率"等,一旦将该词放弃,将会造成一些指标候选词的丢失。所以采用语料池 a 计算 TF - IDF 是不可取的。

采用语料池 b、c 进行 TF - IDF 的计算就能避免上述弊端。在语料池中除了用于 TF 计算的 50 篇主文档外,还包含有其他 50 篇其他文档。这辅助的 50 篇文档为了与主文档区分,大部分都是其他领域的研究材料,涉及计算机、体育、经济、文学、娱乐、生物、新闻等。基于这样的语料池,IDF 可以获得较好的区分度,计算出的 TF - IDF 值越能较好体现相应词条在主文档中的重要性。其中,语料池 b 也存在一定缺陷,原因同语料池 a。效果最好的是使用语料池 c。所以在后面的数据分析和关键词提取中,均以 TF - IDF = TF - b2 × IDF - c 获得的值为参照标准。

(3) 指标数据分析。

从排序后的表中,可以看到在前面区域分布了大量的灰色词,虽然不能直接把这些词作为关键词,但通过观察发现,很多这样的词或是指标用词的组成部分,或表明了评价指标的类别。

比如"人口"。该词不但词频较高,关键是 TF - IDF 值很高,排在第二位,仅次于"指标"。说明该词是关键词。这也与本次统计的主题相吻合。回溯至原文,发现很多"人口"与其他一些词的结合,均可以构成评价指标用词,如"人口密度""人口增长率""人口产业承载率"等。同时该词也表明了与之相关的指标项与人口发展水平相关。

以此类推,人工抽取出一些关键词,如:经济、环境、教育 (15[#])、保障、结构、服务等,它们表达的是指标项的类别。

观察"教育"一词,可以确定为关键词,但还不能成为指标用词,因为该词的含义还不够具体,无法量化评价。从原文中看出,该词主要用于表达受教育程度、教育费用等内容,且原文中还有大量相关用词,如大学生、硕士生、博士生、研究生、中学生、小学生、文盲应届生、往届生等,主要表明的是受教育的程度,作为评价指标项,可用"人均受教育年限"将其量化。招生量、办学、学校等主要表达的是在教育方面的投入情况,也是评价指标项,为能进行客观量化比较，以"教育投入比"作为指标用词。

对于"增长率"一词，其出现在32个主文档中，其中24个文档将其用于人口的增长，8篇用于经济等其他增长，在辅助的另50篇文档中则只出现了2次，所以人口增长应该是指标项，将人口增长率、自然增长率等不同表达统一为"人口自然增长率"，即可作为指标用词。

"人口密度"本身就是一个量化值用词，排名靠前，可以直接用作指标用词。

"人均"虽然不够具体，但表达的是一个量化的计算过程，且与人口有关，与其他词相结合就可以构成指标用词。由此，挖掘出一批与"人均"有关的候选词，包括人均受教育年限、人均耕地面积、人均住房面积、人均寿命、人均国内生产总值等，再结合专业知识进行人工挑选。

"环境"既然是评价的一个方面，在表中出现的"废水""废气""绿化""森林""垃圾""污染"等都是衡量环境的指标，以它们为核心词，并完善为量化用词即可成为指标候选词。

在"保障""服务"方面，可以提取出城市化、国防安全、政府财政、医疗、就业等核心词；"经济"方面，可以提取的核心词包括产业、消费、经济、城乡、生产等；"资源"方面的核心词有粮食、耕地、能源、水资源等。延续该思路，在表的前200位，尽可能地将可能的核心词抽取出来进行完善，可以获取大部分的指标候选词。

找到可用的核心词，后续的完善工作则需要具有社会研究专业知识的人员完成。

（4）指标候选词提取结果。

以实验数据为依据，从语料中提取出核心词，并人工进行整合及统一表达后，获得的评价指标候选词如表5-2所示。

表5-2　　　　　　　　评价指标候选词

编号	候选项	编号	候选项	编号	候选项
1	人口密度	8	人均粮食占有量	15	人均受教育年限
2	人口自然增长率	9	人均可消费能源	16	人均预期寿命
3	人口城镇化率	10	人均水资源量	17	人均入院率
4	人口净迁移率	11	人均森林面积	18	社会保障和就业支出比
5	人口产业承载率	12	人均耕地面积	19	医疗卫生支出比
6	适龄劳动人口就业率	13	人均能源消耗量	20	国防安全支出比
7	人均城市道路面积	14	人均国内生产总值	21	政府公共财政支出比

续表

编号	候选项	编号	候选项	编号	候选项
22	工业固体排放物治理效率	39	产业结构系数	56	政策执行力
23	工业废气治理效率	40	城乡收入比	57	客运能力
24	工业废水治理效率	41	国有经济比重	58	农村人口比
25	工业固体污染比	42	教育投入比	59	常住人口比
26	工业废气污染比	43	市场分配资源比重	60	流动人口比
27	工业废水污染比	44	政府管理力	61	老龄化程度
28	婴儿死亡率	45	政府规模	62	安全设施投入比
29	性别比	46	万元GDP能耗	63	计划生育率
30	老年抚养比	47	万元GDP电耗	64	社区医疗投入比
31	婴儿出生率	48	生活垃圾无害化处理率	65	科研经费投入
32	每万人医疗卫生机构床位数	49	环境保护宣传投入	66	适龄妇女生育率
33	少儿抚养比	50	生育率	67	第一产业产值比
34	农药使用率	51	人均住房面积	68	第二产业产值比
35	建成区绿化覆盖率	52	农村接受义务教育人口比例	69	第三产业产值比
36	政府公信度	53	犯罪率	70	失业率
37	经济增长率	54	公益性基础设施投入		
38	居民消费水平指数	55	辍学率		

三、利用OO构建人口均衡型社会指标体系层次结构模型

1. 人口均衡型社会相关资料收集

课题组主要从图书馆、资料室及互联网收集大量有关人口均衡型社会的信息。通过对收集资料的分析归纳，所涉及的内容主要包括：人口数量与消费水平对资源环境的影响研究；人口文化素质与经济发展水平的相关分析；中国婴儿死亡率及其相关因素研究；我国医疗保障与人均预期寿命展望；我国评价医疗质量指标中存在的主要问题；中国人口年龄结构与消费关系的区域研究；我国人口产业结构与环境污染、经济发展的关联；人口城乡结构是国民经济和社会发展的重大比例关系；恩格尔系数的适用性与居民生活水平评价；中国居民消费水平变动

的实证研究；居民消费价格指数影响因素分析；中国城市固定资本存量估算；中国经济增长趋势与人均国内生产总值、收入以及消费之间关系的研究；财政支出及其构成与经济增长率关系研究；R&D 投入强度控制线及我国 R&D 投入分析；金融发展、对外开放与城乡居民收入；国有经济比重与中国经济增长波动的关系研究；社会保障和就业支出地区差异影响因素的实证分析；中国人口老龄化对医疗卫生支出的影响；教育投入比与地区经济增长差异；我国地方政府公共财政支出效率的影响因素分析；国防建设与经济建设协调发展的资源均衡配置；中国城镇的失业率究竟是多少；土地财政与地方公共物品供给；城市轨道交通发展方向的技术策略；中国城市绿地空间分布特征及其影响因素研究；中国可持续发展水资源战略研究综合报告；关于近 20 年中国能源消耗情况的研究；我国林业发展的对策；电力消耗与经济发展关系研究；工业废水排放变化的因素分解与减排效果；我国经济结构变动对环境污染的影响；污染治理投资、企业技术创新与污染治理效率；城市生活垃圾无害化资源化处理；中国宏观税负、非税负担与经济增长；反腐败与外商直接投资；政府规模、政府支出增长与经济增长关系的非线性研究等。这对于课题组进入下一步构建人口均衡型社会指标体系类模型打下了基础。

2. 构建人口均衡型社会指标体系类模型

静态类的建模过程是一个自底向上、逐步抽象的过程。利用 UML 分析技术建立类模型的建模步骤是：寻找参与者、从参与者的各角度寻找类（指标对象）、类描述（指标对象说明）、建立类模型（指标体系层次结构）。

（1）识别指标

第一，寻找参与者。寻找参与者代表的主要工作是对涉众分类，整理出参与者并且为每个参与者确定一个典型代表，了解各参与者关注或研究的问题。为此，我们对人口均衡型社会中涉及的各个涉众进行调研，通过询问相关人员一些问题来确定出参与者，如表 5-3 所示。

表 5-3　　　　　　　　参与者候选关键类抽象表

候选关键类抽象	排除的原因	选定的名字
政府部门		政府部门
统计部门	政府部门的子类	
人力资源和社会保障部	政府部门的子类	
能源局	政府部门的子类	
国土资源部	政府部门的子类	

续表

候选关键类抽象	排除的原因	选定的名字
环境保护部	政府部门的子类	
水利部	政府部门的子类	
国家林业局	政府部门的子类	
教育部	政府部门的子类	
民政部	政府部门的子类	
卫生和计划生育委员会	政府部门的子类	
财政部	政府部门的子类	
人口问题研究人员		研究人员
经济问题研究人员	研究人员的子类	
社会问题研究人员	研究人员的子类	
资源问题研究人员	研究人员的子类	
环境问题研究人员	研究人员的子类	
政策问题研究人员	研究人员的子类	
模型构建员		建模人员
系统分析员	建模人员的子类	

通过参与者候选关键抽象，在本课题中我们可以抽象得到的参与者有：政府部门、研究人员和建模人员。其关系如图5-11所示。

第二，寻找指标项。从参与者的角度所涉及的领域来寻找类，本课题中的参与者是政府部门、研究人员、建模人员，结合收集的涉及描述人口均衡型社会资料中出现频率较多的名词及短语，寻找人口均衡型社会网络模型中人类的基本属性和行为特征，提取后可得到系统中各候选指标项。

（1）参与者的研究视点。人口的基本属性和行为特征主要包括：年龄、性别、衣、食、住、行等。

研究人员关注人口的基本属性，将人口作为一个研究对象，关注人口数量、质量、结构、分布等多种属性，研究人口规模、人口质量、人口结构和人口分布等基本要素之间的关系。

政府部门关注人口的行为特征，研究人口与经济、社会、资源、环境等人口自身之外的系统之间相互协调和持续发展的状态，关注人口社会的均衡程度，并做出相应的政策反映。

建模人员关注如何构建指标类模型。

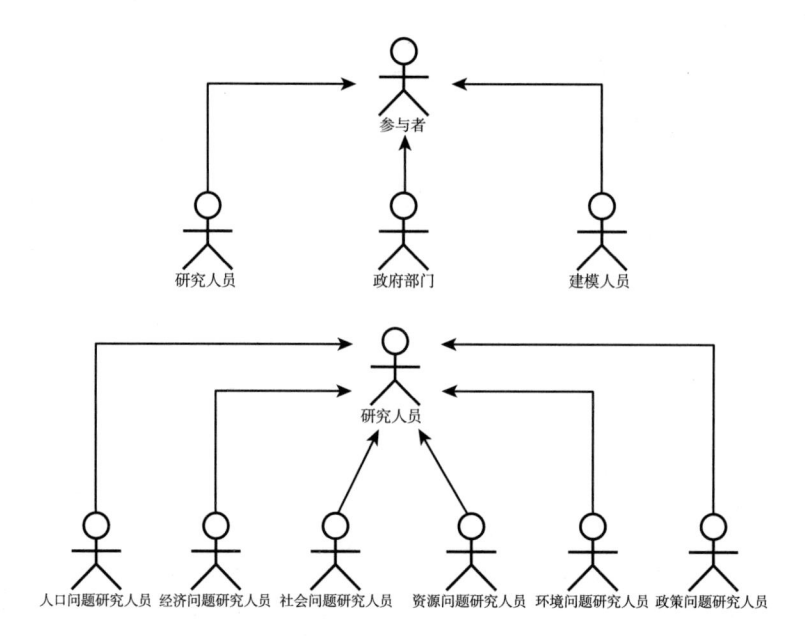

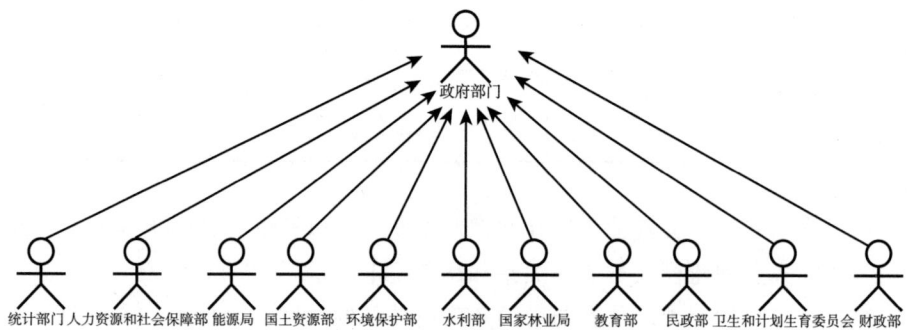

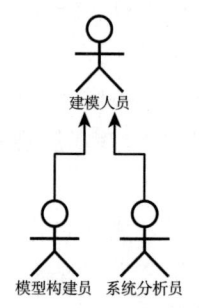

图 5-11　参与者间的关系

（2）词法分析并筛选初选指标项类。将收集的资料中出现频率较多且涉及描述人口均衡型社会相关的名词及短语，通过寻找应用领域中的重要概念进行提取，得到系统中的 300 多个初选指标项为：

人口密度、FDI、FDI 占 GDP 的比重、GDP、GDP 增长、GDP 增长率、R&D

经费支出占 GDP 的比重、R&D 投入、保险现状、保障机制、病床使用率、病床周转次数、财产收入、财政收入、财政支出占 GDP 比重、参保率、仓储邮政、产出金额、产业对 GDP 的贡献率、产业对国内生产总值增长的拉动、产业结构、产业结构系数、产业增加值、产业增加值指数、城市轨道交通、城市化、城市化水平、城市绿地空间、城市生活垃圾、城市生活垃圾无害化资源化处理、城乡、城乡低保、城乡居民储蓄率、城乡居民收入、城乡收入比、城乡收入比、城镇登记失业人员、城镇居民人均可支配收入、城镇居民消费、城镇人口、城镇人口劳动参与率、城镇失业率、出口金额、出生人数、初次分配、储备资产差额、存货增加、大气污染、贷款利率、单位面积森林储蓄量、登记失业率、第二产业经济比重、第二产业就业人口比重、第三产业经济比重、第三产业就业人口比重、第一产业经济比重、第一产业就业人口比重、电力消耗、电力消耗量、对等的社会权利、对外经济、对外开放、恩格尔系数、发展权、反腐败、房地产业、非金融企业部门、非税负担、服饰消费、服务部门、福利收养、抚养比、富裕程度、个体就业人员、工伤保险、工业、工业废气排放量、工业废气污染比、工业废气污染治理效率、工业废气治理效率、工业废水排放、工业废水排放变化、工业废水排放量、工业废水污染比、工业废水治理效率、工业废水治理效率、工业固体废物污染、工业固体废物污染治理效率、工业固体排放、工业固体排放物治理效率、工业固体污染比、工业化进程、工业经济发展、工业增加值、工业增加值指数、工资、公共财政支出、公共服务、公共教育投资、公共支出效率、购房、固定资本、固定资产投资、固体废弃物污染、灌溉用水量、轨道交通、国防、国防安全支出比、国防费增长率、国防建设、国防支出、国际旅游、国民经济、国民经济发展、国民总收入、国内贸易、国内生产总值、国内生产总值增长、国内生产总值指数、国内资本、国有固定资产投资、国有经济比重、宏观税负、户籍制度、户口政策、化学工业部门、环境保护、环境污染、患者再入院率、患者重返手术室、患者重返重症监护室发生率、婚姻状况、机械设备制造业、基尼系数、疾病发病率、计算机服务、技能培训、家庭人均可支配收入、家庭生活、家庭饮用水类型、家庭状况、建成区绿地面积、建成区绿化覆盖率、建成区土地面积、建筑业、健康、健康水平、交通、交通工具、交通运输、教育经费、教育水平、教育投入比、教育与职业培训、金融发展、金融机构部门、金融业、进口金额、经济发展水平、经济活动人口、经济建设、经济结构变动、经济类型、经济适用房、经济收入、经济增长、经济增长率、城市管理、出生率、进出口、网络、信息技术、IT 行业、产妇死亡率、社会稳定、社会和谐、经济增长率、精神健康、精神文化生活、净出口、就业人口数、就业人员工资、就业人员平均工资、就业水平、就业素质、就业压力、就业制度、就业状况、居民生活水平、居民收入增长率、居民消费、居民消费价格指数、居民消费水平、居住环境、居住水平、居住条件、科技素质、可持续消费、可支配收入、客运能力、劳动收入、劳动者报酬、老年抚养比、粮食人均占有量、粮食消费、绿化、每千人口医生数、每千人口医院病床数、棉花人均占有量、男性人口、能源结构、能源消费增长率、能源消耗、年龄、年人均医疗卫生支出、农村居民消费、农药使用量、农药使用率、农用柴油使用量、农用化肥施用量、平均预期寿命、女性人口、批发零售、平均工资、平均术前住院日、平均预期寿命、平均住院费用、平均住院日、企业技术创新、人均 CO_2 排放量、人均 GDP、人均城市道路面积、人均纯收入、人均发电量、人均耕地面积、人均工业废水的排放量、人均国内生产总值、人均居住面积、人均可消费能源、人均可支配收入、人均粮食占有量、人均能源消耗量、人均入院率、人均森林储蓄量、人均森林面积、人均生活消费能源、人均生活消费支出、人均收入、人均收入年均增长率、人均收入水平、人均受教育年限、人均水资源量、人均消费、人均预期寿命、人均原煤产量、人均原油产量、人均占有粮食、人口产业承载力、人口城乡结构、人口城镇化率、人口出生率、人口发展、人口结构、人口净迁移率、人口老龄化、人口年龄构成、人口年龄结构、人口平均预期寿命、人口受教育程度、人口数量、人口数量增长、人口死亡率、人口文化素质、人口消费水平、人口增长率、人口自然增长率、人力资本、三次产业对国内生产总值增长拉动、三次产业贡献率、三次产业构成、三次产业就业人员数、森林覆盖率、少儿抚养比、社保政策、社会安定、社会保险、社会保险福利、社会保险缴款、社会保障、社会保障和就业支出比、社会保障制度、社会补助、社会发展、社会服务、社会救援、社会生活、社会治安、社区服务、生存质量、生育率、失业、失业保险、失业率、失业状况、市场分配资源比重、适龄劳动人口就业率、收入水平、收入消费、受教育程度、受教育水平、水产品人均占有量、水果人均占有量、水环境污染、水资源总量、税负结构、税收收入、私营企业就业人员、通信工具、外商直接投资、万元 GDP 电耗、万元 GDP 能耗、卫生院及其床数、文化设施、文化需求、污染治理投资、污染治理效率、无害化处理、乡村人口、消费结构、消费水平、消费支出、协调发展、新生儿住院死亡率、信息传输、性别比、研发费增长率、研发经费、养老保险、养老保险模式、养老保险制度、医保缺失、医疗保险、医疗保险模式、医疗保障、医疗保障体系、医疗卫生、医疗卫生支出比、医疗卫生支出占 GDP 比重、饮食消费、婴儿死亡率、婴儿性别、邮电运输、油料人均占有量、育龄妇女、月食品支出、运输仓储邮政、运输能力、政府部门、政府公共财政支出比、政府公共财政支出效率、政府管制力、政府规模、政府教育支出、政府消费、政府消费支出、政府消费支出占 GDP 的比重、政府支出增长、职业、制造业、中国宏观税负、猪牛羊肉人均占有量、住房价格、住房条件、住房消费、住院人数、住院死亡率、资源环境、总抚养比、总人口等。

提取的初选指标的结果并不一定是合理的，可能有重复，也可能有遗漏甚至错误，因此应人工进行词法分析筛选：

①删除语义功能不清晰的词汇：如，保险现状、仓储邮政、产出金额、城乡、初次分配、储备资产差额、存货增加、出口金额、贷款利率、对等的社会权利、发展权、非金融企业部门、固定资本、国内资本、国内贸易、健康、金融机构、进口金额、服务部门、经济类型、经济建设、净出口、年龄、运输能力。

②选择并保留语义近似的词中语义更为适当的一个词汇：如，FDI 占 GDP 的比重（FDI、外商直接投资）、人均国内生产总值（人均 GDP、GDP 增长率、GDP 增长、GDP）、企业技术创新（研发费增长率、研发经费、R&D 投入、R&D 经费支出占 GDP 的比重）、产业对 GDP 的贡献率（产业对国内生产总值增长的拉动、产业增加值、产业增加值指数）、城市化水平（城市化、城市管理）、交通运输（交通工具、城市轨道交通、轨道交通）、人均城市道路面积（城市绿地空间）、城市生活垃圾（城市生活垃圾无害化资源化处理）、城镇失业率（登记失业率、城镇登记失业人员、失业、失业率、失业状况）、出生率（出生人数、人口出生率）、建成区绿化覆盖率（建成区绿地面积、单位面积森林储蓄量、森林覆盖率）、电力消耗量（电力消耗）、对外经济（对外开放、进出口）、人均可支配收入（国民总收入、人均纯收入、可支配收入、城镇居民人均可支配收入、就业人员工资、就业人员平均工资、居民收入增长率、劳动收入、劳动者报酬、平均工资、人均收入、人均收入年均增长率、人均收入水平、收入水平、家庭人均可支配收入、工资）、就业人口数（经济活动人口、城镇人口劳动参与率、就业压力、就业制度、就业状况）、第三产业经济比重（制造业、职业、三次产业构成、三次产业贡献率、三次产业对国内生产总值增长拉动、第一产业经济比重、第二产业经济比重、建筑业、房地产业、化学工业部门、国际旅游、机械设备制造业、金融业、运输仓储邮政、批发零售、私营企业、邮电运输）、第三产业就业人口比重（三次产业就业人员数、第一产业就业人口比重、第二产业就业人口比重、个体就业人员）、工业废气污染比（工业废气排放量、人均 CO_2 排放量）、工业废气治理效率（工业废气污染治理效率）、工业废水污染比（工业废水排放、工业废水排放变化、水环境污染、工业废水排放量、人均工业废水的排放量）、工业废水治理效率（工业废水治理效率）、工业固体污染比（工业固体废物污染、工业固体排放、固体废弃物污染）、工业固体排放物治理效率（工业固体废物污染治理效率）、工业经济发展（工业、工业化进程、工业增加值、工业增加值指数）、国民经济发展（国民经济）、污染治理效率（污染治理投资、

无害化处理）、国防安全支出比（国防支出、国防建设、国防费增长率）、国内生产总值（国内生产总值增长、国内生产总值指数）、国有固定资产投资（固定资产投资）、户籍制度（户口政策）、患者再入院率（患者重返手术室、患者重返重症监护室发生率、疾病发病率）、家庭状况（婚姻状况、家庭生活）、信息传输（计算机服务、网络，信息技术、IT行业）、教育投入比（教育经费、教育水平、技能培训、教育与职业培训、就业素质、科技素质）、经济结构变动（经济类型）、精神文化生活（精神健康）、人均粮食占有量（粮食人均占有量、粮食消费、棉花人均占有量、人均占有粮食、水产品人均占有量、水果人均占有量、油料人均占有量、猪牛羊肉人均占有量）、性别比（婴儿性别、男性人口、女性人口）、能源消耗（能源消费增长率、农用柴油使用量）、农药使用率（农药使用量、农用化肥施用量）、人均预期寿命（平均预期寿命、人口平均预期寿命）、人均发电量（人均原煤产量、人均原油产量）、人均耕地面积、人均能源消耗量（人均可消费能源、人均生活消费能源）、人均森林面积（人均森林储蓄量）、人均受教育年限（人口受教育程度、人口文化素质、人力资本、受教育程度、受教育水平）、人均水资源量（灌溉用水量、家庭饮用水、水资源总量）、人口老龄化（老年抚养比）、人口城镇化率（人口净迁移率、人口城乡结构、城镇人口、乡村人口）、人口年龄结构（人口年龄构成）、人口密度（总人口、人口数量）、婴儿死亡率（新生儿住院死亡率、人口死亡率、产妇死亡率）、人口自然增长率（人口增长率、人口数量增长）、少儿抚养比（总抚养比）、社会保障和就业支出比（社会保障、社会保险福利、社会保险缴款、失业保险、工伤保险、养老保险、医疗保障体系、医疗保障、医疗保险模式、医疗保险、养老保险制度、养老保险模式、医保缺失、社会保障制度、社保政策）、社会安定（社会治安、社会稳定、社会和谐）、生育率（育龄妇女）、公共服务（福利收养、社会服务、文化设施、文化需求、社会补助、城乡低保、社会救援、社区服务）、人均入院率（住院人数、住院死亡率）、社会服务机构床位数（每千人口医院病床数、每千人口医生数、提供老年及残疾人床位数、提供智障和精神病人床位数、提供生活无保障人员床位数、每千人口医院病床数、卫生院及其床数、病床使用率、病床周转次数、术前平均住院日、平均住院费用、平均住院日）、医疗卫生支出比（医疗卫生支出占GDP比重、人均医疗卫生支出、医疗卫生）、政府公共财政支出比（政府公共财政支出效率、政府消费、政府消费支出、政府消费支出占GDP的比重、政府支出增长）、税负结构（税收收入）、居住环境（住房价格、住房条件、居住条件、人均居住面积）、人均生活消费支出（住房消费、消费支出、月食品支出、消费结构、消费水平、人均消费、居民消费、收入消费、城镇居民消费、服饰消费、购房、经济适用房、居民消费价格指数、可持续消费、农村居民消费、人口消费水平、饮食消费）。

③暂时保留语义相对抽象的词汇：如，保障机制、财政收入、社会保险、产业结构、城市绿地空间、反腐败、非税负担、国防、国有经济比重、环境保护、环境污染、宏观税负、交通、健康水平、金融发展、基尼系数、经济发展水平、经济建设、就业水平、居民生活水平、居民消费水平、居住水平、客运能力、绿化、能源结构、人口产业承载力、人口发展、人口结构、社会发展、社会生活、生存质量、市场分配资源、协调发展、政府部门、政府管制力、政府规模、中国宏观税负、资源环境、财政支出占 GDP 比重、城乡居民收入、城乡收入比、大气污染、恩格尔系数、抚养比、工业化进程、公共财政支出、公共教育投资、公共支出效率、政府教育支出、万元 GDP 电耗、万元 GDP 能耗、适龄劳动人口就业率、建成区土地面积、产业结构系数。

④删除不具代表性、相关性较强的词汇：如，财产收入、城乡居民储蓄率、富裕程度。

（3）结合用 TF-IDF 自动选择的候选词进行分析筛选指标。对表 5-2 中的评价指标候选词（TF-IDF 关键词自动选词）和上述初选的词汇（OOA 主观选词），结合实际评价情况，进行筛选、合并和补充，最终形成 48 项评价指标项，如表 5-4 所示。

表 5-4　　　　　　　　　　评价指标项

项数	候选关键词	选择的理由	选定指标名称
1	人口数量	人口适度的属性，人口的规模因素	人口密度
2	人口增长	人口适度的属性，人口的规模因素	人口自然增长率
3	教育程度	人口适度的属性，人口素质因素	人均受教育年限
4	婴儿存活率	人口适度的属性，人口质量因素	婴儿死亡率
5	人均期望寿命	人口适度的属性，人口质量因素	人均预期寿命
6	生病住院	人口适度的属性，人口质量因素	人均入院率
7	少儿抚育比	人口结构的属性，社会可持续发展因素	少儿抚养比
8	老年抚养	人口结构的属性，社会老龄化因素	老年抚养比
9	性别结构	人口结构的属性，社会稳定因素	性别比
10	城乡结构	人口结构的属性，社会现代化因素	人口城镇化率
11	人口流动	人口分布的属性，区域发展分布因素	人口净迁移率
12	就业率	人口分布的属性，人口收入分布因素	适龄劳动人口就业率

续表

项数	候选关键词	选择的理由	选定指标名称
13	经济承载力	人口分布的属性，人口产业分布因素	人口产业承载力
14	人均生产总值	经济增长的属性	人均国内生产总值
15	经济增长速度	经济增长的属性	经济增长率
16	消费水平指数	经济增长的属性	居民消费水平指数
17	产业结构	经济结构的属性	产业结构系数
18	城乡收入差距	经济结构的属性	城乡收入比
19	公有经济比重	经济结构的属性	国有经济比重
20	医疗保障	社会保障的属性	医疗卫生支出比
21	教育保障	社会保障的属性	教育投入比
22	公共设施建设投入	社会保障的属性	政府公共财政支出比
23	国家安全保障	社会保障的属性	国防安全支出比
24	生活质量保障	社会保障的属性	社会保障和就业支出比
25	公共服务体系	社会服务的属性	公共服务
26	交通运输服务	社会服务的属性	客运能力
27	公共道路通行	社会服务的属性，社会性基础设施服务	人均城市道路面积
28	生活环境保护	社会服务的属性，社会性基础设施服务	建成区绿化覆盖率
29	粮食人均占有率	资源禀赋的属性	人均粮食占有量
30	人均耕地面积	资源禀赋的属性	人均耕地面积
31	能源存储量	资源禀赋的属性	人均可消费能源
32	人均森林面积	资源禀赋的属性	人均森林面积
33	水资源的保护	资源禀赋的属性	人均水资源量
34	工业能源消耗	资源消耗的属性	万元 GDP 能耗
35	工业电能消耗	资源消耗的属性	万元 GDP 电耗
36	人口能源消耗	资源消耗的属性	人均能源消耗量
37	工业废水污染	环境污染的属性	工业废水污染比
38	工业废气污染	环境污染的属性	工业废气污染比
39	工业固体污染	环境污染的属性	工业固体污染比
40	农业土地污染	环境污染的属性	农药使用率
41	废气治理	环境治理环的属性	工业废气治理效率
42	废水治理	环境治理环的属性	工业废水治理效率

续表

项数	候选关键词	选择的理由	选定指标名称
43	固体排放物治理	环境治理环的属性	工业固体排放物治理效率
44	垃圾无害化处理	环境治理环的属性	生活垃圾无害化处理率
45	人均资源分配	制度约束的属性	市场分配资源比重
46	政府影响力	制度约束的属性	政府管制力
47	执政规模	制度约束的属性	政府规模
48	收入分配差异	制度约束的属性	基尼系数

说明：由于本书的数据主要来自中华人民共和国国家统计局中国统计年鉴，因此在确定指标名称时，主要考虑数据的收集，指标的说服力和指标的代表性等因素。

（4）构建指标体系类模型。第一次抽象类。分析表5-4中的48个指标对象，结合前面处理过程中未被选中的词汇（这些词汇在筛选中可能相对笼统、概括性强的词汇）。这类词汇可能满足泛化处理的要求，把实体归纳为实现类；同时，当在分析处理过程中出现词汇不足的情况时，也可使用相关领域的专业词汇进行补充完善。我们从词法分析中暂时保留的语义相对抽象的词汇中选出互不相关的12个词：人口适度、人口结构、人口分布、经济增长、经济结构、社会保障、社会服务、资源禀赋、资源消耗、环境污染、环境治理和制度约束补充到类的集合中，分别作为12个抽象类。

每一个抽象类均可通过多个属性（指标）进行定量的描述，归并48个指标作为抽象类的属性。①人口适度是通过人口密度、人口自然增长率、人均受教育年限、婴儿死亡率、人均预期寿命和人均入院率六个属性（方面）来进行描述的；②人口结构是通过少儿抚养比、老年抚养比、性别比和人口城镇化率四个属性来进行描述的；③人口分布是通过人口净迁移率、适龄劳动人口就业率和人口产业承载力三个属性来进行描述的；④经济增长是通过人均国内生产总值、经济增长率和居民消费水平指数三个属性来进行描述的；⑤经济结构是通过产业结构系数、城乡收入比和国有经济比重三个属性来进行描述的；⑥社会保障是通过医疗卫生支出比、教育投入比、政府公共财政支出比、国防安全支出比、社会保障和就业支出比五个属性来进行描述的；⑦社会服务是通过公共服务、客运能力、人均城市道路面积和建成区绿化覆盖率四个属性来进行描述的；⑧资源禀赋是通过人均粮食占有量、人均耕地面积、人均可消费能源、人均森林面积和人均水资源量等五个属性来进行描述的；⑨资源消耗是通过万元GDP能耗、万元GDP电耗和人均能源消耗量等三个属性来进行描述的；⑩环境污染是通过工业废水污染比、工业废气污染比、工业固体污染比和农药使用率等四个属性来进行描述的；⑪环境治理是通过工业废气治理效率、工业废水治理效率、工业固体排放物治理效率和生活垃圾无害化处理率等四个属性来进行描述的；⑫制度约束是通过市场分配资源比重、政府管制力、政府规模和基尼系数这四个属性来进行描述的。12 个带属性的抽象类绘制如图 5-12 所示。

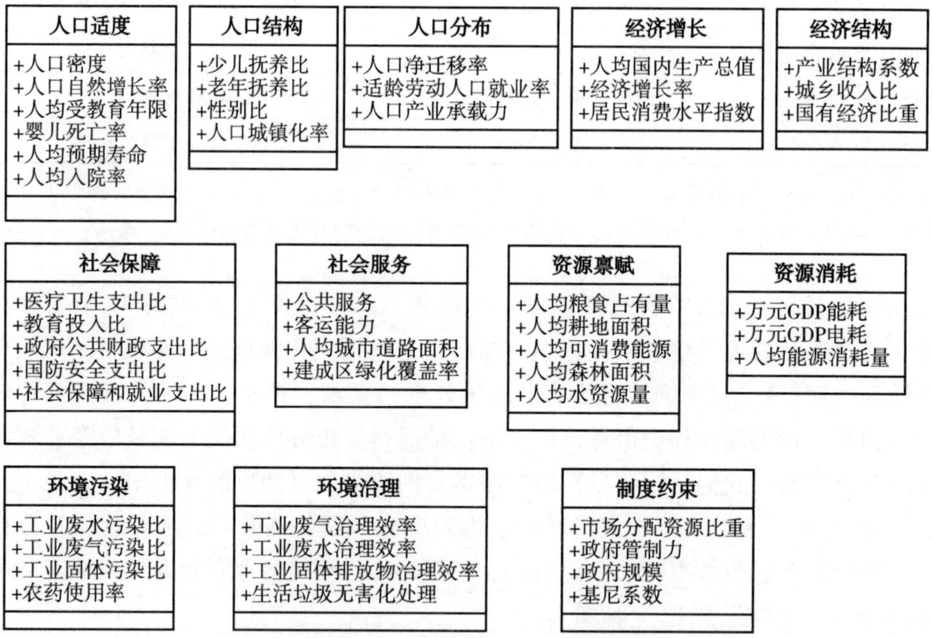

人口适度	人口结构	人口分布	经济增长	经济结构
+人口密度 +人口自然增长率 +人均受教育年限 +婴儿死亡率 +人均预期寿命 +人均入院率	+少儿抚养比 +老年抚养比 +性别比 +人口城镇化率	+人口净迁移率 +适龄劳动人口就业率 +人口产业承载力	+人均国内生产总值 +经济增长率 +居民消费水平指数	+产业结构系数 +城乡收入比 +国有经济比重

社会保障	社会服务	资源禀赋	资源消耗
+医疗卫生支出比 +教育投入比 +政府公共财政支出比 +国防安全支出比 +社会保障和就业支出比	+公共服务 +客运能力 +人均城市道路面积 +建成区绿化覆盖率	+人均粮食占有量 +人均耕地面积 +人均可消费能源 +人均森林面积 +人均水资源量	+万元GDP能耗 +万元GDP电耗 +人均能源消耗量

环境污染	环境治理	制度约束
+工业废水污染比 +工业废气污染比 +工业固体污染比 +农药使用率	+工业废气治理效率 +工业废水治理效率 +工业固体排放物治理效率 +生活垃圾无害化处理	+市场分配资源比重 +政府管制力 +政府规模 +基尼系数

图 5-12 带属性的抽象类

第二次抽象类。在第一次抽象的基础上进一步迭代抽象，得到 6 个抽象类，如图 5-13 所示。

人口发展	经济发展	社会和谐	资源节约	环境友好	制度保障

图 5-13 抽象类

确定类间关系。通过分析发现类间存在组成关系（强聚合关系）。①人口发展类由人口适度类、人口结构类和人口分布类组成；②经济发展类由经济增长类和经济结构类组成；③社会和谐类由社会保障类和社会服务类组成；④资源节约类由资源禀赋类和资源消耗类组成；⑤环境友好类由环境污染类和环境治理类组成。绘制类图如图 5-14 所示。

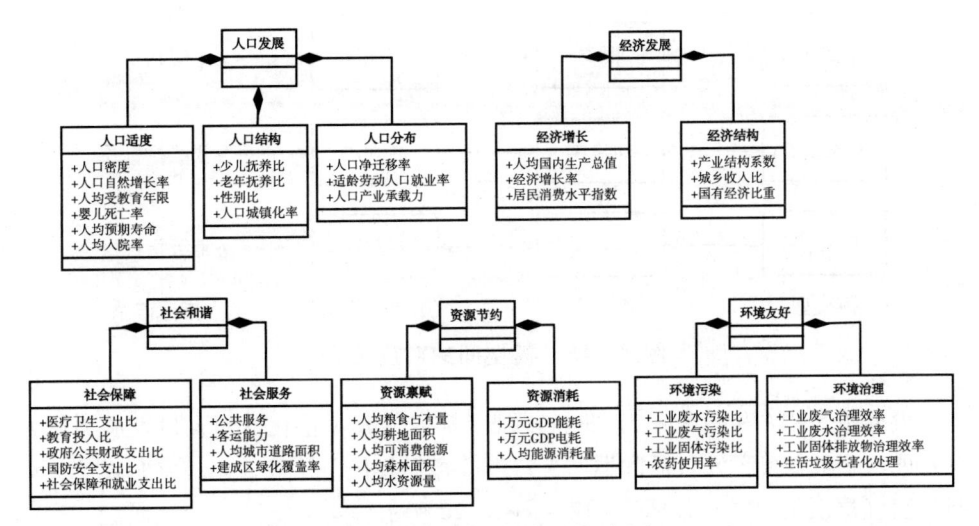

图 5-14　组成关系的类图

制度保障类与制度约束类间存在依赖关系。绘制类图如图 5-15 所示。

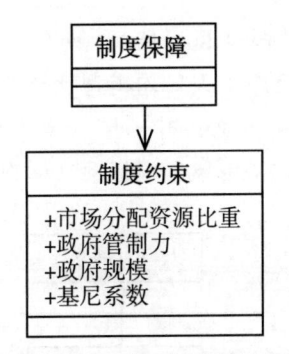

图 5-15　依赖关系类图

3. 人口均衡型社会评价指标体系层次结构建立

从参与者的角度，建立了类模型，对人口均衡型社会的指标进行选择，从词法分析入手，建立类模型，对筛选后的指标项通过"候选关键类"进行指标项抽象，并不断抽象和泛化，最后得到一个具有层次结构的、完整的类图模型——指标体系。

指标体系在数学定义中借助了树的层次特性被描述为根（第一层）、分支（中间层）和叶子（最低层）三个层次；

指标体系在层次分析法中被描述成目标层、准则层和要素层三个层次；

在 UML 类模型中可分别对应上述的三个层次，依次构成 Ⅰ 级指标层、Ⅱ 级指标层和 Ⅲ 级指标层。其对应关系如图 5-16 所示。

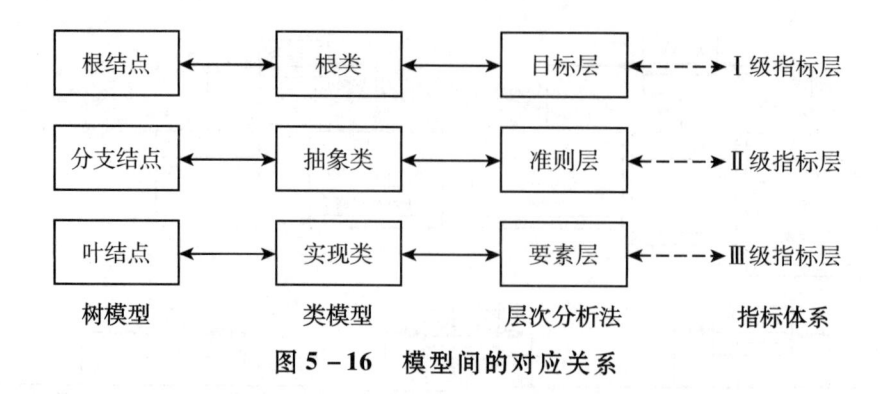

```
根结点 ↔ 根类 ↔ 目标层 ←--→ Ⅰ级指标层

分支结点 ↔ 抽象类 ↔ 准则层 ←--→ Ⅱ级指标层

叶结点 ↔ 实现类 ↔ 要素层 ←--→ Ⅲ级指标层

树模型      类模型    层次分析法    指标体系
```

图 5-16　模型间的对应关系

根据图 5-14 和图 5-15，进一步规范类名使其可量化，如人口发展类用人口发展水平类替代，人口适度类用人口适度指数替代，并将属性对应实现类，绘制类图（层次结构图）如图 5-17～图 5-22 所示。

将各类图组合起来绘制的层次类图，即为人口均衡型社会指标体系，如图 5-23 所示。

图 5-23 中只绘制了根和分支层，叶子层省略（见图 5-17～图 5-22 的最下层），处于最上面的层次是根（目标层），只有一个元素，是分析问题的预定目标或理想结果，从总体上反映了人口均衡型社会的均衡情况；下面两层为分支层（准则层）表示系统的评价方面；叶子层（要素层）是系统的评价指标，包含各评价方面的具体内容，它是由单个指标项来体现的。

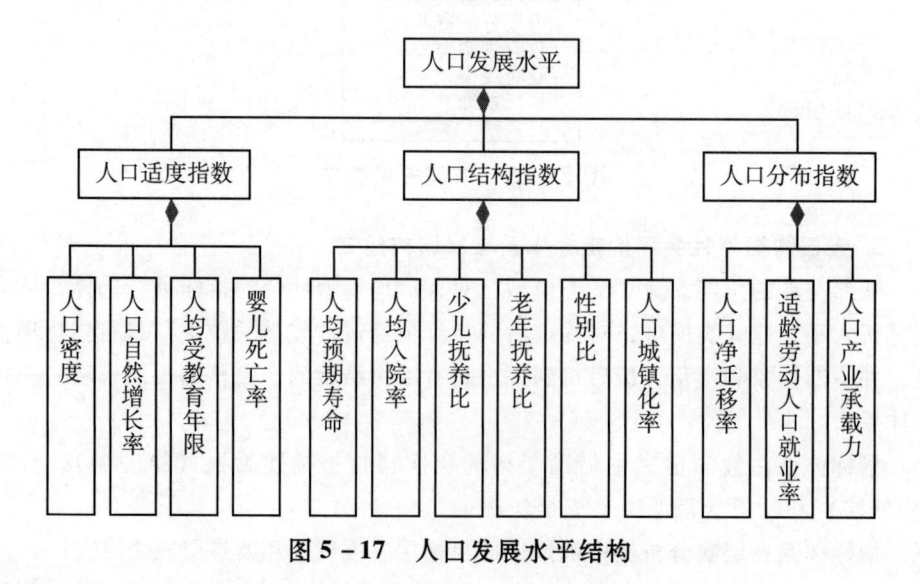

```
                    人口发展水平
           ┌────────────┼────────────┐
     人口适度指数      人口结构指数       人口分布指数
    ┌──┬──┬──┐   ┌──┬──┬──┬──┬──┐   ┌──┬──┬──┐
   人  人  人  婴  人  人  少  老  性  人  人  适  人
   口  口  均  儿  均  均  儿  年  别  口  口  龄  口
   密  自  受  死  预  入  抚  抚  比  城  净  劳  产
   度  然  教  亡  期  院  养  养      镇  迁  动  业
       增  育  率  寿  率  比  比      化  移  人  承
       长  年      命                   率  率  口  载
       率  限                                   就  力
                                               业
                                               率
```

图 5-17　人口发展水平结构

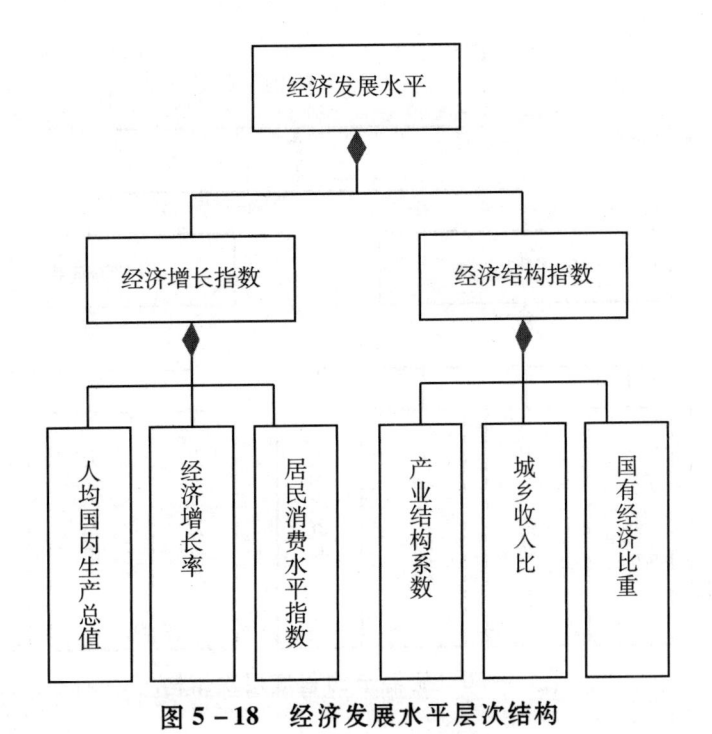

```
                    经济发展水平
                   ╱         ╲
          经济增长指数         经济结构指数
         ╱    │    ╲         ╱    │    ╲
      人均   经济   居民    产业   城乡   国有
      国内   增长   消费    结构   收入   经济
      生产   率     水平    系数   比     比重
      总值          指数
```

图 5-18 经济发展水平层次结构

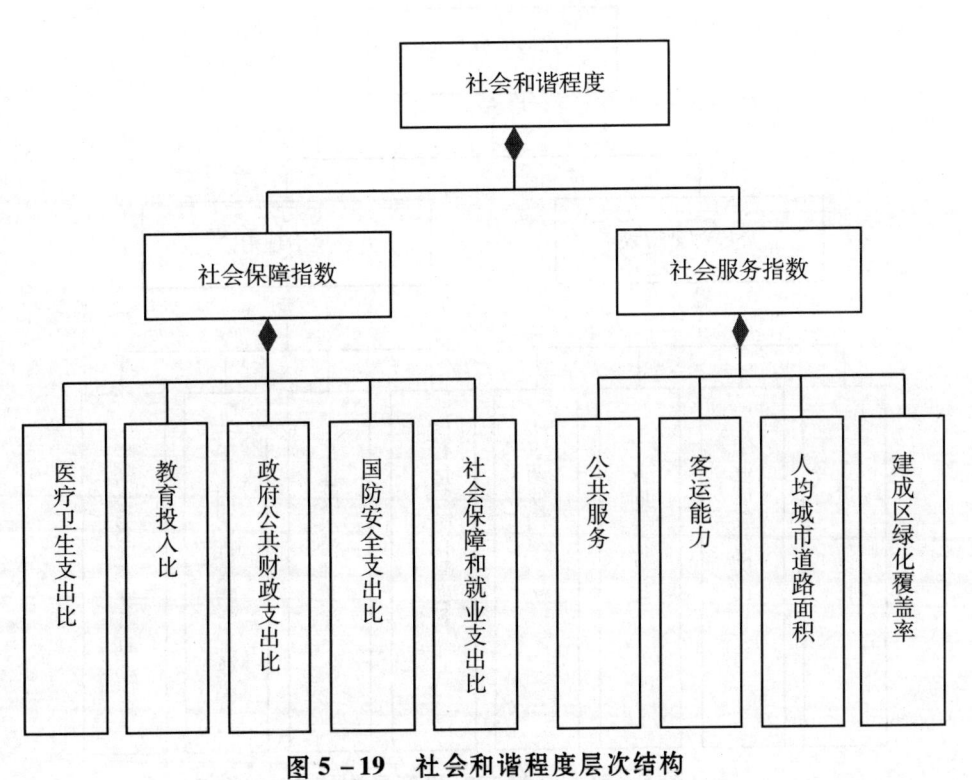

```
                    社会和谐程度
                   ╱         ╲
          社会保障指数         社会服务指数
       ╱   ╱   │   ╲   ╲     ╱   │   │   ╲
     医疗 教育 政府 国防 社会   公共 客运 人均 建成区
     卫生 投入 公共 安全 保障   服务 能力 城市 绿化
     支出 比   财政 支出 和就         道路 覆盖率
     比        支出 比   业支         面积
              比        出比
```

图 5-19 社会和谐程度层次结构

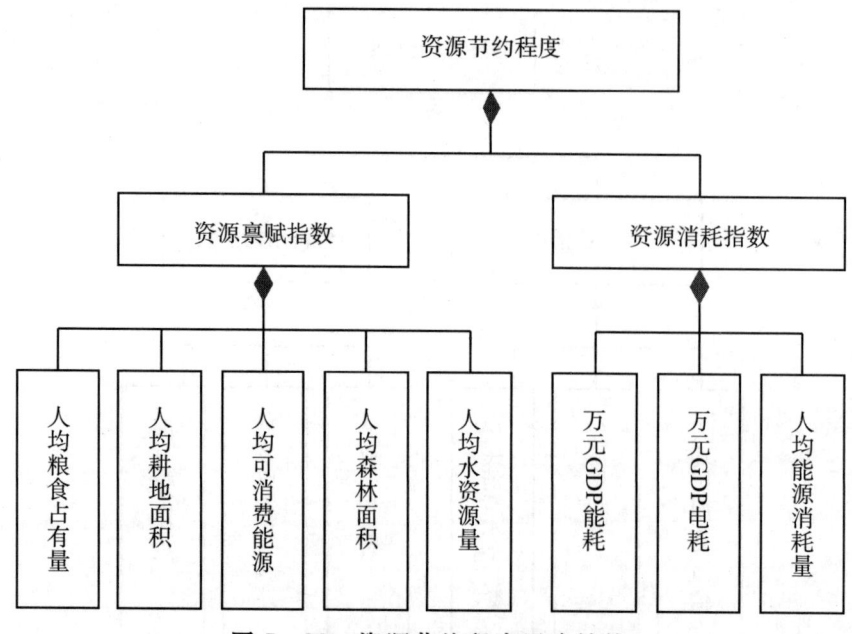

图 5-20 资源节约程度层次结构

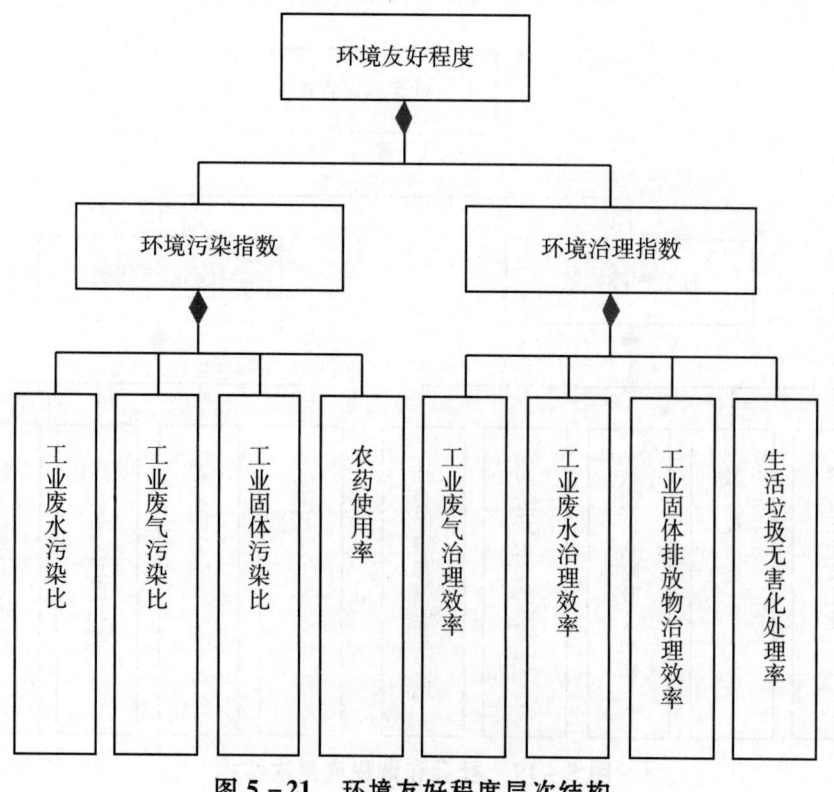

图 5-21 环境友好程度层次结构

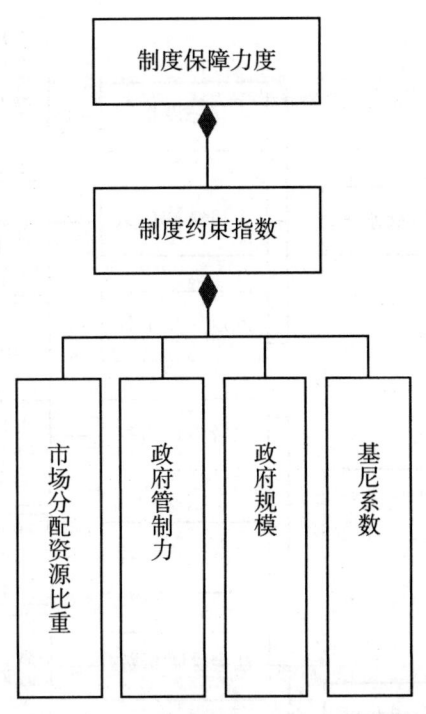

图 5-22　制度保障力度层次结构

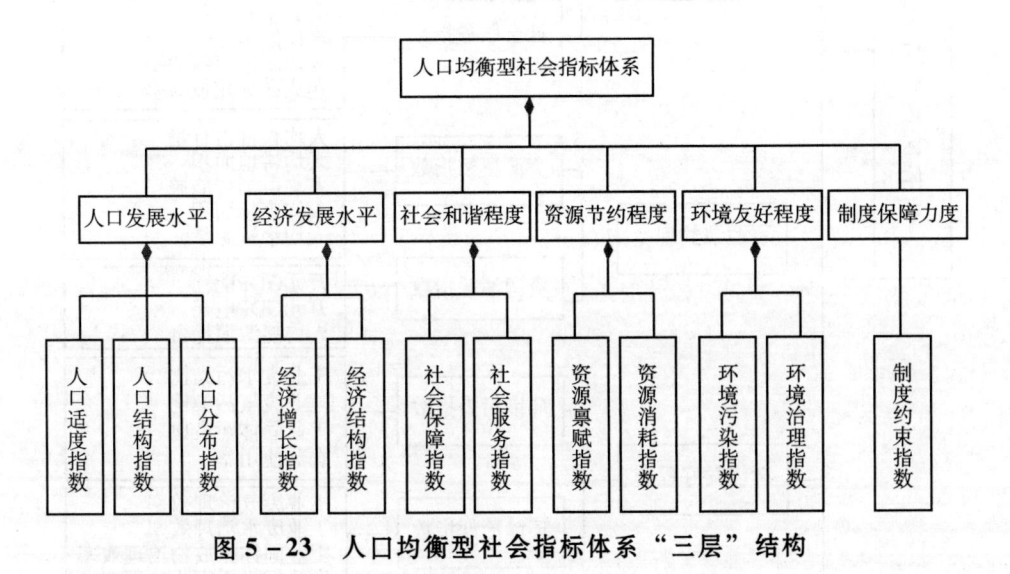

图 5-23　人口均衡型社会指标体系"三层"结构

综合 TF-IDF 关键词自动提取指标筛选的结果和面向对象 OOA 法建模的结果，课题组得到了人口均衡型社会指标体系，如图 5-24 所示。

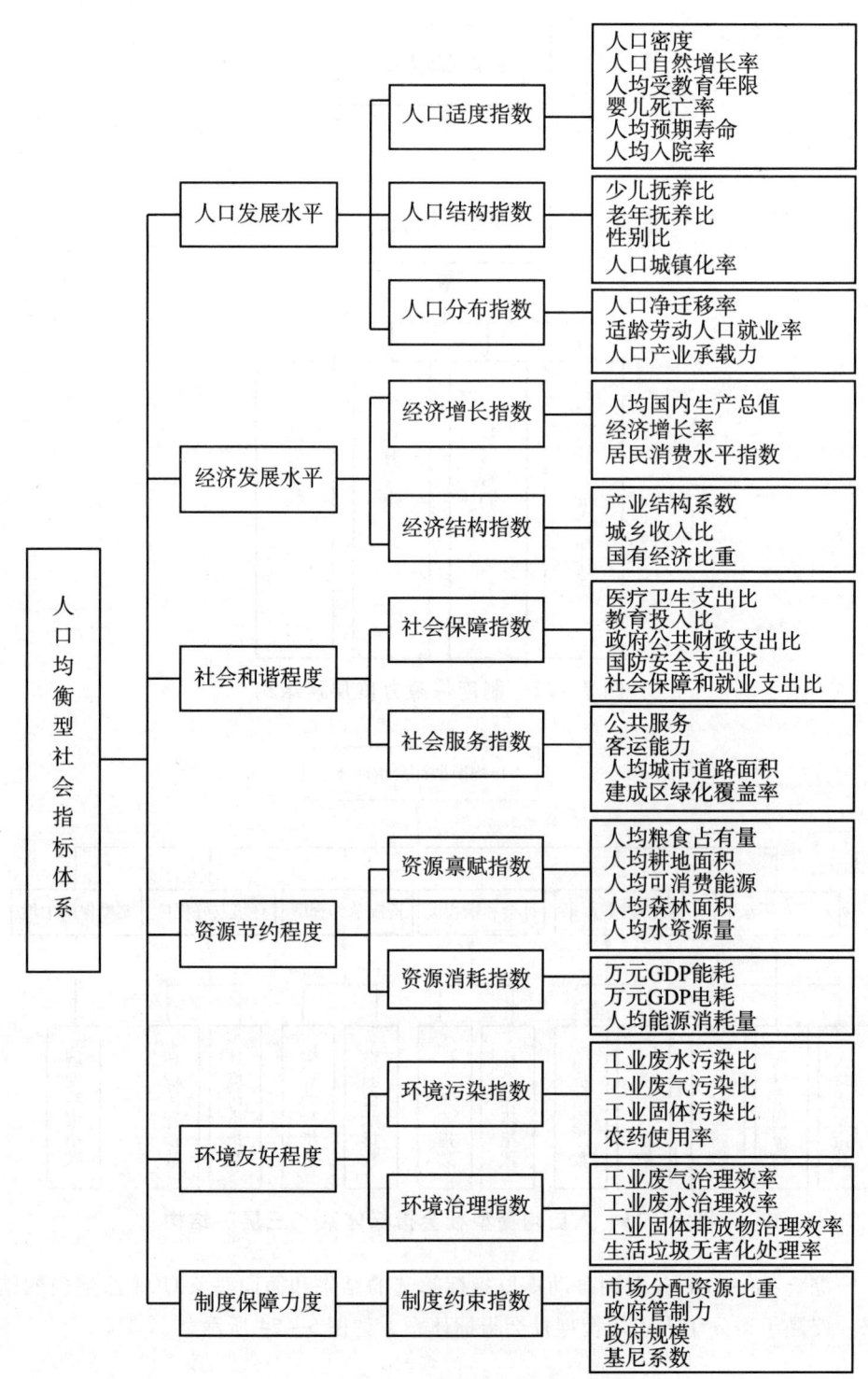

```
                                                  ┌─ 人口密度
                                                  │  人口自然增长率
                                    ┌─ 人口适度指数 ─┤  人均受教育年限
                                    │              │  婴儿死亡率
                                    │              │  人均预期寿命
                                    │              └─ 人均入院率
                                    │              ┌─ 少儿抚养比
                    ┌─ 人口发展水平 ──┤  人口结构指数 ─┤  老年抚养比
                    │               │              │  性别比
                    │               │              └─ 人口城镇化率
                    │               │              ┌─ 人口净迁移率
                    │               └─ 人口分布指数 ─┤  适龄劳动人口就业率
                    │                              └─ 人口产业承载力
                    │                              ┌─ 人均国内生产总值
                    │               ┌─ 经济增长指数 ─┤  经济增长率
                    │               │              └─ 居民消费水平指数
                    ├─ 经济发展水平 ──┤              ┌─ 产业结构系数
                    │               └─ 经济结构指数 ─┤  城乡收入比
                    │                              └─ 国有经济比重
                    │                              ┌─ 医疗卫生支出比
                    │               ┌─ 社会保障指数 ─┤  教育投入比
人 口                │               │              │  政府公共财政支出比
均 衡                │               │              │  国防安全支出比
型 社 ──┤ 社会和谐程度 ─┤              └─ 社会保障和就业支出比
会 指                │               │              ┌─ 公共服务
标 体                │               └─ 社会服务指数 ─┤  客运能力
系                   │                              │  人均城市道路面积
                    │                              └─ 建成区绿化覆盖率
                    │                              ┌─ 人均粮食占有量
                    │                              │  人均耕地面积
                    │               ┌─ 资源禀赋指数 ─┤  人均可消费能源
                    │               │              │  人均森林面积
                    ├─ 资源节约程度 ─┤              └─ 人均水资源量
                    │               │              ┌─ 万元GDP能耗
                    │               └─ 资源消耗指数 ─┤  万元GDP电耗
                    │                              └─ 人均能源消耗量
                    │                              ┌─ 工业废水污染比
                    │               ┌─ 环境污染指数 ─┤  工业废气污染比
                    │               │              │  工业固体污染比
                    ├─ 环境友好程度 ─┤              └─ 农药使用率
                    │               │              ┌─ 工业废气治理效率
                    │               └─ 环境治理指数 ─┤  工业废水治理效率
                    │                              │  工业固体排放物治理效率
                    │                              └─ 生活垃圾无害化处理率
                    │                              ┌─ 市场分配资源比重
                    └─ 制度保障力度 ─── 制度约束指数 ─┤  政府管制力
                                                  │  政府规模
                                                  └─ 基尼系数
```

图 5-24 人口均衡型社会指标体系

四、人口均衡型社会指标体系权重确定

1. 基于层次分析法的指标赋权

根据已建立的指标体系，我国均衡型社会综合指数由人口发展水平指数、经济发展水平指数、社会和谐程度指数、资源节约程度指数、环境友好程度指数和制度保障力度指数等六个一级指标加权平均合成，每一个一级指标又分别由若干个二级指标加权平均合成，同时二级指标同样也是有若干个无重复的三级指标加权平均构成。

层次分析法构建指标权重的步骤如下：

第一步，构造判断矩阵。根据人口发展水平、经济发展水平、社会和谐程度、资源节约程度、环境友好程度和制度保障力度对均衡性社会重要性的分析，得到判断矩阵 A：

$$A = \begin{pmatrix} 1 & 7/6 & 8/6 & 7/4 & 8/5 & 4/2 \\ 6/7 & 1 & 4/3 & 6/4 & 5/4 & 5/3 \\ 6/8 & 3/4 & 1 & 7/6 & 6/5 & 6/4 \\ 4/7 & 4/6 & 6/7 & 1 & 5/4 & 4/3 \\ 5/8 & 4/5 & 5/6 & 4/5 & 1 & 1 \\ 2/4 & 3/5 & 4/6 & 3/4 & 1 & 1 \end{pmatrix}$$

第二步，解特征方程 $|\lambda I - A| = 0$，求出判断矩阵 A 的最大特征根 λ_{max}，并求出 λ_{max} 所对应的一个特征向量：$W = (W_1, W_2, \cdots, W_n)^T$，把 W 归一化为：$\overline{W} = W \Big/ \sum_{i=1}^{n} W_i$，$\overline{W}$ 的各分量就是所求的权重。

在实际应用中，可用幂乘法计算 λ_{max} 和 $\overline{W}$，步骤如下：

（1）取定一个归一化的初始向量 $\overline{W}_{(0)}$，例如，可取 $\overline{W}_{(0)} = (1/n, 1/n, \cdots, 1/n)^T$。

（2）递归法依次算出 $W_{(1)} = A \overline{W}_{(0)}$，$\overline{W}_{(1)} = W_{(1)} \Big/ \sum_{i=1}^{n} W_{(1)i}$

$$W_{(2)} = A \overline{W}_{(1)}, \quad \overline{W}_{(2)} = W_{(2)} \Big/ \sum_{i=1}^{n} W_{(2)i}$$

………………………………………………

$$W_{(k)} = A \overline{W}_{(k-1)}, \quad \overline{W}_{(k)} = W_{(k)} \Big/ \sum_{i=1}^{n} W_{(0)i}$$

直到满足条件 $\max |\overline{W}_{(k)i} - \overline{W}_{(k-1)i}| < \varepsilon$（$\varepsilon$ 是事先给定的计算精度控制值，一般取 $\varepsilon = 0.00009$ 即可）。

这时 $\overline{W} = \overline{W}_{(k)}$，$\lambda_{max} = \frac{1}{n} \sum_{i=1}^{n} W_{(k)i} / \overline{W}_{(k-1)i}$。

对于上述的判断矩阵 A，当 $\varepsilon = 0.00009$ 解得
$\lambda_{max} = 6.02$，$\overline{W}_B = (0.23, 0.20, 0.17, 0.15, 0.13, 0.12)$；

第三步，检验判断矩阵的一致性。当判断矩阵 A 是一致矩阵时，A 的最大特征值 $\lambda_{max} = n$，否则，$\lambda_{max} > n$。$\lambda_{max} - n$ 越大，判断矩阵 A 的非一致程度越严重。所以可利用平均值 $CI = \frac{\lambda_{max} - n}{n - 1}$ 判断 A 的一致性，称 CI 为一致性指标。当 $CI = 0$ 时，A 为一致矩阵，当 CI 稍大于 0 时 A 有较满意的一致性，CI 的值越大，A 的非一致性越差。

为了判断 A 的非一致性是否可以接受，还需要引入随机一致性指标 RI。RI 可从 1~9 的整数中随机抽取的数字构造 n 阶正互反矩阵，算出相应的 CI，取充分大的样本，CI 的样本均值就是 RI。再通过用 Saaty 的随机判断矩阵和许树柏的随机判断矩阵对 RI 的随机一致性进行判断。

当 $n \geq 3$ 时，定义一致性比率为 $CR = \frac{CI}{RI}$

由于一、二阶正互反矩阵总是一致性矩阵，故 $n = 1, 2$ 时 $RI = 0$，此时我们定义 $CR = 0$。

当 $CR < 0.10$ 时，认为判断矩阵 A 的一致性是可以接受的，否则应对判断矩阵 A 作适当修正。

下面检验样本均衡型社会一级指标的判断矩阵的一致性。

$CI = \frac{\lambda_{max} - n}{n - 1} = \frac{6.02 - 6}{6 - 1} = 0.004$

$CR = \frac{CI}{RI} = \frac{0.003}{1.26} = 0.003$

当 $CR \leq 0.10$，判断矩阵有较好的一致性。这样，本课题得到均衡型社会的一级指标的权重如表 5-5 所示：

表 5-5　　　　　　　　一级指标 AHP 权重

指标	权重
人口发展水平	0.23
经济发展水平	0.20
社会和谐程度	0.17
资源节约程度	0.15
环境友好程度	0.13
制度保障力度	0.12

上面求最大特征根、相应的归一化特征向量以及检验判断矩阵的一致性等过程，是通过软件 MATLAB 完成的。

一级指标人口发展水平是由 3 个二级指标组成，即人口适度指数、人口结构指数和人口分布指数；一级指标经济发展水平由 2 个二级指标组成，即经济增长指数和经济结构指数；一级指标社会和谐程度由 2 个二级指标组成，即社会保障指数和社会服务指数；一级指标资源节约程度由 2 个二级指标组成，即资源禀赋指数和资源消耗指数；一级指标环境友好程度有 2 个二级指标组成，即环境污染指数和环境治理指数；而一级指标制度保障力度就只由制度约束指数这一个二级指标组成。由上述各个一级指标的结构组成可以得到一级指标的 AHP 的权重，其中只有人口发展水平这一指标需要得到判断矩阵，其余的则是 0.5 或 1。

根据 3 个二级指标对人口发展水平的影响，得到如下判断矩阵：

$$C_1 = \begin{pmatrix} 1 & 7/5 & 7/6 \\ 5/7 & 1 & 8/7 \\ 6/7 & 7/8 & 1 \end{pmatrix}$$

通过 MATLAB 求出其最大特征根相应的归一化特征向量及一致性指标、一致性比率：

$$\overline{W}_{C_1} = (0.39, 0.31, 0.30)^T, CI_{C_1} = 0.01, CR_{C_1} = 0.01$$

由上式可以看出 CR 的值远远小于 0.1，这个判断矩阵有较满意的一致性。

由于经济社会的变化相关指标也会发生相应的改变。例如，二级指标人口适度指数，在 2004 年以前能较好地反映该指标的三级指标有 5 个，即人口密度、人口自然增长率、人均受教育年限、婴儿死亡率和人均预期寿命。但 2004 年以后增加了人均入院率这个指标，该指标也能有效地反映人口适度指数。正因为有这样的变化存在，故需要计算两组 AHP 权重。考虑到新增指标的数据均是起始于 2004 年，故一组 AHP 权重是 42 个指标（1993～2012 年），另一组 AHP 权重是 48 个指标（2004～2012 年）[1]。

根据 21 组（1993～2012 年）42 个三级指标对人口发展水平、经济发展水平、社会和谐程度、资源节约程度、环境友好程度和制度保障力度的影响，依次得到如下判断矩阵：

---

[1] 在研究指标体系时，有些指标数据是从 2004 年才开始统计的，有些数据只能收集到 2012 年，因此，对指标权重分段进行设置。

$$Z_1 = \begin{pmatrix} 1 & 6/8 & 6/4 & 7/5 & 6/4 \\ 8/6 & 1 & 9/5 & 8/5 & 5/3 \\ 4/6 & 5/9 & 1 & 6/2 & 3/4 \\ 5/7 & 5/8 & 2/6 & 1 & 6/4 \\ 4/6 & 3/5 & 4/3 & 4/6 & 1 \end{pmatrix} \quad Z_2 = \begin{pmatrix} 1 & 3/4 & 2/5 & 5/3 \\ 4/3 & 1 & 5/7 & 7/5 \\ 5/2 & 7/5 & 1 & 7/4 \\ 3/5 & 5/7 & 4/7 & 1 \end{pmatrix}$$

$$Z_3 = \begin{pmatrix} 1 & 7/9 & 6/8 \\ 9/7 & 1 & 1 \\ 8/6 & 1 & 1 \end{pmatrix} \quad Z_4 = \begin{pmatrix} 1 & 6/5 & 5/8 \\ 5/6 & 1 & 4/7 \\ 8/5 & 7/4 & 1 \end{pmatrix}$$

$$Z_5 = \begin{pmatrix} 1 & 5/8 & 8/6 \\ 8/5 & 1 & 8/5 \\ 6/8 & 5/8 & 1 \end{pmatrix} \quad Z_6 = \begin{pmatrix} 1 & 1 & 8/6 & 8/7 \\ 1 & 1 & 8/7 & 8/7 \\ 6/8 & 7/8 & 1 & 7/6 \\ 7/8 & 6/8 & 6/7 & 1 \end{pmatrix}$$

$$Z_7 = \begin{pmatrix} 1 & 6/7 \\ 7/6 & 1 \end{pmatrix} \quad Z_8 = \begin{pmatrix} 1 & 8/7 & 8/6 & 8/5 \\ 7/8 & 1 & 8/7 & 8/6 \\ 6/8 & 7/8 & 1 & 6/4 \\ 5/8 & 6/8 & 4/6 & 1 \end{pmatrix}$$

$$Z_9 = \begin{pmatrix} 1 & 7/5 & 1 \\ 5/7 & 1 & 6/7 \\ 1 & 7/6 & 1 \end{pmatrix} \quad Z_{10} = \begin{pmatrix} 1 & 9/8 & 7/5 & 8/5 \\ 8/9 & 1 & 8/5 & 8/6 \\ 5/7 & 5/8 & 1 & 7/6 \\ 5/8 & 6/8 & 6/7 & 1 \end{pmatrix}$$

$$Z_{11} = \begin{pmatrix} 1 & 9/7 & 8/6 \\ 7/9 & 1 & 7/5 \\ 6/8 & 5/7 & 1 \end{pmatrix} \quad Z_{12} = \begin{pmatrix} 1 & 6/8 & 7/6 & 7/9 \\ 8/6 & 1 & 7/6 & 1 \\ 6/7 & 6/7 & 1 & 7/8 \\ 9/7 & 1 & 8/7 & 1 \end{pmatrix}$$

注：Z_1 是人口适度指数，Z_2 是人口结构指数，Z_3 是人口分布指数；Z_4 是经济增长指数，Z_5 是经济结构指数；Z_6 是社会保障指数，Z_7 是社会服务指数；Z_8 是资源禀赋指数，Z_9 是资源消耗指数；Z_{10} 是环境污染指数，Z_{11} 是环境治理指数；Z_{12} 是制度约束指数。

通过 MATLAB 求出它们的最大特征根相应的归一化特征向量及一致性指标、一致性比率：

$\overline{W}_1 = (0.22, 0.27, 0.20, 0.15, 0.26)^T, CI_1 = 0.07, CR_1 = 0.06$

$\overline{W}_2 = (0.20, 0.25, 0.38, 0.17)^T, CI_2 = 0.02, CR_2 = 0.03$

$\overline{W}_3 = (0.28, 0.36, 0.36)^T, CI_3 = 0.00, CR_3 = 0.00$

$\overline{W}_4 = (0.29, 0.25, 0.45)^T, CI_4 = 0.001, CR_4 = 0.001$

$\overline{W}_5 = (0.30, 0.44, 0.25)^T$, $CI_5 = 0.005$, $CR_5 = 0.01$

$\overline{W}_6 = (0.28, 0.28, 0.23, 0.22)^T$, $CI_6 = 0.003$, $CR_6 = 0.004$

$\overline{W}_7 = (0.46, 0.54)^T$, $CI_7 = 0$, $CR_7 = 0$

$\overline{W}_8 = (0.31, 0.26, 0.25, 0.18)^T$, $CI_8 = 0.003$, $CR_8 = 0.004$

$\overline{W}_9 = (0.37, 0.28, 0.35)^T$, $CI_9 = 0.00$, $CR_9 = 0.00$

$\overline{W}_{10} = (0.31, 0.29, 0.21, 0.20)^T$, $CI_{10} = 0.003$, $CR_{10} = 0.004$

$\overline{W}_{11} = (0.39, 0.34, 0.27)^T$, $CI_{11} = 0.01$, $CR_{11} = 0.01$

$\overline{W}_{12} = (0.23, 0.28, 0.22, 0.27)^T$, $CI_{12} = 0.003$, $CR_{12} = 0.004$

所有 CR 的值都远远小于 0.1，12 个判断矩阵有较满意的一致性。

为了防止微小的非一致性累积产生严重的非一致性，还需要做组合一致性检验和总体一致性检验。设第一层的判断矩阵一致性比率为 $CR_{(1)}$，一级指标的权向量为 $(b_1, b_2, \cdots, b_n)$，第二层判断矩阵的一致性指标分别为 $CI_{11}, CI_{12}, \cdots, CI_{1q}; CI_{21}, \cdots$，则组合一致性比率为：

$$CR_2 = \frac{\sum_i^n b_i \sum_j^q CI_{ij}}{\sum_i^n b_i \sum_j^q RI(t_{ij})}$$

上式中 $RI(t_{ij})$ 为 t_{ij} 阶正互反矩阵的随机一致性指标，可查表得到。总体一致性比率为

$$CR^* = CR_{(1)} + CR_{(2)}$$

当 $CR^* < 0.10$ 时，可以认为总体一致性较好。

下面计算均衡型社会指标体系的组合一致性比率和总体一致性比率

$CR_{(2)} = [0.23 \cdot (0.07 + 0.02 + 0.00) + 0.20 \cdot (0.001 + 0.005)$
$\qquad + 0.17 \cdot (0.003 + 0.00) + 0.15 \cdot (0.003 + 0.00)$
$\qquad + 0.13 \cdot (0.003 + 0.01) + 0.12 \cdot 0.003]/[0.23 \cdot (1.12$
$\qquad + 0.89 + 0.51) + 0.20 \cdot (0.51 + 0.51) + 0.17 \cdot (0.89 + 0.00)$
$\qquad + 0.15 \cdot (0.89 + 0.51) + 0.13 \cdot (0.89 + 0.51) + 0.12 \cdot 0.89]$
$\qquad = 0.025/1.434 = 0.0173$

$CR^* = 0.0030 + 0.0173 = 0.0203 < 0.1$

可见总体一致性较为满意。

根据 12 个二级指标和 48 个三级指标对人口发展水平、经济发展水平、社会和谐程度、资源节约程度、环境友好程度和制度保障力度的影响，依次得到以下判断矩阵：

$$Z_1 = \begin{pmatrix} 1 & 6/8 & 7/4 & 7/5 & 6/4 & 6/3 \\ 8/6 & 1 & 9/5 & 8/5 & 5/3 & 7/2 \\ 4/7 & 5/9 & 1 & 6/2 & 6/4 & 6/3 \\ 5/7 & 5/8 & 2/6 & 1 & 6/4 & 5/3 \\ 4/6 & 3/5 & 4/6 & 4/6 & 1 & 4/2 \\ 3/6 & 2/7 & 3/6 & 3/5 & 2/4 & 1 \end{pmatrix} \qquad Z_2 = \begin{pmatrix} 1 & 3/4 & 2/5 & 5/3 \\ 4/3 & 1 & 5/7 & 7/5 \\ 5/2 & 7/5 & 1 & 7/4 \\ 3/5 & 5/7 & 4/7 & 1 \end{pmatrix}$$

$$Z_3 = \begin{pmatrix} 1 & 7/9 & 6/8 \\ 9/7 & 1 & 1 \\ 8/6 & 1 & 1 \end{pmatrix} \qquad Z_4 = \begin{pmatrix} 1 & 6/5 & 5/8 \\ 5/6 & 1 & 4/7 \\ 8/5 & 7/4 & 1 \end{pmatrix}$$

$$Z_5 = \begin{pmatrix} 1 & 5/8 & 8/6 \\ 8/5 & 1 & 8/5 \\ 6/8 & 5/8 & 1 \end{pmatrix} \qquad Z_6 = \begin{pmatrix} 1 & 1 & 6/5 & 7/6 & 7/9 \\ 1 & 1 & 8/7 & 8/6 & 7/8 \\ 5/6 & 7/8 & 1 & 7/6 & 5/8 \\ 6/7 & 6/8 & 6/7 & 1 & 4/7 \\ 9/7 & 8/7 & 8/5 & 7/4 & 1 \end{pmatrix}$$

$$Z_8 = \begin{pmatrix} 1 & 9/7 & 8/6 & 7/5 & 1 \\ 7/9 & 1 & 9/7 & 8/5 & 6/8 \\ 6/8 & 7 & 1 & 7/5 & 4/7 \\ 5/7 & 5/8 & 5/7 & 1 & 5/8 \\ 1 & 8/6 & 7/4 & 8/5 & 1 \end{pmatrix} \qquad Z_9 = \begin{pmatrix} 1 & 7/5 & 1 \\ 5/7 & 1 & 6/7 \\ 1 & 7/6 & 1 \end{pmatrix}$$

$$Z_{10} = \begin{pmatrix} 1 & 9/8 & 7/5 & 8/5 \\ 8/9 & 1 & 8/5 & 8/6 \\ 5/7 & 5/8 & 1 & 7/6 \\ 5/8 & 6/8 & 6/7 & 1 \end{pmatrix} \qquad Z_{11} = \begin{pmatrix} 1 & 9/7 & 8/6 & 7/5 \\ 7/9 & 1 & 7/5 & 8/6 \\ 6/8 & 5/7 & 1 & 5/4 \\ 5/7 & 6/8 & 4/5 & 1 \end{pmatrix}$$

$$Z_{12} = \begin{pmatrix} 1 & 6/8 & 7/6 & 7/9 \\ 8/6 & 1 & 7/6 & 1 \\ 6/7 & 6/7 & 1 & 7/8 \\ 9/7 & 1 & 8/7 & 1 \end{pmatrix}$$

注：Z_1是人口适度指数，Z_2是人口结构指数，Z_3是人口分布指数；Z_4是经济增长指数，Z_5是经济结构指数；Z_6是社会保障指数，Z_7是社会服务指数；Z_8是资源禀赋指数，Z_9是资源消耗指数；Z_{10}是环境污染指数，Z_{11}是环境治理指数；Z_{12}是制度约束指数。

$\overline{W}_1 = (0.21, 0.26, 0.19, 0.13, 0.13, 0.08)^T$，$CI_1 = 0.04$，$CR_1 = 0.03$

$\overline{W}_2 = (0.20, 0.25, 0.38, 0.17)^T$，$CI_2 = 0.02$，$CR_2 = 0.03$

$\overline{W}_3 = (0.28, 0.36, 0.36)^T$，$CI_3 = 0.00$，$CR_3 = 0.00$

$\overline{W}_4 = (0.29, 0.25, 0.45)^T$，$CI_4 = 0.001$，$CR_4 = 0.001$

$\overline{W}_5 = (0.30, 0.44, 0.25)^T$，$CI_5 = 0.005$，$CR_5 = 0.01$

$\overline{W}_6 = (0.20, 0.21, 0.17, 0.16, 0.26)^T$，$CI_6 = 0.003$，$CR_6 = 0.002$

$\overline{W}_7 = (0.26, 0.36, 0.18, 0.20)^T$，$CI_7 = 0.01$，$CR_7 = 0.01$

$\overline{W}_8 = (0.23, 0.20, 0.17, 0.14, 0.25)^T$，$CI_8 = 0.01$，$CR_8 = 0.01$

$\overline{W}_9 = (0.37, 0.28, 0.35)^T$，$CI_9 = 0.00$，$CR_9 = 0.00$

$\overline{W}_{10} = (0.31, 0.29, 0.21, 0.20)^T$，$CI_{10} = 0.003$，$CR_{10} = 0.004$

$\overline{W}_{11} = (0.31, 0.27, 0.22, 0.20)^T$，$CI_{11} = 0.003$，$CR_{11} = 0.004$

$\overline{W}_{12} = (0.23, 0.28, 0.22, 0.27)^T$，$CI_{12} = 0.003$，$CR_{12} = 0.004$

所有 CR 的值都远远小于 0.1，12 个判断矩阵有较满意的一致性。

为了防止微小的非一致性累积产生严重的非一致性，还需要做组合一致性检验和总体一致性检验。设第一层的判断矩阵一致性比率为 $CR_{(1)}$，一级指标的权向量为 $(b_1, b_2, \cdots, b_n)$，第二层判断矩阵的一致性指标分别为 $CI_{11}, CI_{12}, \cdots, CI_{1q}$；$CI_{21}, \cdots$，则组合一致性比率为：

$$CR_{(2)} = \frac{\sum_{i}^{n} b_i \sum_{j}^{q} CI_{ij}}{\sum_{i}^{n} b_i \sum_{j}^{q} RI(t_{ij})}$$

上式中 $RI(t_{ij})$ 为 t_{ij} 阶正互反矩阵的随机一致性指标，可查表得到。总体一致性比率为

$$CR^* = CR_{(1)} + CR_{(2)}$$

当 $CR^* < 0.10$ 时，可以认为总体一致性较好。

下面计算均衡型社会指标体系的组合一致性比率和总体一致性比率

$CR_{(2)} = [0.23 \cdot (0.04 + 0.02 + 0.00) + 0.20 \cdot (0.001 + 0.005)$
$\quad + 0.17 \cdot (0.003 + 0.01) + 0.15 \cdot (0.01 + 0.00)$
$\quad + 0.13 \cdot (0.003 + 0.003) + 0.12 \cdot 0.003] / [0.23 \cdot (1.25$
$\quad + 0.89 + 0.51) + 0.20 \cdot (0.51 + 0.51) + 0.17 \cdot (1.12 + 0.89)$
$\quad + 0.15 \cdot (1.12 + 0.51) + 0.13 \cdot (0.89 + 0.89) + 0.12 \cdot 0.89]$
$\quad = 0.020/1.738 = 0.0114$

$CR^* = 0.0030 + 0.0114 = 0.0144 < 0.144$

通过 AHP 法，本书得到人口均衡型社会指标权重的分布如表 5-6 所示。

表 5–6　　各级指标 AHP 权重

一级指标	一级权重	二级指标	二级权重	三级指标	AHP 权重（42 个指标）	AHP 权重（48 个指标）
人口发展水平 Y_1	0.23	人口适度指数 Z_1	0.39	人口密度 X_1	0.22	0.21
				人口自然增长率 X_2	0.27	0.26
				人均受教育年限 X_3	0.20	0.19
				婴儿死亡率 X_4	0.15	0.13
				人均预期寿命 X_5	0.16	0.13
				人均入院率 X_6		0.08
		人口结构指数 Z_2	0.31	少儿抚养比 X_7	0.20	0.20
				老年抚养比 X_8	0.25	0.25
				性别比 X_9	0.38	0.38
				人口城镇化率 X_{10}	0.17	0.17
		人口分布指数 Z_3	0.30	人口净迁移率 X_{11}	0.28	0.28
				适龄劳动人口就业率 X_{12}	0.36	0.36
				人口产业承载力 X_{13}	0.36	0.36
经济发展水平 Y_2	0.20	经济增长指数 Z_4	0.50	人均国内生产总值 X_{14}	0.29	0.29
				经济增长率 X_{15}	0.25	0.25
				居民消费水平指数 X_{16}	0.45	0.45
		经济结构指数 Z_5	0.50	产业结构系数 X_{17}	0.30	0.30
				城乡收入比 X_{18}	0.44	0.44
				国有经济比重 X_{19}	0.25	0.25
社会和谐程度 Y_3	0.17	社会保障指数 Z_6	0.50	医疗卫生支出比 X_{20}	0.28	0.2
				教育投入比 X_{21}	0.28	0.21
				政府公共财政支出比 X_{22}	0.23	0.17
				国防安全支出比 X_{23}	0.22	0.16
				社会保障和就业支出比 X_{24}		0.26
		社会服务指数 Z_7	0.50	公共服务 X_{25}	0.46	0.26
				客运能力 X_{26}	0.54	0.36
				人均城市道路面积 X_{27}		0.18
				建成区绿化覆盖率 X_{28}		0.20

续表

一级指标	一级权重	二级指标	二级权重	三级指标	AHP 权重（42 个指标）	AHP 权重（48 个指标）
资源节约程度 Y_4	0.15	资源禀赋指数 Z_8	0.50	人均粮食占有量 X_{29}	0.31	0.23
				人均耕地面积 X_{30}	0.26	0.20
				人均可消费能源 X_{31}	0.25	0.17
				人均森林面积 X_{32}	0.18	0.14
				人均水资源量 X_{33}		0.25
		资源消耗指数 Z_9	0.50	万元 GDP 能耗 X_{34}	0.37	0.37
				万元 GDP 电耗 X_{35}	0.28	0.28
				人均能源消耗量 X_{36}	0.35	0.35
环境友好程度 Y_5	0.13	环境污染指数 Z_{10}	0.50	工业废水污染比 X_{37}	0.31	0.31
				工业废气污染比 X_{38}	0.29	0.29
				工业固体污染比 X_{39}	0.21	0.21
				农药使用率 X_{40}	0.20	0.20
		环境治理指数 Z_{11}	0.50	工业废气治理效率 X_{41}	0.39	0.31
				工业废水治理效率 X_{42}	0.34	0.27
				工业固体排放物治理效率 X_{43}	0.27	0.22
				生活垃圾无害化处理率 X_{44}		0.20
制度保障力度 Y_6	0.12	制度约束指数 Z_{12}	1.00	市场分配资源比重 X_{45}	0.23	0.23
				政府管制力 X_{46}	0.28	0.28
				政府规模 X_{47}	0.22	0.22
				基尼系数 X_{48}	0.27	0.27

2. 基于独立性权系数法的指标赋权

根据独立权系数法的原理，故将指标体系结构中的各项指标进行分类相关性处理，最终得到每层的权重系数。

本书选取全国的 48 个和 42 个三级指标来反映社会的均衡程度，同时又将这些三级指标所反映的二级指标分为 12 类，即人口适度指数、人口结构指数、人口分布指数、经济增长指数、经济结构指数、社会保障指数、社会服务指数、资源禀赋指数、资源消耗指数、环境污染指数、环境治理指数和制度约束指数。

根据图 5-24 的指标体系结构，对三级指标项进行相关系数的求取。共有 12

个二级指标 $X_1 \sim X_2$ 分别对应人口适度指数、人口结构指数、人口分布指数、经济增长指数、经济结构指数、社会保障指数、社会服务指数、资源禀赋指数、资源消耗指数、环境污染指数、环境治理指数和制度约束指数。每一个二级指标下均有与其相对应的若干三级指标 x_{ijk}，其中 i 为二级指标的下角标，$i=1,\cdots,6$，j 为三级指标的下角标，$j=1,\cdots,n$，n 为第 i 类二级指标下三级指标的个数。k 为对应的第 j 个三级指标的样本数，$k=1,\cdots,m$。

由于对三级指标间的相关性的判断，实质就是判断数据间的相关性，所以不需要对样本数据进行归一化的处理。

这里用 y_{ijk} 表示三级指标的一个样本，其中 y_{ijk} 是 i 类一级指标所对应的第 j 个因变量的第 k 个样本。

例：当 $i=1$，$j=1$，$k=1,\cdots,m$ 时，即 y_{11k} 代表的是人口适度指数这个二级指标下的三级指标人口密度的第一个样本值，且选定 y_{11k} 为因变量，其余剩下的同一个二级指标下的三级指标为自变量。

则相应的方程组表达式为：

$$y_{111} = \beta_{20} + \beta_{21}x_{121} + \beta_{22}x_{122} + \cdots + \beta_{2k}x_{12k} + \mu_{21}$$
$$y_{112} = \beta_{30} + \beta_{31}x_{131} + \beta_{32}x_{132} + \cdots + \beta_{3k}x_{13k} + \mu_{31}$$
$$\vdots$$
$$y_{11k} = \beta_{k0} + \beta_{k1}x_{1j1} + \beta_{k2}x_{1j2} + \cdots + \beta_{kk}x_{1jk} + \mu_{j1}$$

与其相应的矩阵表达式是：

$$y = x\beta + u$$

其中

$$y = \begin{bmatrix} y_{111} \\ y_{112} \\ \vdots \\ y_{11k} \end{bmatrix}_{k \times 1}, \quad x = \begin{bmatrix} 1 & x_{121} & x_{122} & \cdots & x_{12k} \\ 1 & x_{131} & x_{132} & \cdots & x_{13k} \\ \vdots & \vdots & \vdots & & \vdots \\ 1 & x_{1j1} & x_{1j2} & \cdots & x_{1jk} \end{bmatrix}_{j \times (k+1)}$$

$$\beta = \begin{bmatrix} \beta_{j0} \\ \beta_{j1} \\ \beta_{j2} \\ \vdots \\ \beta_{jk} \end{bmatrix}_{(k+1) \times 1} \quad u = \begin{bmatrix} \mu_{21} \\ \mu_{31} \\ \vdots \\ \mu_{j1} \end{bmatrix}_{j \times 1}$$

为了求解 $\hat{y}$，首先需要求解 $\hat{\beta}$。通过以下公式可以求取 $\hat{\beta}$：

$$\hat{\beta} = (x'x)^{-1}x'y$$

则 $\hat{y} = x\hat{\beta}$。

最后，再由 $R = \dfrac{\sum(y-\bar{y})(\hat{y}-\bar{y})}{\sqrt{\sum(y-\bar{y})^2 \sum(\hat{y}-\bar{y})^2}}$ 可以算得相关系数 R_1。

以此类推，可以得到 j 个 R 即 R_1，R_2，…，R_j，接着对这 j 个 R 取倒数得 j 个 $1/R$。然后进行归一化。首先求 k 个 $1/R$ 的总和，即 $sum = \sum_{l=1}^{j}(1/R_l)$，则每个三级指标的权重为：$q_l = (1/R_l)/sum$，$l = 1$，…，$j$。

上面求 $\hat{y}$，β，$\hat{\beta}$ 等过程可以通过 MATLAB 编程计算完成。

与 AHP 求权重相似，必须求取两组指标的独立权重，分别是 1993～2012 年的一组和 2004～2012 年的一组。故通过独立权重法，本课题得到人口均衡型社会二级指标权重的分布如表 5-7 所示。

表 5-7　均衡型社会三级指标体系独立权重法权重表

二级指标	三级指标	独立性权重 （42 个指标）	独立性权重 （48 个指标）
人口适度指数 Z_1	人口密度 X_1	0.20	0.16
	人口自然增长率 X_2	0.20	0.18
	人均受教育年限 X_3	0.20	0.17
	婴儿死亡率 X_4	0.20	0.16
	人均预期寿命 X_5	0.20	0.16
	人均入院率 X_6		0.17
人口结构指数 Z_2	少儿抚养比 X_7	0.22	0.22
	老年抚养比 X_8	0.22	0.22
	性别比 X_9	0.34	0.34
	人口城镇化率 X_{10}	0.22	0.22
人口分布指数 Z_3	人口净迁移率 X_{11}	0.68	0.68
	适龄劳动人口就业率 X_{12}	0.16	0.16
	人口产业承载力 X_{13}	0.16	0.16
经济增长指数 Z_4	人均国内生产总值 X_{14}	0.29	0.29
	经济增长率 X_{15}	0.44	0.44
	居民消费水平指数 X_{16}	0.27	0.27
经济结构指数 Z_5	产业结构系数 X_{17}	0.34	0.34
	城乡收入比 X_{18}	0.35	0.35
	国有经济比重 X_{19}	0.31	0.31

续表

二级指标	三级指标	独立性权重（42 个指标）	独立性权重（48 个指标）
社会保障指数 Z_6	医疗卫生支出比 X_{20}	0.26	0.20
	教育投入比 X_{21}	0.25	0.21
	政府公共财政支出比 X_{22}	0.24	0.19
	国防安全支出比 X_{23}	0.25	0.19
	社会保障和就业支出比 X_{24}		0.21
社会服务指数 Z_7	公共服务 X_{25}	0.50	0.25
	客运能力 X_{26}	0.50	0.25
	人均城市道路面积 X_{27}		0.25
	建成区绿化覆盖率 X_{28}		0.25
资源禀赋指数 Z_8	人均粮食占有量 X_{29}	0.25	0.13
	人均耕地面积 X_{30}	0.40	0.14
	人均可消费能源 X_{31}	0.17	0.13
	人均森林面积 X_{32}	0.18	0.15
	人均水资源量 X_{33}		0.45
资源消耗指数 Z_9	万元 GDP 能耗 X_{34}	0.33	0.33
	万元 GDP 电耗 X_{35}	0.32	0.32
	人均能源消耗量 X_{36}	0.35	0.35
环境污染指数 Z_{10}	工业废水污染比 X_{37}	0.21	0.21
	工业废气污染比 X_{38}	0.32	0.32
	工业固体污染比 X_{39}	0.27	0.27
	农药使用率 X_{40}	0.20	0.20
环境治理指数 Z_{11}	工业废气治理效率 X_{41}	0.34	0.24
	工业废水治理效率 X_{42}	0.34	0.24
	工业固体排放物治理效率 X_{43}	0.32	0.27
	生活垃圾无害化处理率 X_{44}		0.25
制度约束指数 Z_{12}	市场分配资源比重 X_{45}	0.22	0.22
	政府管制力 X_{46}	0.28	0.28
	政府规模 X_{47}	0.26	0.26
	基尼系数 X_{48}	0.24	0.24

3. 基于变异系数法的指标赋权

根据指标的变化，本课题将计算两组指标的权重。以此来适应指标的变化，从而提高该指标体系的有效性和准确性。

（1）人口发展水平。

①人口适度指数。1993~2012年的指标权重如表5-8所示。

表5-8　　　　　　1993~2012年人口适度指数的权重

指标	人口密度	人口自然增长率	人均受教育年限	婴儿死亡率	人均预期寿命	总和
平均数	133.45	7.23	7.69	25.48	72.85	—
标准差	5.41	2.39	0.75	10.43	1.83	—
变异系数	0.04	0.33	0.10	0.41	0.03	0.90
权重	0.04	0.37	0.11	0.45	0.03	1.00

资料来源：中华人民共和国国家统计局，http://www.stats.gov.cn/。

计算过程如下：

先根据各个人口适度指数的三级指标数据，分别计算每个指标的平均数和标准差；

根据均值和标准差计算变异系数，即：

人口密度的变异系数为：

$$V_i = \frac{\sigma_i}{\bar{x}_i} = \frac{5.41}{133.45} = 0.04$$

人口自然增长率的变异系数：

$$V_i = \frac{\sigma_i}{\bar{x}_i} = \frac{2.39}{7.23} = 0.33$$

其他以此类推。

将各项指标的变异系数加总：

$0.04 + 0.33 + 0.10 + 0.41 + 0.03 = 0.90$

计算构成评价指标体系的这5个指标的权重：

人口密度的权重：

$$W_i = \frac{V_i}{\sum_{i=1}^{n} V_i} = \frac{0.04}{0.90} = 0.04$$

人口自然增长率的权重：

$$W_i = \frac{V_i}{\sum_{i=1}^{n} V_i} = \frac{0.33}{0.90} = 0.37$$

其他指标的权重都以此类推。

上面求 V_i，W_i 等过程可以用 MATLAB 编程一次完成，按上述计算过程，可得各指标权重。

2004~2012年的指标权重如表5-9所示。

表5-9　　　　　　2004~2012年人口适度指数的权重

指标	人口密度	人口自然增长率	人均受教育年限	婴儿死亡率	人均预期寿命	人均入院率	总和
平均数	138.22	5.19	8.35	15.24	74.55	6.70	—
标准差	1.99	0.43	0.39	3.50	0.47	3.29	—
变异系数	0.01	0.08	0.05	0.23	0.01	0.49	0.87
权重	0.02	0.10	0.05	0.26	0.01	0.56	1.00

资料来源：中华人民共和国国家统计局，http://www.stats.gov.cn/。

②人口结构指数各指标权重如表5-10所示。

表5-10　　　　　　1993~2012年人口结构指数

指标	少儿抚养比	老年抚养比	性别比	人口城镇化率	总和
平均数	33.71	10.44	105.46	39.68	—
标准差	7.67	0.74	0.93	7.98	—
变异系数	0.23	0.07	0.01	0.20	0.51
权重	0.44	0.14	0.02	0.40	1.00

资料来源：中华人民共和国国家统计局，http://www.stats.gov.cn/。

③人口分布指数各指标权重如表5-11所示。

表5-11　　　　　　1993~2012年人口分布指数的权重

指标	人口净迁移率	适龄劳动人口就业率	人口产业承载力	总和
平均数	<0.00	81.80	53.99	—
标准差	<0.00	3.67	6.69	—
变异系数	0.63	0.04	0.12	0.80
权重	0.78	0.06	0.16	1.00

资料来源：中华人民共和国国家统计局，http://www.stats.gov.cn/。

（2）经济发展水平。

①经济增长指数各指标权重如表 5-12 所示。

表 5-12　　　　　1993~2012 年经济增长指数的权重

指标	人均国内生产总值	经济增长率	居民消费水平指数	总和
平均数	0.24	10.94	108.10	—
标准差	0.14	2.94	1.80	—
变异系数	0.60	0.27	0.02	0.89
权重	0.68	0.30	0.02	1.00

资料来源：中华人民共和国国家统计局，http://www.stats.gov.cn/。

②经济结构指数各指标权重如表 5-13 所示。

表 5-13　　　　　1993~2012 年经济结构指数的权重

指标	产业结构	城乡收入比	国有经济比重	总和
平均数	38.31	298.44	40.72	—
标准差	7.57	30.01	12.59	—
变异系数	0.20	0.10	0.31	0.61
权重	0.33	0.17	0.50	1.00

资料来源：中华人民共和国国家统计局，http://www.stats.gov.cn/。

（3）社会和谐程度。

①社会保障指数。1993~2012 年的指标权重如表 5-14 所示。

表 5-14　　　　　1993~2012 年社会保障指数的权重

指标	医疗卫生支出比	教育投入比	政府公共财政支出比	国防安全支出比	总和
平均数	4.51	4.09	17.10	0.02	—
标准差	0.51	0.69	4.15	0.02	—
变异系数	0.11	0.17	0.24	0.89	1.41
权重	0.08	0.12	0.17	0.63	1.00

资料来源：中华人民共和国国家统计局，http://www.stats.gov.cn/。

2004~2012 年的指标权重如表 5-15 所示。

表 5-15　　　　　　2004~2012 年社会保障指数的权重

指标	医疗卫生支出比	教育投入比	政府公共财政支出比	国防安全支出比	社会保障和就业支出比	总和
平均数	4.84	4.64	20.62	0.03	1.96	—
标准差	0.33	0.24	2.41	0.02	1.10	—
变异系数	0.07	0.05	0.12	0.59	0.56	1.39
权重	0.05	0.04	0.08	0.43	0.40	1.00

资料来源：中华人民共和国国家统计局，http://www.stats.gov.cn/。

②社会服务指数。1993~2012 年的指标权重如表 5-16 所示。

表 5-16　　　　　　1993~2012 年社会服务指数的权重

指标	每万人医疗卫生机构床位数	客运能力	总和
平均数	26.32	14.29	—
标准差	4.56	9.20	—
变异系数	0.17	0.64	0.82
权重	0.21	0.79	1.00

资料来源：中华人民共和国国家统计局，http://www.stats.gov.cn/。

2004~2012 年的指标权重如表 5-17 示。

表 5-17　　　　　　2004~2012 年社会服务指数的权重

指标	每万人医疗卫生机构床位数	客运能力	人均城市道路面积	建成区绿化覆盖率	总和
平均数	29.57	22.44	12.23	36.83	—
标准差	5.26	7.83	1.40	2.23	—
变异系数	0.18	0.35	0.11	0.06	0.70
权重	0.25	0.50	0.16	0.09	1.00

资料来源：中华人民共和国国家统计局，http://www.stats.gov.cn/。

(4) 资源节约程度。

①资源禀赋指数。1993~2012 年的指标权重如表 5-18 所示。

表 5-18　　　　　1993~2012 年资源禀赋指数的权重

指标	人均粮食占有量	人均耕地面积	人均可消费能源	人均森林面积	总和
平均数	386.48	0.10	1.49	0.13	—
标准差	25.90	0.01	0.51	0.01	—
变异系数	0.07	0.09	0.34	0.11	0.61
权重	0.11	0.15	0.55	0.19	1.00

资料来源：中华人民共和国国家统计局，http://www.stats.gov.cn/。

2004~2012 年的指标权重如表 5-19 所示。

表 5-19　　　　　2004~2012 年资源禀赋指数的权重

指标	人均粮食占有量	人均耕地面积	人均可消费能源	人均森林面积	人均水资源量	总和
平均数	394.74	0.09	1.99	0.14	1 996.71	—
标准差	24.76	<0.00	0.32	0.01	192.94	—
变异系数	0.06	0.05	0.16	0.05	0.10	0.41
权重	0.16	0.11	0.39	0.11	0.23	1.00

资料来源：中华人民共和国国家统计局，http://www.stats.gov.cn/。

②资源消耗指数各指标权重如表 5-20 所示。

表 5-20　　　　　1993~2012 年资源消耗指数的权重

指标	万元 GDP 能耗	万元 GDP 电耗	人均能源消耗量	总和
平均数	9.10	0.87	1.62	—
标准差	2.98	0.11	0.59	—
变异系数	0.33	0.13	0.37	0.82
权重	0.40	0.16	0.44	1.00

资料来源：中华人民共和国国家统计局，http://www.stats.gov.cn/。

(5) 环境友好程度。
①环境污染指数各指标权重如表 5-21 所示。

表5-21　　　　　　　1993~2012年环境污染指数的权重

指标	工业废水排放	工业废气排放	工业固体排放	农药使用量	总和
平均数	244.90	20.93	0.28	8.92	—
标准差	132.97	1.54	0.27	1.60	—
变异系数	0.54	0.07	0.99	0.18	1.79
权重	0.30	0.04	0.56	0.10	1.00

资料来源：中华人民共和国国家统计局，http://www.stats.gov.cn/。

②环境治理指数。1993~2012年的指标权重如表5-22所示。

表5-22　　　　　　　1993~2012年环境治理指数的权重

指标	工业废气治理效率	工业废水治理效率	工业固体排放物治理效率	总和
平均数	76.19	79.90	53.99	—
标准差	12.54	16.28	8.89	—
变异系数	0.16	0.20	0.16	0.53
权重	0.31	0.38	0.31	1.00

资料来源：中华人民共和国国家统计局，http://www.stats.gov.cn/。

2004~2012年的指标权重如表5-23所示。

表5-23　　　　　　　2004~2012年环境治理指数的权重

指标	工业废气治理效率	工业废水治理效率	工业固体排放物治理效率	生活垃圾无害化处理率	总和
平均数	87.88	93.66	62.12	66.51	—
标准差	6.31	2.52	4.18	12.82	—
变异系数	0.07	0.03	0.07	0.19	0.36
权重	0.20	0.07	0.19	0.54	1.00

资料来源：中华人民共和国国家统计局，http://www.stats.gov.cn/。

（6）制度保障力度。

制度约束指数各指标权重如表5-24所示。

表 5-24　　　　　　1993~2012 年制度约束指数的权重

指标	市场分配资源比重	政府管制力	政府规模	基尼系数	总和
平均数	84.25	3.10	12.72	46.39	—
标准差	4.05	0.68	4.77	2.38	—
变异系数	0.05	0.22	0.37	0.05	0.69
权重	0.07	0.32	0.54	0.07	1.00

资料来源：中华人民共和国国家统计局，http：//www.stats.gov.cn/。

通过变异系数法，本课题得到人口均衡型社会三级指标权重的分布，如表 5-25 所示。

表 5-25　　人口均衡型社会三级指标体系变异系数法权重表

二级指标	三级指标	变异系数权重（42 个指标）	变异系数权重（48 个指标）
人口适度指数 Z_1	人口密度 X_1	0.04	0.02
	人口自然增长率 X_2	0.37	0.10
	人均受教育年限 X_3	0.11	0.05
	婴儿死亡率 X_4	0.45	0.26
	人均预期寿命 X_5	0.03	0.01
	人均入院率 X_6		0.56
人口结构指数 Z_2	少儿抚养比 X_7	0.44	0.44
	老年抚养比 X_8	0.14	0.14
	性别比 X_9	0.02	0.02
	人口城镇化率 X_{10}	0.40	0.40
人口分布指数 Z_3	人口净迁移率 X_{11}	0.78	0.78
	适龄劳动人口就业率 X_{12}	0.06	0.06
	人口产业承载力 X_{13}	0.16	0.16
经济增长指数 Z_4	人均国内生产总值 X_{14}	0.68	0.68
	经济增长率 X_{15}	0.30	0.30
	居民消费水平指数 X_{16}	0.02	0.02
经济结构指数 Z_5	产业结构系数 X_{17}	0.33	0.33
	城乡收入比 X_{18}	0.17	0.17
	国有经济比重 X_{19}	0.50	0.50

续表

二级指标	三级指标	变异系数权重（42个指标）	变异系数权重（48个指标）
社会保障指数 Z_6	医疗卫生支出比 X_{20}	0.08	0.05
	教育投入比 X_{21}	0.12	0.04
	政府公共财政支出比 X_{22}	0.17	0.08
	国防安全支出比 X_{23}	0.63	0.43
	社会保障和就业支出比 X_{24}		0.40
社会服务指数 Z_7	公共服务 X_{25}	0.21	0.25
	客运能力 X_{26}	0.79	0.50
	人均城市道路面积 X_{27}		0.16
	建成区绿化覆盖率 X_{28}		0.09
资源禀赋指数 Z_8	人均粮食占有量 X_{29}	0.11	0.16
	人均耕地面积 X_{30}	0.15	0.11
	人均可消费能源 X_{31}	0.55	0.39
	人均森林面积 X_{32}	0.19	0.11
	人均水资源量 X_{33}		0.23
资源消耗指数 Z_9	万元 GDP 能耗 X_{34}	0.40	0.40
	万元 GDP 电耗 X_{35}	0.16	0.16
	人均能源消耗量 X_{36}	0.44	0.44
环境污染指数 Z_{10}	工业废水污染比 X_{37}	0.30	0.30
	工业废气污染比 X_{38}	0.04	0.04
	工业固体污染比 X_{39}	0.56	0.56
	农药使用率 X_{40}	0.10	0.10
环境治理指数 Z_{11}	工业废气治理效率 X_{41}	0.31	0.20
	工业废水治理效率 X_{42}	0.38	0.07
	工业固体排放物治理效率 X_{43}	0.31	0.19
	生活垃圾无害化处理率 X_{44}		0.54
制度约束指数 Z_{12}	市场分配资源比重 X_{45}	0.07	0.07
	政府管制力 X_{46}	0.32	0.32
	政府规模 X_{47}	0.54	0.54
	基尼系数 X_{48}	0.07	0.07

4. 基于主、客观组合法的指标赋权

（1）人口发展水平。

①人口适度指数。1993~2012 年的指标组合权重如表 5-26 所示。

表 5-26　　　　1993~2012 年人口适度指数的组合权重

指标	层次分析法权重	独立系数法权重	变异系数法权重	客观赋权	组合赋权法权重
人口密度	0.22	0.20	0.04	0.12	0.21
人口自然增长率	0.27	0.20	0.37	0.29	0.27
人均受教育年限	0.20	0.20	0.11	0.16	0.19
婴儿死亡率	0.15	0.20	0.45	0.31	0.18
人均预期寿命	0.16	0.20	0.03	0.12	0.15

计算过程如下：

先根据各个人口适度指数的三级指标的独立系数法权重和变异系数法权重，分别计算每个指标的客观权重。

根据各个人口适度指数的三级指标 AHP 权重的大小，从小到大进行排列，求取 G_{AHP}。

求取人口适度指数的待定系数 α：

$$\alpha = \frac{n}{n-1} G_{AHP} = 0.16$$

根据公式 $w_j = \alpha \cdot a_j = (1-\alpha) b_j$ 求取最终的组合权重。

计算的结果见表 5-26 所示。上面求解客观权重、G_{AHP}、α 等过程均用 MATLAB 编程一次完成。

上述计算过程，依次完成以下的组合权重计算。

2004~2012 年的指标组合权重如表 5-27 所示。

表 5-27　　　　2004~2012 年人口适度指数的组合权重

指标	层次分析法权重	独立系数法权重	变异系数法权重	客观赋权	组合赋权法权重
人口密度	0.21	0.16	0.02	0.09	0.18
人口自然增长率	0.26	0.18	0.10	0.14	0.23
人均受教育年限	0.19	0.17	0.05	0.11	0.17

续表

指标	层次分析法权重	独立系数法权重	变异系数法权重	客观赋权	组合赋权法权重
婴儿死亡率	0.13	0.16	0.26	0.21	0.15
人均预期寿命	0.13	0.16	0.01	0.09	0.12
人均入院率	0.08	0.17	0.56	0.36	0.15

人口结构指数各指标权重如表5-28所示。

表5-28　　　　1993~2012年人口结构指数的组合权重

指标	层次分析法权重	独立系数法权重	变异系数法权重	客观赋权	组合赋权法权重
少儿抚养比	0.20	0.22	0.44	0.33	0.23
老年抚养比	0.25	0.22	0.14	0.18	0.23
性别比	0.38	0.34	0.02	0.18	0.33
人口城镇化率	0.17	0.22	0.40	0.31	0.21

人口分布指数各指标权重如表5-29所示。

表5-29　　　　1993~2012年人口分布指数的组合权重

指标	层次分析法权重	独立系数法权重	变异系数法权重	客观赋权	组合赋权法权重
人口净迁移率	0.28	0.68	0.78	0.73	0.32
适龄劳动人口就业率	0.36	0.16	0.06	0.11	0.34
人口产业承载力	0.36	0.16	0.16	0.16	0.34

（2）经济发展水平。

经济增长指数各指标权重如表5-30所示。

表5-30　　　　1993~2012年经济增长指数的组合权重

指标	层次分析法权重	独立系数法权重	变异系数法权重	客观赋权	组合赋权法权重
人均国内生产总值	0.29	0.29	0.68	0.48	0.33
经济增长率	0.26	0.44	0.3	0.37	0.27
居民消费水平指数	0.45	0.27	0.02	0.15	0.40

经济结构指数各指标权重如表 5-31 所示。

表 5-31　　　　1993~2012 年经济增长指数的组合权重

指标	层次分析法权重	独立系数法权重	变异系数法权重	客观赋权	组合赋权法权重
产业结构	0.30	0.34	0.33	0.34	0.31
城乡收入比	0.44	0.35	0.17	0.25	0.41
国有经济比重	0.26	0.31	0.50	0.41	0.28

(3) 社会和谐程度。

①社会保障指数。1993~2012 年的指标组合权重如表 5-32 所示。

表 5-32　　　　1993~2012 年社会保障指数的组合权重

指标	层次分析法权重	独立系数法权重	变异系数法权重	客观赋权	组合赋权法权重
医疗卫生支出比	0.28	0.26	0.08	0.17	0.27
教育投入比	0.28	0.25	0.12	0.19	0.27
政府公共财政支出比	0.22	0.24	0.17	0.21	0.23
国防安全支出比	0.22	0.25	0.63	0.43	0.23

2004~2012 年的指标组合权重如表 5-33 所示。

表 5-33　　　　2004~2012 年社会保障指数的组合权重

指标	层次分析法权重	独立系数法权重	变异系数法权重	客观赋权	组合赋权法权重
医疗卫生支出比	0.20	0.20	0.05	0.13	0.19
教育投入比	0.21	0.21	0.04	0.13	0.20
政府公共财政支出比	0.17	0.19	0.08	0.14	0.17
国防安全支出比	0.16	0.19	0.43	0.3	0.17
社会保障和就业支出比	0.26	0.21	0.40	0.3	0.27

②社会服务指数。1993~2012 年的指标组合权重如表 5-34 所示。

表 5-34　1993～2012 年社会服务指数的组合权重

指标	层次分析法权重	独立系数法权重	变异系数法权重	组合赋权法权重
公共服务	0.46	0.50	0.21	0.45
客运能力	0.54	0.50	0.79	0.55

2004～2012 年的指标组合权重如表 5-35 所示。

表 5-35　2004～2012 年社会服务指数的组合权重

指标	层次分析法权重	独立系数法权重	变异系数法权重	客观赋权	组合赋权法权重
公共服务	0.26	0.25	0.25	0.25	0.26
客运能力	0.36	0.25	0.50	0.38	0.36
人均城市道路面积	0.18	0.25	0.16	0.20	0.19
建成区绿化覆盖率	0.20	0.25	0.09	0.17	0.19

（4）资源节约程度。

①资源禀赋指数。1993～2012 年的指标组合权重如表 5-36 所示。

表 5-36　1993～2012 年资源禀赋指数的组合权重

指标	层次分析法权重	独立系数法权重	变异系数法权重	客观赋权	组合赋权法权重
人均粮食占有量	0.31	0.25	0.11	0.18	0.30
人均耕地面积	0.26	0.40	0.15	0.28	0.26
人均可消费能源	0.25	0.17	0.55	0.35	0.26
人均森林面积	0.18	0.18	0.19	0.19	0.18

2004～2012 年的指标组合权重如表 5-37 所示。

表 5-37　　　　2004~2012 年资源禀赋指数的组合权重

指标	层次分析法权重	独立系数法权重	变异系数法权重	客观赋权	组合赋权法权重
人均粮食占有量	0.23	0.13	0.16	0.15	0.22
人均耕地面积	0.20	0.14	0.11	0.13	0.19
人均可消费能源	0.18	0.13	0.39	0.25	0.19
人均森林面积	0.14	0.15	0.11	0.13	0.14
人均水资源量	0.25	0.45	0.23	0.34	0.26

②资源消耗指数各指标权重如表 5-38 所示。

表 5-38　　　　1993~2012 年资源消耗指数的组合权重

指标	层次分析法权重	独立系数法权重	变异系数法权重	客观赋权	组合赋权法权重
万元 GDP 能耗	0.37	0.33	0.40	0.36	0.37
万元 GDP 电耗	0.28	0.32	0.16	0.24	0.28
人均能源消耗量	0.35	0.35	0.44	0.40	0.35

（5）环境友好程度。
①环境污染指数各指标权重如表 5-39 所示。

表 5-39　　　　1993~2012 年环境污染指数的组合权重

指标	层次分析法权重	独立系数法权重	变异系数法权重	客观赋权	组合赋权法权重
工业废水排放	0.31	0.21	0.3	0.26	0.3
工业废气排放	0.29	0.32	0.04	0.18	0.27
工业固体排放	0.2	0.27	0.56	0.41	0.23
农药使用量	0.2	0.2	0.1	0.15	0.2

②环境治理指数。1993~2012 年的指标组合权重如表 5-40 所示。

表 5-40　　　　1993~2012 年环境治理指数的组合权重

指标	层次分析法权重	独立系数法权重	变异系数法权重	客观赋权	组合赋权法权重
工业废气治理效率	0.39	0.34	0.31	0.32	0.38
工业废水治理效率	0.34	0.34	0.38	0.36	0.34
工业固体排放物治理效率	0.27	0.32	0.31	0.32	0.28

2004~2012 年的指标组合权重如表 5-41 所示。

表 5-41　　　　2004~2012 年环境治理指数的组合权重

指标	层次分析法权重	独立系数法权重	变异系数法权重	客观赋权	组合赋权法权重
工业废气治理效率	0.31	0.24	0.2	0.22	0.3
工业废水治理效率	0.27	0.24	0.07	0.15	0.26
工业固体排放物治理效率	0.22	0.27	0.19	0.23	0.22
生活垃圾无害化处理率	0.2	0.25	0.54	0.4	0.22

(6) 制度保障力度。

①制度约束指数各指标权重如表 5-42 所示。

表 5-42　　　　1993~2012 年环境治理指数的组合权重

指标	层次分析法权重	独立系数法权重	变异系数法权重	客观赋权	组合赋权法权重
市场分配资源比重	0.23	0.22	0.07	0.15	0.23
政府管制力	0.28	0.28	0.32	0.3	0.28
政府规模	0.22	0.26	0.54	0.4	0.23
基尼系数	0.27	0.24	0.07	0.15	0.26

通过组合赋权法，本课题得到人口均衡型社会指标体系权重的分布如表 5-43 所示。

表 5-43　　人口均衡型社会指标体系权重

一级指标	一级权重 B	二级指标	二级权重 C	三级指标	权重（42个指标）D	权重（48个指标）D
人口发展水平 Y_1	0.23	人口适度指数 Z_1	0.39	人口密度 X_1	0.21	0.18
				人口自然增长率 X_2	0.27	0.23
				人均受教育年限 X_3	0.19	0.17
				婴儿死亡率 X_4	0.18	0.15
				人均预期寿命 X_5	0.15	0.12
				人均入院率 X_6		0.15
		人口结构指数 Z_2	0.31	少儿抚养比 X_7	0.23	0.23
				老年抚养比 X_8	0.23	0.23
				性别比 X_9	0.33	0.33
				人口城镇化率 X_{10}	0.21	0.21
		人口分布指数 Z_3	0.3	人口净迁移率 X_{11}	0.32	0.32
				适龄劳动人口就业率 X_{12}	0.34	0.34
				人口产业承载力 X_{13}	0.34	0.34
经济发展水平 Y_2	0.2	经济增长指数 Z_4	0.5	人均国内生产总值 X_{14}	0.33	0.33
				经济增长率 X_{15}	0.27	0.27
				居民消费水平指数 X_{16}	0.4	0.4
		经济结构指数 Z_5	0.5	产业结构系数 X_{17}	0.31	0.31
				城乡收入比 X_{18}	0.41	0.41
				国有经济比重 X_{19}	0.28	0.28
社会和谐程度 Y_3	0.17	社会保障指数 Z_6	0.5	医疗卫生支出比 X_{20}	0.27	0.19
				教育投入比 X_{21}	0.27	0.2
				政府公共财政支出比 X_{22}	0.23	0.17
				国防安全支出比 X_{23}	0.23	0.17
				社会保障和就业支出比 X_{24}		0.27
		社会服务指数 Z_7	0.5	公共服务 X_{25}	0.45	0.26
				客运能力 X_{26}	0.55	0.36
				人均城市道路面积 X_{27}		0.19
				建成区绿化覆盖率 X_{28}		0.19

续表

一级指标	一级权重 B	二级指标	二级权重 C	三级指标	权重（42个指标）D	权重（48个指标）D
资源节约程度 Y_4	0.15	资源禀赋指数 Z_8	0.5	人均粮食占有量 X_{29}	0.3	0.22
				人均耕地面积 X_{30}	0.26	0.19
				人均可消费能源 X_{31}	0.26	0.19
				人均森林面积 X_{32}	0.18	0.14
				人均水资源量 X_{33}		0.26
		资源消耗指数 Z_9	0.5	万元 GDP 能耗 X_{34}	0.37	0.37
				万元 GDP 电耗 X_{35}	0.28	0.28
				人均能源消耗量 X_{36}	0.35	0.35
环境友好程度 Y_5	0.13	环境污染指数 Z_{10}	0.5	工业废水污染比 X_{37}	0.3	0.3
				工业废气污染比 X_{38}	0.27	0.27
				工业固体污染比 X_{39}	0.23	0.23
				农药使用率 X_{40}	0.2	0.2
		环境治理指数 Z_{11}	0.5	工业废气治理效率 X_{41}	0.38	0.3
				工业废水治理效率 X_{42}	0.34	0.26
				工业固体排放物治理效率 X_{43}	0.28	0.22
				生活垃圾无害化处理率 X_{44}		0.22
制度保障力度 Y_6	0.12	制度约束指数 Z_{12}	1	市场分配资源比重 X_{45}	0.23	0.23
				政府管制力 X_{46}	0.28	0.28
				政府规模 X_{47}	0.23	0.23
				基尼系数 X_{48}	0.26	0.26

第四节　指标解释与计算

根据表 5-43 的权重，人口均衡型社会综合评价指数 EPBS（The Comprehensive Evaluation Inex of Population Balance Type Society）模型如下：

$$EPBS = \sum_{i=1}^{6} B_i Y_i$$

其中，$Y_i(i=1, 2, \cdots, 6)$ 分别表示：人口发展水平、经济发展水平、社会和谐程度、资源节约程度、环境友好程度和制度保障力度；权重 $B_i(i=1, 2, \cdots, 6)$ 分别为：0.23，0.20，0.17，0.15，0.13，0.12。

一、人口发展水平

$$Y_1 = \sum_{j=1}^{3} C_j Z_j$$

其中，$Z_j(j=1, 2, 3)$ 分别表示：人口适度指数、人口结构指数和人口分布指数；权重 $C_j(j=1, 2, 3)$ 分别为：0.39，0.31，0.30。

人口适度指数：

$$Z_1 = \sum_{k=1}^{6} D_k V_k$$

其中，$V_k(k=1, 2, \cdots, 6)$ 分别表示：人口密度、人口自然增长率、人均受教育年限、婴儿死亡率、人均预期寿命和人均入院率的评价值；权重 $D_k(k=1, 2, \cdots, 6)$ 分别为：0.18，0.23，0.17，0.15，0.12，0.15。若人均入院率不参加评价，则权重 $D_k(k=1, 2, \cdots, 6)$ 分别为：0.21，0.27，0.19，0.18，0.15，0。

1. 人口密度

（1）指标解释：人口密度 X_1 是一个适度区间指标，是指单位土地面积居住的人口数。通常以每平方千米或每公顷内的常住人口为计算单位。

（2）计算公式：

$$V_1 = \begin{cases} \dfrac{X_1 - \min}{\max - \min} \times 100 & X_1 < 125 \\ 100 & 125 \leqslant X_1 \leqslant 190 \\ \dfrac{\max - X_1}{\max - \min} \times 100 & X_1 > 190 \end{cases}$$

其中，X_1 的适度区间为 125~190 人/平方千米，max 为所有评价地区人口密度的最大值；min 为所有评价地区人口密度的最小值。

（3）评价：它是表示各地区人口密集程度的指标，也反映一个地区的资源环境的承载程度。人类的生活除了满足吃、喝等生理方面的需求以外，还有精神生活的需求，而且随着社会的发展，人口的文化和生活消费水平也在不断变化。因此，人口密度也决定了人口的生活质量。

2. 人口自然增长率

（1）指标解释：人口自然增长率 X_2 是一个适度区间指标。指在一定时期内（通常为一年）人口自然增加数（出生人数减死亡人数）与该时期内平均人数（或期中人数）之比。因此，人口自然增长水平取决于出生率和死亡率两者之间的相对水平。

（2）计算公式：

$$V_2 = \begin{cases} \dfrac{X_2 - \min}{\max - \min} \times 100 & X_2 < 0.001 \\ 100 & 0.001 \leqslant X_2 \leqslant 0.002 \\ \dfrac{\max - X_2}{\max - \min} \times 100 & X_2 > 0.002 \end{cases}$$

其中，人口自然增长率的适度区间为 1‰~2‰（0.001~0.002），max 为参加评价地区该指标数据系列中的最大值；min 为参加评价地区该指标数据系列中的最小值。

评价：人口自然增长率，是反映人口发展速度和制订人口计划的重要指标，也是计划生育统计中的一个重要指标，它表明人口自然增长的程度和趋势。

3. 人均受教育年限

（1）指标解释：人均受教育年限 X_3 是指某一特定年龄段人群接受学历教育（包括普通教育和成人学历教育，不包括各种非学历培训）的年限总和的平均数，是一个正指标。

（2）计算公式：

$$V_3 = \frac{X_3 - \min}{\max - \min} \times 100$$

其中，max 为参加评价地区的人均受教育年限的最大值；min 为参加评价地区人均受教育年限的最小值；X_3 =（6×小学毕业（受教育）人数+9×初中毕业人数+12×高中毕业人数+16×大专及以上学历毕业人数）/总人数。

评价：人均受教育年限是反映一个国家或地区人口素质的重要指标，不仅反映教育发展状况的基本内容，也反映一个国家或地区劳动力受教育的程度。

4. 婴儿死亡率

（1）指标解释：婴儿死亡率 X_4 是指婴儿出生后不满周岁死亡人数同出生人数的比率，是一个逆指标。

（2）计算公式：

$$V_4 = \frac{\max - X_4}{\max - \min} \times 100$$

其中，max 为参加评价地区该指标数据系列中的最大值；min 为参加评价地区该指标数据系列中的最小值。

评价：婴儿死亡率是反映一个国家和民族的人民身体健康水平和社会经济发展水平的重要指标，特别是妇幼保健工作水平的重要指标。

5. 人均预期寿命

（1）指标解释：人均预期寿命 X_5 是指假若当前的分年龄死亡率保持不变，同一时期出生的人预期能继续生存的平均年数，是一个正指标。

（2）计算公式：

$$V_5 = \frac{X_5 - \min}{\max - \min} \times 100$$

其中，max 为参加评价地区该指标数据系列中的最大值；min 为参加评价地区该指标数据系列中的最小值。

评价：由于社会的经济条件、卫生医疗水平限制着人们的寿命，因此人均预期寿命可以反映出人口生活质量的高低，是度量人口健康状况的一个重要的指标。

6. 人均入院率

（1）指标解释：人均入院率 X_6 是指某地某类人群在某一段时间内住过院的人次数与该地此段时间内的此类人群数量相比所得出的百分数，是一个逆指标。

（2）计算公式：

$$V_6 = \frac{\max - X_6}{\max - \min} \times 100$$

其中，max 为参加评价地区该指标数据系列中的最大值；min 为参加评价地区该指标数据系列中的最小值；X_6 = 医院入院人数（万人）/总人口。

评价：人均入院率可反映卫生医疗水平及人口健康状态，是一个评价医疗效益和效率、医疗质量和技术水平的综合指标，这里主要是用于评价人口身体健康状况。危及生命的疾病（危重病人）、必须经过住院治疗的疾病，是人口身体健康的一类重要评价指标，在统计上，由于这类疾病的数据不易取得，但可通过人均入院率来代替。

人口结构指数：

$$Z_2 = \sum_{k=7}^{10} D_k V_k$$

其中，$V_k (k = 7, 8, \cdots, 10)$ 分别表示：少儿抚养比、老年抚养比、性别比和人口城镇化率的评价值；权重 $D_k (k = 7, 8, \cdots, 10)$ 分别为：0.23，0.23，0.33，0.21。

7. 少儿抚养比

（1）指标解释：少儿抚养比 X_7 是指少年儿童人口数与劳动年龄人口数之比，也称少年儿童抚养系数，是一个逆指标。

（2）计算公式：

$$V_7 = \frac{\max - X_7}{\max - \min} \times 100$$

其中，max 为参加评价地区该指标数据系列中的最大值；min 为参加评价地区该指标数据系列中的最小值；$X_7 = 0 \sim 14$ 岁人口$/15 \sim 64$ 岁人口。

评价：少儿抚养比是用以度量劳动力对少年儿童的负担程度的指标。

8. 老年抚养比

（1）指标解释：老年抚养比 X_8 是指非劳动年龄人口数中老年人口部分对劳动年龄人口数之比，用以表明每 100 名劳动年龄人口要负担多少名老年人，是一个逆指标。

（2）计算公式：

$$V_8 = \frac{\max - X_8}{\max - \min} \times 100$$

其中，max 为参加评价地区该指标数据系列中的最大值；min 为参加评价地区该指标数据系列中的最小值。$X_8 = 65$ 岁以上人口$/15 \sim 64$ 岁人口。

评价：老年人口抚养比是从经济角度反映人口老化程度的指标之一。人口老龄化对投资、储蓄、生产、消费、产业结构、就业结构等经济发展，对婚姻、家庭、伦理、道德等社会发展会带来一系列影响，特别是养老保障问题。

9. 性别比

（1）指标解释：性别比 X_9 是指人口中男性对女性的比率。是人口学上关于社会或国家男女人口数量的一种比率，以每 100 位女性所对应的男性数目为计算标准，是一个区间指标。

（2）计算公式：

$$V_9 = \begin{cases} \dfrac{X_9 - \min}{\max - \min} \times 100 & X_9 < 95 \\ 100 & 95 \leq X_9 \leq 102 \\ \dfrac{\max - X_9}{\max - \min} \times 100 & X_9 > 102 \end{cases}$$

其中，性别比在 [95，102] 时为正常的，当性别比 $X_9 < 95$ 或 $X_9 > 102$ 时，说明男女比例失调。X_9 越远离正常区间，其男女结构失衡越严重。max 为参加评价地区该指标数据系列中的最大值；min 为参加评价地区该指标数据系列中的最小值。

评价：人口出生性别比是一个重要的衡量男女两性人口是否均衡的指标。出生性别比升高，会导致不同年龄组群人口性别比的升高。如果出生性别比长期居高不下将产生诸多社会问题：婚姻性别挤压问题；对家庭和社会的冲击问题；就业性别挤压问题。

10. 人口城镇化率

（1）指标解释：人口城镇化率 X_{10} 是农业人口转化为城市人口的过程，即以农村人口不断向城市迁移和聚集为特征的一种历史过程，通常用城市人口和镇驻地聚集区人口占全部人口（人口数据均用常住人口而非户籍人口）的百分比来表示。是一个正指标。

（2）计算公式：

$$V_{10} = \frac{X_{10} - \min}{\max - \min} \times 100$$

其中，max 为参加评价地区该指标数据系列中的最大值；min 为参加评价地区该指标数据系列中的最小值；X_{10} = 城镇人口/总人口。

评价：人口城市化是指乡村人口向城镇转移的过程，用于反映人口向城市聚集的过程和程度，是社会经济发展和产业结构变动的必然趋势，也是一个国家或地区经济发展的重要标志。这里不是从人口城镇化水平对社会经济的影响出发考虑，而是从人口生活质量均衡的角度考虑，城镇人口享用的社会福利设施、文化体育设施、教育设施等与乡村人口是有巨大差异的。

（3）人口分布指数：

$$Z_3 = \sum_{k=11}^{13} D_k V_k$$

其中，V_k（k = 11，12，13）分别表示：人口净迁移率、适龄劳动人口就业率、人口产业承载力的评价值；权重 D_k（k = 11，12，13）分别为：0.32，0.34，0.34。

11. 人口净迁移率

（1）指标解释：人口净迁移率 X_{11} 是指某个地区在一段时间内每一千个居民（时间中段的人数）中移民入境的人数和移民出境人数的差值，是一个区间指标。

（2）计算公式：

$$V_{11} = \begin{cases} \dfrac{X_{11} - \min}{\max - \min} \times 100 & X_{11} < 0 \\ 100 & 0 \leq X_{11} \leq 5 \\ \dfrac{\max - X_{11}}{\max - \min} \times 100 & X_{11} > 5 \end{cases}$$

其中，适度区间为 0~5，X_{11} 为正值表示迁入的人多于迁出的人。X_{11} 越远离正常区间，其迁移率失衡越严重。max 为参加评价地区该指标数据系列中的最大值；min 为参加评价地区该指标数据系列中的最小值。X_{11} =（迁入人口 – 迁出人口）/总人口。

评价：人口迁移，对迁入地来说，人口的增加带来了大量的劳动力，增长了市场需求，有利于经济发展，但是人口的增加对迁入地的环境增加了压力，如交通压力加大、环境污染、就业压力加大，等等。对于迁出地来说，人口的流失导致经济发展滞后，劳动力分配不均。尽管人口流动不属于人口迁移，但比人口迁移更为普遍和经常。这里是从生活质量和社会安定的角度来评价，流动人口不仅增加了竞争压力，降低了劳动成本，降低了生产成本，增加了物品的需求量，带动了地区经济发展，也增加了社会的不稳定因素。

12. 适龄劳动人口就业率

（1）指标解释：适龄劳动人口就业率 X_{12} 是指处于劳动年龄、具有劳动能力的就业人口占处于劳动年龄、具有劳动能力人口的百分比，是一个正指标。

（2）计算公式：

$$V_{12} = \frac{X_{12} - \min}{\max - \min} \times 100$$

其中，max 为参加评价地区该指标数据系列中的最大值；min 为参加评价地区该指标数据系列中的最小值。X_{12} = 就业人员（万人）/适龄劳动人口（万人）。

评价：适龄劳动人口就业是指具有劳动能力的公民，依法从事某种有报酬或劳动收入的社会活动。这里是从生活质量和就业的角度来评价。

13. 人口产业承载力

（1）指标解释：人口产业承载力 X_{13} 表示劳动力从第一产业转移到第二、第三产业的程度，是一个正指标。

（2）计算公式：

$$V_{13} = \frac{X_{13} - \min}{\max - \min} \times 100$$

其中，max 为参加评价地区该指标数据系列中的最大值；min 为参加评价地区该指标数据系列中的最小值。

评价：第二、第三产业的发展，能促进经济竞争力提高、拓展经济活动领域、增加就业、扩大市场、改善资源配置，缓和经济周期性波动。这里用第二、第三产业就业人口占总就业人口比重来表示人口产业承载力，体现科技进步、社会生产力发展、人口生活水平提高以及消费需求多样化。

二、经济发展水平

$$Y_2 = \sum_{j=4}^{5} C_j Z_j$$

其中，$Z_j(j=4,5)$ 分别表示：经济增长指数、经济结构指数；权重 $C_j(j=4,5)$ 分别为：0.5，0.5。

经济增长指数：

$$Z_4 = \sum_{k=14}^{16} D_k V_k$$

其中，$V_k(k=14,15,16)$ 分别表示：人均国内生产总值、经济增长率和居民消费水平指数的评价值；权重 $D_k(k=14,15,16)$ 分别为：0.33，0.27，0.40。

1. 人均国内生产总值

（1）指标解释：人均国内生产总值 X_{14} 是指一个国家或地区，在核算期内（通常为一年）实现的生产总值与所属范围内的常住人口的比值，是一个正指标。

（2）计算公式：

$$V_{14} = \frac{X_{14} - \min}{\max - \min} \times 100$$

其中，max 为参加评价地区该指标数据系列中的最大值；min 为参加评价地区该指标数据系列中的最小值。

评价：人均国内生产总值常作为发展经济学中衡量经济发展状况的指标，是人们了解和把握一个国家或地区的宏观经济运行状况的有效工具。

2. 经济增长率

（1）指标解释：经济增长率 X_{15} 是末期国民生产总值与基期国民生产总值的比值，以末期现行价格计算末期 GNP，得出的增长率是名义经济增长率，以不变价格（即基期价格）计算末期 GNP，得出的增长率是实际经济增长率，是一个正指标。

（2）计算公式：

$$V_{15} = \frac{X_{15} - \min}{\max - \min} \times 100$$

其中，max 为参加评价地区该指标数据系列中的最大值；min 为参加评价地区该指标数据系列中的最小值。

评价：经济增长率也称经济增长速度，它是反映一定时期经济发展水平变化程度的动态指标，也是反映一个国家经济是否具有活力的基本指标。经济增长率的大小意味着经济增长的快慢,意味着人民生活水平提高所需的时间长短。

3. 居民消费水平指数

(1) 指标解释:居民消费水平指数 X_{16} 是一个正指标。居民消费水平是指居民在物质产品和劳务的消费过程中,对满足人们生存、发展和享受需要方面所达到的程度,是以国内生产总值为口径,即包括劳务消费在内的总消费进行计算的。

(2) 计算公式:

$$V_{16} = \frac{X_{16} - \min}{\max - \min} \times 100$$

其中,max 为参加评价地区该指标数据系列中的最大值;min 为参加评价地区该指标数据系列中的最小值。X_{16} = 本期居民消费水平/上期居民消费水平。

评价:居民消费水平在很大程度上受整体经济状况的影响,经济扩张时期,居民收入稳定,GDP 也高,居民用于消费的支出较多,消费水平较高;反之,经济收缩时,收入下降,GDP 也低,用于消费的支出较少,消费水平随之下降。同时这一指标也反映了人口的生活质量状况。

经济结构指数:

$$Z_5 = \sum_{k=17}^{19} D_k V_k$$

其中,$V_k (k = 17, \cdots, 19)$ 分别表示:产业结构、城乡收入比、国有经济比重的评价值;权重 $D_k (k = 17, \cdots, 19)$ 分别为:0.31,0.41,0.28。

4. 产业结构系数

(1) 指标解释:产业结构系数 X_{17} 是一个正指标。

(2) 计算公式:

$$V_{17} = \frac{X_{17} - \min}{\max - \min} \times 100$$

其中,max 为参加评价地区该指标数据系列中的最大值;min 为参加评价地区该指标数据系列中的最小值。X_{17} = 第三产业产值/GDP。

评价:经济发展重心由第一产业向第二产业和第三产业逐次转移的过程,标志着经济发展水平的高低和发展阶段、方向。产业结构的变化具体反映各产业部门之间产值、就业人员、国民收入比例变动的过程。直接或间接地影响了经济增长,这里用第三产业产值占 GDP 的比重来体现产业结构的调整状况。

5. 城乡收入比

(1) 指标解释:城乡收入比 X_{18} 是一个适度阈值指标。

（2）计算公式：

$$V_{18} = \begin{cases} \dfrac{X_{18} - \min}{\max - \min} \times 100 & X_{18} < 1 \\ 100 & X_{18} = 1 \\ \dfrac{\max - X_{18}}{\max - \min} \times 100 & X_{18} > 1 \end{cases}$$

其中，城乡收入比的适度阈值为 1，max 为参加评价地区该指标数据系列中的最大值；min 为参加评价地区该指标数据系列中的最小值。X_{18} = 城镇人均可支配收入/农民人均纯收入。

评价：城乡居民收入差距呈扩大趋势的根本原因是农民收入基数低，同时受现有国民收入分配格局的影响，农民收入的增长速度低于国民经济的增长速度和城镇居民人均可支配收入的增长速度。反映城乡现实生活水平的差距，这也是经济社会人口生活均衡状态的直接反映，城乡收入比为 1，表示城乡居民的收入均衡。

6. 国有经济比重

（1）指标解释：国有经济比重 X_{19} 表示国有固定资产投资占固定总投资的比重，是一个正指标。

（2）计算公式：

$$V_{19} = \dfrac{X_{19} - \min}{\max - \min} \times 100$$

其中，max 为参加评价地区该指标数据系列中的最大值；min 为参加评价地区该指标数据系列中的最小值。

评价：国有固定资产投资是政府宏观调控的重要工具，用来保持国家经济平稳健康的发展。国有固定资产在全社会范围内，为有计划地组织生产、流通、分配和消费提供了可能，为经济的发展提供了保障。

三、社会和谐程度

$$Y_3 = \sum_{j=6}^{7} C_j Z_j$$

其中，$Z_j(j=6,7)$ 分别表示：社会保障指数、社会服务指数；权重 $C_j(j=6,7)$ 分别为：0.5，0.5。

社会保障指数：

$$Z_6 = \sum_{k=20}^{24} D_k V_k$$

其中，$V_k(k=20,\cdots,24)$ 分别表示：医疗卫生支出比、教育投入比、政府公共财政支出比、国防安全支出比、社会保障和就业支出比的评价值；通过支出占财政支出比重反映了政府对各项社会保障支出的投入和重视程度。权重 $D_k(k=20,\cdots,24)$ 分别为：0.19，0.20，0.17，0.17，0.27。若社会保障和就业支出比不参加评价，则权重 $D_k(k=20,\cdots,24)$ 分别为：0.27，0.27，0.23，0.23，0。

1. 医疗卫生支出比

（1）指标解释：医疗卫生支出比 X_{20} 说明一个国家（或地区）在一定时期内用于卫生医疗服务所消耗的公共资源与该国（或地区）社会经济产出间的关系，是一个正指标。

（2）计算公式：

$$V_{20} = \frac{X_{20} - \min}{\max - \min} \times 100$$

其中，max 为参加评价地区该指标数据系列中的最大值；min 为参加评价地区该指标数据系列中的最小值。X_{20} = 医疗卫生支出/财政总支出。

评价：政府医疗卫生支出是指各级政府用于医疗卫生服务、医疗保障补助、卫生和医疗保险行政管理、人口与计划生育事务支出等各项事业的经费，理论上是一个适度指标。假设在一定时间跨度下，存在最优政府支出规模，那么，如果该时期政府投入远远小于该规模，将导致全社会卫生资源的萎缩，或个人卫生费用的上涨，损害和降低公众的健康利益；相反，如果政府投入远远超过该规模，不仅能造成社会卫生资源的浪费，也能将减少和挤占其他公共投入，降低公共支出的整体效率。针对目前政府财政投入不足，一方面导致看病贵；另一方面，随着人均收入和人们健康意识的提高，人们更加重视疾病的预防，使得医疗机构诊疗人数持续增长，医疗行业的刚性需求不断增长，导致看病难的现实。为了使公众享受到更加优质医疗服务和医疗资源，政府的医疗卫生支出应逐年增加。因此，该指标目前作为正指标参加评价。

2. 教育投入比

（1）指标解释：教育投入比 X_{21} 是一个正指标。

（2）计算公式：

$$V_{21} = \frac{X_{21} - \min}{\max - \min} \times 100$$

其中，max 为参加评价地区该指标数据系列中的最大值；min 为参加评价地区该指标数据系列中的最小值。X_{21} = 教育支出/财政总支出。

评价：教育是提高劳动力素质的重要指标，教育经费的投入与教育质量存在相关关系，提高教育投入有利于缩小城乡之间、区域之间教育发展以及校际之间办学水平上的差距，促进义务教育不断向均衡化的方向发展，以保障每一个受教育者都能够享有平等地接受义务教育的机会与权利。针对目前政府财政投入不足，教育资源分布不均衡的现状，该指标目前作为正指标参加评价。

3. 政府公共财政支出比

（1）指标解释：政府公共财政支出比 X_{22} 是一个正指标。

（2）计算公式：

$$V_{22} = \frac{X_{22} - \min}{\max - \min} \times 100$$

其中，max 为参加评价地区该指标数据系列中的最大值；min 为参加评价地区该指标数据系列中的最小值。X_{22} = 政府公共财政支出/财政总支出。

评价：政府公共财政支出通常是指国家为实现其各种职能，由财政部门按照预算计划，将国家集中的财政资金向有关部门和有关方面进行支付的活动。①对于交通、通信、水利设施等经济基础设施具有极大的外部性，这些经济基础设施的建设不仅影响了整个国民经济的健康发展，也影响了私人部门生产性投资的效益。②随着收入水平的提高，人们对生活质量提出更高的要求，需要提供教育、卫生和福利等方面的社会优质服务。③随着人们对生活环境的要求提高，政府的有关管理机构（如治安、环保）不断扩大，这些都将导致公共消费支出的增长。因此，加大政府公共财政支出，以创造良好的生活、经济和社会环境。

4. 国防安全支出比

（1）指标解释：国防安全支出比 X_{23} 指国家预算用于国防建设和保卫国家安全的支出，包括国防费、国防科研事业费、民兵建设以及专项工程支出等。是一个正指标。

（2）计算公式：

$$V_{23} = \frac{X_{23} - \min}{\max - \min} \times 100$$

其中，max 为参加评价地区该指标数据系列中的最大值；min 为参加评价地区该指标数据系列中的最小值。X_{23} = 国防安全支出/财政总支出。

评价：国防支出费用是为了保卫国家安全而用于军事防务和与国事活动有关的一切经费，建设人口均衡型社会需要有一个相对和平的国际环境，增强国防实力是保证人口均衡型社会实现的重要条件。因此将国防开支占财政总支出的比率作为衡量国家安全程度的指标。但国防支出应维持一个最合理的水平，针对政府在军用品生产和军队活动两方面的实际支出不足的现实，该指标目前作为正指标参加评价。

5. 社会保障和就业支出比

（1）指标解释：社会保障和就业支出比 X_{24} 是一个正指标。

（2）计算公式：

$$V_{24} = \frac{X_{24} - \min}{\max - \min} \times 100$$

其中，max 为参加评价地区该指标数据系列中的最大值；min 为参加评价地区该指标数据系列中的最小值。X_{24} = 社会保障和就业支出/财政总支出。

评价：社会保障制度是以国家为主体，依据一定的法律和规定，通过国民收入的再分配，以社会保障基金为依托，对公民在暂时或者永久性失去劳动能力以及由于各种原因生活发生困难时给予物质帮助，用以保障居民的最基本的生活需要。社会保障制度在调节收入分配、维护社会公平、保障社会成员的基本人权和社会权利、促进社会和谐等诸方面发挥着至关重要的作用。

社会服务指数：

$$Z_7 = \sum_{k=25}^{28} D_k V_k$$

其中，$V_k(k=25,\cdots,28)$ 分别表示：每万人医疗卫生机构床位数、客运能力、人均城市道路面积、建成区绿化覆盖率的评价值；权重 $D_k(k=25,\cdots,28)$ 分别为：0.26，0.36，0.19，0.19。若人均城市道路面积和建成区绿化覆盖率指标不参加评价，则权重 $D_k(k=25,\cdots,28)$ 分别为：0.45，0.55，0，0。

6. 公共服务

（1）指标解释：公共服务 X_{25}，是一个正指标。

（2）计算公式：

$$V_{25} = \frac{X_{25} - \min}{\max - \min} \times 100$$

其中，max 为参加评价地区该指标数据系列中的最大值；min 为参加评价地区该指标数据系列中的最小值。X_{25} = 医疗卫生机构床位数/总人口。

评价：公共服务是以满足社会公共需求，供全体人民共同消费和平等享用的一些公共产品和服务。公共服务体系的建设包括了公共就业、社会保障、公共教育、公共文化、公共科技以及公共基础设施、公共安全等的公共服务体系的建设。而公民享有公共服务的权利，基本生活水准的权利、受教育的权利。社会救助是维持基本生活水准的主要方式，如，城乡最低生活保障金的发放、五保户的救济等。但对于散失劳动能力人群的救助更为重要。在统计上，由于社会服务机构床位数等不易取得，这里用医疗卫生机构床位数代替。

7. 客运能力

（1）指标解释：客运能力 X_{26} 是指道路运输业客运能力现状，是一个正指标。

（2）计算公式：

$$V_{26} = \frac{X_{26} - \min}{\max - \min} \times 100$$

其中，max 为参加评价地区该指标数据系列中的最大值；min 为参加评价地区该指标数据系列中的最小值；X_{26} = 旅客周转量/总人口。

评价：道路客运是社会大众交通出行的主要方式之一，主要包括运输企业数量、规模、所有制、运行线路及运行状况、服务质量、客运站数量与布局等方面。随着社会经济的发展，人民群众收入不断增加、生活水平逐步提高，对道路客运服务业提出了更高的要求。在各种运输方式客运量中，道路客运量占90%以上。这里用旅客周转量占总人口的比重来反映一定时期内的客运能力。

8. 人均城市道路面积

（1）指标解释：人均城市道路面积 X_{27} 是指报告期末城区内平均每人拥有的城市道路面积，是一个正指标。

（2）计算公式：

$$V_{27} = \frac{X_{27} - \min}{\max - \min} \times 100$$

其中，max 为参加评价地区该指标数据系列中的最大值；min 为参加评价地区该指标数据系列中的最小值。

评价：城市道路是城市生存和发展所必须具备的工程性基础设施和社会性基础设施。工程性基础设施包括能源系统、给排水系统、交通系统、通信系统、环境系统、防灾系统等。社会性基础设施包括行政管理、文化教育、医疗卫生、商业服务、金融保险、社会福利等设施。城市基础设施的全面提升对城市社会服务功能的完善提供了保障，这里用人均城市道路面积来评价社会服务的能力。

9. 建成区绿化覆盖率

（1）指标解释：建成区绿化覆盖率 X_{28} 是指报告期末建成区内绿化覆盖面积与区域面积的比率，是一个正指标。

（2）计算公式：

$$V_{28} = \frac{X_{28} - \min}{\max - \min} \times 100$$

其中，max 为参加评价地区该指标数据系列中的最大值；min 为参加评价地区该指标数据系列中的最小值。X_{28} = 建成区绿化覆盖面积/建成区面积。

评价：城市的绿化可以发挥调节空气质量、水质、微气候以及管理能量资源等，是城市系统所依赖的生态环境，也是人口对提高生活质量的要求。该指标测量的是建成区内的绿化实施情况，从城市绿化方面考察生活环境问题。

四、资源节约程度

$$Y_4 = \sum_{j=8}^{9} C_j Z_j$$

其中，$Z_j(j=8,9)$ 分别表示：资源禀赋指数、资源消耗指数；权重 $C_j(j=8,9)$ 分别为：0.5，0.5。

资源禀赋指数：

$$Z_8 = \sum_{k=29}^{33} D_k V_k$$

其中，$V_k(k=29,\cdots,33)$ 分别表示：人均粮食占有量、人均耕地面积、人均可消费能源、人均森林面积、人均水资源量的评价值；权重 $D_k(k=29,\cdots,33)$ 分别为：0.22，0.19，0.19，0.14，0.26。若人均水资源量不参加评价，则权重 $D_k(k=29,\cdots,33)$ 分别为：0.30，0.26，0.26，0.18，0。

1. 人均粮食占有量

（1）指标解释：人均粮食占有量 X_{29} 体现我国粮食储量与人口基数的关系，从供给与需求的角度说明了粮食安全度，是一个正指标。

（2）计算公式：

$$V_{29} = \frac{X_{29} - \min}{\max - \min} \times 100$$

其中，max 为参加评价地区该指标数据系列中的最大值；min 为参加评价地区该指标数据系列中的最小值。

评价：民以食为天，粮食是维系人类生命的首要商品，粮食安全是中国长治久安的基础，虽然我国已解决了温饱问题，但人均粮食占有量必须维持在一个合理的范围才能保障人口的质量。

2. 人均耕地面积

（1）指标解释：人均耕地面积 X_{30} 是一个正指标。

（2）计算公式：

$$V_{30} = \frac{X_{30} - \min}{\max - \min} \times 100$$

其中，max 为参加评价地区该指标数据系列中的最大值；min 为参加评价地区该指标数据系列中的最小值。X_{30} = 耕地面积（千公顷）/人口总数。

评价：联合国粮农组织定义耕地（人均公顷数）为用于种植短期作物（种植双季作物的土地只计算一次）、供割草或放牧的短期草场、供应市场的菜园和自用菜园的土地以及暂时闲置的土地。人口增加需要更多的耕地以保障粮食供应，而目前严酷的现实却是人增地减加剧，耕地保护面临着更大的挑战。

3. 人均可消费能源

（1）指标解释：人均可消费能源 X_{31} 是一个正指标。

（2）计算公式：

$$V_{31} = \frac{X_{31} - \min}{\max - \min} \times 100$$

其中，max 为参加评价地区该指标数据系列中的最大值；min 为参加评价地区该指标数据系列中的最小值。X_{31} = 可供消费的能源总量/人口总数。

评价：能源消费是指生产和生活所消耗的能源。该指标说明我国的能源储量与人口基数的关系，体现了我国人均资源使用水平以及经济潜力。从国家安全角度看，能源资源的稳定供应始终是一个国家关注的重点，是国家安全的核心内容。随着工业化、城市化进程的加快以及居民消费结构的升级，石油、天然气等清洁高效能源在能源消费结构中将会占据越来越重要的地位。人均能耗越多，国民生产总值就越大，能源消费按人平均的占有量是衡量一个国家经济发展和人民生活水平的重要标志。

4. 人均森林面积

（1）指标解释：人均森林面积 X_{32} 是一个正指标。

（2）计算公式：

$$V_{32} = \frac{X_{32} - \min}{\max - \min} \times 100$$

其中，max 为参加评价地区该指标数据系列中的最大值；min 为参加评价地区该指标数据系列中的最小值。X_{32} = 森林面积/人口总数。

评价：森林面积包括郁闭度 0.2 以上的乔木林地面积和竹林面积，国家特别规定的灌木林地面积，农田林网以及村旁、路旁、水旁、宅旁林木的覆盖面积。加强森林资源保护，着力增加森林总量，提高森林质量，增强森林功能，为维护国家生态安全、应对全球气候变化提供了保障。人均森林面积是对森林资源的一个较为客观的评价。

5. 人均水资源量

（1）指标解释：人均水资源量 X_{33} 是指在一个地区（流域）内，某一个时期按人口平均占有的水资源量，是一个正指标。

（2）计算公式：

$$V_{33} = \frac{X_{33} - \min}{\max - \min} \times 100$$

其中，max 为参加评价地区该指标数据系列中的最大值；min 为参加评价地区该指标数据系列中的最小值。

评价：水也是维系人类生命的首要资源，人均水资源量是指可以利用的淡水资源人平均占有量，是衡量国家可利用水资源的程度指标之一。

资源消耗指数：

$$Z_9 = \sum_{k=34}^{36} D_k V_k$$

其中，$V_k(k=34,\cdots,36)$ 分别表示：万元 GDP 能耗、万元 GDP 电耗、人均能源消耗量的评价值；权重 $D_k(k=34,\cdots,36)$ 分别为：0.37，0.28，0.35。

6. 万元 GDP 能耗

（1）指标解释：万元 GDP 能耗 X_{34} 是一个逆指标。

（2）计算公式：

$$V_{34} = \frac{\max - X_{34}}{\max - \min} \times 100$$

其中，max 为参加评价地区该指标数据系列中的最大值；min 为参加评价地区该指标数据系列中的最小值。X_{34} = 能源消费总量/实际 GDP。

评价：能耗反映了工业能源利用效率，是衡量工业企业能源消耗的主要指标。能源消耗是经济发展的同步指标，能够准确、直接地反映经济运行状况。这里是指在保障经济发展速度不变的情况下，用万元 GDP 能耗来衡量能源消耗节约目标完成情况。

7. 万元 GDP 电耗

（1）指标解释：万元 GDP 电耗 X_{35} 是指实现每万元 GDP 全社会用电量，是一个逆指标。

（2）计算公式：

$$V_{35} = \frac{\max - X_{35}}{\max - \min} \times 100$$

其中，max 为参加评价地区该指标数据系列中的最大值；min 为参加评价地区该指标数据系列中的最小值。X_{35} = 电力消费量/实际 GDP。

评价：用电量是经济发展的同步指标，能够准确、直接地反映经济运行状况。这里是在保障经济发展速度不变的情况下，用万元 GDP 电耗来衡量电力消耗节约目标完成情况。

8. 人均能源消耗量

（1）指标解释：能源消耗量是指能源使用单位在报告期内实际消费的一次能源或二次能源的数量。人均能源消耗量 X_{36} 是一个逆指标。

（2）计算公式：

$$V_{36} = \frac{\max - X_{36}}{\max - \min} \times 100$$

其中，max 为参加评价地区该指标数据系列中的最大值；min 为参加评价地区该指标数据系列中的最小值。

评价：能源是人类活动的物质基础，能源消费是一定时期内用于生产、生活所消费的各种能源。能源消费与经济发展水平紧密相关，这里是在保障生活质量不变的情况下，用人均能源消耗量来衡量能源消耗节约目标完成情况。

五、环境友好程度

$$Y_5 = \sum_{j=10}^{11} C_j Z_j$$

其中，$Z_j(j = 10, 11)$ 分别表示：环境污染指数、环境治理指数；权重 $C_j(j = 10, 11)$ 分别为：0.5，0.5。

环境污染指数：

$$Z_{10} = \sum_{k=37}^{40} D_k V_k$$

其中，$V_k(k = 37, \cdots, 40)$ 分别表示：工业废水排放、工业废气排放、工业固体排放、农药使用量的评价值；权重 $D_k(k = 37, \cdots, 40)$ 分别为：0.30，0.27，0.23，0.20。

1. 工业废水污染比

（1）指标解释：工业废水污染比 X_{37} 是一个逆指标。

（2）计算公式：

$$V_{37} = \frac{\max - X_{37}}{\max - \min} \times 100$$

其中，max 为参加评价地区该指标数据系列中的最大值；min 为参加评价地区该指标数据系列中的最小值。X_{37} = 工业废水排放量/实际工业产值。

评价：工业废水排放量是指报告期内经过企业厂区所有排放口排到企业外部的工业废水量，是水污染的主要来源，在此用工业废水污染比来衡量环境的污染程度。

2. 工业废气污染比

（1）指标解释：工业废气污染比 X_{38} 是一个逆指标。

（2）计算公式：

$$V_{38} = \frac{\max - X_{38}}{\max - \min} \times 100$$

其中，max 为参加评价地区该指标数据系列中的最大值；min 为参加评价地区该指标数据系列中的最小值；X_{38} = 工业废气排放量/实际工业产值。

评价：工业废气排放是指企业厂区内燃料燃烧和生产工艺过程中产生的各种排入空气的含有污染物的气体，对大气及周边环境充满污染，对人体危害极大。工业废气是空气污染的主要来源，在此用工业废气污染比来衡量环境的污染程度。

3. 工业固体污染比

（1）指标解释：工业固体污染比 X_{39} 是一个逆指标。

（2）计算公式：

$$V_{39} = \frac{\max - X_{39}}{\max - \min} \times 100$$

其中，max 为参加评价地区该指标数据系列中的最大值；min 为参加评价地区该指标数据系列中的最小值；X_{39} = 工业固体排放量/实际工业产值。

评价：工业固体废物是环境污染的主要来源，在此用工业固体污染比来衡量环境的污染程度。

4. 农药使用率

（1）指标解释：农药使用率 X_{40} 是一个逆指标。

（2）计算公式：

$$V_{40} = \frac{\max - X_{40}}{\max - \min} \times 100$$

其中，max 为参加评价地区该指标数据系列中的最大值；min 为参加评价地区该指标数据系列中的最小值；X_{40} = 农药使用量/农作物总播种面积。

评价：农药的使用是保证农业生产经济效益的重要手段，对提高人民生活水平有着非常重要的作用。尤其是与人类健康密切相关的农药接触问题越来越受到人们的重视，国家提出力争达到化肥使用率0增长。在此用农药使用率来衡量环境的污染程度。

环境治理指数

$$Z_{11} = \sum_{k=41}^{44} D_k V_k$$

其中，$V_k(k=41,\cdots,44)$ 分别表示：工业废气治理效率、工业废水治理效率、工业固体排放物治理效率、生活垃圾无害化处理率的评价值；权重 $D_k(k=41,\cdots,44)$ 分别为：0.30，0.26，0.22，0.22。若生活垃圾无害化处理率指标不参加评价，则权重 $D_k(k=41,\cdots,44)$ 分别为：0.38，0.34，0.28，0。

5. 工业废气治理效率

（1）指标解释：工业废气治理效率 X_{41} 是一个正指标。

（2）计算公式：

$$V_{41} = \frac{X_{41} - \min}{\max - \min} \times 100$$

其中，max 为参加评价地区该指标数据系列中的最大值；min 为参加评价地区该指标数据系列中的最小值。

评价：环境保护是一项需要大量资金投入的事业，主要是指负担恢复环境损害发生之前存在的环境状态所需要的一切费用，目前以大气治理的投资来衡量工业废气污染治理的效率。

6. 工业废水治理效率

（1）指标解释：工业废水治理是指工业生产过程用过的水经过适当处理回用于生产或妥善地排放出厂。工业废水治理效率 X_{42} 是一个正指标。

（2）计算公式：

$$V_{42} = \frac{X_{42} - \min}{\max - \min} \times 100$$

其中，max 为参加评价地区该指标数据系列中的最大值；min 为参加评价地区该指标数据系列中的最小值。

评价：废水治理包括生产用水的管理和治理废水而采取的措施，目前以工业废水治理的投资代替工业废水排放达标量以衡量其治理的效率。

7. 工业固体排放物治理效率

（1）指标解释：工业固体排放物治理效率 X_{43} 是一个正指标。

（2）计算公式：

$$V_{43} = \frac{X_{43} - \min}{\max - \min} \times 100$$

其中，max 为参加评价地区该指标数据系列中的最大值；min 为参加评价地区该指标数据系列中的最小值。

评价：在对工业固体排放物进行治理时，可按废物的不同特性分类收集运输和贮存，然后进行合理利用和处理处置，减少环境污染。目前以治理工业固体排放物的投资来衡量其治理的效率。

8. 生活垃圾无害化处理率

（1）指标解释：生活垃圾无害化处理率 X_{44} 是一个正指标。

（2）计算公式：

$$V_{44} = \frac{X_{44} - \min}{\max - \min} \times 100$$

其中，max 为参加评价地区该指标数据系列中的最大值；min 为参加评价地区该指标数据系列中的最小值；X_{44} = 生活垃圾无害化处理量/生活垃圾产生量。

评价：生活垃圾指城市日常生活或为城市日常生活提供服务的活动中产生的固体废物，以及法律行政规定的视为城市生活垃圾的固体废物，包括居民生活垃圾、商业垃圾、集市贸易市场垃圾、街道清扫垃圾、公共场所垃圾和机关、学校、厂矿等单位的生活垃圾。目前以生活垃圾无害化处理的投资来衡量其治理的效率。在统计上，由于生活垃圾产生量不易取得，可用清运量代替。

六、制度保障力度

$$Y_6 = C_{12} Z_{12}$$

$$Z_{12} = \sum_{k=45}^{48} D_k V_k$$

其中，权重 C_{12} 为 1；$V_k (k = 45, \cdots, 48)$ 分别表示：市场分配资源比重、政府管制力、政府规模、基尼系数的评价值；权重 $D_k (k = 45, \cdots, 48)$ 分别为：0.23，0.28，0.23，0.26。

1. 市场分配资源比重

（1）指标解释：市场分配资源比重 X_{45} 用来对政府税收和非营利性服务业的评价，是一个正指标。

（2）计算公式：

$$V_{45} = \frac{X_{45} - \min}{\max - \min} \times 100$$

其中，max 为参加评价地区该指标数据系列中的最大值；min 为参加评价地区该指标数据系列中的最小值。X_{45} = 1 - 一般财政预算收入/GDP。

评价：一般预算收入包括国税、地税扣除上缴中央财政部分的地方留存部分，再加财政部门组织的收入。由于农林牧渔业和非营利性服务业（包括科学研究和技术服务，水利、环境和公共设施管理业，教育，卫生和社会工作，公共管理、社会保障和社会组织）几乎不征收税收。GDP 是纯经济性范畴的指标，一般预算收入作为国家权力意志的体现，是经济和政策兼具，且偏重政策性范畴的指标，这里用市场分配资源比重评价政府的税收政策和社会服务。

2. 政府管制力

（1）指标解释：政府管制力 X_{46} 用企业的非税负担来衡量政府管制力度，是一个逆指标。

（2）计算公式：

$$V_{46} = \frac{\max - X_{46}}{\max - \min} \times 100$$

其中，max 为参加评价地区该指标数据系列中的最大值；min 为参加评价地区该指标数据系列中的最小值。X_{46} =（行政事业收费 + 罚没收入）/一般预算收入。

评价：是指政府为达到一定的目的，凭借其法定的权利对社会经济主体的经济活动所施加的某种限制和约束，以确保微观经济的有序运行，实现社会福利的最大化。政府行政机构依据法律授权，通过制定规章、设定许可、监督检查、行政处罚和行政裁决等行政处理行为，对构成特定社会的个人和构成特定经济的经济主体的活动进行限制和控制的行为。

3. 政府规模

（1）指标解释：政府规模 X_{47} 是用政府非生产性消费比重来衡量政府规模，是一个逆指标。

（2）计算公式：

$$V_{47} = \frac{\max - X_{47}}{\max - \min} \times 100$$

其中，max 为参加评价地区该指标数据系列中的最大值；min 为参加评价地区该指标数据系列中的最小值。X_{47} = 行政管理费用支出/一般预算支出。

评价：用行政管理费用支出占一般预算支出的比率来评价支出的合理性，从而体现政府规模是否精干高效、协调整合和财力一致。

4. 基尼系数

（1）指标解释：基尼系数 X_{48} 用来衡量贫富差距，是一个逆指标。

（2）计算公式：

$$V_{48} = \frac{\max - X_{48}}{\max - \min} \times 100$$

其中，max 为参加评价地区该指标数据系列中的最大值；min 为参加评价地区该指标数据系列中的最小值。

评价：基尼系数是评价经济社会公平程度的指标。基尼系数体现的是全社会贫富阶层之间的整体差异程度，它抽象掉了个体的特殊性。由于基尼系数给出了反映收入分配差异程度的数量界限，可以有效地预警两极分化并且可以进行不同社会之间以及同一社会不同阶层之间收入差距状况的比较。在统计上，由于贫富差距数据不易取得，可用基尼系数代替。

第五节 基于灰色关联序的人口均衡型社会指标体系检验

综合评价是在确定一套合理的评价指标体系基础上，对评价系统对象各项指标加权平均计算出综合值，用以反映各评价系统对象综合质量的一种评价方法。设第 $i(i=1,2,\cdots,t)$ 个对象的综合评价指数 $=\sum_{k=1}^{n}x_i(k)w_k$，其中 $\sum_{k=1}^{n}w_k=1$，k 为指标序号（$k=1,2,\cdots,n$）。评价原始数据见附录，主要来自中华人民共和国国家统计局中国统计年鉴（http://www.stats.gov.cn/），包括人口、教育、卫生、就业人员和工资、国民经济核算、人民生活、固定资产投资、社会服务、城市概况、公共管理保障和其他、农业、运输和邮电、能源、资源和环境、财政等多个部分。

一、1993~2013年42个指标数据评价[①]

1. 人口均衡型社会综合指数评价结果

根据表5-43，人口均衡型社会综合评价指数（the comprehensive Evaluation index of Population Balance type Society）EPBS $=\sum_{i=1}^{42}x_iw_i$，$\sum_{i=1}^{42}w_i=1$，其中 $x_i(i=1,2,\cdots,42)$ 分别表示42个相关因素，$w_i(i=1,2,\cdots,42)$ 表示对应的权重。通过VB编程，分别计算1993~2013年人口均衡型社会综合评价指数，评价排序结果如图5-25所示。

---

① 在实证时，数据只收集到2013年，因此，课题组利用1993~2013年的数据进行实证。

```
全国人口均衡型社会综合评价              _ □ ×

        人口均衡型社会综合指数评价

            1993-2013年综合评价结果

        年份      综合指数       名次
        2013      63.95          1
        2012      62.92          2
        2011      61.82          3
        2010      59.87          4
        2009      59.02          5                     评价
        2008      54.55          6
        2007      53.91          7
        2006      53.7           8
        2005      49.35          9
        2004      46.99          10
        2002      46.91          11
        2001      45.23          12
        2003      44.23          13
        2000      44.09          14
        1999      42.61          15
        1998      40.67          16
        1996      37.72          17
        1997      37.37          18
        1993      34.45          19
        1995      32.99          20
        1994      31.86          21
```

图 5-25　1993~2013 年 42 个指标数据的综合评价指数

根据评价结果，我国人口均衡型社会的均衡程度稳定上升。分析其原因：

（1）人口发展水平和经济发展水平。

二级指标中人口适度指数对人口发展水平影响最大，且对人口自然增长率的波动最为敏感。自 1984 年 4 月中共中央在批转国家计生委党组《关于计划生育工作情况的汇报》即 7 号文件颁布以来，我国的人口政策旨在限制人口快速增长的同时稳定人口自然增长率，由于我国人口基数较大，该增长率到 2008 年才稳定在 5‰ 左右。

经济发展水平是由经济结构与经济增长水平共同作用决定的，三级指标中，城乡收入比最能体现经济结构的情况，人均国内生产总值则是反映经济增长水平的重要指标。

城乡收入比等于城镇人均可支配收入/农民人均纯收入，我国作为农业大国，2013 年农村人口达到 62 961 万人，占当时总人口的 46%。我国城乡收入比在 1996 年和 1998 年达到最高峰 3.33%。这是因为 1996 年出台了《关于 1996 年国有企业改革工作的实施意见》，1997年国有企业改革是经济体制改革的重点。受持续两年的国企改革和1997年香港回归的影响，1998年我国经济快速发展，从而使得城镇居民收入提高以及城乡收入差距扩大。但1999年受亚洲金融风暴和全球金融市场动荡的影响，我国经济发展脚步放缓，从而城乡收入比下降。近年来我国为了实现经济可持续发展，出台了一系列政策以缩小城乡收入比，使该指标稳定在3%。

（2）社会和谐程度和资源节约程度。

社会和谐程度由社会保障指数和社会服务指数反映。三级指标医疗卫生支出比和教育投入比是反映社会保障的重要指标。医疗卫生工作一直是我国政府工作的重点。在GDP逐年上升的情况下，卫生医疗支出占GDP的比重也持续上升。科技是强国之路，而教育是支撑科技强国的基础。因此我国教育经费占GDP的比重稳步上升。我国在二十多年里兴修铁路和高速公路，扩充航线，客运能力提高明显。另外，可以较好地刻画社会服务指数水平的指标是每万人医疗卫生机构床位数，随着我国对医疗的投入增加以及对医疗改革的深化，到2013年该指标是1993年的1.92倍。该指标的增长说明近年来我国的医疗资源较大增长，社会服务指数也相应地有所增长。

资源节约程度可以有效反映资源的使用情况，资源节约程度主要由资源禀赋指标和资源消耗指数反映。资源禀赋指标主要是体现国家的能源贮藏情况，三级指标中人均粮食占有量是最重要的指标。我国人均粮食占有量总体呈上升趋势。

资源消耗的情况由资源消耗指数反映，万元GDP能耗和人均能源消耗量两个指标对资源消耗指数的影响较大。万元GDP能耗表示能源使用的效率，自1993年开始我国万元GDP能源消耗量指标稳定下降，直至2013年该指标仅为1993年的3/10。

资源消耗指数同时也受到人均能源消耗量的影响。人均能源消耗量越小则说明资源利用率越高。

（3）环境友好程度和制度保障力度。

环境友好程度由环境污染指数和环境治理指数反映。对环境情况影响最大的是水污染和空气污染，因此环境污染指数主要由工业废水污染比和工业废气污染比表示。工业废水排放总体呈现持续稳定下降的趋势。工业废水污染比指标的下降不仅说明工业水污染一直是我国政府关注的重点之一，也反映了我国政府立志于绿色科技，绿色生产的环保理念。同时该指标下降也反映了我国科技日益进步，能源使用率大幅度提升。2013年的工业废水污染比仅为1993年的3/20。

环境治理指数中最重要的两个指标为工业废气治理效率和工业废水治理效率。整体来看工业废气治理效率稳定持续上升，到2013年已接近100%。相较于1993年60.7%的废气治理率，2013年该指标有了质的飞跃。

2013年工业废水治理效率是1993年工业废水治理率的近两倍。该指标越高说明我国环保理念越得到了贯彻实施，实现了能源的可持续使用。

制度保障力度在某种程度上可以用制度约束指数来表示，而制度约束主要由政府管制力和基尼系数两个指标反映。政府管制力是指在一般预算收入中行政事业收费和罚没收入总和所占的比例，其本质是用企业的非税负担来衡量政府管制力度。1993~2013年政府管制力总体上有所增长，但始终维持在4%以下。随着我国近几年深化体制改革的推进，缩减政府不必要的预算初见成效。因此政府管制力在3%左右波动。

基尼系数总体趋势维持在0.5以下。收入公平程度始终是我国政府关注的重点。

2. 灰色关联序

设Y为系统特征行为序列并取理想最优特征值，对1993~2013年的数据进行关联度计算，得到关联序如图5-26所示。

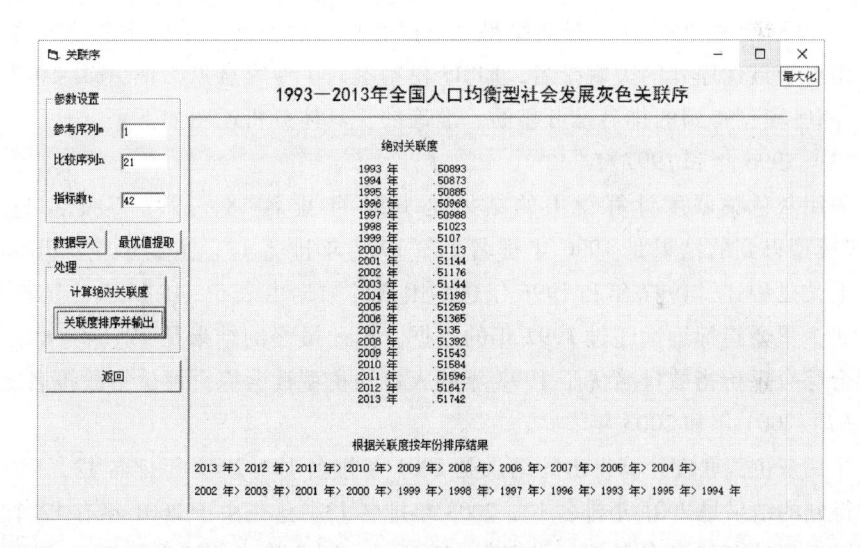

图5-26　1993~2013年42个指标数据的灰色关联序

3. 基于排序平均误差长度分析

利用EPBS模型和灰色关联度模型对1993~2013年人口均衡情况进行排序，根据图5-25与图5-26的结果整理后得到表5-44。

随着可持续发展战略的实施，人口均衡型社会的均衡程度有所提高。在EPBS模型中一级指标共有六个，即人口发展水平、经济发展水平、社会和谐程度、资源节约程度、环境友好程度和制度保障力度，对应指标的组合权重分别为0.23、0.20、0.17、0.15、0.13和0.12，其中人口发展水平和经济发展水平所占比重较高，其次是社会和谐程度和资源节约程度，最后为环境友好程度和制度保障力度。

表 5 -44   1993 ~ 2013 年 42 个指标数据

年份	1993	1994	1995	1996	1997	1998	1999	2000	2001	2002	2003	2004	2005	2006	2007	2008	2009	2010	2011	2012	2013
综合评价排序	19	21	20	17	18	16	15	14	12	11	13	10	9	8	7	6	5	4	3	2	1
关联序	19	21	20	18	17	16	15	14	13	11	12	10	9	7	8	6	5	4	3	2	1
排序差异	0	0	0	1	1	0	0	0	1	0	1	0	0	1	1	0	0	0	0	0	0

从表 5 – 44 中可以得到，排序误差值为 0 ~ 1，平均误差长度 $AEL = (0 \times 15 + 1 \times 6)/21 = 0.286 < 0.3$，两种方法的排序结果基本一致。

在 EPBS 模型和灰色关联度得到的人口均衡型社会综合评价指数排名中，有 3 组年份的名次不一致。这三组年份分别是 1996 年和 1997 年、2001 年和 2003 年以及 2006 年和 2007 年。排名结果之所以有较小的波动，是由于灰色关联度模型是相对于最优序列的关联排名，EPBS 模型融入了专家意见，但 $AEL < 0.3$，因此，EPBS 模型得到的排名是可靠的、准确的。具体分析说明如下：

（1）1996 年和 1997 年。

采用灰色关联度计算得出的结果是 1996 年排名 18，1997 年排名 17，而 EPBS 模型得到的结果是 1996 年排名 17，1997 年排名 18，主要影响 EPBS 的因素在上文已叙述。1997 年和 1996 年这些因素的数据由表 5 – 45 所示，显然 1996 年有 8 个重要指标远远超过 1997 年的数据。因此最终的结果是 1996 年人口均衡型社会综合评价指数排名优于 1997 年的人口均衡型社会综合评价指数排名。

（2）2001 年和 2003 年。

采用灰色关联度计算得出的结果是 2001 年排名 13，2003 年排名 12，而 EPBS 模型得到的结果是 2001 年排名 12，2003 年排名 13。这是由于 2001 年有 12 个重要指标远远超过 2003 年的数据，如表 5 – 46 所示。因此最终的结果是 2001 年人口均衡型社会综合评价指数排名优于 2003 年的人口均衡型社会综合评价指数排名。

（3）2006 年和 2007 年。

采用灰色关联度计算得出的结果是 2006 年排名 7，2007 年排名 8，而 EPBS 模型得到的结果是 2006 年排名 8，2007 年排名 7。2006 年和 2007 年这些因素的数据由表 5 – 47 所示，显然 2006 年有 7 个重要指标远远低于 2007 年的数据。值得注意的是 2006 年每万人医疗卫生机构床位数这一指标远远低于 2007 年的指标数，因此最终的结果是 2007 年人口均衡型社会综合评价指数排名优于 2006 年的人口均衡型社会综合评价指数排名。

表 5-45　EPBS 主要影响因素变化

年份	人口自然增长率/‰	人均国内生产总值/万元/人	城乡收入比	医疗卫生支出占GDP比重/%	教育经费占GDP比重/%	每万人医院和卫生院床位数/张/万人	客运能力/%	人均粮食占有量/千克/人
1996	10.42	0.5878	3.332822	3.806617	3.178488039	683.4761468	23.4	412.2388
1997	10.06	0.6457	3.314876	4.04785	3.205819252	753.501686	23.5	399.7306
权重	0.27	0.33	0.41	0.27	0.27	0.55	0.45	0.3
差距	0.36	-0.0579	0.017946	-0.24123	-0.027331213	-70.02553923	-0.1	12.50821

年份	万元GDP能源消耗量吨标准煤/万元	人均能源消耗量吨标准煤/人	工业废水污染比吨/万元	工业废气污染比/立方米/元	工业废气治理效率/%	工业废水治理效率/%	政府管制力/%	基尼系数
1996	12.65384172	1.110360971	377.1169	20.36732	62.9	59.1	2.93559675	0.458
1997	11.63887122	1.104883849	317.1963	19.09531	66.9	61.8	3.26829289	0.455
权重	0.37	0.35	0.3	0.27	0.38	0.34	0.28	0.26
差距	1.014970496	0.005477122	59.92065	1.272009	-4	-2.7	-0.3326961	0.003

注：差距=1996 年的数据-1997 年的数据；这里需要强调的是 EPBS 模型和灰色关联度模型最终的计算均使用标准化后的数据，并非原始数据。而表中给出的均是原始数据，所以此处差距主要用于说明两个年份被减年份相应因素的优劣情况。差距大于 0，则说明被减年份优越于后者。

表 5-46　EPBS 主要影响因素变化

年份	人口自然增长率/‰	人均国内生产总值/万元/人	城乡收入比	医疗卫生支出占 GDP 比重/%	教育经费占 GDP 比重/%	每万人医院和卫生院床位数/张/万人	客运能力/%	人均粮食占有量/千克/人
2001	6.95	0.867	3.21	4.583395	4.229315	1 006.082	23.9	354.6559
2003	6.01	1.06	3.11	4.847568	4.570858	1 068.701	23.45	333.2858
权重	0.27	0.33	0.41	0.27	0.27	0.45	0.55	0.3
差距	0.94	-0.193	0.097067	-0.26417	-0.34154	-62.6185	0.45	21.37009

年份	万元 GDP 能源消耗量吨标准煤/万元	人均能源消耗量吨标准煤/人	工业废水污染比吨/万元	工业废气污染比/立方米/元	工业废气治理效率/%	工业废水治理效率/%	政府管制力/%	基尼系数
2001	7.67766	1.182577	254.9449	20.23963	59.6	85.6	3.296766	0.459
2003	7.817074	1.426514	212.6439	19.92726	67.36667	89.2	3.841318	0.479
权重	0.37	0.35	0.3	0.27	0.38	0.34	0.28	0.26
差距	7.30766	0.832577	254.6449	19.96963	59.22	85.26	3.016766	0.199

注：差距 = 2001 年的数据 - 2003 年的数据；这里需要强调的是 EPBS 模型和灰色关联度模型最终的计算均是使用标准化后的数据，并非原始数据。而本表中给出的均是原始数据，所以此处差距主要是用于说明两个年份相应因素的优劣情况。差距大于 0，则说明被减年份优越于后者。

表 5-47　EPBS 主要影响因素变化对照

年份	人口自然增长率/‰	人均国内生产总值/万元人	城乡收入比	医疗卫生支出占GDP比重/%	教育经费占GDP比重/%	每万人医院和卫生院床位数/张/万人	客运能力/%	人均粮食占有量/千克/人
2006	5.28	1.6602	2.65	4.550478	4.537519	1 514.656	25.29	378.8892
2007	5.17	2.0337	2.51	4.354222	4.570201	1 716.612	26.28	379.6311
权重	0.27	0.33	0.41	0.27	0.27	0.45	0.55	0.3
差距	0.11	-0.3735	0.139212	0.196256	-0.03268	-201.956	-0.99	-0.7419

年份	万元GDP能源消耗量吨标准煤/万元	人均能源消耗量吨标准煤/人	工业废水污染比吨/万元	工业废气污染比/立方米/元	工业废气治理效率/%	工业废水治理效率/%	政府管制力/%	基尼系数
2006	7.336844	1.973092	155.4539	21.4218	91.26667	92.9	3.870894	0.487
2007	6.969076	2.128471	138.1984	21.74924	87.53333	91.7	3.449759	0.484
权重	0.37	0.35	0.3	0.27	0.38	0.34	0.28	0.26
差距	0.367768	-0.15538	17.25559	-0.32744	3.733333	1.2	0.421135	0.003

注：差距=2006 年的数据-2007 年的数据；这里需要强调的是 EPBS 模型和灰色关联度模型最终的计算均是使用标准化后的数据，并非原始数据。而表中给出的均是原始数据，所以此处差距主要用于说明两个年份相应因素的优劣情况。差距大于 0，则说明被减年份优越于后者。

二、2004~2013年48个指标数据评价

由于2004年开始我国新增一些统计指标,例如,人均入院率、社会保障和就业支出比、人均城市道路面积、建成区绿化覆盖率、人均水资源量、生活垃圾无害化处理率等6个指标,这些指标同样对人口均衡有重要影响。

1. 人口均衡型社会综合指数评价结果

根据表5-43,人口均衡型社会综合评价指数 EPBS $=\sum_{i=1}^{48}x_iw_i$,$\sum_{i=1}^{48}w_i=1$,其中$x_i(i=1,2,\cdots,48)$分别表示48个相关因素,$w_i(i=1,2,\cdots,48)$表示对应的权重。通过VB编程,分别计算2004~2013年人口均衡型社会综合评价指数,评价排序结果如图5-27所示。

```
全国人口均衡型社会综合评价

人口均衡型社会综合指数评价

2004-2013年综合评价结果

年份      综合指数    名次
2012      60.9        1
2013      59.29       2
2011      56.94       3
2010      54.29       4
2009      53.13       5
2008      45.65       6
2007      44.23       7
2006      41.06       8
2005      33.84       9
2004      30.36       10

                        [评价]
```

图5-27 2004~2013年48个指标数据的综合评价指数

根据评价结果,我国人口均衡型社会的均衡程度稳定上升。分析其原因:

(1) 人口发展水平和经济发展水平。

二级指标中人口适度指数对人口发展水平影响最大,且对人口自然增长率的波动最为敏感。由于计划生育政策的实施,近二十年以来我国的人口增长速度逐渐减缓,2006年我国人口自然增长率下降幅度较大,相较于2005年的人口自然增长率,2006年只有5.28%。

经济发展水平是由经济结构与经济增长水平共同作用决定的,三级指标中城乡收入比最能体现经济结构的情况,人均国内生产总值则是反映经济增长水平的

重要指标。我国的人均国内生产总值稳定持续上升，在 2013 年达到顶峰。城乡收入比是衡量城乡收入差距的一个重要指标，城乡收入的差距大小直观反映了当前经济结构的合理程度。城乡收入比越大则说明城乡收入的差距越大。近几年我国加快了农村城镇化建设，自 2003 年开始城乡收入比维持在 3% 左右。

（2）社会和谐程度和资源节约程度。

社会和谐程度由社会保障指数和社会服务指数反映。三级指标社会保障和就业支出比是反映社会保障的重要指标。社会保障和就业问题一直是我国政府关注的重点之一，随着 GDP 逐年上升，社会保障和就业支出占 GDP 的比重呈上升的趋势。

资源是国家能否实现可持续发展的重要因素。资源节约程度可以有效反映资源的使用情况，资源节约程度主要由资源禀赋指标和资源消耗指数反映。国家的能源贮藏情况主要通过资源禀赋指标体现，水是生命之源，人均水资源量是反映资源禀赋的有效指标。我国人均水资源量总体上呈下降趋势，这是我国人口持续增长与经济发展的必然结果。近几年我国人均水资源量下降的速度减缓，说明我国水资源的利用率有较大的提升。

资源消耗的情况由资源消耗指数反映，万元 GDP 能耗和人均能源消耗量两个指标对资源消耗指数的影响较大。自 2004 年开始，我国万元 GDP 能源消耗量指标稳定下降，直至 2013 年该指标仅为 2004 年的 3/5。人均能源消耗量比值越小则说明资源利用率越高，尽管人均能源消耗量总体上持续上升，但随着能源利用率的提升，近几年人均能源消耗量上升速度明显下降。

（3）环境友好程度和制度保障力度

环境友好程度由环境污染指数和环境治理指数反映。对环境影响最大的是水污染和空气污染，因此环境污染指数主要由工业废水污染比和工业废气污染比表示。近年来，工业废水排放总体呈现持续稳定下降的趋势，反映了我国政府立志于绿色科技，绿色生产的环保理念。同时该指标下降也反映了我国科技日益进步，能源使用率大幅度提升。2013 年的工业废水污染比仅为 2004 年 2/5。

环境治理指数中最重要的两个指标为工业废气治理效率和工业废水治理效率。整体来看工业废气治理效率稳定持续上升，到 2013 年已接近 100%。相较于 2004 年 75.6% 的废气治理率，2013 年该指标提升了 30% 左右。同时 2013 年工业废水治理效率比 2004 年工业废水治理率高出 6%。该指标越高说明我国环保理念的实施效果越好。

制度保障力度在某种程度上可以由制度约束指数来表示，而制度约束主要由政府管制力和基尼系数两个指标反映。政府管制力用企业的非税负担来衡量，2004~2013 年政府管制力在平稳中有所下降。随着我国经济的快速发展，供给侧结构性改革要求缩减政府不必要的预算，对此政府管理力维持在 3% 左右波动。

2. 灰色关联序

设 Y 为系统特征行为序列并取理想最优特征值，对 2004~2013 年的数据进行关联度计算,得到关联序如图5-28所示。

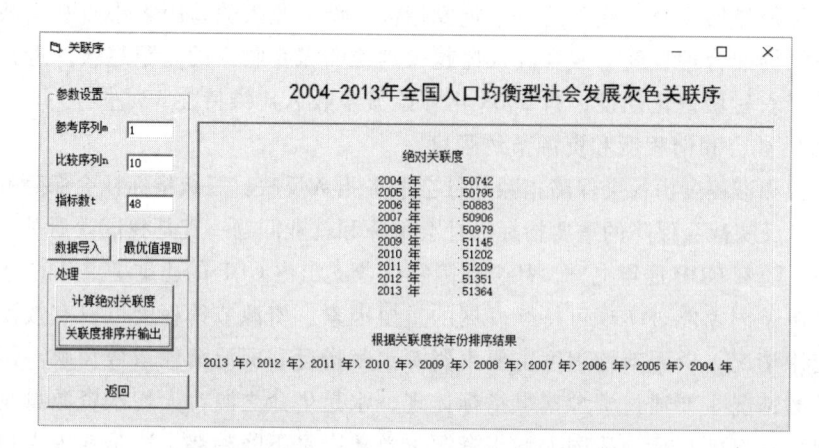

图 5-28　2004~2013 年 48 个的灰色关联序

3. 基于排序平均误差长度分析

利用 EPBS 模型和灰色关联度模型对 1993~2013 年人口均衡情况进行排序,根据图 5-27 与图 5-28 的结果整理后得到表 5-48。

表 5-48　　　　　　　2004~2013 年 48 个指标数据

年份	2004	2005	2006	2007	2008	2009	2010	2011	2012	2013
评价排序	10	9	8	7	6	5	4	3	1	2
关联序	10	9	8	7	6	5	4	3	2	1
排序差异	0	0	0	0	0	0	0	0	1	1

在 EPBS 模型中一级指标共有六个,即人口发展水平、经济发展水平、社会和谐程度、资源节约程度、环境友好程度和制度保障力度。而这些指标的组合权重分别为 0.23、0.20、0.17、0.15、0.13 和 0.12,其中人口发展水平和经济发展水平所占比重较高,其次是社会和谐程度和资源节约程度,最后为环境友好程度和制度保障力度。这里需要指出的是由于 2004 年开始我国新增一些统计指标,例如社会保障和就业支出比、人均入院率等,而这些指标同样对人口均衡有重要影响。本书将利用 2004~2013 年的 48 个指标数据再对人口均衡状况进行描述。

从表 5-48 中可以得到,排序误差值为 0~1,平均误差长度 AEL = $(0 \times 8 + 1 \times 2)/10 = 0.2 < 0.3$,两种方法的排序结果基本一致。主要影响 EPBS 的因素在上文已做叙述。2012 年和 2013 年这些因素的数据由表 5-49 所示,显然 2012 年有 9 个重要指标远远超过 2013 年的数据。因此最终的结果是 2012 年人口均衡型社会综合评价指数排名优于 2013 年的人口均衡型社会综合评价指数排名。

表 5-49　EPBS 主要影响因素变化对照表

年份	人口自然增长率/‰	人均国内生产总值/万元·人	城乡收入比	社会保障和就业支出比/%	客运能力/%	人均水资源量/立方米·人	万元 GDP 能源消耗量/吨标准煤·万元
2012	4.95	3.9544	2.80	4.358148	2 785.406	5.41919	5.41919
2013	4.92	4.332	3.03	2.464299	2 326.388	4.760399	4.760399
权重	0.23	0.33	0.41	0.27	0.36	0.26	0.37
差距	0.03	-0.3776	-0.2334	1.893849	459.0181	0.658791	0.658791

年份	人均能源消耗量吨标准煤·人	工业废水污染比/吨·万元	工业废气污染比/立方米·元	工业废气治理效率/%	工业废水治理效率/%	政府管制力/%	基尼系数
2012	2.678	80.739	23.15636	93.86101	97.95092	3.335035	0.474
2013	2.755894	80.19309	25.0023	92.55952	96.66684	3.402962	0.473
权重	0.35	0.3	0.27	0.3	0.26	0.28	0.26
差距	-0.07789	0.545919	-1.84595	1.301492	1.284082	-0.06793	0.001

注：差距 = 2012 年的数据 - 2013 年的数据；这里需要强调的是 EPBS 模型和灰色关联度模型最终的计算均是使用标准化后的数据，并非原始数据。而表中给出的均是原始数据，所以此处差距主要是用于说明两个年份相应因素的优劣情况。差距大于 0，则说明被减年份优越于后者。

三、2004～2013年不同指标数的评价结果对比分析

对EPBS模型在不同指标数的两个指标体系中的评价结果进行讨论。根据图5-27与图5-28的结果整理后得到表5-50。

表5-50　　　2004～2013年42与48个指标数据评价结果对比

年份	2004	2005	2006	2007	2008	2009	2010	2011	2012	2013
评价排序42	10	9	8	7	6	5	4	3	2	1
评价排序48	10	9	8	7	6	5	4	3	1	2
评价排序差异	0	0	0	0	0	0	0	0	1	1

从表5-50中可以得到，评价排序差异为0~1，平均误差长度 AEL = (0×8 + 1×2)/10 = 0.2 < 0.3，对42个指标与48个指标进行综合评价，其排序结果基本一致，仅在2012年与2013年上有次序颠倒。造成这一变化的主要原因是EPBS模型的因素有所变化，由于2004年我国统计口径和项目有所增加，所以两次结果有出入。新增的6个指标分别是：人均入院率、社会保障和就业支出比、人均城市道路面积、建成区绿化覆盖率、人均水资源量和生活垃圾无害化处理率。其中人均入院率隶属于人口适度指数；社会保障和就业支出比隶属于社会保障指数；人均城市道路面积和建成区绿化覆盖率隶属于社会服务指数；人均水资源量隶属于资源禀赋指数；生活垃圾无害化处理率隶属于环境治理指数。新增指标使得初始的因素权重有所改变，从而对最终结果也有较大的影响，权重变化如表5-51所示。新指标的加入使得权重得以重新分配。初始权重较大的指标，权重变小。例如医疗卫生支出比、人均粮食占有量、工业废气治理效率和工业废水治理效率权重前后变化0.08；教育投入比、人均耕地面积和人均可消费能源前后变化0.07。

2012年与2013年相应指标数据间差距如表5-51所示，重新分配权重后，2012年在某些劣势指标处劣势减小。而在新增6个指标中有2个权重较大指标对应的2012年的数据远远超过2013年的相关数据，即社会保障和就业支出比和人均水资源量。在表5-52所列25个指标中，2012年有11个指标数值大于2013年的指标数值，因此根据EPBS模型，2012年人口均衡型社会综合评价指数排名为1，2013年人口均衡型社会综合评价指数排名为2。

表5-51　EPBS主要影响因素变化对照

指标	人均入院率/%	人口密度/人/平方千米	人口自然增长率/‰	人均受教育年限/年	婴儿死亡率/‰	人均预期寿命/年	社会保障和就业支出比/%	医疗卫生支出比/%	教育投入比/%	政府公共财政支出比/%	国防安全支出比/%	人均城市道路面积/平方米/人	建成区绿化覆盖率/%	每万人医疗卫生机构床位数/张/万人	客运能力/%
评价排序42	—	0.21	0.27	0.19	0.18	0.15	—	0.27	0.27	0.23	0.23	—	—	0.45	0.55
评价排序48	0.15	0.18	0.23	0.17	0.15	0.12	0.27	0.19	0.2	0.17	0.17	0.19	0.19	0.26	0.36
变化	—	0.03	0.04	0.02	0.03	0.03	—	0.08	0.07	0.06	0.06	—	—	0.19	0.19

指标	人均水资源量/立方米/人	人均粮食占有量/千克/人	人均耕地面积/平方米/人	人均可消费能源/万吨标准煤/人	人均森林面积/平方米/人	生活垃圾无害化处理率/%	工业废气治理效率/%	工业废水治理效率/%	工业固体排放物治理效率/%
评价排序42	—	0.3	0.26	0.26	0.18	—	0.38	0.34	0.28
评价排序48	0.26	0.22	0.19	0.19	0.14	0.22	0.3	0.26	0.22
变化	—	0.08	0.07	0.07	0.04	—	0.08	0.08	0.06

注：变化=42个指标的权重-48个指标的权重

表 5-52　EPBS 主要影响因素变化对照

指标	人口密度/人/平方千米	人口自然增长率/‰	人均受教育年限/年	婴儿死亡率/‰	人均预期寿命/年	人均入院率/%	医疗卫生支出比/%	教育投入比/%	政府公共财政支出比/%	国防安全支出比/%	社会保障和就业支出比/%	每万人医疗卫生机构床位数/张/万人	客运能力/%	人均城市道路面积/平方米/人	建成区绿化覆盖率/%
2012 年数据	141	4.95	8.9421	10.3	75.1995	13.188	5.360624	4.23200488	24.24643	0.07635	4.358148	39	2 785.406	14.39	39.6
2013 年数据	143.13	4.92	9.0477	9.5	75.3561	14.1236	5.385704	3.74167629	23.84483	1.26027	2.464299	45.5	2 326.388	14.87	39.7
差距	-2.13	0.03	-0.1053	0.8	-0.1566	-0.934	-0.02508	0.4903286	0.4016	-1.1839	1.893849	-6.5	459.0181	-0.48	-0.1
权重变化	0.03	0.04	0.02	0.03	0.03	—	0.08	0.07	0.06	0.06	—	0.19	0.19	—	—

指标	人均粮食占有量/千克/人	人均耕地面积/平方米/人	人均可消费能源/吨标准煤/人	人均森林面积/平方米/人	人均水资源量/立方米/人	工业废气治理效率/%	工业废水治理效率/%	工业固体排放物治理效率/%	生活垃圾无害化处理率/%
2012 年数据	435.42	0.8989	2.4508	0.1443	2 186.05	93.861	97.95092	61.5303	84.8
2013 年数据	442.37	0.8945	2.4987	0.1526	2 059.69	92.5595	96.66684	61.567043	89.3
差距	-6.945	0.00444	-0.0479	-0.008	126.36	1.30149	1.284082	-0.036743	-4.5
权重变化	0.08	0.07	0.07	0.04	—	0.08	0.08	0.06	—

注：变化 = 42 个指标的权重 - 48 个指标的权重；差距 = 2012 年数据 - 2013 年数据；此处数据均为原始数据，并未进行标准化处理

六个新增指标说明：

1. 人均入院率

人均入院率是医院入院人数与总人口的比值。人均入院率隶属人口适度指数，人的身体素质会对人口自然增长率、人均预期寿命和婴儿死亡率等指标产生影响。所以，加入该指标能更加准确的刻画人口适度指数，最终使得人口均衡型社会综合评价更具客观性、准确性和适用性。

2. 社会保障和就业支出比

社会保障和就业支出比是指国内生产总值中社会保障和就业支出所占比例。2004 年以前我国主要通过医疗卫生支出比、教育投入比等指标刻画社会保障情况。随着我国对社会保障的重视，2004 年开始对社会保障和就业支出进行单独结算和统计。因此，加入该指标能更加直观直接地刻画社会保障指数。

3. 人均城市道路面积和建成区绿化覆盖率

人均城市道路面积和建成区绿化覆盖率是 2004 年开始统计的指标，随着城市的发展，我国越来越重视城市的绿化水平以及道路交通情况。而这两个指标正好可以较好地反映城市绿化水平和道路交通情况，人均城市道路面积和建成区绿化覆盖率隶属于社会服务指数。因此新增这两个指标有利于更好、更准确的了解社会服务水平。

4. 人均水资源量

人均水资源量隶属于资源禀赋指数。水是生命之源也是国家发展的基本要素之一。自 2004 年开始我国对此指标才有了单独的统计，增加该指标进一步丰富了影响资源禀赋指数的因素。

5. 生活垃圾无害化处理率

生活垃圾无害化处理率隶属于环境治理指数。随着城市人口的持续增加，生活垃圾也随之增加，所以近几年我国越来越重视生活垃圾处理的问题。生活垃圾对环境的污染力不容小觑，因此增加该指标有利于更为准确地刻画环境治理状况。

第六节　本章小结

构建人口均衡型社会评价指标体系主要目的是动态地发现人口经济社会发展过程中出现的矛盾，从比较结果中评价失衡的程度，用结果（矛）纠正过程和结构（盾）。如何构建人口均衡型社会评价指标体系？本课题针对目前评价指标体系构建中存在的不足，结合前人的研究成果，对构建人口均衡型社会评价指标体系进行了创新和改进工作。

第一，如何设计人口均衡型社会指标体系？有人曾提出不要"没有计量的理论"，也不要"没有理论的计量"。目前不少成果在重视计量时往往忽略了理论，其直接后果是导致了众多缺乏充分理论支持的指标体系。因此，本书认为任何一种科学的指标体系的建立，必须先有一个具体计量指标所赖以存在的基本框架。这个基本框架实际上就是对应于特定对象而建立的一个理论解释系统。一个具有理论说服力的解释系统必须依靠其内在的逻辑结构，对这种逻辑结构的高度抽象表述则是网络模型和类模型。网络模型是基本框架的灵魂，基本框架是支撑指标体系的骨骼，舍此便不能将众多指标组成有机整体，从而形成真正意义上的"指标体系"。类模型从领域抽象过程中迭代形成的层次模型，正好对应着指标体系的层次结构。本课题通过：①进一步理解人口均衡型社会涉及领域的内涵；②构建人口均衡型社会网络模型；③进行OOA构建指标体系层次结构。

第二，如何选择反映人口均衡型社会的指标项？本书借助软件开发中面向对象的建模方法，以及统计学中的频度统计法进行指标的选择。本书通过：①TF-IDF自动提取关键词；②OOA提取指标类。从主观与客观进行指标选择，使其能克服指标项选择随意性的弊端，全面、科学地反映人口均衡型社会的现状。

第三，如何确定指标的权重？权重是表明各个评价指标重要性的程度，是衡量指标对研究对象影响重要性的量，表示各个评价指标在总体中所起的不同作用。本课题通过：①层次分析法；②独立权系数法；③变异系数法；④组合赋权法，对①、③主观与客观的结果进行组合确定权重。

第四，如何检验评价指标体系的合理性？长期以来对指标体系的检验研究较少，针对上述步骤构建的指标体系，本书借鉴灰色关联序与综合指数结果的排序平均误差长度进行检验，验证所构建的指标体系的合理性和科学性。

第三篇

实证研究

第六章

人口均衡型社会的现状描述
——来自评价指标体系的解释

本章根据构建的人口均衡型社会指标体系，利用全国以及30个省、直辖市、自治区（由于数据的可得性，不包括我国的重庆市和台湾地区，下同）1993~2014年的数据，反映人口均衡型社会的数量特征，并对这些数量关系加以统计描述，判断其状况及趋势，这不但可以为人口均衡型社会的进一步分析及相互关系进行实证检验提供基础，而且是为人口内外均衡的实证检验提供重要依据。

第一节 人口均衡型社会的表现

根据人口均衡型社会指数的构建方法，考虑到数据的完整性，利用全国以及30个省、直辖市、自治区（由于数据的可得性，不包括我国的重庆市和台湾地区，下同）1993~2014年的数据，通过计算全国各个省、直辖市、自治区的人口均衡型社会综合指数，研究我国人口均衡型社会20年来的变化情况以及我国人口均衡型社会的地区差异程度。

我国人口均衡型社会指数从1993年到2014年基本上处于上升状态，如图6-1所示，1993年中国人口均衡型社会指数为40.13，2014年上升为62.78，加入动态指标后，我国人口均衡型社会指数从2004年到2014年也一直处于上升状态，这表明我国人口均衡水平是在不断提高的。

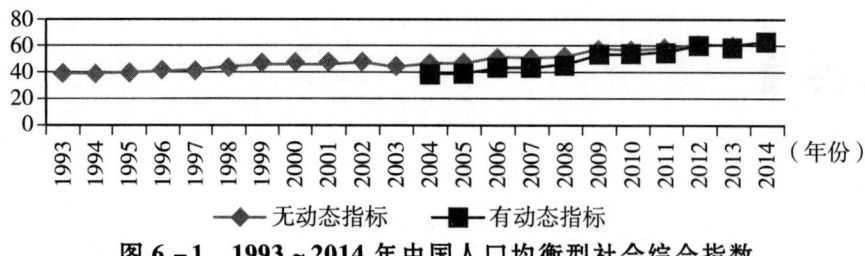

图 6-1　1993~2014 年中国人口均衡型社会综合指数

2014 年我国各个省、市、自治区的人口均衡水平还存在一定的地区差异。如图 6-2 所示，2014 年，加入动态指标后的我国人口均衡型社会指数最高的省份为北京和江苏，分别达到了 60.43 和 60.40，此外人口均衡型社会指数较高的省份还有天津、安徽、福建、上海、西藏、浙江、山东、黑龙江，处于这一水平的省市大多属于东部地区①；人口均衡型社会指数处于中游水平（54.28~56.9）的省份有海南、湖南、四川、辽宁、广东、吉林、陕西、内蒙古、河北、湖北，这一水平的省份大多属于中部和北部地区；而人口均衡型社会指数最低的省份是甘肃和云南，其人口均衡型社会指数仅为 50.61 和 49.75，此外人口均衡型社会指数较低的省份还有新疆、河南、山西、宁夏、江西、青海、广西、贵州，这一水平的省份大多属于中西部地区。整体而言，我国东部各省区的人口均衡型社会综合指数要高于中部和西部地区。

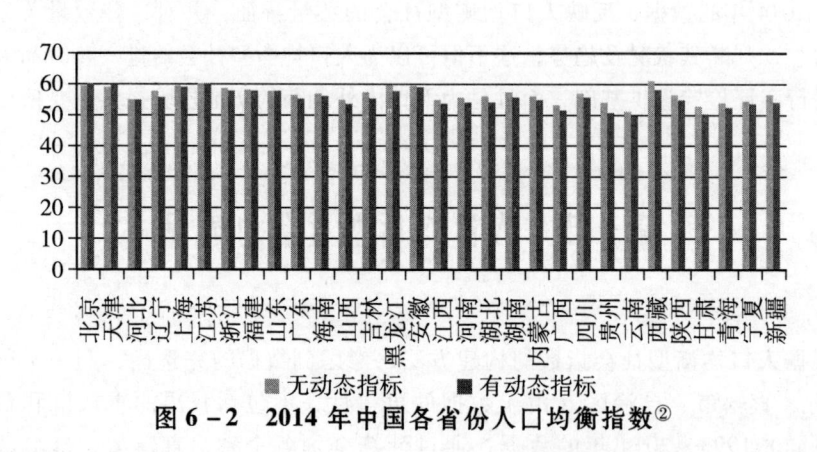

图 6-2　2014 年中国各省份人口均衡指数②

根据对人口均衡型社会的含义界定，人口内部均衡主要通过人口发展指数进

---

① 根据国家统计局的划分，东部地区包括北京、天津、河北、辽宁、上海、江苏、浙江、福建、山东、广东、海南 11 个省市；中部地区包括山西、吉林、黑龙江、安徽、江西、河南、湖北、湖南 8 个省市，西部地区包括内蒙古、广西、重庆、四川、贵州、云南、西藏、陕西、甘肃、青海、宁夏、新疆共 12 个省市自治区。

② 省份以加入动态指标的人口发展指数降序排列。下同。

行描述，其中该指数又包括人口适度指数、人口结构指数和人口分布指数；人口外部均衡主要通过经济发展指数、社会和谐指数、资源节约指数、环境友好指数和制度保障指数表现出来。本章借助中国国家统计局、中国统计年鉴、国泰安数据库等权威数据来源，结合第 5 章的指数编制方法测算这些指数，从人口内部均衡和人口外部均衡两个方面反映我国人口均衡型社会的数量特征，同时通过对各个省份的人口均衡型指数进行对比分析，从而系统全面的了解我国人口均衡型社会的现状和差异程度。

第二节　人口内部均衡的表现

人口内部均衡现状主要通过人口发展指数来表示。根据人口发展指数的构建方法，考虑到数据的完整性，利用全国以及 30 个省、直辖市、自治区 1993 ~ 2014 年的数据，获得全国各个省、直辖市、自治区的人口发展指数，来研究我国人口发展水平 20 年来的变化情况以及我国人口发展水平的地区差异。

我国人口发展指数（无动态指标）从 1993 年到 1996 年不断升高，如图 6 - 3 所示，1993 年中国人口发展指数为 35.56，1996 年上升为 58.37；之后中国人口发展指数开始下降，到 2000 年降为 48.53；之后到 2014 年中国人口发展指数不断上升，达到 67.16，2014 年出现小幅下降，为 65.73。加入动态指标后，我国人口发展指数从 2004 年到 2014 年均处于波动上升状态。说明进入 21 世纪以来，随着中国对人口均衡问题的重视，中国的人口发展水平得到了不断提高，但是仍然处于较低水平，还有待于进一步提高。

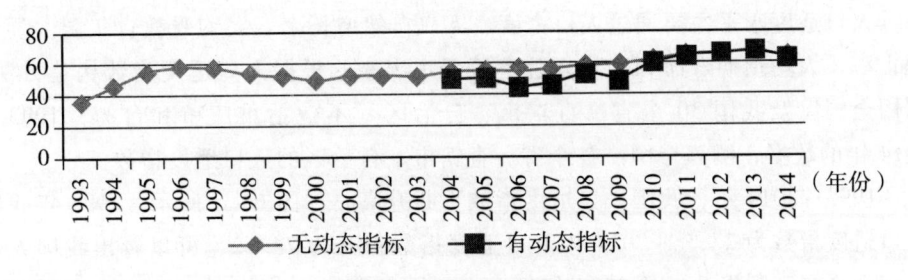

图 6 - 3　1993 ~ 2014 年中国人口发展指数

2014 年我国各个省、市、自治区的人口发展水平还存在较大的地区差异。如图 6 - 4 所示，2014 年，加入动态指标后的我国人口发展指数最高的省份为北京和安徽，分别达到了 71.85 和 71.98，此外人口发展指数较高的省份还有福建、天津、江苏、上海、山西、河北、宁夏、海南、广东等大多属于东部地区的省份；人口发展指数处于中游水平（56.8~62.8）有湖南、四川、山东、浙江、青海、河南、青海、辽宁、江西、新疆等大多属于中西部地区的省份；而人口发展指数最低的省份有甘肃和云南，其人口发展指数仅为46.17和46.23，此外人口发展指数较低的省份还有吉林、湖北、陕西、广西、黑龙江、内蒙古、贵州，这些省份大多属于中西部地区。我国各省的人口发展指数从东部沿海到西部内陆逐渐降低。

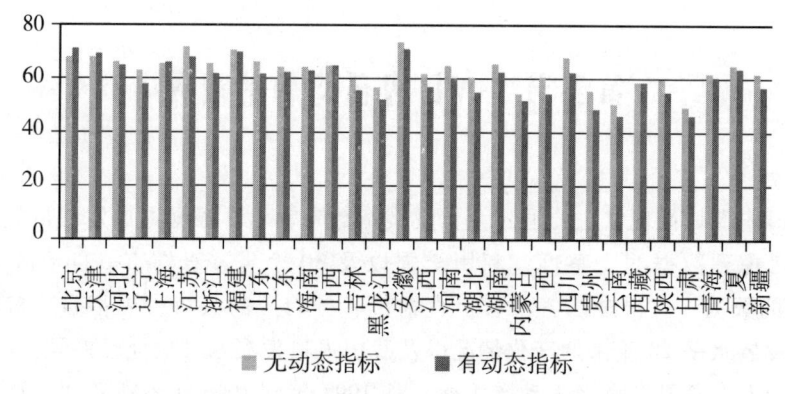

图 6-4　2014 年各省人口发展指数

由于人口发展水平主要通过人口适度指数、人口结构指数和人口分布指数三个方面综合而成，它们各自的现状是如何影响人口发展水平的呢？

一、人口适度现状

人口适度水平主要通过人口密度、人口自然增长率、人均受教育年限、婴儿死亡率、人均预期寿命和人均入院率等表现出来。根据人口适度指数构建方法，利用全国以及我国 30 个省、直辖市、自治区（不包括重庆市和台湾）1993~2014 年的数据，测算全国、各个省、直辖市、自治区的人口适度指数。

1993~2014 年，我国人口适度指数不断升高，如图 6-5 所示，1993 年我国人口适度指数为 27，到 2014 年人口适度指数上升为 74.62，可以看出我国人口适度水平在不断提升。从 2004 年加入人均入院率动态指标后，我国人口适度指数在 60 附近波动。而且 2005 年以后，加入人均入院率的人口适度指数要低于没有加入人均入院率的人口适度指数。一方面是因为环境越来越恶劣，疾病种类越来越多，导致更多的人患病入院治疗；另一方面是由于近几年来医疗卫生保障制度的不断完善，医疗设施的不断更新，使得更多的患者能够接受入院治疗，从而提高了入院率，导致影响人口适度的供需矛盾突出。

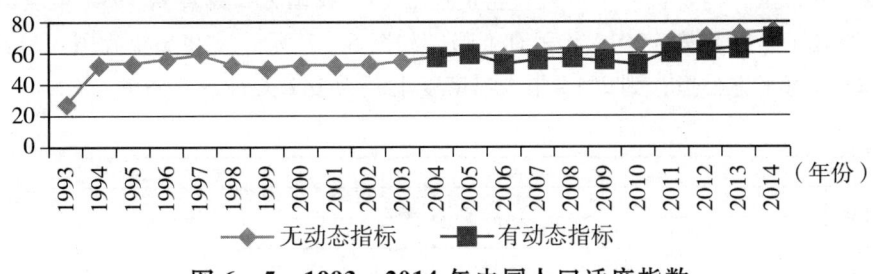

图 6-5　1993~2014 年中国人口适度指数

截至 2014 年我国各个省份之间的人口适度指数还存在较大的地区差异。如图 6-6 所示，2014 年我国人口适度指数（无动态指标）最高的省份为海南和安徽，分别达到了 75.38 和 74.51，此外人口适度指数较高的省份还有广西、北京、福建、宁夏、山东、河北、广东、陕西（70.86~75.38），这些省份主要位于东南沿海和中部地区；人口适度指数处于中游水平（65.23~70.35）的有浙江、四川、天津、新疆、辽宁、湖南、江苏、山西、贵州、河南等处于东中部地区的省份；而人口适度指数最低的省份是云南和青海，其人口适度指数仅为 44.92 和 48.29，此外人口适度指数较低的还有江西、湖北、吉林、黑龙江、上海、西藏、甘肃、内蒙古等主要位于我国中西部地区的省份。另外，研究发现加入人均入院率后的人口适度指数普遍小于未加人均入院率的人口适度指数，人均入院率作为一个逆指标，拉低了人口适度水平。总体来说，我国人口适度指数从东南往西北逐渐降低。

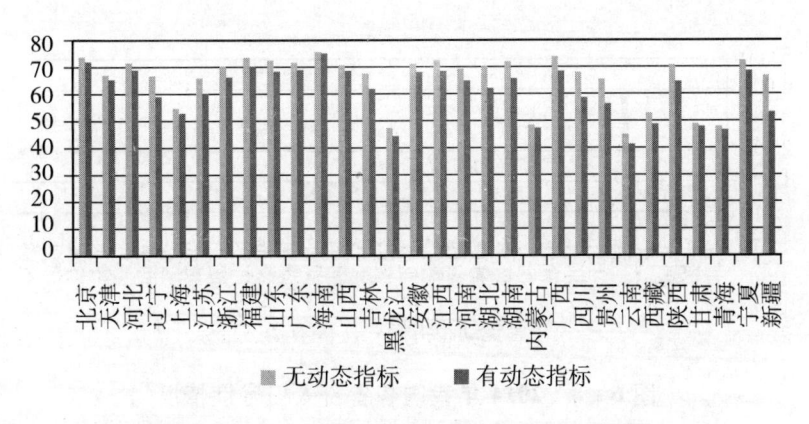

图 6-6　2014 年中国各省人口适度指数

根据人口适度的内涵，描述人口适度的人口数量与人口质量表现又如何呢？

1. 人口密度

中国是世界上人口最多的国家。截至 2014 年底，在中国 960 万平方公里的土地上居住着 136 082 万人口，约占世界总人口的 19%。中国的人口密度为 142 人每平方公里，约是世界平均人口密度的 3 倍。我国人口密度从 1993 年至 2014 年一直处于上升趋势，2014 年稍有下降，如图 6-7 所示，1993 年我国人口密度为 123 人每平方公里，到 2014 年人口密度上升为 142 人每平方公里。

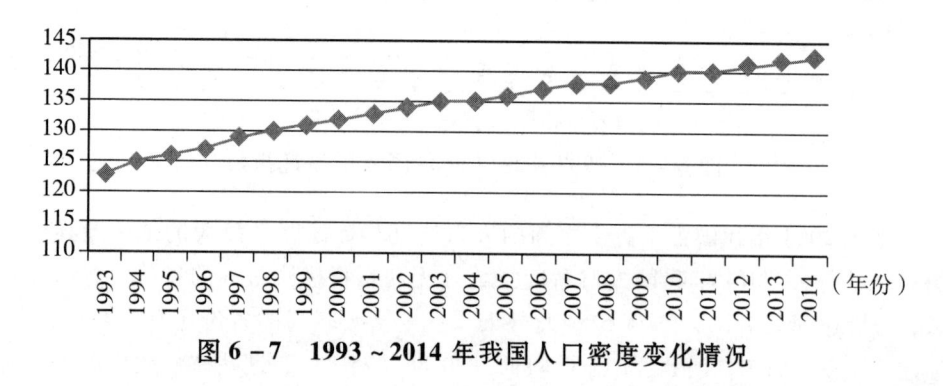

图 6-7　1993~2014 年我国人口密度变化情况

中国不但人口密度大，人口分布也很不均衡，东部沿海地区人口密集，每平方公里超过 400 人，中部地区每平方公里为 200 多人，而西部高原地区人口稀少，每平方公里不足 10 人。如图 6-8 所示，2014 年上海人口密度为 3 825 人每平方公里，是全国人口密度的 27 倍，北京、天津、江苏、山东、广东、河南、浙江等省份人口密度也超过了 500 人每平方公里，而西藏的人口密度仅为 2.6 人每平方公里，青海、新疆、内蒙古的人口密度也不到 30 人每平方公里，这种分布状态与地区的经济水平紧密相关。

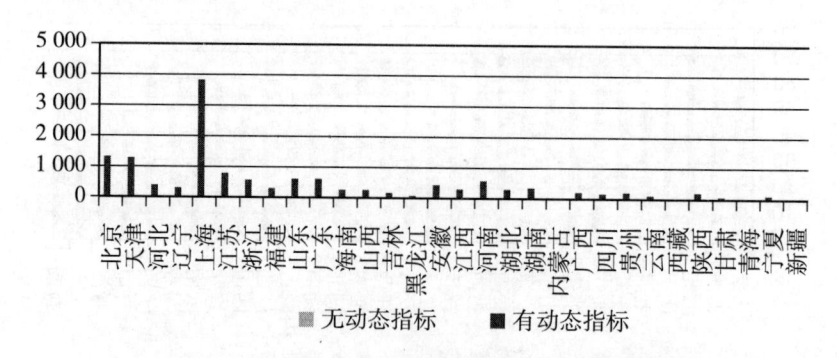

图 6-8　2014 年我国各省份人口密度情况

由此看来，我国人口密度较高，同时地区之间差异较大。

2. 人口自然增长率

我国人口自然增长率不高，尤其是执行计划生育政策以来，人口自然增长率一直处于下降状态。根据美国中情局（CIA）2008 年的资料显示，在 230 个国家和地区中，阿联酋的增长率位居世界第一，为3.833%，黑山共和国位居世界倒数第一，为-1%，中国大陆人口自然增长率位居世界第162位，为0.501%，印度位居世界第86位，为1.758%。如图6-9所示，1993年以来，我国人口自然增长率一直下降，1993年我国人口自然增长率为1.145%，而2014年我国人口自然增长率仅为0.521%。

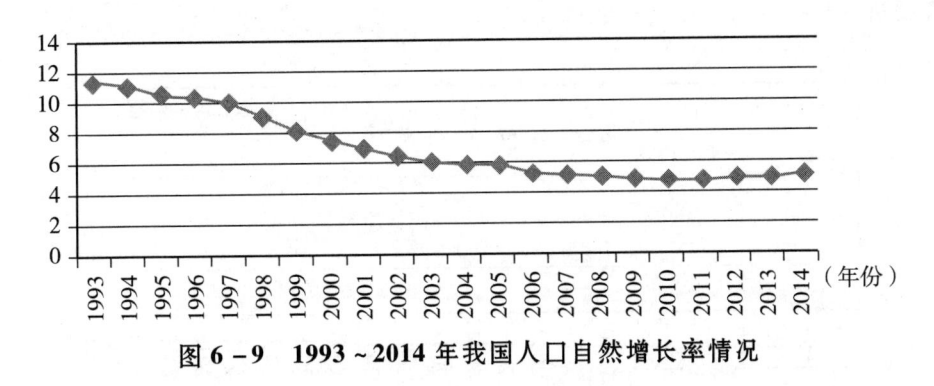

图6-9　1993~2014年我国人口自然增长率情况

尽管我国人口自然增长率不高，但是由于我国人口基数大，每年仍有将近700万人口的增加。而且，我国各个省份的人口自然增长率差距很大，如图6-10所示，新疆和西藏的人口自然增长率最高，分别为11.47‰和10.55‰；而东三省的人口自然增长率最低，黑龙江、吉林、辽宁的人口自然增长率分别为0.91‰、0.4‰和0.26‰，且辽宁省的人口自然增长率在2011~2013年为负增长。

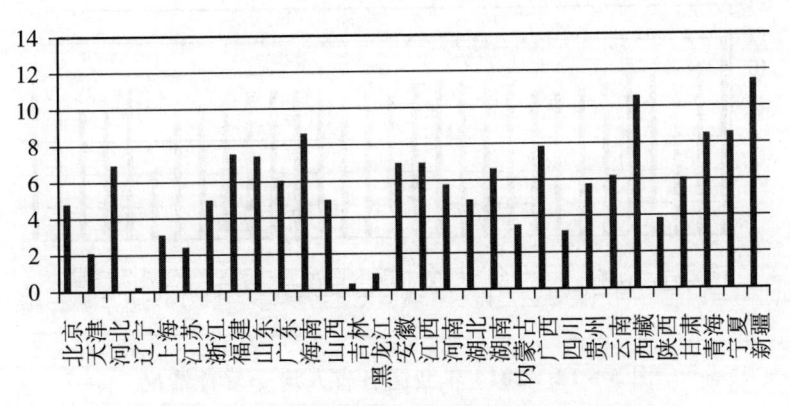

图6-10　2014年我国各省人口自然增长率情况

综上所述，我国整体人口自然增长率不高，但由于人口基数大，人口增长仍然较快；人口自然增长率在各个省份之间不平衡。

3. 人均受教育年限

自1993年以来，我国人均受教育年限一直处于上升状态，这主要归功于我国"科教兴国"战略的实施。1995年5月6日颁布的《中共中央国务院关于加速科学技术进步的决定》首次提出在全国实施科教兴国战略。从图6-11中可以看出，我国人均受教育年限从1993年开始就一直处于上升状态，1993年人均受教育年限为6.47年，到2014年人均受教育年限已经上升为9.04年，人均受教育水平得到了很大提高。尽管如此，我国人均受教育年限仍然处于较低水平，还需要进一步提高。

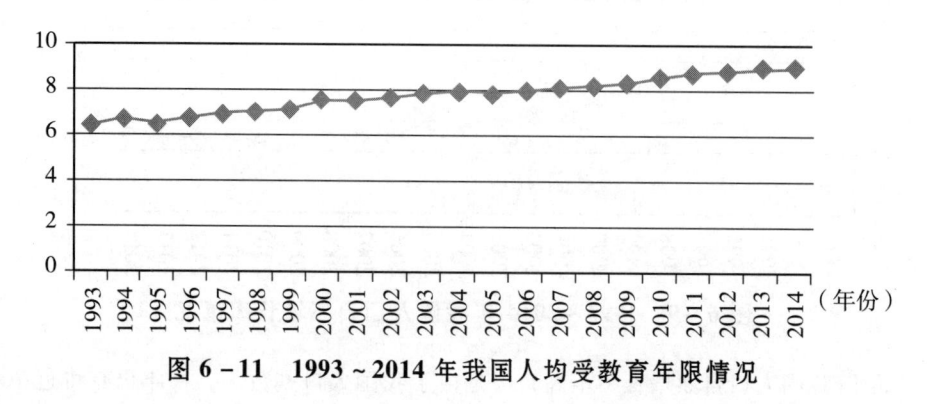

图6-11　1993~2014年我国人均受教育年限情况

我国各个省份平均受教育年限总体趋于一致，但仍然有个别省份差距较大。如图6-12所示，2014年北京市人均受教育年限为11.85年，而西藏的平均受教育年限仅为4.22年，相差7年多。

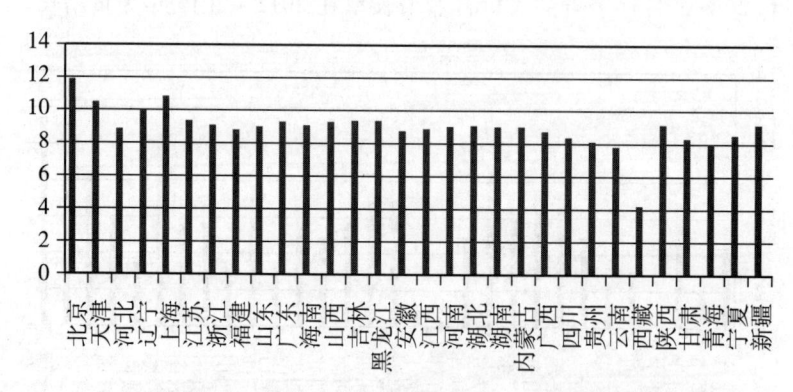

图6-12　2014年我国各省人均受教育情况

综上所述，我国人均受教育年限处于上升状态，但水平仍然较低，我国教育资源分配不均，个别省份人均受教育年限差距很大。

4. 婴儿死亡率

婴儿死亡率是反映一个国家和民族的居民健康水平和社会经济发展水平的重要指标，特别是衡量妇幼保健工作水平的重要指标。随着社会经济发展水平和医疗卫生水平的提高，我国婴儿死亡率在不断降低。如图6-13所示，从1993~2014年，我国婴儿死亡率一直处于下降趋势，1993年我国婴儿死亡率为43.6‰，到2010年全国婴儿死亡率降为13.1‰，提前实现了联合国千年发展目标。从2009年开始，妇幼重大公共卫生服务项目取得了明显成效，妇女儿童主要健康指标持续改善，2010年，全国孕产妇死亡率为30.0/10万，婴儿死亡率为13.1‰，实现了《中国妇女发展纲要（2001~2010年）》和《中国儿童发展纲要（2001~2010年）》的目标要求。同时，主要健康指标在城乡、地区间差异进一步缩小。到2014年，我国婴儿死亡率已降低为8.9‰。尽管我国婴儿死亡率的降低取得了很大进步，但与世界平均水平相比不容乐观。根据美国中央情报局2009年的估计数据，我国婴儿死亡率的世界排名为第120位，婴儿死亡率20.25远高于新加坡2.31的婴儿死亡率，说明我国的医疗卫生水平有待于进一步提高。

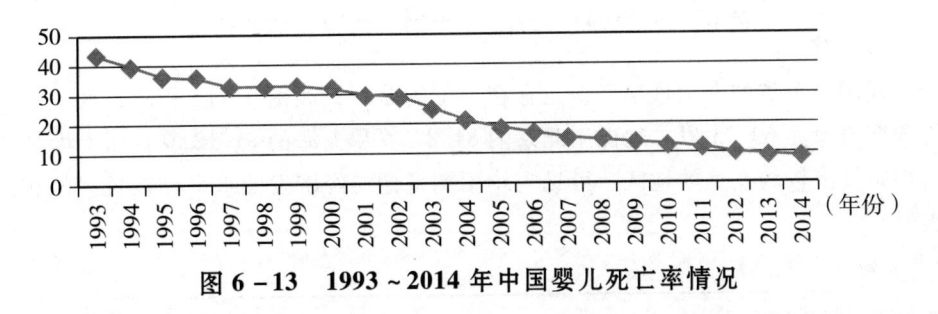

图6-13 1993~2014年中国婴儿死亡率情况

我国各个省份的婴儿死亡率也不尽相同。如图6-14所示，2014年北京的婴儿死亡率只有0.36‰，而贵州、云南、西藏的婴儿死亡率达到了9.58‰、8.66‰、9.2‰。说明我国医疗卫生资源分配不均，各省婴儿死亡率差距较大。

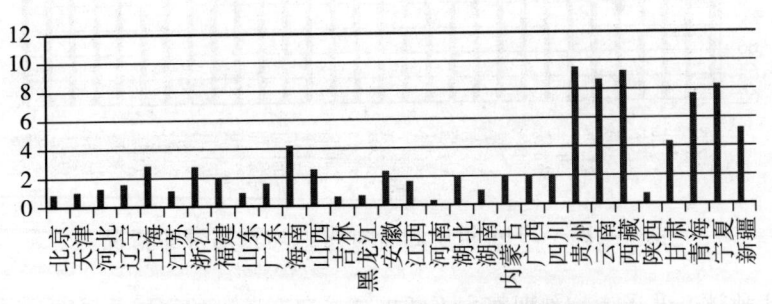

图6-14 2014年中国各省婴儿死亡率情况

综上所述，我国婴儿死亡率不断下降，但是仍然高于世界平均水平；各个省份的婴儿死亡率差距较大。

5. 人均预期寿命

随着经济社会水平、医疗卫生水平的提高和养老制度的完善，我国人均预期寿命一直处于上升状态，如图 6-15 所示，1993 年我国人均预期寿命为 70 岁，到 2014 年，我国人均预期寿命提高为 75.5 岁。然而，我国的人均预期寿命仍然低于一些发达国家水平，例如摩纳哥的人均预期寿命为 89.68 岁，日本的人均预期寿命为 83.91 岁，说明我国的人均预期寿命还有待进一步提高。

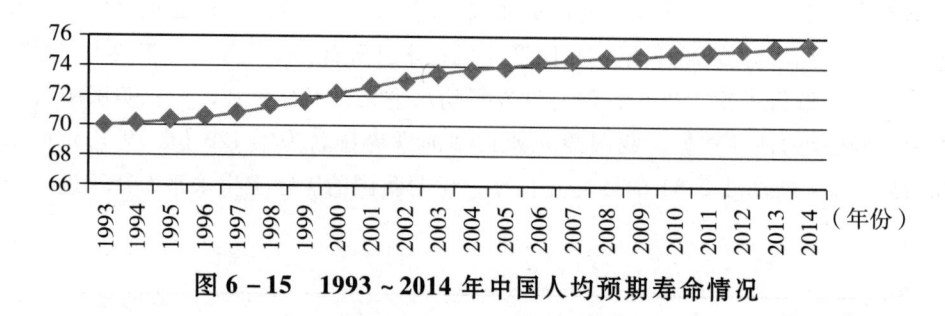

图 6-15　1993～2014 年中国人均预期寿命情况

我国各个省的人均预期寿命也存在一定的差距，如图 6-16 所示，西藏的人均预期寿命为 69.75 岁，远低于北京的 81.87 岁和上海的 81.12 岁，而上海和北京均是经济较为发达的地区，可见人均预期寿命与经济发展水平存在较强的相关关系。

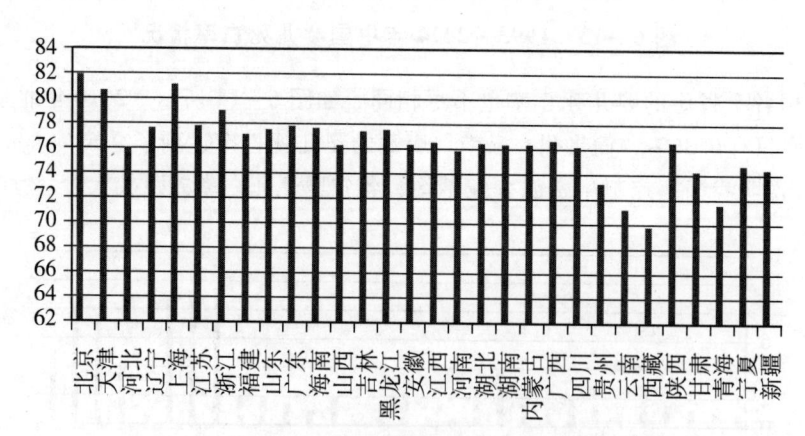

图 6-16　2014 年中国各省份人均预期寿命情况

综上所述，我国人均预期寿命不断提高并存在较大的区域差异性。

6. 人均入院率

随着新型疾病种类的增加，我国人均入院率也在不断增加，如图 6-17 所示，我国人均入院率从 2002 年的 3.11% 升高到 2014 年的 14.94%，上升了四倍多，一方面，可能说明人们的身体状况不容乐观；另一方面，我国医疗卫生机构的增加和公共医疗事业的发展也是人均入院率提高的一个原因。

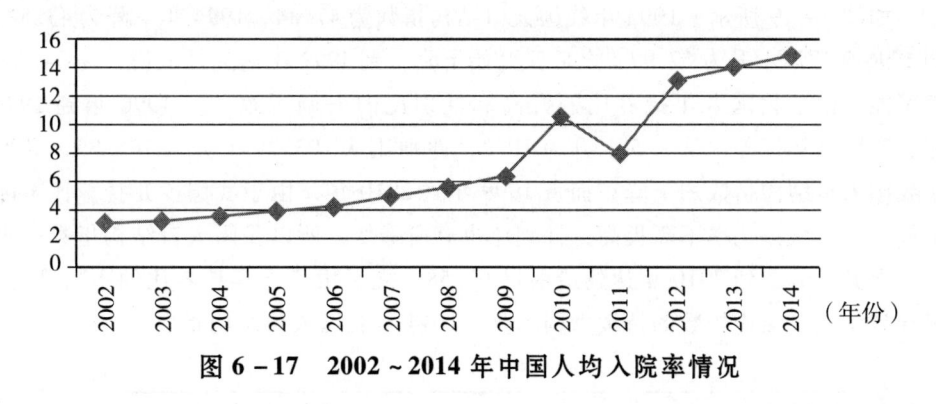

图 6-17　2002~2014 年中国人均入院率情况

各个省份的人均入院率也存在较大差异。如图 6-18 所示：其中存在两个极端的现象是居于全国最低水平的西藏，其 2014 年的人均入院率仅为 7.21%，可能是用于西藏的医疗卫生机构较少，满足不了人民的入院需求；新疆的人均入院率最高，为 201.36%，可能是由于新疆的暴力事件较多、生活环境较差，导致人均住院频率较高，人口适度水平较低。

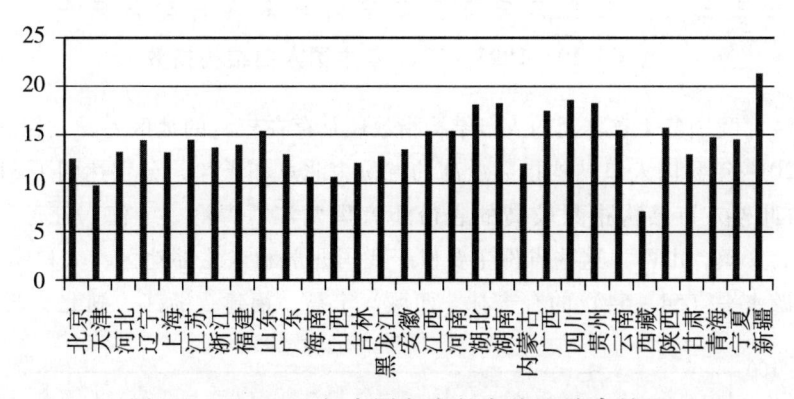

图 6-18　2014 年中国各省份人均入院率情况

综上所述，我国人均入院率在波动上升，各个省份的人均入院率也存在较大差异。

二、人口结构现状

人口结构水平主要通过少儿抚养比、老年抚养比、性别比和人口城镇化率等指标综合表现出来。根据人口结构指数构建的方法，利用全国以及我国 30 个省、直辖市、自治区（不包括重庆市和台湾）1993~2014 年的数据，测算全国、各个省、直辖市、自治区的人口结构指数。

如图6-19所示：1993年我国人口结构指数为47.84，1994年下降为43.57，到1996年逐渐上升为57.99，之后又开始下降，到1999年达到最低值，为34.85，这可能是由于我国老年抚养比的升高和性别比的失调所致。从1996年到1999年，我国老年抚养比从9.5上升为10.2，性别比从103.34上升为105.89，导致了我国人口结构指数的下降；而从1999年到2010年，由于我国少儿抚养比不断降低，人口城镇化率不断提高，性别比也有所降低，所以我国人口结构指数一直处于上升趋势，到2010年达到最高点62.58；之后由于老年抚养比的不断升高，又导致了人口结构指数的持续微弱下降，2014年我国人口结构指数为60。

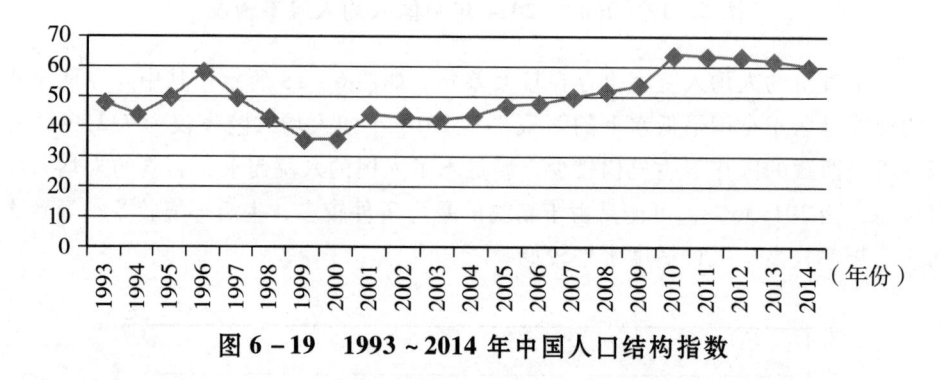

图6-19 1993~2014年中国人口结构指数

2014年我国各个省之间的人口结构指数还是存在较大的地区差异。如图6-20所示：2014年我国人口结构指数最高的省份为北京和天津，分别达到了81.36和80.80，此外人口结构指数较高的省份还有黑龙江、青海、上海、江苏、辽宁、内蒙古、安徽、山西，这些省份主要位于我国北部和东北部地区；人口结构指数处于中游水平（54~64）的有吉林、西藏、宁夏、福建、浙江、湖北、新疆、山

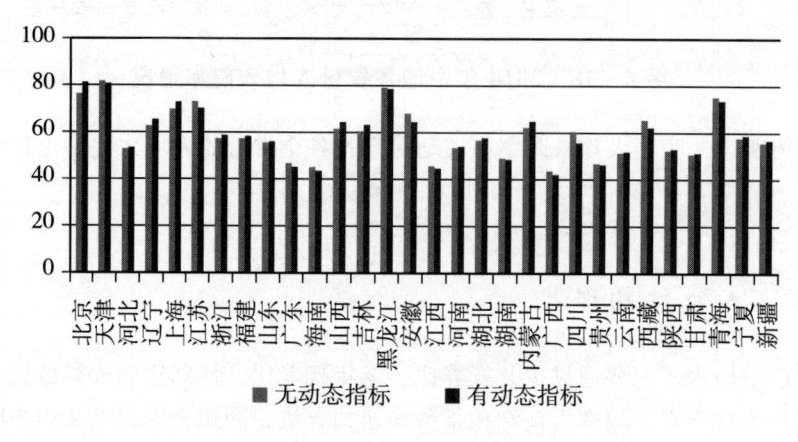

图6-20 2014年中国各省人口结构指数

东、四川、河南等处于我国西部和东部地区的省份；而人口结构指数最低的省份是海南和广西，其人口结构指数仅为43.90和42.09，此外人口结构指数较低的省份还有河北、陕西、云南、甘肃、湖南、贵州、广东、江西等位于我国南部地区。总体来说，我国人口结构指数从东北往西南逐渐降低。

人口结构指数是一个多指标综合而成的复合指标，影响其指数变化的单指标的现状如何呢？

1. 人口抚养比

社会抚养比包括少儿抚养比和老年抚养比两个方面。通过少儿抚养比和老年抚养比可以描述社会人口的年龄结构。人口年龄结构是最重要的人口结构指标之一。

从图6-21中可以看出1993年以来，我国社会抚养比一直处于下降趋势，从1993年的49.9下降为2014年的36.2；少儿抚养比也一直处于下降趋势，从1993年的40.7下降到2014年的22.5，而我国老年抚养比一直处于上升趋势，从1993年的9.2上升为2014年的13.7。劳动年龄人口份额上升、人口抚养比下降是过去20年来中国经济高速增长的重要因素，1990~2010年由人口抚养比下降导致的经济增长约为1.44个百分点，对经济增长的贡献度达到了15%（孙爱龙，2014）。劳动力抚养负担的日渐减轻，形成了有利于经济增长的人口结构红利，是21世纪中国跨越式发展的动力，是全面建设小康社会的战略机遇期，是中国未来经济增长的源泉（钟水映，2010）。

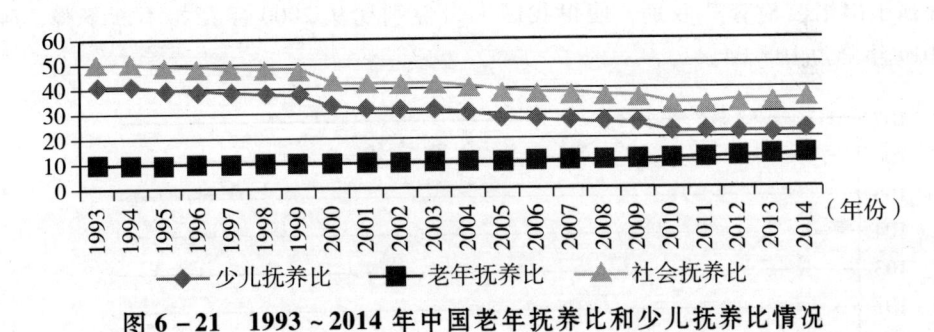

图6-21　1993~2014年中国老年抚养比和少儿抚养比情况

我国各个省份的人口抚养比也存在较大的差异。从图6-22中发现，2014年我国少儿抚养比最高的省份为西藏、贵州、广西，分别为32.1、32.2和31.9，而少儿抚养比最低的省份为北京和上海，分别为12.5和12.6。2014年我国老年抚养比最高的省份为四川和江苏，老年抚养比分别为20和16.3，而老年抚养比最低的省份为西藏和宁夏，分别为6.9和6.2。

综上所述，我国社会抚养比在不断下降，少儿抚养比不断下降，老年抚养比不断上升，各个省份的抚养比情况不均衡。

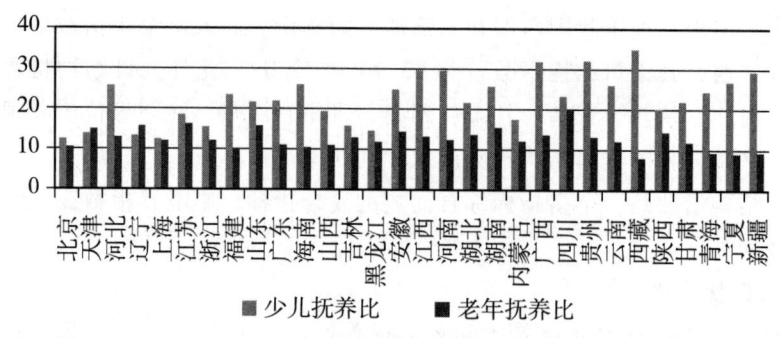

图 6-22 2014 年中国各省老年抚养比和少儿抚养比情况

2. 人口性别比

人口性别比反映了人口结构中的性别结构。经验数据表明世界上绝大多数国家总人口性别比的范围为 95~102（陈卫、宋健，2006）。从性别结构的均衡来说，人的两性之间的均衡尤其是婚龄年龄段人口的两性均衡和婚姻制度是一夫一妻制得以维持的基础。性别比失衡，会影响人口的婚配问题，进而影响社会稳定。

1993 年以来我国人口性别比不断波动。如图 6-23 所示：从 1993 年到 1996 年，我国人口性别比略有下降；从 1996 年到 2000 年，我国人口性别比不断上升，从 103.3 上升为 106.7，这主要是由于中国传统的重男轻女思想，导致人口更倾向于生男孩；而随着生育政策的完善，政府倡导"生男生女一个样"，禁止在孩子出生前检查其性别，使得我国人口性别比从 2000 年开始不断下降，到 2014 年降为 105.04。

图 6-23 1993~2014 年中国人口性别比情况

2014 年我国各个省份的人口性别比不均衡。如图 6-24 所示：2014 年我国海南和广东的人口性别比最大，分别为 115.37 和 118.62；而四川和安徽的人口性别比最小，分别为 98.23 和 98.6。

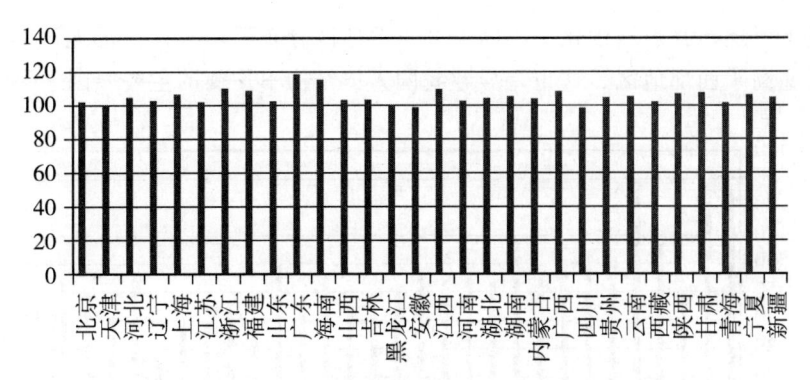

图 6-24　2014 年中国各省人口性别比情况

综上所述，我国人口性别比正在不断减小，人口性别结构不断完善，然而各个省份的人口性别比仍不均衡，部分省份人口性别比过高。

3. 人口城镇化率

人口城镇化率是测度城镇化水平最常用的指标，反映了人口结构中的城乡结构状况。

1993 年以来，我国城镇化率不断上升，从图 6-25 看出：从 1993 年的 28% 上升为 2014 年的 54.77%。这主要是由于我国经济的快速发展以及新型城镇化建设的推进而致。根据中国社科院在京发布的《2013 中国中小城市绿皮书》预测，2020 年中国城镇化率将达到 60.34%，届时全国将有 8.37 亿人生活在城镇中，未来 20 年，中小城市将成为提升城市化质量，推进城市化加速进行的主要战场。

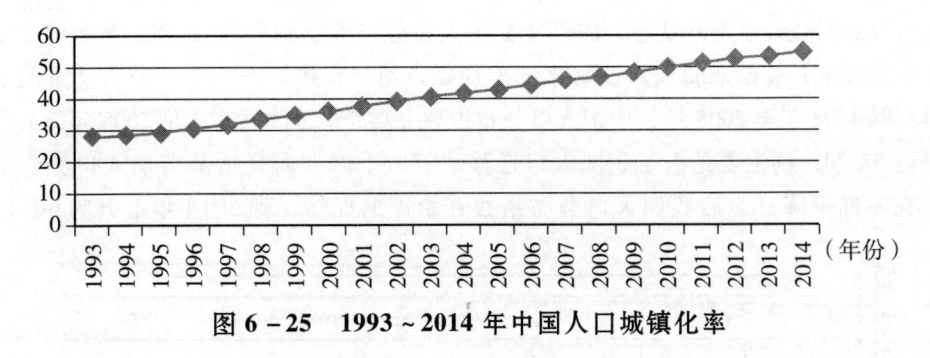

图 6-25　1993～2014 年中国人口城镇化率

尽管我国人口城镇化率不断提高，但是各个省份的城镇化率仍然不均衡。从图 6-26 中发现，2014 年我国城镇化率最高的省份为上海、北京和天津，城镇化率分别为 89.6%、86.3% 和 82.3%；而城镇化率最低的省份为西藏，其城镇化率仅为 25.8%，此外贵州和甘肃的城镇化率也较低，仅为 40% 和 41.7%，其数据表现与这些省份的经济发展水平现状相吻合。

综上所述，我国城镇化率不断上升，但地区分布不均衡，东部地区的城镇化率要明显高于西部地区，这也是导致我国人口结构不均衡的主要原因之一。

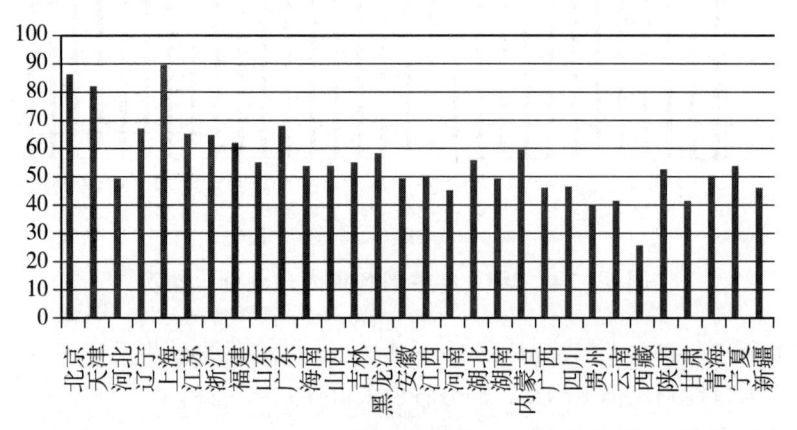

图6-26 2014年中国各省人口城镇化率

三、人口分布现状

人口分布水平主要通过人口净迁移率、适龄劳动人口就业率和人口产业承载力等指标综合表现出来。根据人口分布指数构建的方法，利用全国以及我国30个省、直辖市、自治区（不包括重庆市和台湾地区）1993~2014年的数据，测算全国、各个省、直辖市、自治区的人口分布指数。

如图6-27所示：1993年我国人口分布指数为66，从1993年至1997年，中国人口分布指数处于上升状态，1997年我国人口分布指数上升为71.68，这主要是由于我国改革开放带来的人口迁移率的增加以及第二、第三产业人口所占比重的上升；从1998年至2005年，中国人口分布指数一直处于下降状态，到2005年降为最低值57.70，这主要是由于我国人口迁移率有所下降，而且适龄劳动人口就业率也在不断下降；之后我国人口分布指数开始逐渐提高，到2014年上升为60.1，

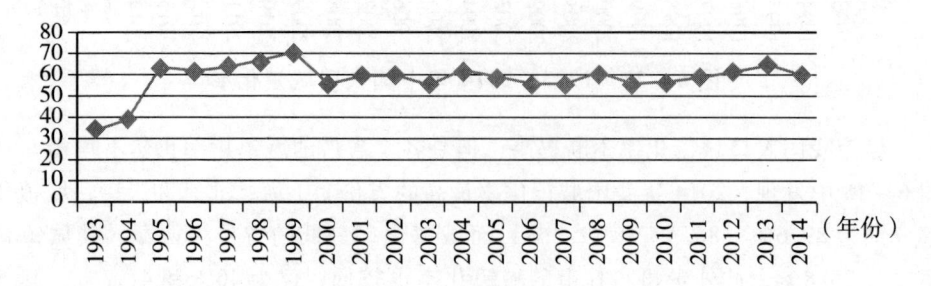

图6-27 1993~2014年中国人口分布指数

这主要归功于我国第二、第三产业人口所占比重的上升,从 1993 年的 43.6% 上升为 2014 年的 70.50%。

2014 年我国各个省的人口分布指数还是存在较大的地区差异。2014 年我国人口分布指数最高的省份为安徽和福建,分别达到了 85.3 和 83.5,此外人口分布指数较高的还有江苏、上海、四川、广东、湖南、湖北、河南、海南、浙江等位于我国东中部地区的省份,这些地区劳动密集型产业发达,就业水平高;人口分布指数处于中游水平(58.4~70.3)的省份有山东、青海、江西、宁夏、山西、新疆、广西、西藏、辽宁,从图 6-28 中可以看出这些省份主要位于我国东北部和中西部地区;而人口分布指数最低的省份是甘肃和黑龙江,其人口分布指数仅为 49.26 和 47.68,此外人口分布指数较低的省份还有云南、天津、陕西、内蒙古、湖北、北京、贵州、吉林,这些省份主要位于我国西部地区,而北京、天津由于人口净迁移率过高,分别为 1.24% 和 2.77%,适龄劳动人口就业率较低,分别为 69.81% 和 81.44%,导致其人口分布指数较低,而贵州人口净迁移率较低,为 -0.41%,劳动力外流过多,导致人口分布指数很低。总体来说,我国人口分布指数由东西向中部地区逐渐降低。

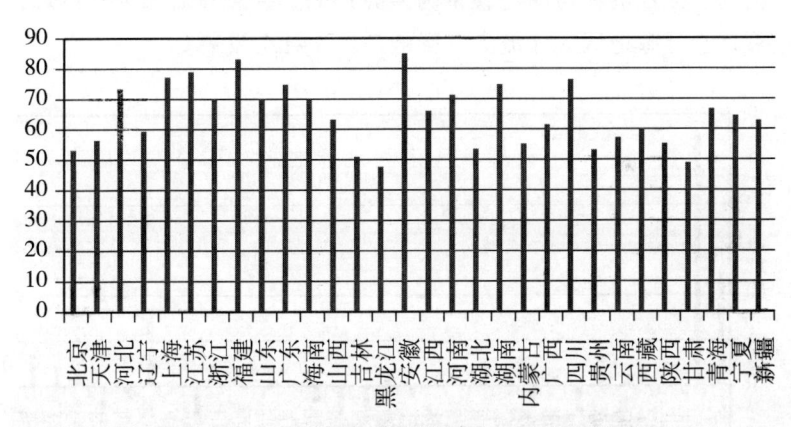

图 6-28 2014 年中国各省人口分布指数

综上,我国人口分布正在不断完善,各个省份的人口分布水平差距较大。为了更深入地了解人口分布的具体情况,本研究将对反映人口分布的具体指标进行分析。

1. 人口净迁移率

我国人口净迁移率一直比较稳定,波动较小。如图 6-29 所示:1993 年至 2014 年的最高人口净迁移率是 2012 年的 0.003‰,最低点是 2014 年的 -0.028‰。

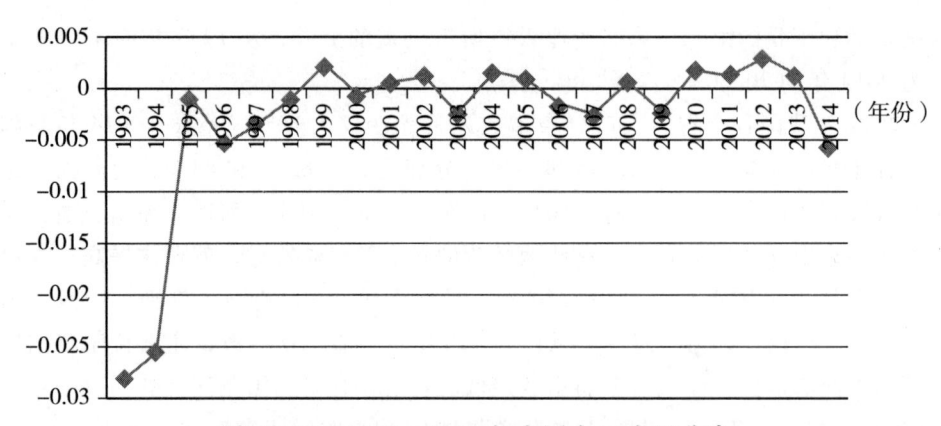

图 6-29　1993～2014 年中国人口净迁移率

我国各个省份的人口净迁移率差距较大，经济发达地区的人口净迁移率较大，如图 6-30 所示：2014 年北京、天津的人口净迁移率分别为 12.42‰ 和 27.70‰，人口净迁移率过高，将对地区基础设施、资源环境尤其是政府的社会管理和公共服务构成巨大压力；而经济欠发达地区的人口净迁移率较小，2014 年贵州、河南、浙江的人口净迁移率为 -4.14‰、-3.38‰ 和 -3.18‰，人口净迁移率过低，会导致地区人才流失，影响经济、社会发展。

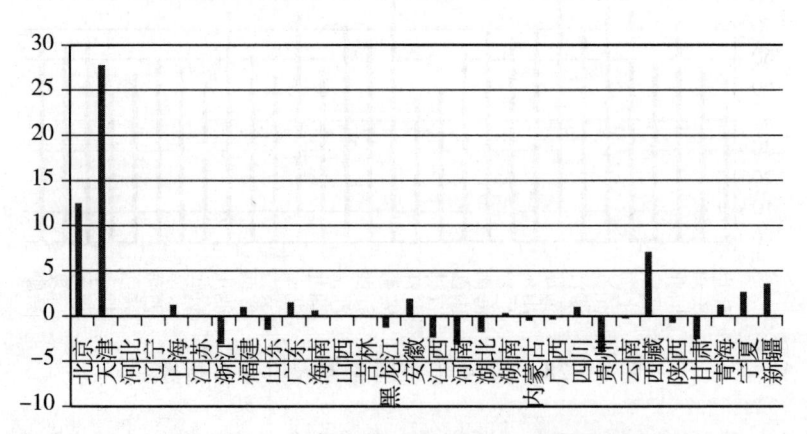

图 6-30　2014 年中国各省人口净迁移率

综上，我国整体人口净迁移率不高，但是各个省份之间的人口净迁移率差异较大，个别省份人口流失较快。

2. 适龄劳动人口就业率

我国适龄劳动人口就业率在不断下降，如图 6-31 所示，1993 年中国适龄劳动人口就业率为 86.65%，2014 年下降为 76.92%，一方面可能是因为我国面临的就业压力正在不断加大，失业人口不断增加，从而就业率不断下降；另一方面可能是因为我国接受高等教育的人口不断增加，从而降低了适龄劳动人口就业率。

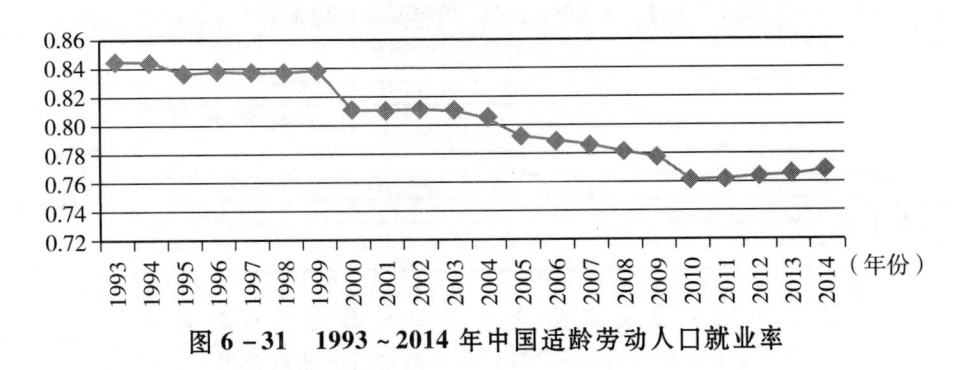

图 6-31　1993~2014 年中国适龄劳动人口就业率

我国各省市适龄劳动人口就业率存在差距。如图 6-32 所示，2014 年适龄劳动人口就业率最高的省份是河南和西藏，分别为 119.75% 和 117.89%，这是因为河南是农业大省，而农业就业人口的就业率普遍较高，西藏本身人口少，并且以畜牧业为主，援藏人员较多，因此就业率也较高；2014 年适龄劳动人口就业率最低的省份为黑龙江，为 67.94%，这可能与近年来黑龙江经济发展不力有关。

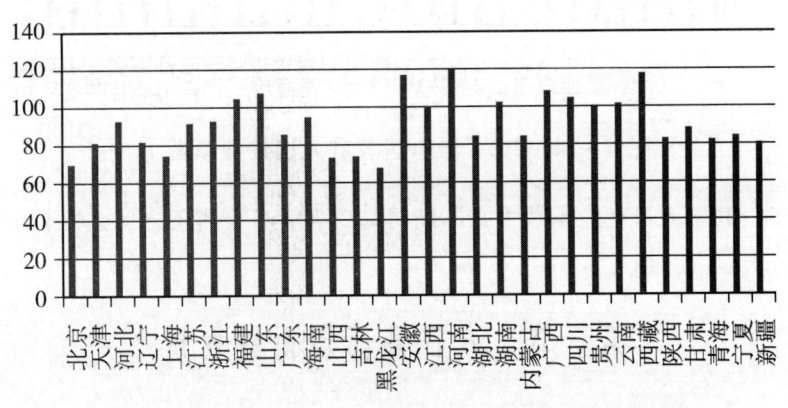

图 6-32　2014 年中国各省适龄劳动人口就业率

综上，我国适龄劳动人口就业率不断下降，人口就业压力不断增加，各省份适龄劳动人口就业率存在差距。

3. 人口产业承载力

1993 年至 2014 年，我国人口产业承载力，即二三产业人口比重不断增加。如图 6-33 所示，1993 年人口产业承载力为 43.6%，到 2014 年我国人口产业承载力上升为 70.5%，说明我国第二产业和第三产业承载就业人口的能力正在不断增强。

我国各省的人口产业承载力差距较大。如图 6-34 所示，2014 年上海、北京、天津的产业承载力分别为 96.72%、95.47% 和 92.25%，2014 年贵州、甘肃、云南的产业承载力只有 38.68%、41.98% 和 46.29%。

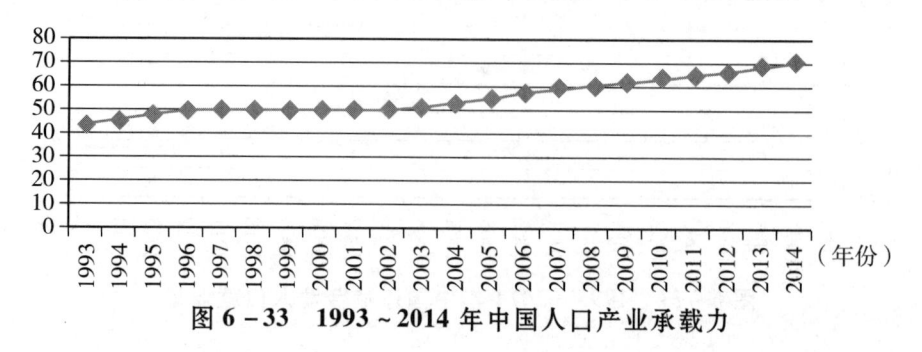

图 6-33　1993~2014 年中国人口产业承载力

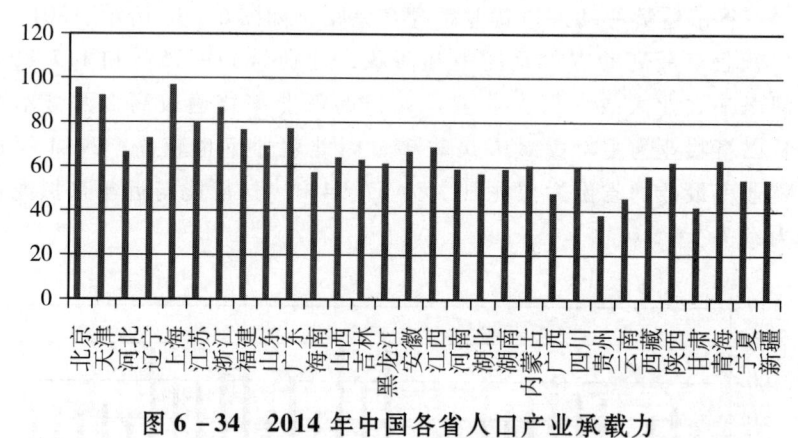

图 6-34　2014 年中国各省人口产业承载力

综上，我国人口产业承载力在不断提高，但是各个省份之间差距较大。

第三节　人口外部均衡的表现

根据对人口外部均衡的定义，人口外部均衡主要通过经济发展指数、社会和谐指数、资源节约指数、环境友好指数和制度保障指数来表示。

考虑到数据的完整性，利用全国以及 30 个省、直辖市、自治区（由于数据的可得性，不包括我国的重庆市和台湾地区，下同）1993~2014 年的数据，获得全国各个省、直辖市、自治区的人口外部均衡指数，来研究我国人口外部均衡水平二十年来的变化情况以及我国人口外部均衡水平的地区差异。

我国人口外部均衡指数（无动态指标）从 1993 年到 1995 年略有下降，如图 6-35 所示，1993 年中国人口外部均衡指数为 41.50，1995 年下降为 35.12；

之后中国人口外部均衡指数基本处于上升状态，到2014年，我国人口外部均衡指数上升为61.90。加入动态指标后，我国人口外部均衡指数从2004年到2014年也处于波动上升状态。说明近20年以来，随着中国对经济、社会、资源、环境、制度等一系列人口外部均衡问题的重视，中国的人口外部均衡水平得到了不断提高，但是仍然处于较低水平，有待于进一步提升。

尽管我国人口外部均衡指数在不断提高，但是2014年我国各个省、市、自治区的人口外部均衡水平还是存在一定的地区差异。如图6-36所示：2014年，加入动态指标后的我国人口外部均衡指数最高的省份为黑龙江和江苏，分别达到了59.15和57.88，黑龙江省具有较高的人口外部均衡指数，主要是因为其资源节约指数和环境友好指数较高，此外人口外部均衡指数较高的省份还有西藏、北京、天津、上海、浙江、山东、内蒙古、安徽，其中大多属于东部地区；人口外部均衡指数处于中游水平（52.6~55.23）的省份有吉林、陕西、辽宁、海南、福建、湖北、湖南、四川、新疆、广东，大多属于中西部地区；而人口外部均衡指数最低的省份山西和青海，其人口外部均衡指数仅为50.48和50.21，此外人口外部均衡指数较低的省份还有江西、河南、甘肃、河北、贵州、宁夏、云南、广西，大多属于中西部地区。从图中可以看出，我国东部沿海各省的人口外部均衡指数要略高于中西部内陆地区的人口外部均衡指数。

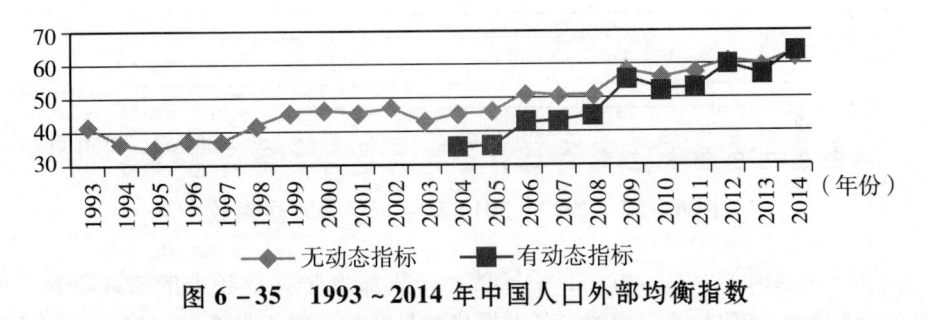

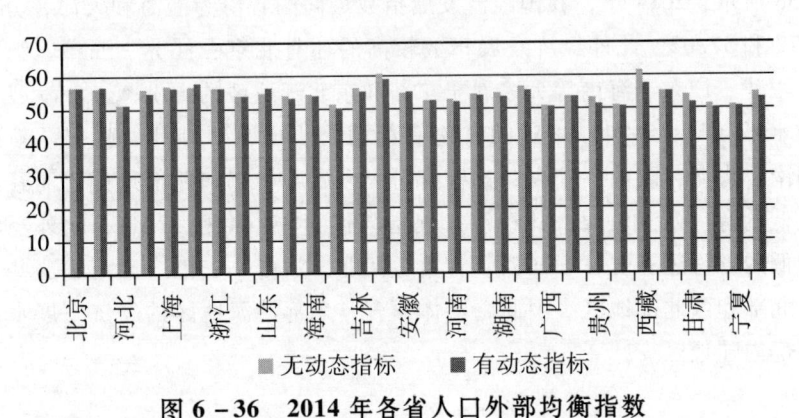

图6-35 1993~2014年中国人口外部均衡指数

图6-36 2014年各省人口外部均衡指数

根据对人口外部均衡的定义，人口外部均衡现状主要通过经济发展指数、社会和谐指数、资源节约指数、环境友好指数和制度保障指数来表示。

一、经济发展指数

根据经济发展指数的构建方法，利用全国以及30个省、直辖市、自治区（不包括我国的重庆市和台湾地区）1993~2014年的数据，测算得到全国各个省、直辖市、自治区的经济发展指数，可以揭示我国经济发展水平20年来的变化情况以及我国经济发展水平的地区差异。

自1993年以来我国经济发展水平波动较大，从图6-37可以看出，1993年我国经济发展指数为45.43，1993~1997年，我国经济发展指数不断下降，1997年我国经济发展指数仅为20.47；1997~2007年我国经济发展指数不断上升，其中2003~2007年期间上升速度最快，2007年我国经济发展指数达到最大值74.76，之后开始下降，2014年经济发展指数下降为61.73。

图6-37　1993~2014年中国经济发展指数

2014年我国各个省、市、自治区的经济发展水平存在较大的地区差异。如图6-38所示，2014年，我国经济发展指数最高的省份为上海和天津，分别达到了58.77和57.02，此外经济发展指数较高的还有北京、江苏、西藏、浙江、黑龙江、福建、广东、海南等大多属于东部和东北部地区的省份；经济发展指数处于中游水平（41.05~44.98）的省份有内蒙古、山东、湖北、辽宁、新疆、贵州、湖南、青海、陕西、宁夏，这些省份大多属于中部和西部地区；而经济发展指数最低的有广西和山西，其经济发展指数仅为37.44和37.48，此外经济发展指数较低的省份还有吉林、江西、甘肃、河北、河南、安徽、云南，这些省份大多属于北部和西北部地区。因此，整体而言，东部沿海地区的经济发展水平要高于中西部内陆地区。

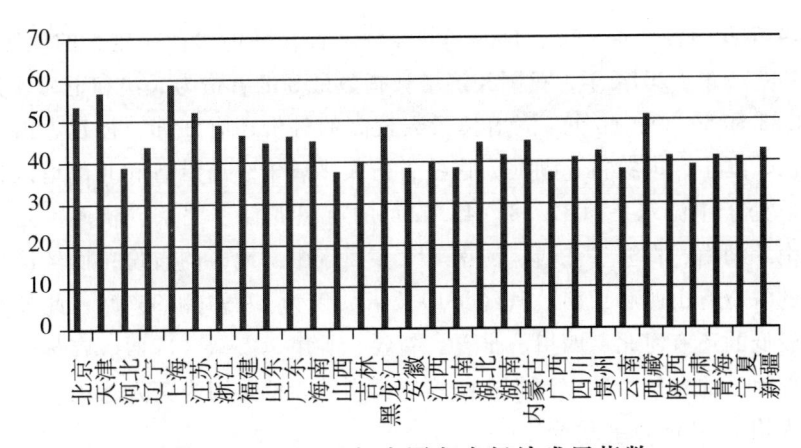

图 6-38　2014 年中国各省经济发展指数

进一步地，本研究主要通过经济增长指数和经济结构指数来揭示经济发展水平的具体内容与区域差异。

1. 经济增长现状

根据经济增长指数的构建方法，经济增长指数主要通过人均国内生产总值、经济增长率和居民消费水平三个方面表现出来。利用全国以及 30 个省、直辖市、自治区（不包括我国的重庆市和台湾地区）1993～2014 年的数据，测算得到全国各个省、直辖市、自治区的经济增长指数，可以揭示我国经济增长水平二十多年的变化情况以及我国经济增长水平的地区差异。

1993 年以来，我国经济增长指数波动较大，如图 6-39 所示，1993 年我国经济增长指数为 50.4，1993～2001 年，我国经济增长指数在波动中下降，到 2001 年经济增长指数降为 17.4，这主要是由于我国经济增长率下降所致；而 2001～2007 年我国经济增长指数处于上升趋势，到 2007 年经济增长指数达到最高为 80.11；之后由于受到 2008 年全球经济危机的影响，我国经济增长指数在 2008 年降为 53.0，从 2008 年到 2014 年则围绕 60 点上下波动。

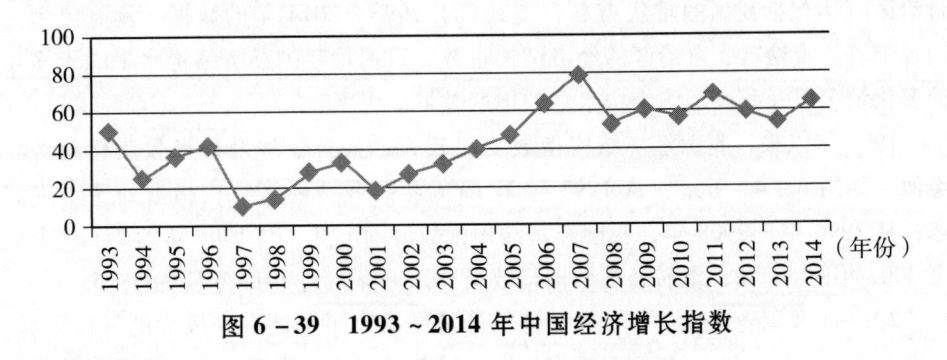

图 6-39　1993～2014 年中国经济增长指数

2014年我国各个省、市、自治区的经济增长水平仍然存在较大的地区差异。如图6-40所示，2014年，我国经济增长指数最高的省份为天津和上海，分别达到了58.83和56.89，此外经济增长指数较高的省份还有江苏、福建、山东、广东、浙江、辽宁、内蒙古、湖北，这些省份大多属于东部沿海和北部地区；经济增长指数处于中游水平（37.18~43.42）的有黑龙江、北京、陕西、西藏、贵州、海南、湖南、青海、江西、河南等大多属于中部地区的省份；而经济增长指数最低的省份有山西和云南，其经济增长指数仅为27.94和33.04，此外经济增长指数较低的还有河北、四川、宁夏、新疆、甘肃、安徽、广西、吉林等大多属于中西部地区的省份，其中河北省经济增长指数较低是因为其人均国内生产总值较低，人均GDP仅为4万元。

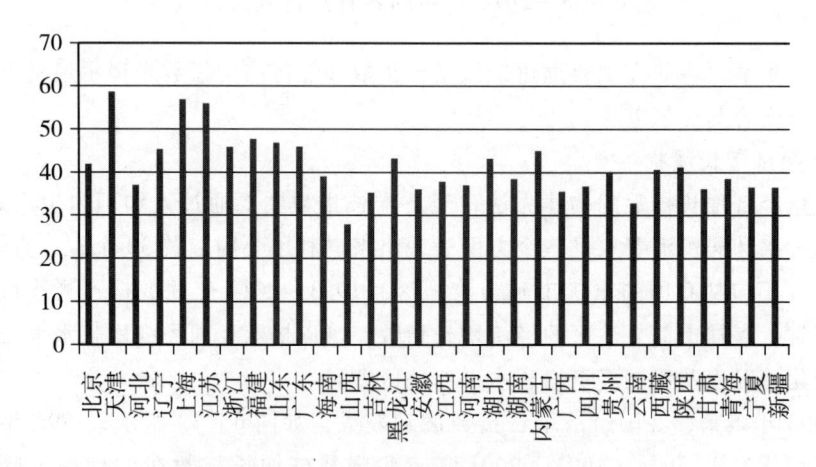

图6-40　2014年中国各省经济增长指数

2. 经济结构现状

根据经济结构指数的构建方法，经济结构指数主要通过产业结构系数、城乡收入比、国有经济比重等三个方面综合而成。利用全国以及30个省、直辖市、自治区（不包括我国的重庆市和台湾地区）1993~2014年的数据，测算得到全国各个省、直辖市、自治区的经济结构指数，以揭示我国经济结构水平二十多年的变化情况以及我国经济结构水平的地区差异。

1993年以来，我国经济结构指数变化较大，且与经济增长指数变化趋势相类似。如图6-41所示，从1993年至1996年，我国经济结构指数处于下降状态；从1996年至2008年，我国经济结构指数波动上升，从1996年的21.24上升至2007年的69.42，之后经济结构指数又开始下降，到2014年降为58.5。

2014年我国各个省、市、自治区的经济结构水平仍然存在较大的地区差异。如图6-42所示，2014年，我国经济结构指数最高的省份为北京、西藏，分别达到了 65.50 和 61.78，其中西藏的经济结构指数较高是因为其第三产业和国有经济比重较高，此外经济结构指数较高的省份还有上海、天津、黑龙江、浙江、江苏、新疆、海南、山西，这些省份大多属于东部和西部地区，海南经济结构指数较高是因为其旅游产业发达，第三产业比重较高；经济结构指数处于中游水平（43.8~46.7）的省份有广东、湖北、宁夏、四川、贵州、福建、湖南、吉林、内蒙古、青海；而经济结构指数最低的省份有河南和广西，其经济结构指数仅为39.84 和 39.18，此外经济结构指数较低的省份还有云南、山东、甘肃、辽宁、江西、陕西、河北、安徽。

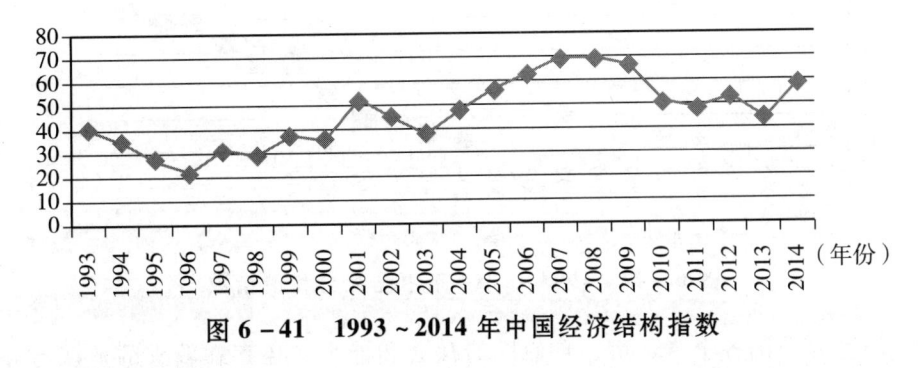

图 6-41　1993~2014 年中国经济结构指数

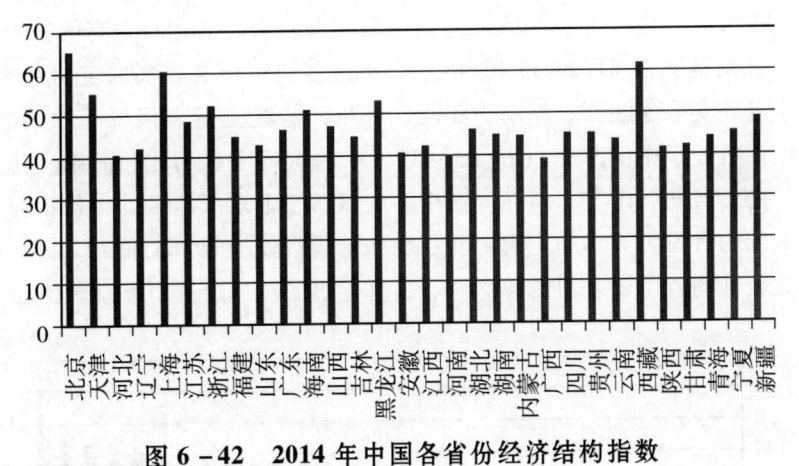

图 6-42　2014 年中国各省份经济结构指数

二、社会和谐指数

根据社会和谐指数的构建方法，社会和谐水平主要通过社会保障指数和社会服务指数两个方面综合表现出来。利用全国以及 30 个省、直辖市、自治区（不包括我国的重庆市和台湾地区）1993~2014 年的数据，测算得到全国各个省、直辖市、自治区的社会和谐指数,以揭示我国社会和谐水平二十多年的变化情况以及我国社会和谐水平的地区差异。

1993年以来我国社会和谐指数一直处于上升状态,从图6-43中可以看出,1993年我国社会和谐指数为10.36,到2014年社会和谐指数达到86.89;加入动态指标后,我国社会和谐指数也处于上升状态,从2004年的6.31上升到2014年的84.97。这说明我国政府对社会保障和社会服务的支出不断增加,促进了我国社会和谐程度的上升。

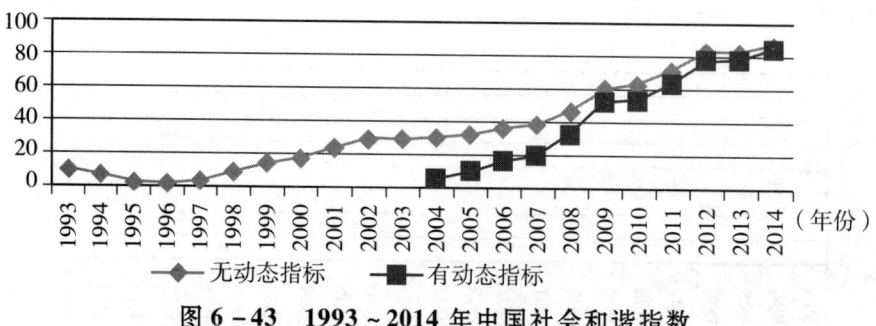

图6-43　1993~2014年中国社会和谐指数

2014年我国各个省、市、自治区的社会和谐水平还存在较大的地区差异。如图6-44所示,2014年,加入动态指标后我国社会和谐指数最高的省份为西藏和新疆,分别达到了61.28和46.46,此外社会和谐指数较高的省份还有青海、甘肃、宁夏、安徽、陕西、湖南、江西、贵州,这些省份大多属于中西部地区;社会和谐指数处于中游水平(33.93~39.6)的有辽宁、湖北、海南、江苏、内蒙古、云南、河北、山东、浙江、四川等大多属于中东部地区的省份;而社会和谐指数最低的省份为天津和上海,其社会和谐指数仅为29.64和22.6,此外社会和谐指数较低的省份还有河南、广西、吉林、黑龙江、广东、北京、山西、福建

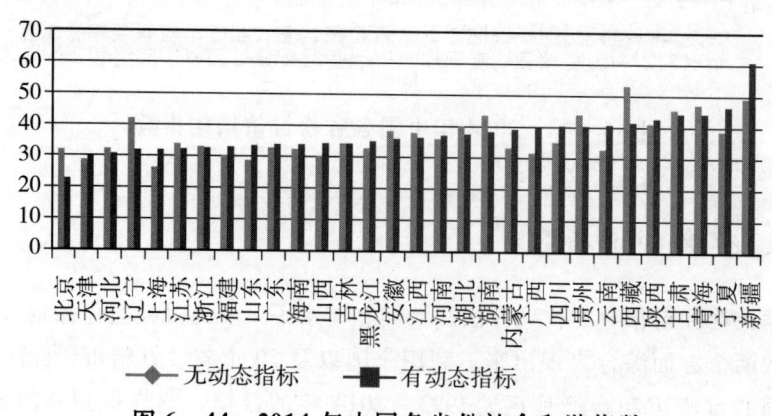

图6-44　2014年中国各省份社会和谐指数

等省份。对此，可以发现我国社会和谐指数大致从西往东逐渐降低，这是因为我国西部地区社会保障和社会服务支出占 GDP 的比重较大，尽管东部地区社会保障和社会服务支出的绝对值可能更大，由于东部地区经济更为发达可能使其相对比重较低。

1. 社会保障现状

根据社会保障指数的构建方法，社会保障指数主要通过社会保障和就业支出比、医疗卫生支出比、教育投入比、政府公共财政支出比、国防安全支出比等五个方面综合而成。利用全国以及 30 个省、直辖市、自治区（不包括我国的重庆市和台湾地区）1993~2014 年的数据，测算得到全国各个省、直辖市、自治区的社会保障指数，以揭示我国社会保障水平二十多年的变化情况以及我国社会保障水平的地区差异。

1993 年以来，我国社会保障指数基本处于上升状态，如图 6-45 所示，1993 年未加入动态指标的我国社会保障指数为 20.02，到 2014 年上升为 88.35；加入动态指标后，我国社会保障指数也一直处于上升状态，从 2004 年的 12.61 上升为 2014 年的 83.83。这是因为我国社会保障支出不断增加，提高了我国的社会保障水平。

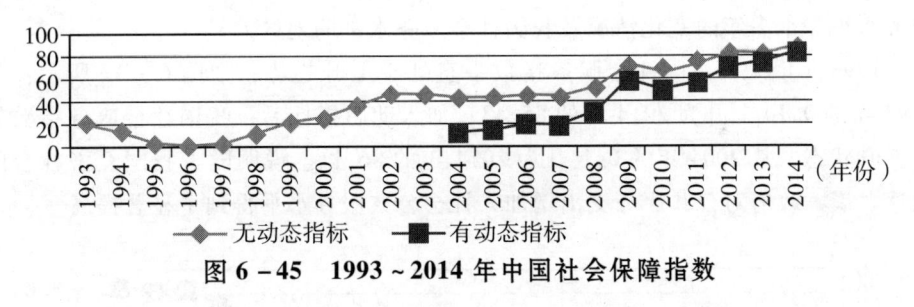

图 6-45 1993~2014 年中国社会保障指数

2014 年我国各个省、市、自治区的社会保障水平存在较大的地区差异。如图 6-46 所示，2014 年，我国社会保障指数最高的省份为西藏和青海，分别达到了 74.18 和 37.17，此外社会保障指数较高的省份还有甘肃、贵州、云南、海南、新疆、宁夏、江西、山西，这些地区大多属于西部地区，西藏社会保障指数最高是因为西藏的社会保障支出占其 GDP 的比重较高（也许绝对水平较低）；社会保障指数处于中游水平（13.1~18.69）的有四川、广西、黑龙江、陕西、安徽、吉林、北京、湖南、内蒙古、河南等大多属于中部地区的省份；而社会保障指数最低的省份有浙江和江苏，其社会保障指数仅为 7.79 和 7.29，此外社会保障指数较低的还有湖北、河北、上海、天津、福建、广东、山东等大多属于东部地区的省份，由此发现，东部地区经济发达，国内生产总值较高，因此其社会保障支出占国内生产总值的比重相对较低。

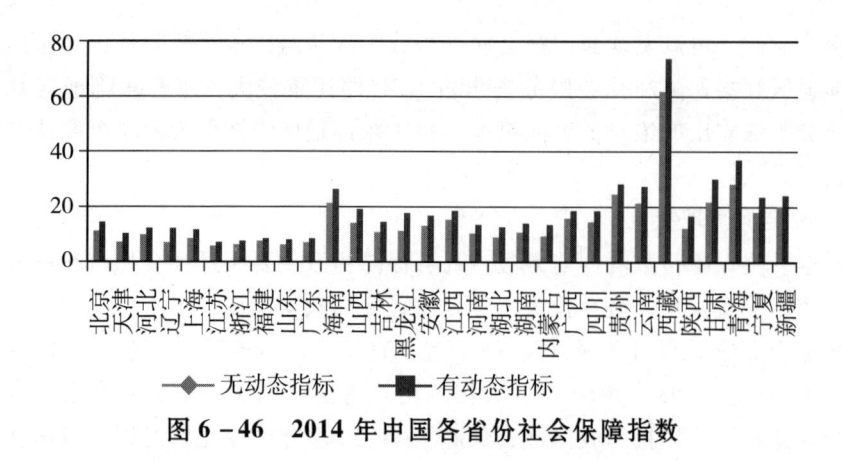

图 6-46　2014 年中国各省份社会保障指数

2. 社会服务现状

根据社会服务指数的构建方法，社会服务指数主要通过每万人医疗卫生机构床位数、客运能力、人均城市道路面积、建成区绿化覆盖率等四个方面综合表现出来，其中人均城市道路面积、建成区绿化覆盖率为动态指标。利用全国以及 30 个省、直辖市、自治区（不包括我国的重庆市和台湾地区）1993~2014 年的数据，测算得到全国各省、直辖市、自治区的社会服务指数，以揭示我国社会服务水平二十多年的变化情况及我国社会服务水平的地区差异。

1993 年以来，我国社会服务指数一直处于上升趋势，如图 6-47 所示：从 1993 年的 0.70 上升为 2014 年的 85.43；加入动态指标后，我国社会服务指数处于上升状态，从 2004 年的 0 上升为 2014 年的 86.11。说明随着我国经济社会的快速发展，政府对公共服务支出增加，社会公共服务水平得到了显著提高。

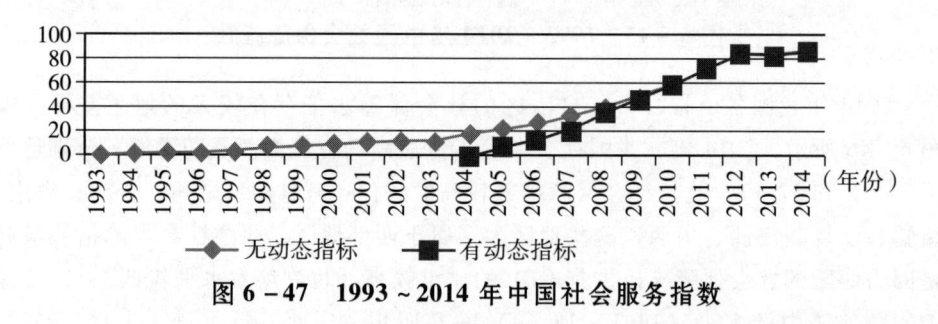

图 6-47　1993~2014 年中国社会服务指数

2014 年我国各个省、市、自治区的社会服务水平还是存在较大的地区差异。如图 6-48 所示，2014 年，我国加入动态指标的社会服务指数最高的省份为新疆和江苏，分别达到了 68.79 和 67.53，其中新疆的社会服务指数较高是因为其每万人医疗卫生机构床位数和客运能力较强，此外社会服务指数较高的省份还有湖南、安徽、辽宁、陕西、湖北、宁夏、江西、浙江，这些省份大多属于中东部地区；社会服务指数处于中游水平（50.5~60.9）的有甘肃、内蒙古、河北、广东、吉林、河南、福建、贵州、青海等大多属于西北和东部地区；而社会服务指数最低的省份有上海和云南，其社会服务指数仅为33.42和45.15，上海由于人口密度较大，导致其客运能力（旅客周转率/总人口）和人均城市道路面积较低，从而具有较低的社会服务指数，而云南可能是因为客运能力较低所致，此外社会服务指数较低的省份还有北京、四川、天津、海南、广西、西藏、黑龙江、山西。总体来说我国2014年社会服务水平自东北向西南降低。

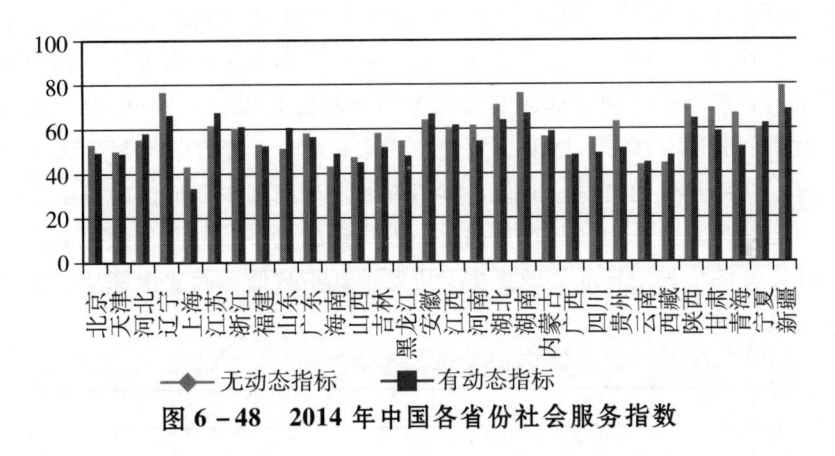

图6-48 2014年中国各省份社会服务指数

三、资源节约指数

根据资源节约指数的构建方法，资源节约水平主要通过资源禀赋指数和资源消耗指数两个方面表现出来。考虑到数据的完整性，利用全国以及30个省、直辖市、自治区（不包括我国的重庆市和台湾地区）1993~2014年的数据，测算得到全国各个省、直辖市、自治区的资源节约指数，以揭示我国资源节约水平的变化情况以及我国资源节约水平的地区差异。

1993年以来我国资源节约指数基本上处于上升状态，从图6-49中可以看出，

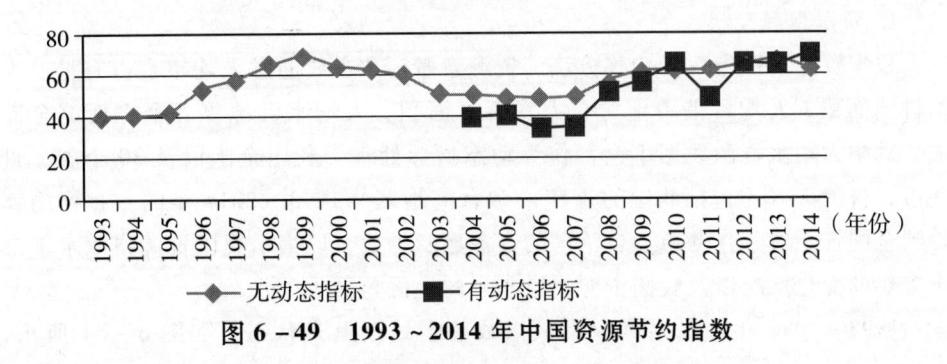

图6-49 1993~2014年中国资源节约指数

1993 年我国资源节约指数为 40.81，到 2014 年我国资源节约指数达到 63.33；加入动态指标后，我国资源节约指数处于上升趋势，从 2004 年的 39.76 上升到 2014 年的 70.63，说明我国的资源节约水平在不断提高。

2014 年我国各个省、市、自治区的资源节约水平存在较大的地区差异。如图 6-50 所示：2014 年，加入动态指标后我国资源节约指数最高的省份为西藏和黑龙江，分别达到了 68.36 和 71.16，此外资源节约指数较高的还有吉林、内蒙古、安徽、云南、四川、陕西、山西、河南等大多属于中西部地区的省份；资源节约指数处于中游水平（50.4~52.7）的省份有江西、湖北、湖南、辽宁、广西、海南、甘肃、新疆、山东、贵州，这些省份大多属于中部地区；而资源节约指数最低的省份为青海和宁夏，其资源节约指数仅为 40.51 和 39.68，此外资源节约指数较低的还有江苏、河北、福建、广东、北京、浙江、上海、天津等大多属于东部和西部地区的省份。此外，本研究还发现我国中部地区的资源节约指数较高，可能是因为中部地区与东部相比，人均资源更多，资源禀赋更高，与西部地区相比，经济增长消耗的资源更少，资源消耗指数低，因此中部地区的资源节约指数要高于东部和西部地区。

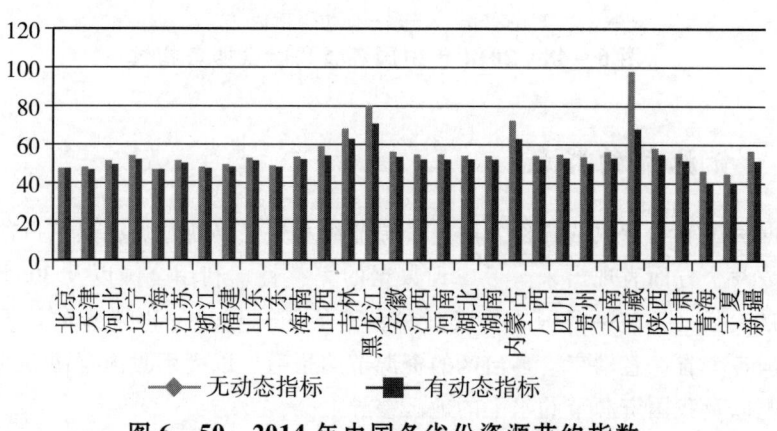

图 6-50　2014 年中国各省份资源节约指数

1. 资源禀赋现状

根据资源禀赋指数的构建方法，资源禀赋指数主要通过人均粮食占有量、人均耕地面积、人均可消费能源、人均森林面积、人均水资源等五个方面综合而成。其中人均水资源数据不全，作为动态指标处理。利用全国以及 30 个省、直辖市、自治区（不包括我国的重庆市和台湾地区）1993~2014 年的数据，测算得到全国各个省、直辖市、自治区的资源禀赋指数，以揭示我国资源禀赋水平二十多年的变化情况以及我国资源禀赋水平的地区差异。

1993~1996 年，我国资源禀赋指数基本处于上升状态，如图 6-51 所示，

1993 年未加入动态指标的我国资源禀赋指数为 34.37，到 1996 年上升为 49.73；而 1996 年到 2003 年，我国资源禀赋指数处于下降状态，这可能是因为那段时间房地产发展迅速，破坏了大量的耕地，人均耕地面积和人均粮食占有率不断下降；2003~2014 年，我国资源禀赋指数不断上升，这是因为随着农业科技的发展，粮食产量增加，人均粮食占有水平提高，人均可消费能源和人均森林面积也不断提高；加入人均水资源动态指标后，我国资源禀赋指数在波动中处于上升状态，从 2004 年的 26.56 上升为 2013 年的 85.05，2014 年又有所下降，为 66.27。总体来看，我国目前的资源禀赋状况处于改善状态。

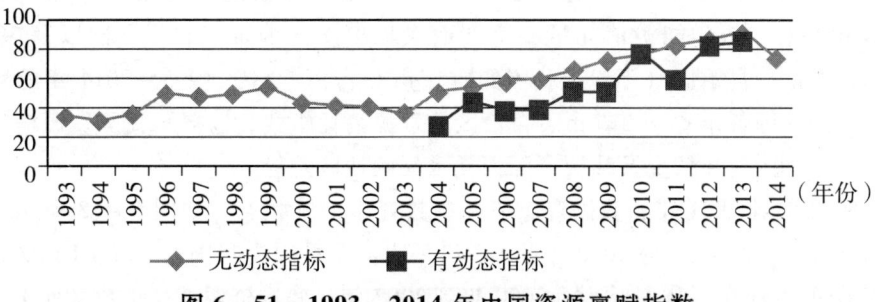

图 6-51　1993~2014 年中国资源禀赋指数

2014 年我国各个省、市、自治区的资源禀赋水平存在较大的地区差异。如图 6-52 所示：2014 年，我国资源禀赋指数最高的省份为内蒙古和黑龙江，分别达到了 52.19 和 44.75，此外资源禀赋指数较高的还有西藏、吉林、新疆、山西、宁夏、陕西、甘肃、青海等大多属于西部和西北部地区的省份，这是因为西部和西北部地区地广人稀，资源丰富，所以人均资源占有量要高于中部和东部地区；

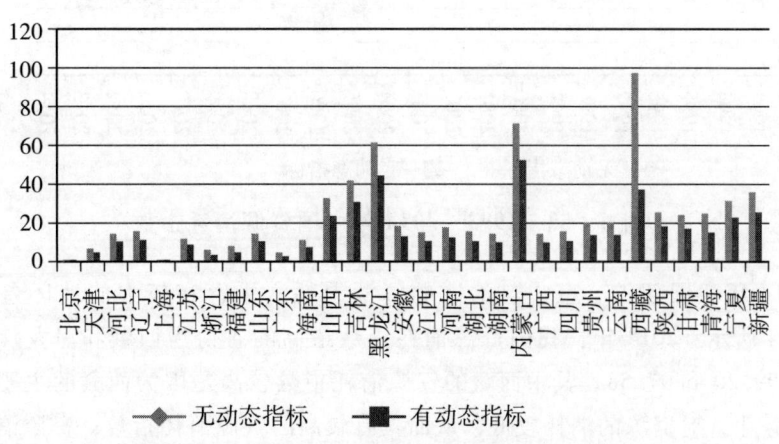

图 6-52　2014 年中国各省份资源禀赋指数

资源禀赋指数处于中游水平（9.9~13.76）的省份有云南、贵州、安徽、河南、辽宁、湖北、四川、山东、河北、江西，这些省份大多属于中部地区；而资源禀赋指数最低的省份有北京和上海，其资源禀赋指数仅为0.35和0.23，这是因为北京和上海的人口密度较高，从而具有较低的人均资源占有量，此外资源禀赋指数较低的省份还有广西、湖南、江苏、海南、福建、天津、浙江、广东，这些省份大多属于东部地区，东部地区人口稠密，自然资源相对中西部较少，因此人均资源占有量较低，资源禀赋指数较低。

2. 资源消耗现状

根据资源消耗指数的构建方法，资源消耗指数主要通过万元GDP能耗、万元GDP电耗、人均能源消耗量三个方面表现出来。本研究利用全国以及30个省、直辖市、自治区（不包括我国的重庆市和台湾地区）1993~2014年的数据测算得到全国各个省、直辖市、自治区的资源消耗指数，以揭示我国资源消耗水平二十多年的变化情况及我国资源消耗水平的地区差异。

1993年到2001年，我国资源消耗指数处于上升状态，如图6-53所示，从1993年的47.25上升为2000年的84.77，这可能是因为我国的万元GDP能耗和万元GDP电耗在不断降低；而2000年到2007年，我国资源消耗指数又处于下降状态，万元GDP能耗、万元GDP电耗、人均能源消耗量均有所上升；2007~2014年，我国资源消耗指数围绕60点上下波动，万元GDP能耗的下降和人均能源消耗量的上升相抵消，导致资源消耗指数较稳定。

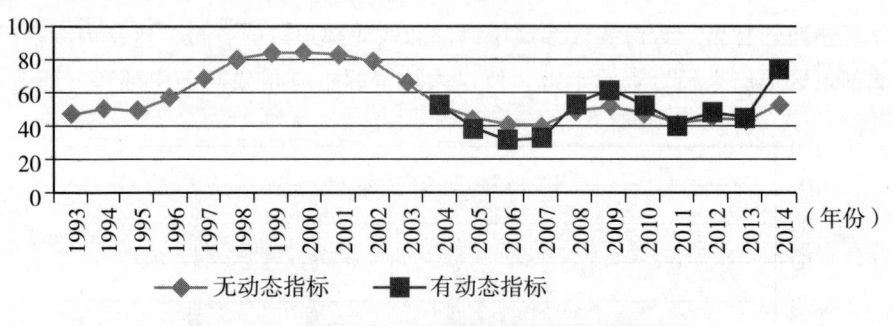

图6-53 1993~2014年中国资源消耗指数

2014年我国各省、市、自治区的资源消耗水平存在较大的地区差异。如图6-54所示：2014年，我国资源消耗指数最高的省份为西藏和黑龙江，分别达到了99.20和97.58，其中西藏的资源消耗指数较高是因为西藏的主要产业为旅游服务业，对资源的消耗较低，从而具有较高的资源消耗指数；资源消耗指数较高的省份还有海南、北京、湖南、吉林、江西、四川、广西、上海；资源消耗指数处于中游水平（91.9~94.5）的省份有安徽、广东、湖北、辽宁、福建、河南、山东、云南、江苏、浙江，这些省份大多属于中东部地区；而资源消耗指数最低的省份有青海和宁夏，其资源消耗指数仅为 66.23 和 56.60，这可能是因为青海和宁夏的产业多是第二产业，对能源的消耗较高，因此具有较低的能源消耗指数，此外资源消耗指数较低的还有陕西、天津、河北、贵州、甘肃、山西、新疆、内蒙古等大多属于西部及北部地区的省份。

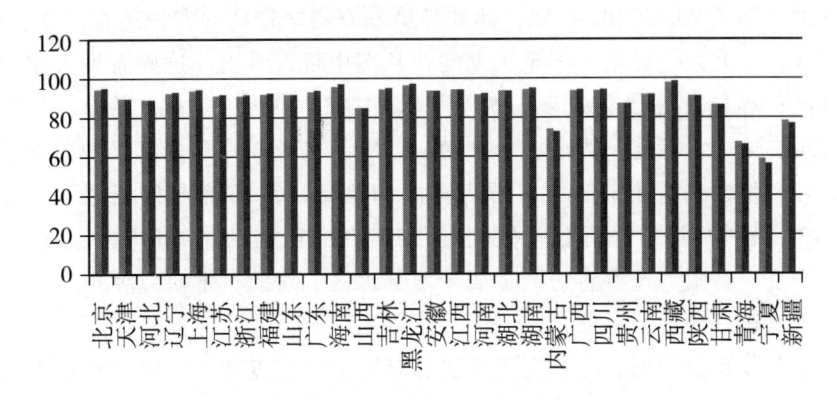

图 6-54 2014 年中国各省份资源消耗指数

四、环境友好指数

根据环境友好指数的构建方法，环境友好水平主要通过环境污染指数和环境治理指数两个方面表现出来。考虑到数据的完整性，利用全国以及 30 个省、直辖市、自治区（不包括我国的重庆市和台湾地区）1993~2014 年的数据，测算得到全国各个省、直辖市、自治区的环境友好指数，以研究我国环境友好水平的变化情况以及我国环境友好水平的地区差异。

从 1993 年至 2009 年，我国环境友好指数处于上升状态，从图 6-55 中可以看出，1993 年我国环境友好指数为 43.12，到 2006 年我国环境友好指数达到最

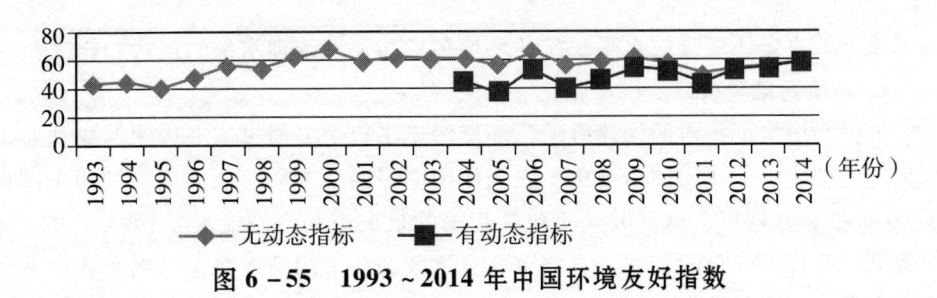

图 6-55 1993~2014 年中国环境友好指数

高值64.87，之后到2014年略有下降，2014年我国环境友好指数为58.70，主要是因为近几年来，我国环境污染问题有所加剧；加入动态指标后，总体上处于波动上升状态，从2004年的44.36上升到2014年的58.70。

2014年我国各个省、市、自治区的环境友好水平存在较大的地区差异。如图6-56所示：2014年加入动态指标后我国环境友好指数最高的省份为天津和上海，分别达到了95.88和94.58，此外环境友好指数较高的省份还有江苏、山东、安徽、浙江、北京、河南、广东、湖北，从图中可以看出，这些省份大多属于中东部地区；环境友好指数处于中游水平（84.85~89.59）的有湖南、陕西、福建、四川、云南、河北、内蒙古、广西、辽宁、黑龙江等大多属于中西部地区的省份；而环境友好指数最低的省份为青海和西藏，其环境友好指数仅为66.93和57.43，此外环境友好指数较低的省份还有山西、江西、贵州、吉林、海南、甘肃、宁夏、新疆，这些省份大多属于西部地区。对此，本研究发现我国的环境友好水平从东到西逐渐降低，这是因为东部地区经济发达，而且产业结构转型与调整，服务业比重增加，环境污染减少，环境治理力度加大，因此环境友好水平较高，而西部地区经济相对落后，环境治理成本相对更高，导致西部地区污染相对严重，治理效率较低，环境友好水平也低于东部地区。

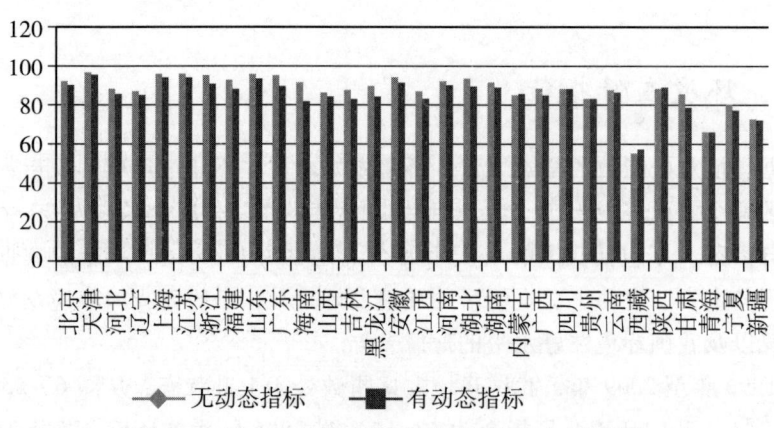

图6-56 2014年中国各省份环境友好指数

综上，决定环境友好水平现状的环境污染与环境治理水平的现状如何呢？

1. 环境污染现状

根据环境污染指数的构建方法，环境污染指数主要通过工业废水污染比、工业废气污染比、工业固体污染比、农药使用率等四个方面综合而成。利用全国以及30个省、直辖市、自治区（不包括我国的重庆市和台湾地区）1993~2014年的数据，测算得到全国各省、直辖市、自治区的环境污染指数，以揭示我国环境污染水平二十多年的变化情况以及我国环境污染水平的地区差异。

1993 年到 1997 年，我国环境污染指数总体来说处于上升状态，如图 6-57 所示，1993 年的我国环境污染指数为 83.97，到 1997 年上升为 91.06，主要是因为这几年我国的工业废水污染比、工业废气污染比、工业固体污染比均有所下降；从 1997 年到 2011 年，我国环境污染指数基本处于下降状态；从 2011 年到 2014 年我国环境污染指数又呈上升趋势，2014 年我国环境污染指数只有 26.15，尽管我国工业废水污染比在不断下降，但是工业废气污染比、工业固体污染比、农药使用率在不断上升，导致我国环境污染指数下降，环境污染问题加重。

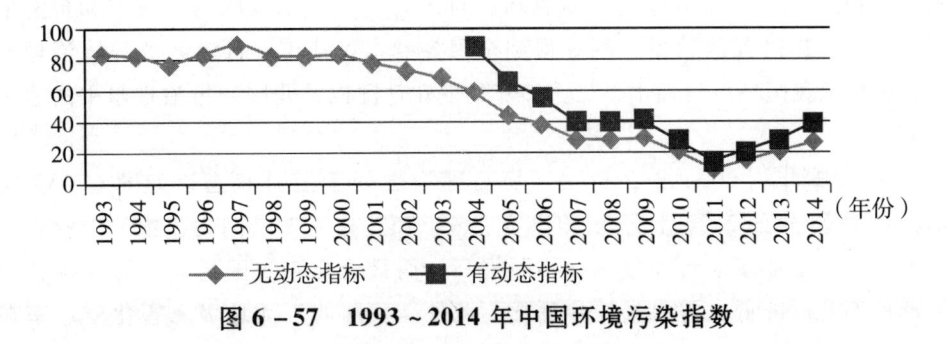

图 6-57 1993~2014 年中国环境污染指数

2014 年我国各个省、市、自治区的环境污染水平存在较大的地区差异。如图 6-58 所示：2014 年，我国环境污染指数最高的省份为天津和黑龙江，分别达到了 97.06 和 95.58，说明天津和黑龙江对污染物的排放较少，环境较好，此外环境污染指数较高的省份还有上海、陕西、江苏、四川、吉林、北京、山东、河南，这些省份大多属于中东部地区；环境污染指数处于中游水平（88.2~91.89）的省份有西藏、辽宁、云南、湖北、广东、安徽、湖南、内蒙古、河北、贵州；而环境污染指数最低的省份有青海和海南，其环境污染指数仅为 73.00 和 72.39，

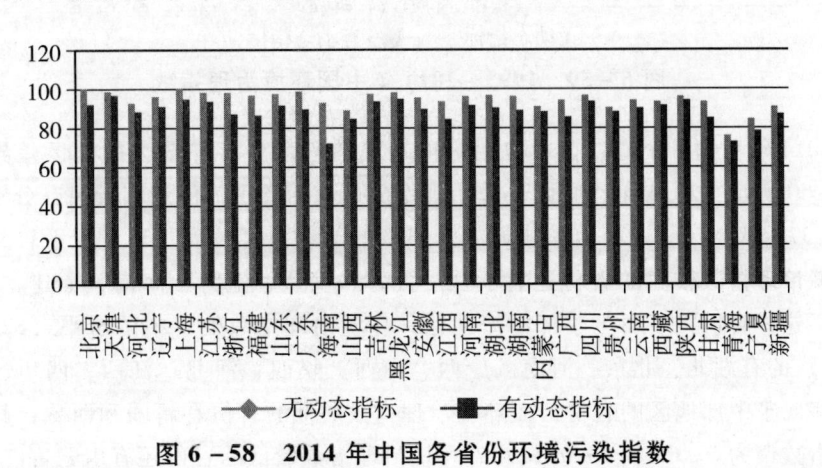

图 6-58 2014 年中国各省份环境污染指数

说明青海和海南的环境污染相对其他地区较为严重，此外环境污染指数较低的省份还有新疆、浙江、福建、广西、甘肃、山西、江西、宁夏，这些省份大多属于西部地区。整体而言，我国东部地区和中部地区的环境质量要比西部地区的环境更好。

2. 环境治理现状

根据环境治理指数的构建方法，环境治理指数主要通过工业废气治理效率、工业废水治理效率、工业固体排放物治理效率和生活垃圾无害化处理率等四个方面综合而成。由于生活垃圾无害化处理率只有近几年的数据，因此作为动态指标处理。利用全国以及 30 个省、直辖市、自治区（不包括我国的重庆市和台湾地区）1993～2014 年的数据，测算得到全国各省、直辖市、自治区的环境治理指数，以揭示我国环境治理水平二十多年的变化情况以及我国环境治理水平的地区差异。

从 1993 年到 2014 年，我国环境治理指数处于上升状态，如图 6-59 所示：从 1993 年的 2.26 上升为 2014 年的 91.25，这主要是因为我国的工业废气治理效率、工业废水治理效率在不断提高，而最近几年我国的工业固体排放物治理效率有所降低，需要进一步优化；此外，我国的生活垃圾无害化处理率在不断提高，加入生活垃圾无害化处理率动态指标后，我国环境治理指数也仍然处于上升状态。

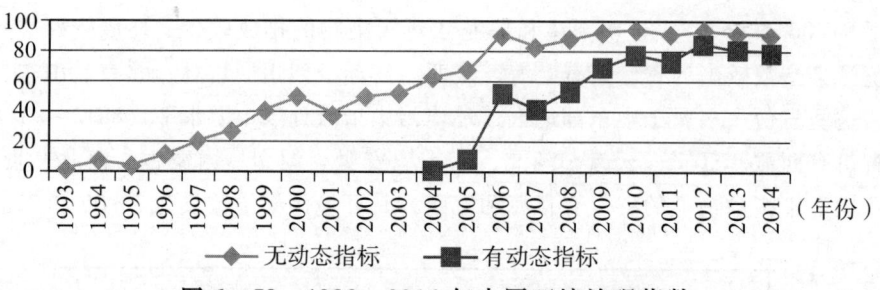

图 6-59　1993～2014 年中国环境治理指数

2014 年我国各个省、市、自治区的环境治理水平存在较大的地区差异。如图 6-60 所示：2014 年，我国环境治理指数最高的省份为山东和天津，分别达到了 95.57 和 94.70，说明山东和天津对环境的治理力度较大，环境水平较高，此外环境治理指数较高的省份还有浙江、江苏、安徽、上海、海南、福建、广东、湖南，这些省份大多属于东部沿海地区；环境治理指数处于中游水平（82.28～85.05）的有湖北、北京、河南、广西、山西、陕西、河北、江西、四川、云南等大多属于中部地区的省份；而环境治理指数最低的省份有新疆和西藏，其环境治理指数仅为 57.69 和 23.05，此外环境治理指数较低的省份还有内蒙古、辽宁、贵州、宁夏、黑龙江、吉林、甘肃、青海，这些省份大多属于西部地区。整体来看，我国环境治理指数从东往西逐渐降低。

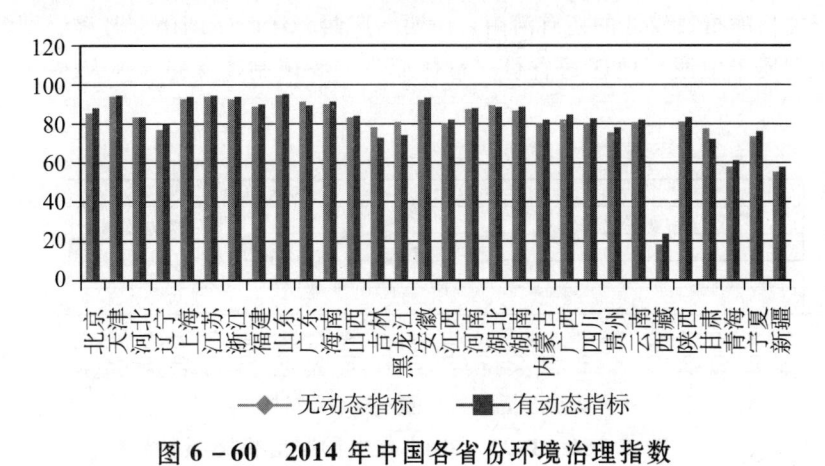

图 6-60 2014年中国各省份环境治理指数

五、制度保障现状

根据制度保障指数的构建方法，制度保障指数主要通过市场分配资源比重、政府管制力、政府规模、基尼系数等四个方面表现出来。本研究利用全国以及30个省、直辖市、自治区（不包括我国的重庆市和台湾地区）1993~2014年的数据，测算得到全国及各省、直辖市、自治区的制度保障指数，以揭示我国制度保障水平二十多年的变化情况以及我国制度保障水平的地区差异。

1993年到2007年，我国制度保障指数在波动中下降，如图6-61所示，1993年我国制度保障指数为78.18，到2007年降为19.23，主要是因为我国政府对企业的管制力不断增加，企业的非税负担在不断加重，其中1998年我国制度保障指数较高，可能是因为1998年的政府管制力较低。从2007年到2010年，我国制度保障指数不断升高，主要是因为这几年我国市场分配资源比重不断增加，政府管制力不断降低，政府规模不断缩小，从而提高了社会的制度保障水平；而2010年到2014年，市场分配资源比重有所下降，政府管制力又有所提高，导致制度保障指数围绕40点上下波动。

2014年我国各个省、市、自治区的制度保障水平还是存在较大的地区差异。如图6-62所示：2014年，我国制度保障指数最高的省份为浙江和山东，分别达到了73.63和72.71，说明浙江和山东具有较高的制度保障水平，此外制度保障指数较高的省份还有北京、吉林、黑龙江、上海、辽宁、青海、四川、福建，这些省份大多属于东部和中部地区；制度保障指数处于中游水平（60.38~65.8）

的省份有江苏、安徽、海南、宁夏、天津、新疆、河北、陕西、内蒙古、广东；而制度保障指数最低的省份有西藏和贵州，其制度保障指数仅为48.59和50.08，此外制度保障指数较低的还有河南、山西、广西、江西、湖南、甘肃、湖北、云南等大多属于中西部地区的省份。整体而言，我国制度保障水平从东往西逐渐降低。

图6-61 1993~2014年中国制度保障指数

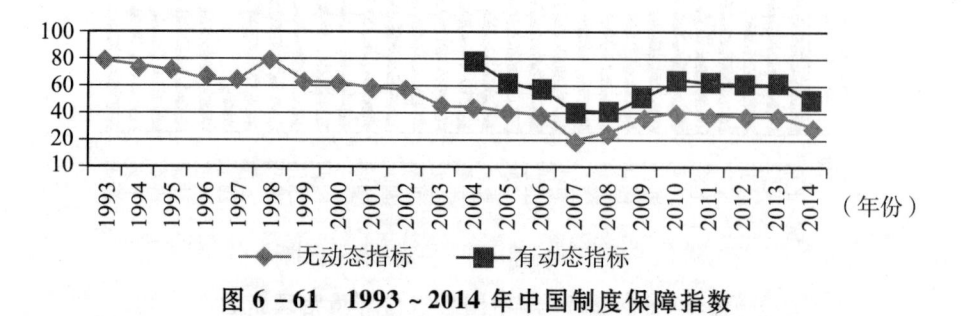

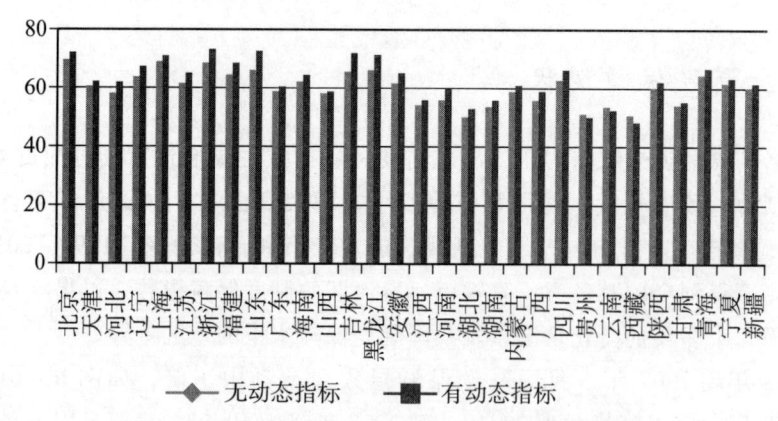

图6-62 2014年中国各省份制度保障指数

第四节 描述性统计

为了更系统、全面地了解本研究所反映的人口均衡型社会的现状，根据构建的指标体系，需要对所采集的样本数据进行全样本描述性统计以刻画人口均衡型社会的数量表现。随着时间的变化，人口均衡状态会相应的发生变化，为了了解人口均衡现状的动态变化，本研究还对数据进行了分阶段描述性统计。由于我国地域辽阔，各地区差异明显，为了研究人口均衡在各地区的不均衡状态，本研究还对数据进行了分地区描述性统计。

本研究选取中国的 30 个省、市、自治区 1993～2014 年的面板数据作为研究样本。所有的变量来自《中国统计年鉴》(1994～2015)、《中国财政统计年鉴》、《中国人口和就业统计年鉴》、《中国环境年鉴》、《中国环境统计年鉴》、《中国能源统计年鉴》、中国国家统计局、国泰安数据库以及中国经济与社会发展统计数据库。由于部分数据缺失，均采用插值法和平均增长率法补齐。

一、全样本描述性统计

本研究对数据的描述性统计指标主要有均值、标准差、最小值、最大值和变异系数（Coefficient of Variation，CV）。变异系数的引入是为了比较各个指标的离散程度。变异系数与极差、标准差、方差一样，都是反映了数据的离散程度。由于本研究采集的数据的测量尺度相差较大，即数据的量纲有较大不同，不能直接使用标准差进行比较，为了消除测量尺度和量纲的影响，变异系数较好地处理了不能直接比较的量纲问题。

变异系数的计算公式为：变异系数 CV = 标准差/均值，人口均衡各变量的全样本描述性统计如表 6-1 所示。

表 6-1　　　　　　1993～2014 年变量描述性统计

变量	符号	个数	均值	标准差	最小值	最大值	变异系数
省份	province	660	15.5	8.66	1	30	0.559
年份	year	660	2 003.5	6.35	1 993	2 014	0.003
人口发展指数	HD	660	55.32	7.05	37.61	75.24	0.127
人口适度指数	PM	660	59.56	10.28	31.85	79.00	0.173
人口密度	PDE	660	384.00	529.01	1.89	3 825.69	1.378
人口自然增长率	PG	660	6.72	3.77	-1.80	19.08	0.561
人均受教育年限	EA	660	7.72	1.43	2.21	12.03	0.185
婴儿死亡率	IMR	660	14.61	14.09	0.36	68.01	0.964
人均预期寿命	LE	660	72.56	3.76	61.02	81.87	0.052
人口结构指数	PS	660	53.65	11.57	26.04	89.27	0.216
少儿抚养比	YD	660	30.13	10.18	9.60	59.26	0.338
老年抚养比	OD	660	11.14	2.56	4.97	21.90	0.229
性别比	SR	660	105.04	3.37	90.59	118.62	0.032
城镇人口所占比重	TR	660	44.26	17.12	16.51	89.61	0.387

续表

变量	符号	个数	均值	标准差	最小值	最大值	变异系数
人口分布指数	PD	660	51.52	10.27	20.96	85.31	0.199
人口净迁移率	NM	660	2.58	16.15	-95.10	178.75	6.250
适龄劳动人口就业率	WPE	660	74.40	11.01	49.07	119.75	0.148
人口产业承载力	PB	660	55.04	17.23	18.17	98.83	0.313
经济发展指数	ED	660	41.97	6.09	20.25	62.64	0.145
经济增长指数	EG	660	37.54	9.49	5.72	69.38	0.253
人均国内生产总值	GP	660	1.08	0.96	0.12	5.61	0.884
经济增长率	EGR	660	11.46	2.64	3.80	23.00	0.230
居民消费水平指数	RCI	660	109.01	4.81	86.60	129.30	0.044
经济结构指数	ES	660	46.41	8.66	25.93	73.68	0.187
产业结构系数	IS	660	38.63	7.60	25.40	77.95	0.197
城乡收入比	IR	660	288.46	68.14	156.84	560.48	0.236
国有经济比重	SE	660	45.157	18.154	11.449	97.495	0.402
社会和谐指数	SH	660	21.97	9.26	7.27	53.38	0.422
社会保障指数	SS	660	9.15	7.23	0.62	64.84	0.790
医疗卫生支出比	HC	660	1.18	0.93	0.35	7.26	0.789
教育投入比	ESR	660	4.50	2.12	0.28	34.18	0.472
政府公共财政支出比	PF	660	15.80	8.75	7.20	128.74	0.554
国防安全支出比	DS	660	0.03	0.04	0.00	0.60	1.555
社会服务指数	SW	660	34.78	15.82	6.83	81.87	0.455
每万人医疗卫生机构床位数	MB	660	31.57	11.71	14.80	68.39	0.371
客运能力	PC	660	1 153.37	553.06	10.86	3 047.04	0.480
资源节约指数	RS	660	55.19	11.25	28.21	112.61	0.204
资源禀赋指数	RE	660	20.28	20.39	0.63	128.91	1.005
人均粮食占有量	PCG	660	381.84	216.98	29.72	1 628.54	0.568
人均耕地面积	PCL	660	1 098.60	792.42	77.50	4 146.86	0.721
人均可消费能源	PCE	660	2.09	3.49	0.02	25.72	1.674

续表

变量	符号	个数	均值	标准差	最小值	最大值	变异系数
人均森林面积	PCF	660	3 461.61	9 245.00	10.01	59 840.24	2.671
资源消耗指数	RC	660	90.10	9.42	41.74	99.58	0.105
万元GDP能源消耗量	MGC	660	3.61	4.62	0.85	40.24	1.279
万元GDP电力消耗量	MEC	660	0.27	0.17	0.08	1.23	0.624
人均能源消耗量	PCC	660	2.64	3.43	0.34	32.12	1.302
环境友好指数	EF	660	79.94	11.09	36.77	97.97	0.139
环境污染指数	EP	660	91.69	6.13	47.79	99.76	0.067
工业废气排放比	IGP	660	7.79	6.10	0.77	77.48	0.783
工业废水排放比	IWP	660	76.98	84.77	3.23	954.81	1.101
工业固体废物排放比	ISP	660	4.52	4.59	0.25	50.26	1.017
农药使用量	PU	660	9.79	7.79	0.27	56.43	0.796
环境治理指数	EM	660	68.19	18.00	2.96	96.87	0.264
工业废气治理效率	IWM	660	69.96	15.11	2.92	98.18	0.216
工业废水治理效率	IGM	660	75.53	21.97	3.48	100	0.291
工业固体排放物治理效率	ISM	660	57.16	23.99	0	100	0.420
制度约束指数	I	660	61.49	8.63	36.53	85.19	0.140
市场分配资源比重	MA	660	91.96	3.00	73.70	96.69	0.033
政府管制力	GC	660	9.47	4.44	0.68	21.48	0.469
政府规模	GS	660	11.14	3.45	3.11	22.74	0.310
基尼系数	GN	660	0.39	0.10	0.06	0.75	0.249

从表6-1中可以看出，变异系数最大的指标为人口净迁移率，其变异系数为6.250，一方面是由于我国区域人口流动差异较大，"北上广"地区人口净迁移率较高，而部分地区人口净迁移率较低。根据国家卫生和计划生育委员会流动人口司发布的《中国流动人口发展报告》，"十二五"期间，我国流动人口平均增长约800万人，2014年年末达到2.52亿人，而东北地区2000~2010年十年间人口净流出180万人；另一方面是由于人口净迁移率的均值较小，导致变异系数

较大；此外，还由于人口统计每五年有一次大规模的抽查，每十年一次普查，而其他年份的数据为小规模的抽样调查，因此存在一定的误差，可能普查年份的人口迁移率较大，导致变异系数变大。变异系数较大的指标还有人口密度、国防安全支出比、人均可消费能源、人均森林面积、万元 GDP 能源消耗量、人均能源消耗量、工业废水排放比等，其变异系数均大于 1，说明各个指标的时间、地区差异较大。而变异系数较小的指标为人均预期寿命、性别比、居民消费水平指数、市场分配资源比重，其变异系数均小于 0.1，说明该指标的时间、地区差异变化较小。

  为了更加直观的描述人口发展与经济、社会、资源、环境的关系，绘制人口均衡散点图，从图 6-63 中可以发现人口发展指数 hd 与经济发展指数 ed、社会和谐指数 sh、环境友好指数 ef 存在明显的正相关关系，而人口发展指数 hd 与资源节约指数 rs 关系不明显，需要进行进一步的实证检验。

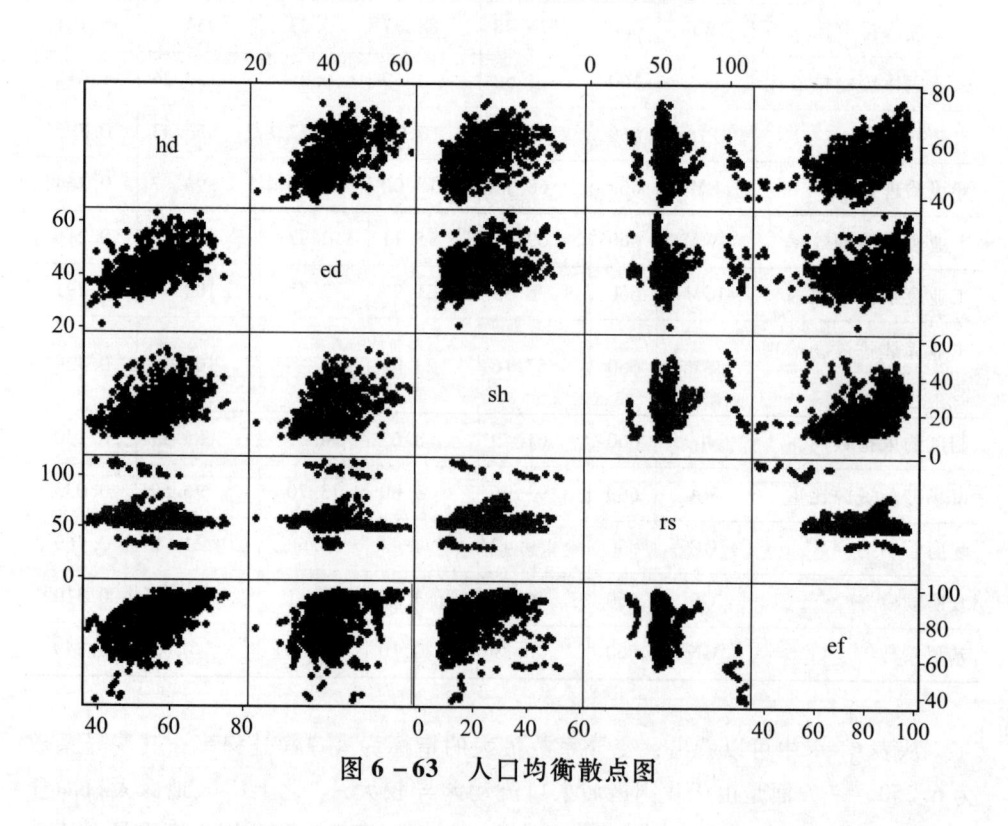

图 6-63 人口均衡散点图

  为了进一步了解人口适度指数 pm、人口结构指数 ps、人口分布指数 pd 与经济增长指数 eg、经济结构指数 es、社会保障指数 ss、社会服务指数 sw 的关系，绘制各人口指数与经济、社会指数的矩阵散点图，从图 6-64 中可以大致看出，经济增长指数、经济结构指数、社会保障指数、社会服务指数与人口适度指数、人口结构指数、人口分布指数存在一定的正相关关系。其中，社会保障指数 ss 中有部分离群值较大，这可能是因为西藏地区经济相对落后，且环境恶劣，为保障西藏人口的正常生活，政府对相关社会保障支出占 GDP 的比重相对较大，从而具有较高的社会保障指数。当然，各个人口指数与经济、社会指数的具体关系还需要进行实证进行检验。

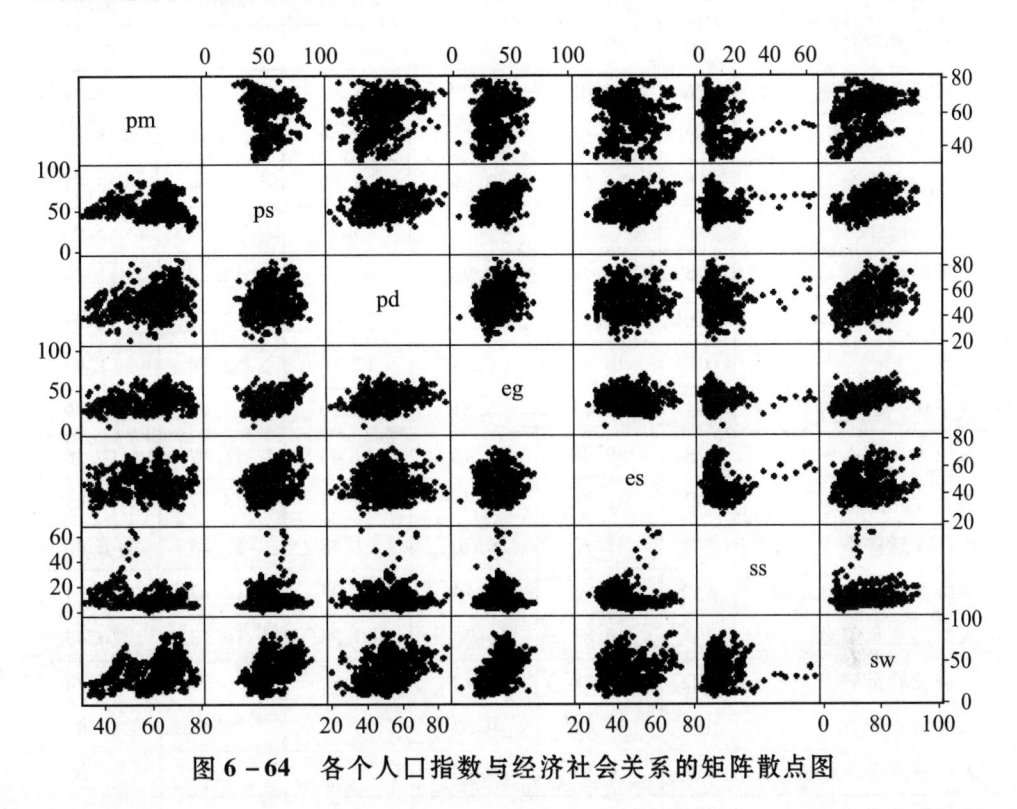

图 6-64　各个人口指数与经济社会关系的矩阵散点图

二、分阶段描述性统计

由于本研究采集的数据涵盖 1993～2014 年的各个省份及全国 22 年数据，其间波动较大的两个阶段分别为 1993～2003 年和 2004～2014 年，为了了解这两个阶段的人口均衡状况，本研究将从这两个阶段分别进行统计描述。如表 6-2 所示。

表6-2　　　　　　　　　　分阶段变量描述性统计

变量	符号	1993~2003年		2004~2014年		均值变化
		均值	标准差	均值	标准差	
人口发展指数	HD	50.54	6.51	56.73	7.75	6.19
人口适度指数	PM	60.14	10.69	61.53	9.34	1.39
人口密度	PDE	351.53	436.61	416.47	606.47	64.94
人口自然增长率	PG	7.92	4.22	5.52	2.79	-2.40
人均受教育年限	EA	7.02	1.29	8.43	1.20	1.41
婴儿死亡率	IMR	22.53	15.28	6.69	6.19	-15.83
人均预期寿命	LE	70.61	3.39	74.52	3.04	3.91
人均入院率	AA			8.07	4.25	8.07
人口结构指数	PS	46.48	10.93	57.77	12.23	11.29
少儿抚养比	CDR	36.17	9.06	24.09	7.22	-12.09
老年抚养比	ODR	10.18	2.44	12.10	2.29	1.92
性别比	SR	105.29	3.31	104.80	3.42	-0.49
城镇人口所占比重	UR	39.08	17.48	49.43	15.09	10.36
人口分布指数	PD	42.25	9.33	49.41	13.37	7.15
人口净迁移率	NM	1.72	20.70	2.58	19.75	0.86
适龄劳动人口就业率	WPE	72.83	9.14	75.97	12.43	3.14
人口产业承载力	PB	49.83	16.73	60.26	16.13	10.43
经济发展指数	ED	42.18	7.12	43.52	6.97	1.34
经济增长指数	EG	34.77	9.52	45.44	8.48	10.67
人均国内生产总值	GP	0.54	0.40	1.63	1.04	1.09
经济增长率	EGR	10.98	2.84	11.94	2.33	0.96
居民消费水平指数	RCI	107.36	4.97	110.65	4.02	3.28
经济结构指数	ES	49.59	8.81	41.60	9.33	-7.99
产业结构系数	IS	36.68	5.95	40.59	8.52	3.91
城乡收入比	IR	278.10	74.63	298.82	59.29	20.72
国有经济比重	SE	56.99	15.03	33.33	12.39	-23.66
社会和谐指数	SH	25.89	7.01	29.14	8.08	3.25
社会保障指数	SS	13.53	8.93	15.86	10.61	2.33
医疗卫生支出比	HC	0.76	0.52	1.60	1.05	0.83

续表

变量	符号	1993~2003年 均值	1993~2003年 标准差	2004~2014年 均值	2004~2014年 标准差	均值变化
教育投入比	ESR	4.37	2.08	4.63	2.16	0.26
政府公共财政支出比	PF	13.88	4.04	17.72	11.38	3.84
国防安全支出比	DS	0.01	0.01	0.04	0.05	0.03
社会保障和就业支出比	SSE	0.51	0.65	2.43	1.79	1.93
社会服务指数	SW	38.24	13.73	42.42	13.44	4.18
每万人医疗卫生机构床位数	MB	28.07	11.00	35.07	11.36	7.00
客运能力	PC	773.85	304.92	1 532.89	480.37	759.04
人均城市道路面积	UB			12.64	4.01	12.64
建成区绿化覆盖率	BC			35.93	5.30	35.93
资源节约指数	RS	54.22	7.47	51.49	7.23	-2.74
资源禀赋指数	RE	21.06	11.82	13.90	10.60	-7.17
人均粮食占有量	PCG	364.83	150.14	398.85	266.79	34.02
人均耕地面积	PCL	1 035.03	710.55	1 162.17	863.01	127.14
人均可消费能源	PCE	1.23	1.66	2.94	4.50	1.71
人均森林面积	PCF	3 486.60	9 815.79	3 436.62	8 651.53	-49.98
人均水资源	PCW			7 041.84	26 786.39	7 041.84
资源消耗指数	RC	87.38	11.25	89.08	11.62	1.69
万元GDP能源消耗量	MGC	4.13	5.43	3.09	3.55	-1.04
万元GDP电力消耗量	MEC	0.26	0.13	0.29	0.20	0.03
人均能源消耗量	PCC	1.85	2.63	3.42	3.93	1.57
环境友好指数	EF	71.18	9.74	80.31	9.40	9.13
环境污染指数	EP	79.75	7.42	86.20	7.05	6.45
工业废气排放比	IGP	7.48	4.74	8.10	7.21	0.62
工业废水排放比	IWP	117.60	101.38	36.37	28.44	-81.23
工业固体废物排放比	ISP	4.46	3.34	4.57	5.58	0.11
农药使用量	PU	7.82	5.63	11.75	9.06	3.93
环境治理指数	EM	62.62	15.35	74.43	16.42	11.81

续表

变量	符号	1993~2003年		2004~2014年		均值变化
		均值	标准差	均值	标准差	
工业废气治理效率	IWM	62.49	11.60	77.42	14.53	14.92
工业废水治理效率	IGM	63.16	20.11	87.90	15.98	24.74
工业固体排放物治理效率	ISM	49.23	22.72	65.09	22.60	15.85
生活垃圾无害化处理率	GD			0.70	0.23	0.70
制度约束指数	I	65.15	8.92	61.18	7.42	-3.97
市场分配资源比重	MA	93.18	2.43	90.74	3.02	-2.44
政府管制力	GC	8.55	4.63	10.40	4.04	1.85
政府规模	GS	10.70	3.49	11.58	3.36	0.88
基尼系数	GN	0.37	0.12	0.41	0.07	0.04

其中均值变化是指各变量2004~2014年的均值相对1993~2003年的均值的变化。从表6-2中可以看出：人口适度指标中，人口密度在上升，人口自然增长率在下降，人口受教育年限有所提高，婴儿死亡率下降幅度较大，人均预期寿命提高了四年左右。人口结构指标中，少儿抚养比下降较大，老年抚养比提高，性别比略有下降，更加趋于合理，城镇人口比重有较大提高。人口分布指标中，人口净迁移率、适龄劳动人口就业率、人口产业承载力均有所提高。经济增长指数中，人均国内生产总值、经济增长率和居民消费水平指数均有所提高，经济增长指数也在增加。经济结构指数有所下降，主要是由于国有经济比重下降较大，而且城乡收入比也在增加，而产业结构系数上升较小。社会保障指数及其三级指标医疗卫生支出比、教育投入比、政府公共财政支出比、国防安全支出比均有所提高。社会服务指数上升，每万人医疗卫生机构床位数和客运能力均在提高。资源禀赋指数在下降，主要是由于人均森林面积在下降，而人均粮食占有量、人均耕地面积、人均可消费能源上升幅度较小。资源消耗指数略有上升，是因为万元GDP能源消耗量有所下降，尽管万元GDP电力消耗量和人均能源消耗量略有上升。环境污染指数中，工业废水排放比在下降，而工业废气排放比、工业固体废物排放比、农药使用量在增加。环境治理指数中，工业废气治理效率、工业废水治理效率、工业固体排放物治理效率均在提高，说明我国的环境治理效率有所提高。制度约束指数中，市场分配资源比重在下降，政府管制力、政府规模和基尼系数均有所上升。

三、分地区描述性统计

本研究为了反映人口均衡型社会建设的区域差异性，因此还需要对东部地区、中部地区、西部地区的数据分别进行统计描述。如表6-3所示。

表6-3　　东中西分地区变量描述性统计（1993~2014年）

变量名	英文名	东部地区		中部地区		西部地区	
		均值	标准差	均值	标准差	均值	标准差
人口发展指数	HD	60.28	5.74	55.45	4.97	50.26	5.87
人口适度指数	PM	64.65	6.28	62.17	7.90	52.58	11.15
人口密度	PDE	738.01	727.67	289.79	145.63	98.51	78.55
人口自然增长率	PG	4.88	3.34	6.06	2.77	9.04	3.60
人均受教育年限	EA	8.43	1.28	7.90	0.91	6.88	1.46
婴儿死亡率	IMR	7.24	5.27	12.48	11.20	23.53	16.91
人均预期寿命	LE	75.31	2.52	72.71	2.49	69.70	3.47
人口结构指数	PS	59.02	13.44	51.25	10.33	50.03	7.85
少儿抚养比	CDR	25.50	10.35	29.84	8.61	34.97	8.78
老年抚养比	ODR	12.44	2.29	10.93	2.11	9.99	2.52
性别比	SR	103.81	4.07	105.80	2.17	105.73	2.95
城镇人口所占比重	UR	51.82	18.92	42.15	15.78	38.21	12.85
人口分布指数	PD	55.90	10.86	51.04	8.40	47.50	9.13
人口净迁移率	NM	9.65	21.18	-2.00	9.61	-2.34	22.64
适龄劳动人口就业率	WPE	73.47	10.03	74.79	12.93	75.04	10.41
人口产业承载力	PB	69.40	17.02	52.85	7.91	42.29	10.13
经济发展指数	ED	46.38	6.01	40.93	3.59	38.33	4.72
经济增长指数	EG	42.60	9.26	35.59	7.73	33.91	8.68
人均国内生产总值	GP	1.71	1.18	0.79	0.55	0.67	0.52
经济增长率	EGR	11.95	3.07	11.23	2.43	11.14	2.21
居民消费水平指数	RCI	109.63	4.03	109.18	4.70	108.26	5.47
经济结构指数	ES	50.17	8.98	46.27	7.43	42.74	7.52
产业结构系数	IS	42.21	9.68	34.90	3.98	37.78	5.39
城乡收入比	IR	241.85	33.60	264.65	37.92	352.38	61.84

续表

变量名	英文名	东部地区		中部地区		西部地区	
		均值	标准差	均值	标准差	均值	标准差
国有经济比重	SE	35.70	14.26	44.08	16.75	55.40	17.26
社会和谐指数	SH	23.29	8.10	20.10	8.40	22.00	10.65
社会保障指数	SS	6.25	3.53	7.10	2.83	13.55	9.68
医疗卫生支出比	HC	0.79	0.41	0.93	0.53	1.74	1.21
教育投入比	ESR	3.77	2.33	4.00	0.90	5.58	2.10
政府公共财政支出比	PF	12.96	3.55	13.80	3.37	20.10	12.61
国防安全支出比	DS	0.02	0.02	0.02	0.01	0.04	0.06
社会服务指数	SW	40.33	14.56	33.10	14.40	30.44	16.43
每万人医疗卫生机构床位数	MB	35.86	13.76	28.96	8.91	29.18	9.95
客运能力	PC	1 261.32	519.45	1 181.83	556.72	1 024.72	559.09
资源节约指数	RS	49.63	5.75	57.26	5.79	59.25	15.44
资源禀赋指数	RE	9.26	4.48	21.65	11.48	30.31	28.22
人均粮食占有量	PCG	263.71	135.85	546.77	271.85	380.03	150.78
人均耕地面积	PCL	557.92	297.95	1 273.18	889.68	1 512.32	752.22
人均可消费能源	PCE	0.74	0.71	2.70	4.30	2.99	4.06
人均森林面积	PCF	797.28	728.23	1 747.27	1 456.87	7 372.73	14 387.72
资源消耗指数	RC	90.00	11.98	92.88	3.66	88.18	8.95
万元GDP能源消耗量	MGC	3.98	7.11	2.80	1.22	3.83	2.44
万元GDP电能消耗量	MEC	0.21	0.05	0.23	0.09	0.37	0.24
人均能源消耗量	PCC	3.85	5.10	1.69	0.88	2.11	1.81
环境友好指数	EF	86.62	7.79	81.43	8.61	72.18	10.72
环境污染指数	EP	95.32	3.02	91.66	4.91	88.09	7.07
工业废气排放比	IGP	4.71	2.67	7.01	3.56	11.45	7.88
工业废水排放比	IWP	51.13	41.28	79.78	69.93	100.80	114.67
工业固体废物排放比	ISP	1.95	1.76	4.87	3.56	6.83	5.77
农药使用量	PU	15.81	8.58	9.22	4.51	4.17	3.01
环境治理指数	EM	77.92	13.26	71.20	13.33	56.27	18.36
工业废水治理效率	IWM	73.72	10.72	73.17	9.81	63.85	19.51
工业废气治理效率	IGM	85.71	16.40	79.05	17.61	62.78	23.43

续表

变量名	英文名	东部地区		中部地区		西部地区	
		均值	标准差	均值	标准差	均值	标准差
工业固体废物治理效率	ISM	73.66	20.33	58.90	18.86	39.39	17.60
制度指数	I	65.62	8.85	59.26	7.96	58.99	7.24
市场分配资源比重	MA	91.04	3.55	93.16	1.99	92.02	2.69
政府管制力	RC	7.70	4.01	12.79	4.24	8.83	3.64
政府规模	GS	9.72	3.36	11.46	2.90	12.33	3.41
基尼系数	GN	0.36	0.10	0.35	0.08	0.44	0.08

从表6-3可以看出，我国人口、经济、社会、资源、环境、制度等因素在各个地区存在严重的不均衡，具体表现为：

人口发展指数：东部地区要高于中部地区，更高于西部地区。人口适度指标也是东部最高，西部最低；人口适度指标中，东部地区的人口密度、人均受教育年限、人均预期寿命大于中部地区，更大于西部地区；而西部地区的人口自然增长率、婴儿死亡率高于中部地区，更高于东部地区。对于人口结构指标，东部地区明显高于中部地区和西部地区，东部地区的老年抚养比、城镇人口所占比重要高于中部地区，更高于西部地区；西部地区的少儿抚养比高于中部地区，更高于东部地区；东部地区的性别比低于中部和西部地区，说明东部地区对人口性别的歧视较小。对于人口分布指数，东部地区高于中部地区，更高于西部地区；东部地区的人口净迁移率和人口产业承载力最高，而西部地区最低；西部的适龄劳动人口就业率要高于中部地区，更高于东部地区。

经济发展指数，东部地区要高于中部地区，更高于西部地区。经济增长指数也是东部地区最高，西部地区最低，东部地区的人均国内生产总值、经济增长率和居民消费水平指数均高于中部地区，更高于西部地区。经济结构指数也是东部最高，西部最低，主要是由于东部地区的产业结构系数较高，而且城乡收入比较低。

社会和谐指数，东部地区最高，中部地区最低。社会保障指数及其三级指标医疗卫生支出比、教育投入比、政府公共财政支出比、国防安全支出比均是西部地区最高，而东部地区最低。而社会服务指数及客运能力，东部地区要高于中部地区，更高于西部地区；东部地区的每万人医疗卫生机构床位数要高于中部和西部地区。

资源节约指数，西部地区要高于中部地区，更高于东部地区。西部地区的资源禀赋指数要高于中部地区更高于东部地区,中部地区的人均粮食占有量最高,而东部地区最低;西部地区的人均耕地面积、人均可消费能源、人均森林面积均高于中部地区,更高于东部地区。中部地区的资源消耗指数要高于东部地区,更高于西部地区,主要是因为中部地区的万元GDP能源消耗量较低,而西部地区的万元GDP电力消耗量较高。

环境友好指数,东部地区要高于中部地区,更高于西部地区。环境污染指数也是东部地区要高于中部地区,更高于西部地区,主要是因为东部地区的工业废气排放比、工业废水排放比、工业固体废物排放比均是最低,而西部地区均最高,尽管东部地区的农药使用量最高。环境治理指数及工业废气治理效率、工业废水治理效率、工业固体排放物治理效率均是东部地区最高,西部地区最低。

制度约束指数,东部地区高于中部地区,更高于西部地区。主要是因为东部地区的政府管制力、政府规模和基尼系数较低。

第五节 本章小结

本章借助中国国家统计局、中国统计年鉴、国泰安数据库等权威数据测算我国人口均衡型社会指数、人口发展指数、经济发展指数、社会和谐指数、资源节约指数、环境友好指数和制度保障指数等,从人口内部均衡和人口外部均衡两个方面来反映我国人口均衡水平的数量特征,同时根据各指数的不同对各个省份进行对比分析,从而系统全面的了解我国人口均衡现状。

研究发现:我国人口均衡指数存在着时间和空间上的不均衡。1993年以来我国整体的人口均衡水平不断提高,各省区的人口均衡水平存在一定差异,其中北京和江苏等东部省份的人口均衡水平较高,而甘肃、云南等西部内陆地区的人口均衡水平较低,整体而言,我国东部各省的人口均衡指数要高于中部和西部。

此外,我国人口发展指数近几年来不断上升,但整体水平不容乐观。各省的人口发展指数从东部沿海到西部内陆逐渐降低;地区人口数量与人口质量差异导致我国人口适度不均衡;人口结构指数波动上升,整体水平却较低;另外,近几年来我国经济发展指数波动上升,但地区差异较大,表现为东部沿海地区的经济发展指数要高于中西部地区。我国社会和谐指数不断上升,并且西部地区的社会和谐指数要高于中东部地区。我国资源节约指数围绕60波动,并且资源丰富的省份如东北部和中西部地区资源节约指数均高于资源匮乏的东部大多数省份。我国环境友好指数近几年变化不大，但地区差异仍然较大，主要表现为长江下游地区环境友好指数较高，而其他地区特别是西北地区较低。我国制度保障指数近几年趋于稳定，但是有待于进一步提高，整体而言，我国制度保障水平从东往西逐渐降低。

通过对一系列指数、指标的计算和分析，系统全面的了解了我国人口均衡型社会的指标现状，为进一步分析人口均衡型社会的实证研究提供数据基础。

第七章

人口均衡型社会的实证研究

——来自理论机理的面板数据检验

  本章借助国家统计局、中国统计年鉴、国泰安数据库等权威数据,通过1993~2014年东中西部地区48个指标计算得出的人口指数、经济指数、社会指数、资源指数、环境指数以及制度指数等,进行人口内部均衡与人口外部均衡的实证检验,分析目前我国及东中西部地区的人口内部均衡与人口外部均衡的现状及发展态势,从时空维度揭示我国人口均衡的区域差异性与阶段性变化。根据理论分析内容,为验证理论的可靠性,本章将从经济、社会、资源、环境、制度约束下的人口发展,经济、社会、资源、环境、制度约束下的人口适度,经济、社会、资源、环境、制度约束下的人口结构,经济、社会、资源、环境、制度约束下的人口分布,以及人口发展对人口外部均衡的影响等五个方面进行实证检验。

  目前,学术界对人口长期均衡发展理论的研究有待进一步深化。由于理论研究的不足,又进一步限制了实证研究的发展。可以说,对人口长期均衡发展的实证研究正处于起步阶段:第一,有部分研究者建立一套评估指标体系来检测人口的均衡发展,但也仅是简单的指标堆积,作为测度指标选择标准的人口均衡发展定义缺乏明确的外延,具有很大的随意性;第二,指标选取时具有较强的主观性,指标权重的确定大多采用主观赋值的方法,并未考虑数据自身的特征,也就不能反映人口均衡发展的现状与程度;第三,只是从全国总体层面上或者是以某一省区作为研究对象来进行人口均衡发展水平的评价与判断,缺乏省级层面上的实证检验支持;第四,各个子系统之间的相互影响和作用关系并不明朗。

同时，也有部分学者在做实证检验的时候，仅体现了人口外部均衡的情况，即经济、社会、资源环境对人口发展水平的影响，但较少涉及人口均衡内部的均衡表现。因此，本课题是在已深入研究人口长期均衡发展理论和建立人口长期均衡发展评价指标体系的基础上，采用静态面板回归模型、分阶段回归模型、分地区回归模型、动态面板回归模型、面板向量自回归模型以及面板门限回归模型进行人口外部均衡与人口适度、人口结构、人口分布及人口发展的双向实证研究。

第一节 经济、社会、资源、环境与制度约束下的人口适度

为检验经济、社会、资源、环境以及制度因素对人口适度的影响，采用的模型包括静态面板回归模型、分阶段回归模型、分地区回归模型、门槛回归模型，分别来研究经济、社会、资源、环境以及制度因素对人口适度的静态影响，2003年前后，不同地区经济、社会、资源、环境，以及制度因素对人口适度影响的不同，同时具有经济、社会、资源、环境和制度因素对人口适度影响的门槛效应。

一、静态面板模型检验

静态面板回归模型又分为混合效应模型、固定效应模型和随机效应模型。

估计面板数据的一个极端策略是将其看成是截面数据而进行混合回归，即要求样本中每个个体都拥有完全相同的回归方程；另一个极端策略是，为每个个体估计一个单独的回归方程。前者忽略了个体间不可观测或被遗漏的异质性，而该异质性可能与解释变量相关从而导致估计不一致。后者则忽略了个体间的共性，也可能没有足够大的样本容量。进一步地，假定个体的回归方程拥有相同的斜率，但可以有不同的截距项，以此来捕捉异质性。这种模型称为"个体效应模型"即

$$y_{it} = \vec{x}_{it}'\vec{\beta} + \vec{z}_{it}'\vec{\delta} + u_i + \varepsilon_{it}, \quad (i=1, \cdots, n; \, t=1, \cdots, T)$$

其中，$\vec{z}_{it}'$ 为不随时间而变的个体特征，比如省份；而 $\vec{x}_{it}'$ 可以随个体和时间而改变。扰动项由 $u_i + \varepsilon_{it}$ 两部分构成，被称为"复合扰动项"。其中，不可观测的随机变量 u_i 是代表个体异质性的截距项。有人将 u_i 视为常数，但这也只是随机

变量的特例，即退化的随机变量。ε_{it} 为随个体与时间而改变的扰动项。假设 ε_{it} 为独立同分布的，且与 u_i 不相关。如果 u_i 与某个解释变量相关，则进一步称为"固定效应模型"（Fixed Effects Model，FE）。在这种情况下 OLS 是不一致的。解决的方法是将模型转换，消除 u_i 后获得一致估计量。如果 u_i 与所有解释变量不相关，则进一步称之为"随机效应模型"（Random Effects model，RE）。估计时选择随机效应模型还是固定效应模型要通过数据来检验。

根据第 4 章理论模型研究所得出的结论，经济、社会、资源、环境与制度也是影响人口适度水平的重要因素。所以，在本部分中，我们选取人口适度指数衡量人口适度水平，以此作为被解释变量。而根据第 5 章的指标体系表明，人口适度指数是由人口密度、人口自然增长率、人均受教育年限、婴儿死亡率、人均预期寿命和人均入院率构成。这六个指标分为两个维度，第一是人口数量，主要通过人口密度和人口自然增长率两个指标反映；第二是人口质量，又分为健康水平和教育水平两个方面，主要通过人均受教育年限、婴儿死亡率、人均预期寿命和人均入院率四个指标反映。在解释变量的选择上，主要源于四个维度：在经济发展方面选取经济增长指数与经济结构指数；在社会和谐方面选取社会服务指数与社会保障指数；在资源节约方面选取资源禀赋指数与资源消耗指数；在环境友好方面选取环境污染指数与环境治理指数。与此同时，加入制度指数作为控制变量，验证模型的稳健性。

综上所述，要研究经济增长指数、经济结构指数、社会保障指数、社会服务指数、资源禀赋指数、资源消耗指数、环境污染指数和环境治理指数对人口适度指数的影响，则需要建立如下面板回归模型：

$$PM_{it} = \beta_0 + \beta_1 EG_{it} + \beta_2 ES_{it} + \beta_3 SS_{it} + \beta_4 SW_{it} + \beta_5 RE_{it} + \beta_6 RC_{it} + \beta_7 EP_{it} + \beta_8 EM_{it} + \beta_9 I_{it} + \mu_i + \varepsilon_{it}$$

其中，被解释变量 PM 为人口适度指数；解释变量 EG 为经济增长指数，ES 为经济结构指数，SS 为社会保障指数，SW 为社会服务指数，RE 为资源禀赋指数，RC 资源消耗指数，EP 为环境污染指数，EM 为环境治理指数，I 为制度约束指数。i 代表样本中的被观测地区，t 表示样本中每个地区的观测时间，$i = 1, 2, 3, \cdots, 30$，$t = 1993, 1994, 1995, \cdots, 2014$，$\mu_i$ 表示不可观测的地区效应，ε_{it} 为随机干扰项。

此外，考虑到人口适度可能会反过来影响到经济、社会、资源、环境水平，从而导致内生性问题。内生性问题是指解释变量与扰动项相关，导致估计不一致。如果我们能够将内生变量分成两部分，即一部分与扰动项相关，而另一部分与扰动项不相关，那么就有希望用与扰动项不相关的那一部分得到一致估计。对内生变量的这种分离可以借助于对内生变量的深入认识来完成①，而更常见的方法则是借助另一个"工具变量"来实现（陈强，2010）。本研究将采用经济、社会、资源、环境变量的滞后一期值作为工具变量来检验或克服内生性问题。

根据模型设定，利用 1993～2014 年中国 30 个省、直辖市、自治区的数据，采用面板回归模型来研究经济、社会、资源、环境、制度因素对人口适度的影响。同时，采用混合效应、固定效应、随机效应和工具变量法对模型进行估计。静态面板模型估计结果如表 7-1 所示。

表 7-1 经济、社会、资源与环境约束下的人口适度（1993～2014 年）②

	估计 1	估计 2	估计 3	估计 4	估计 5	估计 6	估计 7	估计 8
估计方法	混合	固定	随机	工具	混合	固定	随机	工具
因变量	PM	PM	PM	PM	PM	PM	PM	PM
EG	0.033 (0.74)	0.077*** (3.35)	0.080*** (3.46)	0.128** (2.07)	0.049 (1.14)	0.077*** (3.32)	0.081*** (3.45)	0.131** (2.07)
ES	-0.110*** (-2.59)	0.043 (1.32)	0.047 (1.44)	0.051 (0.96)	0.099** (2.10)	0.043 (1.30)	0.048 (1.42)	0.049 (0.92)
SS	-0.251*** (-4.46)	0.078** (2.02)	0.062 (1.61)	0.013 (0.22)	-0.413*** (-7.28)	0.078** (2.02)	0.054 (1.39)	0.01 (0.17)
SW	0.211*** (6.74)	0.217*** (13.04)	0.217*** (13.03)	0.232*** (11.74)	0.226*** (7.59)	0.217*** (13.02)	0.218*** (12.85)	0.232*** (11.74)
RE	-0.300*** (-9.08)	-0.048 (-1.27)	-0.074** (-2.02)	-0.049 (-1.15)	-0.310*** (-9.90)	-0.048 (-1.26)	-0.087** (-2.37)	-0.049 (-1.16)
RC	0.088** (2.38)	-0.058* (-1.76)	-0.057* (-1.77)	-0.071* (-1.66)	0.054 (1.52)	-0.058* (-1.76)	-0.057* (-1.74)	-0.072* (-1.67)
EP	-0.018 (-0.25)	0.118*** (3.19)	0.123*** (3.31)	0.186*** (3.44)	0.038 (0.56)	0.118*** (3.13)	0.125*** (3.28)	0.190*** (3.39)

---

① 比如货币政策对宏观经济的影响。由于货币政策的制定者会根据宏观经济的运行情况来调整货币政策，故货币政策是个内生变量。Romer and Romer（2004）通过阅读有关美联储的历史文献将货币政策的变动分为"内生"（对经济的反应）和"外生"（货币当局的自主调整）两部分。

② 所用软件包为 Stata12.0；*，**，*** 分别表示 10%、5%、1% 的显著性，括号内数字为其标准差，下表同；其中混合效应估计中采用以 "province" 为聚类变量的聚类稳健标准差，因为一个省不同时期的扰动项一般存在自相关，而默认的普通标准差计算方法假设扰动项为独立同分布，故普通标准差的估计并不准确。

续表

	估计1	估计2	估计3	估计4	估计5	估计6	估计7	估计8
EM	0.054 (1.59)	-0.076 *** (-3.96)	-0.068 *** (-3.56)	-0.094 *** (-3.72)	0.028 (0.88)	-0.076 *** (-3.88)	-0.064 *** (-3.26)	-0.092 *** (-3.65)
I					-0.407 *** (-8.54)	0 (-0.00)	0 (0.01)	0.011 (0.39)
常数项	53.236 *** (8.55)	46.674 *** (10.55)	45.989 *** (9.92)	40.705 *** (5.90)	68.885 *** (11.14)	46.680 *** (9.48)	45.659 *** (9.07)	39.611 *** (5.22)
观测值	660	660	660	630	660	660	660	630
R-squared	0.337	0.456	0.456	0.483	0.404	0.456	0.455	0.482
F	41.36	65.27		125.22	48.94	57.93		107.73
省份		30	30	30		30	30	30

注：*** 、** 、* 分别对应1%、5%、10%的显著水平。

其中，估计1、估计2、估计3、估计4分别是利用了混合效应模型、固定效应模型、随机效应模型和工具变量法估计了经济增长指数、经济结构指数、社会保障指数、社会服务指数、资源禀赋指数、资源消耗指数、环境污染指数和环境治理指数对人口适度指数的影响。为了保证估计方法的科学性，须先进行估计方法的检验。首先，对混合效应回归估计和固定效应回归估计进行比较，构造F统计量，根据计算出来的结果查阅F值分布表，发现F值大于临界值，应建立固定效应模型；其次，对混合效应和随机效应模型进行比较，构造LM统计量，LM检验P值为0.0000，强烈拒绝"不存在个体随机效应"的原假设，即认为在"随机效应"与"混合效应"二者之间，应该选择"随机效应"；然后，对随机效应和固定效应进行豪斯曼检验，P值为0.0499，认为在5%的显著水平下应该使用固定效应模型，而非随机效应模型；对固定效应和工具变量法进行豪斯曼检验，检验P值为0.9107，说明不存在内生变量问题，应该采用固定效应模型，即估计2的结果。估计5、估计6、估计7、估计8是在估计1、估计2、估计3、估计4的基础上加入了制度指数作为控制变量，进行稳健性检验。F检验值为57.93，大于临界值，因此在固定效应和混合效应之间应该选择固定效应；LM检验P值为0.0000，强烈拒绝"不存在个体随机效应"的原假设，即认为在"随机效应"与"混合效应"二者之间，应该选择"随机效应"；对随机效应和固定效应进行豪斯曼检验，P值为0.0000，在1%的显著水平下认为应该使用固定效应模型，而非随机效应模型；对固定效应和工具变量法进行豪斯曼检验，检验 P 值为 0.9012，说明不存在内生变量问题，应该采用固定效应模型，即估计 6 的结果。

就经济因素对人口适度的影响而言，从估计 2 的结果，可以看出经济因素对人口适度的影响主要通过经济增长指数。经济增长指数与人口适度指数正相关，经济增长指数每提高 1%，人口适度指数将相应的提高 0.077 个百分点左右，且在 1% 的水平下显著，加入制度约束指数作为控制变量后，依然显著。这是因为：一方面由于经济增长，人们能够拥有更好的工作，就业率得到提升，工资率提高，工资收入增加，从而使得人们接受教育和医疗的机会增加，教育质量提升，身体健康水平提高，人力资本将会显著增加，从而提高了人口适度水平；另一方面，随着经济的发展，养育孩子的成本增加，行为人在追求自身效用最大化的情况下，会自行减少养育孩子的数量，从而使得总体的人口处于适度水平。其隐藏的政策含义是，随着经济的不断发展，养育孩子的成本也在不断提高，教育的收益在不断增加，因此，即使放开计划生育政策，人口也会逐渐趋于适度水平。

社会因素对人口适度的影响：从表中可以看出，社会保障指数和社会服务指数均与人口适度指数显著正相关，社会保障指数每提高 1%，人口适度指数将增加 0.078 个百分点左右，社会服务指数每提高 1%，人口适度指数将增加 0.217 个百分点左右，加入制度控制变量后，依然在 5% 水平下显著。这是因为社会保障指数和社会服务指数上升，一方面教育支出增加，每个人的受教育水平得到提升，从而提高了社会的人力资本水平；另一方面，医疗卫生、国防、就业、基础设施建设等公共支出增加，有效促进了社会和谐稳定，为保障和改善民生提供了良好的社会环境，人民生活服务水平得到改善，降低了人口死亡率，提高了人口的身体健康素质，延长了人口预期寿命，从而提高了人口适度水平。

资源因素对人口适度的影响：从表 7-1 中可以看出，资源禀赋指数对人口适度指数的影响不显著，资源消耗指数对人口适度指数的影响在 10% 的水平下显著为负，资源消耗指数每下降 1%，人口适度指数将提高 0.058 个百分点左右，加入制度控制变量后依然在 10% 的水平下显著为负。挖掘其背后的深层次原因，可能是由于从 1993 年以后，我国在经济发展过程中，一直是粗放型的经济，能源利用率和循环利用率低，单位产值能耗高，资源消耗指数越低的地区消耗的能源越高，从而有较高的经济增长速度，在短期内提高了人口适度水平。但是我国能源资源储备相对不足，虽然常规能源储量占全世界的 10.7%，但人均占有量世界排名落后，从一个能源净出口国转变为净进口国，能源供需矛盾趋势加剧，因此，从长期来看，为了实现人口适度的提高，应该转变经济增长方式，逐渐取消粗放型的经济增长方式，发展集约型的经济增长方式，降低单位产值的能源消耗，提高能源的利用率，使得经济能够实现更好更快的长期增长，从而提升长期人口适度水平。

环境因素对人口适度的影响：从表中可以看出，环境污染指数与人口适度在1%水平下显著正相关，加入制度控制变量后依然显著正相关，环境污染指数每提高1%，人口适度指数将提高0.118个百分点。这是因为，环境污染指数越高，说明废水、废气、废物等污染物的排放越少，从而能够减少污染物对人身体造成的损害，提高了人口的身体素质，降低了人口死亡率，延长了人口预期寿命，从而提高了人口适度指数。因此，为了提高人口适度水平，应该减少污染物的排放，进行产业结构调整与升级。

另外，从表7-1可以发现，环境治理指数与人口适度指数在1%的水平下显著负相关，加入制度控制变量后依然显著负相关，环境治理指数每提高1%，人口适度指数将下降0.076个百分点。这可能是因为，一方面环境治理公共支出的增加，挤占了政府在社会保障和社会服务方面的支出，从而影响了人口适度水平的提高；另一方面，环境治理增加了企业的生产成本，在短期内阻碍了经济的快速增长，从而抑制了人口适度水平的提高。尽管，环境治理指数与人口适度指数负相关，但是从长期来看，环境是人类生存和发展的基本前提，环境为我们的生存和发展提供了必需的资源和条件。环境治理能够保障人类的生存环境，提高人口的身体素质，进而提高人口适度水平。

二、分阶段模型

值得一提的是，经济、社会、资源、环境与人口适度随着时代的变化而不断变化。从长远来看，人口适度随着生产力的发展和社会生产方式的进步不断由低级向高级运动的过程，包括人口数量的增减变化、人口健康素质和身体素质的提高改善等各个方面。随着经济的不断发展，社会保障和社会服务支出也不断增加，使得人口的身体素质也在不断提高。而资源作为一个复杂的概念，从技术进步与生产力发展的角度来看，人类对资源的认识是一个逐渐由浅入深的过程；环境作为人类生存的空间载体，无不影响着人类的生活与生产。

值得注意的是，中国关于资源、环境类的数据库建立较晚，直到20世纪80年代末才刚刚起步。最初的统计数据也仅局限于工业行业统计，统计口径也大多围绕工业"三废"展开调查，且多数以调查研究报告的形式展示。但近年来，关于资源、环境类的数据库也越发完善。因此，有必要将本研究中所选取的时间段进行划分，据此我们所得到的研究结论也将更有意义。所以，我们在人口适度指数中引入了人均入院率，社会保障指数中引入了社会保障和就业支出比，社会服务指数中引入了人均城市道路面积和建成区绿化覆盖率，资源禀赋指数中引入人均水资源，环境治理指数中引入生活垃圾无害化处理率。鉴于数据的可得性，这 6 个动态指标在 2003 年以后才得以统计，为此，在分阶段检验中，以 2003 年为分界点，将 1993~2014 年划分为 1993~2003 年与 2004~2014 年两个研究区间。在此基础上，我们分别建立了以下两个计量模型，如下所示：

模型一：

$$PM_{it} = \beta_0 + \beta_1 EG_{it} + \beta_2 ES_{it} + \beta_3 SS_{it} + \beta_4 SW_{it} + \beta_5 RE_{it} \\ + \beta_6 RC_{it} + \beta_7 EP_{it} + \beta_8 EM_{it} + \beta_9 I_{it} + \mu_i + \varepsilon_{it}$$

其中，i 代表样本中的被观测地区，t 表示样本中每个地区的观测时间，$i = 1, 2, 3, \cdots, 30$，$t = 1993, 1994, 1995, \cdots, 2003$，$\mu_i$ 表示不可观测的地区效应，ε_{it} 为随机干扰项。

模型二：

$$PM_{it} = \beta_0 + \beta_1 EG_{it} + \beta_2 ES_{it} + \beta_3 SS_{it} + \beta_4 SW_{it} + \beta_5 RE_{it} \\ + \beta_6 RC_{it} + \beta_7 EP_{it} + \beta_8 EM_{it} + \beta_9 I_{it} + \mu_i + \varepsilon_{it}$$

其中，i 代表样本中的被观测地区，t 表示样本中每个地区的观测时间，$i = 1, 2, 3, \cdots, 30$，$t = 2004, 2005, \cdots, 2014$，$\mu_i$ 表示不可观测的地区效应，ε_{it} 为随机干扰项。

根据模型设定，利用 1993~2014 年中国 30 个省、直辖市、自治区的数据，采用面板回归模型来研究不同时期经济、社会、资源、环境、制度因素对人口适度的影响。同时，采用混合效应、固定效应、随机效应和工具变量法对模型进行估计，并利用 F 检验、LM 检验和豪斯曼检验来选择合适的模型。分阶段面板模型估计结果如表 7-2 所示。

表 7-2 分阶段回归结果

时间段	1993~2014 年		1993~2003 年		2004~2014 年	
	估计 1	估计 2	估计 3	估计 4	估计 5	估计 6
因变量	PM	PM	PM	PM	PM	PM
EG	0.077*** (3.35)	0.077*** (3.32)	0.063* (1.69)	0.067* (1.83)	0.056*** (2.80)	0.057*** (2.90)
ES	0.043 (1.32)	0.043 (1.30)	0.063 (1.12)	0.052 (0.92)	-0.016 (-0.44)	0.001 (0.03)
SS	0.078** (2.02)	0.078** (2.02)	0.244*** (3.74)	0.238*** (3.68)	0.144*** (4.43)	0.149*** (4.66)

续表

时间段	1993~2014年		1993~2003年		2004~2014年	
	估计1	估计2	估计3	估计4	估计5	估计6
SW	0.217*** (13.04)	0.217*** (13.02)	0.067* (1.71)	0.085** (2.15)	-0.043** (-2.10)	-0.039* (-1.92)
RE	-0.048 (-1.27)	-0.048 (-1.26)	0.03 (0.34)	0.035 (0.40)	-0.096 (-1.57)	-0.081 (-1.35)
RC	-0.058* (-1.76)	-0.058* (-1.76)	-0.131 (-1.48)	-0.146* (-1.66)	-0.043** (-2.06)	-0.03 (-1.43)
EP	0.118*** (3.19)	0.118*** (3.13)	-0.054 (-0.86)	-0.052 (-0.84)	0.041 (1.06)	0.05 (1.31)
EM	-0.076*** (-3.96)	-0.076*** (-3.88)	-0.071** (-2.22)	-0.039 (-1.12)	0.015 (0.54)	0.005 (0.17)
I		0 (-0.00)		0.148** (2.34)		-0.103*** (-3.51)
常数项	46.674*** (10.55)	46.680*** (9.48)	68.577*** (8.32)	57.748*** (6.15)	59.724*** (13.90)	63.662*** (14.60)
观测值	660	660	330	330	330	330
R-squared	0.456	0.456	0.09	0.107	0.143	0.178
F	65.27	57.93	3.605	3.863	6.114	7.018
省份	30	30	30	30	30	30
LM	0.0000	0.0000	0.0000	0.0000	0.0000	0.0000
P1	0.0499	0.0000	0.0015	0.0000	0.0124	0.0016
P2	0.9107	0.9012	-0.86	-1.29	0.9998	1.0000
估计方法	FE	FE	FE	FE	FE	FE

注：P1 为固定效应和随机效应豪斯曼检验 P 值；P2 为内生性问题豪斯曼检验 P 值。当 P 值不存在时，则为豪斯曼检验值 chi2。***、**、* 分别对应 1%、5%、10%的显著水平。

如表 7-2 所示，估计 1 是利用 1993~2014 年的数据，通过固定效应模型估计经济增长指数、经济结构指数、社会保障指数、社会服务指数、资源禀赋指数、资源消耗指数、环境污染指数和环境治理指数对人口适度指数的影响；估计 3 是利用 1993~2003 年的数据，估计经济增长指数、经济结构指数、社会保障指数、社会服务指数、资源禀赋指数、资源消耗指数、环境污染指数和环境治理指数对人口适度指数的影响，LM 检验 P 值为 0.0000，固定效应和随机效应豪斯曼检验 P 值为 0.0015，内生性问题豪斯曼检验值为 -0.86，说明不存在内生性问题，应该采用固定效应模型；估计 5 是利用 2004~2014 年的数据，被解释变量 PM 是引入动态指标"人均入院率"后的人口适度指数，解释变量社会保障指数 SS 引入动态指标"社会保障和就业支出比 SSE"，解释变量社会服务指数 SW 引入人均城市道路面积 UB 和建成区绿化覆盖率 BC 两个动态指标，资源禀赋指数 RE 中引入人均水资源量 PCW 动态指标，环境治理指数 EM 引入生活垃圾无害化处理率 GD 动态指标，来估计经济增长指数、经济结构指数、社会保障指数、社会服务指数、资源禀赋指数、资源消耗指数、环境污染指数和环境治理指数对人口适度指数的影响，LM 检验 P 值为 0.0000，固定效应和随机效应豪斯曼检验 P 值为 0.0124，内生性问题豪斯曼检验 P 值为 0.9998，说明不存在内生性问题，应该采用固定效应模型；而估计 2、估计 4、估计 6 是在估计 1、估计 3、估计 5 的基础上加入了制度约束指数作为控制变量后进行的估计，经检验均采用了固定效应模型。

经济增长指数与人口适度指数在 1993~2003 年内在 10% 的显著水平下正相关，而在 2004~2014 年内，在 1% 的显著水平下正相关，加入制度控制变量后依然显著。说明随着经济的不断增长，其对人口适度的促进作用也更加稳定。这是因为随着经济的增长，人们开始从追求人口的数量向追求人口的质量转变，一方面使得人口数量处于正常交替水平，另一方面也提高了人口的教育素质和身体素质，从而进一步提高了人口适度水平。

社会保障指数与人口适度指数正相关。无论是利用 1993~2014 年的数据进行估计，还是分 1993~2003 年和 2004~2014 年时间段进行估计，社会保障指数与人口适度指数均存在显著的正相关关系，影响系数稍微有所下降。说明从 20 世纪 90 年代以来，我国的社会保障水平的不断提高，促进了我国人口适度水平的提高。社会服务指数与人口适度指数在 1993~2014 年时间段内正相关。在 1993~2003 年时间段内，社会服务指数与人口适度指数也在 10% 的显著水平下正相关，然而在 2004~2014 年时间段内，加入人均入院率动态指标后，社会服务指数与人口适度指数显著负相关。这可能是由于一方面，社会服务水平改善，人均床位数增加，使得人们有更多的医疗资源可以利用，人口身体素质提高，人口适度水平提高；但是另一方面，人均床位数的增加使得更多的病人能够入院接受治疗，从而会表现为人均入院率的提高，人口适度指数的下降。总的来说，社会保障支出的增加，社会服务条件的改善，均能够提高社会的人口适度水平。

资源禀赋指数对人口适度指数的影响不显著,究其原因,可能是资源禀赋对人口的作用具有长期性。例如,粮食、水、耕地、森林等是人类生存的基本需要,也是限制人口规模的主要原因。一旦离开它们,人口发展必将不可持续。同时,随着时代的发展,资源对人口及其经济活动的可容纳量有一个可持续的界限,资源禀赋对人口发展水平的边际影响也在逐步下降,它终将是制约生产力发展和人口生活水平的重要因素。在2004~2014年资源消耗指数与人口适度指数显著负相关,究其原因,可能是因为早期经济发展方式主要依靠资源掠夺式、粗放型开发利用方式,这样所造成的后果就是人类生存的环境剧烈恶化,超过了生态环境承载能力,进而威胁人类健康。经济发展后期,政府从法律层面上加快了建立健全节约资源的各项法律法规的进程,从长远来看,这符合建设资源节约型社会重大战略的基本举措,有益于人口的长期均衡发展。

环境污染指数、环境治理指数对人口适度指数的分阶段影响不显著,这其中的缘由可能在于:一方面,工业生产过程中所形成的废气、废水和固体排放物对环境的污染对人口发展存在滞后效应;另一方面,我们所构建的环境污染指标,绝大部分仅覆盖了工业行业,人类日常生活中所产生的环境污染却并未予以考虑,例如机动车尾气排放、生活废水、垃圾、扬尘等,这类污染对环境污染的影响也不容小觑。而且环境治理是一个长期而艰巨的过程。人口均衡型社会的建设必须严格控制高耗能、高污染、资源性项目,以及低水平重复建设和产能过剩建设项目,积极调整经济结构,坚持走新型工业化道路,大力推动产业结构优化升级,加快发展先进制造业、高新技术产业和服务业,形成一个有利于资源节约和环境保护的产业体系。

三、分地区模型

我国国土幅员辽阔,各个地区的经济、社会、资源、环境也存在较大差距。改革开放以来,东部经济增长迅速,远高于中西部地区,使得东部经济更加发达,相应的社会保障支出总额也就更多,社会服务水平也远高于中西部地区。

为了进一步探究各省份的共同特征以及各省份在区域差距中的地位和作用,分析不同区域间经济、社会、资源、环境对人口适度水平的影响差异与驱动力大小显得尤为重要。因此,本研究将对东、中、西部三大地区的面板数据进行静态面板估计。东、中、西部地区的划分以1986年全国人大六届四次会议通过的"七五"计划以及2000年制定的西部大开发战略为依据,各区域的具体省份构成如表7-3所示。

表7-3　　　　　　　中国东、中、西部地区省份划分

三大区域	省份划分
东部地区	北京、天津、河北、辽宁、上海、江苏、浙江、福建、山东、广东、海南
中部地区	山西、吉林、黑龙江、安徽、江西、河南、湖北、湖南
西部地区	内蒙古、广西、四川、贵州、云南、西藏、陕西、甘肃、青海、宁夏、新疆

本研究设定的基本模型如下：

$$PM_{it} = \beta_0 + \beta_1 EG_{it} + \beta_2 ES_{it} + \beta_3 SS_{it} + \beta_4 SW_{it} + \beta_5 RE_{it}$$
$$+ \beta_6 RC_{it} + \beta_7 EP_{it} + \beta_8 EM_{it} + \beta_9 I_{it} + \mu_i + \varepsilon_{it}$$

其中，i 代表样本中的被观测地区，t 表示样本中每个地区的观测时间，东部地区：$i = 1, 2, 3, 4, 5, \cdots, 11$；中部地区：$i = 12, 13, 14, 15, \cdots, 19$；西部地区：$i = 20, 21, 22, 23, \cdots, 30$；$t = 1993, 1994, 1995, \cdots, 2014$，$\mu_i$ 表示不可观测的地区效应，ε_{it} 为随机干扰项。

根据模型设定，对三个子样本分别进行面板回归分析，通过 F 检验、LM 检验和豪斯曼检验，确定采用混合效应模型、固定效应模型、随机效应模型还是工具变量法，回归结果如表7-4所示。

表7-4　　　分地区——经济、社会、资源、环境约束下的人口适度

地区	全国		东部地区		中部地区		西部地区	
	估计1	估计2	估计3	估计4	估计5	估计6	估计7	估计8
因变量	PM	PM	PM	PM	PM	PM	PM	PM
EG	0.077*** (3.35)	0.077*** (3.32)	0.220** (1.98)	0.226* (1.78)	0.085* (1.96)	0.078* (1.82)	0.362 (1.46)	0.06 (1.32)
ES	0.043 (1.32)	0.043 (1.30)	0.009 (0.07)	0.004 (0.03)	0.140** (2.08)	0.195*** (2.79)	0.219 (1.50)	0.057 (1.05)
SS	0.078** (2.02)	0.078** (2.02)	-0.395* (-1.67)	-0.422 (-1.34)	0.494*** (2.69)	0.458** (2.53)	-0.114 (-0.69)	0.097* (1.69)
SW	0.217*** (13.04)	0.217*** (13.02)	0.188*** (5.54)	0.190*** (5.63)	0.132*** (3.62)	0.156*** (4.18)	0.212*** (4.62)	0.199*** (6.12)
RE	-0.048 (-1.27)	-0.048 (-1.26)	-0.774** (-2.46)	-0.815** (-2.17)	-0.037 (-0.49)	-0.078 (-1.02)	-0.131 (-0.99)	-0.042 (-0.64)
RC	-0.058* (-1.76)	-0.058* (-1.76)	0.076 (1.47)	0.072 (1.30)	-1.184*** (-4.80)	-1.136*** (-4.66)	-0.454** (-2.26)	-0.185** (-2.51)

续表

地区	全国		东部地区		中部地区		西部地区	
	估计1	估计2	估计3	估计4	估计5	估计6	估计7	估计8
EP	0.118*** (3.19)	0.118*** (3.13)	-0.301 (-1.60)	-0.278 (-1.30)	0.193 (1.49)	0.048 (0.34)	0.450*** (2.67)	0.197*** (3.75)
EM	-0.076*** (-3.96)	-0.076*** (-3.88)	-0.029 (-0.61)	-0.031 (-0.65)	-0.033 (-0.62)	-0.033 (-0.63)	-0.199** (-2.25)	-0.056 (-1.55)
I		0 (-0.00)		0.018 (0.23)		-0.160** (-2.47)		0.133** (2.49)
常数项	46.674*** (10.55)	46.680*** (9.48)	80.387*** (3.91)	77.949*** (3.15)	140.168*** (7.77)	156.618*** (8.26)	40.415*** (2.94)	35.853*** (4.44)
观测值	660	660	231	231	176	176	231	242
R-squared	0.456	0.456	0.343	0.331	0.601	0.616	0.394	0.525
F	65.27	57.93			30.16	28.34		
省份	30	30	11	11	8	8	11	11
LM	0.0000	0.0000	0.0000	0.0000	0.0000	0.0000	0.0000	0.0000
P1	0.0499	0.0000	0.0000	0.0000	0.0000	0.0000	0.0011	0.0518
P2	0.9107	0.9012	0.0009	0.0401	1.0000	1.0000	0.0042	0.1553
估计方法	FE	FE	IVFE	IVFE	FE	FE	IVFE	RE

注：P1为固定效应和随机效应豪斯曼检验P值；P2为内生性问题豪斯曼检验P值。当P值不存在时，则为豪斯曼检验值chi2。

如表7-4所示，估计1是利用1993～2014年全国30个省、直辖市、自治区的数据，通过固定效应模型估计经济增长指数、经济结构指数、社会保障指数、社会服务指数、资源禀赋指数、资源消耗指数、环境污染指数、环境治理指数等对人口适度指数的影响；估计3是利用1993～2014年东部地区11个省、直辖市的数据，估计经济增长指数、经济结构指数、社会保障指数、社会服务指数、资源禀赋指数、资源消耗指数、环境污染指数、环境治理指数等对人口适度指数的影响，LM检验P值为0.0000，说明在混合效应模型和随机效应模型之间应该选择随机效应模型，固定效应和随机效应豪斯曼检验P值为0.0000，说明在固定效应模型和随机效应模型之间应该选择固定效应模型，内生性问题豪斯曼检验P值为0.0009，说明存在内生性问题，这可能是因为东部地区的人口适度水平较高，又反过来促进了经济增长和社会的发展，而且随着人口教育素质的提高，其对资源利用和环境保护的认识也更加深刻，有利于资源的有效利用和环境的保护。因此应该采用工具变量法固定效应模型，利用解释变量的滞后项作为工具变量进行回归分析；估计5是利用中部地区8个省的数据，估计经济增长指数、经济结构指数、社会保障指数、社会服务指数、资源禀赋指数、资源消耗指数、环境污染指数、环境治理指数等对人口适度指数的影响，LM 检验 P 值为 0.0000，固定效应和随机效应豪斯曼检验 P 值为 0.0000，内生性问题豪斯曼检验 P 值为 1.0000，说明不存在内生性问题，应该采用固定效应模型；估计7是利用西部地区11个省的数据，估计经济增长指数、经济结构指数、社会保障指数、社会服务指数、资源禀赋指数、资源消耗指数、环境污染指数、环境治理指数等对人口适度指数的影响，LM 检验 P 值为 0.0000，固定效应和随机效应豪斯曼检验 P 值为 0.0011，内生性问题豪斯曼检验 P 值为 0.0042，说明存在内生性问题，应该采用工具变量法固定效应模型；而估计2、估计4、估计6、估计8是在估计1、估计3、估计5、估计7的基础上加入了制度约束指数作为控制变量后进行的估计，经检验分别采用了工具变量法固定效应模型、固定效应模型和随机效应模型。

经济增长指数对人口适度指数的影响存在地区差异：经济增长指数与人口适度指数在东部地区和中部地区显著正相关，加入制度控制变量后依然显著正相关，而西部地区经济增长指数与人口适度指数关系不显著，说明在东部地区和中部地区，经济增长指数的提高能够促进人口适度指数的提高，而在西部地区经济增长指数对人口适度指数影响较弱。这可能是因为东部地区和中部地区的经济增长要优于西部地区，从而能够明显的提高人口适度水平，而西部地区经济增长较弱，对人口适度的影响较小。

经济结构指数对人口适度指数的影响存在地区差异：经济结构指数与人口适度指数在中部地区显著正相关，加入制度控制变量后依然显著正相关，而在东部地区和西部地区关系不显著，说明经济结构指数的提高能够促进中部地区人口适度指数的提高，而对东部地区和西部地区的人口适度指数影响较弱。这可能是因为中部地区长期以来以第一产业和第二产业为主，人口较多，而且教育素质普遍较低，因此产业结构的调整升级，第三产业比重的增加能够显著的提高其人口适度水平。

社会保障指数对人口适度指数的影响存在地区差异：社会保障指数与人口适度指数在中部地区显著正相关，加入制度控制变量后依然显著，而在东部地区和西部地区关系不显著，说明社会保障指数的提高能够显著提高中部地区的人口适度指数，而对东部和西部地区影响甚微。这可能是因为中部地区的社会保障支出比东部少，而且人口比西部多，因此社会保障支出相对不足，社会保障支出的增加能够提高人口的受教育水平和身体素质，从而能够提高西部地区的人口适度水平。

社会服务指数对人口适度指数影响的地区差异较小，从表中可以看出社会服务指数与人口适度指数无论在东部地区、中部地区还是西部地区均显著正相关，加入制度控制变量后依然显著正相关，社会服务指数对西部地区人口适度的影响略大于东部地区，更大于中部地区。说明我国东、中、西部地区的社会服务都有待于进一步提高，社会服务指数的提高对东、中、西部的人口适度水平均有显著的促进作用。

资源禀赋指数对人口适度指数的影响存在地区差异：资源禀赋指数与人口适度指数在东部地区显著负相关，加入制度控制变量后依然显著负相关，说明资源禀赋越多，越不利于人口适度指数的提高，说明东部地区存在一定的"资源诅咒"问题。首先，单一的资源型产业结构容易使资源丰富的地区患上"荷兰病"，资源部门的扩张和制造业的萎缩必将降低资源配置的效率。其次，资源丰富地区的资源型产业扩张导致人力资本积累不足，难以支撑持续高速度的经济增长，也降低了人口适度指数。最后，资源的开发加大了生态环境的压力，城市环境问题突出，污染治理水平较差，脆弱的自然环境状况不仅阻碍了地区潜在优势的发挥，而且成为经济发展的主要障碍，在资源接近枯竭时，经济发展的可持续性将会受到严峻的挑战，由此引发大量的失业和社会不稳定问题。因此，应该及时地进行产业结构调整，摒弃单一的资源型产业结构，丰富产业的多样化，发展服务业等第三产业，保障经济的长期稳定增长，也能够提高人口适度水平。

资源消耗指数对人口适度指数的影响存在地区差异：资源消耗指数与人口适度指数在中部和西部地区显著负相关，加入制度控制变量后依然显著负相关，而在东部地区关系不显著。说明资源消耗的增加可能降低中西部地区的人口适度指数。这是因为我国中西部地区的经济以第二产业为主，对资源的要求较多，因此资源消耗的增加能够促进其经济增长，但却不利于人口适度水平的提升，而东部地区第三产业的发展相对较好，因此资源消耗的多少对其经济增长和人口适度的影响相对较弱。因此要转变中西部地区以资源为主的经济增长方式，优化产业升级，才能实现经济的长期增长和人口适度水平的提高。

环境污染指数对人口适度指数的影响存在地区差异：环境污染指数与人口适度指数在西部地区显著正相关，加入制度控制变量后依然显著正相关，而在东部地区和中部地区关系不显著。说明环境污染的增加能够显著的提高西部的人口适度指数。这是因为西部地区环境污染的增加，可能提高了第二产业的产出，拉动了经济增长，从而一定程度上提高人口的适度水平。

环境治理指数与人口适度指数的关系不显著，仅西部地区在5%水平下显著负相关，然而加入制度控制变量后不再显著。可能是因为环境的治理一定程度上影响了西部地区的经济增长,短期内降低了人口适度水平,但是从长期来看,环境问题是一个关系民族存亡的大问题,为了保障人口的长期发展,必须积极地进行环境治理。

四、门槛回归模型

以上研究均基于"经济、社会、资源、环境与人口适度之间存在线性关系"的假设前提下展开的,然而,经济、社会、资源环境与人口适度之间的相互影响不一定是线性的。随着经济、社会、资源、环境、人口的发展,经济、社会、资源、环境指数与人口适度指数的相互影响会发生变化。而且人口、经济、社会、资源与环境关系错综复杂,如果其内在关系是非线性的,而简单的线性方程将难以反映变量之间丰富的内在联系。因此,可能存在门槛效应,需要通过门槛回归进行检验。

本研究分别采用所构建的二级指标来进一步考察经济增长、经济结构、社会保障、社会服务、资源禀赋、资源消耗、环境污染、环境治理和制度约束对人口适度的影响是否存在结构性突变,即门槛效应。设定基本模型为:

$$PM_{it} = \beta_0 + \beta_1 EG_{it} + \beta_2 ES_{it} + \beta_3 SS_{it} + \beta_4 SW_{it} + \beta_5 RE_{it} \\ + \beta_6 RC_{it} + \beta_7 EP_{it} + \beta_8 EM_{it} + \beta_9 I_{it} + \mu_i + \varepsilon_{it}$$

其中,i 代表样本中的被观测地区,t 表示样本中每个地区的观测时间,本研究中 $i = 1, 2, 3, \cdots, 30$,$t = 1993, 1994, \cdots, 2014$。$u_i$ 表示不可观测的地区效应,ε_{it} 为随机干扰项。

本研究采用 Hansen 门槛模型,在于其不仅可以内生的划分门槛值、避免主观臆断,还可以对门槛值的显著性做出计量检验。因此,本研究也着重对门槛模型进行介绍。我们选取经济增长指数(用 EG 表示)作为门槛标量,并且选取人口适度指数作为被考察变量,所设立的门槛模型为:

$$PM_{it} = \beta_0 + \lambda_1 EG_{it} \cdot I(EG \leq \theta) + \lambda_2 EG_{it} \cdot I(EG > \theta) + \beta_2 ES_{it} + \beta_3 SS_{it} \\ + \beta_4 SW_{it} + \beta_5 RE_{it} + \beta_6 RC_{it} + \beta_7 EP_{it} + \beta_8 EM_{it} + \beta_9 I_{it} + \mu_i + \varepsilon_{it}$$

门槛模型主要需要解决以下四个问题:①如何进行模型中的参数估计;②如何检验 λ_1 是否等于 λ_2;③如何构造门槛值 θ 的置信区间;④如何确定参数的渐进分布。

1. 门槛值的确定

将上式两边进行时间平均化处理,再进行离差处理以消除个体效应,然后采取两步法策略进行估计:第一,利用 OLS 进行一致估计,得到估计系数以及残差平方和 $SSR(\theta)$;第二,通过 $\mathrm{argmin} SSR(\theta)$ 确定门槛值 θ。

2. 门槛值的显著性检验

首先,针对门槛效应是否显著进行似然比检验。

$$H_0: \lambda_1 = \lambda_2 \qquad LR(\theta) = [SSR^* - SSR(\hat{\theta})]/\hat{\sigma}^2$$

其中,SSR^* 为 H_0 成立时的残差,$\hat{\sigma}^2$ 为扰动项方差的一致估计。由于 LR 统计量的非标准性,Hansen 提出使用 bootstrap 方法获取近似值,进而得到似然率(LR)检验的 P 值,依据 P 值的大小判别是否存在显著的门槛效应。

其次,当门槛效应确定存在时,需要继续对门槛值的准确性进行检验。

$$H_0: \lambda_1 = \lambda_2 \qquad LR(\theta) = [SSR^* - SSR(\hat{\theta})]/\hat{\sigma}^2$$

其中 $SSR(\theta)$ 为 H_0 成立时的残差,$\hat{\sigma}^2$ 为扰动项方差的一致估计。该统计量也是非标准的,但 Hansen 推算出其累积分布函数,根据 $LR \leq c(\alpha) = -2\ln(1-\sqrt{1-\alpha})$($\alpha$ 为显著水平)判别原假设是否成立。

类似的,也可以考虑双门槛值和三门槛值的面板回归模型,这里就不赘述了。

双门槛模型如下:

$$PM_{it} = \beta_0 + \lambda_1 EG_{it} \cdot I(EG \leq \theta_1) + \lambda_2 EG_{it} \cdot I(\theta_1 < EG < \theta_2) + \lambda_3 EG_{it} \cdot I(EG \geq \theta_2) \\ + \beta_2 ES_{it} + \beta_3 SS_{it} + \beta_4 SW_{it} + \beta_5 RE_{it} + \beta_6 RC_{it} + \beta_7 EP_{it} + \beta_8 EM_{it} + \beta_9 I_{it} + \mu_i + \varepsilon_{it}$$

三门槛模型如下:

$$PM_{it} = \beta_0 + \lambda_1 EG_{it} \cdot I(EG \leq \theta_1) + \lambda_2 EG_{it} \cdot I(\theta_1 < EG < \theta_2) \\ + \lambda_3 EG_{it} \cdot I(\theta_2 < EG \leq \theta_3) + \lambda_4 EG_{it} \cdot I(EG > \theta_3) \\ + \beta_2 ES_{it} + \beta_3 SS_{it} + \beta_4 SW_{it} + \beta_5 RE_{it} + \beta_6 RC_{it} + \beta_7 EP_{it} \\ + \beta_8 EM_{it} + \beta_9 I_{it} + \mu_i + \varepsilon_{it}$$

同理可得,以经济结构指数、社会保障指数、资源禀赋指数、资源消耗指数、环境污染指数和环境治理指数为门槛变量的面板估计模型,这里就不一一赘述了。

根据模型设定,首先,利用 Stata 12 统计软件检验解释变量是否存在非线性的门槛效应,以及门槛的个数。具体检验结果如表7-5和表7-6所示。

表7-5　　　　　　　　　门槛个数检验

考察变量	模型	F 值	P 值	BS 次数	临界值		
					1%	5%	10%
经济增长指数(EG)	单一门槛	7.172	0.11	300	18.041	9.48	7.357
	双重门槛	4.412	0.11	300	12.017	6.301	4.589
	三重门槛	7.129*	0.067	300	11.439	7.97	5.431

续表

考察变量	模型	临界值					
		F值	P值	BS次数	1%	5%	10%
经济结构指数（ES）	单一门槛	12.454*	0.073	300	27.318	15.662	10.982
	双重门槛	3.994*	0.087	300	10.034	5.159	3.653
	三重门槛	2.488*	0.093	300	5.829	3.394	2.395
社会保障指数（SS）	单一门槛	15.542***	0.01	300	15.636	9.427	7.109
	双重门槛	7.818*	0.077	300	15.413	10.049	7.017
	三重门槛	2.847	0.213	300	11.806	6.009	4.829
社会服务指数（SW）	单一门槛	8.57	0.153	300	28.491	17.215	12.675
	双重门槛	15.437*	0.06	300	25.121	17.886	12.087
	三重门槛	7.536*	0.1	300	23.039	11.201	7.504
资源禀赋指数（RE）	单一门槛	18.443**	0.027	300	23.341	16.032	11.587
	双重门槛	10.080*	0.057	300	18.164	10.579	6.601
	三重门槛	9.847*	0.063	300	15.559	10.503	7.594
资源消耗指数（RC）	单一门槛	32.182***	0.003	300	25.529	12.969	8.742
	双重门槛	16.706**	0.037	300	25.011	15.189	10.072
	三重门槛	10.716*	0.047	300	16.892	10.146	7.962
环境污染指数（EP）	单一门槛	31.060***	0.003	300	27.455	15.097	11.417
	双重门槛	16.576**	0.017	300	18.709	10.683	5.455
	三重门槛	13.610**	0.033	300	17.002	8.567	5.892
环境治理指数（EM）	单一门槛	39.159***	0.007	300	32.225	17.144	9.595
	双重门槛	16.058**	0.037	300	24.036	13.276	9.159
	三重门槛	6.5	0.127	300	17.457	9.093	7.009

注：***、**、*分别对应1%、5%、10%的显著水平。

表 7-6 门槛估计值和置信区间

考察变量		门槛估计值	95% 置信区间	
经济增长指数（EG）	单一门槛模型	28.175	19.5	59.594
	双重门槛模型			
	Ito1	44.459	19.5	58.57
	Ito2	28.175	19.605	47.064
	三重门槛模型	35.6	19.561	59.594
经济结构指数（ES）	单一门槛模型	56.859	43.534	58.501
	双重门槛模型			
	Ito1	43.659	31.082	67.955
	Ito2	56.69	33.335	65.542
	三重门槛模型	43.027	31.082	68.534
社会保障指数（SS）	单一门槛模型	14.348	12.6	14.971
	双重门槛模型			
	Ito1	6.94	5.054	17.96
	Ito2	14.348	12.633	14.601
	三重门槛模型	7.111	2.77	31.121
社会服务指数（SW）	单一门槛模型	13.401	12.995	23.318
	双重门槛模型			
	Ito1	17.653	15.049	29.872
	Ito2	13.401	12.995	13.401
	三重门槛模型	23.318	21.782	30.083
资源禀赋指数（RE）	单一门槛模型	4.336	1.074	12.256
	双重门槛模型			
	Ito1	11.908	1.074	34.829
	Ito2	4.336	1.074	5.703
	三重门槛模型	14.036	1.074	57.443
资源消耗指数（RC）	单一门槛模型	96.326	96.212	96.369
	双重门槛模型			
	Ito1	97.585	52.502	98.712
	Ito2	96.326	96.231	96.511
	三重门槛模型	83.347	52.502	96.983

续表

考察变量		门槛估计值	95%置信区间	
环境污染指数（EP）	单一门槛模型	85.322	83.878	85.322
	双重门槛模型			
	Ito1	75.211	74.815	99.21
	Ito2	84.73	83.878	85.42
	三重门槛模型	99.284	98.966	99.284
环境治理指数（EM）	单一门槛模型	53.685	52.732	54.301
	双重门槛模型			
	Ito1	46.193	45.405	74.567
	Ito2	53.685	51.325	53.874
	三重门槛模型	60.724	17.516	94.847

从表7-5、表7-6中可以看出经济增长指数对人口适度的影响不存在门槛效应；经济结构指数对人口适度的影响也不存在门槛效应。

社会保障对人口适度的影响存在一个门槛值14.348，且在1%的水平下显著。而门槛估计值的95%置信区间是所有LR值小于5%显著性水平下的临界值7.35（图7-1中虚线所示）的参数构成区间，似然比函数如图7-1所示。因此，将社会保障指数划分为两个区间：（SS≤14.348）和（SS>14.348）。

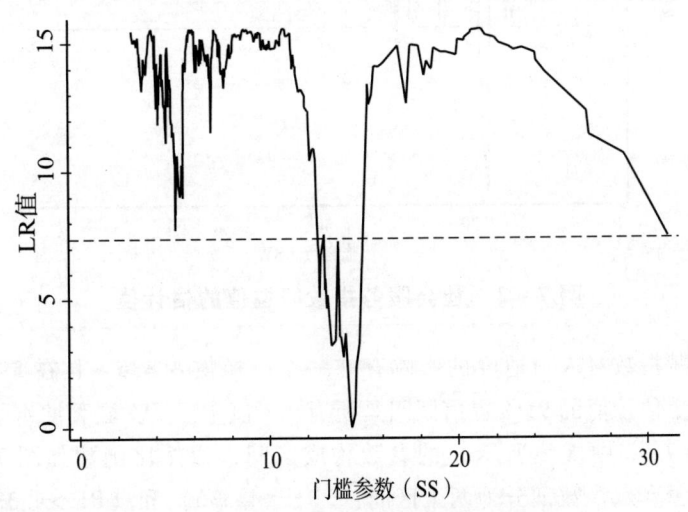

图7-1 社会保障指数门槛值的估计值

社会服务指数对人口适度指数的影响存在两个门槛值：13.401 和 17.653，且在 10% 的水平下显著。而门槛估计值的 95% 置信区间是所有 LR 值小于 5% 显著性水平下的临界值 7.35（图中虚线所示）的参数构成区间，似然比函数如图 7-2 所示。因此，将社会服务指数划分为三个区间：（SW≤13.401）和（13.401＜SW≤17.653）、（SW＞17.653）。

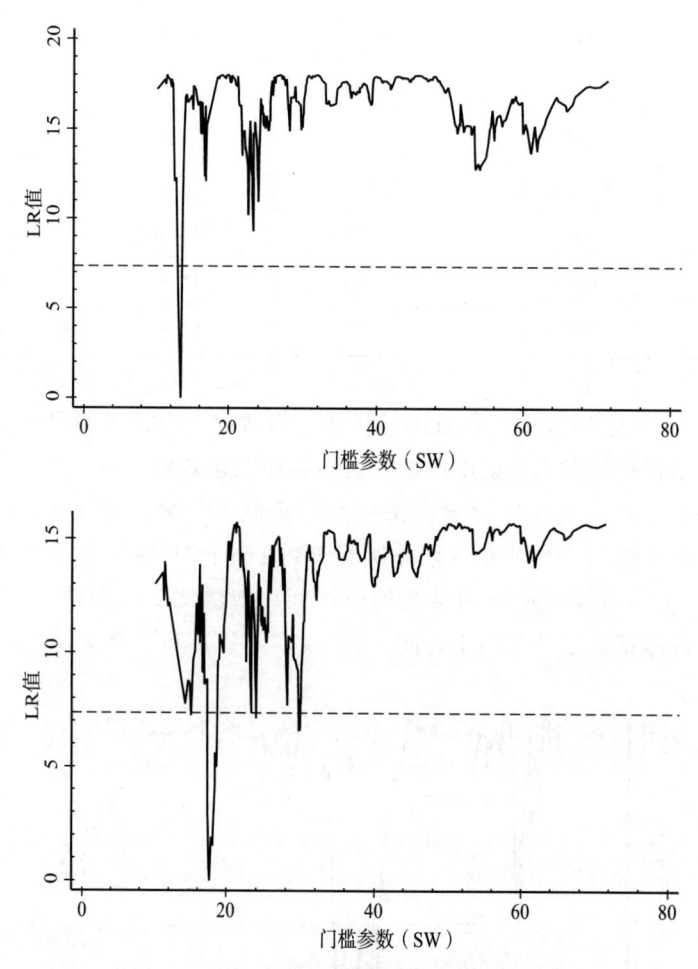

图 7-2　社会服务指数门槛值的估计值

资源禀赋指数对人口适度的影响存在一个门槛值 4.336，且在 5% 的水平下显著。而门槛估计值的 95% 置信区间是所有 LR 值小于 5% 显著性水平下的临界值 7.35（图 7-3 中虚线所示）的参数构成区间，似然比函数如图 7-3 所示。因此，将资源禀赋指数划分为两个区间：（RE≤4.336）和（RE＞4.336）。

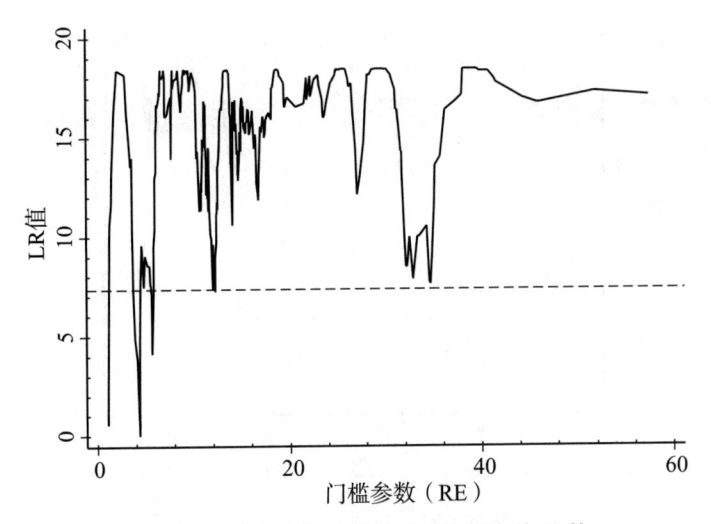

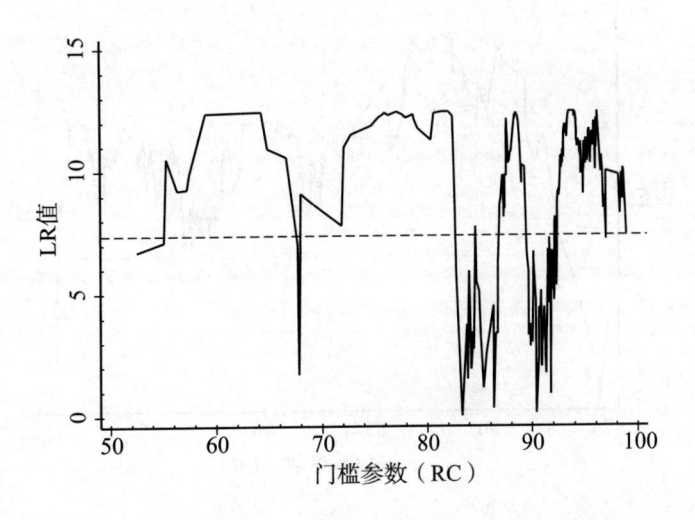

图 7-3　资源禀赋指数门槛值的估计值

资源消耗指数对人口适度的影响存在三个门槛值 83.347、96.326 和 97.585，且在 5% 的水平下显著。而门槛估计值的 95% 置信区间是所有 LR 值小于 5% 显著性水平下的临界值 7.35（图 7-4 中虚线所示）的参数构成区间，似然比函数如图 7-4 所示。因此，将资源消耗指数划分为四个区间：（RC ≤ 83.347）、（83.347 < RC < 96.326）、（96.326 < RC ≤ 97.585）、（RC > 97.585）。

环境污染指数对人口适度的影响存在三个门槛值 75.211、84.73 和 99.284，且在 5% 的水平下显著。而门槛估计值的 95% 置信区间是所有 LR 值小于 5% 显著性水平下的临界值 7.35（图 7-4 中虚线所示）的参数构成区间，似然比函数如图 7-5 所示。因此，将环境污染指数划分为四个区间：（EP ≤ 75.211）、（75.211 < EP < 84.73）、（84.73 < EP ≤ 99.284）、（EP > 99.284）。

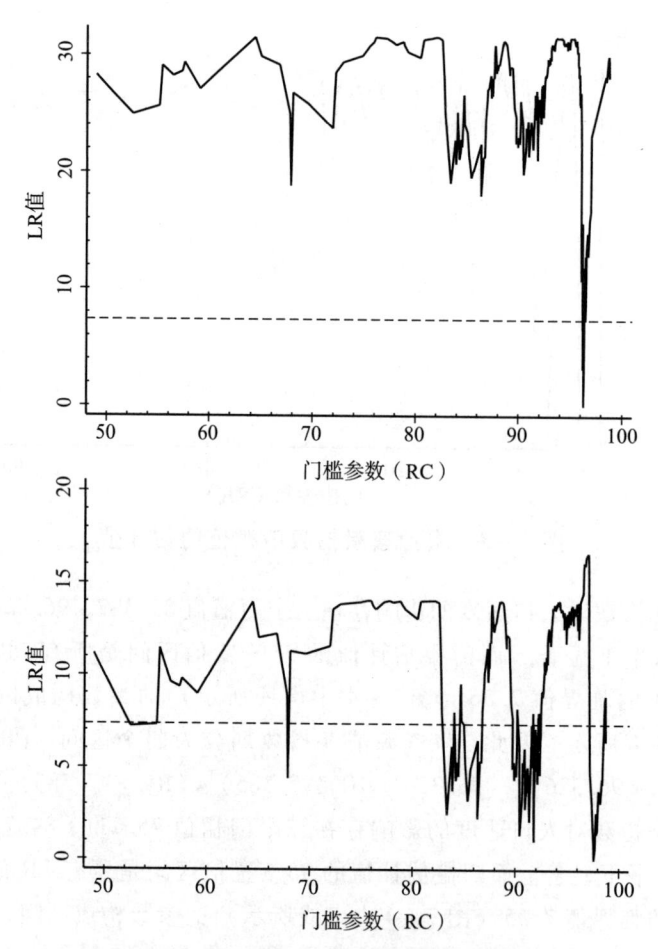

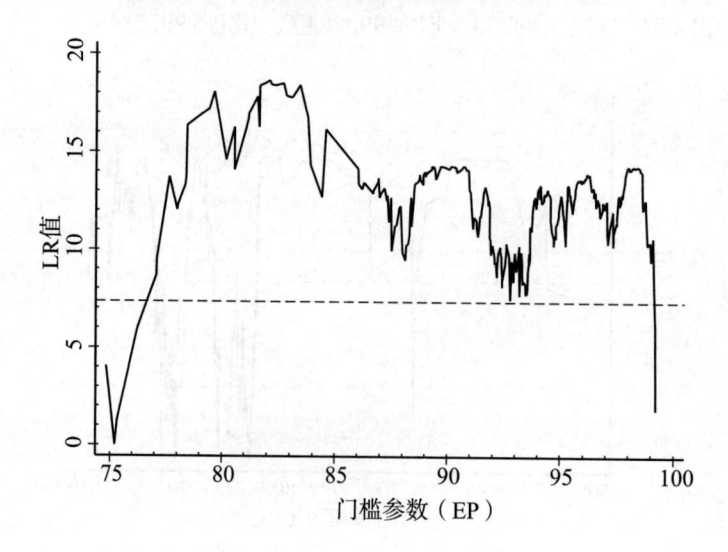

图 7-4 资源消耗指数门槛值的估计值

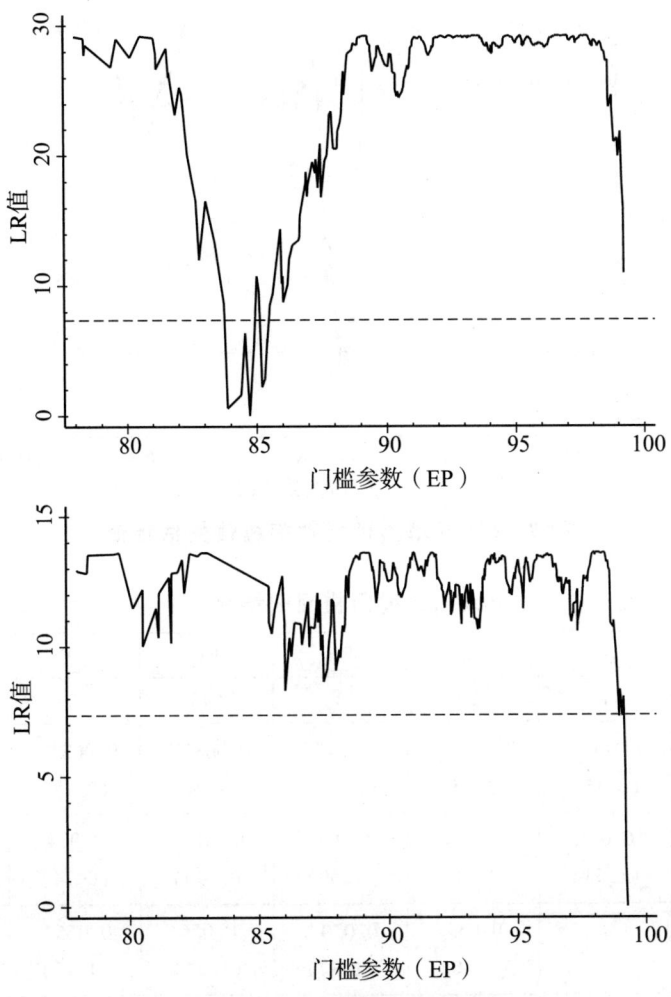

图 7-5　环境污染指数门槛值的估计值

环境治理指数对人口适度指数的影响存在一个门槛值 53.685，且在 1% 的水平下显著。而门槛估计值的 95% 置信区间是所有 LR 值小于 5% 显著性水平下的临界值 7.35（图 7-6 中虚线所示）的参数构成区间，似然比函数如图所示。因此，将环境治理指数划分为两个区间：（EM≤53.685）和（EM>53.685）。

在确立了门槛模型形式后，采用用 Stata 12 软件进行系数估计。针对面板数据特点，首先通过 Hausman 检验结果选择固定效应模型，同时采用了 White 稳健性估计以避免回归中的异方差。同时，针对经济增长指数（EG）、经济结构指数（ES）、社会保障指数（SS）、社会服务指数（SW）、资源禀赋指数（RE）、资源消耗指数（RC）、环境污染指数（EP）、环境治理指数（EM）与制度指数（I）进行面板门槛回归，得到的门槛回归结果如表 7-7 所示。

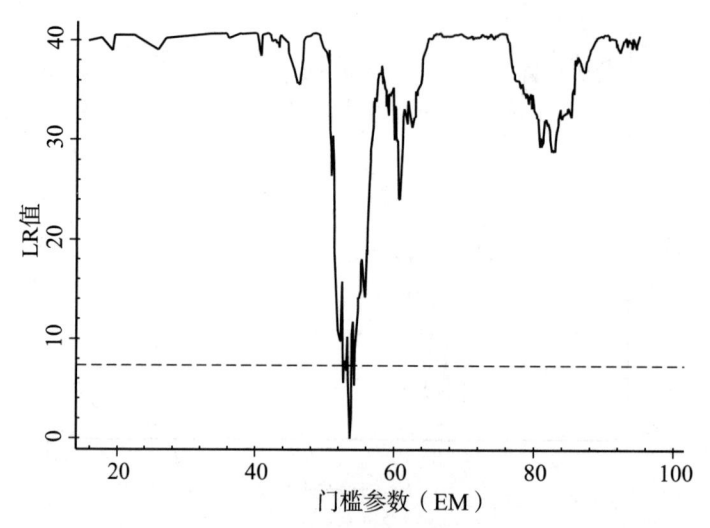

图 7-6　环境治理指数门槛值的估计值

表 7-7　人口适度门槛回归结果①

门槛变量	SS	SW	RE	RC	EP	EM
	（1）	（2）	（3）	（4）	（5）	（6）
EG	0.073 *** (3.15)	0.072 *** (3.15)	0.074 *** (3.21)	0.068 *** (3.04)	0.062 *** (2.77)	0.061 *** (2.66)
ES	0.051 (1.53)	0.038 (1.12)	0.049 (1.50)	0.061 * (1.90)	0.024 (0.74)	0.006 (0.18)
SS		0.059 (1.46)	0.070 * (1.82)	0.056 (1.50)	0.065 * (1.73)	0.118 *** (3.08)
SW	0.215 *** (13.06)		0.223 *** (13.50)	0.214 *** (13.41)	0.219 *** (13.57)	0.203 *** (12.41)
RE	-0.05 (-1.34)	-0.066 * (-1.75)		-0.051 (-1.34)	-0.021 (-0.59)	-0.005 (-0.14)
RC	-0.075 ** (-2.30)	-0.058 * (-1.78)	-0.063 * (-1.94)		-0.057 * (-1.82)	-0.063 * (-1.96)
EP	0.085 ** (2.21)	0.128 *** (3.38)	0.114 *** (3.06)	0.084 ** (2.14)		0.112 *** (3.04)

① TH1、TH2、TH3、TH4 分别表示门槛值将门槛变量分割成一二三四段。

续表

门槛变量	SS (1)	SW (2)	RE (3)	RC (4)	EP (5)	EM (6)
EM	-0.080*** (-4.12)	-0.068*** (-3.40)	-0.068*** (-3.52)	-0.048** (-2.42)	-0.057*** (-3.00)	
I	0.005 (0.18)	-0.006 (-0.21)	0.002 (0.08)	0.022 (0.79)	0.005 D	0.014 (0.53)
TH1	0.294*** (4.30)	0.115 (1.44)	-1.292*** (-4.29)	0.035 (0.85)	0.065 (0.94)	0.035 (1.32)
TH2	0.118*** (2.96)	0.370*** (8.66)	-0.062* (-1.66)	0 (0.01)	0.148** (2.57)	-0.03 (-1.45)
TH3		0.226*** (13.70)		-0.045 (-1.26)	0.110** (2.09)	
TH4				0.005 (0.13)	0.151*** (2.84)	
常数	49.808*** (10.08)	46.132*** (9.15)	47.023*** (9.67)	41.169*** (8.22)	46.628*** (7.83)	44.931*** (9.36)
观测值	660	660	660	660	660	660
R^2	0.469	0.476	0.471	0.503	0.504	0.487
F值	54.74	51.04	55.24	52.02	52.28	58.82
省份	30	30	30	30	30	30

注：***、**、*分别对应1%、5%、10%的显著水平。

根据门槛回归结果可得：

社会保障指数对人口适度指数的影响存在门槛效应，当社会保障指数超过14.348时，其对人口适度指数的影响系数会从0.294下降为0.118，说明随着社会保障指数的提高，其对人口适度的影响系数会有所下降，但是仍然为显著的正向作用，这也是符合边际效用递减规律的。

社会服务指数对人口适度指数的影响存在一定的门槛效应，当社会服务指数小于13.401时，其对人口适度指数的影响不显著，而其大于13.401时才会对人口适度指数有显著的促进作用。这可能是因为当社会服务指数较低时，其对人口适度指数的影响较弱，而随着社会服务的完善，其促进人口适度水平提高的作用才逐渐展现出来。因此，要提高人口适度指数，也要不断完善社会服务。

资源禀赋指数对人口适度指数的影响存在门槛效应，当资源禀赋指数小于

4.336 时，其与人口适度指数显著负相关，而当资源禀赋指数大于 4.336 时，不仅负向影响系数下降为 0.062，而且影响不稳定，仅在 10% 水平下显著。

尽管资源消耗指数对人口适度指数的影响通过了门槛检验，但是由于门槛回归结果不显著，未通过 t 检验，可以认为资源消耗指数对人口适度指数的影响不存在门槛效应。

环境污染指数对人口适度指数的影响存在门槛效应，当环境污染指数小于 75.211 时，其对人口适度指数的影响不显著，而当环境污染指数大于 75.211 时，其对人口适度指数的影响显著为正，影响系数略有变化，环境污染的减少能够显著的提高人口适度水平。因此，为了提高人口适度水平，应该减少环境污染，提高环境污染指数，使其至少大于 75.211。

尽管环境治理指数对人口适度指数的影响通过了门槛检验，但是由于门槛回归结果不显著，未通过 t 检验，所以可以认为环境治理指数对人口适度指数的影响不存在门槛效应。

五、小结

本部分利用静态面板模型、分阶段面板模型、分地区回归模型、门槛效应模型研究了经济、社会、资源、环境因素对人口适度指数的影响。研究发现：

经济增长能够显著提高人口的适度水平，尤其是在东部地区和中部地区，而且影响系数也在不断变大。随着经济的不断发展，养育孩子的成本也在不断提高，教育的收益在不断增加，即使放开计划生育政策，人口也会逐渐趋于适度水平。经济结构指数的提高能够显著的促进中部地区人口适度水平的提高，这可能是因为中部地区长期以来以第一产业和第二产业为主，人口较多，而且教育素质普遍较低，因此产业结构的升级，第三产业比重的增加能够显著的提高其人口适度水平。

社会保障指数和社会服务指数的提高能够促进人口适度指数的提高，尤其是中部地区。社会保障支出的增加和社会服务的不断完善，能够提高人口的教育水平和健康水平，从而提高人口适度水平，因此，政府应该增加教育、健康方面的社会保障支出，不断完善医疗设施等社会服务。

资源禀赋指数与人口适度指数在东部地区显著负相关，可能是因为东部地区存在一定的"资源诅咒"问题。资源消耗指数与人口适度指数存在一定的负向关系，是因为长期以来我国粗放型的经济增长方式，高消耗带来的短期高速经济增长也提高了人口适度水平。然而，尽管资源消耗的增加在短期内能够促进经济增长，提高人口适度水平，但是从长期来看，我国资源有限，不能维持长久的高消耗高增长，而且资源消耗也会造成严重的环境污染，影响人口的身体健康，从而会降低人口适度水平。因此，从长期来看，为了实现人口适度的提高，应该转变经济增长方式，逐渐取消粗放型的经济增长方式，发展集约型的经济增长方式，降低单位产值的能源消耗，提高能源的利用率，使得经济能够实现更好更快的长期增长，从而提高长期人口适度水平。

环境污染指数与人口适度指数显著正相关，尤其是西部地区，说明环境污染的增加能够显著的提高短期人口适度水平。环境治理指数与人口适度指数显著负相关，可能是因为环境治理的增加，挤占了其他社会保障和社会服务支出，而且增加了企业的成本，所以短期内可能会降低人口适度水平，但是从长期来看，环境是人类生存和发展的基本前提。环境治理能够保障人类的生存环境，提高人口的身体素质，进而从长期来看提高人口适度水平。因此，为了提高人口适度水平，应该减少污染物的排放，进行产业结构调整与升级，将产业结构从传统的高消耗、高排放的较低级形式向低消耗、低排放的较高级形式转换，降低重工业的比重，积极促进第三产业的发展。同时认真落实环境保护政策，保护和改善环境，防治污染和其他公害，保障公众健康，推进生态文明建设，促进经济社会可持续发展。

第二节 经济、社会、资源、环境与制度约束下的人口结构

为检验经济、社会、资源、环境以及制度因素对人口结构的影响，采用的模型包括静态面板回归模型、分阶段回归模型、分地区回归模型、门槛回归模型，分别来研究经济、社会、资源、环境以及制度因素对人口结构的静态影响，2003年前后经济、社会、资源、环境以及制度因素对人口结构影响的不同，不同地区经济、社会、资源、环境以及制度因素对人口结构影响的不同，以及经济、社会、资源、环境和制度因素对人口结构影响的门槛效应。

一、静态面板模型检验

在本部分中，我们选取人口结构指数衡量人口结构水平，以此作为被解释变量。而人口结构指数是由少儿抚养比、老年抚养比、性别比和人口城镇化率构成，四个方面共同反映了人口结构水平。这四个指标分为三个维度：一是人口年

龄结构，主要通过少儿抚养比和老年抚养比两个指标反映；二是人口性别结构，主要通过性别比来反映人口的性别结构；三是人口的城乡结构，主要通过人口城镇化率来反映。在解释变量的选择上，与以上部分相同，主要源于五个维度，经济发展水平、社会和谐程度、资源节约、环境友好以及制度保障等，其指标选择源于第5章中的指标体系，与人口适度部分选择的变量相同。

综上所述，要研究经济增长指数、经济结构指数、社会保障指数、社会服务指数、资源禀赋指数、资源消耗指数、环境污染指数和环境治理指数对人口结构指数的影响，则需要建立如下面板回归模型：

$$PS_{it} = \beta_0 + \beta_1 EG_{it} + \beta_2 ES_{it} + \beta_3 SS_{it} + \beta_4 SW_{it} + \beta_5 RE_{it} + \beta_6 RC_{it} + \beta_7 EP_{it} + \beta_8 EM_{it} + \beta_9 I_{it} + \mu_i + \varepsilon_{it}$$

其中，被解释变量 PS 为人口结构指数；解释变量 EG 为经济增长指数，ES 为经济结构指数，SS 为社会保障指数，SW 为社会服务指数，RE 为资源禀赋指数，RC 资源消耗指数，EP 为环境污染指数，EM 为环境治理指数，I 为制度约束指数。i 代表样本中的被观测地区，t 表示样本中每个地区的观测时间，$i = 1$，$2, 3, \cdots, 30$，$t = 1993, 1994, 1995, \cdots, 2014$，$\mu_i$ 表示不可观测的地区效应，ε_{it} 为随机干扰项。

此外，考虑到人口结构可能会反过来影响到经济、社会、资源、环境等因素，从而导致内生性问题。内生性问题是指解释变量与扰动项相关，导致估计不一致。内生性问题的处理与前面一致。根据模型设定，利用1993～2014年中国30个省、直辖市、自治区的数据，采用面板回归模型来研究经济、社会、资源、环境、制度因素对人口结构的影响。同时，采用混合效应、固定效应、随机效应和工具变量法对模型进行估计。静态面板模型估计结果如表7-8所示。

表7-8 经济、社会、资源与环境约束下的人口结构（1993～2014年）[①]

估计方法	估计1 混合	估计2 固定	估计3 随机	估计4 工具	估计5 混合	估计6 固定	估计7 随机	估计8 工具
因变量	PS	PS	PS	PS	PS	PS	PS	PS
EG	0.416*** (9.21)	0.068 (1.53)	0.152*** (3.47)	-0.068 (-0.54)	0.407*** (9.16)	0.07 (1.58)	0.185*** (4.19)	-0.059 (-0.46)

---

① 所用软件包为Stata12.0；*，**，*** 分别表示10%、5%、1%的显著性，括号内数字为其标准差，下表同；其中混合效应估计中采用以"province"为聚类变量的聚类稳健标准差，因为一个省不同期的扰动项一般存在自相关，而默认的普通标准差计算方法假设扰动项为独立同分布，故普通标准差的估计并不准确。

续表

	估计1	估计2	估计3	估计4	估计5	估计6	估计7	估计8
ES	0.426*** (10.06)	-0.131** (-2.09)	0.045 (0.8)	-0.221** (-2.05)	0.301*** (6.18)	-0.137** (-2.15)	0.068 (1.16)	-0.227** (-2.10)
SS	0.008 (0.13)	-0.071 (-0.96)	-0.064 (-0.96)	-0.132 (-1.08)	0.105* (1.79)	-0.075 (-1.00)	-0.045 (-0.68)	-0.144 (-1.16)
SW	0.177*** (5.65)	0.114*** (3.57)	0.131*** (4.05)	0.174*** (4.35)	0.168*** (5.46)	0.114*** (3.58)	0.137*** (4.22)	0.174*** (4.36)
RE	0.190*** (5.76)	-0.205*** (-2.82)	0.003 (0.06)	-0.275*** (-3.20)	0.196*** (6.05)	-0.207*** (-2.84)	0.053 (1.00)	-0.278*** (-3.22)
RC	-0.095** (-2.57)	-0.167*** (-2.66)	-0.128** (-2.29)	-0.314*** (-3.61)	-0.075** (-2.03)	-0.169*** (-2.69)	-0.116** (-2.16)	-0.318*** (-3.63)
EP	0.420*** (5.96)	0.141** (1.98)	0.198*** (2.80)	0.218** (2.00)	0.387*** (5.56)	0.148** (2.04)	0.227*** (3.20)	0.235** (2.08)
EM	-0.022 (-0.66)	0.179*** (4.89)	0.128*** (3.60)	0.168*** (3.28)	-0.007 (-0.22)	0.183*** (4.89)	0.117*** (3.28)	0.174*** (3.39)
I					0.244*** (4.96)	0.028 (0.52)	0.086* (1.65)	0.044 (0.74)
Constant	-19.488*** (-3.13)	47.089*** (5.55)	26.432*** (3.38)	62.897*** (4.50)	-28.882*** (-4.51)	44.940*** (4.76)	14.740* (1.81)	58.644*** (3.82)
R-squared	0.477	0.326	0.302	0.293	0.496	0.326	0.285	0.293
Observations	660	660	660	660	660	660	660	660
Provinces	30	30	30	30	30	30	30	30

注：***、**、*分别对应1%、5%、10%的显著水平。

其中，估计1、估计2、估计3、估计4分别利用了混合效应模型、固定效应模型、随机效应模型和工具变量法就经济增长指数、经济结构指数、社会保障指数、社会服务指数、资源禀赋指数、资源消耗指数、环境污染指数和环境治理指数对人口结构指数的影响进行了估计。F模型设定检验的P值为0.0000，因此在混合效应模型和固定效应模型之间应选择固定效应模型；对随机效应和固定效应的选择进行Hausman检验，P值为0.0000，应选择固定效应模型；同时，由于本研究的理论模型（1）和（2）两部分分别验证了人口结构变化对经济、社会、资源、环境的影响和经济、社会、资源、环境对人口结构变化的影响。

因此，人口结构变化与经济、社会、资源、环境是相互影响、相互作用的，可能会产生一定的内生性问题。为了检验本次回归是否存在内生性问题，再次使用 Hausmanf 检验，所得 P 值为 0.1530，说明不存在内生性问题，应采用固定效应模型。估计 5、估计 6、估计 7、估计 8 是在估计 1、估计 2、估计 3、估计 4 的基础上加入了制度约束指数作为控制变量。同样，为了选择合适的模型，本研究对其也进行了系列检验，其中，F 模型设定检验的 P 值为 0.0000，因此在混合效应模型和固定效应模型之间应选择固定效应模型；对随机效应和固定效应的选择进行 Hausman 检验，P 值为 0.0000，因此应选择固定效应模型；对固定效应和工具变量法的选择进行 Hausman 检验，所得 P 值为 0.2002，说明不存在内生性问题，应采用固定效应模型。

从表 7-8 中可以看到，经济、社会、资源、环境四方面均对人口结构的变化产生了显著影响，这种影响主要来自经济结构指数、社会服务指数、资源禀赋指数、资源消耗指数、环境污染指数以及环境治理指数，而经济增长指数和社会保障指数并不能解释人口结构的变化。

(1) 就经济发展对人口结构变化的影响而言，经济结构的影响作用十分显著，而经济增长的影响微弱。从估计 2 可以看到，经济结构指数对人口结构指数的影响显著为负，加入控制变量后，这种正向影响依然在 5% 的水平下显著，给定其他条件不变，经济结构指数每提高 1 个单位，将导致人口结构指数下降 0.131，说明经济结构优化反而不利于人口结构的改善，其中的原因在于：其一，在第三产业产值所占比重不断提高的过程中，我国的服务业不断地发展和壮大，老年人所享有的生活服务质量和医疗服务质量不断提升，人均寿命不断延长，这在一定程度上增加了老年抚养比，从而恶化了人口结构。其二，城乡收入差距的扩大，农民对于自己进城以后收入的期望值提高，这在一定程度上调动了农民进城的积极性，推动了人口城镇化的进程，但同时，更多青壮年劳动力进城导致农村留守人口多孤老幼，形成结构性老龄化，导致人口结构恶化。因此在促进经济结构优化升级的同时，要注重养老体系的构建和社会保障制度的完善，特别要推广覆盖到农村地区。

(2) 就社会和谐对人口结构变化的影响而言，社会服务的影响作用十分显著，而社会保障的影响微弱。从估计 2 可以看到，社会服务指数对人口结构指数的影响显著为正，加入控制变量后，这种影响依然在 1% 的水平下显著，给定其他条件不变，社会服务指数每提高 1 个单位，将带来人口结构指数上升 0.114，说明提高社会服务水平能够改善人口结构，促进道路交通基础设施的建设有利于推动城市化进程，提高人口城镇化率。同时，通过提高医疗服务水平来降低人口死亡率，在"人口红利"逐渐消失的今天，可以适度放开人口生育政策，鼓励家庭生育二胎。政府公共财政支出向基础设施建设倾斜，完善我国道路网络，促进人口流动，提高人口城镇化率。

（3）就资源节约对人口结构变化的影响而言，资源禀赋和资源消耗的影响作用均十分显著。从估计2可以看到，资源禀赋指数对人口结构指数的影响显著为负，加入控制变量后，这种影响依然在1%的水平下显著，给定其他条件不变，资源禀赋指数每提高1个单位，将导致人口结构指数下降0.205，说明资源禀赋增加反而导致人口结构恶化，其中的原因在于：其一，人均资源拥有量增加直接提高了少儿抚养比，从而降低人口结构指数。其二，资源禀赋的优越性可能导致对资源强烈的依赖性，减弱了当地居民进入城市的意愿，不利于人口城镇化率提高。因此，面临资源储备日益减少的现状，应顺势而为，放松户籍限制，鼓励农民进城或乡镇地区城市化，提高人口城镇化率。资源消耗指数对人口结构指数的影响同样显著为负，加入控制变量后，这种影响依然在1%的水平下显著，给定其他条件不变，资源消耗指数每提高1个单位，将导致人口结构指数下降0.167，说明资源消耗增加反而会优化人口结构，究其原因，可能是大多数国家在经济发展中都是伴随着资源的大量消耗，即资源消耗为经济的发展提高了动力，从而有利于增加劳动需求，拉动人口城镇化率提高。因此，要实现人口结构的优化，提高资源消耗量、减少资源储备从理论上看是一个不错的方式，但从实际来看，我国资源储备量正不断减少，为了实现可持续发展，我们需要通过改进技术，发现甚至创造新的替代性、可再生资源，从这一方面增加资源消耗、发展经济从而优化人口结构。同时资源消耗增加这一客观事实的存在，以及资源消耗增加能够改善人口结构这一理论分析结果为我国放开二胎政策提供了支撑，即生育政策的改变并不会过度提高少儿抚养比而使得人口结构恶化。

（4）就环境友好对人口结构变化的影响而言，环境污染和环境治理的影响作用均十分显著。从估计2可以看到，环境污染指数对人口结构指数的影响显著为正，加入控制变量后，这种影响依然在5%的水平下显著，给定其他条件不变，环境污染指数每提高1个单位，将带来人口结构指数上升0.141，说明环境污染越小，人口结构越优化。环境治理指数对人口结构指数的影响显著为正，加入控制变量后，这种影响依然在1%的水平下显著，给定其他条件不变，环境治理指数每提高1个单位，将带来人口结构指数提高0.179，说明环境治理力度加大能够促进人口结构的优化。因此，应加大环境治理力度，减轻环境污染，提高人口城镇化率，构建以人为本的新型城镇化地区，优化人口结构。

二、分阶段模型

值得一提的是，经济、社会、资源、环境与人口结构随着时代的变化而不断变化。从长远来看，人口结构是随着生产力的发展和社会生产方式的进步不断由低级向高级运动的过程，包括少儿人口比重的下降、老年人口比重的上升、性别比的平衡、人口城镇化率的提高等各个方面。随着经济、社会的不断发展，人口城镇化率不断提高，人口对性别的"歧视"也在逐渐消失，人口性别比逐渐开始平衡。另外，资源和环境作为一个广泛而复杂的概念，也在不断地发生着变化，资源贫瘠、雾霾、酸雨、温室效应不仅对经济造成巨大的牺牲，更已构成了对人类和地球自然生态系统的严重威胁。

因此，有必要将本研究中所选取的时间段进行划分，据此我们得到研究结论也将更为有意义。同样，本研究在社会保障指数中引入了社会保障和就业支出比，社会服务指数中引入了人均城市道路面积和建成区绿化覆盖率，资源禀赋指数中引入人均水资源，环境治理指数中引入生活垃圾无害化处理率。鉴于数据的可得性，其阶段的划分与前面相同。在此基础上，我们分别建立了以下两个计量模型，如下所示：

模型一：

$$PS_{it} = \beta_0 + \beta_1 EG_{it} + \beta_2 ES_{it} + \beta_3 SS_{it} + \beta_4 SW_{it} + \beta_5 RE_{it} + \beta_6 RC_{it} + \beta_7 EP_{it} + \beta_8 EM_{it} + \beta_9 I_{it} + \mu_i + \varepsilon_{it}$$

其中，i 代表样本中的被观测地区，t 表示样本中每个地区的观测时间，$i = 1, 2, 3, \cdots, 30$，$t = 1993, 1994, 1995, \cdots, 2003$，$\mu_i$ 表示不可观测的地区效应，ε_{it} 为随机干扰项。

模型二：

$$PS_{it} = \beta_0 + \beta_1 EG_{it} + \beta_2 ES_{it} + \beta_3 SS_{it} + \beta_4 SW_{it} + \beta_5 RE_{it} + \beta_6 RC_{it} + \beta_7 EP_{it} + \beta_8 EM_{it} + \beta_9 I_{it} + \mu_i + \varepsilon_{it}$$

其中，i 代表样本中的被观测地区，t 表示样本中每个地区的观测时间，$i = 1, 2, 3, \cdots, 30$，$t = 2004, 2005, \cdots, 2014$，$\mu_i$ 表示不可观测的地区效应，ε_{it} 为随机干扰项。

根据模型设定，利用1993~2003年和2004~2014年中国30个省、直辖市、自治区的数据，采用面板回归模型来研究不同时期经济、社会、资源、环境、制度因素对人口结构的影响。同时，采用混合效应、固定效应、随机效应和工具变量法对模型进行估计，并利用F检验、LM检验和豪斯曼检验来选择合适的模型。分阶段面板模型估计结果如表7-9所示。

表7-9　　　　经济、社会、资源、环境约束下的人口结构

时间段	1993~2014年		1993~2003年		2004~2014年	
	估计1	估计2	估计3	估计4	估计5	估计6
被解释变量	PS	PS	PS	PS	PS	PS
EG	0.068 (1.53)	0.07 (1.58)	-0.117** (-2.16)	-0.115** (-2.13)	0.039 (0.82)	-0.154 (-0.97)
ES	-0.131** (-2.09)	-0.137** (-2.15)	-0.165** (-2.00)	-0.169** (-2.04)	-0.025 (-0.29)	-0.032 (-0.21)
SS	-0.071 (-0.96)	-0.075 (-1.00)	-0.163* (-1.72)	-0.165* (-1.74)	0.136* (1.74)	0.323** (2.18)
SW	0.114*** (3.57)	0.114*** (3.58)	-0.085 (-1.49)	-0.078 (-1.34)	0.08 (1.63)	0.279*** (3.29)
RE	-0.205*** (-2.82)	-0.207*** (-2.84)	-0.121 (-0.94)	-0.119 (-0.92)	0.096 (0.66)	0.188 (0.95)
RC	-0.167*** (-2.66)	-0.169*** (-2.69)	-0.216* (-1.67)	-0.221* (-1.71)	-0.064 (-1.29)	-0.159** (-2.36)
EP	0.141** (1.98)	0.148** (2.04)	0.224** (2.45)	0.225** (2.45)	0.057 (0.62)	0.111 (0.59)
EM	0.179*** (4.89)	0.183*** (4.89)	0.184*** (3.92)	0.196*** (3.82)	0.120* (1.80)	-0.242* (-1.72)
I		0.028 (0.52)		0.052 (0.56)		0.061 (0.75)
Constant	47.089*** (5.55)	44.940*** (4.76)	56.221*** (4.68)	52.423*** (3.79)	41.985*** (4.08)	65.451*** (3.13)
R-squared	0.326	0.326	0.108	0.109	0.216	0.119
Observations	660	660	330	330	330	330
Number of province	30	30	30	30	30	30
F模型设定检验P值	0.0000	0.0000	0.0000	0.0000	0.0000	0.0000
P1	0.0000	0.0000	0.0000	0.0000	0.0000	0.0000
P2	0.1530	0.2002	0.8228	0.8651	0.1248	0.0395
估计方法	FE	FE	FE	FE	FE	IV

注：***、**、*分别对应1%、5%、10%的显著水平。

P1表示固定效应和随机效应豪斯曼检验P值；P2表示内生性问题豪斯曼检验P值。当P值不存在时，则为豪斯曼值chi2。

如表 7-9 所示，估计 1 是利用 1993~2014 年数据，通过固定效应模型估计经济增长指数、经济结构指数、社会保障指数、社会服务指数、资源禀赋指数、资源消耗指数、环境污染指数和环境治理指数对人口结构指数的影响；估计 3 是利用 1993~2003 年的数据，估计经济增长指数、经济结构指数、社会保障指数、社会服务指数、资源禀赋指数、资源消耗指数、环境污染指数和环境治理指数对人口结构指数的影响，F 模型设定检验 P 值为 0.0000，混合模型和固定效应模型应选择固定效应模型；固定效应和随机效应 Hausman 检验 P 值为 0.0000，选择固定效应模型；内生性问题 Hausman 检验 P 值为 0.8228，说明不存在内生性问题，选择固定效应模型的回归结果；估计 5 是利用 2004~2014 年数据，解释变量社会保障指数 SS 引入了动态指标"社会保障和就业支出比 SSE"，解释变量社会服务指数 SW 引入了新指标"人均城市道路面积 UB"和"建成区绿化覆盖率 BC"，估计经济增长指数、经济结构指数、社会保障指数、社会服务指数、资源禀赋指数、资源消耗指数、环境污染指数和环境治理指数对人口结构指数的影响，F 模型设定检验 P 值为 0.0000，混合模型和固定效应模型应选择固定效应模型；固定效应和随机效应 Hausman 检验 P 值为 0.0000，选择固定效应模型；内生性问题 Hausman 检验 P 值为 0.1248，说明不存在内生性问题，因此最终选择固定效应模型；而估计 2、估计 4、估计 6 是在估计 1、估计 3、估计 5 的基础上加入了制度约束指数作为控制变量后进行的估计，经检验分别采用固定效应模型、固定效应模型和工具变量法。

通过对两阶段的对比分析，可以发现：由第一阶段（1993~2003 年）步入第二阶段（2004~2014 年），各因素对人口结构的影响发生了较大变化，具体而言：

经济增长指数和经济结构指数对人口结构指数的影响在第一阶段（1993~2003 年）显著为负，而在第二阶段（2004~2014 年）变得不再显著。这说明经济发展对人口结构变化的影响具有阶段性。究其原因，可能是 20 世纪七八十年代，我国经济较为落后，进入 90 年代以来，经济高速增长，增强了家庭抚养能力，促进少儿抚养比提高，同时随着第三产业的发展，老年服务行业兴起，一定程度上延长了人口预期寿命，提高了老年抚养比。而 20 世纪以后，随着科学技术的进步、经济增长和经济结构对人口结构变化的边际效应逐渐减弱。因此，在经济发展水平相对较高的今天，要达到人口结构优化的目的，更需要做好老年服务，利用已有经济成果构建和完善养老保障体系，同时将经济增长点建立至小城市、乡镇地区，实现就地、就近城镇化，提高人口城镇化率。

社会保障指数和社会服务指数对人口结构指数的影响系数在第一阶段（1993~2003 年）均为负，而在第二阶段（2004~2014 年）发生逆转变为正，但从显著性来看，社会保障指数在两阶段中仅在 10% 的水平下显著，而社会服务指数在两阶段中均不显著,这表明社会发展对人口结构变动的影响逐渐优化,但影响力仍十分微弱。这与我国的发展现状相关。作为世界上人口最多的发展中国家,我国社会养老保障体系不健全,医改、教改、房改等一系列重大民生问题需要深化改革,现有的社会保障尚不完善,薄弱的社会管理和公共服务也表明我国的社会服务还不到位。因此,这两大指数还不能够对人口结构变化产生实质性的影响。

资源禀赋指数和资源消耗指数对人口结构指数的影响在第一阶段(1993~2003年)和第二阶段(2004~2014年)均未通过显著性检验,但在1993~2014年整体时间段中影响却十分显著,这说明资源状况对人口结构的影响存在长期性,资源状况的改变并不是一蹴而就的,资源的存量和消耗是在长期之中累积形成的。有鉴于此,要实现人口结构的优化,资源有效利用是一个长期重要的因素。

环境污染指数和环境治理指数对人口结构指数的影响在第一阶段(1993~2003年)显著为正,而在第二阶段(2004~2014年)显著性减弱甚至不再显著,边际效应系数明显缩小。这说明环境状况对人口结构变化的影响具有阶段性。可能的原因是环境状况对人口结构的作用具有滞后性,环境的变化是一个相对缓慢的过程,而环境间接作用于人口结构则需要更长的时间。环境治理在第二阶段的影响虽然有所减弱,但仍在10%的水平下显著为正。由此,我们不能忽视环境状况对人口结构的影响,在进入"新常态"的中国,要实现人口结构的优化,最终还是要依靠环境治理,环境治理力度的加大有利于人口的身心健康,提高人口传承,优化人口结构。

三、分地区模型

为了更好地把握各省份的共同特征以及各省份在区域差距中的地位和作用,分析不同区域间经济、社会、资源、环境对人口结构水平的影响差异与驱动力大小变得尤为重要。因此,本研究将对东、中、西部三大地区的面板数据进行静态面板估计。东、中、西部地区的划分与前面一致。本研究设定的基本模型如下:

$$PS_{it} = \beta_0 + \beta_1 EG_{it} + \beta_2 ES_{it} + \beta_3 SS_{it} + \beta_4 SW_{it} + \beta_5 RE_{it} + \beta_6 RC_{it} + \beta_7 EP_{it} + \beta_8 EM_{it} + \beta_9 I_{it} + \mu_i + \varepsilon_{it}$$

其中,i 代表样本中的被观测地区,t 表示样本中每个地区的观测时间,东部地区:$i=1, 2, 3, 4, 5, \cdots, 11$;中部地区:$i=12, 13, 14, 15, \cdots, 19$;西部地区:$i=20, 21, 22, 23, \cdots, 30$;$t=1993, 1994, 1995, \cdots, 2014$,$\mu_i$ 表示不可观测的地区效应,ε_{it} 为随机干扰项。

根据模型设定,对三个子样本分别进行面板回归分析,通过 F 检验、LM 检验和豪斯曼检验,确定采用混合效应模型、固定效应模型、随机效应模型还是工具变量法,回归结果如表 7-10 所示。

表 7-10　　　　分地区——经济、社会、资源、环境约束下的人口结构

地区	全国		东部地区		中部地区		西部地区	
	估计1	估计2	估计3	估计4	估计5	估计6	估计7	估计8
被解释变量	PS	PS	PS	PS	PS	PS	PS	PS
EG	0.068 (1.53)	0.07 (1.58)	0.180** (2.14)	0.132 (1.60)	-0.046 (-0.74)	-0.03 (-0.51)	-0.006 (-0.09)	-0.018 (-0.30)
ES	-0.131** (-2.09)	-0.137** (-2.15)	-0.324** (-2.14)	-0.167 (-1.09)	0.153 (1.58)	0.033 (0.34)	-0.103 (-1.44)	-0.158** (-2.20)
SS	-0.071 (-0.96)	-0.075 (-1.00)	-0.201 (-0.99)	0.044 (0.21)	0.34 (1.29)	0.417 (1.65)	0.091 (1.29)	0.148** (2.03)
SW	0.114*** (3.57)	0.114*** (3.58)	0.081 (1.29)	0.034 (0.55)	0.038 (0.72)	-0.013 (-0.25)	0.111** (2.58)	0.090** (2.11)
RE	-0.205*** (-2.82)	-0.207*** (-2.84)	0.529 (1.02)	-0.391*** (-3.71)	0.007 (0.06)	0.095 (0.90)	0.226*** (3.05)	0.249*** (3.26)
RC	-0.167*** (-2.66)	-0.169*** (-2.69)	-0.113 (-1.21)	1.247** (2.31)	-0.447 (-1.26)	-0.549 (-1.61)	-0.244*** (-2.77)	-0.207** (-2.30)
EP	0.141** (1.98)	0.148** (2.04)	-0.011 (-0.03)	-0.051 (-0.55)	-0.117 (-0.63)	0.198 (1.01)	0.144** (2.05)	0.126* (1.82)
EM	0.179*** (4.89)	0.183*** (4.89)	0.378*** (4.72)	-0.258 (-0.78)	0.319*** (4.13)	0.319*** (4.30)	-0.105** (-2.41)	-0.05 (-1.10)
I		0.028 (0.52)		0.401*** (5.13)		0.347*** (3.83)		0.257*** (3.64)
Constant	47.089*** (5.55)	44.940*** (4.76)	42.997 (1.27)	73.221** (2.16)	71.565*** (2.77)	35.859 (1.35)	59.970*** (6.87)	42.191*** (4.20)
Observations	660	660	242	242	176	176	242	242
Provinces	30	30	11	11	8	8	11	11
R-squared	0.326	0.326	0.475	0.506	0.486	0.529	0.281	0.33

续表

地区	全国		东部地区		中部地区		西部地区	
	估计1	估计2	估计3	估计4	估计5	估计6	估计7	估计8
F模型设定检验	0.0000	0.0000	0.0000	0.0000	0.0000	0.0000	0.0000	0.0000
P1	0.0000	0.0000	0.0000	0.0000	0.0000	0.0000	0.5545	0.2325
P2	0.153	0.2002	0.3063	0.5518	0.5074	0.7783	0.6702	0.7894
估计方法	FE	FE	FE	FE	FE	FE	RE	RE

注：***、**、* 分别对应1%、5%、10%的显著水平。

如表7-10所示，估计1是利用1993~2014年全国30个省、直辖市、自治区的数据，通过固定效应模型估计经济增长指数、经济结构指数、社会保障指数、社会服务指数、资源禀赋指数、资源消耗指数、环境污染指数和环境治理指数对人口结构指数的影响；估计3是利用1999~2014年东部地区11个省、直辖市的数据，估计经济增长指数、经济结构指数、社会保障指数、社会服务指数、资源禀赋指数、资源消耗指数、环境污染指数和环境治理指数对人口结构指数的影响，F模型设定检验P值为0.0000，混合模型和固定效应模型之间应选择固定效应模型；固定效应和随机效应Hausman检验P值为0.0000，选择固定效应模型；内生性问题Hausman检验P值为0.3063，不存在内生性问题，应采用固定效应模型；估计5是利用中部地区8个省的数据，估计经济增长指数、经济结构指数、社会保障指数、社会服务指数、资源禀赋指数、资源消耗指数、环境污染指数和环境治理指数对人口结构指数的影响，F模型设定检验P值为0.0000，混合模型和固定效应模型之间应选择固定效应模型；固定效应和随机效应Hausman检验P值为0.0000，选择固定效应模型；内生性问题Hausman检验P值为0.5074，不存在内生性问题，应采用固定效应模型；估计7是利用西部地区11个省、自治区的数据，估计经济增长指数、经济结构指数、社会保障指数、社会服务指数、资源禀赋指数、资源消耗指数、环境污染指数和环境治理指数对人口结构指数的影响，F模型设定检验P值为0.0000，混合模型和固定效应模型之间应选择固定效应模型；固定效应和随机效应Hausman检验P值为0.5545，选择随机效应模型；内生性问题Hausman检验P值为0.6702，不存在内生性问题，应采用随机效应模型；估计2、估计4、估计6、估计8是在估计1、估计3、估计5、估计7的基础上加入了制度约束指数作为控制变量后进行的估计，经检验分别采用工具变量法固定效应模型、固定效应模型和随机效应模型。

通过对三个地区的对比发现：经济、社会、资源和环境对人口结构变化的影响在三个地区均存在较大差异，具体分析如下：

（1）就经济发展而言，经济增长指数对人口结构指数的影响在东部地区显著为正，而在中西部地区并未通过显著性检验，说明经济增长对人口结构的改善作用存在较大区域差异，东部地区经济增速、居民消费水平远高于中西部地区，所带来的人口聚集效应提高了人口城镇化率，同时增强了人力资本投资，从而起到改善人口结构的作用。经济结构指数对人口结构指数的影响在东部地区显著为负，而在中西部地区并不显著，说明经济结构的调整对人口结构的影响具有区域性，究其原因，主要是我国产业发展呈现阶梯性，东部第三产业的兴起、发展均早于并且优于中西部地区，这直接导致东部地区老年抚养比高于中西部地区，从而恶化其人口结构。由此可见，在经济发展及人口结构变动对经济发展的敏感性方面，东部地区强于中西部地区。

（2）就社会发展而言，社会保障指数对人口结构指数的影响在三大区域均不显著，进一步佐证了我国社会保障不完善的现实。社会服务指数对人口结构指数的影响在西部地区显著为正，而在东部和中部地区均未通过显著性检验，说明社会服务对人口结构的改善作用存在较大区域差异，西部地区医疗、交通等基础设施的建设落后于东部和中部地区，这也是西部地区长期落后于东部和中部地区的原因之一，而随着政策倾斜，西部地区医疗服务水平的提高、道路交通设施的建设完善，促进了西部地区经济发展，加速了城镇化的发展，提高了人口城镇化率，同时随着医疗卫生服务水平提高，婴儿死亡率大大降低，减少了人们为预防婴儿死亡而生育多个孩子的行为，一定程度上有助于少儿抚养比的降低。由此可见，在社会发展对人口结构的影响方面，西部地区的反映更为敏感。

（3）就资源条件而言，资源禀赋指数对人口结构指数的影响在西部地区显著为正，而在东部和中部地区均未通过显著性检验，说明资源禀赋对人口结构的影响存在较大区域差异。西部地区人口相对较少，森林资源、水资源以及能源资源等丰富，当地经济发展更多依赖于自然资源，资源消耗指数对人口结构指数的影响在西部地区显著为负，而在东部和中部地区并不显著，说明资源消耗对人口结构变动的影响存在区域性。资源消耗的减少明显恶化了西部地区的人口结构。由此可见，西部地区人口结构的变动相对于东部和中部地区对资源条件变化反映更加灵敏。因此，要达到优化西部地区人口结构的目的，既需要保护当地的自然资源，又需要增加对新的、可再生资源的开发利用。

（4）就环境状况而言，环境污染指数对人口结构指数的影响在西部地区显著为正，而在东部和中部地区均未通过显著性检验，说明环境污染对人口结构的影响存在较大区域差异。西部地区相对落后偏远，生态环境脆弱，在经济发展上更加粗放，加之环境保护观念薄弱，环境污染增加，提高了随着第二产业的发展而带动的城镇化发展，提高人口城镇化率，达到了人口结构的优化。环境治理指数对人口结构指数的影响在东部和中部地区显著为正，而在西部地区却出现完全相反的情况，环境治理效率的增强反而恶化了西部地区人口结构，究其原因，可能是一方面，环境质量的改善提高了人体健康水平，一定程度上提高了老年抚养比。另一方面，由于产业结构相对落后，经济发展对自然资源的依赖性较高，而这些产业多是能耗大、污染大的产业，对环境治理力度的加强，影响了能源性、污染性企业的发展，从而对人口城镇化产生了负向作用。由此可见，特别对于西部地区而言，要实现人口结构的优化，迫切需要产业结构升级、转变经济发展方式并加强环境治理力度。

四、门槛回归模型

以上研究均基于"经济、社会、资源、环境与人口结构之间存在线性关系"的假设前提下展开的，然而，经济、社会、资源环境与人口结构之间的相互影响不一定是线性的。随着经济、社会、资源、环境、人口的发展，经济、社会、资源、环境指数与人口结构指数的相互影响会发生变化。而且人口、经济、社会、资源与环境关系错综复杂，如果其内在关系是非线性的，简单的线性方程将难以反映变量之间丰富的内在联系。因此，可能存在门槛效应，需要通过门槛回归进行检验。

我们分别采用本研究所构建的二级指标来进一步考察经济增长、经济结构、社会保障、社会服务、资源禀赋、资源消耗、环境污染、环境治理和制度约束对人口结构的影响是否存在结构性突变，即门槛效应。设定基本模型为：

$$PS_{it} = \beta_0 + \beta_1 EG_{it} + \beta_2 ES_{it} + \beta_3 SS_{it} + \beta_4 SW_{it} + \beta_5 RE_{it} + \beta_6 RC_{it} + \beta_7 EP_{it} + \beta_8 EM_{it} + \beta_9 I_{it} + \mu_i + \varepsilon_{it}$$

其中，i 代表样本中的被观测地区，t 表示样本中每个地区的观测时间，本研究中 $i = 1, 2, 3, \cdots, 30$，$t = 1993, 1994, \cdots, 2014$。$\mu_i$ 表示不可观测的地区效应，ε_{it} 为随机干扰项。

本研究采用 Hansen 门槛模型，在于其不仅可以内生的划分门槛值、避免主观臆断，还可以对门槛值的显著性做出计量检验。因此，本研究也着重对门槛模型进行介绍。我们选取经济增长指数（用 EG 表示）作为门槛标量，并且选取人口结构指数作为被考察变量，所设立的门槛模型为：

$$PS_{it} = \beta_0 + \lambda_1 EG_{it} \cdot I(EG \leq \theta) + \lambda_2 EG_{it} \cdot I(EG > \theta) + \beta_2 ES_{it} + \beta_3 SS_{it} + \beta_4 SW_{it} + \beta_5 RE_{it} + \beta_6 RC_{it} + \beta_7 EP_{it} + \beta_8 EM_{it} + \beta_9 I_{it} + \mu_i + \varepsilon_{it}$$

门槛模型主要需要解决以下四个问题：①如何进行模型中的参数估计；②如

何检验 λ_1 是否等于 λ_2；③如何构造门槛值 θ 的置信区间；④如何确定参数的渐进分布。

1. 门槛值的确定

将上式两边进行时间平均化处理，再进行离差处理以消除个体效应，然后采取两步法策略进行估计：第一，利用 OLS 进行一致估计，得到估计系数以及残差平方和 $SSR(\theta)$；第二，通过 $\text{argmin} SSR(\theta)$ 确定门槛值 θ。

2. 门槛值的显著性检验

首先，针对门槛效应是否显著进行似然比检验。

$$H_0: \lambda_1 = \lambda_2 \qquad LR(\theta) = [SSR^* - SSR(\hat{\theta})]/\hat{\sigma}^2$$

其中，SSR^* 为 H_0 成立时的残差，$\hat{\sigma}^2$ 为扰动项方差的一致估计。由于 LR 统计量的非标准性，Hansen 提出使用 bootstrap 方法获取近似值，进而得到似然率（LR）检验的 P 值，依据 P 值的大小判别是否存在显著的门槛效应。

其次，当门槛效应确定存在时，需要继续对门槛值的准确性进行检验。

$$H_0: \lambda_1 = \lambda_2 \qquad LR(\theta) = [SSR^* - SSR(\hat{\theta})]/\hat{\sigma}^2$$

其中 $SSR(\theta)$ 为 H_0 成立时的残差，$\hat{\sigma}^2$ 为扰动项方差的一致估计。该统计量也是非标准的，但 Hansen 推算出其累积分布函数，根据 $LR \leq c(a) = -2\ln(1-\sqrt{1-\alpha})$（$\alpha$ 为显著水平）判别原假设是否成立。

类似的，也可以考虑双门槛值和三门槛值的面板回归模型，这里就不赘述了。双门槛模型如下：

$$PS_{it} = \beta_0 + \lambda_1 EG_{it} \cdot I(EG \leq \theta_1) + \lambda_2 EG_{it} \cdot I(\theta_1 < EG < \theta_2) + \lambda_3 EG_{it} \cdot I(EG \geq \theta_2)$$
$$+ \beta_2 ES_{it} + \beta_3 SS_{it} + \beta_4 SW_{it} + \beta_5 RE_{it} + \beta_6 RC_{it} + \beta_7 EP_{it} + \beta_8 EM_{it} + \beta_9 I_{it} + \mu_i + \varepsilon_{it}$$

三门槛模型如下：

$$PS_{it} = \beta_0 + \lambda_1 EG_{it} \cdot I(EG \leq \theta_1) + \lambda_2 EG_{it} \cdot I(\theta_1 < EG < \theta_2)$$
$$+ \lambda_3 EG_{it} \cdot I(\theta_2 < EG \leq \theta_3) + \lambda_4 EG_{it} \cdot I(EG > \theta_3) + \beta_2 ES_{it}$$
$$+ \beta_3 SS_{it} + \beta_4 SW_{it} + \beta_5 RE_{it} + \beta_6 RC_{it} + \beta_7 EP_{it}$$
$$+ \beta_8 EM_{it} + \beta_9 I_{it} + \mu_i + \varepsilon_{it}$$

同理可得，以经济结构指数、社会保障指数、资源禀赋指数、资源消耗指数、环境污染指数和环境治理指数为门槛变量的面板估计模型，这里就不一一赘述了。

根据模型的设定，首先，利用 Stata12 统计软件检验解释变量是否存在非线性的门槛效应，以及门槛的个数。

具体检验结果如表 7-11 和表 7-12 所示。

表 7–11　门槛个数检验

考察变量	模型	F 值	P 值	BS 次数	临界值 1%	临界值 5%	临界值 10%
经济增长指数（EG）	单一门槛	52.647***	0.000	300	20.628	13.669	8.648
	双重门槛	5.959**	0.040	300	8.155	5.459	3.742
	三重门槛	8.790**	0.027	300	12.448	6.438	4.547
经济结构指数（ES）	单一门槛	21.490**	0.020	300	27.232	15.182	10.836
	双重门槛	11.025	0.120	300	30.555	15.907	12.558
	三重门槛	6.674	0.143	300	21.134	10.815	8.277
社会保障指数（SS）	单一门槛	55.703***	0.000	300	27.503	13.017	8.786
	双重门槛	5.897	0.230	300	25.282	15.730	10.726
	三重门槛	6.938*	0.083	300	12.395	8.194	6.257
社会服务指数（SW）	单一门槛	41.719***	0.007	300	37.978	21.567	14.554
	双重门槛	10.139*	0.070	300	25.314	12.499	8.954
	三重门槛	10.981*	0.093	300	28.123	15.153	9.848
资源禀赋指数（RE）	单一门槛	42.821***	0.007	300	40.588	18.405	12.715
	双重门槛	29.098***	0.003	300	25.178	16.830	9.831
	三重门槛	46.512***	0.000	300	30.530	17.309	12.279
资源消耗指数（RC）	单一门槛	16.142*	0.053	300	39.400	16.981	12.618
	双重门槛	10.356**	0.037	300	21.700	7.691	3.878
	三重门槛	12.397***	0.010	300	11.945	6.310	4.332
环境污染指数（EP）	单一门槛	40.558***	0.010	300	39.894	21.881	14.234
	双重门槛	7.547	0.110	300	22.109	12.980	7.791
	三重门槛	7.179*	0.057	300	13.974	7.274	5.330
环境治理指数（EM）	单一门槛	63.993***	0.000	300	23.580	13.150	9.250
	双重门槛	10.106**	0.037	300	15.126	8.671	5.989
	三重门槛	16.432**	0.013	300	20.676	11.706	6.694

注：***、**、* 分别对应 1%、5%、10% 的显著水平。

表 7-12　　门槛估计值和置信区间

考察变量		门槛估计值	95% 置信区间	
经济增长指数（EG）	单一门槛模型	50.428	50.006	50.428
	双重门槛模型			
	Ito1	51.836	51.836	58.570
	Ito2	50.428	50.428	50.428
	三重门槛模型	58.570	21.241	59.594
经济结构指数（ES）	单一门槛模型	33.909	31.279	47.830
	双重门槛模型			
	Ito1	67.955	39.452	67.955
	Ito2	33.909	31.279	35.573
	三重门槛模型	40.840	31.082	65.275
社会保障指数（SS）	单一门槛模型	8.775	8.602	9.031
	双重门槛模型			
	Ito1	26.844	4.087	28.782
	Ito2	8.775	8.579	9.031
	三重门槛模型	4.608	2.801	22.727
社会服务指数（SW）	单一门槛模型	11.271	11.271	11.441
	双重门槛模型			
	Ito1	41.806	13.766	45.420
	Ito2	11.271	11.271	11.441
	三重门槛模型	30.877	13.986	32.967
资源禀赋指数（RE）	单一门槛模型	6.374	6.221	9.870
	双重门槛模型			
	Ito1	9.602	1.240	10.969
	Ito2	6.374	6.221	6.566
	三重门槛模型	1.247	1.247	1.247
资源消耗指数（RC）	单一门槛模型	93.775	91.629	94.728
	双重门槛模型			
	Ito1	96.369	55.093	98.712
	Ito2	95.948	95.903	95.984
	三重门槛模型	96.178	91.615	96.188

续表

考察变量		门槛估计值	95%置信区间	
环境污染指数（EP）	单一门槛模型	96.942	96.820	97.306
	双重门槛模型			
	Ito1	85.934	74.815	99.210
	Ito2	96.910	96.770	97.335
	三重门槛模型	75.211	74.815	99.284
环境治理指数（EM）	单一门槛模型	87.486	87.149	87.486
	双重门槛模型			
	Ito1	93.324	35.654	94.622
	Ito2	87.486	87.092	87.486
	三重门槛模型	43.097	35.654	46.193

1. 门槛效应分析之经济增长指数（EG）

使用自抽样法，经济增长指数三重门槛显著，相应的 P 值为 0.027。进一步，利用似然比函数图进行判别：如图 7-7 的上半部分显示，似然比函数在两处出现了明显的断裂下陷；而当本研究将第一个门槛值固定后，如图 7-7 的下半部分所示，整个似然比函数有一处出现大幅的突变下陷趋势。因此，本研究采用双重门槛模型进行分析。双重门槛的估计参数值分别为 50.428 和 51.836，第一个门槛的 95% 的置信区间为 [50.006，50.428]，第二个门槛的 95% 的置信区间为

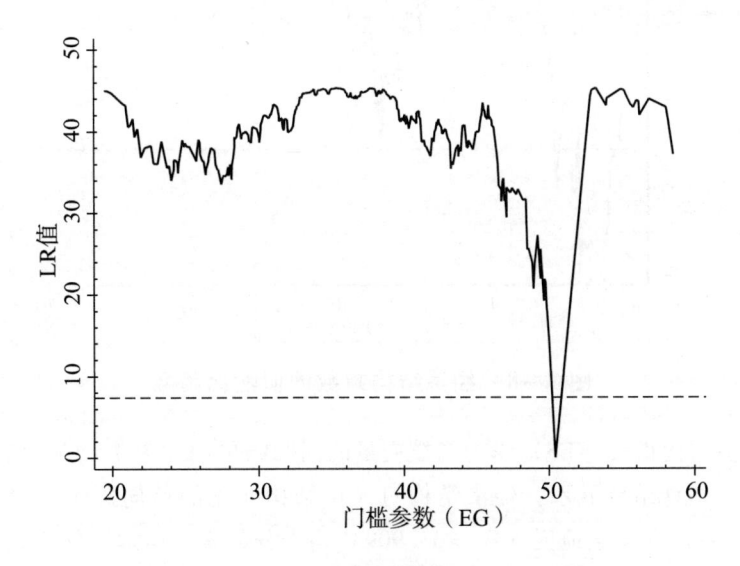

图 7-7 经济增长指数的似然比函数

[51.836, 58.570]。因此，经济增长指数对人口结构指数的影响划分为三个区间，即：低经济增长地区（EG≤50.428）、中等经济增长地区（50.428＜EG＜51.836）、高经济增长地区（EG≥51.836）三类不同的地区。

以经济增长指数（EG）作为门槛变量的回归结果如"表7-13 门槛回归结果"所示。估计结果显示：经济增长对人口结构变化的影响在低经济增长地区（EG≤50.428）显著为负，在中等经济增长地区（50.428＜EG＜51.836）显著为正，而在高经济增长地区（EG≥51.836）并未通过显著性检验。

2. 门槛效应分析之经济结构指数（ES）

使用自抽样法，经济增长指数单一门槛显著，相应的P值为0.020。进一步，利用似然比函数图进行判别：如图7-8的前半部分显示，似然比函数在一处出现了明显的断裂下陷；而当本研究将第一个门槛值固定后，如图7-8的后半部分所示，整个似然比函数没有出现大幅的突变下陷趋势。因此，本研究采用单一门槛模型进行分析。单一门槛的估计参数值为33.909，在95%的置信区间为[31.279, 41.830]。因此，经济结构指数对人口结构指数的影响划分为两个区间，即：欠优化地区（ES≤33.909）和优化地区（ES＞33.909）两类不同的地区。

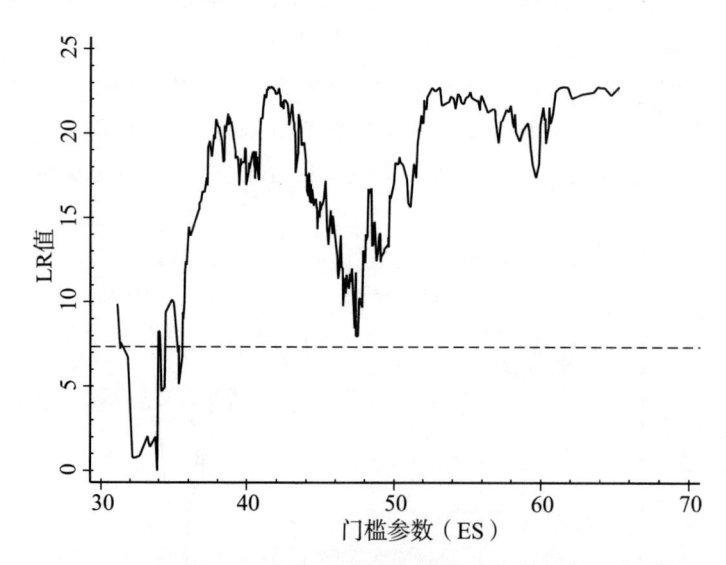

图7-8 经济结构指数的似然比函数

以经济结构指数（ES）作为门槛变量的回归结果如"表7-13 门槛回归结果"所示。估计结果显示：经济结构对人口结构变化的负向影响在欠发达地区（ES≤33.909）和发达地区（ES＞33.909）均十分显著，但边际效应系数大小呈现递减趋势。

3. 门槛效应分析之社会保障指数（SS）

使用自抽样法，社会保障指数单一门槛显著，相应的 P 值为 0.083。进一步，利用似然比函数图进行判别：如图 7-9 的上半部分显示，似然比函数在一处出现了明显的断裂下陷；而当本研究将第一个门槛值固定后，如图 7-9 的下半部分所示，整个似然比函数没有出现大幅的突变下陷趋势。因此，本研究采用单一门槛模型进行分析。单一门槛的估计参数值为 8.775，在 95% 的置信区间为 [8.602, 9.031]。因此，我们可以将社会保障指数对人口结构指数的影响划分为两个区间，即：低保障地区（SS≤8.775）和保障地区（SS>8.775）两类不同的地区。

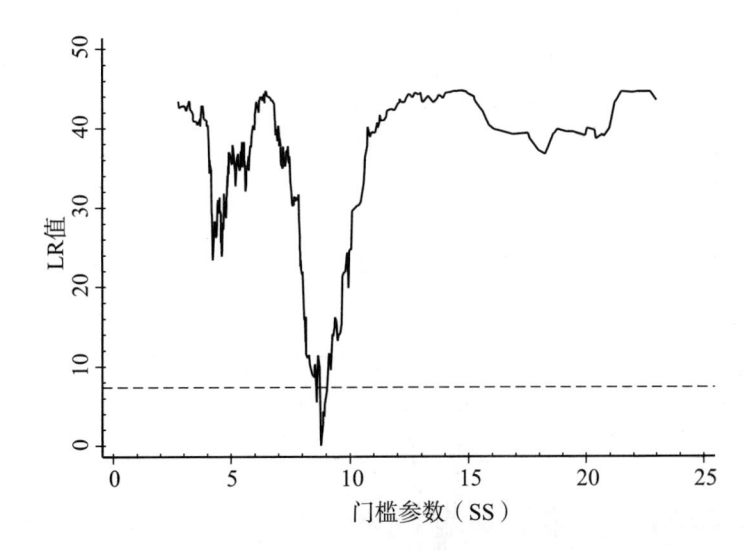

图 7-9 社会保障指数的似然比函数

以社会保障指数（SS）作为门槛变量的回归结果如"表 7-13 门槛回归结果"所示。估计结果显示：社会保障对人口结构变化的影响在低保障地区（SS≤8.775）显著为正，而在保障地区（SS>8.775）并未通过显著性检验。

4. 门槛效应分析之社会服务指数（SW）

使用自抽样法，社会保障指数双重门槛显著，相应的 P 值为 0.093。进一步，利用似然比函数图进行判别：如图 7-10 的上半部分显示，似然比函数在两处出现了明显的断裂下陷；而当本研究将第一个门槛值固定后，如图 7-10 的下半部分所示，整个似然比函数在一处出现大幅的突变下陷趋势。因此，本研究采用双重门槛模型进行分析。双重门槛的估计参数值分别为 11.271 和 41.806，第一个门槛在 95% 的置信区间为 [11.271, 11.441]，第二个门槛在

95％的置信区间为［13.766，45.420］。因此，我们可以将社会服务指数对人口结构指数的影响划分为三个区间，即：低服务水平地区（SS≤11.271）、中等服务水平地区（11.271＜SS＜41.806）和高服务水平地区（SS≥41.806）三类不同的地区。

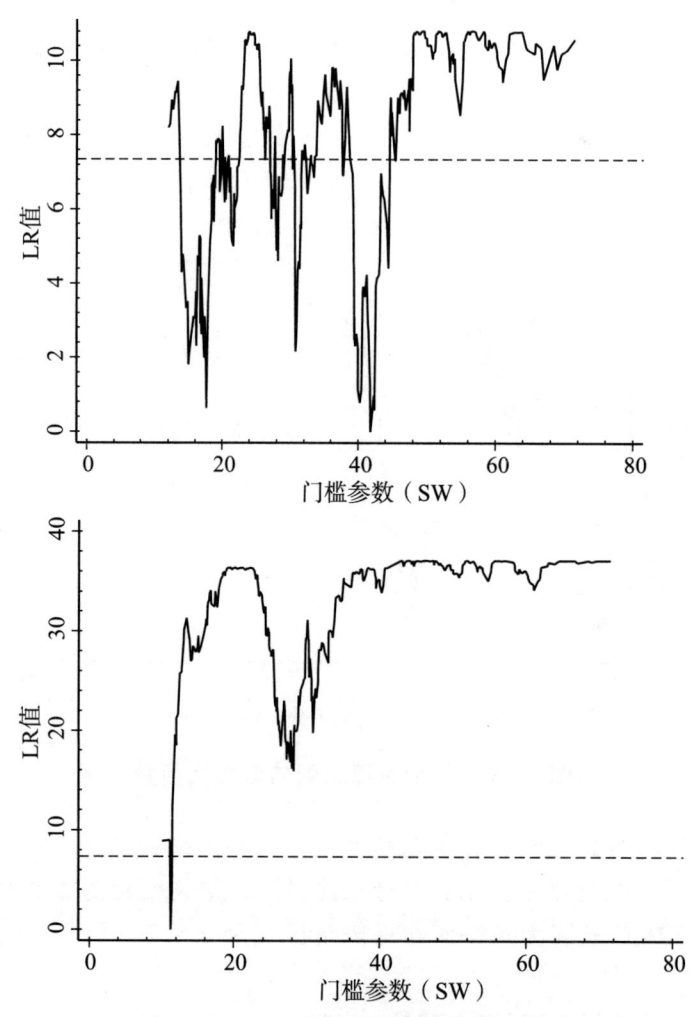

图 7－10　社会服务指数的似然比函数

以社会服务指数（SW）作为门槛变量的回归结果如"表 7－13　门槛回归结果"所示。估计结果显示：社会服务对人口结构变化的正向影响呈"S"形，即在低服务水平地区（SS≤11.271）、和高服务水平地区（SS≥41.806）十分显著，而在中等服务水平地区（11.271＜SS＜41.806）并未通过显著性检验。

5. 门槛效应分析之资源禀赋指数（RE）

使用自抽样法，资源禀赋指数三重门槛显著，相应的 P 值为 0.000。进一步，利用似然比函数图进行判别：如图 7-11 的上半部分显示，似然函数在三处出现了明显的断裂下陷；而当本研究将第一个门槛值固定后，如图 7-11 的下半部分所示，整个似然比函数在两处出现大幅的突变下陷趋势。因此，本研究采用三重门槛模型进行分析。三重门槛的估计参数值分别为 1.247、6.374 和 9.602，第一个门槛在 95% 的置信区间为 [1.247, 1.247]，第二个门槛在 95% 的置信区间为 [6.221, 9.870]，第三个门槛在 95% 的置信区间为 [1.240, 10.969]。因此，我们可以将资源禀赋指数对人口结构指数的影响划分为四个区间，即：资源禀赋不足地区（RE≤1.247）、资源禀赋较低地区（1.247 < RE≤6.374）、资源禀赋较高地区（6.374 < RE≤9.602）和资源禀赋优越地区（RE > 9.602）四类不同的地区。

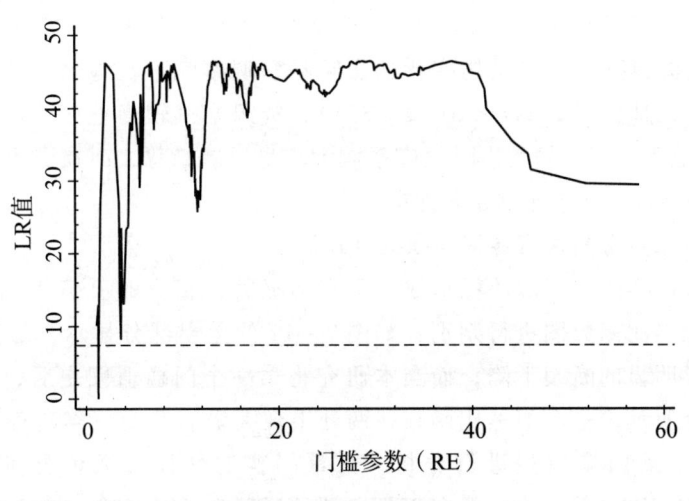

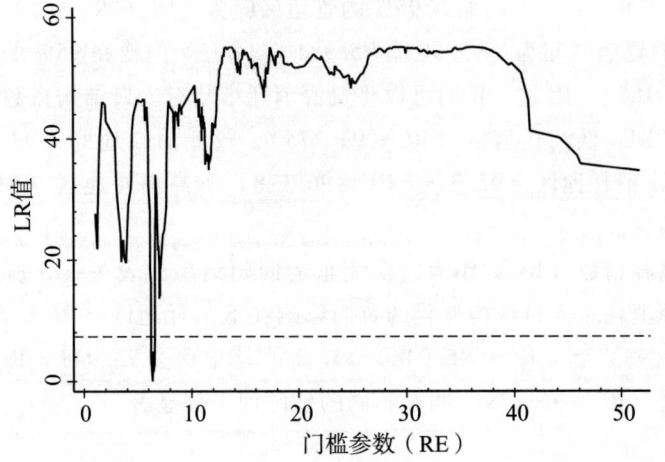

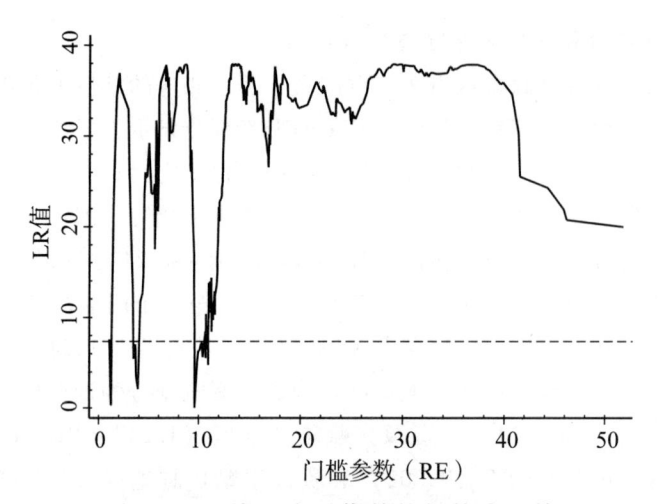

图 7-11 资源禀赋指数的似然比函数

以资源禀赋指数（RE）作为门槛变量的回归结果如表 7-13 所示。估计结果显示：资源禀赋对人口结构变化的影响在资源禀赋不足地区（RE ≤ 1.247）、资源禀赋较低地区（1.247 < RE ≤ 6.374）、资源禀赋较高地区（6.374 < RE ≤ 9.602）均显著为正，并且边际效应系数大小呈递减趋势，而在资源禀赋优越地区（RE > 9.602）并未通过显著性检验。

6. 门槛效应分析之资源消耗指数（RC）

使用自抽样法，资源消耗指数三重门槛显著，相应的 P 值为 0.010。进一步，利用似然比函数图进行判别：如图 7-12 的上半部分显示，似然比函数在三处出现了明显的断裂下陷；而当本研究将第一个门槛值固定后，如图 7-12 的下半部分所示，整个似然比函数在两处出现大幅的突变下陷趋势。因此，本研究采用三重门槛模型进行分析。三重门槛的估计参数值分别为 93.775、95.948 和 96.178，第一个门槛在 95% 的置信区间为 [91.629, 94.728]，第二个门槛在 95% 的置信区间为 [95.903, 95.984]，第三个门槛在 95% 的置信区间为 [91.615, 96.188]。因此，我们可以将资源消耗指数对人口结构指数的影响划分为四个区间，即：低消耗地区（RC ≤ 93.775）、较低消耗地区（93.775 < RC ≤ 95.948）、较高消耗地区（95.948 < RC ≤ 96.178）和高消耗地区（RC > 96.178）四类不同的地区。

以资源消耗指数（RC）作为门槛变量的回归结果如表 7-13 所示。估计结果显示：资源消耗对人口结构变化的负向影响在低消耗地区（RC ≤ 93.775）、较低消耗地区（93.775 < RC ≤ 95.948）、较高消耗地区（95.948 < RC ≤ 96.178）和高消耗地区（RC > 96.178）四类不同的地区均十分显著。

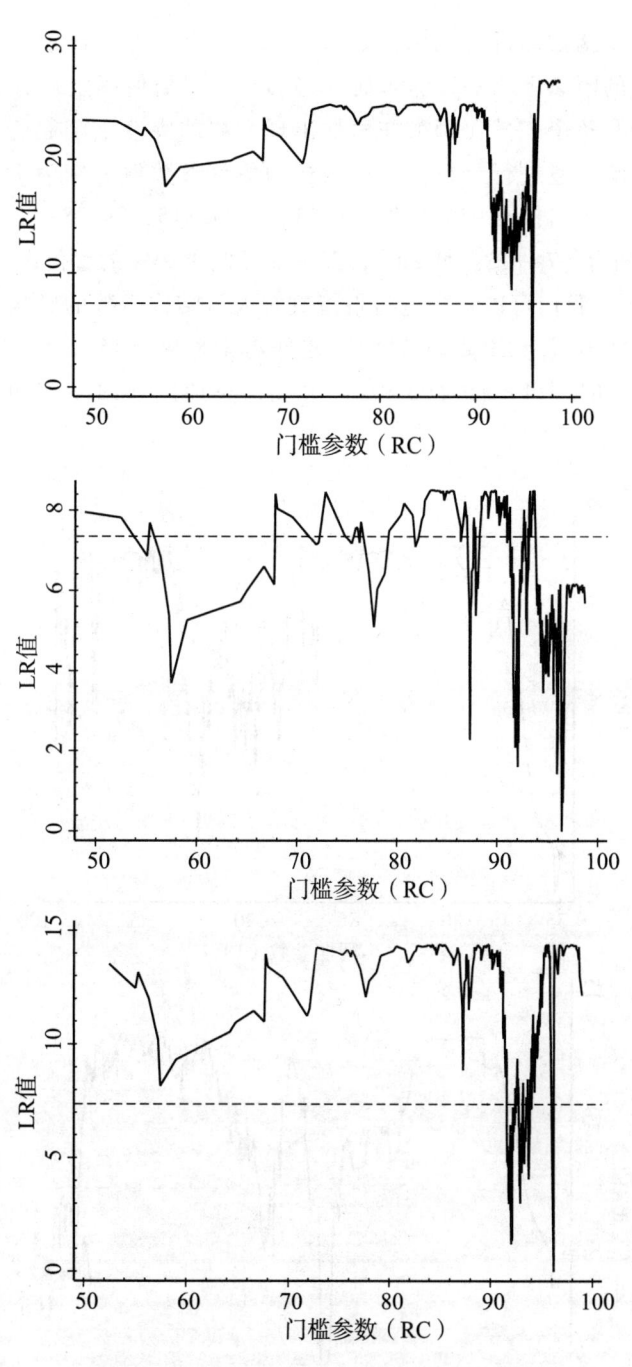

图 7 – 12　资源消耗指数的似然比函数

7. 门槛效应分析之环境污染指数（EP）

使用自抽样法，环境污染指数三重门槛显著，相应的 P 值为 0.057。进一步，利用似然比函数图进行判别：如图7-13的上半部分显示，似然比函数出现了三处明显的断裂下陷；而当本研究将第一个门槛值固定后，如图7-13的下半部分所示，整个似然比函数在两处出现大幅的突变下陷趋势。因此，本研究采用三重门槛模型进行分析。三重门槛的估计参数值分别为75.211、85.934和96.910，第一个门槛在95%的置信区间为［74.815，99.284］，第二个门槛在95%的置信区间为［74.815，99.210］，第三个门槛在95%的置信区间为［96.770，97.335］。因此，我们可以将环境污染指数对人口结构指数的影响划分为四个区间，即：低污染地区（EP≤75.211）、较低污染地区（75.211＜EP≤85.934）、较高污染地区（85.934＜EP≤96.910）和高污染地区（EP＞96.910）四类不同的地区。

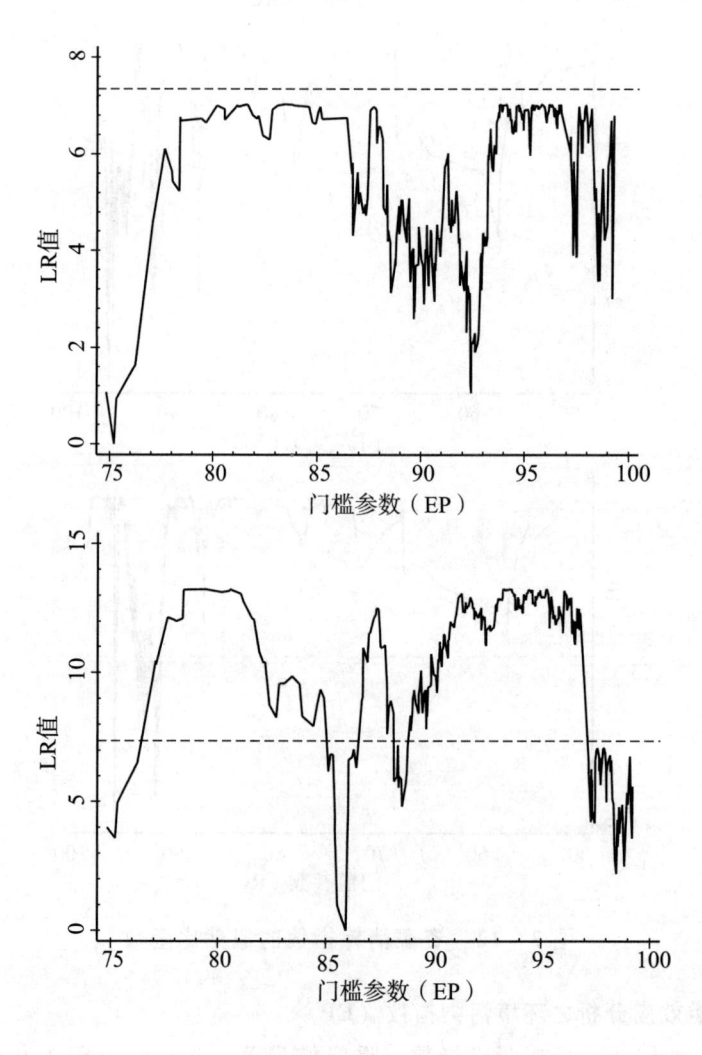

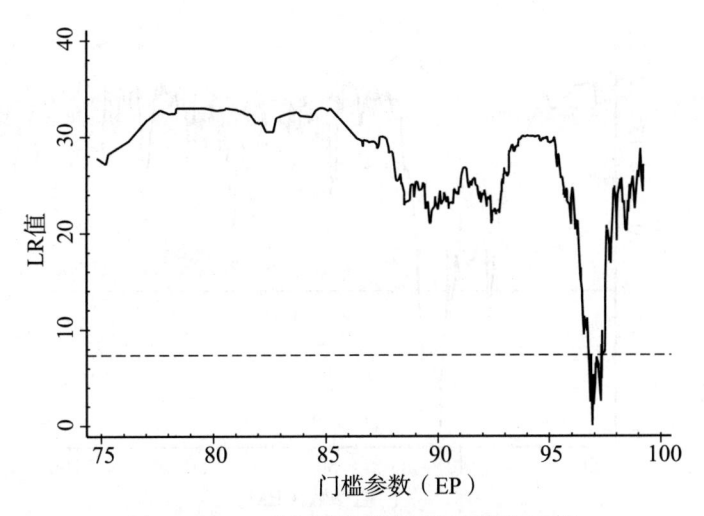

图 7-13　环境污染指数的似然比函数

以环境污染指数（EP）作为门槛变量的回归结果如表 7-13 所示。估计结果显示：环境污染对人口结构变化的影响仅在高污染地区（EP＞96.910）显著，而在低污染地区（EP≤75.211）、较低污染地区（75.211＜EP≤85.934）和较高污染地区（85.934＜EP≤96.910）均未通过显著性检验。

8. 门槛效应分析之环境治理指数（EM）

使用自抽样法，环境治理指数三重门槛显著，相应的 P 值为 0.013。进一步，利用似然比函数图进行判别：如图 7-13 的上半部分显示，似然比函数出现了三处明显的断裂下陷；而当本研究将第一个门槛值固定后，如图 7-13 的下半部分所示，整个似然比函数在两处出现大幅的突变下陷趋势。因此，本研究采用三重门槛模型进行分析。三重门槛的估计参数值分别为 43.097、87.486 和 93.324，第一个门槛在 95% 的置信区间为 [35.654，46.193]，第二个门槛在 95% 的置信区间为 [87.092，87.486]，第三个门槛在 95% 的置信区间为 [35.654，94.622]。因此，我们可以将环境治理指数对人口结构指数的影响划分为四个区间，即：低效率地区（EM≤43.097）、较低效率地区（43.097＜EM≤87.486）、较高效率地区（87.486＜EM≤93.324）和高效率地区（EM＞93.324）四类不同的地区。

以环境治理指数（EM）作为门槛变量的回归结果如表 7-13 所示。估计结果显示：环境治理对人口结构变化的影响在低效率地区（EM≤43.097）、较低效率地区（43.097＜EM≤87.486）、较高效率地区（87.486＜EM≤93.324）和高效率地区（EM＞93.324）均十分显著，并且边际效应系数的大小呈现出两头高中间低的趋势。

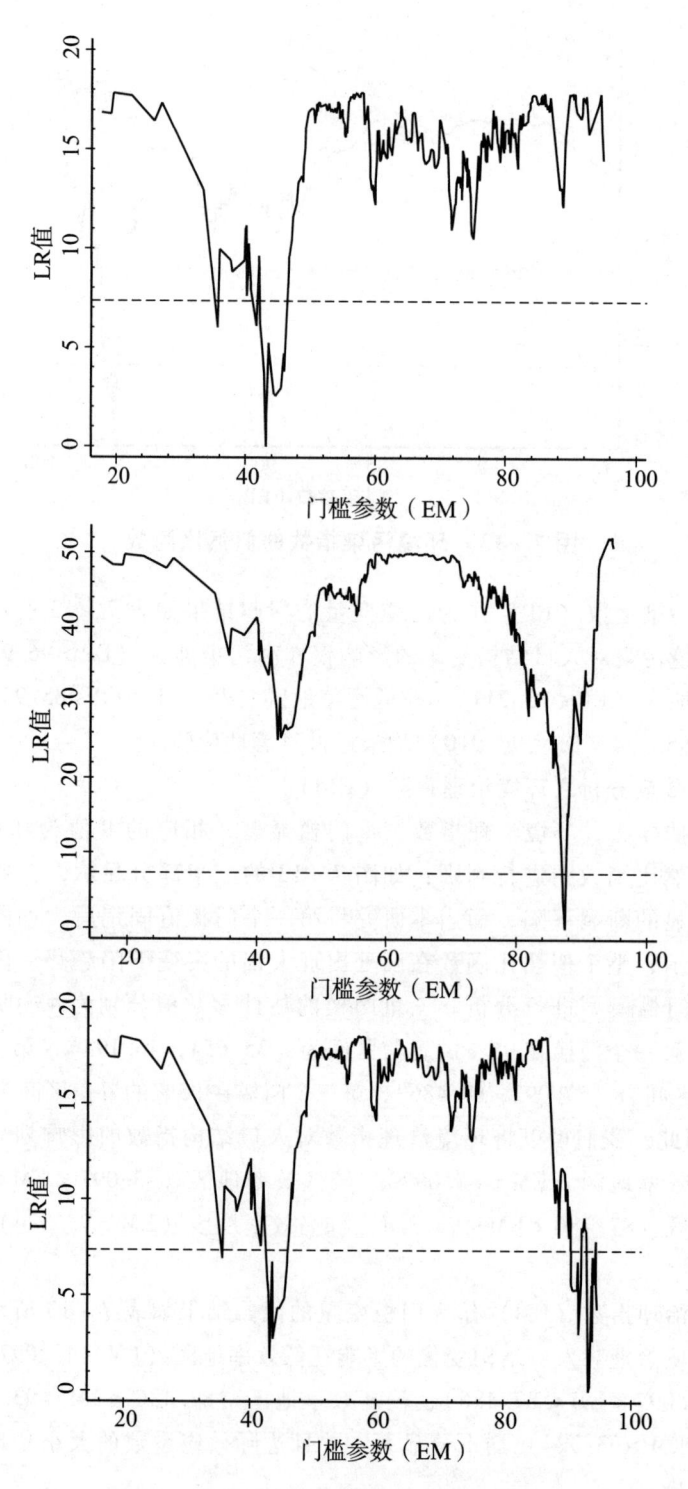

图 7－14 环境治理指数的似然比函数

表 7-13　　　　　　　　门槛回归结果

解释变量	EG	ES	SS	SW	RE	RC	EP	EM
EG		0.056 (1.26)	0.058 (1.34)	0.053 (1.24)	0.056 (1.36)	0.083* (1.90)	0.055 (1.28)	0.00
ES	-0.180*** (-2.89)		-0.181*** (-2.93)	-0.118* (-1.90)	-0.159*** (-2.67)	-0.129** (-2.05)	-0.157** (-2.53)	-0.213*** (-3.51)
SS	-0.027 (-0.37)	-0.052 (-0.70)		0.057 (0.77)	-0.046 (-0.67)	-0.056 (-0.77)	-0.074 (-1.03)	0.061 (0.85)
SW	0.111*** (3.63)	0.110*** (3.50)	0.137*** (4.45)		0.108*** (3.69)	0.106*** (3.41)	0.077** (2.43)	0.019 (0.59)
RE	-0.161** (-2.28)	-0.218*** (-3.03)	-0.112 (-1.58)	-0.201*** (-2.84)		-0.134* (1.80)	-0.171** (-2.42)	-0.002 (-0.03)
RC	-0.197*** (-3.24)	-0.176*** 9 -2.84)	-0.178*** (-2.94)	-0.154** (2.24)	-0.130** (-2.24)		-0.235*** (-3.78)	-0.238*** (-3.93)
EP	0.134* (1.90)	0.135* (1.89)	0.145** (2.08)	0.157** (2.24)	0.171** (2.56)	0.128** (91.80)		0.151** (2.22)
EM	0.211*** (5.79)	0.191*** (5.16)	0.193*** (5.37)	0.186*** (5.15)	0.160*** (4.52)	0.165*** (4.50)	0.216*** (5.88)	
I	0.071 (1.37)	0.015 (0.28)	0.074 (1.43)	-0.050 (-0.95)	0.030 (0.59)	0.044 (0.84)	0.077 (1.46)	0.031 (0.62)
TH_1	-0.104** (-2.06)	-0.400*** (-4.65)	0.772*** (5.62)	1.238*** (5.56)	18.808*** (7.46)	-0.139** (-2.25)	0.067 (0.51)	0.270*** (5.21)
TH_2	0.126** 92.15	-0.196*** (-3.04)	0.022 (0.31)	-0.013 (-0.26)	2.778*** (9.07)	-0.264*** (-4.15)	0.160 (1.47)	0.149*** (4.07)
TH_3	0.027 (0.62)			0.058* (1.71)	0.880*** (5.00)	-0.174*** (-2.77)	0.118 (1.17)	0.216*** (6.05)
TH_4					-0.111 (-1.63)	-0.119* (-1.88)	0.174* (1.76)	0.268*** (7.03)
_cons	50.928*** (5.58)	50.675*** (5.40)	38.940*** (4.27)	48.623*** (5.31)	38.102*** (4.37)	42.397*** (4.57)	49.373*** (4.30)	56.495*** (6.30)
R-sq	0.381	0.347	0.379	0.376	0.434	0.364	0.379	0.410

注：***、**、*分别对应1%、5%、10%的显著水平。

五、小结

本节利用静态面板模型、分阶段回归模型、分地区回归模型、门槛效应模型分别研究了经济、社会、资源、环境因素对人口结构变动的影响。本节认为，影响我国人口结构指数的因素主要包括以下五点：

1. 经济结构指数

第一，从静态面板数据的回归结果可知，经济结构的调整恶化了人口结构，但近年来这种负向作用在逐渐减弱。经济结构主要通过两条路径作用于人口结构：其一，在第三产业产值所占比重不断提高的过程中，我国的服务业发展迅速，老年人口所享有的生活服务质量和医疗服务质量不断提升，人均寿命不断延长，在一定程度上增加了老年抚养比。其二，城乡收入差距的扩大，农民对于进城以后收入的期望值提高，在一定程度上调动了农民进城的积极性，推动了人口城镇化的进程，但同时，更多青壮年劳动力进城导致农村留守人口多孤老幼儿，形成结构性老龄化。同时经济结构对人口结构的影响还存在区域差异，表现为对东部地区人口结构的负效应较强，而对中西部地区影响微弱。

第二，根据门槛回归结果，经济结构指数对人口结构指数的影响存在门槛效应，随着经济结构的进一步优化，对人口结构的负向影响作用呈现递减趋势。

2. 社会服务指数

第一，从静态面板数据的回归结果可知，社会服务水平提高对人口结构具有显著的改善作用，但这种作用仅在长期中有效。促进道路交通基础设施的建设有利于推动城市化进程，提高人口城镇化率；医疗服务水平的提高在一定程度上降低了婴儿死亡率。同时，社会服务对人口结构的影响还存在区域差异，主要表现为对西部地区人口结构的改善作用较显著，而对东部和中部地区影响微弱。

第二，根据门槛回归结果，社会服务指数对人口结构指数的影响存在门槛效应，在社会服务水平较低和较高地区，对人口结构的改善作用十分显著，而在社会服务水平中等地区，这种影响反而不能发挥作用。

3. 资源禀赋指数

第一，从静态面板数据的回归结果可知，资源禀赋的提高反而恶化了人口结构，但这种作用仅在长期中有效。资源禀赋主要通过两条路径作用于人口结构：其一，人均资源拥有量增加直接提高了少儿抚养比，从而降低人口结构指数。其二，资源禀赋的优越性可能导致对资源强烈的依赖性，减弱了当地居民进入城市的意愿，不利于人口城镇化率提高。同时资源禀赋对人口结构的影响还存在区域差异，表现为对东部和中部地区影响微弱，而对西部地区人口结构产生了显著的正向影响，这主要与西部地区特殊的资源条件和发展状况有关。西部地区面积辽阔、人口相对较少，森林资源、水资源以及能源资源等丰富，当地经济发展更多依赖于自然资源，依赖于资源生产的第二产业发展促进了西部地区人口城镇化。

第二，根据门槛回归结果，资源禀赋指数对人口结构指数的影响存在门槛效应，资源禀赋对人口结构的改善作用在资源禀赋不足地区（RE≤1.247）、资源禀赋较低地区（1.247＜RE≤6.374）、资源禀赋较高地区（6.374＜RE≤9.602）十分显著，但影响力随着资源禀赋的提高而减小，在资源禀赋优越地区（RE＞9.602）却并不能对人口结构起到改善作用。

4. 资源消耗指数

第一，从静态面板数据的回归结果可知，降低资源消耗反而会恶化人口结构，但近年来这种负向作用在逐渐减弱。大多数国家经济的发展都伴随着资源的大量消耗，即资源消耗为经济的发展提高了动力，从而有利于增加劳动需求，提高人口城镇化率。但近年来随着科技发展，机器使用，不可再生资源储备的逐渐减少，这种消极的以提高能耗来改善人口结构的方式不再有效。同时资源消耗对人口结构的影响还存在区域差异，主要表现为对西部地区人口结构的负效应较强，而对中西部地区影响较弱。

第二，根据门槛回归结果，资源消耗指数对人口结构指数的影响存在门槛效应，资源消耗增加在低消耗地区（RC≤93.775）、较低消耗地区（93.775＜RC≤95.948）、较高消耗地区（95.948＜RC≤96.178）和高消耗地区（RC＞96.178）均能够有效改善人口结构。

5. 环境友好指数

第一，从静态面板数据的回归结果可知，环境污染减轻、环境治理效率提高能够有效改善人口结构，但这种作用存在滞后性。同时环境污染和环境治理对人口结构的影响还存在区域差异，前者表现为对西部地区人口结构的正效应较强，而对中东部地区影响微弱，后者表现为对东部和中部地区人口结构存在显著的正效应，而对西部地区的影响却为负。对于西部地区而言，环境质量的改善提高了人口健康水平，一定程度上会提高老年抚养比。由于产业结构相对落后，经济发展对自然资源的依赖性较高，而这些产业多是能耗高、污染大的产业，对环境治理力度的加强，影响了能源性、污染性企业的发展，从而对人口城镇化产生了负向作用。

第二，根据门槛回归结果，环境污染指数和环境治理指数对人口结构指数的影响都存在门槛效应，仅在高污染地区，环境污染减轻才能对人口结构起到改善作用。而环境治理对人口结构的改善作用在效率最低和最高的地区要大于效率中等地区。

综上所述，经济、社会、资源、环境均对人口结构的变化有着重要影响，要实现人口结构的优化，需要关注经济社会发展等因素，同时也要注重资源环境等长期因素。加快完善养老体系的构建和社会保障制度，加大社会保障和社会服务在农村地区的推广力度，推进以人为本的新型城镇化地区的发展，优化人口结构。

第三节 经济、社会、资源、环境与制度约束下的人口分布

为检验经济、社会、资源、环境以及制度因素对人口分布的影响，采用的模型包括静态面板回归模型、分阶段回归模型、分地区回归模型、门槛回归模型，分别研究经济、社会、资源、环境以及制度因素对人口分布的静态影响，2003年前后，经济、社会、资源、环境、制度因素对人口分布影响的不同，不同地区经济、社会、资源、环境、制度因素对人口分布影响的不同，以及经济、社会、资源、环境和制度因素对人口分布影响的门槛效应。

一、静态面板模型检验

根据理论模型所得出的结论，经济、社会、资源、环境与制度也是影响人口分布水平的重要因素。所以，在本部分中，我们选取人口分布指数衡量人口分布水平，以此作为被解释变量。而人口分布指数是由人口净迁移率、适龄劳动人口就业率、人口产业承载力构成，三个方面共同反映了人口的分布水平。这三个指标分为三个维度，一是人口数量的空间分布，通过人口净迁移率来反映人口空间分布的变化；二是人口的就业分布，通过适龄劳动人口就业率来反映人口的就业分布；三是人口的产业分布，通过人口产业承载力来反映就业人口在第二、第三产业的分布情况。在解释变量的选择上，与人口适度和人口结构部分相同，主要源于五个维度，经济发展水平、社会和谐程度、资源节约、环境友好以及制度保障等，其指标选择源于第 5 章中的指标体系。

综上所述，要研究经济增长指数、经济结构指数、社会保障指数、社会服务指数、资源禀赋指数、资源消耗指数、环境污染指数和环境治理指数对人口分布

指数的影响，则需要建立如下面板回归模型：

$$PD_{it} = \beta_0 + \beta_1 EG_{it} + \beta_2 ES_{it} + \beta_3 SS_{it} + \beta_4 SW_{it} + \beta_5 RE_{it}$$
$$+ \beta_6 RC_{it} + \beta_7 EP_{it} + \beta_8 EM_{it} + \beta_9 I_{it} + \mu_i + \varepsilon_{it}$$

其中，被解释变量 PD 为人口分布指数；解释变量 EG 为经济增长指数，ES 为经济结构指数，SS 为社会保障指数，SW 为社会服务指数，RE 为资源禀赋指数，RC 资源消耗指数，EP 为环境污染指数，EM 为环境治理指数，I 为制度约束指数。i 代表样本中的被观测地区，t 表示样本中每个地区的观测时间，$i=1$,2,3,…,30,$t=1993$,1994,1995,…,2014，μ_i 表示不可观测的地区效应，ε_{it} 为随机干扰项。

此外，考虑到人口分布可能会反过来影响经济、社会、资源、环境水平，从而导致内生性问题。内生性问题是指解释变量与扰动项相关，导致估计不一致。内生性问题的处理与前面一致。根据模型设定，利用 1993~2014 年中国 30 个省、直辖市、自治区的数据，采用面板回归模型研究经济、社会、资源、环境、制度因素对人口分布的影响。同时，采用混合效应、固定效应、随机效应和工具变量法对模型进行估计。静态面板模型估计结果如表 7-14 所示。

表 7-14　经济、社会、资源与环境约束下的人口分布（1993~2014 年）①

估计方法	估计 1 混合	估计 2 固定	估计 3 随机	估计 4 工具	估计 5 混合	估计 6 固定	估计 7 随机	估计 8 工具
因变量	PD	PD	PD	PD	PD	PD	PD	PD
EG	0.008 (0.17)	-0.138** (-2.38)	-0.097* (-1.83)	0.007 (0.05)	0.004 (0.07)	-0.112* (-1.95)	-0.100* (-1.91)	0.081 (0.49)
ES	0.047 (1.00)	0.196** (2.39)	0.156** (2.47)	0.191 (1.37)	-0.016 (-0.30)	0.128 (1.55)	0.047 (0.68)	0.14 (1.02)
SS	0.134** (2.14)	0.287*** (2.96)	0.199** (2.59)	0.24 (1.53)	0.183*** (2.77)	0.250*** (2.61)	0.253*** (3.26)	0.143 (0.91)
SW	0.099*** (2.86)	0.203*** (4.87)	0.174*** (4.44)	0.195*** (3.79)	0.095*** (2.73)	0.208*** (5.07)	0.174*** (4.47)	0.200*** (3.93)

---

① 所用软件包为 Stata12.0；*、**、*** 分别表示 10%、5%、1% 的显著性，括号内数字为其标准差，下表同；其中混合效应估计中采用以 "province" 为聚类变量的聚类稳健标准差，因为一个省不同期的扰动项一般存在自相关，而默认的普通标准差计算方法假设扰动项为独立同分布的，故普通标准差的估计并不准确。

续表

	估计 1	估计 2	估计 3	估计 4	估计 5	估计 6	估计 7	估计 8
RE	-0.240*** (-6.54)	0.07 (0.74)	-0.167*** (-2.78)	0.005 (0.05)	-0.237*** (-6.46)	0.05 (0.53)	-0.150** (-2.48)	-0.016 (-0.15)
RC	-0.042 (-1.01)	-0.019 (-0.24)	-0.049 (-0.78)	-0.098 (-0.88)	-0.031 (-0.75)	-0.043 (-0.53)	-0.04 (-0.63)	-0.127 (-1.14)
EP	-0.132* (-1.68)	-0.216** (-2.33)	-0.165* (-1.93)	-0.255* (-1.81)	-0.149* (-1.89)	-0.144 (-1.55)	-0.157* (-1.85)	-0.114 (-0.79)
EM	0.136*** (3.61)	0.075 (1.57)	0.128*** (3.00)	0.049 (0.74)	0.144*** (3.82)	0.118** (2.45)	0.143*** (3.37)	0.097 (1.48)
I					0.125** (2.24)	0.300*** (4.35)	0.249*** (4.03)	0.357*** (4.77)
常数项	54.764*** (7.91)	53.252*** (4.81)	53.585*** (5.98)	62.223*** (3.45)	49.974*** (6.91)	30.028** (2.47)	40.074*** (4.21)	27.354 (1.40)
观测值	660	660	660	630	660	660	660	630
R-squared	0.177	0.148	0.134	0.144	0.183	0.173	0.162	0.163
F	17.53	13.48		6.69	16.23	14.43		7.62
省份	30	30	30	30	30	30	30	30

注：***、**、* 分别对应1%、5%、10%的显著水平。

其中，估计1、估计2、估计3、估计4分别是利用了混合效应模型、固定效应模型、随机效应模型和工具变量法估计了经济增长指数、经济结构指数、社会保障指数、社会服务指数、资源禀赋指数、资源消耗指数、环境污染指数和环境治理指数对人口分布指数的影响。为了保证估计方法的恰当性，须先进行估计方法的检验。首先，对混合效应回归估计和固定效应回归估计进行比较，构造F统计量，根据计算出来的结果发现F值大于临界值，应建立固定效应模型；其次，对混合效应和随机效应模型进行比较，构造LM统计量，LM检验P值为0.0000，强烈拒绝"不存在个体随机效应"的原假设，即认为在"随机效应"与"混合效应"二者之间，应该选择"随机效应"；最后，对随机效应和固定效应进行豪斯曼检验，P值为0.0001，认为在5%的显著水平下应该使用固定效应模型，而非随机效应模型；对固定效应和工具变量法进行豪斯曼检验，检验值为-22.89，说明不存在内生变量问题，应该采用固定效应模型，即估计2的结果。估计5、估计6、估计7、估计8是在估计1、估计2、估计3、估计4的基础上加入了制度指数作为控制变量,进行稳健性检验。F 检验值为 14.43,大于临界值,因此在固定效应和混合效应之间应该选择固定效应;LM 检验 P 值为 0.0000,强烈拒绝"不存在个体随机效应"的原假设,即认为在"随机效应"与"混合效应"二者之间,应该选择"随机效应";对随机效应和固定效应进行豪斯曼检验,P 值为 0.0001,在 1% 的显著水平下认为应该使用固定效应模型,而非随机效应模型;对固定效应和工具变量法进行豪斯曼检验,检验值为 -166.29,说明不存在内生变量问题,应该采用固定效应模型,即估计 6 的结果。

就经济因素对人口分布的影响而言,从估计 2 的结果,可以看出经济增长指数和经济结构指数对人口分布均有影响。首先,经济增长指数与人口分布指数在 5% 的显著水平下负相关,加入制度控制变量后依然显著负相关。这是因为经济越发达的地区,收入也会更多,就会吸引大量的劳动力流入,从而导致较高的人口净迁移率,而且尽管经济发达地区工作机会较多,但是由于大量的劳动力流入,可能还会降低就业率水平,从而降低了人口分布指数[①]。

其次,从估计 2 中可以看出经济结构指数与人口分布指数在 5% 的显著水平下正相关,经济结构指数每提高 1 个点,人口分布指数将提高 0.196,可能是因为一方面第三产业产值比重的上升,增加了第三产业的就业人口,提高了人口就业率;另一方面,城乡收入比的下降,也使得经济发达地区的人口净迁移率降低,从而能够提高人口分布合理化水平。然而加入制度控制变量后不再显著,但是制度因素对人口分布指数存在显著的正向关系。这可能是因为市场自由化程度的增加和政府管制力的下降,能够提高适龄劳动人口的就业率,使更多的人从事第二产业和第三产业的工作,同时基尼系数的下降说明了收入差距的缩小,也会减少人口大规模的向经济发达地区流动,从而降低了发达地区的人口净迁移率,提高了人口分布的合理化水平。

社会因素对人口分布的影响:从表 7-14 中可以看出,无论是社会保障指数还是社会服务指数均与人口分布指数显著正相关,社会保障指数每提高 1 个点,人口分布指数将增加 0.287 左右,社会服务指数每提高 1 个点,人口分布指数将

[①] 根据国家统计局发布的《2014 年全国农民工监测调查报告》显示,2014 年全国农民工总量为 27 395 万人,比上年增加 501 万人,增长 1.9%,其中外出农民工 16 821 万人,比上年增加 211 万人,增长 1.3%。按输出地分,东部地区农民工 10 664 万人,比上年增加 210 万人,增长 2.0%,东部地区农民工占农民工总量的 38.9%;中部地区农民工 9 446 万人,比上年增长 1.2%,中部地区农民工占农民工总量的 34.5%;西部地区农民工 7 285 万人,比上年增加 180 万人,增长 2.5%,西部地区农民工占农民工总量的 26.6%。西部地区农民工增长速度分别比东部、中部地区高出 0.5 个和 1.3 个百分点。2016 年 2 月 29 日国家统计局发布的《2015 年国民经济和社会发展统计公报》显示,2015 年全国农民工总量 27 747 万人,比上年增长 1.3%,其中外出农民工 16 884 万人,增长 0.4%。大量的人口从落后地区向经济发达地区流动,导致经济发达地区人口拥挤,资源稀缺,人口分布水平降低。

增加 0.203 左右，加入制度控制变量后，依然在 1% 水平下显著。这是因为社会保障指数和社会服务指数上升，一方面，就业保障支出的增加，提高了人口的就业率水平，保证了人口的基本生活；另一方面，医疗、卫生、教育、国防等公共支出的增加，能够进一步提高人口的生活水平，降低了人口外出务工的概率，降低了发达地区的人口净迁移率，从而能够显著的提高人口分布合理化水平。

  资源因素对人口分布的影响：从表中可以看出，资源禀赋指数和资源消耗指数对人口分布指数的影响不显著。这可能是因为我国国土资源归国家所有，迁移的人口并不会获得当地的资源，而且资源丰富的地区一般以第一产业和第二产业为主，对劳动力的吸引力有限，因此当地资源对外来人口迁移的吸引力较小。从长期来看，为了实现人口的可持续发展，应该转变经济增长方式，逐渐取消粗放型的经济增长方式，发展集约型的经济增长方式，调整经济结构，降低单位产值的能源消耗，提高能源的利用率，积极发展服务业等第三产业，增加第三产业的就业人口，提高人口社会就业率，促进人口合理流动，使得经济能够实现更好更快的长期增长，从而在长期上提高人口分布水平。

  环境因素对人口分布的影响：从表中可以看出，环境污染指数与人口分布在 5% 水平下显著负相关，环境污染指数每下降 1 个点，人口分布指数将提高 0.216，这可能是因为环境污染较多的地区，说明当地的工业比较发达，对劳动力的需求较高，提高了当地的第二产业就业人口和适龄劳动人口就业率，从而提高了人口分布水平。另外，加入制度控制变量后，环境治理指数与人口分布指数显著正相关，环境治理指数每提高 1 个点，人口分布指数将增加 0.118，说明环境治理指数的上升能够促进人口分布指数的提高。从长期来看，环境是人类生存和发展的基本前提，环境为我们的生存和发展提供了必需的资源和条件。环境治理能够保障人类的生存环境，提高人口的身体素质，增加人口的就业概率，进而提高人口分布水平。而且随着经济社会的发展，环境问题已经成为一个不可回避的重要问题。因此，环境治理将是我国刻不容缓的任务。

二、分阶段模型

  值得一提的是，经济、社会、资源、环境与人口分布随着时代的变化而不断变化。从长远来看，人口分布是随着生产力的发展和社会生产方式的进步不断由低级向高级运动的过程，目前我国农村富余劳动力仍有 1.5 亿~1.7 亿人。随着工业化和城镇化进程的加快，将有大量农村人口转为城镇人口。根据《中国流动人口发展报告2015》的相关内容，"十二五"时期，我国流动人口年均增长约 800 万人，2014 年年末达到 2.53 亿人，预测到 2020 年，我国流动迁移人口将达到 2.91 亿人，其中东北三省的人才外流尤其严重，过去十年间，东三省的外流人口达到 180 万人，造成了东北部地区的经济衰退，而北京、天津等地区的人口流入过多，导致了当地的人口拥挤。而且，随着农民工社会保障等相关政策的不断完善，农民工的外出变得越来越活跃。

值得注意的是，中国关于人口、经济、社会、资源、环境等部分数据库建立较晚，直到 20 世纪的 80 年代末才刚刚起步。最初的统计数据也仅局限于工业行业统计，统计口径多数以调查研究报告的形式展示。而随着经济社会的发展，关于人口、经济、社会、资源、环境类的数据库也越发完善。因此，有必要将本研究中所选取的时间段进行划分，据此我们所得到研究结论也将更有意义。所以，我们在社会保障指数中引入了社会保障和就业支出比，社会服务指数中引入了人均城市道路面积和建成区绿化覆盖率，资源禀赋指数中引入人均水资源，环境治理指数中引入生活垃圾无害化处理率。鉴于数据的可得性，这六个动态指标在 2003 年以后才得以统计，为此，在接下来的分阶段检验中，以 2003 年为分界点，将 1993~2014 年划分为 1993~2003 年与 2004~2014 年两个研究区间。在此基础上，我们分别建立了以下两个计量模型，如下所示：

模型一：

$$PD_{it} = \beta_0 + \beta_1 EG_{it} + \beta_2 ES_{it} + \beta_3 SS_{it} + \beta_4 SW_{it} + \beta_5 RE_{it} + \beta_6 RC_{it} + \beta_7 EP_{it} + \beta_8 EM_{it} + \beta_9 I_{it} + \mu_i + \varepsilon_{it}$$

其中，i 代表样本中的被观测地区，t 表示样本中每个地区的观测时间，$i = 1, 2, 3, \cdots, 30$，$t = 1993, 1994, 1995, \cdots, 2003$，$\mu_i$ 表示不可观测的地区效应，ε_{it} 为随机干扰项。

模型二：

$$PD_{it} = \beta_0 + \beta_1 EG_{it} + \beta_2 ES_{it} + \beta_3 SS_{it} + \beta_4 SW_{it} + \beta_5 RE_{it} + \beta_6 RC_{it} + \beta_7 EP_{it} + \beta_8 EM_{it} + \beta_9 I_{it} + \mu_i + \varepsilon_{it}$$

其中，i 代表样本中的被观测地区，t 表示样本中每个地区的观测时间，$i = 1, 2, 3, \cdots, 30$，$t = 2004, 2005, \cdots, 2014$，$\mu_i$ 表示不可观测的地区效应，ε_{it} 为随机干扰项。

根据模型设定，利用 1993~2014 年中国 30 个省、直辖市、自治区的数据，采用面板回归模型研究不同时期经济、社会、资源、环境、制度因素对人口分布的影响。同时，采用混合效应、固定效应、随机效应和工具变量法对模型进行估计，并利用 F 检验、LM 检验和豪斯曼检验来选择合适的模型。分阶段面板模型估计结果如表 7-15 所示。

表 7-15 分阶段回归结果

时间段	1993~2014 年		1993~2003 年		2004~2014 年	
	估计 1	估计 2	估计 3	估计 4	估计 5	估计 6
因变量	PD	PD	PD	PD	PD	PD
EG	-0.138**	-0.112*	-0.036	-0.04	-0.182**	-0.189**
	(-2.38)	(-1.95)	(-0.54)	(-0.61)	(-2.26)	(-2.34)
ES	0.196**	0.128	0.045	0.057	0.287**	0.246**
	(2.39)	(1.55)	(0.45)	(0.56)	(2.39)	(1.98)
SS	0.287***	0.250***	0.035	0.041	0.048	0.065
	(2.96)	(2.61)	(0.30)	(0.35)	(0.46)	(0.62)
SW	0.203***	0.208***	-0.001	-0.02	0.292***	0.285***
	(4.87)	(5.07)	(-0.02)	(-0.29)	(3.62)	(3.52)
RE	0.07	0.05	-0.04	-0.045	-0.222*	-0.209
	(0.74)	(0.53)	(-0.25)	(-0.29)	(-1.68)	(-1.56)
RC	-0.019	-0.043	-0.125	-0.109	-0.05	-0.055
	(-0.24)	(-0.53)	(-0.79)	(-0.69)	(-0.63)	(-0.69)
EP	-0.216**	-0.144	-0.058	-0.06	-0.188	-0.192
	(-2.33)	(-1.55)	(-0.52)	(-0.54)	(-1.33)	(-1.35)
EM	0.075	0.118**	-0.002	-0.035	0.106	0.106
	(1.57)	(2.45)	(-0.03)	(-0.56)	(1.17)	(1.17)
I		0.300***		-0.154		0.151
		(4.35)		(-1.36)		(1.26)
常数项	53.252***	30.028**	57.308***	68.577***	48.535***	41.918***
	(4.81)	(2.47)	(3.91)	(4.08)	(3.36)	(2.71)
观测值	660	660	330	330	330	330
R-squared	0.148	0.173	0.009	0.015	0.164	0.169
F	13.48	14.43	0.313	0.485		
省份	30	30	30	30	30	30
LM	0.0000	0.0000	0.0000	0.0000	0.0000	0.0000
P1	0.0001	0.0001	0.0043	0.0092	0.7945	0.8772
P2	-22.89	-166.29	-9.62	-47.14	1.0000	1.0000
估计方法	FE	FE	FE	FE	RE	RE

注：***、**、*分别对应 1%、5%、10% 的显著水平。

P1 为固定效应和随机效应豪斯曼检验 P 值；P2 为内生性问题豪斯曼检验 P 值。当 P 值不存在时，则为豪斯曼检验值 chi2。

如表 7-15 所示，估计 1 是利用 1993～2014 年的数据，通过固定效应模型估计经济增长指数、经济结构指数、社会保障指数、社会服务指数、资源禀赋指数、资源消耗指数、环境污染指数和环境治理指数对人口分布指数的影响；估计 3 是利用 1993～2003 年的数据，估计经济增长指数、经济结构指数、社会保障指数、社会服务指数、资源禀赋指数、资源消耗指数、环境污染指数和环境治理指数对人口分布指数的影响，LM 检验 P 值为 0.0000，固定效应和随机效应豪斯曼检验 P 值为 0.0043，内生性问题豪斯曼检验值为 -9.62，说明不存在内生性问题，应该采用固定效应模型；估计 5 是利用 2004～2014 年的数据，解释变量社会保障指数 SS 引入动态指标"社会保障和就业支出比 SSE"，解释变量社会服务指数 SW 引入人均城市道路面积 UB 和建成区绿化覆盖率 BC 两个动态指标，资源禀赋指数 RE 中引入人均水资源量 PCW 动态指标，环境治理指数 EM 引入生活垃圾无害化处理率 GD 动态指标来估计经济增长指数、经济结构指数、社会保障指数、社会服务指数、资源禀赋指数、资源消耗指数、环境污染指数和环境治理指数对人口分布指数的影响，LM 检验 P 值为 0.0000，固定效应和随机效应豪斯曼检验 P 值为 0.7945，内生性问题豪斯曼检验 P 值为 0.9998，说明不存在内生性问题，应该采用随机效应模型；而估计 2、估计 4、估计 6 是在估计 1、估计 3、估计 5 的基础上加入了制度约束指数作为控制变量后进行的估计，经检验分别采用了工具变量固定效应模型、固定效应模型、随机效应模型。

经济增长指数与人口分布指数在 1993～2003 年内关系不显著，而在 2004～2014 年时间内，在 5% 的显著水平下负相关，加入制度控制变量后依然显著负相关。这可能是因为在 20 个世纪，由于户籍政策限制，导致人口流动较少，而进入 21 世纪以来，人口流动政策逐渐放开，大量的农民工开始向经济发达地区流动，导致经济发达地区的人口净迁移率过高，从而降低了人口分布水平。经济结构指数与人口分布指数在 1993～2003 年内关系不显著，而在 2004～2014 年时间内，在 5% 的显著水平下正相关，加入制度控制变量后依然显著正相关，这是因为改革开放初期，随着经济结构的不断调整，第二产业和第三产业产值比重不断增加，从事第二产业和第三产业的人口也在不断增加，适龄劳动人口就业率不断增加，从而提高了人口分布水平。因此，为了提高人口分布水平，应该大力发展落后地区的经济，减少人口的外流，同时进行经济结构调整，优化产业结构，发展服务业等第三产业，吸纳更多的就业人口。

社会保障指数与人口分布指数在 1993～2014 年时间段内显著正相关，然而分阶段回归不显著，这可能是因为社会保障对人口分布的影响是一个长期的过程，社会保障的效果在短期之内很难显现，需要经过一段时间的作用才能有效的提高人口分布水平。社会服务指数在1993~2003年时间段内对人口分布的影响不显著,但是在2004~2014年时间段内与人口分布指数显著正相关。这可能是因为20世纪社会服务不完善,对人口分布的影响较弱,随着21世纪以来社会服务水平的不断提高,医疗设施不断完善,提高了人口的生活服务水平,降低了人口外出务工的概率,提高了当地的人口就业率和第三产业就业人口,降低了发达地区的人口净迁移率,从而能够显著的提高人口分布合理化水平。总体来说,社会保障支出的增加,社会服务条件的改善,均能够提高社会的人口分布水平。

资源禀赋指数和资源消耗指数对人口分布指数的分阶段影响不显著,究其原因,可能是资源禀赋和资源消耗对人口的作用具有长期性。比如说,粮食、水、耕地、森林等是人类生存的基本需要,也是限制人口规模和人口迁移的主要原因。一旦离开这些资源,人口发展必将不可持续。另外,资源对人口发展水平的边际影响在逐步消退,它终将是制约生产力发展和人口生活水平的重要因素。经济改革初期,经济发展方式主要依靠资源掠夺式、粗放型开发利用方式,这样所造成的后果就是人类生存的环境剧烈恶化,超过了生态环境承载能力,进而威胁人类健康。因此,为了保障人口的长期发展,政府从法律层面上加快建立健全了节约资源的各项法律法规的进程,尤其是从制度上促进全社会逐渐形成健康文明、节约资源的消费模式,从长远来看,这符合建设资源节约型社会重大战略的基本举措,有益于人口的长期均衡发展。

环境污染指数、环境治理指数对人口分布指数的分阶段影响不显著,这其中的缘由可能在于:一方面,工业生产过程中所形成的废气、废水和固体排放物对环境的污染以及对人口身体的影响存在滞后效应。另一方面,我们所构建的环境污染指标,绝大部分仅覆盖了工业行业,人类日常生活中所产生的环境污染却并未予以考虑,因此,环境污染指数有可能比我们研究的结果要严重得多。

三、分地区模型

我国国土幅员辽阔,各个地区的人口分布、经济、社会、资源、环境也存在较大差距。例如,2014年我国东部地区的人口分布指数较高,其中最高的省份为安徽和福建,分别达到了85.3和83.5,而西南地区的人口分布指数较低,其中最低的省份是甘肃和黑龙江,其人口分布指数仅为49.26和47.68,低于最高省份40左右。总体上来看,我国东部地区的人口分布水平要明显高于西部地区,从而形成了严重的人口分布不均衡。此外,我国各地区在经济、社会、资源、环境、制度方面也存在着较大的差异性。

为更好地把握各省份的共同特征以及各省份在区域差距中的地位和作用,分析不同区域间经济、社会、资源、环境对人口分布水平的影响差异尤为重要。因此,本研究将对东、中、西部三大地区的面板数据进行静态面板估计。东、中、西部地区的划分与前面一致。本研究设定的基本模型如下:

$$PD_{it} = \beta_0 + \beta_1 EG_{it} + \beta_2 ES_{it} + \beta_3 SS_{it} + \beta_4 SW_{it} + \beta_5 RE_{it} + \beta_6 RC_{it} + \beta_7 EP_{it} + \beta_8 EM_{it} + \beta_9 I_{it} + \mu_i + \varepsilon_{it}$$

其中,i 代表样本中的被观测地区,t 表示样本中每个地区的观测时间,东部地区:$i=1, 2, 3, 4, 5, \cdots, 11$;中部地区:$i=12, 13, 14, 15, \cdots, 19$;西部地区:$i=20, 21, 22, 23, \cdots, 30$;$t=1993, 1994, 1995, \cdots, 2014$,$\mu_i$ 表示不可观测的地区效应,ε_{it} 为随机干扰项。

根据模型设定,对三个子样本分别进行面板回归分析,通过 F 检验、LM 检验和豪斯曼检验,确定采用混合效应模型、固定效应模型、随机效应模型还是工具变量法,回归结果如表 7-16 所示。

表 7-16 我国分地区——经济、社会、资源、环境约束下的人口分布

地区	全国		东部地区		中部地区		西部地区	
	估计 1	估计 2	估计 3	估计 4	估计 5	估计 6	估计 7	估计 8
因变量	PD	PD	PD	PD	PD	PD	PD	PD
EG	-0.138** (-2.38)	-0.112* (-1.95)	-0.222** (-2.02)	-0.177 (-1.61)	-0.212** (-2.32)	-0.209** (-2.28)	0.027 (0.29)	0.024 (0.26)
ES	0.196** (2.39)	0.128 (1.55)	0.024 (0.12)	-0.126 (-0.62)	0.311** (2.20)	0.289* (1.94)	0.319*** (3.04)	0.357*** (3.18)
SS	0.287*** (2.96)	0.250*** (2.61)	0.751*** (2.82)	0.519* (1.87)	0.161 (0.42)	0.175 (0.45)	0.159 (1.52)	0.113 (0.94)
SW	0.203*** (4.87)	0.208*** (5.07)	0.198** (2.41)	0.243*** (2.93)	0.316*** (4.11)	0.307*** (3.85)	0.123* (1.94)	0.140** (2.09)
RE	0.07 (0.74)	0.05 (0.53)	1.441** (2.12)	0.758 (1.06)	0.235 (1.48)	0.251 (1.54)	-0.149 (-1.34)	-0.111 (-0.78)
RC	-0.019 (-0.24)	-0.043 (-0.53)	0.093 (0.76)	0.034 (0.28)	-0.504 (-0.97)	-0.523 (-1.00)	-0.406*** (-3.09)	-0.503*** (-3.24)

续表

地区	全国		东部地区		中部地区		西部地区	
	估计1	估计2	估计3	估计4	估计5	估计6	估计7	估计8
EP	-0.216** (-2.33)	-0.144 (-1.55)	-1.294*** (-2.97)	-1.060** (-2.41)	-0.429 (-1.58)	-0.371 (-1.24)	0.08 (0.77)	0.123 (1.13)
EM	0.075 (1.57)	0.118** (2.45)	0.288*** (2.75)	0.267** (2.57)	0.088 (0.78)	0.088 (0.77)	0.043 (0.67)	0.042 (0.55)
I		0.300*** (4.35)		0.372*** (2.65)		0.064 (0.46)		0.083 (0.75)
常数项	53.252*** (4.81)	30.028** (2.47)	131.835*** (2.97)	103.099** (2.29)	107.596*** (2.84)	101.017** (2.49)	56.498*** (4.38)	54.223*** (3.43)
观测值	660	660	242	242	176	176	242	242
R-squared	0.148	0.173	0.162	0.187	0.337	0.338	0.211	0.216
F	13.48	14.43	5.374	5.69	10.18	9.026		6.806
省份	30	30	11	11	8	8	11	11
LM	0.0000	0.0000	0.0000	0.0000	0.0000	0.0000	0.0000	0.0000
P1	0.0001	0.0001	0.0000	0.0095	0.0001	0.0001	0.5603	0.0457
P2	-22.89	-166.29	0.8768	0.3499	0.3109	0.4676	0.9998	0.4534
估计方法	FE	FE	Fe	Fe	Fe	Fe	RE	FE

注：***、**、*分别对应1%、5%、10%的显著水平。

P1为固定效应和随机效应豪斯曼检验P值；P2为内生性问题豪斯曼检验P值。当P值不存在时，则为豪斯曼检验值chi2。

如表7-16所示，估计1是利用1993~2014年全国30个省、直辖市、自治区的数据，通过固定效应模型估计经济增长指数、经济结构指数、社会保障指数、社会服务指数、资源禀赋指数、资源消耗指数、环境污染指数、环境治理指数等对人口分布指数的影响；估计3是利用1993~2014年东部地区11个省、直辖市的数据，估计经济增长指数、经济结构指数、社会保障指数、社会服务指数、资源禀赋指数、资源消耗指数、环境污染指数、环境治理指数等对人口分布指数的影响，LM检验P值为0.0000，说明在混合效应模型和随机效应模型之间应该选择随机效应模型，固定效应和随机效应Hausman检验P值为0.0000，说明在固定效应模型和随机效应模型之间应该选择固定效应模型，Hausman 检验 P 值为 0.8768，说明不存在内生性问题，应该采用固定效应模型；估计 5 是利用中部地区 8 个省的数据，估计经济增长指数、经济结构指数、社会保障指数、社会服务指数、资源禀赋指数、资源消耗指数、环境污染指数、环境治理指数等对人口分布指数的影响，LM 检验 P 值为 0.0000，固定效应和随机效应 Hausman 检验 P 值为 0.0001，Hausman 检验 P 值为 0.3109，说明不存在内生性问题，应该采用固定效应模型；估计 7 是利用西部地区 11 个省的数据，估计经济增长指数、经济结构指数、社会保障指数、社会服务指数、资源禀赋指数、资源消耗指数、环境污染指数、环境治理指数等对人口分布指数的影响，LM 检验 P 值为 0.0000，固定效应和随机效应 Hausman 检验 P 值为 0.5603，Hausman 检验 P 值为 0.9998，说明不存在内生性问题，应该采用随机效应模型；而估计 2、估计 4、估计 6、估计 8 是在估计 1、估计 3、估计 5、估计 7 的基础上加入了制度约束指数作为控制变量后进行的估计，经检验均采用了固定效应模型。

经济增长指数对人口分布指数的影响存在地区差异：经济增长指数与人口分布指数在东部地区和中部地区显著负相关，加入制度控制变量后依然显著负相关，而西部地区经济增长指数与人口分布指数关系不显著，这是因为在东部和中部地区，经济越发达就会吸引越多的人口流入，从而增加了当地的人口净迁移率，降低了人口分布指数，而在西部地区，经济相对落后，而且人口流动相对东部地区和中部地区较少，因此影响不显著，但是仍然正相关，说明经济增长在一定程度上能够提高西部地区的人口分布水平。

经济结构指数对人口分布指数的影响存在地区差异：经济结构指数与人口分布指数在中部地区和西部地区显著正相关，加入制度控制变量后依然显著正相关，而在东部地区关系不显著，说明经济结构指数的提高能够促进中部地区和西部地区人口分布指数的提高，而对东部地区的人口分布指数影响较弱。这可能是因为中部地区和西部地区长期以来以第一产业和第二产业为主，而随着产业结构的升级，第三产业产值比重开始增加，从事第三产业的人口也在增加，提高了适龄劳动人口就业率，从而提高了人口分布水平。而东部地区产业结构相对比较完善，经济结构的进一步提升对其影响较小。综上所述，经济结构指数的提高能够提高人口的分布水平，尤其是中部地区和西部地区。

社会保障指数对人口分布指数的影响存在地区差异：社会保障指数与人口分布指数在东部地区显著正相关，加入制度控制变量后依然显著，而在中部地区和西部地区虽然正相关，但是关系不显著，说明社会保障指数的提高能够显著提高东部地区的人口分布指数，而对中部和西部地区影响甚微。这可能是因为东部地区的社会保障和就业支出比较完善，从而能够提高东部地区的适龄劳动人口就业率，进而提高了人口分布水平，而对中部地区和西部地区的影响较弱。因此，社会保障指数能够促进人口分布指数的提高，尤其是在东部地区。

社会服务指数对人口分布指数影响的地区差异较小，从表中可以看出社会服务指数与人口分布指数无论在东部地区、中部地区还是西部地区均显著正相关，加入制度控制变量后依然显著正相关，社会服务指数对中部地区人口分布的影响略大于东部地区，更大于西部地区。说明我国东、中、西部地区的社会服务都有待于进一步提高，社会服务指数的提高对东、中、西部的人口分布水平均有显著的促进作用。

资源禀赋指数对人口分布指数的分地区回归结果不显著，说明资源禀赋对人口分布的影响不明显。这可能是因为我国资源政策的制约，迁移的人口并不会获得当地的资源，而且资源丰富的地区一般以第一产业和第二产业为主，对劳动力的吸引力有限，因此资源禀赋对人口分布影响较弱。

资源消耗指数对人口分布指数的影响存在地区差异：资源消耗指数与人口分布指数在西部地区显著负相关，加入制度控制变量后依然显著负相关，而在东部地区和中部地区关系不显著。说明资源消耗的增加将降低我国西部地区的人口分布指数。由于我国资源有限，而且大多是不可再生资源，因此为了人口的可持续发展，要转变中西部地区以资源为主的经济增长方式，发展第三产业，优化产业升级，才能实现经济的长期增长和人口分布水平的提高。

环境污染指数对人口分布指数的影响存在地区差异：环境污染指数与人口分布指数在东部地区显著负相关，加入制度控制变量后依然显著负相关，而在西部地区和中部地区关系不显著。说明环境污染的增加能够显著的降低东部的人口分布指数。这是因为东部地区环境污染越高的地区，第二产业相对比较发达，人口产业承载力和社会就业率在短期内相对较高。但是环境污染对生态造成的长期危害比短期造成的直接危害更大，由环境污染衍生的环境效应具有滞后性，因此，为了提高人口的可持续发展，应该减少污染物的排放，进行产业结构调整，将产业结构从传统的高消耗、高排放的较低级形式向低消耗、低排放的较高级形式转换，积极促进第三产业的发展，促进人口分布的优化。

环境治理指数对人口分布指数的影响存在地区差异，环境治理指数与人口分布指数在东部地区显著正相关，加入制度控制变量后依然显著正相关，而在中部地区和西部地区关系不显著，说明环境治理程度的增加能够提高东部地区的人口分布水平。这可能是东部地区经济比较发达，人们对环境的要求也比较高，环境治理相对比较完善，有利于提高人口就业率和人口产业承载力，从而提高了人口分布水平。而且从人口的可持续发展来看，还应该积极地进行环境治理，落实环保政策。

四、门槛回归模型

以上研究均基于"经济、社会、资源、环境与人口分布之间存在线性关系"的假设前提下展开的,然而,经济、社会、资源环境与人口分布之间的相互影响不一定是线性的。随着经济、社会、资源、环境、人口的发展,经济、社会、资源、环境指数与人口分布指数的相互影响会发生变化。而且人口、经济、社会、资源与环境关系错综复杂,如果其内在关系是非线性的,而简单的线性方程难以反映变量之间的内在联系。因此,可能存在门槛效应,需要通过门槛回归进行检验。

我们分别采用本研究所构建的二级指标来进一步考察经济增长、经济结构、社会保障、社会服务、资源禀赋、资源消耗、环境污染、环境治理和制度约束对人口分布的影响是否存在结构性突变,即门槛效应。设定基本模型为:

$$PD_{it} = \beta_0 + \beta_1 EG_{it} + \beta_2 ES_{it} + \beta_3 SS_{it} + \beta_4 SW_{it} + \beta_5 RE_{it} + \beta_6 RC_{it} + \beta_7 EP_{it} + \beta_8 EM_{it} + \beta_9 I_{it} + \mu_i + \varepsilon_{it}$$

其中,i 代表样本中的被观测地区,t 表示样本中每个地区的观测时间,本研究中 $i = 1, 2, 3, \cdots, 30$,$t = 1993, 1994, \cdots, 2014$。$\mu_i$ 表示不可观测的地区效应,ε_{it} 为随机干扰项。

本研究采用 Hansen 门槛模型,在于其不仅可以内生的划分门槛值、避免主观臆断,还可以对门槛值的显著性做出计量检验。因此,本研究也着重对门槛模型进行介绍。我们选取经济增长指数(用 EG 表示)作为门槛标量,并且选取人口分布指数作为被考察变量,所设立的门槛模型为:

$$PD_{it} = \beta_0 + \lambda_1 EG_{it} \cdot I(EG \leq \theta) + \lambda_2 EG_{it} \cdot I(EG > \theta) + \beta_2 ES_{it} + \beta_3 SS_{it} + \beta_4 SW_{it} + \beta_5 RE_{it} + \beta_6 RC_{it} + \beta_7 EP_{it} + \beta_8 EM_{it} + \beta_9 I_{it} + \mu_i + \varepsilon_{it}$$

门槛模型主要需要解决以下四个问题:①如何进行模型中的参数估计;②如何检验 λ_1 是否等于 λ_2;③如何构造门槛值 θ 的置信区间;④如何确定参数的渐近分布。

1. 门槛值的确定

将上式两边进行时间平均化处理,再进行离差处理以消除个体效应,然后采取两步法策略进行估计:第一,利用 OLS 进行一致估计,得到估计系数以及残差平方和 $SSR(\theta)$;第二,通过 argmin $SSR(\theta)$ 确定门槛值 θ。

2. 门槛值的显著性检验

首先,针对门槛效应是否显著进行似然比检验。

$$H_0: \lambda_1 = \lambda_2 \qquad LR(\theta) = [SSR^* - SSR(\hat{\theta})]/\hat{\sigma}$$

其中,SSR^* 为 H_0 成立时的残差,$\hat{\sigma}^2$ 为扰动项方差的一致估计。由于 LR 统计量的非标准性，Hansen 提出使用 bootstrap 方法获取近似值，进而得到似然率（LR）检验的 P 值，依据 P 值的大小判别是否存在显著的门槛效应。

其次，当门槛效应确定存在时，需要继续对门槛值的准确性进行检验。

$$H_0: \lambda_1 = \lambda_2 \qquad LR(\theta) = [SSR^* - SSR(\hat{\theta})]/\hat{\sigma}^2$$

其中，SSR^* 为 H_0 成立时的残差，$\hat{\sigma}$ 为扰动项方差的一致估计。该统计量也是非标准的，但 Hansen 推算出其累积分布函数，根据 $LR \leq c(\alpha) = -2\ln(1-\sqrt{1-\alpha})$（$\alpha$ 为显著水平）判别原假设是否成立。

类似的，也可以考虑双门槛值和三门槛值的面板回归模型，这里就不赘述了。

双门槛模型如下：

$$PD_{it} = \beta_0 + \lambda_1 EG_{it} \cdot I(EG \leq \theta_1) + \lambda_2 EG_{it} \cdot I(\theta_1 < EG < \theta_2) \\ + \lambda_3 EG_{it} \cdot I(EG \geq \theta_2) + \beta_2 ES_{it} + \beta_3 SS_{it} + \beta_4 SW_{it} \\ + \beta_5 RE_{it} + \beta_6 RC_{it} + \beta_7 EP_{it} + \beta_8 EM_{it} + \beta_9 I_{it} + \mu_i + \varepsilon_{it}$$

三门槛模型如下：

$$PD_{it} = \beta_0 + \lambda_1 EG_{it} \cdot I(EG \leq \theta_1) + \lambda_2 EG_{it} \cdot I(\theta_1 < EG < \theta_2) \\ + \lambda_3 EG_{it} \cdot I(\theta_2 < EG \leq \theta_3) + \lambda_4 EG_{it} \cdot I(EG > \theta_3) \\ + \beta_2 ES_{it} + \beta_3 SS_{it} + \beta_4 SW_{it} + \beta_5 RE_{it} + \beta_6 RC_{it} + \beta_7 EP_{it} \\ + \beta_8 EM_{it} + \beta_9 I_{it} + \mu_i + \varepsilon_{it}$$

同理可得，以经济结构指数、社会保障指数、资源禀赋指数、资源消耗指数、环境污染指数和环境治理指数为门槛变量的面板估计模型，这里就不赘述了。

根据模型设定，首先，利用 Stata 12 统计软件检验解释变量是否存在非线性的门槛效应，以及门槛的个数。具体检验结果如表 7-17 和表 7-18 所示。

从表 7-17 和表 7-18 中可以看出：经济增长指数对人口分布指数的影响存在一个门槛值 34.395，且在 1% 的水平下显著。而门槛估计值的 95% 置信区间是所有 LR 值小于 5% 显著性水平下的临界值 7.35（图中虚线所示）的参数构成区间，似然比函数如图 7-15 所示。因此，将经济增长指数划分为两个区间：（EG ≤ 34.395）和（EG > 34.395）。

表 7-17　　　　　　　　门槛个数检验

考察变量	模型	临界值					
		F 值	P 值	BS 次数	1%	5%	10%
经济增长指数（EG）	单一门槛	10.458***	0.01	300	10.886	6.705	4.146
	双重门槛	2.707	0.277	300	11.22	7.576	5.102
	三重门槛	3.334	0.163	300	9.18	6.161	4.262

续表

考察变量	模型	临界值					
		F 值	P 值	BS 次数	1%	5%	10%
经济结构指数（ES）	单一门槛	11.562**	0.037	300	14.739	10.535	7.619
	双重门槛	5.694*	0.067	300	9.075	6.521	4.614
	三重门槛	3.431	0.11	300	14.167	5.623	3.701
社会保障指数（SS）	单一门槛	14.760***	0.003	300	11.317	7.966	4.731
	双重门槛	11.891**	0.02	300	14.521	7.928	5.964
	三重门槛	10.533***	0.007	300	7.61	3.947	2.686
社会服务指数（SW）	单一门槛	11.161**	0.017	300	13.284	6.222	4.512
	双重门槛	11.025***	0.007	300	7.868	4.834	3.682
	三重门槛	3.261	0.197	300	11.34	7.583	5.019
资源禀赋指数（RE）	单一门槛	16.053***	0.01	300	16.98	10.051	6.809
	双重门槛	12.996**	0.013	300	14.625	8.551	6.762
	三重门槛	7.996*	0.063	300	13.516	9.082	5.88
资源消耗指数（RC）	单一门槛	14.124**	0.023	300	21.126	10.208	6.788
	双重门槛	7.206*	0.057	300	11.373	7.563	5.284
	三重门槛	5.47	0.283	300	24.504	13.966	10.324
环境污染指数（EP）	单一门槛	5.062	0.107	300	11.608	7.242	5.296
	双重门槛	7.463**	0.04	300	10.379	6.413	4.98
	三重门槛	4.057	0.217	300	17.531	10.641	7.282
环境治理指数（EM）	单一门槛	7.141*	0.063	300	13.473	7.661	5.04
	双重门槛	6.307**	0.02	300	8.478	3.896	1.497
	三重门槛	7.084**	0.04	300	9.47	6.631	4.398

注：***、**、*分别对应1%、5%、10%的显著水平。

表 7-18　　　　　　　　门槛估计值和置信区间

考察变量		门槛估计值	95% 置信区间	
经济增长指数（EG）	单一门槛模型	34.395	19.605	49.642
	双重门槛模型			
	Ito1	30.853	19.5	58.57
	Ito2	34.156	31.598	36.094
	三重门槛模型	28.702	19.561	59.594
经济结构指数（ES）	单一门槛模型	56.881	34.405	63.525
	双重门槛模型			
	Ito1	40.161	31.082	67.955
	Ito2	57.07	56.261	60.495
	三重门槛模型	63.525	31.082	68.534
社会保障指数（SS）	单一门槛模型	4.161	4.16	11.417
	双重门槛模型			
	Ito1	6.408	3.199	7.235
	Ito2	4.161	4.16	5.183
	三重门槛模型	4.017	2.77	31.121
社会服务指数（SW）	单一门槛模型	39.697	19.617	44.658
	双重门槛模型			
	Ito1	38.487	36.725	38.832
	Ito2	39.421	39.353	39.697
	三重门槛模型	19.862	10.052	72.728
资源禀赋指数（RE）	单一门槛模型	3.066	2.996	6.374
	双重门槛模型			
	Ito1	6.221	6.003	19.42
	Ito2	3.066	2.996	21.754
	三重门槛模型	5.703	5.658	21.795
资源消耗指数（RC）	单一门槛模型	95.586	57.509	96.178
	双重门槛模型			
	Ito1	57.509	57.297	98.712
	Ito2	95.586	91.382	98.659
	三重门槛模型	98.973	72.847	98.973

续表

考察变量		门槛估计值	95%置信区间	
环境污染指数（EP）	单一门槛模型	87.299	74.815	99.284
	双重门槛模型			
	Ito1	97.049	81.66	99.135
	Ito2	87.299	85.98	96.86
	三重门槛模型	94.738	74.815	99.284
环境治理指数（EM）	单一门槛模型	88.179	15.629	94.847
	双重门槛模型			
	Ito1	50.625	15.629	94.622
	Ito2	54.11	51.243	94.426
	三重门槛模型	91.699	17.516	94.847

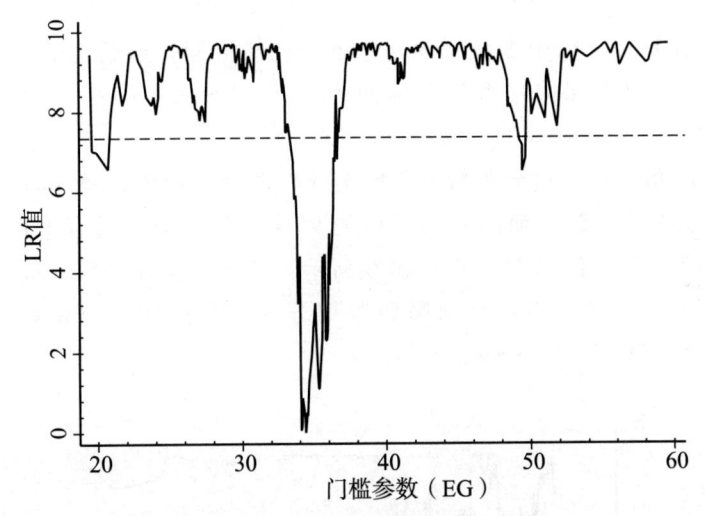

图7-15 经济增长指数门槛值的估计值

经济结构指数对人口分布指数的影响存在一个门槛值56.881，且在5%的水平下显著。而门槛估计值的95%置信区间是所有LR值小于5%显著性水平下的临界值7.35（图中虚线所示）的参数构成区间，似然比函数如图7-16所示。因此，将经济结构指数划分为两个区间：（ES≤56.881）和（ES>56.881）。

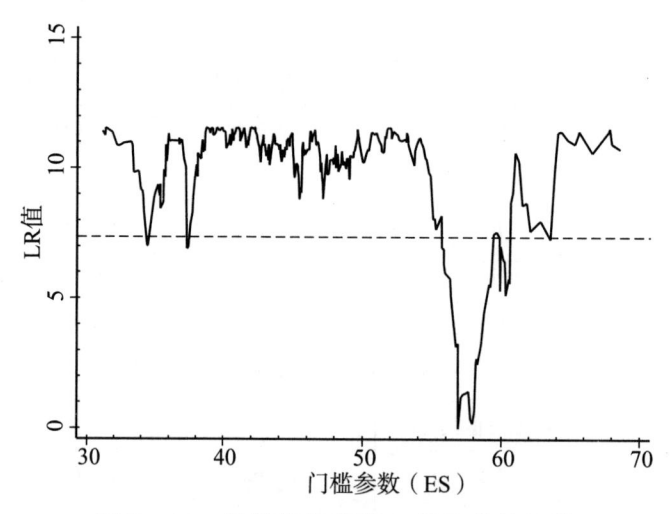

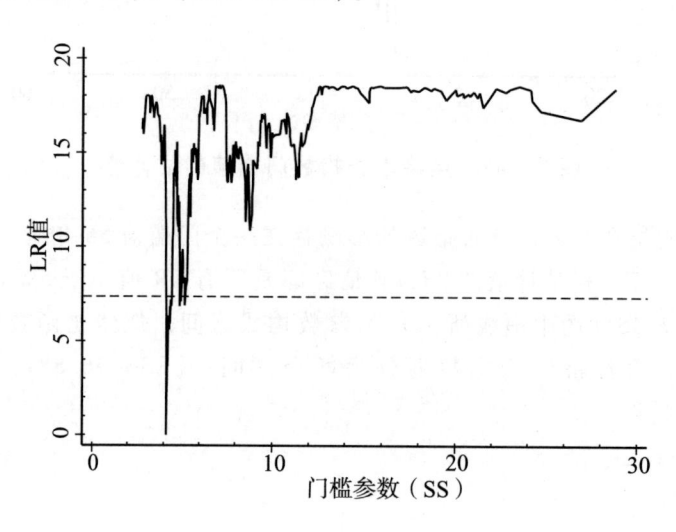

图 7-16　经济增长指数门槛值的估计值

社会保障对人口分布的影响存在三个门槛值 4.017、4.161 和 6.408，且在 1% 的水平下显著。而门槛估计值的 95% 置信区间是所有 LR 值小于 5% 显著性水平下的临界值 7.35（图中虚线所示）的参数构成区间，似然比函数如图 7-17 所示。因此，将社会保障指数划分为四个区间：（SS≤4.017）、（4.017<SS≤4.161）、（4.161<SS≤6.408）、（SS>6.408）。

社会服务指数对人口分布指数的影响存在两个门槛值，38.487 和 39.421，且在 1% 的水平下显著。而门槛估计值的 95% 置信区间是所有 LR 值小于 5% 显著性水平下的临界值 7.35（图中虚线所示）的参数构成区间，似然比函数如图 7-18 所示。因此，将社会保障指数划分为三个区间：（SW≤38.487）和（38.487<SW≤39.421）、（SW>39.421）。

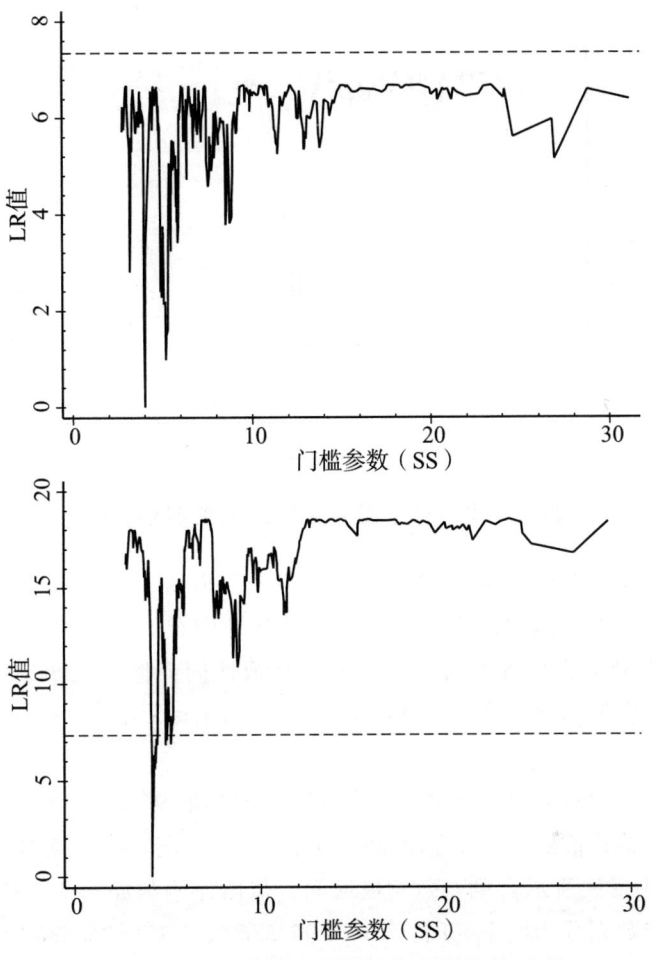

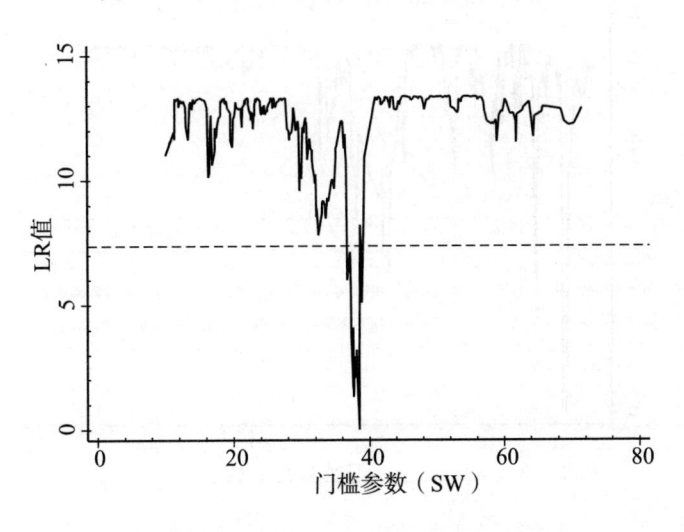

图 7-17　社会保障指数门槛值的估计值

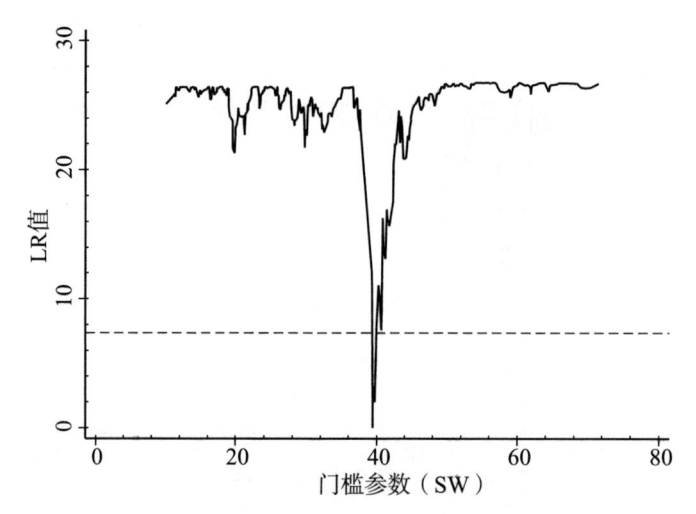

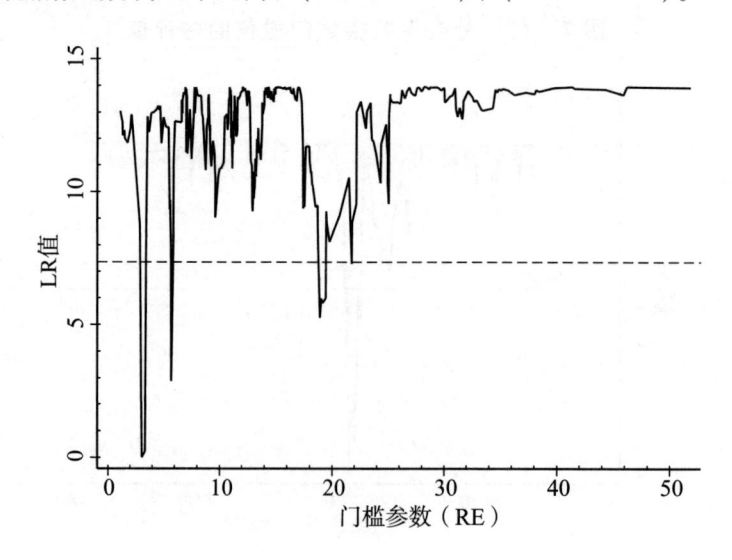

图 7-18 社会服务指数门槛值的估计值

资源禀赋指数对人口分布的影响存在两个门槛值 3.066 和 6.221，且在 5% 的水平下显著。而门槛估计值的 95% 置信区间是所有 LR 值小于 5% 显著性水平下的临界值 7.35（图中虚线所示）的参数构成区间，似然比函数如图 7-19 所示。因此，将资源禀赋指数划分为三个区间：（RE≤3.066）和（3.066＜RE≤6.221）、（RE＞6.221）。

资源消耗指数对人口分布的影响存在一个门槛值 95.586，且在 5% 的水平下显著。而门槛估计值的 95% 置信区间是所有 LR 值小于 5% 显著性水平下的临界值 7.35（图中虚线所示）的参数构成区间，似然比函数如图 7-20 所示。因此，将资源消耗指数划分为两个区间：（RC≤95.586）、（RC＞95.586）。

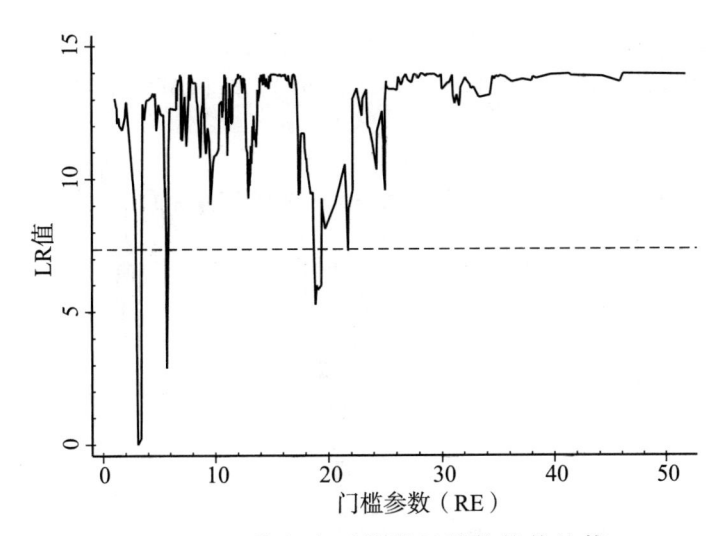

图 7-19 资源禀赋指数门槛值的估计值

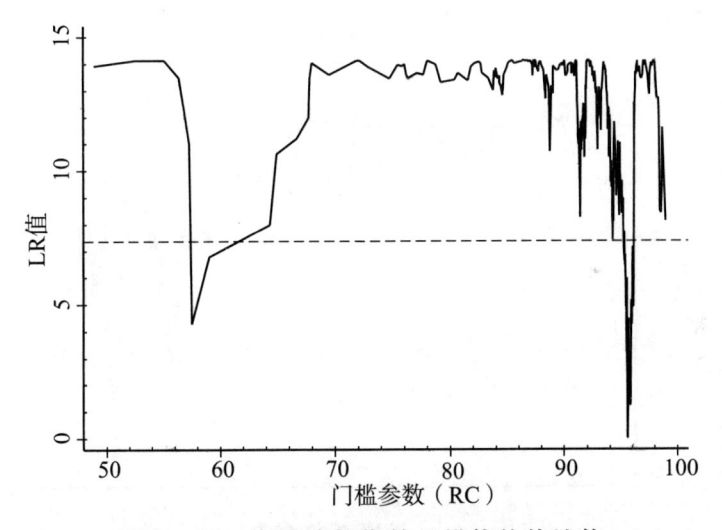

图 7-20 资源消耗指数门槛值的估计值

环境污染指数对人口分布的影响存在两个门槛值 87.299 和 97.049，且在 5% 的水平下显著。而门槛估计值的 95% 置信区间是所有 LR 值小于 5% 显著性水平下的临界值 7.35（图中虚线所示）的参数构成区间，似然比函数如图 7-21 所示。因此，将环境污染指数划分为三个区间：（EP≤87.299）、（87.299＜EP≤97.049）、（EP＞97.049）。

环境治理指数对人口分布指数的影响存在三个门槛值 50.625、54.11 和 91.699，且在 5% 的水平下显著。而门槛估计值的 95% 置信区间是所有 LR 值小于 5% 显著性水平下的临界值 7.35（图中虚线所示）的参数构成区间，似然比函数如图 7-22 所示。因此，将环境治理指数划分为四个区间：（EM≤50.625）、（50.625<EM<54.11）、（54.11≤EM<91.699）和（EM≥91.699）。

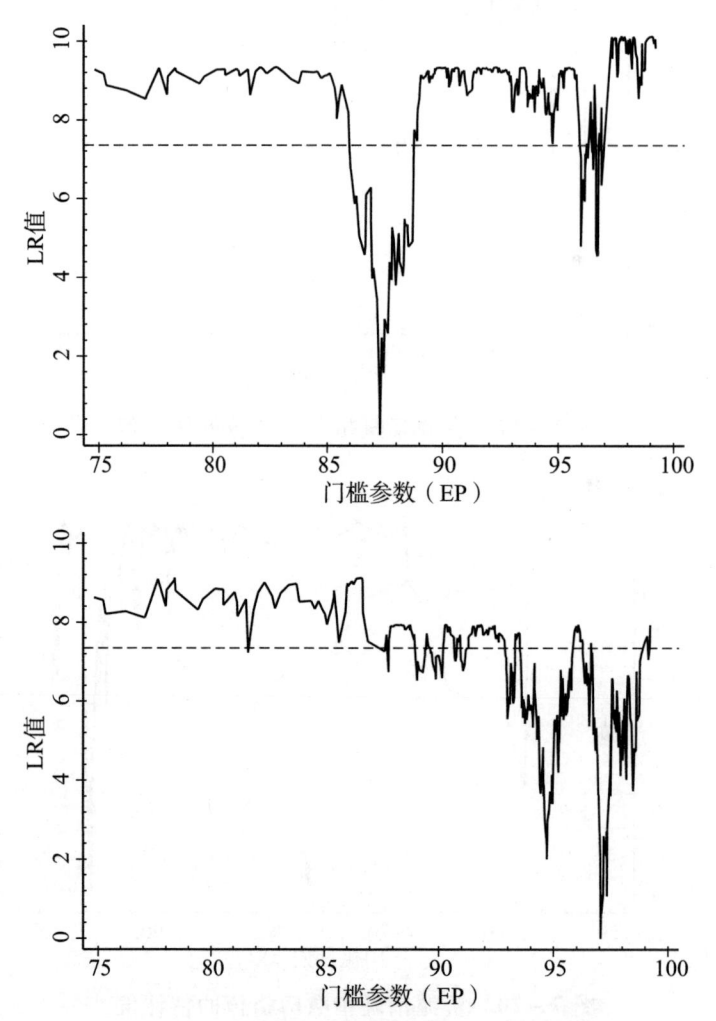

图 7-21　环境污染指数门槛值的估计值

在确立了门槛模型后，采用 Stata 12 软件进行系数估计。针对面板数据特点，首先通过 Hausman 检验结果选择固定效应模型，同时采用了 White 稳健性估计以避免回归中的异方差。同时，针对经济增长指数（EG）、经济结构指数（ES）、社会保障指数（SS）、社会服务指数（SW）、资源禀赋指数（RE）、资源消耗指数（RC）、环境污染指数（EP）、环境治理指数（EM）与制度指数（I）进行面板门槛回归，得到的门槛回归结果如表 7-19 所示。

图 7-22 环境治理指数门槛值的估计值

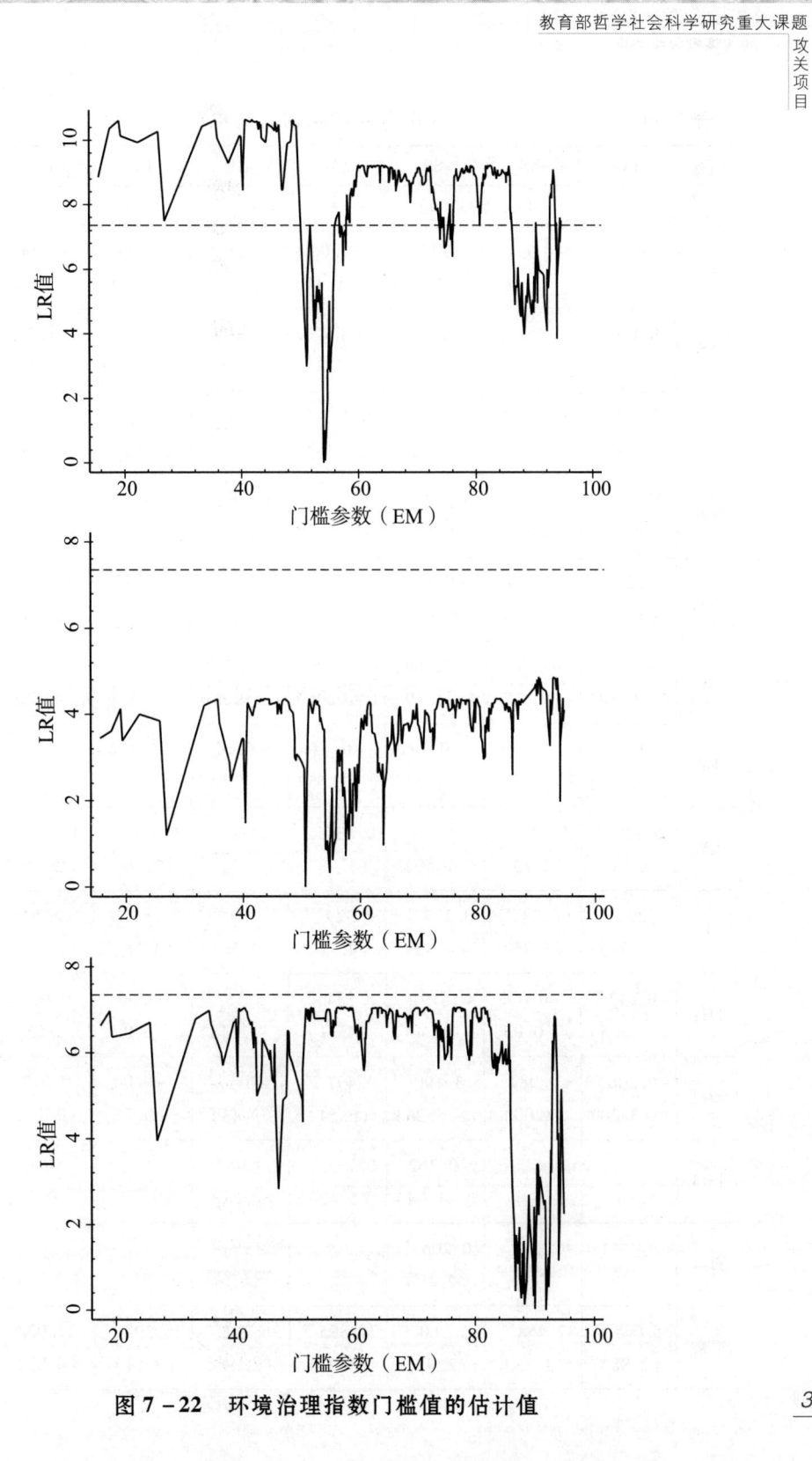

表 7-19　　　　　　　　人口分布门槛回归结果[①]

门槛变量	EG (1)	ES (2)	SS (3)	SW (4)	RE (5)	RC (6)	EP (7)	EM (8)
EG		-0.106* (-1.86)	-0.126** (-2.25)	-0.082 (-1.44)	-0.099* (-1.77)	-0.133** (-2.32)	-0.100* (-1.74)	-0.100* (-1.72)
ES	0.146* (1.78)		0.197** (2.41)	0.144* (1.78)	0.106 (1.31)	0.162* (1.97)	0.137* (1.67)	0.126 (1.51)
SS	0.221** (2.30)	0.237** (2.48)		0.223** (2.34)	0.247*** (2.62)	0.270*** (2.84)	0.243** (2.55)	0.285*** (2.92)
SW	0.199*** (4.88)	0.189*** (4.59)	0.213*** (5.33)		0.216*** (5.37)	0.187*** (4.55)	0.214*** (5.16)	0.177*** (4.16)
RE	0.026 (0.28)	0.096 (1.02)	0.038 (0.41)	0.047 (0.50)		0.168* (1.71)	0.062 (0.66)	0.102 (1.07)
RC	-0.048 (-0.60)	-0.022 (-0.27)	-0.096 (-1.19)	-0.053 (-0.66)	-0.022 (-0.27)		-0.013 (-0.16)	-0.08 (-0.99)
EP	-0.141 (-1.52)	-0.118 (-1.27)	-0.142 (-1.55)	-0.144 (-1.55)	-0.108 (-1.18)	-0.135 (-1.46)		-0.135 (-1.46)
EM	0.120** (2.51)	0.112** (2.33)	0.077 (1.60)	0.130*** (2.73)	0.085* (1.75)	0.110** (2.30)	0.137*** (2.84)	
I	0.297*** (4.34)	0.274*** (3.98)	0.325*** (4.82)	0.329*** (4.79)	0.304*** (4.50)	0.285*** (4.18)	0.264*** (3.77)	0.312*** (4.57)
TH1	-0.313*** (-3.65)	-0.005 (-0.05)	-1.191** (-2.49)	0.284*** (4.11)	-3.567** (-2.48)	-0.008 (-0.09)	0.065 (0.55)	0.103 (1.44)
TH2	-0.206*** (-3.20)	0.082 (1.00)	-3.190*** (-5.26)	0.497*** (6.54)	1.206*** (3.43)	-0.06 (-0.75)	0.018 (0.17)	-0.006 (-0.08)
TH3			-0.362* (-1.74)	0.233*** (5.12)	0.062 (0.67)		-0.019 (-0.18)	0.087* (1.66)
TH4				0.206** (2.19)				0.131** (2.48)
常数	35.068*** (2.88)	32.968*** (2.73)	35.260*** (2.92)	24.895** (2.07)	26.712** (2.24)	26.202** (2.17)	12.032 (0.89)	33.353*** (2.77)

续表

门槛变量	EG (1)	ES (2)	SS (3)	SW (4)	RE (5)	RC (6)	EP (7)	EM (8)
观测值	660	660	660	660	660	660	660	660
R^2	0.186	0.187	0.218	0.2	0.208	0.19	0.188	0.198
F值	14.16	14.28	14.35	14.08	14.8	14.57	13.07	12.73
省份	30	30	30	30	30	30	30	30

注：***、**、*分别对应1%、5%、10%的显著水平。

TH1、TH2、TH3、TH4分别表示门槛值将门槛变量分割成一、二、三、四段。

根据门槛回归结果可得：

经济增长指数对人口分布指数的影响存在门槛效应，当经济增长指数超过34.395时，其对人口分布指数的影响系数会从0.313下降为0.206，说明随着经济增长指数的提高，其对人口分布的影响系数会有所下降，但是仍然为显著的正向作用。

尽管经济结构指数对人口分布指数的影响通过了门槛检验，但是由于门槛回归结果不显著，未通过t检验，所以可以认为经济结构指数对人口分布指数的影响不存在门槛效应。

社会保障指数对人口分布指数的影响存在门槛效应，当社会保障指数超过6.408时，其对人口分布指数才会有显著的正向影响，因此为了提高人口分布指数，应该尽力提高社会保障指数，至少使其大于6.408。

社会服务指数对人口分布指数的影响存在一定的门槛效应，当社会服务指数小于38.487时，其与人口分布指数显著正相关，影响系数为0.284；当社会服务指数大于38.487小于39.421时，其对人口分布指数的影响系数最大，为0.497；当社会服务指数大于39.421时，其对人口分布指数的影响系数为0.233。因此，社会服务指数的上升能够提高人口分布指数。

资源禀赋指数对人口分布指数的影响存在门槛效应，当资源禀赋指数小于3.066时，其与人口分布指数显著负相关，而当资源禀赋指数大于3.066小于6.221时，其与人口分布指数显著正相关，而当资源禀赋指数大于6.221时，其与人口分布指数关系不显著。这可能是因为资源不足，不利于经济的发展，而如果资源过多，又可能过分依靠资源，产生路径依赖。因此，只有转变经济增长方式，调整经济结构，发展第三产业，不过分依赖资源，才能实现可持续发展。

尽管资源消耗指数和环境污染指数对人口分布指数的影响通过了门槛检验，

但是由于门槛回归结果不显著，未通过 t 检验，所以可以认为资源消耗指数和环境污染指数对人口分布指数的影响不存在门槛效应。

环境治理指数对人口分布指数的影响存在门槛效应，当环境治理指数大于 54.11 时，其与人口分布指数仅在 10% 显著水平下正相关。而当其大于 91.699 时，其与人口分布指数在 5% 的显著水平下正相关，且影响系数从 0.087 上升为 0.131，说明随着环境治理指数的提高，其对人口分布水平的促进作用也在不断增加。

五、小结

本部分利用静态面板模型、分阶段面板模型、分地区回归模型、门槛效应模型研究了经济、社会、资源、环境因素对人口分布指数的影响。研究发现：

经济增长与人口分布在东部地区和中部地区负相关，而在西部地区正相关。因为经济越发达的地区，收入也会更多，就会吸引大量的劳动力流入，从而导致较高的人口净迁移率，尽管经济发达地区工作机会较多，由于大量的劳动力流入，可能还会降低就业率水平，从而降低了人口分布水平；而经济相对落后的西部地区，经济增长意味着收入的增加，会减少人口的外流，从而提高人口分布合理化水平。经济结构与人口分布正相关，尤其是在中部地区和西部地区，这是因为一方面第三产业产值比重的上升，增加了第三产业的就业人口，提高了人口就业率；另一方面，城乡收入比的下降，也使得经济发达地区的人口净迁移率降低，经济落后地区的人口外流减少，从而能够提高人口分布合理化水平。该结论隐含的政策含义在于，要提高人口分布水平，应该加快落后地区的经济发展，缩小地区经济差距和城乡收入差距，进行产业结构调整，积极促进服务业等第三产业的发展，使得人口在地区间合理流动，同时提高经济发达地区和经济落后地区的就业率，提高人口的产业承载力。

社会保障、社会服务与人口分布显著正相关，一方面，就业保障支出的增加，提高了人口的就业率水平，保证了人口的基本生活；另一方面，医疗、卫生、教育、国防等公共支出的增加，能够进一步提高人口的生活水平质量，降低了人口外出务工的概率，降低了发达地区的人口净迁移率，从而能够显著地提高人口分布合理化水平。因此，为了保障人口分布的合理化，应该增加医疗、卫生、教育、国防、就业等社会保障的支出，不断提高社会服务水平。

资源禀赋指数对人口分布指数的影响不显著。资源消耗的增加能够提高西部地区的人口分布水平，这是因为西部地区经济相对落后，资源消耗的增加意味着经济的增长，人口收入的增加，从而能够提高社会就业率，减少人口的外流。但是，由于我国资源有限，从长远来看，为了实现人口的可持续发展，应该转变经济增长方式，逐渐取消粗放型的经济增长方式，发展集约型的经济增长方式，调整经济结构，降低单位产值的能源消耗，提高能源的利用率，积极发展服务业等第三产业，提高人口社会就业率，促进人口合理流动。

环境污染指数与人口分布指数负相关，尤其是在东部地区，可能是因为环境污染较多的东部地区，当地的工业也会比较发达，对劳动力的需求较高，提高了当地的第二产业就业人口和适龄劳动人口就业率，从而提高了人口分布水平。而环境治理指数的上升能够促进人口分布指数的提高，尤其在东部地区。

制度因素对人口分布指数存在显著的正向关系。这可能是因为市场自由化程度的增强和政府管制力的下降，能够提高适龄劳动人口的就业率，使更多的人自由地从事第二产业和第三产业的工作，同时基尼系数的下降缩小了收入差距，这将会减少人口大规模地向经济发达地区流动，从而降低了发达地区的人口净迁移率，提高了经济落后地区的人口净迁移率，从而能够提高人口分布的合理化水平。因此，应该继续发挥市场配置资源的基础性作用，减少不必要的行政性收费，降低基尼系数，缩小收入差距。

第四节 经济、社会、资源、环境与制度约束下的人口发展

为检验经济、社会、资源、环境以及制度因素对人口发展的影响，采用的模型包括静态面板回归模型、分阶段回归模型、分地区回归模型、门槛回归模型、动态面板回归模型、面板脉冲响应回归模型，分别研究经济、社会、资源、环境以及制度因素对人口发展的影响。2003年前后，经济、社会、资源、环境、制度因素对人口发展的影响不同，不同地区经济、社会、资源、环境、制度因素对人口发展影响的也不同，经济、社会、资源、环境和制度因素对人口发展影响具有门槛效应，经济、社会、资源、环境和制度因素对人口发展也具有动态影响。

一、静态面板模型检验

根据理论模型的分析，经济、社会、资源与环境是影响人口发展水平的重要因素。所以，在本部分中，我们选取人口发展指数衡量人口发展水平，以此作为

被解释变量。而人口发展指数是由人口适度指数、人口结构指数与人口分布指数构成,三者共同反映人口的发展水平。在解释变量的选择上,与以上部分相同,主要源于五个维度,经济发展水平、社会和谐程度、资源节约、环境友好以及制度保障等,其指标选择源于第五章中的指标体系。

综上所述,本书可以设定如下的基本模型:

$$HD_{it} = \beta_1 EG_{it} + \beta_2 ES_{it} + \beta_3 SS_{it} + \beta_4 SW_{it} + \beta_5 RE_{it} + \beta_6 RC_{it}$$
$$+ \beta_7 EP_{it} + \beta_8 EM_{it} + \beta_9 I_{it} + \mu_i + \varepsilon_{it}$$

其中,i 代表样本中的被观测地区,t 表示样本中每个地区的观测时间,$i=1$,2,3,…,30,$t=1993$,1994,1995,…,2014,μ_i 表示不可观测的地区效应,ε_{it} 为随机干扰项。

本书将采用 1993~2014 年中国 30 个省、直辖市、自治区的数据进行实证检验,由于重庆市在 1997 年直辖前归属于四川省,因此 1993~1997 年的数据出现缺失,为保证数据的准确性,故将该市剔除。研究数据主要来源于历年《中国统计年鉴》《中国环境统计年鉴》《新中国六十年统计资料汇编》《中国人口和就业统计年鉴》、国泰君安数据库以及中国国家统计局。

本小节主要研究的是在静态面板条件下,经济、社会、资源、环境指标对人口发展的影响。首先,采用二级指标进行回归分析,静态面板数据的估计方法分为混合效应回归估计、固定效应模型估计以及随机效应模型估计。

为了保证估计方法的科学性,须先进行估计方法的检验。首先对混合效应回归估计和固定效应回归估计进行比较,构造 F 统计量,根据计算出来的结果查阅 F 值分布表,发现 F 值大于临界值,应建立固定效应模型;同时,在固定效应模型与随机效应模型的抉择上,Hausman 检验结果中,chi2(9)值 21.46,P 值为 0.0181,表明应选择固定效应模型。

在前文的理论模型部分中,经济、社会、资源、环境与人口发展之间存在相互影响。为了检验回归估计中是否存在内生解释变量,须采用 Hausman 检验。

表 7-20 二级指标——经济、社会、资源与环境约束下的人口发展(1993~2014 年)

	混合效应		固定效应		随机效应		工具变量法	
	(1)	(2)	(3)	(4)	(5)	(6)	(7)	(8)
EG	0.165*** (5.91)	0.169*** (6.05)	0.011 (0.45)	0.02 (0.81)	0.028 (1.16)	0.034 (1.41)	0.109* (1.79)	0.121** (2.0)
ES	0.129*** (5.11)	0.157*** (5.26)	0.028 (0.79)	0.004 (0.12)	0.054 (1.64)	0.028 (0.84)	0.026 (0.54)	-0.003 (-0.07)

续表

	混合效应		固定效应		随机效应		工具变量法	
	(1)	(2)	(3)	(4)	(5)	(6)	(7)	(8)
SS	-0.042 (-1.12)	-0.057 (-1.49)	0.066 (1.53)	0.05 (1.18)	0.054 (1.42)	0.055 (1.45)	0.033 (0.79)	0.034 (0.84)
SW	0.143*** (7.71)	0.145*** (7.81)	0.185*** (10.35)	0.187*** (10.55)	0.182*** (10.38)	0.181*** (10.43)	0.174*** (8.97)	0.172*** (8.9)
RE	-0.028** (-2.05)	-0.034** (-2.38)	-0.098*** (-2.60)	-0.107*** (-2.87)	-0.077*** (-3.02)	-0.068*** (-2.74)	-0.080*** (-2.98)	-0.071*** (-2.73)
RC	0.02 (0.9)	0.016 (0.72)	-0.083** (-2.39)	-0.091*** (-2.64)	-0.066** (-2.05)	-0.066** (-2.08)	-0.043 (-1.24)	-0.044 (-1.28)
EP	0.091** (2.12)	0.097** (2.27)	0.008 (0.2)	0.031 (0.77)	0.023 (0.59)	0.041 (1.04)	0.039 (0.86)	0.065 (1.42)
EM	0.067*** (3.08)	0.060*** (2.76)	0.056*** (2.69)	0.071*** (3.38)	0.058*** (2.95)	0.068*** (3.44)	0.028 (1.17)	0.039 (1.63)
I		-0.054* (-1.74)		0.102*** (3.45)		0.091*** (3.18)		0.107*** (3.52)
常数项	24.465*** (6.75)	26.714*** (6.95)	51.521*** (10.5)	43.844*** (8.2)	46.390*** (10.04)	39.316*** (7.88)	43.634*** (7.17)	34.811*** (5.45)
观测值	660	660	660	660	660	660	630	630
R-square	0.482	0.484	0.454	0.465	0.4532	0.4628	0.4506	0.4575
F	96.71	87.48	74.22	65.92			27.83	27.39
省份	30	30	30	30	30	30	30	30

注：*** 表示 P<0.01，** 表示 P<0.05，* 表示 P<0.1；各模型对应的自变量检验结果括号内为 t 值。

从表7-20可知，在1993~2014年间，经济、社会、资源与环境因素的确对人口发展水平存在一定影响，具体而言：

以第一列回归结果作为参照系，首先进行混合回归。其中，估计（1）是运用混合模型估计了经济、社会、资源与环境对人口发展的影响；而混合模型的基本假设是不存在个体效应，所有个体都拥有完全一样的回归方程。在回归结果中，经济增长指数和经济结构指数的估计系数为0.165和0.129，都在1%的显著性水平上通过了检验，说明经济的增长与经济结构的升级对人口发展水平有着正向的促进作用。社会保障指数的估计系数为-0.042，与人口发展呈现负向关系，这可能的原因在于目前中国社会保障体系尚未完善，社会保障覆盖面还不够全面，对人口的结构与分布都会带来负面影响。社会服务指数的估计系数为

0.143，在 1% 的显著性水平上通过了检验，说明现阶段中国的基础设施建设，有很大改善；环境治理指数的估计系数为 0.067，在 1% 的显著性水平上通过了检验。说明国家在对环境治理这一方面的重视程度越高，越有利于人口发展的提高。模型（2）是添加了制度变量作为控制变量，检验模型的稳健性。我们可以发现在加入控制变量以后，结论并未发生明显变化。

估计（3）、（4）与（5）、（6）则是分别采用了固定效应模型和随机效应模型。由于固定效应模型与随机效应模型之间的区别在于个体不随时间改变的变量是否与所预测的或自变量相关（Mundlak，1978）。同时，模型设定形式的不准确常常导致模型参数估计的无效性以及一维（one-way）与二维（two-way）误差成分模型的混淆（张红星，2006）。因此，有必要对其进行检验。其中，最常用、最简单的方法就是 Hausman 检验。

在模型（3）与模型（4）中，与模型（1）、模型（2）相比较，经济增长指数与经济结构指数的估计虽然同为正，但数值变小，也未通过显著性检验。这可能的原因是在模型的选取上，混合回归的基本假设是不存在个体效应的。在样本的横截面上，选取的是中国的 30 个不同省份。这些省份之间，不论从地理位置、经济发展水平、气候条件、资源禀赋等方面都存在巨大差异，固定效应模型则考虑了不随时间变动但随个体而异或者不随个体而变但随时间而变的遗漏变量问题。可以说，对于这种个体异质性而言，采用固定效应模型更为合理。社会服务指数的估计系数为 0.185，在 1% 的显著性水平上通过了检验，可以发现，一个国家或地区的社会保障制度越完善，社会服务体系越丰富，越能促进人口发展。资源禀赋指数与资源消耗指数的估计系数为 -0.098 和 -0.083。这说明一个地区的资源禀赋并非可以直接促进人口发展。资源禀赋的优越性可能导致当地对资源强烈的依赖性，以资源大量的消耗为代价换来暂时的增长是不可持续的。与此同时，资源的大量消耗终将带来环境的恶化，不利于人的生存与发展。在模型（4）中，加入了制度这一控制变量，与模型（3）相对比，结论仍然稳健。环境治理指数的估计系数为 0.56，说明其也是影响人口发展水平的重要因素，有助于促进人口发展水平的提升。

虽然面板数据在一定程度上可以解决遗漏变量的问题，提高估计的精确度，但必须考虑回归模型中的内生性问题。一般来说，经济与人口之间就可能存在内生性问题。因为经济发展决定了人口的生产与再生产的条件，直接影响人口的出生率与死亡率，再间接影响到人口数量的变化与人口质量的提升。同时，经济发展还是人口迁移的重要影响因素：地区高速的经济增长所产生的"虹吸效应"对人口的涌入有着重要的推动作用，制约着人口的密度与分布；反之，人口是经济活动的主体，一切经济活动缺少了人的参与，就不可能有任何的经济社会的发展。人口数量与质量的一致，人口的分布合理，能够促进生产力的合理布局，也在很大程度上影响着人均国民收入水平和国民收入分配。这种双向影响的关系带来的内生性问题不容忽视。

内生性是经济学一个较为普遍的问题。在计量模型的估计过程中，我们首先需要从技术层面上对解释变量的内生性进行检验。因此，采用工具变量法（IV）是一个不错的选择。在工具变量的选择过程中，选取经济增长指数与经济结构指数的滞后一期作为上述解释变量的工具变量。内生性检验的常用方法为"豪斯曼检验"（Hausman specification）（Hausman，1978）。[①] 对此得到的 1993～2014 年 Hausman 内生性检验结果如表 7-21 所示。

表 7-21　　　　　　1993～2014 年 Hausman 内生性检验

	估计系数			sqrt（diag（V_b－V_B））
	（b）	（B）	（b－B）	
	FE	IV	Difference	S. E.
EG	0.02	0.109	－0.089	.
ES	0.004	0.0256	0.021	0.027
SS	0.05	0.032	0.017	0.051
SW	0.187	0.174	0.013	0.019
RE	－0.107	－0.08	－0.026	0.051
RC	－0.091	－0.043	－0.049	0.04
EP	0.031	0.0391	－0.008	0.041
EM	0.071	0.028	0.042	0.022
常数	43.84	43.63	0.21	5.517

$$\text{chi2}(9) = (b - B)'[(V\_b - V\_B)^{(-1)}](b - B)$$
$$= 6.69$$
$$\text{Prob} > \text{chi2} = 0.09$$

（V_b － V_B is not positive definite）

从表 7-21 可以发现，在 Hausman 内生性检验的结果中，Prob > chi2 = 0.09，在 10% 的显著性水平下拒绝原假设，模型中存在内生解释变量问题。为此，我们采用工具变量法，选取经济增长指数与经济结构指数的滞后一期作为上述解释变量的工具变量，重新对回归方程进行估计，方程回归结果如表 7-20 所示。

与选取固定效应的模型（3）与模型（4）相比较，模型（7）与模型（8）

---

① 陈强. 高级计量经济学及 Stata 应用（第二版）[M]. 北京：高等教育出版社，2014.

的回归结果仍然稳健。社会服务指数的估计系数为 0.250 和 0.174，均在 1% 的显著性水平上通过了检验，说明社会保障体系越完善，政府对医疗卫生、教育、国防、就业与基础设施建设领域的投入力度加大，有效促进了社会和谐稳定，为保障和改善民生营造了良好的经济社会环境，继而推动人口发展水平的上升。资源禀赋指数的估计系数为 -0.080，这一点与我们预期不一致，资源虽然是影响人口发展水平的重要因素，却对其产生负向的作用。分析其原因，我们认为可能产生的资源依赖与"资源诅咒"不利于人口的可持续发展。

在以制度约束指数为控制变量的回归结果中，制度约束指数的估计系数为 0.107，显著地增进了人口发展水平。制度通过对规则体系的制定，能够有效解决利益纷争等矛盾，使社会长期处于有序运转的状态，为人类的发展提供适宜的生活环境。

二、分阶段检验

由于人口均衡发展是一个动态变化的过程，考虑到经济社会发展对人口的影响存在一定的滞后效应，因此，本书将研究区间分为 1993~2003 年和 2004~2014 年两个时间段。考虑到人口均衡发展是一个动态过程，为进一步丰富其内涵，因此有必要在原有指标体系中添加部分指标：在人口适度指数中加入了人均入院率，社会服务指数中加入人均道路面积、建成区绿化覆盖率，资环禀赋指数中加入人均水资源，环境治理指数中加入生活垃圾无害化处理率。

第一阶段选取中国 30 个省、市、自治区 1993~2003 年的面板数据作为研究样本，而第二阶段选取中国 30 个省、市、自治区 2004~2014 年的面板数据作为研究样本。所有的变量来自《中国统计年鉴》(1994~2015)、《中国环境年鉴》、《中国环境统计年鉴》、《中国能源统计年鉴》、中国国家统计局、国泰君安数据库以及中国经济与社会发展统计数据库。由于部分数据缺失，均采用插值法和平均增长率法补齐。

本部分构建面板回归模型分析经济、社会、资源、环境对人口发展的影响。面板数据回归模型一般分为固定效应与随机效应模型两类。在模型的选择上可以采用 Hausman 检验。在 1993~2003 年的样本区间中，我们得到 Hausman 值为 0.0002<0.01，说明模型在 1% 的水平上通过显著检验，拒绝了随机效应，应该选取固定效应模型；在 2004~2014 年的样本区间中，我们得到 Hausman 值为 0.0114<0.05，说明模型在 5% 的水平上通过显著检验，拒绝了随机效应，应该选取固定效应模型。

在计量工具的选择上，采用 Stata 12，得到的两阶段 Hausman 内生性检验结果如表 7-22 和表 7-23 所示。

表 7-22　　　　　1993~2003 年 Hausman 内生性检验

	估计系数		(b-B)	sqrt (diag (V_b-V_B))
	(b)	(B)		
	FE	IV	Difference	S. E.
EG	-0.022	0.107	-0.130	.
ES	-0.013	0.123	-0.137	0.032
SS	0.054	-0.004	0.060	0.071
SW	-0.006	0.040	-0.040	0.04
RE	-0.038	-0.096	0.058	0.103
RC	-0.156	-0.054	-0.102	0.097
EP	0.031	0.028	0.005	0.063
EM	0.029	0.051	-0.022	0.031
常数	61.365	40.75	20.616	6.486

$chi2(9) = (b-B)'[(V\_b-V\_B)^{(-1)}](b-B) = -4.05$

$Prob > chi2 = 0.5760$

表 7-23　　　　　2004~2014 年 Hausman 内生性检验

	估计系数		(b-B)	sqrt (diag (V_b-V_B))
	(b)	(B)		
	FE	IV	Difference	S. E.
EG	-0.038	0.066	-0.104	.
ES	0.031	0.149	-0.118	0.068
SS	0.131	0.024	0.107	0.074
SW	0.096	0.099	-0.003	0.043
RE	-0.001	-0.169	0.168	0.154
RC	-0.044	-0.052	0.008	0.045
EP	-0.159	0.033	-0.192	0.078
EM	0.06	0.096	-0.036	0.062
常数	51.79	39.863	11.927	7.371

$chi2(9) = (b-B)'[(V\_b-V\_B)^{(-1)}](b-B) = -4.15$

$Prob > chi2 = 0.9015$

在分别对两阶段的内生性检验过程中，发现 1993~2003 年中得到的 chi2(9) 为 -4.05，Prob > chi2 = 0.5760；在 2004~2013 年得到的 chi2 (9) 为 -4.15，Prob > chi2 = 0.9015，显示接受 H_0，模型中不存在内生解释变量。为便于研究，在分阶段静态面板的估计结果中只列出了固定效应模型，如表 7-24 所示。

表 7-24 　静态面板——经济、社会、资源与环境约束下的人口发展

	1993~2013 年		1993~2003 年		2004~2014 年	
	(1)	(2)	(3)	(4)	(5)	(6)
ED	0.011 (0.45)	0.02 (0.81)	0.038 (1.35)	0.032 (1.13)	-0.038 (-1.14)	-0.038 (-1.14)
ES	0.028 (0.79)	0.004 (0.12)	0.074* (1.83)	0.052 (1.26)	0.031 (0.5)	0.027 (0.44)
SS	0.066 (1.53)	0.05 (1.18)	-0.002 (-0.03)	0.014 (0.32)	0.131** (2.44)	0.130** (2.42)
SW	0.185*** (10.35)	0.187*** (10.55)	0.049* (1.67)	0.054* (1.84)	0.096*** (2.83)	0.095*** (2.8)
RE	-0.098*** (-2.60)	-0.107*** (-2.87)	-0.098** (-2.03)	-0.089* (-1.85)	0.001 (-0.00)	-0.003 (-0.03)
RC	-0.083** (-2.39)	-0.091*** (-2.64)	-0.083* (-1.69)	-0.083* (-1.69)	-0.044 (-1.28)	-0.047 (-1.33)
EP	0.008 (0.2)	0.031 (0.77)	0.046 (1.02)	0.037 (0.82)	-0.016 (-0.25)	-0.018 (-0.27)
EM	0.056*** (2.69)	0.071*** (3.38)	0.048** (2.02)	0.061** (2.5)	0.061 (1.32)	0.063 (1.36)
I		0.102*** (3.45)		0.096** (2.19)		0.021 (0.41)
常数	51.521*** (10.5)	43.844*** (8.2)	46.278*** (8.44)	40.719*** (6.69)	51.790*** (7.29)	51.001*** (6.92)
观测值数	660	660	330	330	330	330
R-squared	0.454	0.465	0.039	0.04	0.254	0.255
省份	30	30	30	30	30	30
F 值	64.76	59.89	1.476	1.342	12.45	11.05

说明：*** 表示 P<0.01，** 表示 P<0.05，* 表示 P<0.1；各模型对应的自变量检验结果括号内为 t 值。

模型 (3) 与 (5) 分别为 1993~2003 年和 2004~2014 年静态面板估计的结

果。与模型（1）相比较，模型（3）与（5）中经济增长指数的估计系数都未通过 10% 的显著性检验，但系数的正负方向不同，分别为 0.038 与 -0.038。其中的原因可能是前一阶段的经济增长源于大量投资、资源、劳动力的供给，资源环境代价过大，人们生活的环境也因此受损；而后一阶段的经济增长方式发生改变，更加依靠人力资本、制度带来的红利，提升了人口发展的水平。对于社会服务指数而言，模型（3）与（5）中估计系数 0.049 与 0.096，都通过了显著性水平检验，而后一阶段与前一阶段相比，估计系数更为明显，说明国家在对社会服务领域，尤其基础设施建设中的投入力度加大，人口发展水平得以提升。第一阶段的资源消耗指数的估计系数为 -0.083，在 10% 的显著性水平上通过检验。这表示资源的过度消费，与之相伴随的环境污染不利于人们生活水平的提高，正确处理好人口、资源与环境的关系才是目前的当务之急。对于制度指数而言，在前一阶段中，对人口发展起到了正向作用，而在后一阶段中，却与此相反。可能的原因是：改革之初，伴随着政府职能的扩张、行政机构与人员的逐步增加致使政府规模越加庞大；2003 年以后，以转变政府职能，改进管理方式，提高行政效率，降低行政成本为目标，国务院启动了新的一轮机构改革，各级政府也在此期间持续采取了稳增长、促改革、调结构、惠民生的若干强有力的措施，居民收入也呈稳定增长趋势，基尼系数有所回落，对人口的发展水平有着促进作用。

三、分地区检验

为了进一步探究各省份的共同特征以及探索不同区域间经济、社会、资源、环境对人口发展水平的影响差异。因此，在上节的研究基础上，本研究将对东、中、西部三大地区的面板数据进行静态面板估计。

因此，本研究设定的基本模型如下：

$$HD_{it} = \beta_0 + \beta_1 EG_{it} + \beta_2 ES_{it} + \beta_3 SS_{it} + \beta_4 SW_{it} + \beta_5 RE_{it}$$
$$+ \beta_6 RC_{it} + \beta_7 EP_{it} + \beta_8 EM_{it} + \beta_9 I_{it} + \mu_i + \varepsilon_{it}$$

其中，i 代表样本中的被观测地区，t 表示样本中每个地区的观测时间，$i = 1, 2, 3, \cdots, 30$，$t = 1993, 1994, 1995, \cdots, 2014$，$\mu_i$ 表示不可观测的地区效应，ε_{it} 为随机干扰项。

选取中国的 30 个省、市、自治区 1993~2014 年的数据作为研究样本。所有的变量来自《中国统计年鉴》（1994~2015）、《中国环境年鉴》、《中国环境统计年鉴》、《中国能源统计年鉴》、中国国家统计局、国泰君安数据库以及中国经济与社会发展统计数据库。

同时，根据对个体效应处理的不同，模型可以分为固定效应模型与随机效应模型。我们将通过使用 Hausman 检验随机效应模型中的个体影响与解释变量是否相关，从而确定所选择模型的类型。对于东中西部地区的面板数据而言，Hausman 检验结果所得到的 P 值分别为 0.0135、0.0000 与 0.0394，显示东部、中部和西部地区都应拒绝原假设，选择固定效应模型，模型的估计结果如表 7-25 所示。

表 7-25　　　分地区：经济、社会、资源与环境约束下的人口发展（1993~2014 年）

	全国地区		东部地区		中部地区		西部地区	
	（1）	（2）	（3）	（4）	（5）	（6）	（7）	（8）
EG	0.011 (0.45)	0.02 (0.81)	0.018 (0.41)	0.012 (0.27)	-0.044 (-1.13)	-0.04 (-1.05)	0.028 (0.72)	0.02 (0.53)
ES	0.028 (0.79)	0.004 (0.12)	-0.114 (-1.45)	-0.094 (-1.15)	0.196*** (3.26)	0.174*** (2.76)	0.117** (2.57)	0.086* (1.91)
SS	0.066 (1.53)	0.05 (1.18)	0.108 (1.01)	0.137 (1.23)	0.348** (2.13)	0.362** (2.21)	0.06 (1.05)	0.089 (1.59)
SW	0.185*** (10.35)	0.187*** (10.55)	0.152*** (4.67)	0.146*** (4.38)	0.158*** (4.84)	0.149*** (4.41)	0.164*** (5.82)	0.151*** (5.5)
RE	-0.098*** (-2.60)	-0.107*** (-2.87)	0.406 (1.56)	0.500* (1.78)	0.053 (0.81)	0.068 (1.02)	-0.023 (-0.42)	-0.019 (-0.36)
RC	-0.083** (-2.39)	-0.091*** (-2.64)	-0.016 (0.34)	-0.024* (0.49)	-0.745*** (-3.38)	-0.763*** (-3.45)	-0.340*** (-5.63)	-0.328*** (-5.61)
EP	0.008 (0.2)	0.031 (0.77)	-0.471*** (-2.71)	-0.502*** (-2.83)	-0.091 (-0.79)	-0.034 (-0.27)	0.170*** (3.94)	0.166*** (3.99)
EM	0.056*** (2.69)	0.071*** (3.38)	0.201*** (4.81)	0.204*** (4.87)	0.113** (2.36)	0.113** (2.36)	-0.046 (-1.50)	-0.005 (-0.15)
I		0.102*** (3.45)		-0.05 (-0.87)		0.063 (1.08)		0.174*** (3.93)
Constant	51.521*** (10.5)	43.844*** (8.2)	82.396*** (4.67)	86.114*** (4.74)	108.648*** (6.77)	102.071*** (5.95)	56.801*** (9.17)	44.994*** (6.7)
观测值数	660	660	242	242	176	176	242	242
R-squared	0.454	0.465	0.482	0.483	0.652	0.655	0.551	0.58
省份	30	30	11	11	8	8	11	11
F	64.76	59.89	25.9	23.08	37.54	33.53	34.22	34.1

说明：*** 表示 P＜0.01，** 表示 P＜0.05，* 表示 P＜0.1；各模型对应的自变量检验结果括号内为 t 值。

通过静态面板模型二级指标估计结果可以看出：在 1993～2014 年，部分解释变量比较显著，解释变量的方向也大致与预期一致。

第一，对于经济增长指数而言，不论在全国，还是在东部、中部与西部地区，均没有通过显著性检验，所得到的估计系数也偏小，意味着其在人口发展水平提升过程中起到的正向作用有限。究其原因，可能在于人口发展是一个综合性的概念，其本身也是受多方因素的影响，如社会、资源、环境、制度等，因此由经济增长对人口发展的数量影响受到限制。

第二，对于社会服务指数而言，从东、中、西部地区的回归结果来看，都在 1% 的显著性水平上通过了检验，与人口发展指数呈正向关系，即使在加入制度约束后，虽然估计系数有所增大，但依旧稳健。分析其原因，2014 年中国财政性教育经费投入总额 2.64 万亿元，占国内生产总值的 4.15%，比上年同比增长 7.89%；医疗卫生与计划生育支出 11 916 亿元，增长 17.1%，全民医疗保险制度、基层医疗服务体系得以建立健全。这些改善民生的政策措施，促进了社会稳定发展，继而带动人口发展水平的提升。

第三，对于资源消耗指数而言，从三大地区来看都是影响人口发展的关键因素。东、中、西部地区的回归系数分别为 -0.024、-0.763 与 -0.328。资源消耗指数对人口发展水平产生显著的负向作用，影响力大小也各有差异。以资源为代价驱动经济增长，不仅不利于经济可持续增加，也不利于人口的可持续发展。

第四，环境污染指数对人口发展水平起负向作用，而环境治理指数则与此相反，这恰恰符合我们的预期。正确处理好发展与环境的关系，治理环境，保护环境将有利于构建社会主义和谐社会与促进人的全面发展，也是促进人口发展的有力保障。

以下讲述门槛模型检验。

人口、经济、社会、资源与环境关系错综复杂，鉴于人口、经济、社会、资源与环境关系中可能存在的门槛效应，在静态的线性方程基础上，进一步采用 Hansen（2000）方法建立适合本研究的门槛面板计量模型，其优点在于无须设定非线性方程的具体形式，门槛值和门槛个数完全取决于样本的网格搜索结果。

对于门槛面板回归模型，一般要求各变量为平稳变量。因此，第一，对各变量进行平稳性检验，即面板单位根检验。第二，计算门槛值并检验门槛值的统计显著性。第三，若存在门槛效应，估计门槛值的置信区间。

由于门槛个数及其形式无法提前确定，本部分拟设单门槛模型、双门槛模型和三门槛模型三个具体形式，其余多门槛方程据此外推，门槛回归基本模型如下：

$$y_{it} = \alpha_0 + \alpha_{11} \cdot res_{it} I(A_{it} \leq \lambda_1) + \alpha_{12} \cdot res_{it} I(A_{it} > \lambda_1) + \alpha_2 \sum X_{it} + \mu_i + \varepsilon_{it}$$

其中，λ_1 代表门槛值，$I(\ )$ 为指示函数（indicator function），目的在于按门

槛值进行样本分段。α_0、α_{1i} 和 α_2 为模型待估参数，μ_i 为地区个体效应，ε_{it} 为随机扰动项。

在进行门槛回归分析之前，需要先确认各序列是否平稳。为解决传统单位根检验方法对面板数据进行检验时效力过低的问题，这里分别采用 LLC、ADF 和 Fisher-PP 三种方法进行对比检验。结果如表 7-26 所示。

表 7-26　　　　　　　变量序列平稳性检验结果表

序列	LLC	ADF	Fisher-PP
HD	0.9994	0.8794	0.3468
ΔHD	0.0000***	0.0000***	0.0000***
HG	0.5912	0.9982	0.9987
ΔHG	0.0000***	0.0000***	0.0000***
ES	0.0168	0.7055	0.5066
ΔES	0.0000***	0.0000***	0.0000***
SS	1.0000	1.0000	1.0000
ΔSS	0.0000***	0.0000***	0.0000***
SW	1.0000	1.0000	1.0000
ΔSW	0.0000***	0.0000***	0.0000***
RE	0.8466	0.5439	0.0014
ΔRE	0.0001***	0.0005***	0.0005***
RC	0.4476	0.4910	0.6548
ΔRC	0.0000***	0.0000***	0.0000***
EP	1.0000	1.0000	1.0000
ΔEP	0.0000***	0.0000***	0.0000***
EM	1.0000	1.0000	1.0000
ΔEM	0.0000***	0.0000***	0.0000***

注：*** 表示在 1% 的显著性水平上显著；** 表示在 5% 的显著性水平上显著；* 表示在 10% 的显著性水平上显著。Δ 为一阶差分。

由表 7-26 可知，所有面板数据序列指标的 LLC、ADF 和 Fisher-PP 检验值均不同时拒绝"存在单位根"的原假设。经一阶差分后，各序列的检验值均显著拒绝"存在单位根"的原假设。人口发展指数（HD）、经济增长指数（EG）、经济结构指数（ES）、社会保障指数（SS）、社会服务指数（SW）、资源禀赋指数（RE）、资源消耗指数（RC）、环境污染指数（EP）、环境治理指数（EM）满足一阶单整。

其次，我们要确认门槛的个数，以便确认模型的形式。因此，我们依次在不存在门槛、一个门槛、两个门槛和三个门槛的设定下对模型进行估计，得到的F统计量值与采用"自抽样法"得到的P值如表7-27与表7-28所示。

表7-27 门槛效应检验结果

门槛变量	模型	F值	P值	BS次数	临界值		
					0.01	0.05	0.1
经济增长指数（EG）	单一门槛	9.223**	0.023	300	11.747	6.54	4.43
	双重门槛	4.398*	0.093	300	11.742	6.332	4.249
	三重门槛	5.417**	0.04	300	6.945	5.123	3.354
经济结构指数（ES）	单一门槛	13.193**	0.037	300	16.346	10.484	7.284
	双重门槛	6.819**	0.043	300	14.428	6.35	4.995
	三重门槛	5.346	0.13	300	14.55	7.524	5.964
社会保障指数（SS）	单一门槛	32.188***	0.000	300	17.971	10.89	7.037
	双重门槛	16.280***	0.003	300	13.093	6.842	5.639
	三重门槛	8.132**	0.04	300	12.944	7.232	4.888
社会服务指数（SW）	单一门槛	17.443**	0.027	300	21.722	13.2	10.8
	双重门槛	8.803**	0.027	300	11.528	7.183	4.958
	三重门槛	7.078	0.183	300	27.236	15.274	10.444
资源禀赋指数（RE）	单一门槛	30.166**	0.023	300	39.365	18.711	10.508
	双重门槛	29.775***	0.003	300	22.798	14.444	11.177
	三重门槛	21.915***	0.000	300	13.713	8.251	5.132
资源消耗指数（RC）	单一门槛	22.837**	0.017	300	25.41	14.082	10.061
	双重门槛	16.693**	0.027	300	22.245	13.716	8.935
	三重门槛	9.444	0.107	300	25.425	12.794	9.947
环境污染指数（EP）	单一门槛	21.648***	0.01	300	22.435	13.676	10.149
	双重门槛	9.421***	0.007	300	4.71	-0.471	-2.692
	三重门槛	6.969*	0.06	300	11.799	7.324	4.8
环境治理指数（EM）	单一门槛	41.257***	0.000	300	14.559	10.803	7.396
	双重门槛	5.701*	0.077	300	11.176	7.038	4.81
	三重门槛	8.875*	0.077	300	18.8	11.237	7.906

注：*** 表示在1%的显著性水平上显著；** 表示在5%的显著性水平上显著；* 表示在10%的显著性水平上显著。Δ 为一阶差分。

表7-28　　　　　　　　门槛估计值和置信区间

门槛变量		门槛估计值	95%置信区间	
经济增长指数（EG）	单一门槛模型	21.979	19.651	59.594
	双重门槛模型			
	Ito1	30.853	19.5	58.57
	Ito2	21.979	19.924	50.428
	三重门槛模型	38.77	19.561	59.594
经济服务指数（ES）	单一门槛模型	45.552	31.082	68.534
	双重门槛模型			
	Ito1	67.955	31.082	67.955
	Ito2	45.552	31.082	58.263
	三重门槛模型	49.061	31.082	65.275
社会保障指数（SS）	单一门槛模型	8.775	4.161	8.953
	双重门槛模型			
	Ito1	5.183	4.161	14.971
	Ito2	8.775	4.161	26.912
	三重门槛模型	4.232	4.087	31.121
社会服务指数（SW）	单一门槛模型	11.271	10.052	32.502
	双重门槛模型			
	Ito1	28.147	16.138	33.435
	Ito2	11.271	10.052	17.653
	三重门槛模型	17.653	12.673	61.478
资源禀赋指数（RE）	单一门槛模型	3.677	3.36	8.835
	双重门槛模型			
	Ito1	8.835	8.329	8.835
	Ito2	3.677	3.677	3.745
	三重门槛模型	11.53	11.487	56.15
资源消耗指数（RC）	单一门槛模型	57.509	57.509	96.058
	双重门槛模型			
	Ito1	95.855	92.872	96.212
	Ito2	57.509	57.509	92.93
	三重门槛模型	92.925	82.816	96.403

续表

门槛变量		门槛估计值	95%置信区间	
环境污染指数（EP）	单一门槛模型	86.395	85.322	88.526
	双重门槛模型			
	Ito1	88.147	74.815	99.21
	Ito2	85.42	74.815	99.21
	三重门槛模型	93.065	74.815	99.284
环境治理指数（EM）	单一门槛模型	87.486	86.7	87.646
	双重门槛模型			
	Ito1	93.928	35.654	94.622
	Ito2	87.486	86.693	87.646
	三重门槛模型	50.625	35.654	94.847

注：①P 值是采用"自抽样法"（Bootstrap）反复抽样 300 次得到的结果。

②*** 表示 $P<0.01$，** 表示 $P<0.05$，* 表示 $P<0.1$。

可以发现，(1) 经济增长指数三重门槛显著，相应的 P 值为 0.04。门槛参数的估计值是指似然比检验统计量 LR 为 0 时，此时门槛值分别为 21.979、30.853 与 38.77。门槛估计值的 95% 置信区间是所有 LR 值小于 5% 显著性水平下的临界值 7.35（图中虚线所示）的参数构成区间，如图 7-23 所示，第一个门槛值的 95% 的置信区间为 [19.924, 50.428]；第二个门槛值 95% 的置信区间为 [19.5, 58.57]；第三个门槛值的 95% 的置信区间为 [19.561, 59.594]。因此，我们可以将其划分为四个区间：（$EG \leqslant 21.979$）、（$21.979 < EG \leqslant 30.853$）、$30.853 < EG \leqslant 38.77$ 与（$38.77 < EG$）。

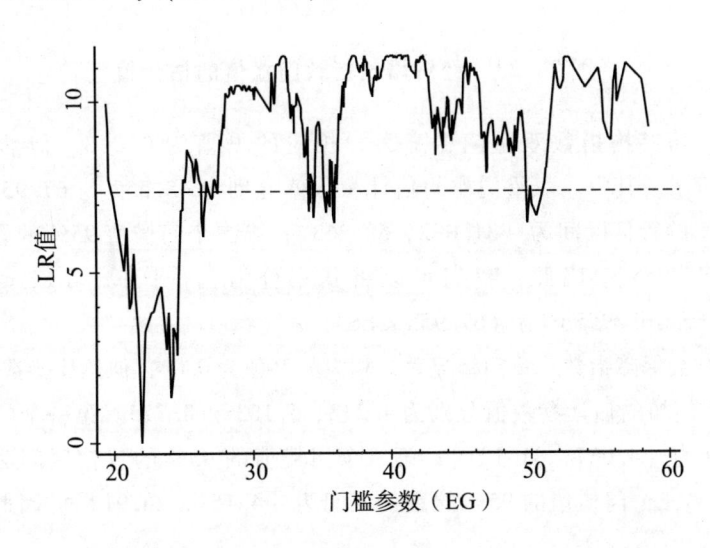

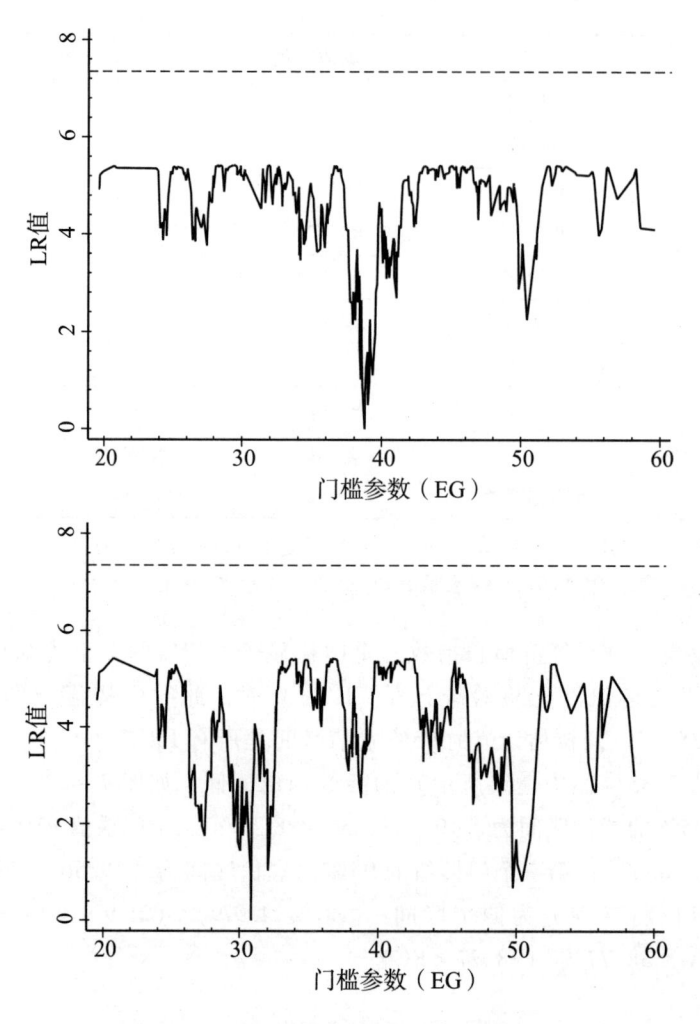

图 7-23 经济增长指数门槛值的估计值

（2）经济结构指数双重门槛显著，相应的 P 值为 0.043。似然比函数如图 7-24 所示。其中。双重门槛的估计参数值分别为 45.552 与 67.955。第一个门槛值 95% 的置信区间为 [31.082, 58.263]；第二个门槛值 95% 的置信区间为 [31.082, 67.955]。因此，我们可以将其划分为三个区间：（ES ≤ 45.552），（45.552 < ES ≤ 67.955）与（67.955 < ES）。

（3）社会保障指数三重门槛显著，相应的 P 值为 0.04，似然比函数如图 7-25 所示。三重门槛的估计参数值分别为 4.232、5.183 和 8.775。第一个门槛的 95% 的置信区间为 [4.087, 31.121]；第二个门槛值的 95% 的置信区间为 [4.161, 14.971]；第三个门槛值的 95% 的置信区间为 [4.161, 26.912]。因此，我们可以将其划分为四个区间：(SS≤4.232)，(4.232<SS≤5.183)，(5.183<SS≤8.775) 与 (8.775<SS)。

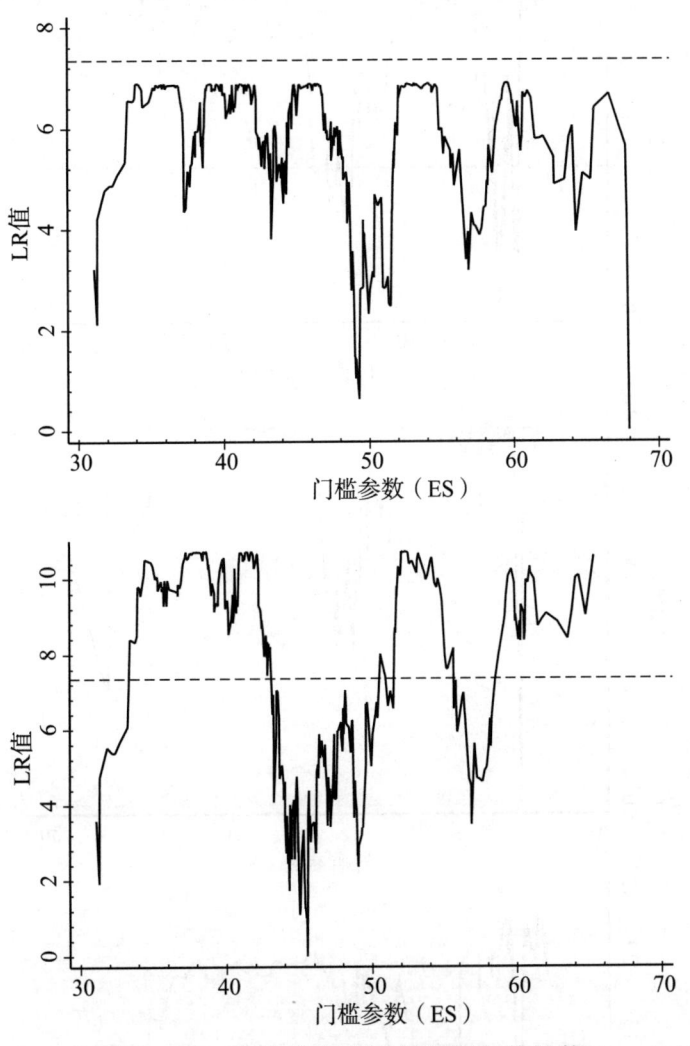

图 7-24 经济结构指数门槛值的估计值

（4）社会服务指数双重门槛显著，相应的 P 值为 0.027，似然比函数如图 7-26 所示。双重门槛的估计参数值分别为 11.271 与 28.147。第一个门槛值的 95% 的置信区间为 [10.052, 17.653]；第二个门槛值 95% 的置信区间为 [16.138, 33.435]。因此，我们可以将其划分为三个区间：(SW≤11.271)，(11.271<SW≤28.147) 与 (28.147<SW)。

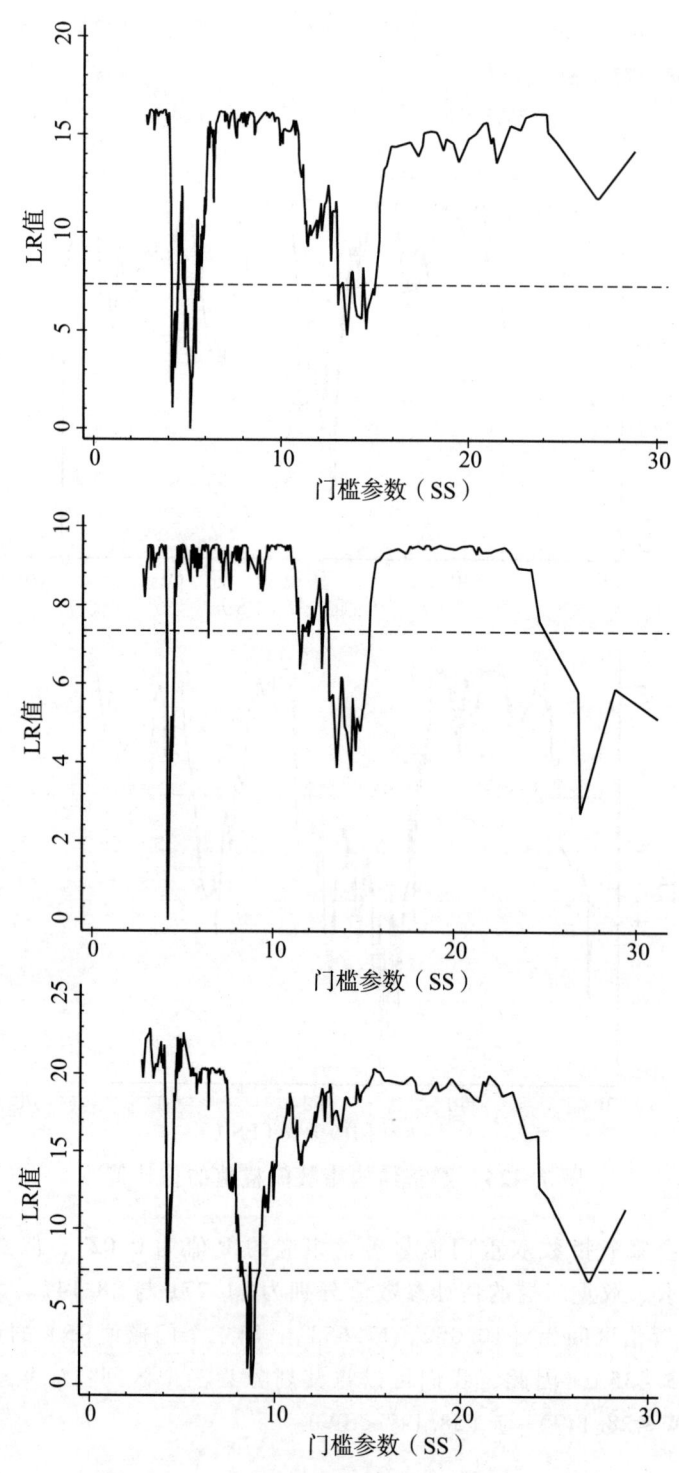

图 7-25 社会保障指数门槛值的估计值

图 7-26　社会服务指数门槛值的估计值

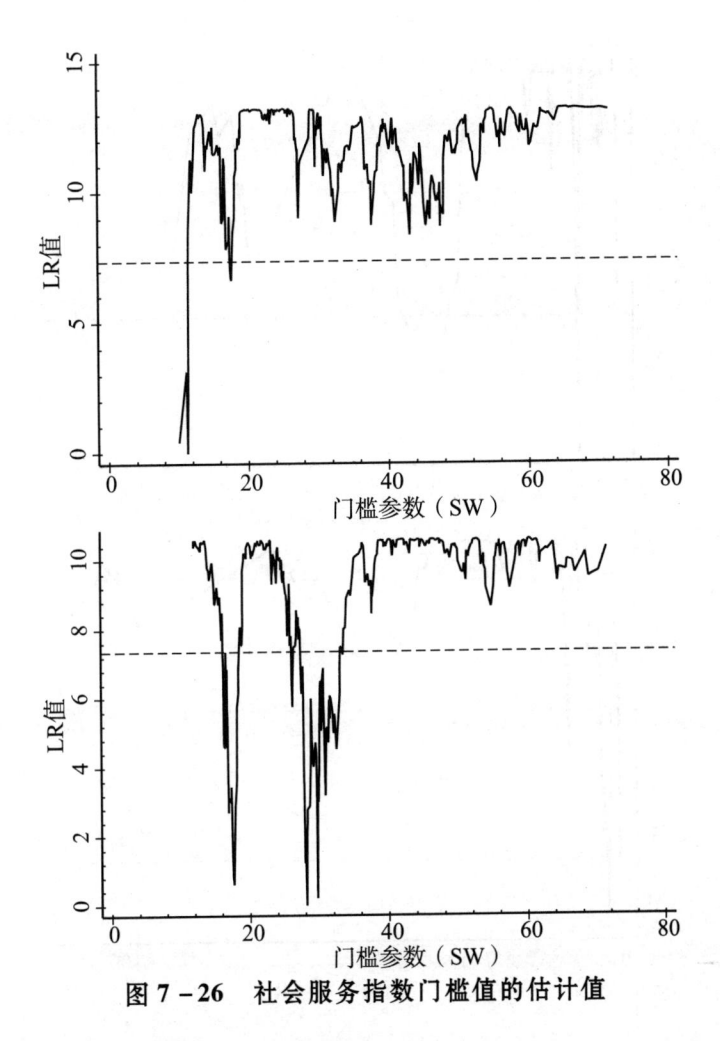

(5) 资源禀赋指数三重门槛显著，相应的 P 值为 0.000。似然比函数如图 7-27 所示。三重门槛的估计参数值分别为 3.677、8.835 和 11.530。第一个门槛值的 95% 的置信区间为 [3.677, 3.745]；第二个门槛值 95% 的置信区间为 [8.329, 8.835]；第三个门槛值 95% 的置信区间为 [11.487, 56.150]；因此，我们可以将其划分为四个区间：(RE≤3.677)，(3.677 < RE≤8.835)，(8.835 < RE≤11.530) 与 (11.530 < RE)。

(6) 资源消耗指数双重门槛显著，相应的 P 值 0.027。似然比函数如图 7-28 所示。双重门槛的估计参数值为 57.509 与 95.855。第一个门槛值 95% 的置信区间为 [57.509, 92.930]；第二个门槛值 95% 的置信区间为 [92.872, 96.212]；因此，我们可以将其划分为三个区间：(RC≤57.509)，(57.509 < RC≤95.855) 与 (95.855 < RC)。

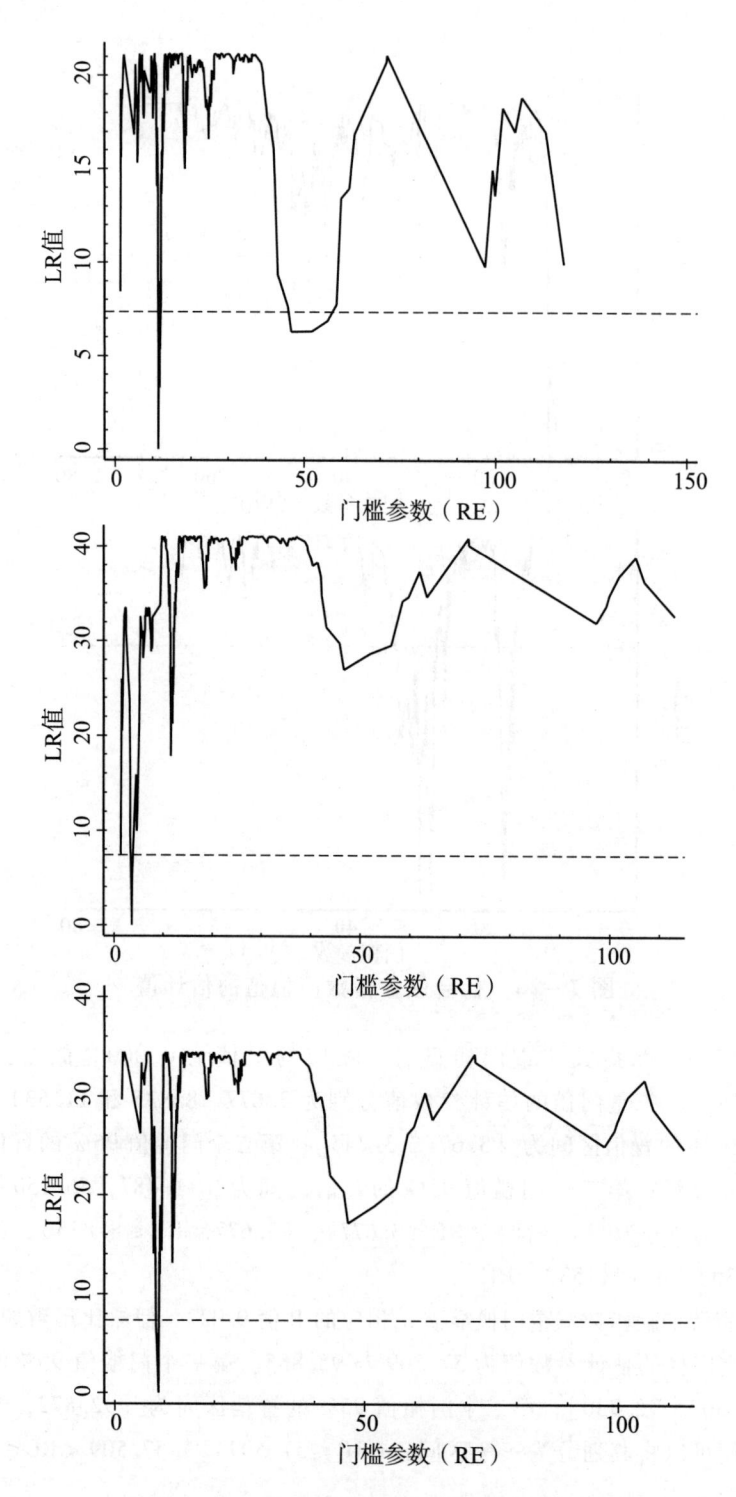

图 7-27 资源禀赋指数门槛值的估计值

图 7-28　资源消耗指数门槛值的估计值

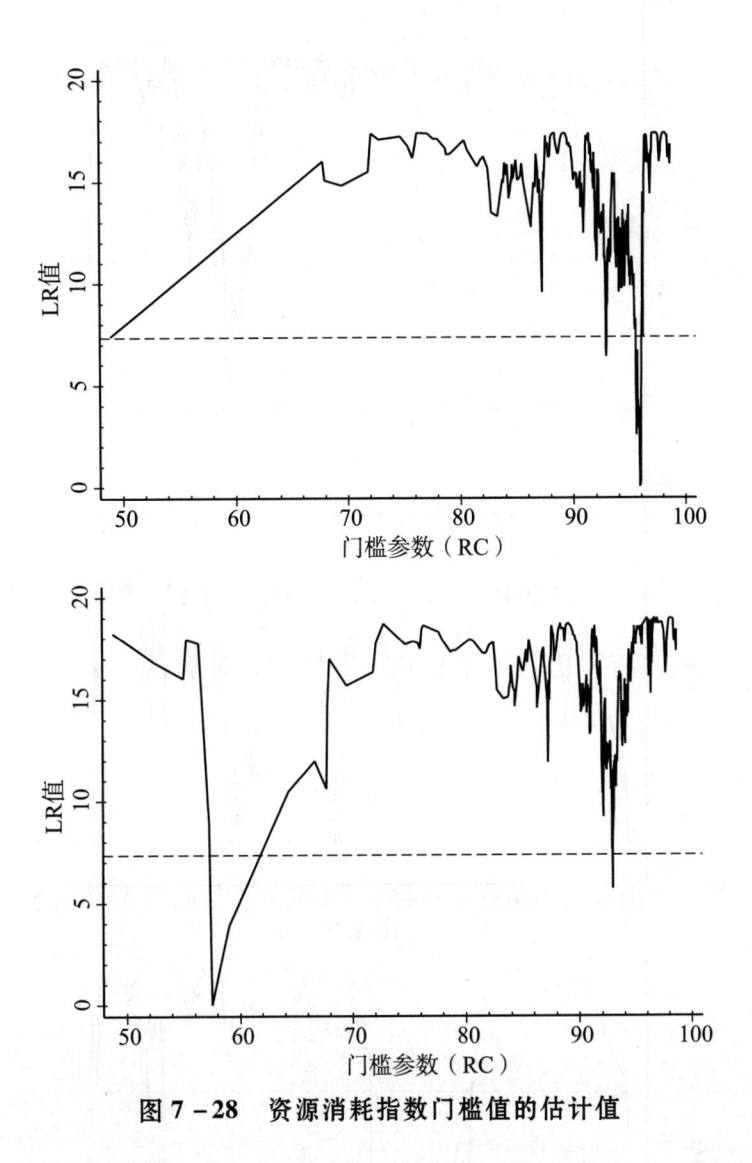

（7）环境污染指数三重门槛显著，相应的 P 值为 0.060，似然比函数如图 7-29 所示。三重门槛的估计参数值分别为 85.420、88.147 和 93.065。第一个门槛值 95% 的置信区间为 [74.815, 99.210]；第二个门槛值 95% 的置信区间为 [74.815, 99.210]；第三个门槛值 95% 的置信区间为 [74.815, 99.284]。因此，我们可以将其划分为四个区间：（EP ≤ 85.420），（85.420 < EP ≤ 88.147），（88.147 < EP ≤ 93.065）与（93.065 < EP）。

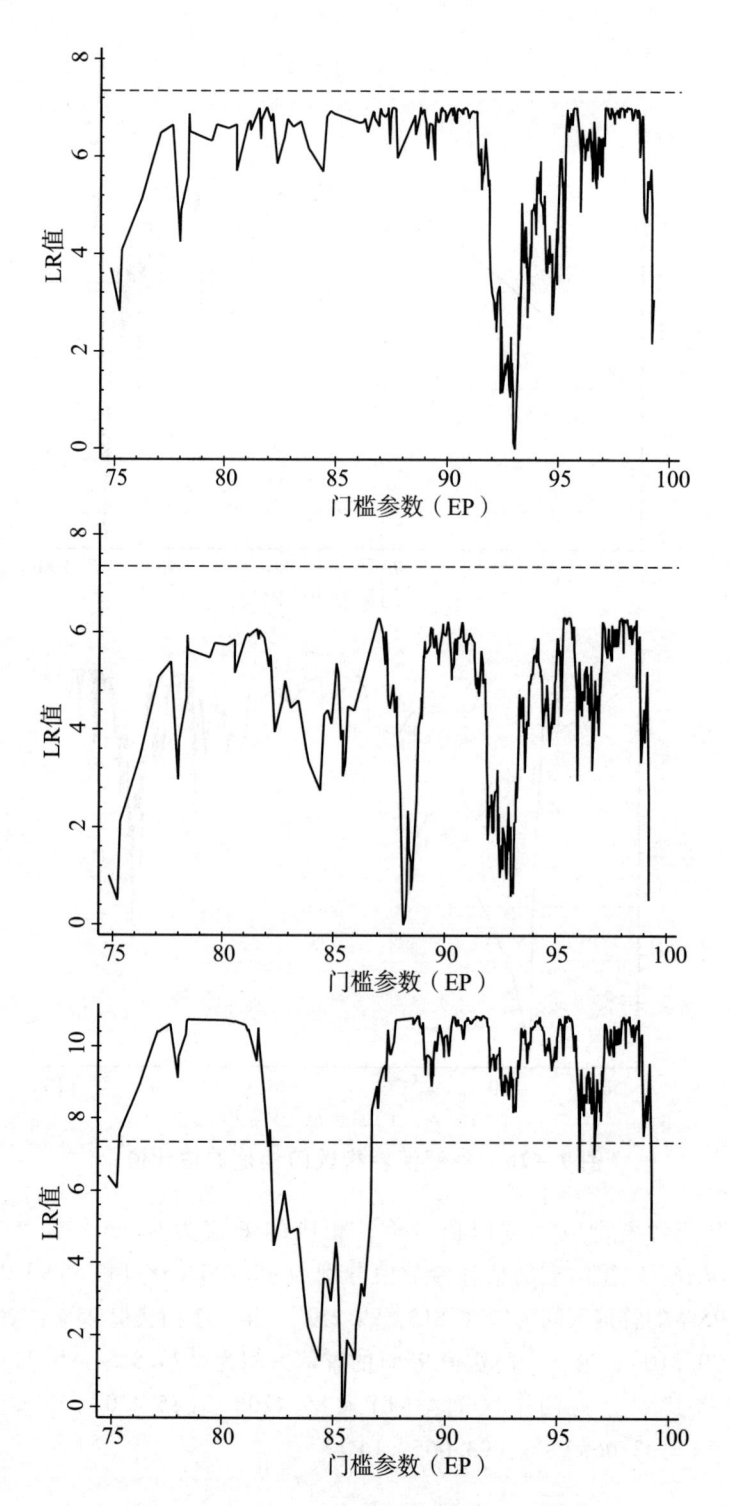

图 7-29 环境污染指数门槛值的估计值

(8) 环境治理指数三重门槛显著，相应的 P 值 0.077。似然比函数如图 7-30 所示。三重门槛的估计参数值为 50.625、87.486 与 93.928。第一个门槛值 95% 的置信区间为 [35.654, 94.847]；第二个门槛值 95% 的置信区间为 [86.693, 87.646]；第三个门槛值 95% 的置信区间为 [35.654, 94.622]。因此，我们可以将其划分为四个区间：（EM ≤ 50.625），（50.625 < EM ≤ 87.486），（87.486 < EM ≤ 93.928）与（93.928 < EM）。

在确立了门槛模型形式后，采用 Stata 12 软件进行系数估计。针对面板数据特点，首先通过 Hausman 检验结果选择固定效应模型，同时采用了 White 稳健性估计以避免回归中的异方差。同时，针对经济增长指数（EG）、经济结构指数（ES）、社会保障指数（SS）、社会服务指数（SW）、资源禀赋指数（RE）、资源消耗指数（RC）、环境污染指数（EP）与环境治理指数（EM）进行八组面板门槛回归，得到的门槛回归结果如表 7-29 所示。

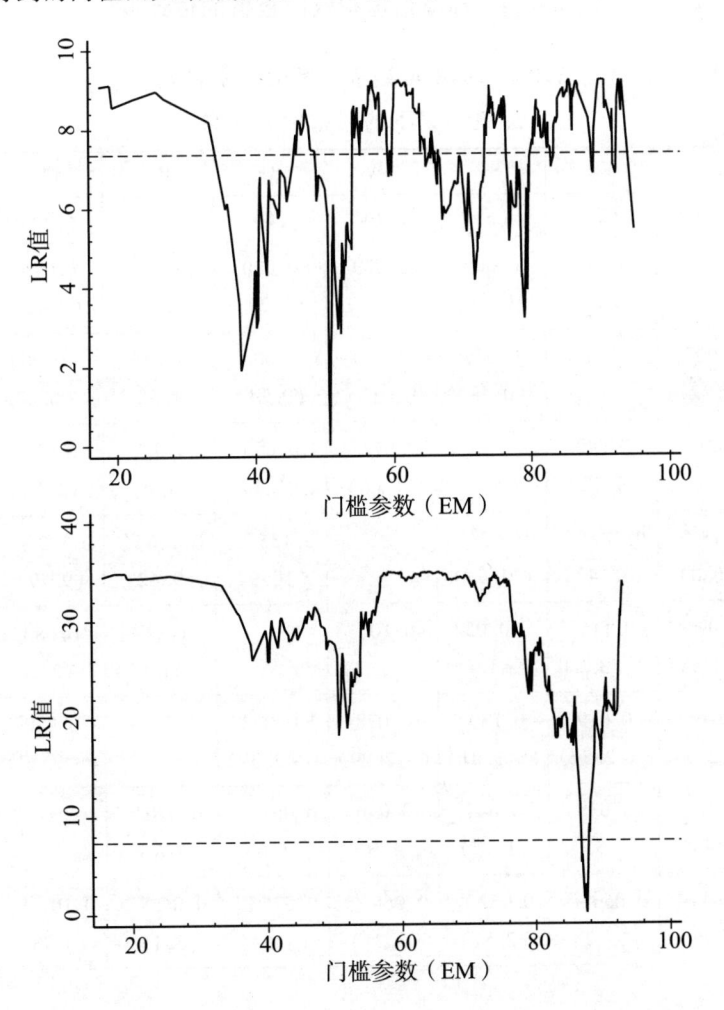

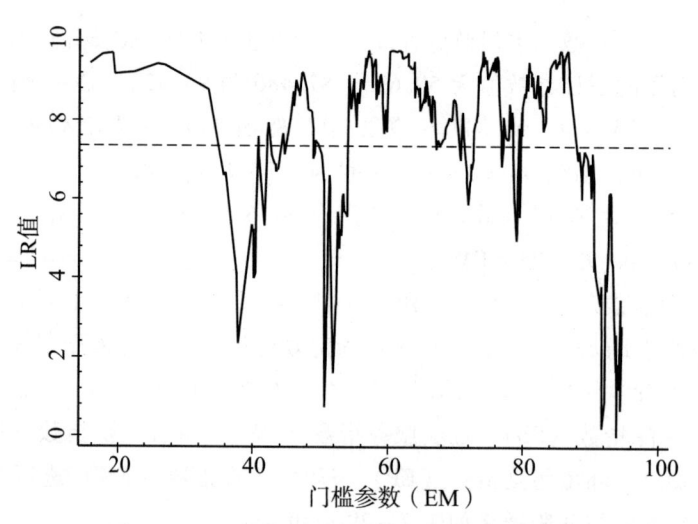

图 7-30 环境治理指数门槛值的估计值

表 7-29　1993~2014 年经济、社会、资源与环境约束下的门槛回归结果

门槛变量	EG (1)	ES (2)	SS (3)	SW (4)	RE (5)	RC (6)	EP (7)	EM (8)
EG		0.021 (0.87)	0.005 (0.21)	0.020 (0.82)	0.030 (1.29)	0.007 (0.3)	0.015 (0.62)	-0.010 (-0.41)
ES	0.007 (-0.21)		0.016 (0.46)	0.040 (1.11)	0.008 (0.24)	0.054 (1.52)	-0.003 (-0.08)	-0.028 (-0.8)
SS	0.081** (1.89)	0.047 (1.12)		0.072* (1.66)	0.053 (1.3)	0.067 (1.6)	0.067 (1.6)	0.144*** (3.33)
SW	0.178*** (10.0)	0.184*** (10.43)	0.193*** (11.24)		0.185*** (10.9)	0.166*** (9.42)	0.172*** (9.79)	0.140*** (7.69)
RE	-0.095** (-2.55)	-0.115*** (-3.1)	-0.052 (-1.4)	-0.100*** (-2.7)		-0.064* (-1.65)	-0.080** (-2.16)	-0.016 (-0.41)
RC	-0.089*** (-2.6)	-0.089** (-2.59)	-0.130*** (-3.81)	-0.078** (-2.29)	-0.078* (-2.39)		-0.080** (-2.37)	-0.123*** (-3.56)
EP	0.019 (0.48)	0.038 (0.95)	0.044 (1.12)	0.040 (1.0)	0.061*** (1.6)	0.070** (1.76)		0.047 (1.2)
EM	0.083*** (3.96)	0.066*** (3.17)	0.052*** (2.51)	0.068*** (3.31)	0.075*** (3.64)	0.065*** (3.15)	0.101*** (4.73)	

续表

门槛变量	EG (1)	ES (2)	SS (3)	SW (4)	RE (5)	RC (6)	EP (7)	EM (8)
I	0.115*** (3.87)	0.092*** (3.12)	0.137*** (4.74)	0.072** (2.42)	0.113*** (4.01)	0.078*** (2.66)	0.096*** (3.3)	0.103*** (3.6)
TH1	0.333*** (4.23)	0.110** (2.25)	-0.462** (-2.21)	0.536*** (4.18)	-1.477*** (-2.94)	-0.417*** (-5.07)	0.297*** (5.01)	0.095*** (3.34)
TH2	0.181*** (3.39)	0.073* (1.75)	-0.037 (-0.25)	0.105*** (3.25)	0.853*** (5.83)	-0.230*** (-4.82)	0.261*** (4.75)	0.058*** (2.66)
TH3	0.136*** (3.19)	0.128*** (2.82)	0.302*** (3.57)	0.163*** (8.62)	0.194** (2.6)	-0.257*** (-5.05)	-0.238*** (4.55)	0.089*** (4.27)
TH4	0.107*** (3.15)		0.081* (1.9)		-0.098*** (-2.76)		-0.225*** (4.43)	0.113*** (4.97)
常数	39.257*** (7.23)	40.140*** (7.41)	43.451*** (8.27)	43.112*** 8.19	37.448*** (7.32)	53.278 (9.03)	22.457*** (3.56)	46.944*** (8.97)
R^2	0.480	0.481	0.508	0.485	0.526	0.495	0.494	0.507
观测值	660	660	660	660	660	660	660	660
省份	30	30	30	30	30	30	30	30
F 值	47.5	52.05	53.15	53.06	57.13	55.23	50.34	52.98

注：*** 表示 $P<0.01$，** 表示 $P<0.05$，* 表示 $P<0.1$；各模型对应的自变量检验结果括号内为 t 值。

表 7-29 的实证结果表明：

第一，在模型（1）中，以经济增长指数为门槛解释变量时，经济增长对人口发展的影响存在三重门槛效应，且回归系数都在 1% 的水平上显著。由门槛值所形成的四个区间内，经济增长指数的边际影响是逐渐降低的。究其原因，可能在于人口发展的初期，经济增长意味着经济规模的扩大与物资资料的丰富。在 20 世纪 90 年代初期，伴随着市场机制的初步建立，生产效率得到了较大提升，在物质得到极大满足以后，人们更加追求健康的生活方式与舒适的环境，经济增长为人口发展所带来的边际影响也逐步降低。

第二，在模型（2）中，以经济结构指数为门槛解释变量时，经济结构对人口发展的影响存在双重门槛效应，而且回归系数都在 10% 的水平上显著，边际影响呈现 "V" 形。当经济结构指数低于在第一个门槛值 45.552 时，回归系数为 0.110；一旦跨越这一门槛值时，经济结构对人口发展的影响有所降低，达到 0.073。当经济结构指数大于第二个门槛值 67.955 时，回归系数已达到 0.128。

经济结构优化的基本目的在于实现经济的可持续增长，而最终目的则是让人们分享发展的成果，促进人口发展水平的提升。在以要素驱动的高增长向创新驱动的可持续增长的宏观背景下，经济结构优化是当前转变经济发展方式的重点，这其中包括产业政策、收入分配和资源配置的调整。因此，大力发展生产性服务业，吸纳富余劳动力就业，实施城乡一体化战略，缓和收入分配矛盾，是实现经济结构调整的必要途径。

第三，在模型（3）中，以社会保障指数为门槛解释变量时，社会保障指数对人口发展存在三重门槛效应。当社会保障指数低于第一个门槛值 4.232，社会保障系数对人口发展水平存在显著负效应，边际影响为 -0.462，而当门槛解释变量位于 [5.183, 8.775] 时，其边际影响又增加至 0.302。对此可以解释为：当社会保障体系的建设尚处于起步阶段时，受限于资金与技术约束，医疗、教育与卫生等公共服务覆盖范围不足，层次低、分布不均，难以体现其保障人们基本生活水准的作用；随着一系列养老、医疗保险、社会救助、老年服务等制度的优化与完善，社会保障体系得以基本建成。社会保障水平得以稳步提高，增强了人们抵御各种市场风险的能力，从而起到了社会"稳定器"的作用。

第四，在模型（4）中，以社会服务指数为门槛解释变量时，社会服务指数对人口发展的影响存在双重门槛效应，回归系数都在 1% 的水平上显著，而且边际影响呈现"V"形。当社会服务指数低于第一个门槛值 11.271 时，回归系数为 0.536。而当门槛解释变量处于第二个区间与第三个区间时，社会服务系数对人口发展水平存在显著正效应，边际影响有所下降，达到了 0.105 与 0.163。从 20 世纪 80 年代初，社会服务首次被纳入政府部门的职能规划，以此推进城市福利与服务体系的建设。截至 2014 年底，全国社会服务事业费支出 4 404.1 亿元，比上年增长 3.0%，占国家财政支出比重为 2.9%，较大程度上促进了社会生产力发展，提升了人口发展的水平。

第五，在模型（5）中，以资源禀赋指数为门槛解释变量时，资源禀赋指数对人口发展的影响存在三重门槛效应，且边际影响呈现倒"V"形。当资源禀赋指数低于第一个门槛值 3.677 时，回归系数为 -1.477；当资源禀赋指数处于门槛区间 [3.677, 8.835] 与 [8.835, 11.530]，回归系数分别为 0.853 与 0.194；而当越过门槛值 11.530 时，资源禀赋指数对人口发展的边际影响转变为 -0.098。究其原因：可能是由于经济发展初期，在人力资本、技术条件相对落后条件下，以水、能源、矿产为主要资源的开发难以得到有效利用，从经济运行总体数量上的拉升造成资源的大量消耗、浪费以及生态系统的污染与破坏，进而对人类生活环境产生威胁；随着经济发展到一定程度，依靠人才、资本与制度等优势，通过采用先进的污染控制设备，逐步实现绿色发展；资源禀赋规模对人口发展水平的边际影响逐渐减弱，技术进步对资源的高效开发与利用逐渐成为主因。技术进步程度越高，对资源开发利用所致的环境影响也会越小，最终达到有效缓解人口对环境压力的目的。

第六，在模型（6）中，以资源消耗为门槛解释变量时，资源消耗指数对人口发展的影响存在双重门槛效应，且边际影响分别为在 -0.417、-0.230 与 -0.257。对此很容易理解：中国早期经济的高速增长源于资源等生产要素的大量消耗。而且，从资源利用效率来看，中国仍然处于粗放型增长阶段，能源利用效率比发达国家普遍低 30%~40%；另外，在市场机制不健全，产权制度不完善的条件下，丰裕的自然资源还会诱使资源使用的"机会主义"行为及"寻租"活动的产生，造成大量的资源浪费和掠夺性开采，而这些被消耗的资源终将以废物的形式返还到生态环境中，加大了生态环境的压力，影响了环境质量，给人口的生存与发展造成巨大压力。

第七，在模型（7）中，以环境污染指数为门槛解释变量，环境污染指数对人口发展的影响存在三重门槛效应。在环境污染指数低于门槛值 85.420 时，估计系数为 0.297；当环境污染指数刚越过门槛值 85.420 时，估计系数减小至 0.261，且在 1% 的水平下显著；而当环境污染指数大于门槛值 88.147 时，环境污染指数对人口发展出现了负面影响，分别为 -0.238 与 -0.225。这意味着，一个地区的环境污染存在一定的阈值，当环境污染尚未超出与自然界之间的某一界限时，污染效果并未能真正体现出来；而环境污染程度跨越这一界限时，则会给生态系统造成直接的破坏与影响。

第八，在模型（8）中，以环境治理指数为门槛解释变量时，环境污染指数对人口发展的影响存在三重门槛效应。在划分的四个门槛区间中，环境污染指数对人口发展的边际影响分别为 0.095、0.058、0.089 与 0.113，且都在 1% 的水平上通过了显著性检验。对此可以解释为：政府通过干预手段，设定资源开发利用规则，以政策或法律形式明晰界定资源的产权关系及保障不同利益主体的权利，保证市场交易的效率和公正性，以解决环境治理问题为人口发展水平的提升奠定基础。

四、动态面板回归模型检验

面板数据模型（Panel Data Model）自 20 世纪 60 年代提出以来，已成为现代计量经济学的一个重要分支。而面板数据的一个优点是可以对个体的动态行为进行建模。有些经济理论认为，由于惯性或部分调整，个体的当前行为取决于过去的行为。鉴于数据可得性，将使用 1993~2014 年省级面板的相关数据对本研究的基本假说进行检验。由经验可知，人口均衡发展是一个连续动态的过程，上期的人口发展指数会对本期产生动态的影响。如果在面板模型中解释变量包含了被解释变量的滞后值，则称之为"动态面板数据"（dynamic panel data，简记为 DPD）（陈强，2010）。为了考虑人口均衡发展的动态效应，所以实证研究中我们引入被解释变量的滞后项，从而将计量模型设定为如下动态面板模型：

$$HD_{it} = \beta_1 HD_{it-1} + \beta_2 EG_{it} + \beta_3 ES_{it} + \beta_4 SS_{it} + \beta_5 SW_{it} + \beta_6 RE_{it} + \beta_7 RC_{it} + \beta_8 EP_{it}$$
$$+ \beta_9 EM_{it} + \beta_{10} I_{it} + u_i + \varepsilon_{it} (i = 1, \cdots, 30; t = 1993, \cdots, 2014)$$

其中，HD_{it-1} 为人口发展指数的滞后项，首先，由于被解释变量滞后项作为解释变量，其所包含的个体效应与扰动项可能存在相关性，从而造成估计的"内生性"。正是这种内生性导致了模型的估计和检验的困难；其次，模型中允许出现各省无法观测的特征值（资源、文化、生活习惯差异等）与解释变量相关。为了处理这些内生性问题，我们使用 GMM 方法①。Anderson 和 Hsiao（1981，1982）利用工具变量，解决因为内生性带来的估计偏误，而 Arellano 和 Bond（1991）提出的差分 GMM（difference GMM，DIF - GMM）可以解决动态面板数据模型估计量的非一致性问题，因此将上述动态模型差分，得：

$$HD_{it} = \beta_1 \Delta HD_{it-1} + \beta_2 \Delta EG_{it} + \beta_3 \Delta ES_{it} + \beta_4 \Delta SS_{it} + \beta_5 \Delta SW_{it} + \beta_6 \Delta RE_{it}$$
$$+ \beta_7 \Delta RC_{it} + \beta_8 \Delta EP_{it} + \beta_9 \Delta EM_{it} + \beta_{10} \Delta I_{it} + u_i + \varepsilon_{it}$$
$$(i = 1, \cdots, 30; t = 1993, \cdots, 2014) \quad 7.4.4 - 1$$

当然，差分也会带来一些问题。问题之一是，不随时间变化的变量被消掉了，故差分 GMM 无法估计这类不随时间变化的变量的系数。问题之二是，如果 x_{it} 仅为前定变量（predetermined），而不是严格外生（strictly exogenous），则 Δx_{it} 可能是内生变量。问题之三是，如果 T 很大，则会有很多工具变量，容易出现弱工具变量（weak instruments）问题，通常滞后期越多则相关性越弱。问题之四是，y_{it-2} 与 Δy_{it-1} 的相关性可能很弱，导致弱工具变量问题。

为解决上述问题，Blundell 和 Bond（1998）将差分 GMM 与水平 GMM 结合在一起，将差分方程与水平方程作为一个方程系统进行 GMM 估计，称为"系统 GMM"（system GMM）。系统 GMM 的优点是可以提高估计的效率，通过增加原始水平值的回归方程来弥补仅仅使用回归方程的不足和解决弱工具变量问题（Arellano & Bover，1995；Blundell & Bond，1998）。Blundell、Bond 和 Windmeijer（2000）利用蒙特卡洛模拟，证明有限样本条件下 SYS - GMM 比 DIF - GMM 估计的偏差更小，效率更高。为了增加研究结果的稳健性，我们将同时对式（7.4.4 - 1）使用差分矩估计法和系统矩估计法，得到的结果如表 7 - 30 所示。

---

① GMM（Generalzed method of moments）估计又称广义矩估计，是基于模型实际参数满足一定矩条件而形成的一种参数估计方法，是矩估计方法的一般化。其次，GMM 不需要知道随机误差项的准确分布信息，允许随机误差项存在异方差和序列相关，因而所得到的参数估计量比其他参数估计方法更有效。

表7-30　　动态面板——经济、社会、资源环境约束下的人口发展

	差分矩估计		系统矩估计	
	(1)	(2)	(3)	(4)
L.hd	0.210**	0.185**	0.316***	0.313***
	(2.55)	(2.14)	(4.2)	(4.04)
EG	0.006	0.01	0.054**	0.050**
	(0.3)	(0.51)	(2.31)	(1.97)
ES	0.016	0.034	0.112***	0.098***
	(0.83)	(1.27)	(6.02)	-3.38
SS	0.154	0.168	0.08	0.019
	(1.48)	(1.6)	(0.93)	(0.29)
SW	0.149***	0.152***	0.125***	0.134***
	(7.99)	(8.02)	(6.27)	(7.14)
RE	0.155**	0.207**	0.014	-0.001
	(2.08)	(2.25)	(0.23)	(-0.01)
RC	-0.028*	-0.019*	-0.029*	-0.044*
	(-0.41)	(-0.28)	(-0.36)	(-0.51)
EP	0.105**	0.093**	0.126***	0.099
	(2.57)	(2.2)	(3.15)	(1.57)
EM	-0.016	-0.029	0.034	0.044
	(-0.55)	(-0.91)	(1.27)	(1.52)
I		-0.039		0.028
		(-0.97)		(1.44)
常数项	27.271***	29.965***	13.957	17.081
	(3.71)	(3.8)	(1.44)	(1.41)
观测值数	600	600	630	630
省份	30	30	30	30

说明：*** 表示 P<0.01，** 表示 P<0.05，* 表示 P<0.1；括号内为各模型对应的自变量检验 t 值。

同时，在运用差分 GMM 方法时，其前提是扰动项 ε_{it} 不存在自相关。所以，需要对此进行 Arellano – Bond 检验。其检验思想是：原假设为"扰动项 ε_{it} 不存在自相关"，即扰动项 ε_{it} 的一阶差分仍将存在一阶自相关①。而扰动项的差分不存

---

① 这其中的原因是 $Cov(\Delta\varepsilon_{it}, \Delta\varepsilon_{i,t-1}) = Cov(\varepsilon_{it} - \varepsilon_{i,t-1}, \varepsilon_{i,t-1} - \varepsilon_{i,t-2}) = -Cov(\varepsilon_{i,t-1}, \varepsilon_{i,t-1}) = Var(\varepsilon_{i,t-1}) \neq 0$。

在二阶或者更高阶的自相关,检验结果如表 7-31 所示。

表 7-31　　　　　　　Arellano-Bond 检验结果

Order	Z	Prob > z
1	-4.1501	0.0000
2	0.34753	0.7282

H0：no autocorrelation.

表 7-31 检验结果显示,扰动项的一阶差分所对应的 P 值为 0.000,在 1% 的显著性水平下拒绝原假设,二阶差分所对应的 P 值为 0.7282,即扰动项的差分存在一阶自相关,但不存在二阶自相关。其次,由于差分 GMM 使用了工具变量,故需要对其进行识别性检验,而一般采取的方法是 Sargan 检验。Sargan 在检验原假设时过度识别是有效的,即工具变量有效。在原假设成立的前提下,Sargan 统计量服从自由度 $r-k$[①] 的卡方分布。其检验的结果如表 7-32 所示。

表 7-32　　　　　　　　　Sargan 检验

chi2(209) = 26.19865
Prob > chi2 = 1.0000

H0：overidentifying restrictions are valid.

表 7-32 的检验结果显示,Prob > chi2 = 1.0000。在 1% 的显著性水平上,无法拒绝"所有工具变量均有效"的原假设。

当然,在很多情况下,被解释变量的滞后值并不是一阶差分方程最理想的工具变量,使用系统 GMM 估计也是必要的。与差分 GMM 估计相类似,我们也必须对使用系统 GMM 的前提条件进行判定。为此,又一次进行了 Arellano-Bond 检验与 Sargan 检验,得到的检验结果如表 7-33 与表 7-34 所示。

表 7-33　　　　　　　　Arellano-Bond 检验

Order	Z	Prob > z
1	-4.409	0.0000
2	1.006	0.3144

H0：no autocorrelation.

---

① r 是工具变量的秩,k 是估计参数的个数。

表 7–34　　　　　　　　　　　Sargan 检验

chi2(229) = 25.91746
Prob > chi2 = 1.0000

H0：overidentifying restrictions are valid.

表 7–33 与表 7–34 的检验结果显示，Arellano–Bond 检验中扰动项的一阶差分所对应的 P 值为 0.000，在 1% 的显著性水平下拒绝原假设，二阶差分所对应的 P 值为 0.3144，即扰动项的差分存在一阶自相关，但不存在二阶自相关。Sargan 检验中 Prob > chi2 = 1.0000，在 1% 的显著性水平上，无法拒绝"所有工具变量均有效"的原假设。这说明了模型设定的合理性和工具变量的有效性。

从表 7–30 中回归结果显示，对比差分 GMM 与系统 GMM 的系数估计值与标准误，可以发现：系统 GMM 估计值与差分 GMM 很接近，而前者的标准误比后者要小，可能的原因是系统 GMM 比差分 GMM 使用了更多的工具变量[①]。

从两种估计方法的估计结果都可以看到，被解释变量的一阶滞后值都很显著，说明人口发展指数确实存在"惯性"。上一年的人口发展水平每提高 1%，会带来当年的人口发展水平 0.3% 左右的提高。

结合静态面板的估计结果，无论是静态面板固定效应模型、差分 GMM，还是系统 GMM，都一致显示经济增长指数与人口发展指数呈正相关（静态面板模型中，经济增长指数未曾通过显著性检验），再次证明了经济增长是促进人口发展的前提。这可能的原因是：首先，经济增长所创造的物质财富使其对人口的承载力更强；其次，经济增长有助于人口素质的提升，部分物质财富可以保证就业市场中劳动力教育与培训的投入；对提升人口发展水平产生积极影响。

在差分 GMM 的估计结果中，经济结构指数的估计系数为 0.034，虽然与人口发展指数呈正相关关系，但并未通过显著性检验，而在系统 GMM 的估计结果中，经济结构指数的估计系数为 0.098，在 1% 的显著性上通过检验。对此可以解释为：差分 GMM 消除了非观测界面的个体效应，也消除了不随时间变化的其他变量，且对于"大 N 小 T"型面板数据中部分估计量并非是有效估计，而系统 GMM 则有效地克服此类缺陷。换句话说，系统 GMM 得到的估计结果是最准确的。对此可以解释为：在经济结构的调整中，第三产业与人口的发展紧密相连，特别是其中的教育、健身、文化、创意、研发、旅游等。第三产业所占比重越高，人的自身发展也会有更大的空间；其次，缓解城乡收入差距，深化收入分配制度，通过适宜的财政政策与支出政策，减轻农民负担，为农村居民提供平

---

① 系统 GMM 使用的工具变量数为 219；差分 GMM 使用的工具变量数为 200。

等的发展机遇,对人口均衡型社会的建设具有重大意义。

对于社会保障指数,在系统 GMM 中,其估计系数为 0.019,但并未通过显著性检验。这说明,社会保障对人口的均衡发展并未产生重要影响。现阶段,社会保障体系的建设与经济发展的水平相比稍显落后。当前,社会保障体系的覆盖面不足,社保基金收支不平衡,管理体制不清晰,也已成为建设社会保障体系的一个重要瓶颈。因此,如何尽快健全社会保障制度,不断扩大覆盖面,稳步提高保障水平,多渠道加大资金投入,改进管理和服务体制,实现社会保障事业的可持续发展,是建设人口均衡型社会的必然要求。①

对于社会服务指数,在差分 GMM 与系统 GMM 中,其估计系数分别为 0.152 和 0.134,且都通过了 1% 的显著性检验。即社会保障指数每增加 1%,会带来人口发展指数大约 0.14% 的提升。对此可以解释为:社会服务是人口发展的重要条件,也是人类发展的重要内容。另外,社会服务是维护社会基本公平的基础,通常发挥着社会矛盾的"缓冲器"作用,加快改善中国目前的社会服务状况,有利于缓解当前经济社会中所面临的各种突出矛盾,顺利推进和谐社会建设。

对于资源消耗指数,在差分 GMM 与系统 GMM 中,其估计系数分别为 -0.019 与 -0.044,且都通过了 10% 的显著性检验。可以看到,资源消耗指数与人口发展指数呈负相关关系。对此可以解释为:中国的人均自然资源落后于世界平均水平,资源富集区多与生态脆弱区重叠。目前中国正处在加快推进工业化、城镇化和现代化的进程中,资源供给的刚性制约也在不断加剧。可以说,资源过度消耗已是不争的事实,与之相伴随的环境问题也越发凸显,导致的直接严重后果将是人类生存环境的质量下降,严重影响人类的生活质量和身体健康。

对于环境污染指数与环境治理指数,在差分 GMM 中,两者的估计系数为 0.093 与 -0.029。这与预期结果不一致。一般而言,环境污染会带来人口的负面影响,而环境治理则与之相反。这说明,中国目前的环境污染问题十分突出,而在环境治理方面供给不足,处于一种环境的非均衡状态。因此要扭转这种不利局面必须做到几点:一方面,政府官员树立正确的绩效观,将生态环境与政治晋升结合起来,改革环境治理过程中的激励不足;另一方面,增强环境治理中的公众参与,使环境治理主体多元化。

五、面板脉冲响应回归模型检验

从前面的理论分析中可以清晰地看到,经济、社会、资源、环境与人口之间

---

① 尹蔚民. 加快完善社会保障体系 推动社会保障事业可持续发展. 2012 年 05 月 29 日, http://finance.people.com.cn/insurance/GB/18017397.html

存在相互影响的关系。因此有必要选取能将它们同时作为内生变量的计量模型进行分析。为了进一步检验经济、社会、资源、环境指数对人口发展指数的影响，本部分采用了面板脉冲向量自回归模型（Panel Data Vector Autoregression，PVAR）。PVAR 模型把所有变量视为内生变量，即处理一个内生系统，并允许样本个体间存在个体效应差异和横截面上的时间效应。由于选取的样本为面板数据，在时间序列长度一定的情况下，通过增加截面个体的数量，极大扩充了样本观测值的容量。一般而言，PVAR 模型满足 $k+3 \leq T$（k 为滞后阶数，T 为时间序列的长度）时，便可对模型进行估计；满足 $2k+2 \leq T$，便可以在稳态状态下估计滞后项参数。PVAR 所采用的主要方法是通过脉冲响应函数（Impulse-response Function，IFR）与方差分解（Variance Decomposition），即研究每个变量的变动或冲击对变量本身和其他内生变量的影响作用。具体而言，第 i 个内生变量的一个冲击不仅能够影响到本身，还可以通过 VAR 模型的动态结构传递给其他的内生变量。这样，通过脉冲响应函数就可以清晰刻画这些影响的轨迹，进而显示任意一个变量的扰动是如何影响其他所有变量的过程。再通过方差分解进一步说明各个影响因素的大小。

因此，我们将面板脉冲响应函数设定为以下形式：

$$V_{it} = \alpha_0 + \sum_{j=1}^{k} \alpha_1 V_{i,t-j} + \eta_t + \varphi_t + \varepsilon_{it}$$

V_{it} 是一个包含三变量的列向量，代表第 i 个省份第 t 时刻的 $\{HD, EG, ES\}^T$、$\{HD, SS, SW\}^T$、$\{HD, RE, RC\}^T$、$\{HD, EP, EM\}^T$ 本研究引入了固定效应，即允许变量中存在"区域异质性"，在模型中用 η_t 来表示，φ_t 是时间趋势项，ε_{it} 是服从正态分布的随机扰动项。

进行向量自回归分析之前，需要先确认各序列是否平稳。为解决传统单位根检验方法对面板数据进行检验时效力过低的问题，这里分别采用 LLC、ADF 和 Fisher – PP 三种方法进行对比检验。结果如表 7 – 35 所示。

表 7 – 35　　　　　　　　变量序列平稳性检验结果

序列	LLC	ADF	Fisher – PP
HD	0.9994	0.8794	0.3468
ΔHD	0.0000 ***	0.0000 ***	0.0000 ***
EG	0.5912	0.9982	0.9987
ΔEG	0.0000 ***	0.0000 ***	0.0000 ***
ES	0.0168	0.7055	0.5066
ΔES	0.0000 ***	0.0000 ***	0.0000 ***

续表

序列	LLC	ADF	Fisher－PP
SS	1.0000	1.0000	1.0000
ΔSS	0.0000***	0.0000***	0.0000***
SW	1.0000	1.0000	1.0000
ΔSW	0.0000***	0.0000***	0.0000***
RE	0.8466	0.5439	0.0014
ΔRE	0.0001***	0.0005***	0.0005***
RC	0.4476	0.4910	0.6548
ΔRC	0.0000***	0.0000***	0.0000***
EP	1.0000	1.0000	1.0000
ΔEP	0.0000***	0.0000***	0.0000***
EM	1.0000	1.0000	1.0000
ΔEM	0.0000***	0.0000***	0.0000***

注：*** 表示在1%的显著性水平上显著；** 表示在5%的显著性水平上显著；* 表示在10%的显著性水平上显著。Δ 为一阶差分。

由表7-35可知，所有面板数据序列指标的 LLC、ADF 和 Fisher－PP 检验值均不同时拒绝"存在单位根"的原假设。经一阶差分后，各序列的检验值均显著拒绝"存在单位根"的原假设。人口发展指数（HD）、经济增长指数（EG）、经济结构指数（ES）、社会保障指数（SS）、社会服务指数（SW）、资源禀赋指数（RE）、资源消耗指数（RC）、环境污染指数（EP）、环境治理指数（EM）满足一阶单整，可以建立 PVAR 模型。

本部分选取了一到四阶滞后的 PVAR 模型，蒙特卡洛仿真500次，根据 AIC 准则，确定最优滞后阶数为一阶。在去除模型中的地区固定效应和时间效应后，运用 GMM 进行参数估计，结果如表7-36所示。

表7-36　　　　1993～2014年人口与经济的脉冲响应模型估计结果

依赖变量	HD		EG		ES	
	估计系数	t值	估计系数	t值	估计系数	t值
L.hd	0.8577	16.8851	0.3948	4.9790	0.0776	2.7934
L.eg	0.1938	3.7398	0.5242	7.0239	-0.0718	-2.5923
L.es	0.1823	2.2359	-0.3735	-3.1949	0.8484	19.8940

由表 7-36 的估计结果可知,在单一研究经济对人口的动态影响下,上一期人口发展指数一阶滞后(L. hd)对本期有正向影响,影响度为 0.8577,验证了之前动态面板模型中"人口发展指数存在惯性"的结论。其次,上一期经济增长指数(L. eg)与经济结构指数的一阶差分(L. es)对本期人口发展指数一阶差分的影响度分别为 0.1938 与 0.1823。

由表 7-37 的估计结果可知,在单一研究社会对人口的动态影响下,上一期人口发展指数(L. hd)对本期有正向影响,影响度为 0.5046。其次,上一期社会保障指数(L. ss)与社会服务指数(L. sw)的影响度分别为 -0.1186 与 0.1593。

表 7-37　　　　1993~2014 年人口与社会的脉冲响应模型估计结果

依赖变量	HD		SS		SW	
	估计系数	t 值	估计系数	t 值	估计系数	t 值
L. hd	0.5046	4.0993	-0.1216	-0.7973	-0.7962	-3.0331
L. ss	-0.1186	-1.0018	1.0857	3.0326	-0.2197	-0.9280
L. sw	0.1593	3.4373	-0.0006	-0.0055	1.2087	13.6660

由表 7-38 的估计结果可知,在单一研究资源对人口的动态影响下,上一期的人口发展指数(L. hd)对本期有正向影响,影响度为 0.9410。其次,上一期资源禀赋指数(L. re)与资源消耗指数(L. rc)的影响度为 0.1588 与 0.2228。

表 7-38　　　　1993~2014 年人口与资源的脉冲响应模型估计结果

依赖变量	HD		RE		RC	
	估计系数	t 值	估计系数	t 值	估计系数	t 值
L. hd	0.9410	8.5312	0.0192	0.2437	-0.0239	-0.4105
L. re	0.1588	0.7054	0.8965	5.8095	-0.0262	-0.6679
L. rc	0.2228	1.8279	-0.0205	-0.7347	0.9278	4.9107

由表 7-39 的估计结果可知,在单一研究环境对人口的动态影响下,上一期的人口发展指数(L. hd)对本期有正向影响,影响度为 0.8089。其次,上一期的环境污染指数(L. ep)与环境治理指数(L. em)的影响度为 0.4465 与 -0.0316。

表 7-39　　　　　1993~2014 年人口与环境的脉冲响应模型估计结果

依赖变量	HD		EP		EM	
	估计系数	t 值	估计系数	t 值	估计系数	t 值
L. hd	0.8089	7.4098	0.0724	1.1795	-0.1946	-1.8255
L. ep	0.4465	2.2436	0.9240	8.0823	-0.1230	-0.6435
L. em	-0.0316	-0.4561	-0.0512	-1.2423	0.9934	13.5639

PVAR 模型并非依据经济理论而建，因此在解释 PVAR 单个参数估计值较为困难或意义不大，对此运用面板脉冲响应函数对人口与经济、社会、资源、环境的互动关系进行实证研究。脉冲响应函数式（IRF）是用来描述 PVAR 模型中某一变量扰动项加上一个标准差大小的冲击对系统中每一变量当期值与未来值的影响，通过各变量对冲击的动态反映情况分析影响强度与方向。

图 7-31 给出了经 Monte-Carlo 模拟后三变量 {HD，EG，ES} 之间的冲击影响，其中横轴代表冲击作用的滞后期，这里为 6，纵轴表示因变量对自变量的响应程度，中间实线表示响应函数曲线，外侧两条线代表 95% 的置信区间上下界。

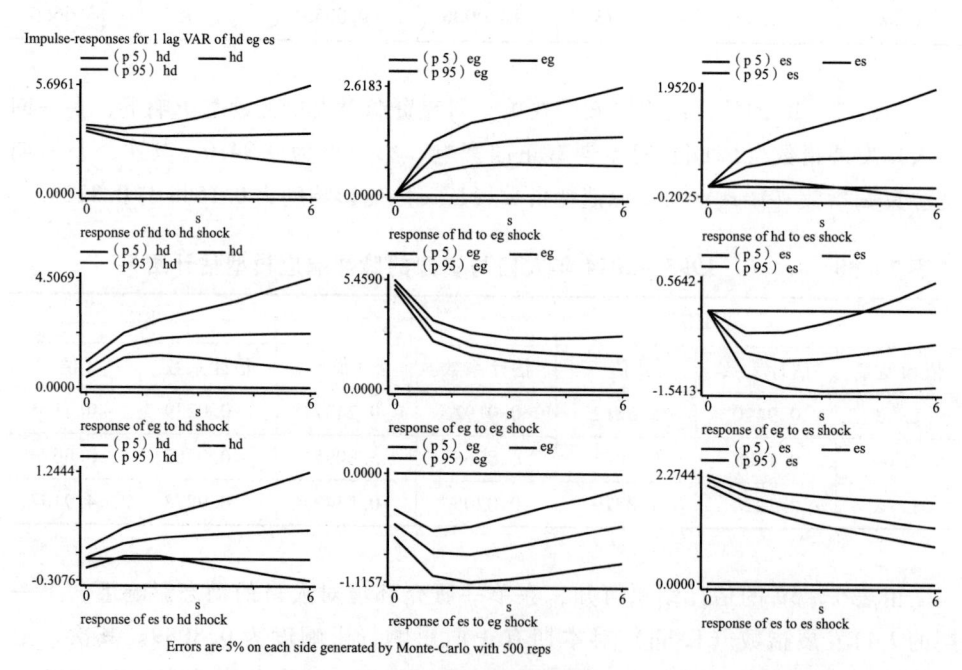

图 7-31　三变量 {HD，EG，ES} 的面板正交化脉冲响应图

由图 7-31 可知，人口发展指数对经济增长指数与经济结构指数的冲击无论在响应强度还是响应速度上都存在一定差异。滞后一期的人口发展指数对本身存

在一个正向响应，期初时冲击响应值在3%附近。随后，冲击响应有所降低，并出现了平稳收敛；在本期给经济增长指数一个正交化冲击后，第一期的人口发展指数迅速达到最大值，随后逐渐回落，到第四期开始逐渐收敛于2.5%，反映了初期经济增长对人口发展的影响，而且响应强度会持续；在本期给经济结构指数一个正交化冲击后，与经济增长指数的趋势类似，在期初时人口发展指数的响应值达到2.27%最高值，但回落速度有所降低，到第六期后便逐渐收敛，这也反映出虽然经济结构指数对人口发展有正向影响，但随着未来趋势的变化，影响力有所下降。

由图7-32可知，人口发展指数对社会保障指数与社会服务指数冲击响应的持续期不同。本期人口发展指数对自身冲击有一个正向响应，期初时冲击响应值在3.18%附近。随后便迅速下落，直至到第六期时，下降趋势才有所放缓并出现收敛趋势，收敛值大约为1%；在本期给社会保障指数一个正交化冲击后，人口发展水平所受的响应值基本上呈现平稳状态。从第一期至第六期来看都处于0.1%左右；在本期给社会服务指数一个正交化冲击后，与社会保障指数的趋势类似，人口发展水平所受的响应值几乎未发生明显变化。从第一期至第六期来看，都处于5%左右，响应强度有所增强。

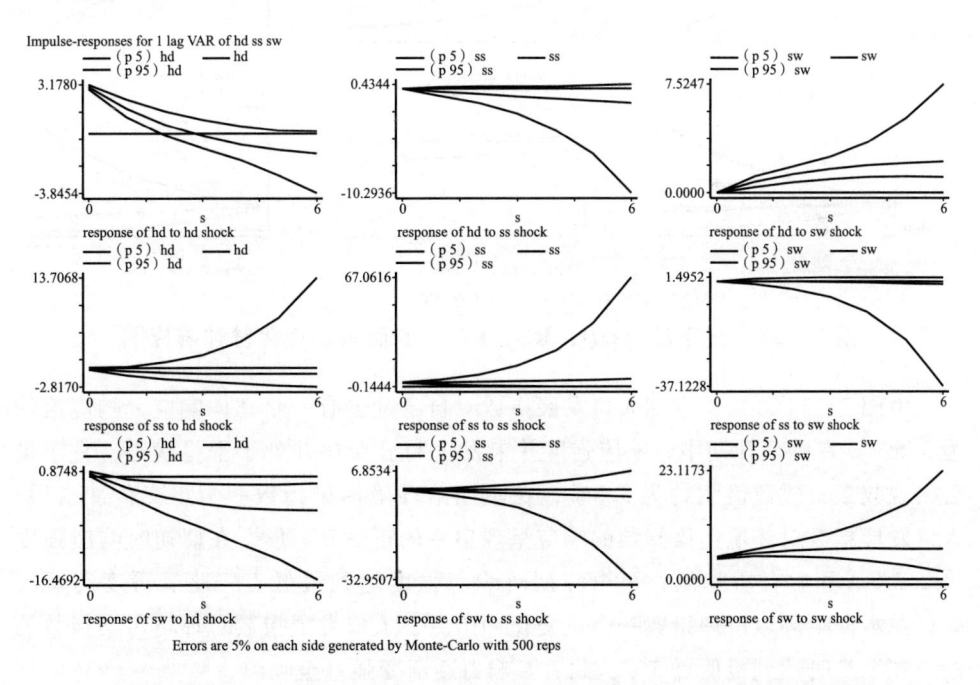

图 7-32　三变量 {HD, SS, SW} 的面板正交化脉冲响应图

由图7-33可知，人口发展指数对资源禀赋指数与资源消耗指数的冲击响应具有持续稳定性。本期人口发展指数对自身冲击存在一个正向响应，响应值约为

4%。在此之后，冲击效应逐渐降低，至第五期时初步出现收敛迹象，收敛值约为 2.5%。在本期给资源禀赋指数一个正交化冲击后，人口发展指数对资源禀赋指数的响应在期初时达到 2.6% 峰值，且随着期数的增多而逐渐衰减，但仍然显示出正向的促进作用；在本期给资源消耗指数一个正交化冲击后，人口发展指数对资源消耗指数的脉冲响应在发生的当期达到峰值 2.5%，随后响应程度出现平滑性的下降，并逐步收敛于零值附近。与资源禀赋指数相比，其响应强度与响应速度都较为迟缓。

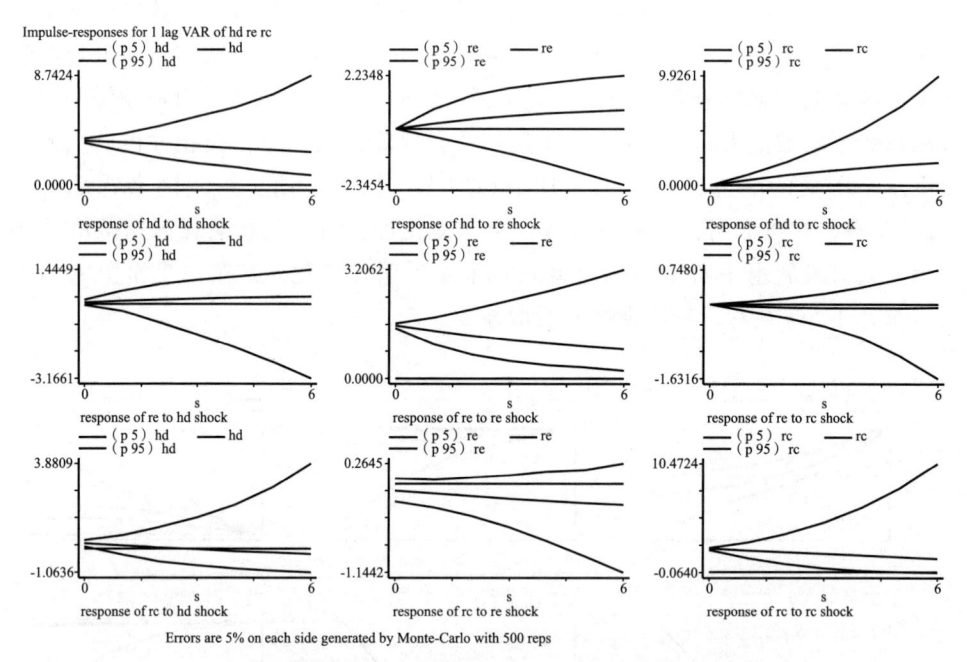

图 7-33 三变量 {HD，RE，RC} 的面板正交化脉冲响应图

由图 7-34 可知，本期人口发展指数对自身冲击有一个正向响应，响应值约为 3.6%。在随后几期中，响应强度并未发生明显变化并处于平稳状态，直至最后出现收敛，收敛值大约为 3.5%；在本期给环境污染指数一个正交化冲击后，人口发展指数对环境污染指数的响应呈现扁平的正"U"形，在期初时响应强度为 2.7%，随后有所降低，至第三期时响应强度达到最低点，此后再度有所反弹；在本期给环境治理指数一个正交化冲击后，人口发展指数对环境污染指数的响应在期初时达到最低点 3%，此后影响力逐渐变强直至收敛。

为了刻画这几个变量的长期影响程度，进一步利用方差分解获得不同方程的冲击反应对各个变量波动的方差贡献率构成。方差分解可将系统内一个变量的预测方差分解到各个扰动项上，从而评价出每个随机扰动对模型中变量影响的重要信息。

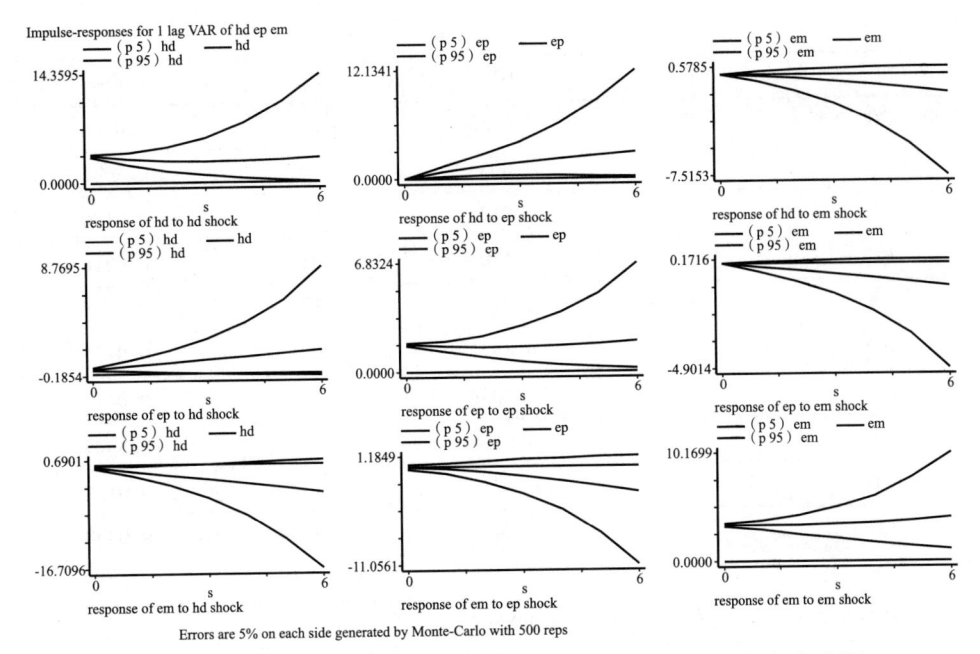

图 7-34　三变量 {HD, EP, EM} 的面板正交化脉冲响应图

三变量 {HD, EG, ES} 的方差分解结果如表 7-40 所示。

单一研究经济对人口的关系，可以得到以下几点：

第一，第 5 期与第 6 期的解释程度已基本保持一致，在此以后，变量对所有变量误差项的解释程度将保持稳定[①]；第二，从长期来看，所有人口发展指数的变动中，有 86% 是由其自身引起的，可见人口发展指数的变动具有强烈的惯性；第三，在第 1~6 期中，人口发展指数对变量变动的解释程度有所下降，但降幅不大。而经济增长指数的贡献率则在逐渐增大，由最初的 0.0 上升至 11.52%，经济结构指数则较稳定的保持在 2.11%。

表 7-40　三变量 {HD, EG, ES} 的方差分解结果

	S	HD	EG	ES
HD	1	1.0000	0.0000	0.0000
EG	1	0.0171	0.9829	0.0000
ES	1	0.0000	0.0532	0.9468
HD	2	0.9549	0.0380	0.0071

---

① 受篇幅所限，并未列出方差分析的全部分解结果。选取有代表性的前六期结果，已基本能够反映整体变化趋势。

续表

	S	HD	EG	ES
EG	2	0.0853	0.8981	0.0166
ES	2	0.0053	0.1015	0.8932
HD	3	0.9171	0.0699	0.0130
EG	3	0.1509	0.8173	0.0318
ES	3	0.0110	0.1275	0.8615
HD	4	0.8921	0.0911	0.0169
EG	4	0.2049	0.7540	0.0411
ES	4	0.0164	0.1407	0.8429
HD	5	0.8753	0.1053	0.0194
EG	5	0.2489	0.7053	0.0458
ES	5	0.0217	0.1469	0.8313
HD	6	0.8637	0.1152	0.0211
EG	6	0.2857	0.6667	0.0476
ES	6	0.0271	0.1494	0.8235

三变量 {HD, SS, SW} 的方差分解结果如表 7-41 所示。

单一研究社会对人口的关系，可以得到以下几点：

第一，第 5 期与第 6 期的解释程度已基本保持一致，在此以后，变量对所有变量误差项的解释程度将保持稳定；第二，从长期来看，所有人口发展指数的变动中，有 46.48% 是由其自身引起的，可见人口发展指数的变动具有强烈的惯性；第三，在第 1~6 期中，人口发展指数的变动除自身变动之外，社会保障指数与社会服务指数的贡献率由最初的 0，分别上升至 11.53% 和 41.99%。从贡献率的大小来说，社会服务指数已成为影响人口发展水平的另一关键因素。

表 7-41　三变量 {HD, SS, SW} 的方差分解结果

	S	HD	SS	SW
HD	1	1.0000	0.0000	0.0000
SS	1	0.0013	0.9987	0.0000
SW	1	0.0119	0.0000	0.9881
HD	2	0.9505	0.0066	0.0429
SS	2	0.0172	0.9828	0.0000

续表

	S	HD	SS	SW
SW	2	0.0622	0.0051	0.9327
HD	3	0.8310	0.0255	0.1435
SS	3	0.0327	0.9669	0.0004
SW	3	0.1395	0.0120	0.8484
HD	4	0.6820	0.0541	0.2639
SS	4	0.0428	0.9549	0.0024
SW	4	0.2014	0.0193	0.7793
HD	5	0.5545	0.0854	0.3601
SS	5	0.0468	0.9465	0.0067
SW	5	0.2456	0.0269	0.7275
HD	6	0.4648	0.1153	0.4199
SS	6	0.0459	0.9402	0.0139
SW	6	0.2759	0.0351	0.6890

三变量｛HD，RE，RC｝的方差分解结果如表7-42所示。

单一研究资源对人口的关系，可以得到以下几点：

第一，第5期与第6期的解释程度已基本保持一致，在此以后，变量对所有变量误差项的解释程度将保持稳定；第二，从长期来看，所有人口发展指数的变动中，有85.71%是由其自身引起的，可想而知，人口发展指数的增长率具有强烈的惯性；第三，至第六期时，人口发展指数的变动除自身影响之外，资源禀赋指数与资源消耗指数亦发挥了明显作用，其所做的贡献由第一期的0分别上升至2.08%与12.21%。

表7-42　　三变量｛HD，RE，RC｝的方差分解结果

	S	HD	RE	RC
HD	1	1.0000	0.0000	0.0000
RE	1	0.0018	0.9982	0.0000
RC	1	0.0132	0.0017	0.9851
HD	2	0.9877	0.0021	0.0102
RE	2	0.0043	0.9952	0.0005
RC	2	0.0097	0.0026	0.9877

续表

	S	HD	RE	RC
HD	3	0.9633	0.0060	0.0307
RE	3	0.0080	0.9907	0.0013
RC	3	0.0072	0.0038	0.9890
HD	4	0.9312	0.0108	0.0580
RE	4	0.0128	0.9851	0.0021
RC	4	0.0059	0.0053	0.9888
HD	5	0.8949	0.0159	0.0892
RE	5	0.0186	0.9787	0.0028
RC	5	0.0056	0.0072	0.9872
HD	6	0.8571	0.0208	0.1221
RE	6	0.0252	0.9716	0.0032
RC	6	0.0065	0.0093	0.9842

三变量{HD，EP，EM}的方差分解结果如表7-43所示。

单一研究环境对人口的关系，可以得到以下几点。

第一，第5期与第6期的解释程度已保持一致，在此以后，变量对所有变量误差项的解释程度将保持稳定；第二，从长期来看，所有人口发展指数增长率的变动中，高达74.32%是由其自身变化引起的；第三，至第六期时，人口发展指数增长率除自身变动之外，就贡献率而言，环境污染指数显著强于环境治理指数，两者的贡献率也分别达到了23.16%与2.51%。

表7-43　　三变量{HD，EP，EM}的方差分解结果

	S	HD	EP	EM
HD	1	1.0000	0.0000	0.0000
EP	1	0.0521	0.9479	0.0000
EM	1	0.0114	0.0000	0.9886
HD	2	0.9733	0.0262	0.0005
EP	2	0.0955	0.8996	0.0049
EM	2	0.0561	0.0022	0.9417
HD	3	0.9236	0.0738	0.0026
EP	3	0.1446	0.8400	0.0154

续表

	S	HD	EP	EM
EM	3	0.1156	0.0099	0.8746
HD	4	0.8633	0.1295	0.0071
EP	4	0.1945	0.7754	0.0301
EM	4	0.1794	0.0248	0.7958
HD	5	0.8015	0.1839	0.0147
EP	5	0.2417	0.7111	0.0473
EM	5	0.2401	0.0468	0.7131
HD	6	0.7432	0.2316	0.0251
EP	6	0.2841	0.6505	0.0654
EM	6	0.2935	0.0742	0.6324

第五节 人口内部均衡约束下的外部均衡

为检验人口因素对外部均衡的影响，采用的模型包括静态面板回归模型、分阶段回归模型、分地区回归模型、门槛回归模型，分别研究人口因素对外部均衡的静态影响即2003年前后人口因素对外部均衡的影响不同，不同地区人口因素对外部均衡的影响不同，以及人口因素对外部均衡影响的门槛效应。

一、静态面板模型检验

根据理论模型所得出的结论，人口因素也会反作用于经济、社会、资源、环境与制度所构成的外部均衡（Balance of External，BE）。所以，在本部分中，我们选取经济、社会、资源、环境与制度所构成的外部均衡指数，以此作为被解释变量。解释变量为人口发展指数，包括人口适度指数、人口结构指数和人口分布指数。

综上所述，要研究人口适度指数、人口结构指数和人口分布指数对外部均衡指数的影响，则需要建立如下面板回归模型：

$$BE_{it} = \beta_0 + \beta_1 PM_{it} + \beta_2 PS_{it} + \beta_3 PD_{it} + \mu_i + \varepsilon_{it}$$

其中，被解释变量 BE 为外部均衡指数；解释变量 PM 为人口适度指数，PS 为人口结构指数，PD 为人口分布指数。i 代表样本中的被观测地区，t 表示样本中每个地区的观测时间，$i = 1, 2, 3, \cdots, 30$，$t = 1993, 1994, 1995, \cdots, 2014$，$\mu_i$ 表示不可观测的地区效应，ε_{it} 为随机干扰项。

此外，为了克服内生性问题，本研究将采用人口变量的滞后一期值作为工具变量来检验或克服内生性问题。

根据模型设定，利用 1993~2014 年中国 30 个省、直辖市、自治区的数据，采用面板回归模型研究人口适度、人口结构和人口分布对外部均衡的影响。同时，采用混合效应、固定效应、随机效应和工具变量法对模型进行估计。静态面板模型估计结果如表 7-44 所示。

表 7-44　　人口约束下的外部均衡（1993~2014 年）[①]

	估计1	估计2	估计3	估计4
估计方法	混合	固定	随机	工具
因变量	BE	BE	BE	BE
PM	0.097*** (7.39)	0.329*** (14.75)	0.246*** (12.25)	0.297*** (8.45)
PS	0.256*** (23.09)	0.112*** (8.83)	0.145*** (11.61)	0.123*** (6.09)
PD	0.039*** (2.96)	0.061*** (5.66)	0.062*** (5.47)	0.161*** (3.92)
常数项	27.597*** (27.36)	20.449*** (15.82)	23.552*** (18.42)	16.681*** (9.78)
观测值	660	660	660	630
R-squared	0.499	0.454	0.44	0.401
F	217.5	173.8		16.71
省份	30	30	30	30

注：所用软件包为 Stata12.0；*、**、*** 分别表示 10%、5%、1% 的显著性，括号内数字为其标准差，同表 7-45；其中混合效应估计中采用以 "province" 为聚类变量的聚类稳健标准差，因为一个省不同期的扰动项一般存在自相关，而默认的普通标准差计算方法假设扰动项为独立同分布的，故普通标准差的估计并不准确。

其中，估计1、估计2、估计3、估计4分别是利用了混合效应模型、固定效应模型、随机效应模型和工具变量法估计了人口适度指数、人口结构指数和人口分布指数对外部均衡指数的影响。为了保证估计方法的科学性，须先进行估计方法的检验。首先，对混合效应回归估计和固定效应回归估计进行比较，发现F值大于临界值，应建立固定效应模型；其次，对混合效应和随机效应模型进行比较，构造LM统计量，LM检验P值为0.0000，强烈拒绝"不存在个体随机效应"的原假设，即认为在"随机效应"与"混合效应"二者之间，应该选择"随机效应"；然后，对随机效应和固定效应进行豪斯曼检验，P值为0.0000，认为在5%的显著水平下应该使用固定效应模型，而非随机效应模型；对固定效应和工具变量法进行豪斯曼检验，检验值为-3.53，说明不存在内生性问题，应该采用固定效应模型，即估计2的结果。

就人口适度对外部均衡的影响而言，从估计2的结果，可以看出人口适度指数与外部均衡指数正相关，且在1%的显著水平下显著，人口适度指数每提高1个点，外部均衡指数将增加0.329。这是因为：首先，人口是经济增长的必需要素，人口适度水平越高，意味着人口的健康素质和教育素质越高，从而能够很好地促进经济增长，而且人口的教育素质越高，第三产业的比重也就越高，城乡收入差距会减小（刘渝琳等，2012），有利于经济结构的优化；其次，人口适度的提高还能促进社会保障和社会服务的完善，合理地利用资源，减少环境污染，积极促进环境治理，从而提高外部均衡水平。

人口结构指数与外部均衡指数正相关，在1%的水平下显著，人口结构指数每提高1个点，外部均衡指数将增加0.112。这是因为，首先，人口结构指数越高，人口的年龄结构越合理，社会抚养比越小，储蓄率越高，有利于物质资本和人力资本的积累，从而促进经济增长（刘渝琳，2014，2016）；其次，人口结构指数越高，人口城镇化率越高，越有利于地区经济增长。国际经验表明城镇化是带动一个国家或地区经济增长的核心动力，城镇化通过投资拉动机制、消费刺激机制、产业优化机制、创新激励机制促进经济增长（蒋冠，2014）；而且城镇化率的提高有助于缩小城乡收入差距，降低基尼系数（吕炜，2013）。综上所述，人口结构指数的提高能够促进经济增长，缩小城乡收入差距，从而提高外部均衡水平。

人口分布指数与外部均衡指数正相关，且在1%的显著水平下显著，人口分布指数每提高1个点，外部均衡指数将增加0.061。这是因为适当的人口流动能够促进地区的经济增长，尤其是人口稀缺的地区（李晓阳，2015）；而且适龄劳动人口就业率的提高，能够为经济增长提供充足的劳动力，降低生产成本，从而也可以促进经济增长；而人口产业承载力的增加，促进了第二产业和第三产业的发展，缩小了城乡收入差距，使经济结构更加合理。同时，第三产业的发展，减少了对资源的消耗，也减少了对环境造成的污染，从而提高了外部均衡水平。

综上所述，人口适度指数、人口结构指数和人口分布指数的提高均能够促进人口外部均衡水平的提高，而且人口适度指数对外部均衡的影响系数要大于人口结构指数，更大于人口分布指数。

二、分阶段模型

经济、社会、资源、环境与人口随着时代的变化而不断变化。从长远来看，人口随着生产力的发展和社会生产方式的进步不断由低级向高级演变，人口的数量、质量、结构、分布不断发生变化。改革开放以来，我国的经济发展水平不断提升，经济结构也在不断调整升级，社会保障和社会服务不断完善，资源的消耗效率不断提高，环境污染和环境治理问题也得到越来越多的关注。

因此，有必要将本研究中所选取的时间段进行划分，使所得到的研究结论更有意义。所以，我们在人口适度指数中引入人均入院率，社会保障指数中引入了社会保障和就业支出比，社会服务指数中引入了人均城市道路面积和建成区绿化覆盖率，资源禀赋指数中引入人均水资源，环境治理指数中引入生活垃圾无害化处理率。鉴于数据的可得性，这三个动态指标在2003年以后才得以统计，为此，在接下来的分阶段检验中，以2003年为分界点，将1993~2014年划分为1993~2003与2004~2014年两个研究区间。在此基础上，我们分别建立了以下两个计量模型，如下所示：

模型一：

$$BE_{it} = \beta_0 + \beta_1 PM_{it} + \beta_2 PS_{it} + \beta_3 PD_{it} + \mu_i + \varepsilon_{it}$$

其中，i代表样本中的被观测地区，t表示样本中每个地区的观测时间，$i = 1, 2, 3, \cdots, 30$，$t = 1993, 1994, 1995, \cdots, 2003$，$\mu_i$表示不可观测的地区效应，$\varepsilon_{it}$为随机干扰项。

模型二：

$$BE_{it} = \beta_0 + \beta_1 PM_{it} + \beta_2 PS_{it} + \beta_3 PD_{it} + \mu_i + \varepsilon_{it}$$

其中，i代表样本中的被观测地区，t表示样本中每个地区的观测时间，$i = 1, 2, 3, \cdots, 30$，$t = 2004, 2005, \cdots, 2014$，$\mu_i$表示不可观测的地区效应，$\varepsilon_{it}$为随机干扰项。

根据模型设定，利用1993~2014年中国30个省、直辖市、自治区的数据，采用面板回归模型研究不同时期人口适度、人口结构和人口分布对外部均衡的影响。同时，采用混合效应、固定效应、随机效应和工具变量法对模型进行估计，并利用 F 检验、LM 检验和豪斯曼检验来选择合适的模型。分阶段面板模型估计结果如表 7-45 所示。

表 7-45　　　　　　　　　　　分阶段回归结果

时间段	1993~2014 年	1993~2003 年	2004~2014 年
	估计 1	估计 2	估计 3
因变量	BE	BE	BE
PM	0.329*** (14.75)	0.065** (2.53)	0.018 (0.50)
PS	0.112*** (8.83)	0.034* (1.93)	0.203*** (9.06)
PD	0.061*** (5.66)	-0.021 (-1.41)	0.067*** (4.35)
常数项	20.449*** (15.82)	44.845*** (23.37)	34.776*** (13.84)
观测值	660	330	330
R-squared	0.454	0.035	0.226
F	173.8	3.587	
省份	30	30	30
LM	0.0000	0.0000	0.0000
P1	0.0000	0.0000	0.3395
P2	-3.53	-169.86	0.9701
估计方法	FE	FE	RE

如表 7-45 所示，估计 1 是利用 1993~2014 年的数据，通过固定效应模型估计人口适度指数、人口结构指数和人口分布指数对外部均衡指数的影响；估计 2 是利用 1993~2003 年的数据，估计人口适度指数、人口结构指数和人口分布指数对外部均衡指数的影响，LM 检验 P 值为 0.0000，固定效应和随机效应豪斯曼检验 P 值为 0.0000，内生性问题豪斯曼检验值为 -169.86，说明不存在内生性问题，应该采用固定效应模型；估计 3 是利用 2004~2014 年的数据，

被解释变量中社会保障指数 SS 引入动态指标"社会保障和就业支出比 SSE 指数",社会服务指数 SW 引入"人均城市"道路面积 UB 和建成区绿化覆盖率 BC 两个动态指标,资源禀赋指数 RE 中引入人均水资源量 PCW 动态指标,环境治理指数 EM 引入生活垃圾无害化处理率 GD 动态指标,解释变量人口适度指数中加入人均入院率,来估计人口适度指数,豪斯曼检验 P 值为 0.9701,说明不存在内生性问题,应该采用随机效应模型。

人口适度指数与外部均衡指数在 1993~2003 年时间段内显著正相关,而在 2004~2014 年时间内关系不显著。这可能是因为在 1993~2003 年时间段内,人口的健康状况和受教育水平有了较大的提升,显著地促进了经济增长和经济结构的改善,从而促进了外部均衡水平的提高,而在 2004~2014 年时间段内,随着经济社会的发展,对人口的需求也更加多样化,一味地提高受教育年限并不一定能够满足社会和经济的需要,而应该针对不同的需求,培养不同类型的人才才能适应经济社会发展的需要。

人口结构指数与外部均衡指数在 1993~2003 年时间段内正相关,但仅在 10% 水平下显著,而在 2004~2014 年时间段内在 1% 水平下显著正相关。这可能是因为人口结构的变化是一个缓慢的过程,其对经济、社会、资源、环境产生的影响,要经过相当长的一段时间才会显现出来。

人口分布指数与外部均衡指数在 1993~2003 年时间段内关系不显著,而在 2004~2014 年时间段内显著正相关。这可能是因为在改革开放初期,人口的流动和迁移存在很大的制度壁垒,例如户籍制度以及社会保障制度不健全,导致人口流动相对较少,对外部均衡的影响还较弱,而随着农民工保障制度等一系列针对外出务工人员政策的出台,对人口流动的限制逐渐放开,流动人口的基本权益也得到了较好的保障,从而能够很好的促进外部均衡。随着就业率的提高和人口产业承载力的提高,人口分布对外部均衡的促进作用也不断增大。

三、分地区模型

为了更好地把握各省份的共同特征以及各省份在区域差距中的不同表现分析不同区域间人口适度、人口结构和人口分布对外部均衡的影响差异。因此,本研究将对东、中、西部三大地区的面板数据进行静态面板估计。东、中、西部地区的划分与前面一致。本研究设定的基本模型如下:

$$BE_{it} = \beta_0 + \beta_1 PM_{it} + \beta_2 PS_{it} + \beta_3 PD_{it} + \mu_i + \varepsilon_{it}$$

其中,i 代表样本中的被观测地区,t 表示样本中每个地区的观测时间,东部地区:$i = 1, 2, 3, 4, 5, \cdots, 11$;中部地区:$i = 12, 13, 14, 15, \cdots, 19$;西

部地区：$i = 20, 21, 22, 23, \cdots, 30$；$t = 1993, 1994, 1995, \cdots, 2014$，$\mu_i$ 表示不可观测的地区效应，ε_{it} 为随机干扰项。

根据模型设定，对三个子样本分别进行面板回归分析，通过 F 检验、LM 检验和豪斯曼检验，确定采用混合效应模型、固定效应模型、随机效应模型还是工具变量法，回归结果如表 7 - 46 所示。

表 7 - 46 分地区——人口约束下的外部均衡

地区	全国	东部地区	中部地区	西部地区
	估计 1	估计 2	估计 3	估计 4
因变量	PD	PD	PD	PD
PM	0.329*** (14.75)	0.206*** (5.09)	0.286*** (7.83)	0.395*** (11.01)
PS	0.112*** (8.83)	0.082*** (5.69)	0.254*** (9.05)	0.137*** (4.43)
PD	0.061*** (5.66)	0.054*** (3.96)	0.035 (1.54)	0.078*** (3.60)
常数项	20.449*** (15.82)	30.427*** (12.50)	16.504*** (7.62)	15.486*** (7.55)
观测值	660	242	176	242
R-squared	0.454	0.34	0.605	0.512
F	173.8	39.12	84.23	79.84
省份	30	11	8	11
LM	0.0000	0.0000	0.0000	0.0000
P1①	0.0000	0.0007	0.0000	0.0000
P2	-3.53	0.9861	0.4122	0.4312
估计方法	FE	FE	Fe	Fe

如表 7 - 46 所示，估计 1 是利用 1993 ~ 2014 年全国 30 个省、直辖市、自治区的数据，通过固定效应模型估计人口适度指数、人口结构指数和人口分布指

---

① P1 为固定效应和随机效应豪斯曼检验 P 值；P2 为内生性问题豪斯曼检验 P 值。当 P 值不存在时，则为豪斯曼检验值 chi2。

数对外部均衡的影响；估计 2 是利用 1993～2014 年东部地区 11 个省、直辖市的数据，估计人口适度指数、人口结构指数和人口分布指数对外部均衡的影响，LM 检验 P 值为 0.0000，说明在混合效应模型和随机效应模型之间应该选择随机效应模型，固定效应和随机效应 Hausman 检验 P 值为 0.0007，说明在固定效应模型和随机效应模型之间应该选择固定效应模型，内生性问题豪斯曼检验 P 值为 0.9861，说明不存在内生性问题，应该采用固定效应模型；估计 3 是利用中部地区 8 个省的数据，估计人口适度指数、人口结构指数和人口分布指数对外部均衡的影响，LM 检验 P 值为 0.0000，固定效应和随机效应 Hausman 检验 P 值为 0.0000，内生性问题 Hausman 检验 P 值为 0.4122，说明不存在内生性问题，应该采用固定效应模型；估计 4 是利用西部地区 11 个省的数据，估计人口适度指数、人口结构指数和人口分布指数对外部均衡的影响，LM 检验 P 值为 0.0000，固定效应和随机效应 Hausman 检验 P 值为 0.0000，内生性问题 Hausman 检验 P 值为 0.4312，说明不存在内生性问题，应该采用固定效应模型。

人口适度指数对外部均衡的影响存在一定的地区差异，西部地区人口适度指数对外部均衡的影响系数大于中部地区，更大于东部地区，分别为 0.395、0.286 和 0.206，且均为正相关。说明无论在东部地区、中部地区还是西部地区，人口适度水平的提高均能够促进外部均衡水平的提高。

人口结构指数对外部均衡的影响存在一定的地区差异，中部地区人口结构指数对外部均衡的影响系数大于西部地区，更大于东部地区，分别为 0.254、0.137 和 0.082，且均为正相关。说明无论是在东部地区、中部地区还是西部地区，人口结构水平的改善均能够促进外部均衡水平的提高。

人口分布指数对外部均衡的影响存在一定的地区差异，在东部地区和西部地区人口分布指数与外部均衡指数显著正相关，而在中部地区关系不显著。这可能是因为中部地区经济发展处于中游水平，人口的流入和流出也是中游水平，因此对外部均衡的影响较弱，而西部地区人口外流较多，东部地区人口流入较多，人口的流动对东部地区和西部地区的影响更加明显。

四、门槛回归模型

以上研究均基于"人口适度、人口结构、人口分布与外部均衡之间存在线性关系"的假设前提下展开的，然而，人口适度、人口结构、人口分布与外部均衡的相互影响不一定是线性的。随着经济、社会、资源、环境、人口的发展，经济、社会、资源、环境指数与人口指数的相互影响会发生变化。而且人口、经济、社会、资源与环境关系错综复杂，如果其内在关系是非线性的，而简单的线性方程难以反映变量之间丰富的内在联系。因此，可能存在门槛效应，需要通过门槛回归进行检验。

我们分别采用本研究所构建的二级指标来进一步考察人口适度、人口结构和人口分布对外部均衡的影响是否存在结构性突变，即门槛效应。设定基本模型为：

$$BE_{it} = \beta_0 + \beta_1 PM_{it} + \beta_2 PS_{it} + \beta_3 PD_{it} + \mu_i + \varepsilon_{it}$$

其中，i 代表样本中的被观测地区，t 表示样本中每个地区的观测时间，本研究中 $i=1,2,3,\cdots,30$，$t=1993,1994,\cdots,2014$。u_i 表示不可观测的地区效应，ε_{it} 为随机干扰项。

本研究采用 Hansen 门槛模型，在于其不仅可以内生的划分门槛值、避免主观臆断，还可以对门槛值的显著性做出计量检验。因此，本研究也着重对门槛模型进行介绍。我们选取人口适度指数（用 PM 表示）作为门槛标量，并且选取人口适度指数作为被考察变量，所设立的门槛模型为：

$$BE_{it} = \beta_0 + \lambda_1 PM_{it} \cdot I(PM \leq \theta) + \lambda_2 PM_{it} \cdot I(PM > \theta) + \beta_2 PS_{it} + \beta_3 PD_{it} + \mu_i + \varepsilon_{it}$$

门槛模型主要需要解决以下四个问题：①如何进行模型中的参数估计；②如何检验 λ_1 是否等于 λ_2；③如何构造门槛值 θ 的置信区间；④如何确定参数的渐进分布。

1. 门槛值的确定

将上式两边进行时间平均化处理，再进行离差处理以消除个体效应，然后采取两步法策略进行估计：第一利用 OLS 进行一致估计，得到估计系数以及残差平方和 $SSR(\theta)$；第二通过 $\mathrm{argmin} SSR(\theta)$ 确定门槛值 θ。

2. 门槛值的显著性检验

首先，针对门槛效应是否显著进行似然比检验。

$$H_0: \lambda_1 = \lambda_2 \qquad LR(\theta) = [SSR^* - SSR(\hat{\theta})]/\hat{\sigma}^2$$

其中，SSR^* 为 H_0 成立时的残差，$\hat{\sigma}^2$ 为扰动项方差的一致估计。由于 LR 统计量的非标准性，Hansen 提出使用 bootstrap 方法获取近似值，进而得到似然率（LR）检验的 P 值，依据 P 值的大小判别是否存在显著的门槛效应。

其次，当门槛效应确定存在时，需要继续对门槛值的准确性进行检验。

$$H_0: \lambda_1 = \lambda_2 \qquad LR(\theta) = [SSR^* - SSR(\hat{\theta})]/\hat{\sigma}^2$$

其中 $SSR(\theta)$ 为 H_0 成立时的残差，$\hat{\sigma}^2$ 为扰动项方差的一致估计。该统计量也是非标准的，但 Hansen 推算出其累积分布函数，根据 $LR \leq c(\alpha) = -2\ln(1-\sqrt{1-\alpha})$（$\alpha$ 为显著水平）判别原假设是否成立。

类似的，也可以考虑双门槛值和三门槛值的面板回归模型，这里就不赘述了。

双门槛模型如下：

$$BE_{it} = \beta_0 + \lambda_1 PM_{it} \cdot I(PM \leq \theta_1) + \lambda_2 PM_{it} \cdot I(\theta_1 < PM < \theta_2)$$
$$+ \lambda_3 PM_{it} \cdot I(PM \geq \theta_2) + \beta_2 PS_{it} + \beta_3 PD_{it} + \mu_i + \varepsilon_{it}$$

三门槛模型如下：

$$BE_{it} = \beta_0 + \lambda_1 PM_{it} \cdot I(PM \leq \theta_1) + \lambda_2 PM_{it} \cdot I(\theta_1 < PM < \theta_2)$$
$$+ \lambda_3 PM_{it} \cdot I(\theta_2 < PM \leq \theta_3) + \lambda_4 PM_{it} \cdot I(PM > \theta_3)$$
$$+ \beta_2 PS_{it} + \beta_3 PD_{it} + \mu_i + \varepsilon_{it}$$

同理可得，以人口结构指数和人口分布指数为门槛变量的面板估计模型，这里就不一一赘述了。

根据模型设定，首先，利用 Stata12 统计软件检验解释变量是否存在非线性的门槛效应，以及门槛的个数。

具体检验结果如表 7-47 和表 7-48 所示。

表 7-47　　　　　　　　　门槛个数检验

考察变量	模型	F 值	P 值	BS 次数	临界值 1%	5%	10%
人口适度指数（PM）	单一门槛	75.298***	0.007	300	72.156	44.51	33.209
	双重门槛	14.006**	0.04	300	24.288	11.322	7.728
	三重门槛	21.802**	0.02	300	27.872	17.837	13.416
人口结构指数（PS）	单一门槛	41.265**	0.023	300	46.393	30.601	23.996
	双重门槛	18.480*	0.063	300	42.686	19.7	11.697
	三重门槛	5.805	0.107	300	16.972	9.287	5.869
人口分布指数（PD）	单一门槛	0.871	0.583	300	17.324	9.698	7.175
	双重门槛	2.797	0.207	300	9.063	6.806	4.428
	三重门槛	1.367	0.363	300	9.198	5.429	3.991

注：***、**、* 分别对应 1%、5%、10% 的显著水平。

表 7-48　　　　　　　门槛估计值和置信区间

考察变量		门槛估计值	95% 置信区间	
人口适度指数（EG）	单一门槛模型	75.697	75.697	75.697
	双重门槛模型			
	Ito1	54.376	53.75	72.768
	Ito2	75.376	72.704	75.697
	三重门槛模型	72.768	72.614	72.768

续表

考察变量		门槛估计值	95%置信区间	
人口结构指数（ES）	单一门槛模型	66.75	66.59	67.362
	双重门槛模型			
	Ito1	34.922	34.922	34.922
	Ito2	66.59	66.156	68.15
	三重门槛模型	40.53	37.181	81.508
人口分布指数（EM）	单一门槛模型	70.133	31.732	76.178
	双重门槛模型			
	Ito1	74.799	31.732	74.799
	Ito2	70.133	31.732	72.429
	三重门槛模型	50.749	31.732	72.429

从表 7-47 和表 7-48 中可以看出：

人口适度指数对外部均衡指数的影响存在三个门槛值 54.376、72.768 和 75.376，在 5% 水平下显著。而门槛估计值的 95% 置信区间是所有 LR 值小于 5% 显著性水平下的临界值 7.35（图中虚线所示）的参数构成区间，似然比函数如图 7-35 所示。因此，将人口适度指数划分为四个区间：（PM≤54.376）、（54.376＜PM≤72.768）、（72.768＜PM≤75.376）、（PM＞75.376）。

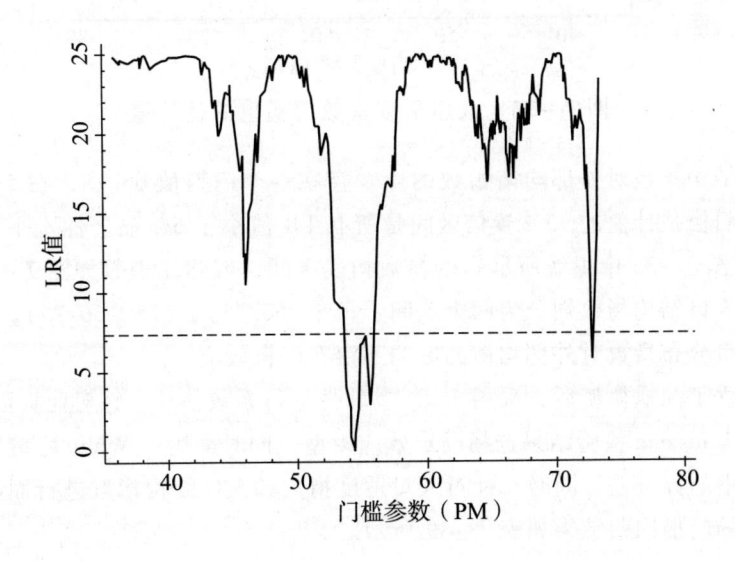

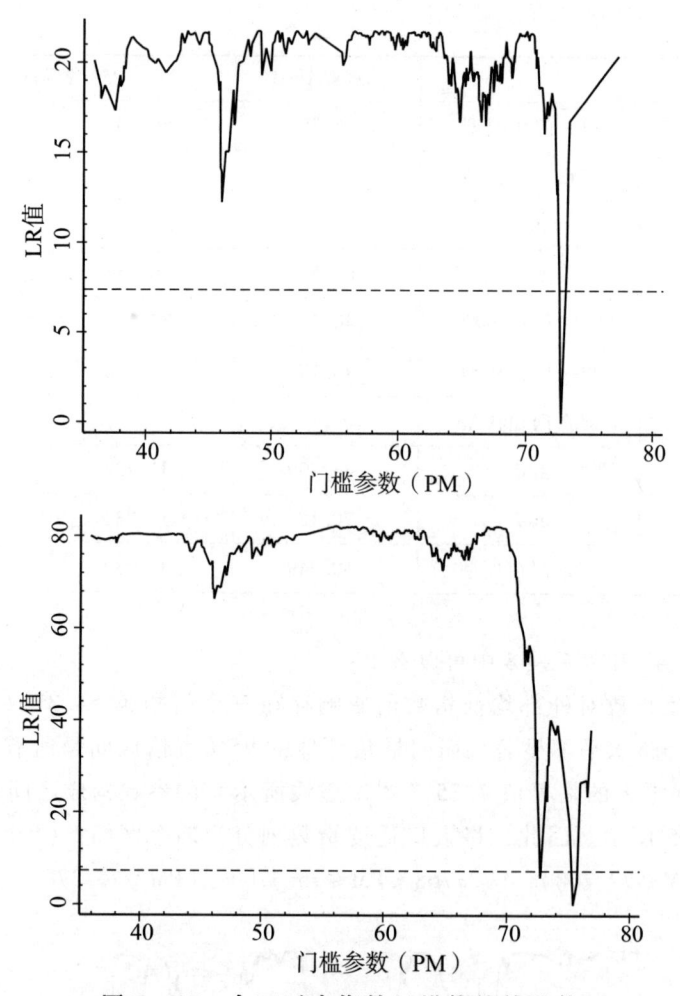

图 7-35　人口适度指数门槛值的估计值

人口结构指数对外部均衡指数的影响存在一个门槛值 66.75，在 5% 水平下显著。而门槛估计值的 95% 置信区间是所有 LR 值小于 5% 显著性水平下的临界值 7.35（图 7-35 中虚线所示）的参数构成区间，似然比函数如图 7-36 所示。因此，将人口结构指数划分为两个区间：（PS≤66.75）、（PS＞66.75）。

而人口分布指数对外部均衡的影响不存在门槛效应。

在确立了门槛模型后，采用 Stata 12 软件进行系数估计。针对面板数据特点，首先通过 Hausman 检验结果选择固定效应模型，同时采用了 White 稳健性估计以避免回归中的异方差。同时，针对人口适度指数和人口结构指数进行面板门槛回归，得到的门槛回归结果如表 7-49 所示。

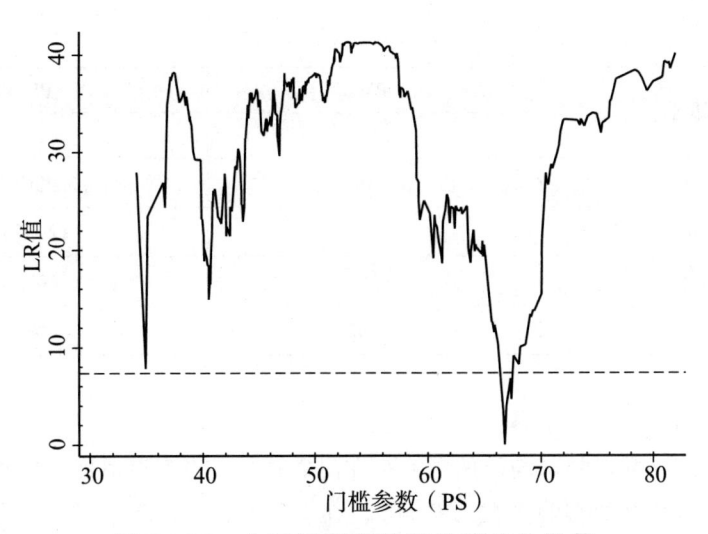

图 7-36　人口适度指数门槛值的估计值

表 7-49　　　　　　　　外部均衡门槛回归结果①

门槛变量	PM (1)	PS (2)
PM		0.324 *** (14.97)
PS	0.065 *** (5.09)	
TH1	0.054 *** (5.40)	0.056 *** (5.30)
TH2	0.503 *** (18.08)	0.186 *** (10.89)
TH3	0.452 *** (18.92)	0.149 *** (10.91)
TH4	0.415 *** (18.27)	
常数	0.373 *** (17.08)	

---

① TH1、TH2、TH3、TH4 分别表示门槛值将门槛变量分割成一、二、三、四段。

续表

门槛变量	PM (1)	PS (2)
观测值	15.648***	17.436***
R^2	(11.93)	(12.97)
F 值	660	660
省份	0.535	0.486

根据门槛回归结果可得：

人口适度指数对外部均衡的影响存在门槛效应，当人口适度指数小于54.376时，其对外部均衡的影响系数为0.503，在1%水平下显著；当人口适度指数大于54.376小于72.768时，其对外部均衡的影响系数降为0.452，在1%水平下显著；当人口适度指数大于72.768小于75.376时，其对外部均衡的影响系数降为0.415，在1%水平下显著；当人口适度指数大于75.376时，其对外部均衡的影响系数降为0.373，在1%水平下显著。综上所述，随着人口适度指数的增加，其对外部均衡指数的影响系数会不断下降，但是一直为正向影响。

人口结构指数对外部均衡的影响存在门槛效应，当人口结构指数小于66.75时，其对外部均衡的影响系数为0.186，在1%水平下显著；当人口结构指数大于66.75时，其对外部均衡的影响系数降为0.149，在1%水平下显著。综上所述，随着人口结构指数的增加，其对外部均衡指数的影响系数会下降，但是影响一直为正向影响。

五、小结

本部分利用静态面板模型、分阶段面板模型、分地区回归模型、门槛效应模型研究了人口适度、人口结构和人口分布对外部均衡指数的影响。研究发现：

人口适度指数与外部均衡指数显著正相关。人口适度水平越高，人口的健康素质和教育素质越高，越能够很好地促进经济增长，也能够缩小城乡收入差距和地区收入差距，有利于经济结构的调整升级。人口适度的提高还能促进社会保障和社会服务水平的完善，合理地利用资源，减少环境污染，积极促进环境治理，从而提高外部均衡水平。

人口结构指数与外部均衡指数显著正相关。人口结构指数越高，人口的年龄结构越合理，社会抚养比越小，储蓄率越高，有利于物质资本和人力资本的积累,从而促进经济增长;人口城镇化率越高,越有利于地区经济增长。

人口分布指数与外部均衡指数在东部地区和西部地区正相关。这是因为适当的人口流入能够促进地区的经济增长。

第六节 本章小结

本章利用静态面板模型、分阶段回归模型、分地区回归模型、门槛回归模型、工具变量法、动态面板回归模型、面板向量自回归模型等多种方法,多角度研究了经济、社会、资源、环境、制度因素对我国人口发展的影响,以及人口发展对我国经济发展、社会和谐、资源节约、环境友好的外部均衡的影响程度,实证结果与理论模型分析结果基本一致。

实证检验表明:一方面,经济增长能够显著提高东部地区和中部地区的人口适度水平,提高西部地区的人口分布水平,降低东部地区和中部地区的人口分布水平;经济结构的改善能够显著的提高中部地区的人口适度水平和东西部地区的人口分布水平。社会保障指数和社会服务指数的提高能够促进人口适度指数、人口结构指数和人口分布指数的提高,从而能够促进人口发展。资源禀赋指数对人口适度指数和人口结构指数存在一定的负相关关系,资源消耗指数与人口适度指数、人口结构指数、人口分布指数负相关。环境污染指数与人口适度指数、人口结构指数正相关,而且环境治理指数与人口结构指数、人口分布指数正相关。另一方面,人口适度指数、人口结构指数、人口分布指数与外部均衡指数显著正相关。人口适度水平越高,越能够很好地促进经济增长,也能够缩小城乡收入差距和地区收入差距,有利于经济结构的调整升级;人口结构指数越高,人口的年龄结构越合理,越有利于物质资本和人力资本的积累,从而促进经济增长;适当的人口流入能够促进地区的经济增长,人口发展水平的提高,能够更好促进人口外部均衡水平的提高,从而推进人口均衡型社会的建设进程。

第八章

人口均衡型社会的动态分析
——来自人口变量的动态影响与预测

  本章立足于当前建设人口均衡型社会面临的重大现实问题进一步展开深度剖析，在分析人口均衡型社会现状及区域差异性基础上选择关键人口变量，从时间维度上研究其对经济、社会、资源与环境的影响，并揭示中国人口均衡型社会的现实和潜在、短期和长期的矛盾与问题，以实证结果作为事实依据，采用数值模拟技术研究在实施"二胎"政策后，人口变量的动态变动及预测对建设人口均衡型社会的影响。

第一节 人口内部均衡与外部均衡变量的动态描述（1960~2015年）

  本节将围绕人口变量，结合现实社会中的重大人口问题，从人口适度、人口结构与人口分布方面着手，筛选出人口内部均衡中的关键要素，即人口出生率（birth rate）、人口密度（population density）、人均预期寿命（life expectancy）、人均受教育年限（average education attainment）、少儿抚养比（child-age dependency rate）、老年抚养比（old-age dependency rate）与人口性别比（sexuality rate）。并且，从时间维度研究其对经济、社会、资源与环境的影响。

一、人口内外均衡变量的动态序列检验模型构建

本节采用时间序列模型来研究人口均衡主要变量对经济、社会、资源与环境的长期影响。

建立长期关系模型,即对水平变量进行 OLS 估计,可以得到人口内部均衡要素,即出生率,人口性别比,少儿抚养比,老年抚养比,人均受教育年限,人口密度与人均预期寿命分别对经济、社会、资源与环境的回归模型方程。多元回归模型方程设定如下式所示:

$$y_t = \alpha_0 + \alpha_1 br_t + \alpha_2 sr_t + \alpha_3 cdr_t + \alpha_4 odr_t + \alpha_5 ea_t + \alpha_6 pde_t + \alpha_7 le_t + \varepsilon_t \quad (8.1.1)$$

其中,因变量 y_t 分别表示经济(economy),社会(society),资源(resource)与环境(environment);自变量 br_t 为人口出生率,sr_t 为人口性别比,cdr_t 为少儿抚养比,odr_t 为老年抚养比,ea_t 为人均受教育年限,pde_t 为人口密度,le_t 为人均预期寿命,t = 1960,1961,1962,…,2015,ε_t 为随机干扰项。

本部分将采用 1960~2015 年全国层面的数据检验人口变量对经济、社会、资源与环境的影响。研究数据主要源于历年《中国统计年鉴》《新中国 50 年统计资料汇编》。

1. 平稳性检验

如果时间序列存在单位根,可能会出现以下问题:(1)自回归系数的估计值向左偏向于 0;(2)传统的 t 检验失效;(3)两个相互独立的单位根变量可能出现伪回归或伪相关。因此,对时间序列数据的平稳性检验显得尤为必要。

时间序列数据的平稳性检验方法多样,如 Dichey – Fuller(DF)检验、Augmented Dichey – Fuller(ADF)检验、Phillips – Perron(PP)检验、KPSS 检验与 NP 检验。考虑篇幅所限,此处仅列出 ADF 的检验结果,并采用 AIC 和 SIC 准则,确定时间序列平稳性检验的滞后阶数。

如表 8 – 1 所示,人口出生率(br),人口性别比(sr),少儿抚养比(cdr),老年抚养比(odr),人均受教育年限(ea)、人口密度(pde)与人均预期寿命(le)的原始时间序列均不平稳。而人口出生率的一阶差分序列(Δbr),人口性别比的一阶差分序列(Δsr),少儿抚养比的一阶差分序列(Δcdr),老年抚养比的一阶差分序列(Δodr),人均受教育年限的一阶差分序列(Δea),人口密度的一阶差分序列(Δpde)与人均预期寿命的一阶差分序列(Δle)均拒绝有单位根的假设,表明一阶差分序列均是平稳的,即上述变量均是一阶单整 I(1)。

表 8 – 1　　　　　　　人口内部均衡变量的单位根检验结果

变量	ADF 检验值	概率值	检验形式 (C, T, L)	显著性水平临界值			检验结果
				1%	5%	10%	
br	-1.44	0.5561	(C, 0, 1)	-3.56	-2.92	-2.6	不平稳
sr	-0.69	0.4148	(C, 0, 0)	-2.61	-1.95	-1.61	不平稳
cdr	-1.70	0.4246	(C, 0, 2)	-3.56	-2.92	-2.6	不平稳
odr	-0.17	0.62	(0, 0, 1)	-2.61	-1.95	-1.61	不平稳
ea	-0.57	0.9766	(C, T, 1)	-4.14	-3.5	-3.18	不平稳
pde	0.30	0.7692	(0, 0, 3)	-2.61	-1.95	-1.61	不平稳
le	1.06	0.923	(0, 0, 3)	-2.61	-1.95	-1.61	不平稳
Δbr	-6.14	0.00***	(C, 0, 0)	-3.56	-2.92	-2.6	平稳
Δsr	-6.65	0.0***	(C, 0, 1)	-2.61	-1.95	-1.61	平稳
Δcdr	-2.83	0.06*	(C, 0, 4)	-3.57	-2.92	-2.6	平稳
Δodr	-3.38	0.07*	(C, T, 1)	-4.16	-3.51	-3.18	平稳
Δea	-4.55	0.003***	(C, T, 1)	-4.14	-3.5	-3.18	平稳
Δpde	-2.06	0.039**	(0, 0, 3)	-2.62	-1.95	-1.61	平稳
Δle	-2.19	0.035**	(0, 0, 3)	-2.61	-1.95	-1.61	平稳

注：检验形式中 C, T, L 分别表示模型的截距项、趋势变量项与滞后阶数，Δ 表示一阶差分，*，**，*** 分别表示在 10%，5% 与 1% 的显著性水平。

由表 8 – 2 可知，经济（economy），社会（society），资源（resource）与环境（environment）的原序列均不平稳；社会的一阶差分序列、资源的一阶差分序列与环境的一阶差分序列均拒绝有单位根的假设，即社会、资源与环境变量属于一阶单整 I(1)，而经济一阶差分序列不平稳，二阶差分才平稳，即经济变量属于二阶单整 I(2)。于是，可以将经济的原始时间序列进行对数变换，然后，再进行平稳性检验，可以发现差分后的序列也属于一阶单整 I(1)。

表 8 – 2　　　　　　　人口外部均衡变量的单位根检验结果

变量	ADF 检验值	概率值	检验形式	显著性水平临界值			检验结果
				1%	5%	10%	
economy	1.21	0.9999	(C, T, 1)	-4.14	-3.5	-3.18	不平稳
society	2.40	1.0000	(C, T, 1)	-4.13	-3.49	-3.18	不平稳
resource	-0.14	0.9397	(C, T, 0)	-3.56	-2.92	-2.6	不平稳

续表

变量	ADF 检验值	概率值	检验形式	显著性水平临界值 1%	5%	10%	检验结果
environment	-3.00	0.1420	(C, T, 1)	-4.13	-3.49	-3.18	不平稳
Δeconomy	-1.22	0.8954	(C, T, 1)	-4.14	-3.5	-3.18	不平稳
Δsociety	-7.22	0.0000	(C, T, 1)	-4.14	-3.5	-3.18	平稳
Δresource	-2.39	0.1491	(C, 0, 0)	-3.56	-2.92	-2.6	不平稳
Δenvironment	-8.27	0.0000	(C, T, 1)	-4.14	-3.5	-3.18	平稳
ΔLn(economy)	-8.06	0.0000	(C, T, 1)	-4.14	-3.5	-3.18	平稳

注：检验形式中 C，T，L 分别表示模型的截距项、趋势变量项与滞后阶数，Δ 表示一阶差分，*、**、*** 分别表示在 10%，5% 与 1% 的显著性水平。

2. 协整检验

协整检验的意义在于揭示变量之间是否存在一种长期的稳定均衡关系。关于协整检验的主流方法有两种：一种是基于协整回归残差的 ADF 检验；另一种是在向量自回归模型下利用矩阵的秩来检验变量的协整性，并对协整变量进行极大似然估计。本节将采用第一种方法，即 ADF 对变量间的协整关系进行检验。依照协整理论的思想，如果因变量能被自变量的线性组合所解释，这两者之间就应该存在稳定的均衡关系，而因变量不能被自变量所解释的那一部分所构成的残差序列应该是平稳的。因此，检验变量之间是否存在协整关系就等于检验回归方程所得到的残差序列是否平稳。

当然，经过对以上四个估计方程的回归，可以分别得到四个残差序列 $\hat{\mu}_{1t}$，$\hat{\mu}_{2t}$，$\hat{\mu}_{3t}$，$\hat{\mu}_{4t}$。对 $\hat{\mu}_t$ 进行 E-G 检验时，不能含有漂移项和时间趋势项，且由 AIC 与 SIC 准则确定滞后阶数，其结果如表 8-3 所示。

表 8-3　经济、社会、资源与环境方程中残差序列 $\hat{\mu}_t$ 的 E-G 检验结果

	ADF 统计量			t 统计量	概率值（P 值）
经济				-5.88	0.0000***
	显著性水平	1%	检验临界值	-2.61	
		5%		-1.95	
		10%		-1.61	

续表

	ADF 统计量			t 统计量	概率值（P 值）
社会				-3.5	0.0007***
	显著性水平	1%	检验临界值	-2.61	
		5%		-1.95	
		10%		-1.61	
	ADF 统计量			t 统计量	概率值（P 值）
资源				-3.560906	0.0006***
	显著性水平	1%	检验临界值	-2.60849	
		5%		-1.946996	
		10%		-1.612934	
	ADF 统计量			t 统计量	概率值（P 值）
环境				-6	0.0000***
	显著性水平	1%	检验临界值	-2.61	
		5%		-1.95	
		10%		-1.61	

说明：*** 表示 P < 0.01，** 表示 P < 0.05，* 表示 P < 0.1。

根据表 8-3 的检验结果显示，经济、社会、资源与环境方程中残差序列 $\hat{\mu}_{1t}$、$\hat{\mu}_{2t}$、$\hat{\mu}_{3t}$、$\hat{\mu}_{4t}$ 的概率 P 值分别为 0.000，0.0007，0.006 与 0.000，均在 1% 的显著性水平下拒绝原假设，因此可以确定 $\hat{\mu}_{1t}$、$\hat{\mu}_{2t}$、$\hat{\mu}_{3t}$、$\hat{\mu}_{4t}$ 为平稳序列，即 $\hat{\mu}_{1t} \sim I(0)$，$\hat{\mu}_{2t} \sim I(0)$，$\hat{\mu}_{3t} \sim I(0)$，$\hat{\mu}_{4t} \sim I(0)$。这意味着 1960～2015 年期间，经济（社会、资源、环境）变量与人口出生率、人口性别比、少儿抚养比、老年抚养比、人均受教育年限、人口密度与人均预期寿命之间存在协整关系。

二、实证结果分析

在协整检验的基础上，根据式（8.1.1）所设定的回归模型，运用 Stata 12 得到人口主要变量对经济、社会、资源与环境影响的回归结果如表 8-4 所示。

表 8-4 中模型（1）反映了人口主要变量对经济的回归结果。人口出生率、人口性别比、少儿抚养比、老年抚养比与人口密度指标均是影响经济的重要条件，其拟合优度达到了 94.5%，说明模型设定合理，拟合效果优异。具体而言：

表8-4　　人口主要变量对经济、社会、资源与环境影响的回归结果

	(1)	(2)	(3)	(4)
br	0.010** (2.17)	4.051** (2.43)	0.177* (1.8)	-0.153*** (-5.93)
sr	-5.454* (-1.74)	-3 676.688*** (-3.23)	-219.675*** (-3.28)	15.247 (0.86)
cdr	-0.022*** (-2.71)	-8.318*** (-2.89)	-0.690*** (-4.07)	0.001 (0.02)
odr	0.502*** (4.52)	289.906*** (7.19)	14.238*** (6.0)	-0.334 (-0.53)
ea	-0.221 (-1.63)	-82.981* (-1.69)	-6.424** (-2.22)	-1.013 (-1.33)
pde	0.026*** (2.99)	-18.043*** (-5.67)	-1.009*** (-5.38)	0.149*** (3.03)
le	-0.005 (-0.38)	17.402*** (3.95)	1.092*** (4.21)	-0.234*** (-3.43)
常数项	10.261*** (2.72)	3 439.268** (2.51)	237.799*** (2.95)	-0.77 (-0.04)
观测值数	56	56	56	56
R-squared	0.945	0.978	0.969	0.78
r2_a	0.994	0.975	0.964	0.747
F	1 279	307.8	213.4	24.25

说明：*** 表示 $P<0.01$，** 表示 $P<0.05$，* 表示 $P<0.1$；各模型对应的自变量检验结果括号内为 t 值。

（1）人口出生率与经济增长之间存在显著的正相关关系。在传统经济学的研究假设中，经济增长依赖劳动、资本、技术和制度等因素，假定其他要素不变，经济增长依赖于劳动力的投入。中国人口出生率的下降会直接导致劳动力的下降，从而降低经济增长率，只有通过技术进步和制度创新来加以弥补，否则劳动力的短缺势必会成为未来经济增长的严重阻碍。

（2）人口性别比表现出对经济增长影响的不确定性。

（3）少儿抚养比的上升不利于经济增长，而老年抚养比则与此相反。少儿抚养比的上升意味着成年劳动力需要花费更多的财力与精力照顾子女，一定程度上削弱了劳动力的供给。同时，为了满足子女的日常消费需求，挤占了原有的自身

储蓄。储蓄的降低会在一定程度上影响人力资本的积累，不利于技术进步，进而影响经济增长。老年抚养比与经济增长之间呈现正向关系，主流的学术观点认为人口老龄化会逆转中国改革开放以来充足的劳动力与资本积累的优势。其实，人口老龄化也仅仅是在短期内会对劳动力供给与资本积累产生冲击，就长期而言，人口就业结构的转变对经济增长的影响要超过人口老龄化所带来的影响。

（4）人均受教育年限、人均预期寿命与经济增长之间的作用不显著。究其原因在于，人均受教育年限、人均预期寿命皆是从教育和健康两方面反映人口质量。不同于物质资本积累，人们接受良好的教育，意在增加人力资本投资，提高劳动生产率。也正是如此，作为一种非物质财富，人力资本价值无法准确加以计量。人均受教育年限指标仅仅是从量上加以衡量，而忽视了其内部的异质性。

（5）人口密度对经济增长起正向作用，影响力系数达 0.02。尽管我们不能认为人口密度越大，越可以拉动经济增长，但是一个地区的经济增长却离不开人口规模这一重要因素。具体来说，即人口的大量聚集使企业的分工成为可能并不断刺激和衍生出新的产业；其次，人口的大量聚集会促进彼此间信息的交流与学习，使人力资本的水平和能力得到了大幅度的提高；最后，人口的大量聚集会产生规模经济，企业在信息搜寻、谈判、签约合同执行中的交易成本大幅度降低，从而使单位产品的成本下降。

模型（2）反映了人口变量对社会和谐的回归结果。人口出生率、人口性别比、少儿抚养比、老年抚养比、人均受教育年限、人口密度与人均预期寿命指标均是影响社会和谐的重要因素，模型的拟合优度达到 0.978，说明回归方程对因变量的解释程度较高。具体而言：

（1）人口出生率与社会和谐之间存在显著的正相关关系，边际影响达到 4.051。学界普遍认为，20 世纪末以来，随着社会经济的发展，人口出生率逐渐下降，若这种低生育一直持续的话，必将导致成年劳动力数量的持续下降，人口老龄化速度加快，不仅带来经济增长受阻，更会带来严重的社会问题，因此，保持一定数量的人口增长对社会和谐有积极效应。

（2）人口性别比与社会和谐呈现出负向关系，即性别比越高，越不利于社会的和谐发展。从 20 世纪 80 年代中期开始，每年持续出现全国范围的出生男婴数多于女婴数的情况，以此逐年累积，未来 30 年内，逐步进入适婚年龄的男性将比女性多出近 3 000 万人。男女比例失调，带来严重的社会问题。在个体层面，未来相当大一部分男性群体将丧失婚配的机会，而这部分男性群体又大多处于社会经济的底层，最终沦为一个固化的光棍阶层；在家庭层面，这部分男性群体势必会冲击现有的一夫一妻制度，影响婚姻质量与稳定。在社会层面，会造成一大批无子女老人，在以家庭养老为主要途径的广大偏远农村，这一大批的无子女老人将老无所养，成为社会保障机制的负担。

（3）少儿抚养比的上升不利于社会和谐发展，老年抚养比则与此相反。这个结论与我们的预期产生了分歧，但是深入分析发现在某种程度上验证了当前中国人口结构的发展态势。从20世纪70年代起，少儿抚养比一直处于下降状态，尤其是步入90年代，相比于70、80年代出生的人口，90年代后出生的人口数量出现了"断崖式下跌"。老年抚养比则一直处于爬坡状态。国家统计局发布的数据显示，60周岁以上老龄人口超过2.1亿人，占总人口的15.5%，65周岁及以上人口占总人口的10.1%。这两项指标都超过了国际上公认的人口老龄化的"红线"。新生儿减少与老年人口增加，两者相互叠加，易对社会造成巨大压力。因此，考虑中国经济社会发展和人口结构变化的情况，当前全面放开二孩政策，平缓人口总量变动态势，避免人口达到峰值后快速下降是很有必要的。

（4）人口密度对社会和谐产生负向作用，影响力系数达18.043。对此可以解释为：经济发达地区对人口具有强大的集聚作用，人口的快速集聚也是地区发展的主因。在人口快速集聚的过程中，一旦地区基础设施的供给和管理滞后于人口的增长将会引发一系列的矛盾，诸如就业困难，交通拥堵、住房困难、贫富两极分化、社会治安等问题。所以，为从根本上治理由于人口集聚膨胀而引发的社会问题，通过适度控制地区人口规模，引导人口就近转移的发展模式，均衡地区人口分布是建设人口均衡型社会的主要内容。

模型（3）反映了人口变量对资源的回归结果。人口性别比、少儿抚养比、老年抚养比、人均受教育年限、人口密度与人均预期寿命指标均是影响资源的重要因素。其拟合优度达到了0.969，说明人口内部均衡因素很好地解释了资源的总体情况。具体而言：

（1）人口出生率和人口性别比对资源的影响并不显著。一般认为人口出生率越高，新出生的人口也随之增多。而人的生存离不开对资源的需求。随着人口的增长和消费水平的提高，人类对资源的消耗也是递增的，由于生育控制政策带来较低的人口出生率，使资源供给的消耗压力并不显著；性别比的变化对资源的消耗在理论和实证方面都具有不确定性。

（2）少儿抚养比的提升不利于资源的有效利用，而老年抚养比恰好与此相反。这一结论与我们的预期不同，可能的原因是：本研究假定人口结构对资源的回归模型是线性的，但在现实中，人口结构对资源的影响可能不是简单的线性关系。人口年龄结构变化是一个长期的发展过程，不同年龄结构对资源的影响也各不相同。从生命周期假说来看，人口与资源的消耗呈倒"U"形曲线，即从一个幼小的个体逐渐成长，对资源的消耗也会加大；成年人口对生活水平的要求较高，对资源的需求也会很大；老年人口生活水平平稳，对资源的需求较小。

（3）人均受教育年限和人均寿命对资源存在负向与正向影响。主流观点认为，科学技术水平影响着资源的开发利用，先进的科学技术则依靠高质量的人口。人口质量越高，劳动生产率也越高，更能够在深度与广度上实现对资源的开发与利用。然而，本研究发现我国的人均受教育年限对资源产生负向影响，隐含了我国人口质量的投入与人口数量的需求不相匹配。人均预期寿命越长，对资源的消耗也越大。人均预期寿命反映了一个国家或地区经济社会发展水平和医疗卫生服务水平。伴随着中国卫生服务体系的完善，医疗保障制度的健全，人均预期寿命逐年上升。当然，人均期望寿命的延长，将使人口老龄化的提前出现和人口结构的改变，对社会经济发展模式与资源的综合利用方式提出挑战。

（4）人口密度对资源产生负向作用，影响力系数达 -1.009。截至 2015 年，我国总人口数达到了 13.75 亿人，约占全世界人口数的 1/5，人口与资源的承载能力处于非平衡状态。表现在人口对粮食供给的压力持续存在，人口与水资源短缺的矛盾突出，人口与能源消费的冲突剧烈。所以，缓解人口与资源之间的紧张局面，首先必须健全生育政策调控机制，密切关注人口分布的地区发展态势，引导人口从中心城市向周边转移，防止人口过度集聚。

模型（4）反映了人口变化因素对环境的回归结果。人口性别比、人口密度与人均预期寿命指标均是影响环境的重要因素。其拟合优度达到了 0.78，说明人口变量较好地解释了环境的总体情况。具体而言：

（1）人口出生率与环境之间存在显著地负向影响。当人口规模和活动强度超过当地的环境承载力，就会导致环境系统的失衡与恶化。

（2）人均预期寿命与环境之间呈现显著的负向关系。这一结论也证实了目前中国人口与环境存在非均衡状态。一般而言，优良的生活环境是人类长寿的基本保证。但是中国目前的环境问题十分严重，影响了人口的生活质量、身体健康和生产活动。所以，推动经济发展方式转变，为提高人口健康水平、提升人口质量，实现人口与环境的协调发展意义重大。

第二节 未来人口均衡型社会的人口变量预测

一、预测模型构建

本部分将利用我国的人口数据和 Leslie 模型来预测我国未来人口的动态变

化。Leslie 模型又称为莱斯利（Leslie）矩阵模型，是由科学家 Leslie PH. 于 1945 年提出的一种数学方法，通过利用某一时刻种群的年龄结构现状，动态的预测该种群年龄结构及数量随着时间的演变过程。

由于我国人口普查数据具有比较详细的人口信息，因此本部分以最近的一次人口普查即第六次全国人口普查的数据为基础，对我国的人口变化进行预测。根据第六次全国人口普查公报，2010 年全国总人口为 1 370 536 875 人，而根据国家统计局的数据显示，2010 年全国年末总人口为 134 091 万人，少于人口普查数据。这是因为第六次全国人口普查以 2010 年 11 月 1 日零时为标准点进行统计，因此要比年末人口数少。而且，2010 年出生人口为 1 596 万人，而人口普查中 0 岁人口仅为 1 379 万人，存在部分遗漏。本研究通过对出生人口和总人口规模进行微调，并根据 2010 年的人口普查数据，得到 2010 年末的人口年龄结构，绘制人口金字塔图，如图 8-1 所示。

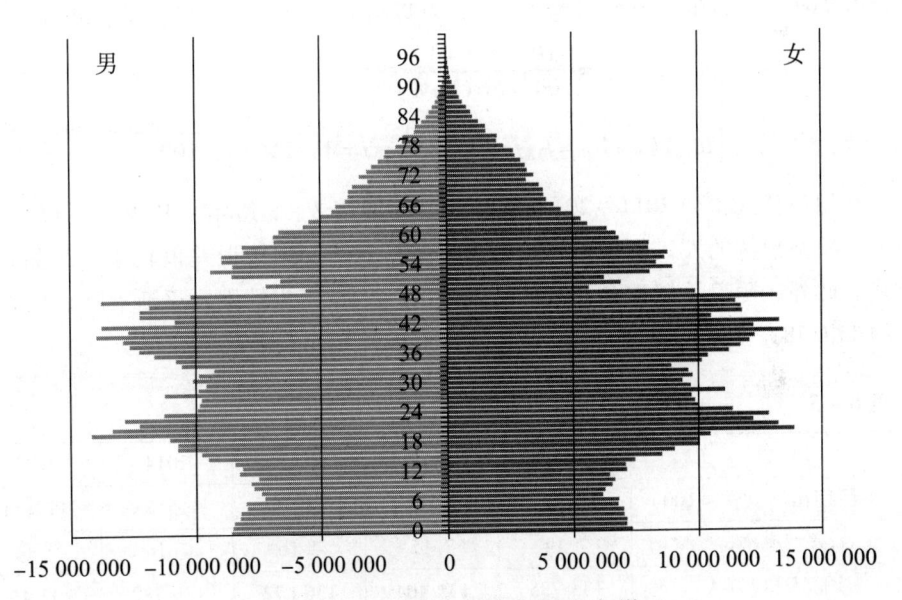

图 8-1　2010 年中国人口金字塔

从图 8-1 可以看出，2010 年中国人口金字塔存在三个缺口。第一个是在 50 岁左右存在缺口，这是因为 1959~1961 年是我国三年经济严重困难时期，"大跃进"和自然灾害等原因导致全国各地出现大范围的"非正常死亡"，尤其是河南、安徽等地，导致人口数量骤减。第二个缺口是在 30 岁左右，一方面是因为第一个人口缺口的存在，导致生育人口较少，另一方面是因为从 20 世纪 70 年代以来，中国开始大力实行计划生育政策，1978 年以后计划生育政策成为中国的一项基本国策。第三个人口缺口是在 10 岁左右，一方面是因为上一个人口缺口的存在，导致出生人口数量降低。而随着强制引产措施的逐渐弃用和我国计划生育政策的逐渐放开，例如农村第一个孩子是女孩可以生育二孩和"单独二孩"政策的实行，使得出生人口开始逐渐增加。

利用 2010 年的人口普查数据，以及 2011~2015 年的人口抽样调查样本数据，通过 Leslie 模型可以计算得到 2011~2015 年的具体人口数据。

将人口按照年龄大小等间隔划分为 m 个年龄组，对时间加以离散化处理，其单位也与年龄组的间隔相同。为了使预测尽量准确，将 m 设定为 101，即以一年为单位，而不是像抽样调查样本数据中那样以五年为单位。时间离散化为 $t = 0, 1, 2, \cdots$，设在时间段 t 第 i 年龄组的女性人口总数为 $fn_i(t)$，$i = 1, 2, \cdots, 101$，定义向量 $fn(t) = [n_1(t), n_2(t), \cdots, n_{101}(t)]^T$。通过研究女性人口的分布 $fn(t)$ 随 t 的变化规律，可以进一步研究男性人口和总人口等指标的变化规律。

设第 i 年龄组女性人口的存活率为 fs_i，总体人口存活率为 $s(t)$，人口出生性别比为 $bsr(t)$，新生人口数量为 $bn(t)$，可以得到分年龄组人口数量公式为：

$$\begin{cases} fn_1(t+1) = \dfrac{100bn(t+1)}{100+bsr(t+1)} \\ fn_{i+1}(t+1) = fs_i fn_i(t)\dfrac{s(t)}{s(0)}, \quad i = 1, 2, \cdots, 100 \end{cases}$$

利用该公式得到 2011~2015 年人口预测如表 8-5 所示。从表中可以发现，利用该模型预测的人口数量与实际的人口数量基本一致，误差值较小，预测较为准确。此外，随着计划生育政策的逐渐放开，人口出生性别比逐渐下降，从 2011 年的 117.78，下降到 2015 年的 113.51，人口性别比逐渐趋于合理。

表 8-5   2011~2015 年实际和预测人口

年份	2011	2012	2013	2014	2015
出生性别比（女性 = 100）	117.78	117.7	117.6	115.88	113.51
死亡率/‰	7.14	7.15	7.16	7.16	7.11
实际人口/万人	134 735	135 404	136 072	136 782	137 462
预测人口/万人	134 338	135 176	135 984	136 807	137 570
误差/%	0.29	0.17	0.06	0.02	0.08

二、2016~2020 年人口变量的短期预测

由于从 2016 年开始全面实施二孩政策，因此生育率、出生性别比等相关变量将发生变化。首先，设定人口出生性别比。根据《"十三五"全国计划生育事业发展规划》制定的发展目标，到 2020 年，全国总人口在 14.2 亿人左右，年均

自然增长率在 6‰ 左右，出生人口性别比下降到 112 以下。而根据刘华等（2016）的研究，利用 2010 年的人口普查数据计算得到实施二孩政策时的出生性别比为 112.38。因此，将 2016 年的出生性别比设定为 112.38。

其次，预测实施二孩政策后分年龄育龄妇女生育率水平。根据国家卫生计生委副主任王培安的介绍，实施全面二孩政策后，新增可生育二孩的目标人群约为原可生育二孩人群的 1.5 倍，因此，实施全面二孩政策后新增生育率也应该为原第二孩次生育率的 1.5 倍左右。根据婚姻法规定，女性结婚年龄不得早于 20 周岁，因此二孩政策的影响人群应该是 20 岁至 49 岁的育龄妇女。利用 2015 年分年龄育龄妇女生育率以及第二孩次生育率可以得到实施二孩政策后分年龄育龄妇女生育率水平，如表 8-6 所示：育龄妇女第二孩次生育率水平较高的年龄段为 24 至 34 岁，第二孩次生育率均高于 20，所以二孩政策对该年龄段生育率的影响最高。

表 8-6　　　　　　　2016 年分年龄育龄妇女生育率预测

年龄	2015 年育龄妇女第二孩次生育率	2015 年生育率	二孩政策新增生育率	2016 年生育率	年龄	2015 年育龄妇女第二孩次生育率	2015 年生育率	二孩政策新增生育率	2016 年生育率
15	0.09	1.09		1.09	33	23.21	39.2	34.815	74.015
16	0.25	3.14		3.14	34	20.36	33.62	30.54	64.16
17	0.57	6.69		6.69	35	16.99	27.93	25.485	53.415
18	1.4	12.29		12.29	36	14.03	23.1	21.045	44.145
19	2.64	18.68		18.68	37	10.64	18.02	15.96	33.98
20	4.26	27.57	6.39	33.96	38	7.69	13.68	11.535	25.215
21	7.92	42.7	11.88	54.58	39	5.85	10.88	8.775	19.655
22	12.89	57.26	19.335	76.595	40	4.2	8.29	6.3	14.59
23	18.18	69.37	27.27	96.64	41	2.95	6.26	4.425	10.685
24	22.41	75.67	33.615	109.285	42	2.19	5.06	3.285	8.345
25	25.21	77.51	37.815	115.325	43	1.75	4.13	2.625	6.755
26	28.25	78.87	42.375	121.245	44	1.45	3.58	2.175	5.755
27	29.76	76.12	44.64	120.76	45	1.28	3.31	1.92	5.23
28	30.57	71.77	45.855	117.625	46	1.22	3.02	1.83	4.85
29	30.73	65.8	46.095	111.895	47	1.16	3.06	1.74	4.8
30	29.61	57.6	44.415	102.015	48	1.21	3.06	1.815	4.875
31	28.22	51.25	42.33	93.58	49	1.28	3.08	1.92	5
32	25.56	44.63	38.34	82.97					

利用 2016 年人口分年龄段妇女数量和生育率水平，可以计算得到 2016 年的出生人口。计算公式为：

$$n_1(t) = \sum_{i=15}^{49} fn_i(t) \cdot b_i(t), \quad t = 2016$$

其中，$n_1(2016)$ 为 2016 年的出生人口数量，$fn_i(2016)$ 为 2016 年第 i 年龄组的女性人口总量，$b_i(2016)$ 为 2016 年第 i 年龄组的女性人口的生育率。

根据国家统计局公布的数据，2016 年全年出生人口为 1 786 万人。而根据本部分的模型计算得到 2016 年的出生人口数量预测为 17 874 047 人，模型误差率仅为 0.10%，说明该模型比较准确的模拟了全面二孩政策对人口生育的影响。而王广州（2015）和国家卫计委副主任王培安（2015）认为实行全面二孩政策后，每年出生人口将超过 2 000 万人，可能高估了全面二孩政策的影响。

根据上述计算得到 2016 年的中国人口金字塔如图 8-2 所示：2011 年以来，我国出生人口开始不断增加，尤其是 2016 年全面实施二孩政策以后，出生人口数量增加明显。

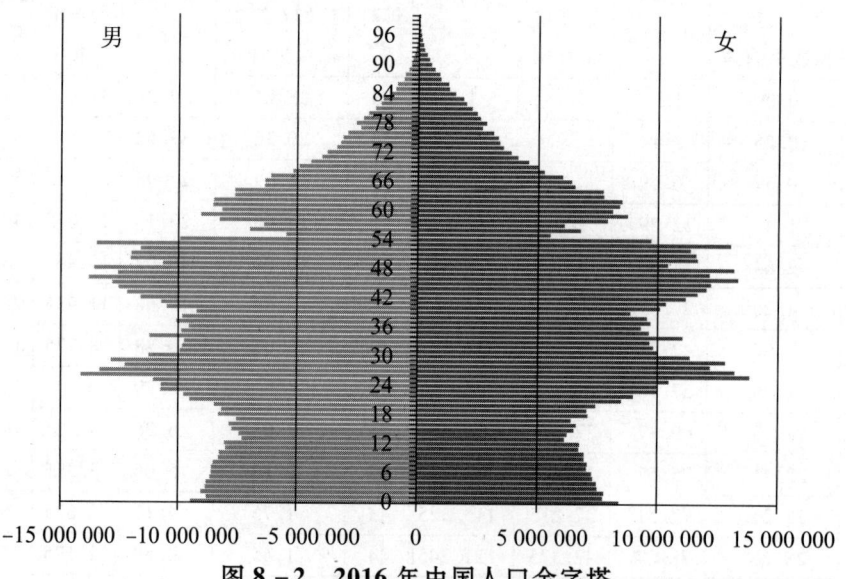

图 8-2　2016 年中国人口金字塔

由于"二孩政策"的出台，2016 年生育率发生了较大变动，因此随后几年的二孩生育率也会相应发生变化。由于 2016 年生育了二孩的育龄妇女将不能再生育二孩，所以 2017 年的育龄妇女中可生育二孩的数量会下降，分年龄二孩生育率也会相对 2016 年有所下降。具体计算公式为：

$$sb_i(t) = sb_i(t-1) \cdot [1\,000 - sb_{i-1}(t-1) + sb_{i-1}(t-2)]/1\,000, \quad i = 21, 21, \cdots, 49$$

其中 $sb_i(t)$ 表示 t 年 i 年龄组的育龄妇女的二孩生育率。利用二孩生育率的变化可以得到生育率的动态变化,从而根据该公式可以计算得到2017~2020年的分年龄育龄妇女生育率如表8-7所示:从2016年到2020年,随着全面二孩政策的实施,不同年龄育龄妇女的生育率逐渐趋于稳定。2020年的生育率将远高于2015年的生育率,但是略低于2016年的生育率水平。这是因为全面二孩政策实施之初,各年龄段育龄妇女的生育势能较高,生育率水平也较高,而随着全面二孩政策的逐渐推广,生育势能会有所下降,人口也会逐渐进入生育稳定时期。

表8-7 2016~2020年分年龄育龄妇女生育率预测

年龄	2016年	2017年	2018年	2019年	2020年	年龄	2016年	2017年	2018年	2019年	2020年
15	1.09	1.09	1.09	1.09	1.09	33	74.015	71.79	71.94	71.93	71.93
16	3.14	3.14	3.14	3.14	3.14	34	64.16	62.39	62.50	62.49	62.49
17	6.69	6.69	6.69	6.69	6.69	35	53.415	52.12	52.19	52.19	52.19
18	12.29	12.29	12.29	12.29	12.29	36	44.145	43.25	43.30	43.29	43.29
19	18.68	18.68	18.68	18.68	18.68	37	33.98	33.42	33.44	33.44	33.44
20	33.96	33.96	33.96	33.96	33.96	38	25.215	24.91	24.92	24.92	24.92
21	54.58	54.45	54.45	54.45	54.45	39	19.655	19.49	19.49	19.49	19.49
22	76.595	76.21	76.22	76.22	76.22	40	14.59	14.50	14.50	14.50	14.50
23	96.64	95.76	95.78	95.78	95.78	41	10.685	10.64	10.64	10.64	10.64
24	109.285	107.76	107.81	107.80	107.80	42	8.345	8.32	8.32	8.32	8.32
25	115.325	113.21	113.30	113.30	113.30	43	6.755	6.74	6.74	6.74	6.74
26	121.245	118.57	118.72	118.71	118.71	44	5.755	5.75	5.75	5.75	5.75
27	120.76	117.61	117.80	117.79	117.79	45	5.23	5.22	5.22	5.22	5.22
28	117.625	114.21	114.44	114.43	114.43	46	4.85	4.84	4.84	4.84	4.84
29	111.895	108.37	108.62	108.61	108.61	47	4.8	4.79	4.79	4.79	4.79
30	102.015	98.60	98.85	98.83	98.84	48	4.875	4.87	4.87	4.87	4.87
31	93.58	90.45	90.68	90.66	90.66	49	5	4.99	4.99	4.99	4.99
32	82.97	80.27	80.46	80.44	80.44						

利用以上数据以及Leslie模型可以预测2016~2020年的人口动态变化情况。由于每年的出生人口数量未知,需要通过生育率进行计算。因此对Leslie模型变形为:

$$\begin{cases} fn_1(t+1) = \sum_{i=15}^{49} fn_i(t+1) \cdot b_i(t+1) \dfrac{100}{100+bsr} \\ fn_{i+1}(t+1) = fs_i fn_i(t), \quad i = 1, 2, \cdots, 99 \\ fn_{101}(t+1) = fs_{100} fn_{100}(t) + fs_{101} fn_{101}(t) \end{cases}$$

其中假设存活率 fs_i 不随时间 t 变动,人口出生性别比 bsr 为固定值 112.38,也不随 t 变动。利用该公式可以得到历年分年龄女性人口数量,同理可以得到历年分年龄男性人口数量,进而得到整体的人口情况,如表 8-8 所示:第一,我国人口出生率和出生人口数从 2016 年至 2020 年逐渐下降,一方面是因为随着全面二孩政策的实施,生育势能逐渐释放,生育率也有所下降;另一方面是因为随着人口结构的变迁,生育人口也在不断减少,从而导致出生人口减少。第二,人口性别比逐渐降低,随着全面二孩政策的实施,我国人口性别比将从 2016 年的 104.70 下降到 2020 年的 104.37,一方面是因为全面二孩政策的实施导致了人口出生性别比的下降,另一方面是因为女性健康状况改善好于男性,预期寿命越来越高,从而使得人口性别失衡问题有所改善。第三,尽管我国出生人口在不断减少,但是由于劳动年龄人口也在减少,使得我国少儿抚养比逐渐增加,从 2016 年的 23.43 上升到 2020 年的 24.78,一定程度上缓解了我国的少子化问题,但是同时也增加了劳动人口的负担。第四,我国人口老龄化问题进一步加剧。人口老年抚养比逐渐增加,从 2016 年的 15.39 增加到 2020 年的 19.09,使得劳动人口的负担逐渐加重。而且随着人口老龄化的加剧,死亡人口数量也开始逐渐上升,人口死亡率逐渐增加,人口自然增长率逐渐降低,人口增长放缓。

表 8-8　2016~2020 年中国人口预测

年份	2016 年	2017 年	2018 年	2019 年	2020 年
总人口数/人	1 384 311 849	1 391 930 191	1 398 862 116	1 405 006 842	1 410 309 734
出生率/‰	12.90	12.37	12.06	11.69	11.29
出生人口数	17 860 000	17 213 009	16 867 669	16 425 629	15 927 458
人口性别比	104.70	104.62	104.54	104.46	104.37
少儿抚养比	23.43	23.87	24.31	24.57	24.78
老年抚养比	15.39	16.30	17.16	18.15	19.09
死亡人口	9 770 000	9 594 668	9 935 743	10 280 903	10 624 567
死亡率/‰	7.06	6.89	7.10	7.32	7.53
自然增长率/‰	5.84	5.47	4.96	4.37	3.76

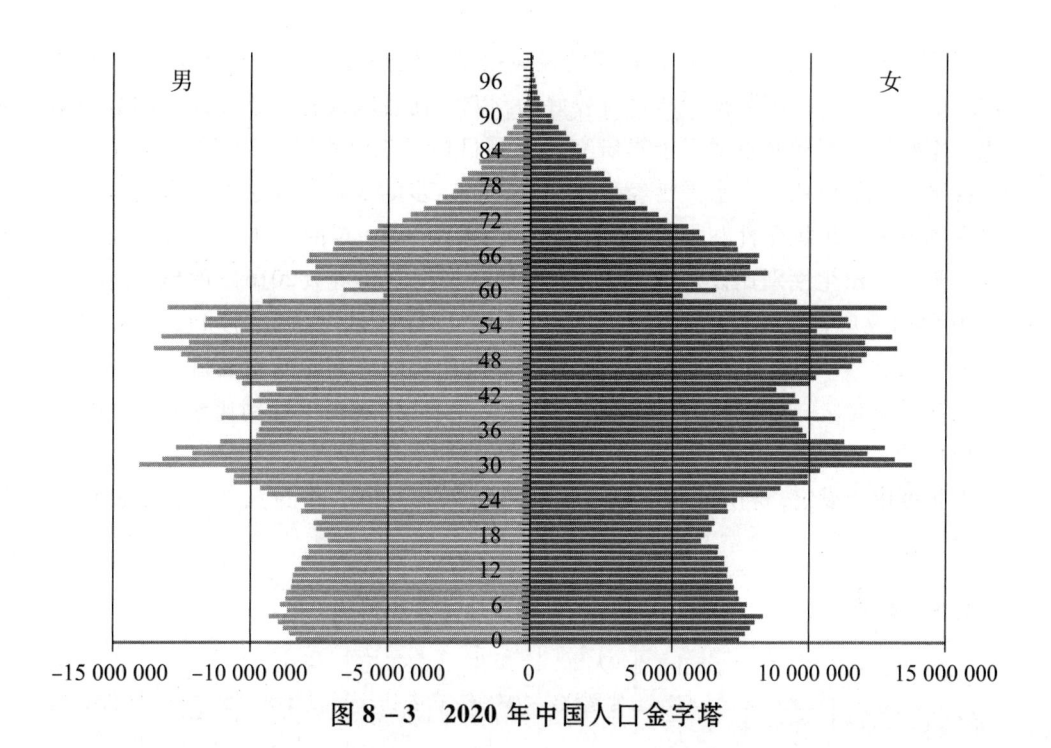

图 8-3　2020 年中国人口金字塔

根据 2020 年的人口预测数据绘制中国人口金字塔图，从图 8-3 可以发现，从 2016 年之后我国出生人口逐渐降低，很大程度上是因为 20 世纪 90 年代计划生育政策的加强，使得 20 世纪 90 年代的出生人口逐渐降低，导致了 2016 年之后适龄生育人口数量的逐渐降低，从而导致了人口出生数量的减少。

综上所述，在 2016~2020 年期间，由于全面放开二孩政策带来的累计生育势能的释放，短期内生育规模会有明显增加，之后逐渐减少；人口性别比得到改善；少儿抚养比提高，一定程度上缓解了少子化问题；人口老龄化问题进一步加剧，老年抚养比提高，人口死亡率也有所上升，自然增长率逐渐下降，人口增长速度逐渐降低。

三、2021~2050 年人口变量的长期预测

由于 2021 年之后，全面放开二孩政策的人口释放效应逐渐消失，人口出生率逐渐恢复规律增长状态，因此利用 Leslie 模型对 2021~2050 年人口总量和结构进行预测比较准确（齐美东等，2016）。

进行人口预测要先进行参数确定。首先，分年龄段的生育率采用 2020 年的预测数据，随着全面二孩政策的逐渐实施，人口生育率到 2020 年以后会逐渐趋于稳定。其次，分年龄段人口死亡率采用 2010 年的人口普查数据。一般来说，

Lee-carter 模型是对死亡率进行预测的经典模型，但是由于该模型至少需要20年连续的分年龄死亡率数据才能进行较好的预测，而我国仅有非连续几年的分年龄死亡率数据，因此并不适用于本研究的预测目标（王晓军等，2012）。而且2010年我国分年龄段死亡率水平已经显著下降，进一步的下降过程必然非常缓慢，所以在同时考虑可操作性和准确性的情况下，采用2010年的分年龄段人口死亡数据。最后，出生性别比设定为112，一方面，根据刘华等（2016）的研究，利用2010年的人口普查数据计算得到实施二孩政策时的出生性别比为112.38；另一方面，根据《"十三五"全国计划生育事业发展规划》制定的发展目标，到2020年，我国出生人口性别比将下降到112以下，因此设定出生性别比参数为112是有依据的。

根据以上设定，利用 Leslie 模型预测得到 2021～2050 年的人口情况如表 8-9 所示。

表 8-9　　　　　　　2021～2050 年中国人口变量预测

指标单位	总人口/万人	出生率/‰	出生人口/万人	人口性别比/%	少儿抚养比/%	老年抚养比/%	死亡人口/万人	死亡率/‰	自然增长率/‰
2021	141 031	11.29	1 593	104.37	24.78	19.09	1 062	7.53	3.76
2022	141 475	10.89	1 541	104.27	24.87	19.89	1 097	7.76	3.14
2023	141 829	10.49	1 487	104.17	24.93	20.83	1 133	7.99	2.50
2024	142 093	10.09	1 434	104.07	24.85	21.53	1 169	8.23	1.86
2025	142 269	9.71	1 382	103.96	24.62	21.76	1 206	8.47	1.24
2026	142 358	9.36	1 333	103.85	24.35	22.09	1 244	8.74	0.63
2027	142 368	9.06	1 290	103.73	23.96	22.07	1 281	9.00	0.06
2028	142 301	8.80	1 253	103.61	23.68	23.00	1 320	9.27	-0.47
2029	142 162	8.59	1 222	103.49	23.52	24.70	1 360	9.57	-0.97
2030	141 961	8.43	1 197	103.37	23.19	25.93	1 398	9.85	-1.42
2031	141 702	8.32	1 179	103.25	22.88	27.22	1 439	10.15	-1.83
2032	141 388	8.25	1 167	103.13	22.39	28.44	1 480	10.47	-2.22
2033	141 027	8.22	1 159	103.01	21.90	29.33	1 520	10.78	-2.56
2034	140 619	8.23	1 157	102.89	21.58	30.88	1 565	11.13	-2.90
2035	140 171	8.27	1 159	102.78	21.26	32.17	1 607	11.46	-3.20
2036	139 685	8.33	1 163	102.66	21.05	33.75	1 649	11.81	-3.48
2037	139 163	8.41	1 171	102.55	20.87	35.05	1 693	12.16	-3.75

续表

指标单位	总人口/万人	出生率/‰	出生人口/万人	人口性别比/%	少儿抚养比/%	老年抚养比/%	死亡人口/万人	死亡率/‰	自然增长率/‰
2038	138 609	8.51	1 179	102.45	20.75	36.26	1 732	12.50	-3.99
2039	138 024	8.61	1 188	102.35	20.70	37.37	1 774	12.85	-4.24
2040	137 410	8.71	1 197	102.26	20.71	38.32	1 811	13.18	-4.47
2041	136 769	8.80	1 204	102.17	20.76	39.02	1 845	13.49	-4.69
2042	136 095	8.88	1 209	102.09	20.86	39.63	1 883	13.84	-4.95
2043	135 390	8.95	1 212	102.01	20.96	39.86	1 916	14.15	-5.20
2044	134 649	8.99	1 210	101.94	21.14	40.25	1 951	14.49	-5.50
2045	133 869	9.01	1 206	101.88	21.36	40.68	1 986	14.83	-5.83
2046	133 053	9.00	1 197	101.83	21.57	40.95	2 014	15.13	-6.14
2047	132 196	8.97	1 185	101.78	21.81	41.29	2 042	15.45	-6.48
2048	131 299	8.92	1 171	101.74	22.12	42.04	2 067	15.75	-6.83
2049	130 362	8.84	1 153	101.71	22.34	42.32	2 090	16.03	-7.19
2050	129 384	8.76	1 133	101.68	22.55	42.62	2 111	16.32	-7.56

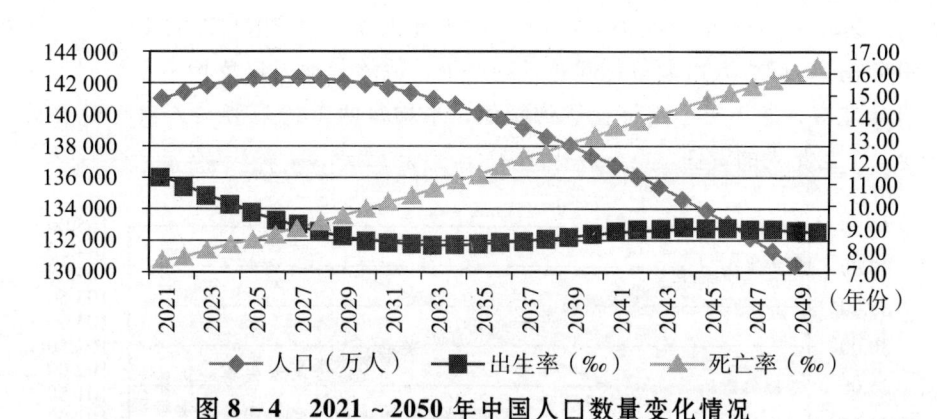

图 8-4　2021~2050 年中国人口数量变化情况

从表 8-9 和图 8-4 所示：首先，我国人口出生率先下降后逐渐趋于稳定。从 2021~2033 年，我国人口出生率一直处于下降趋势，从 2021 年的 11.29，下降到 2033 年的 8.22，之后一直稳定为 8~9，这是因为受之前计划生育政策的影响，2021~2033 年我国生育人口不断下降，从而导致人口出生率也不断降低。其次，我国人口死亡率不断上升。从 2021 年的 7.85 上升到 2050 年的 16.32，其中从 2028 年开始超过了出生率水平，使得人口自然增长率开始为负。这是因为新中国成立之后，生产力迅速发展，社会趋于稳定，人民的生活水平也取得了大幅提高，医疗卫生条件显著改善，而且国家鼓励生育，所以新生人口大量增加，而随着这些人群进入老年阶段，也必然导致死亡人口的增多，从而提高了人口死亡率。1990年左右计划生育政策进一步普及之后，我国出生率开始显著下降，因此，大约在2055年之后我国65岁以上的老年人口总数上升趋势才将会有所放缓。最后，我国人口总量先增加后开始缓慢下降。由于受到人口出生率和死亡率的综合影响，我国人口总量在2021～2027年期间仍然呈现缓慢增长的趋势，在2027年达到峰值142 368万人，之后开始缓慢下降，到2050年人口总量下降到129 384万人左右。

从图8-4发现我国人口结构的长期变化情况。首先，人口性别比逐渐降低。从2021年的104.37下降到2050年的101.68。一方面是因为全面二孩政策的实施，降低了人口出生性别比，从而也降低了人口性别比；另一方面是因为女性的存活率要高于男性，从而使得性别失衡问题逐渐得到改善，人口性别比逐渐降低。其次，少儿抚养比先上升后下降，之后又有所上升。从2021～2023年，我国少儿抚养比略有上升，2023年达到峰值24.93%，之后缓慢下降，到2039年下降到最低值20.70，之后又有所上升，到2050年升高到22.55。这是因为随着生育人口的降低，少儿抚养比也逐渐降低，而2039年之后生育人口略有升高，也使得少儿抚养比有所上升。最后，老年抚养比不断上升，人口老龄化问题不断加剧。2021～2050年，我国老年抚养比不断上升，从2021年的19.09上升到2050年的42.62，人口老龄化问题日趋严重，适龄劳动人口负担不断加剧。而到2060年左右，老年抚养比将会达到峰值，平均每两个适龄劳动人口将需要负担赡养一个老年人的责任。

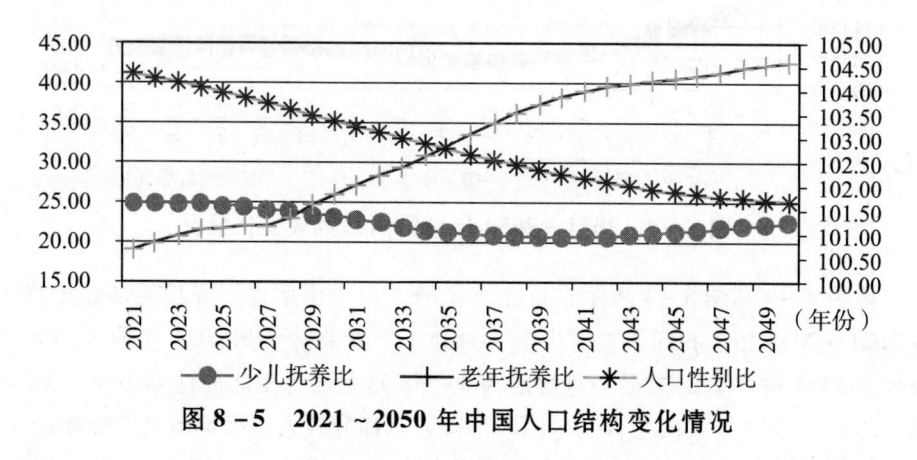

图8-5　2021～2050年中国人口结构变化情况

为了更加直观地了解人口的动态变化，绘制2050年的人口金字塔图，如图8-6所示，我国出生人口从2016年开始逐渐下降，到2034年左右下降到最低点，之后又有所上升，到 2043 年左右达到最高点，之后又缓慢下降，出生人口数量逐渐趋于平稳。此外，我国人口性别比有所下降，总体人口失衡问题有所改善，主要是因为我国女性人口死亡率比男性低，导致女性老年人口较多，从而在整体上改善了男女性别比，但是局部性别失衡问题还是比较严重，例如 2050 年预测 20~30 岁的男性人口为 7 749 万人，而女性人口只有 7 164 万人，比男性人口少 585 万人，人口性别比为 108.16，性别失衡问题仍然严重。

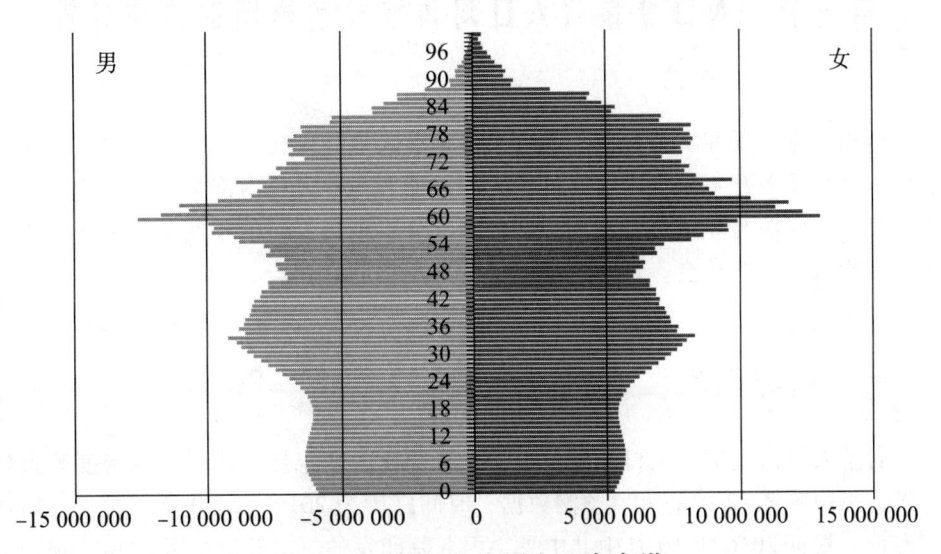

图 8-6　2050 年中国人口金字塔

综上所述，无论从社会和谐还是经济发展角度来看，全面放开二孩政策的实施将会改善我国目前的人口问题，对我国未来的人口总量、少子化问题、老龄化问题以及性别失衡问题带来显著的正向影响。首先，全面放开二孩政策以后，生育二孩的数量迅速增加，生育率显著上升，出生人口显著增加，一定程度上改善了我国的少子化问题。随着生育势能的逐渐释放，生育率会略有下降，并逐渐趋于稳定在 46.6 左右，而总和生育率将会稳定在 1.63 左右，但是仍然低于生育更替水平。其次，全面二孩政策的实施减缓了我国适龄劳动人口的减少和人口老年抚养比的上升，缓解了人口老龄化的趋势，但是并不能从根本上扭转适龄劳动力人口的减少和老年人口数量的增加。最后，随着全面二孩政策的实施，我国人口出生性别比会逐渐下降至 112 左右，人口性别比也会逐渐下降，一定程度上改善了我国整体的性别失衡问题，但是局部性别失衡问题仍然存在，处于生育年龄的男性人口依然显著多于女性人口，存在着高基数高比例的无择偶人群，这将对社会和谐产生不利影响。

从长远来看，全面放开二孩政策会促进人口生育率、人口年龄结构和人口性别结构的优化，但是并不能从根本上解决我国的少子化问题、老龄化问题和性别失衡问题，因此，建设人口均衡型社会，实现政策的预期目标，还必须进一步完善人口生育政策，同时出台一系列的配套措施。

第三节 人口变量对人口均衡型社会影响的预测分析

根据理论分析和实证检验，人口出生率、人口性别比、少儿抚养比、老年抚养比、人均受教育年限、人口密度和人均预期寿命等人口内部均衡要素均会对经济、社会、资源与环境产生长期影响。本部分将根据人口的预期变化来研究未来人口因素对经济、社会、资源、环境等外部因素的影响。

一、数据设定

对于人口出生率、人口性别比、少儿抚养比、老年抚养比、人口密度等人口因素，采用图 8-2 中的人口预测数据，时间跨度为 2016~2050 年。对于人均预期寿命，根据 2016 年 10 月中共中央、国务院印发的《"健康中国 2030"规划纲要》，到 2020 年人均预期寿命达到 77.3 岁，到 2030 年我国主要健康指标将进入高收入国家行列，人均预期寿命达到 79 岁。利用线性插值法可以得到 2016 年至 2050 年的人均预期寿命。对于人均受教育年限指标，根据 2016 年 3 月发布的十三五规划纲要，我国劳动年龄人口平均受教育年限将从 2015 年的 10.23 年提高到 2020 年的 10.8 年。利用线性插值法可以计算得到 2016 年至 2050 年的劳动年龄人口平均受教育年限。预计 2050 年的劳动年龄人口平均受教育年限为 14.22，与 2007 年出版的《中国可持续发展总纲（国家卷）》所制定的"人均受教育年限提升到 14 年以上"的目标基本一致。

二、模型设定

根据人口变量对经济、社会、资源与环境影响的实证研究，分别设定对经济、社会、资源和环境的预测模型如下：

经济预测模型：

$$economy = 10.261 + 0.01br - 5.454sr - 0.022cdr + 0.502odr + 0.026pde$$

社会预测模型：
$$society = 3\,439 + 4.051br - 3\,676sr - 8.32cdr + 289.9odr - 82.98ea - 18pde + 17.4le$$

资源预测模型：
$$resource = 238 + 0.177br - 220sr - 0.69cdr + 14.2odr - 6.42ea - pde + 1.09le$$

环境预测模型：
$$environment = -0.153br + 0.149pde - 0.234le$$

三、预测结果

利用人口预测数据，根据上述预测模型，得到 2016~2050 年中国经济、社会、资源、环境的变化趋势如图 8-7 所示。

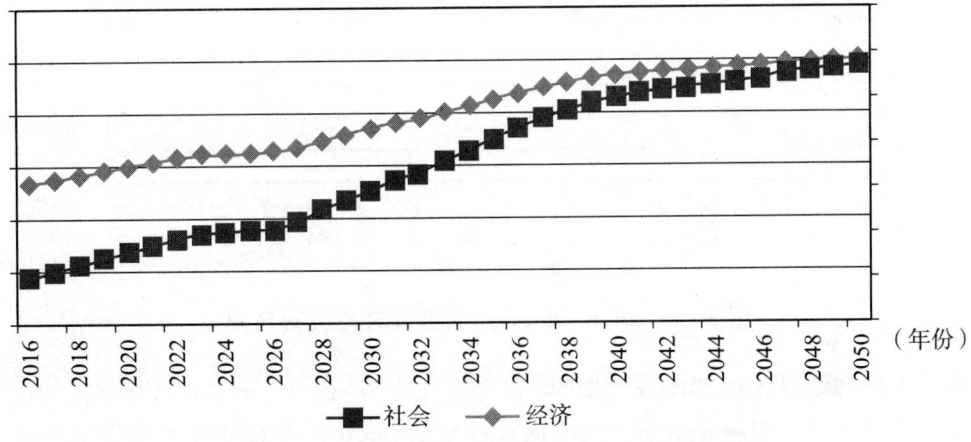

图 8-7　2016~2050 年经济和社会发展预测

从图 8-7 发现，我国经济水平从 2016~2040 年一直处于上升趋势，而在 2040 年之后，经济增长速度逐渐趋于平缓。可能的原因是：首先，2016 年全面放开二孩政策以后，人口出生性别比下降，使得整体人口性别比也在下降，人口性别失衡问题得到改善，因此，人口性别结构能够更好符合经济发展的需求，提高人口的就业水平，从而能够促进经济增长。其次，随着少儿抚养比的下降，适龄劳动人口负担下降，能够促进资本积累和经济增长。最后，2016 年之后我国老年抚养比不断增加，人口老龄化问题加重，但是也同时促进了我国产业结构的调整，促进了我国老年人口服务业的发展，从而也会促进经济增长。进入 21 世纪中叶，我国人口数量开始逐渐降低，劳动力供给逐渐减少，劳动力成本逐渐升高，从而降低了经济增长的速度，经济增长逐渐趋于平缓。

我国社会和谐水平在 2016~2050 年期间不断上升，而且相对上升幅度比经济增长更高。一是因为我国人口性别比在不断下降,性别失衡问题得到了缓解,男女比例失调的矛盾得到了一定程度的解决,从而提高了社会和谐水平。二是因为我国老年抚养比不断上升,老年人口比重不断增加,人均预期寿命也不断提高,同时针对老年人口的医疗和养老等公共保障支出也会增加,社会服务水平也会相应提高,从而会提高社会和谐水平。三是2027年之后我国人口密度的逐渐下降,交通拥挤、就业困难、住房困难、社会治安等一系列社会问题都将得到一定的缓解,而且人均享受社会保障和社会服务水平的提高也将提高社会的和谐水平。

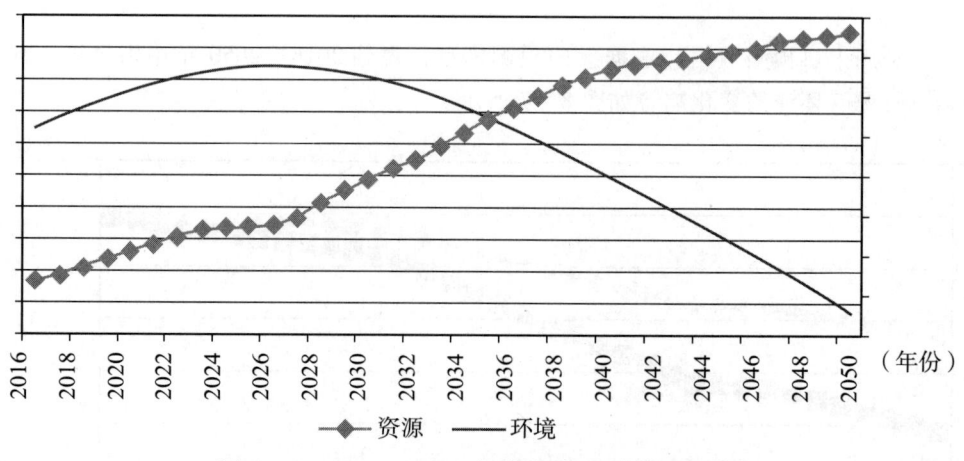

图 8-8 2016~2050 年资源和环境发展预测

我国资源消耗从2016年到2050年不断上升。一是因为随着人口性别比的增加,女性人口比重相对增加,而根据调查显示,60%的家庭中女性消费多于男性,女性人口比重的增加也会增加社会消费,从而增加了对资源的消耗。二是因为随着我国老年抚养比增加,老年人口不断增加,人均预期寿命也在提高,因此需要消费更多的资源来保障老年人口的基本生活。2040年之后资源消耗增速放缓,是因为我国2027年之后人口密度降低,人口数量减少,对资源的消耗也将减少,而且随着我国人均受教育年限的提高,科学技术水平也会随之提高,从而对资源的利用效率提高,资源浪费和资源消耗减少。

我国环境破坏从2016年到2027年逐渐上升,因为这期间我国人口密度和人口数量不断增加,对环境造成的破坏也不断增加。而2027年之后随着人口数量的减少和人口密度的降低,人口对环境的破坏逐渐减少,环境质量逐渐提高,而且随着人均预期寿命的不断提高,人口对环境保护的意识也在不断提高,环保力度也会有所增强,从而也会提高环境质量水平。

第四节 本章小结

无论从社会和谐还是经济发展水平来看，全面放开二孩政策的实施将会改善我国目前的人口问题，促进我国经济和社会的健康发展，对我国未来的人口总量、少子化问题、老龄化问题以及性别失衡问题带来显著影响。由于我国目前的人口结构问题，尽管生育率增加，但是生育人口减少，导致出生人口在减少；老年人口数量逐渐增加的趋势无法改变；整体人口性别比在下降，但是适龄婚配的男女比例依然失调，因此，全面放开二孩政策并不能从根本上解决我国的少子化问题、老龄化问题和性别失衡问题，因此要想构建人口均衡型社会，实现政策的预期目标，还必须进一步完善人口生育政策，同时出台一系列的配套措施。

首先，在短期内，应该认真贯彻落实全面二孩政策，保证全面二孩政策在城市和农村以及偏远地区的顺利实施，加大对生育政策的执行力度。同时，要实时观测人口变量的变化，评估全面二孩政策的影响，为下一步的生育政策改革提供支撑。此外，政府还应该增加补贴，减轻生育二孩家庭的经济压力；增加教育投入，使得托儿所和幼儿园等基础教育资源能够满足新生人口的需要；同时出台相关政策法规，保护甚至延长女性的产假时间，推进二孩政策的实施。

其次，由于人口老龄化是我国目前人口结构变化的必然趋势，生育政策的调整也只能缓解劳动力供求关系失衡和老年抚养比下降的趋势，但不能从根本上扭转人口老龄化趋势（翟振武等，2014）。因此，针对人口老龄化问题，我国要不断完善养老和医疗保障体系，提高社会服务水平，积极应对人口老龄化问题。完善养老保险制度，不断统筹城乡和各地区的社会养老保险，加强老年基础服务设施的建设，鼓励老年服务业的发展，提高老年人口的生活质量水平。

从长远来看，针对我国少子化和性别失衡问题，我国应该逐渐放开生育政策，从计划生育政策逐渐过渡到自主生育政策，由公民自主选择生育子女的数量，从根本上解决我国的少子化问题，而且生育政策的放开有利于降低人口出生性别比，从根本上解决性别失衡问题，实现人口均衡型社会，推动经济社会的可持续发展。

第四篇

政策研究

第九章

建设人口均衡型社会的问题、优化政策与模拟分析

人口均衡型理论向世人阐述了人口内部均衡与人口外部均衡相互协调的基本思想,为进一步分析人口内部失衡、人口外部约束的相互影响提供了更为广阔的理论平台与思维空间。通过归纳整理,本研究发现反映人口发展、经济水平、社会和谐、资源节约、环境变化、制度保障这六大效应的指标均可以划分为人口内部均衡与人口外部均衡的不同效应。实证分析的结果显示:目前所存在的时空差异使建设人口均衡型社会的表现不尽如人意。本章力求探寻人口失衡的表现及形成原因,为人口内部均衡与人口外部均衡的协调发展寻找突破口。进一步地,在优化路径设计的基础上,通过数据模拟政策优化路径的可行性与科学性。

第一节 人口不均衡的表现及形成原因

人口均衡主要通过人口内部均衡与人口外部均衡表现出来。其人口的内部均衡依赖于人口适度、人口结构、人口分布决定的人口发展水平;人口外部均衡受制于经济、社会、资源、环境、制度五大因子的影响,他们之间的相互依赖与制约关系不仅体现了人口内外均衡的协调程度,而且也可以从时间和空间的变化反映人口适度、人口结构、人口分布与经济、社会、资源、环境、制度的相互影响与均衡程度。

一、人口内外不均衡的表现

根据实证结果，可以得到表9-1反映人口均衡程度的地区及影响因子的排序结果。

表9-1　　　　　　　2014年中国各地区人口均衡指数排名

地区	综合均衡	内部均衡	外部均衡	人口因子			经济因子		社会因子		资源因子		环境因子		制度因子
				人口适度	人口结构	人口分布	经济增长	经济结构	社会保障	社会服务	资源禀赋	资源消耗	环境污染	环境治理	制度保障
东部地区	1	1	1	1	1	1	1	1	3	3	3	2	2	1	1
中部地区	2	2	2	2	2	3	2	2	1	2	1	1	2	2	2
西部地区	3	3	3	3	3	2	3	3	2	1	2	3	3	3	3

从表9-1中发现，无论是从人口内部均衡或人口外部均衡，以及人口综合均衡的角度看出，人口均衡呈现东中西部递减态势，究其原因可以发现，经济发展水平与制度保障对人口适度、人口结构和人口分布的影响最为显著，特别是由于东部地区的产业结构系数较高，而且城乡收入比较低，呈东中西部地区逐渐递减的经济发展水平和制度供给对人口内部均衡的强劲拉动显示了经济增长、经济结构、政府和市场配置资源的地区不均衡状态；值得思考的是社会保障与社会服务对人口均衡型社会的影响却呈西向东递减，这一方面表现出较发达的东部地区由于人口流动的集聚带来的社会保障、社会服务占GDP比重的下降所致，同时也反映了人口流动主要受经济影响更为显著，导致地区之间的人口不均衡分布。如果在政策调整中更多考虑到社会保障、社会服务与资源供给的影响，人口适度、人口结构和人口分布才有可能进行区域间的合理布局。

二、人口适度问题及形成原因

人口适度主要指人口数量与人口质量的均衡。然而，我国目前人口适度的现状不容乐观。根据第六章中的实证得出的表9-2、表9-3的结果分析发现：

表 9 - 2　　　　　　　　　人口适度分阶段结果

	二级指标	1993~2014年	1993~2003年	2004~2014年
经济因子	经济增长	显著正相关	显著正相关	显著正相关
	经济结构	不相关	不相关	不相关
社会因子	社会保障	显著正相关	显著正相关	显著正相关
	社会服务	显著正相关	显著正相关	显著负相关
资源因子	资源禀赋	不相关	不相关	不相关
	资源消耗	显著负相关	显著负相关	显著负相关
环境因子	环境污染	显著正相关	不相关	不相关
	环境治理	显著负相关	不相关	不相关
制度因子	制度保障	不相关	显著正相关	显著负相关

表 9 - 3　　　　　　　　　人口适度分地区结果

	二级指标	东部地区	中部地区	西部地区
经济因子	经济增长	显著正相关	显著正相关	不相关
	经济结构	不相关	显著正相关	不相关
社会因子	社会保障	不相关	显著正相关	不相关
	社会服务	显著正相关	显著正相关	显著正相关
资源因子	资源禀赋	显著负相关	不相关	不相关
	资源消耗	不相关	显著负相关	显著负相关
环境因子	环境污染	不相关	不相关	显著正相关
	环境治理	不相关	不相关	显著负相关
制度因子	制度保障	不相关	显著负相关	显著正相关

（1）从分阶段的实证结果发现：人口适度水平不高。尽管 1993 年以来，我国人口适度水平在不断升高，但是我国的人口适度仍然处于较低水平，2014 年我国的人口适度指数仅为 74.62，加入人均入院率后的人口适度指数更低，仅为 70.63。人类社会发展中每一个历史时期必然存在一个适度的人口数量和人口质量水平，以便和该国的经济发展水平、社会服务水平、自然资源的多寡以及生态系统的负载能力保持平衡，保证人类社会的可持续发展。我国人口适度水平较低，必然会阻碍人口、经济和社会的协调发展。

究其原因可以通过表 9-2 看出：对人口适度有显著影响的是经济增长、社会保障、社会服务与资源消耗，而资源禀赋与环境因素的影响却不够显著。一方面说明经济增长、人均收入的提升以及社会保障制度的健全是提升人均教育投入与健康投入的人口质量的主要动因;另一方面,从 1993~2014 年的发展态势来看,资源消耗与社会服务在人口质量提升中趋于负向的影响可能表明了人口数量集聚地区的不均衡越加突出,进一步分析发现,制度约束对人口适度的约束越来越显著,可能伴随经济增长的同时,人均收入差距更加突出,两极分化更加严重,其可能源于政府分配资源的手段与市场配置资源的机制不相协调所致。

(2)从地区人口适度的实证发现:我国人口适度水平存在严重的地区不均衡现象。2014 年我国人口适度指数(无动态指标)最高的省份为海南和安徽,分别达到了 75.38 和 74.51,而人口适度指数最低的省份是云南和青海,其人口适度指数仅为 44.92 和 48.29,低于最高省份 30 多。总体上来看,我国东部地区的人口适度水平要明显高于西部地区,从而形成人口适度在地区间的不均衡分布。人口适度的不均衡又会导致地区间经济、社会发展的不均衡。

表 9-3 可以解释以上现象:人口适度呈东中西部地区的递减趋势主要源于三个地区的经济增长与社会服务的显著影响,特别是由于西部地区经济发展与公共服务投入不足对西部地区的人口适度没有起到显著的提升作用;同时,制度保障的作用也是不容忽视的主要原因。

综上所述,经济增长、经济结构、社会保障和社会服务等的提高,均能够提高我国的人口适度水平。然而由于我国各个地区的经济增长水平不相一致,经济结构不尽完善,社会保障支出有多有少,社会服务水平参差不齐,导致我国各个地区的人口适度也存在较大差距,人口适度不均衡问题突出。因此,要均衡三个地区的人口适度水平,就要提高其经济增长水平,完善其经济结构,增加社会保障支出,提高社会服务水平;同时,也要从缩小各地区内部以及地区间的经济增长差距、收入差距、产业差距、社会保障支出差距、社会服务水平差距等制度保障入手。

三、人口结构问题及形成原因

从第六章的现状描述中可以发现,从 1993~2014 年的 20 年间,我国的人口结构指数呈现波动循环上升趋势,1993 年我国人口结构指数为 47.84,到 2014 年我国人口结构指数为 60,其间的波动上升表现为我国老年抚养比的显著升高、少儿抚养比的下降以及人口城镇化率的不断上升导致人口结构指数的波动上升。但总体来看人口结构不尽合理,虽然表现在社会总抚养比呈下降趋势,但仍过高,2014 年达到 36.2%,这意味着每 10 个劳动力须负担 3.62 个非劳动力。其中,少儿抚养比逐年下降,2014 年为 22.5%,老年抚养比逐年上升,2014 年为

13.7%，我国正处于新增劳动力不足，老龄化加速的阶段。另外，人口城镇化率不平衡也是目前我国亟待解决的问题。对于产生这些问题的原因，可以利用表9-4以及表9-5中的检验结果从以下两方面进行分析。

表9-4　　　　　　　　　　人口结构分阶段结果

	二级指标	1993~2014年	1993~2003年	2004~2014年
经济因子	经济增长	不相关	显著负相关	不相关
	经济结构	显著负相关	显著负相关	不相关
社会因子	社会保障	不相关	显著负相关	显著正相关
	社会服务	显著正相关	不相关	显著正相关
资源因子	资源禀赋	显著负相关	不相关	不相关
	资源消耗	显著负相关	显著负相关	显著负相关
环境因子	环境污染	显著正相关	显著正相关	不相关
	环境治理	显著正相关	显著正相关	显著正相关
制度因子	制度保障	不相关	不相关	不相关

表9-5　　　　　　　　　　人口结构分地区结果

	二级指标	东部地区	中部地区	西部地区
经济因子	经济增长	显著正相关	不相关	不相关
	经济结构	显著负相关	不相关	显著负相关
社会因子	社会保障	不相关	不相关	显著正相关
	社会服务	不相关	不相关	显著正相关
资源因子	资源禀赋	显著负相关	不相关	不相关
	资源消耗	不相关	不相关	显著负相关
环境因子	环境污染	不相关	不相关	不相关
	环境治理	显著正相关	显著正相关	显著负相关
制度因子	制度保障	显著正相关	显著正相关	显著正相关

（1）从阶段性发展看：经济发展内部结构不合理。首先，实证结果显示第三产业产值占GDP比重虽不断增加，但比重仍然过低，截至2014年仅48.1%，与发达国家差距较大，同期发达国家第三产业占比约70%左右。其次，城乡收入差距大，这20年来，我国城乡收入差距虽然变化不大，但却一直维持在一个较高的水平，城镇居民可支配收入是农村居民纯收入的3倍左右。经济发展水平对

老年抚养比、少儿抚养比的影响逐渐减弱。另外，反映人口结构的城镇化水平差异较大，2014年东部地区人口城镇化率为67.57%，中部地区为52.02%，西部地区为45.73%，导致人口城镇化对中西部地区经济发展的促进作用远低于东部地区。

究其原因，说明了人口结构受到生育政策的滞后影响而与市场经济的调节作用相悖，当然，从表9-4也看出社会保障制度的逐渐完善、社会公共服务的投入加大以及环境治理的增强都在一定程度上拉动了人口结构的正向影响；但是由于老龄化程度的加剧，资源消耗不足的矛盾更加显著，加之政府调节与市场资源配置的力度并不显著进一步降低了人口结构的合理趋势。另外，人口城镇化的区域差异与我国实行的户籍制度不无关系，户籍制度的限制导致了生产要素的流动受到限制，不利于地区之间的市场化调节与资源配置。

（2）从地区分布来看：从第六章知道地区经济发展水平差异较大，东部地区经济发展水平远高于中西部地区经济发展水平。2014年东部地区人均国民生产总值为7.17万元，中部和西部地区分别为2.89万元，4.23万元；从经济结构来看，2014年东中西部三地区第三产业占GDP比重分别为77.95，44.49和39.51。而中西部地区城乡收入差距高于东部地区，我国各地区之间的人口结构指数还是存在较大的地区差异。

究其原因从表9-5看出：经济增长、资源消耗、环境治理以及制度供给促进了东部地区人口结构的合理化，但由于人口向东部地区的集聚显著加大了东部地区在经济结构、资源禀赋供给方面的压力，阻碍了人口结构的进一步合理化；相反，经济发展水平对中西部地区人口结构的影响并不十分显著，或者对合理的人口结构没有拉动作用，甚至由于西部地区产业结构的不合理及城乡收入差距的扩大以及环境治理的不力对西部地区的人口结构产生了显著的负面影响；再者，由于经济发展、社会服务等发展水平的地区差异导致人口城镇化率的区域性特征也影响了人口结构的优化；同时，虽然制度因素在东中西部地区对人口结构的改善有积极效应，但由于地区政策的非统一性及不一致性，导致政策实施中的地区衔接不畅等问题的产生，致使全国范围内的人口结构均衡的政策供给与实施效果并不明显。

四、人口分布问题及形成原因

从第六章的指标描述中可以看出，1993~2014年的20年中，人口分布指数平稳上升，总体上人口分布指数由东西向中部地区逐渐降低。究其原因可以通过表9-6、表9-7进行分析。

表9-6　　　　　　　　　　　　人口分布分阶段结果

	二级指标	1993~2014年	1993~2003年	2004~2014年
经济因子	经济增长	显著负相关	不相关	显著负相关
	经济结构	显著正相关	不相关	显著正相关
社会因子	社会保障	显著正相关	不相关	不相关
	社会服务	显著正相关	不相关	显著正相关
资源因子	资源禀赋	不相关	不相关	不相关
	资源消耗	不相关	不相关	不相关
环境因子	环境污染	显著负相关	不相关	不相关
	环境治理	显著正相关	不相关	不相关
制度因子	制度保障	显著正相关	不相关	不相关

表9-7　　　　　　　　　　　　人口分布分地区结果

	二级指标	东部地区	中部地区	西部地区
经济因子	经济增长	显著负相关	显著负相关	不相关
	经济结构	不相关	显著正相关	显著正相关
社会因子	社会保障	显著正相关	不相关	不相关
	社会服务	显著正相关	不相关	显著正相关
资源因子	资源禀赋	显著正相关	不相关	不相关
	资源消耗	不相关	不相关	显著负相关
环境因子	环境污染	显著负相关	不相关	不相关
	环境治理	显著正相关	不相关	不相关
制度因子	制度保障	显著正相关	不相关	不相关

（1）从阶段性来看：表9-6显示了1993~2003年期间经济、社会、资源环境等对人口分布的影响均不显著，但近十年却发生了较大变化，2004~2014年期间，东部地区人口增速为16.17%，中部地区为2.81%，西部地区为3.38%，无论是人口规模还是人口增长速度来看，东部地区均高于中部和西部地区，人口分布的不均衡态势越来越明显。另外，人口净迁移率与人均国内生产总值显著正相关，人口净迁移率每提高1‰，人均国内生产总值将提高0.005万元。然而，人口净迁移率与经济增长率、居民消费水平指数、城乡收入比、国有经济比重关系却并不显著。

究其原因可能是因为1993年以前的经济发展水平与2004年以后的产业结构调整及社会服务能力的大幅增强对人口集聚产生了强大影响，致使1993~2003年期间的经济社会表现和制度改进的影响并不突出。但从总体而言，虽然社会保障制度的逐渐完善、产业结构调整的推进、社会服务能力及环境治理能力的进一步提升都有利于人口集聚，但由于人口空间分布与人口就业分布的不一致性带来的人口产业承载力在近10年对人口分布的负向影响较之过去更加显著。

（2）从地区分布的情况看：我国人口分布水平存在严重的地区不均衡现象。2014年我国东部地区的人口分布指数较高，其中最高的省份为安徽和福建，分别达到了85.3和83.5，而西南地区的人口分布指数较低，其中最低的省份是甘肃和黑龙江，其人口分布指数仅为49.26和47.68，低于最高省份40左右。总体来看，我国东部地区的人口分布水平要明显高于西部地区，从而形成了严重的人口分布地区不均衡。人口分布的不均衡又会导致地区间经济、社会发展的不均衡，加剧地区间的差距，从而会阻碍人口、经济、社会的协调发展。

究其原因，表9-7显示出由于东部地区经济增长速度赶不上东部人口大量集聚的程度，使东部地区的人口分布受制于经济增长与环境压力的矛盾日趋显著；同时，尽管中西部地区的产业结构、社会服务能力对人口分布有显著正向影响，但由于中西部地区的社会保障制度与环境治理能力的推进并不十分显著以及资源消耗的浪费，加之经济增长水平的制约，导致人口在区域间的不均衡分布。总之，东中西部经济增长、资源禀赋差异、环境压力对人口集聚的负向影响，致使人口集聚在东部地区的矛盾日趋突出。

第二节 人口均衡型社会的优化机理及路径选择

人口均衡型社会的优化是通过人口适度、人口结构、人口分布的路径传导而影响人口发展的均衡选择。

一、人口适度优化的路径传导

从人口适度的表现及形成因子来看，人口适度主要受到经济增长、社会保障水平、资源消耗及制度供给的影响，考虑到影响这些因子的主要变量是经济水平、人力资本、教育与医疗等公共支出与社会保障，为了使模型更能够说明问题的关键，本研究将模型进行抽象与简化如下：

1. 理论假设

本研究认为人口数量与质量的均衡聚焦于人力资本投资形成与经济收入之间的关系。对此，本研究假设所有人口由三个时期组成（孩子、成年人、老年人），作为小孩时接受教育，成年人投入工作并决定家庭的消费、储蓄和教育，老年人动用储蓄和政府公共转移来安度晚年。每个成年人只生产一个后代，因此人口随着时间不变。

（1）遵循文献中关于人力资本积累的通行假定（Glomm，2003），$t+1$ 期孩子的人力资本由一个 Cobb-Douglas 型学习函数给出，孩子的人力资本 h_{t+1} 是其自身学习能力以及有效家庭教育时间 $n_t h_t$ 和政府公共教育投资 E_t 的函数。$h_{t+1}(\omega) = B(h_t n_t)^{\sigma} E_t^{\eta}$，其中 n_t 是父母投入到培养和教育小孩的时间，$n_t h_t$ 是父母的有效家庭教育时间，E_t 表示政府公共投资（包括教育和保障制度）。

（2）假定整个社会具有如下生产函数：$Y_t = A k_t^{\delta} H_t^{1-\delta}$，$Y_t$ 为总产出，K_t 是总的物质资本，来自上一代所有家庭的储蓄 S_{t+1}，$K_t = \int_{\Omega} s_{t-1}(w) \mathrm{d}\mu(w)$

$$\quad (9.2.1-1)$$

$\tilde{H}_t$ 是 t 时期总的有效劳动投入：$\tilde{H}_t = \int_{\Omega} h_t(1-n_t) \mathrm{d}\mu(w) \quad (9.2.1-2)$

假定 w_t 代表每单位有效劳动真实工资率，因此 t 时期政府税收收入 $\tau w_t \tilde{H}_t$，根据本研究的模型，税收收入被用于教育和现收现付社会保障体系，征收的教育税和社会保障费用恒定统一，分别用 τ_E 和 τ_T 表示，$\tau = \tau_E + \tau_T$。T 时期由 t 时代的成年人支付的税收以社会保障的形式转移给上期的老年人，以教育的形式支付给下期的孩子。政府提供的公共教育和社会保障支出分别为：

$$E_t = \tau_E w_t \tilde{H}_t = \tau_E (1-\delta) Y_t \quad (9.2.1-3)$$

$$T_t = \tau_T w_t \tilde{H}_t = \tau_T (1-\delta) Y_t \quad (9.2.1-4)$$

（3）父母对其孩子进行教育投资，因此孩子的人力资本将会影响成年人的效用函数，假设 t 时期任一个体的效用函数由下式给出[①]：

$$\alpha_1 \ln c_{t,t} + \alpha_2 \ln c_{t,t+1} + \alpha_3 \ln h_{t+1}$$

其中，$c_{t,t}$ 和 $c_{t,t+1}$ 表示其年轻和年老时的消费，h_{t+1} 表示孩子的人力资本。T 时期成年人用于工作的时间为 $1-n_t$，其有效劳动力供给为 $(1-n_t)h_t$，该家庭的收入为 $(1-n_t)w_t h_t$，因此 t 期成年人的当期消费为 $c_{t,t} = (1-\tau)(1-n_t)w_t h_t - s_t$，在其年老时的消费 $c_{t,t+1} = (1+\gamma_{t+1})s_t + T_{t+1}$。

[①] 本研究使用父母利他主义代际分析模型，该模型广泛使用，如 Eckstein and Zilcha（1994）；Galor（2005）。

2. 逻辑推理

结合模型的假定，本研究通过求解在约束条件下的最大化来决定家庭的最优储蓄和社会公共支出以及下一期的人力资本形成，T 时期人口适度最大化函数为：

$$\max. \alpha_1 \ln c_{t,t} + \alpha_2 \ln c_{t,t+1} + \alpha_3 \ln h_{t+1}$$

$$\text{s. t. } c_{t,t} = (1-\tau)(1-n_t) w_t h_t - s_t$$

$$c_{t,t+1} = (1+\gamma_{t+1}) s_t + T_{t+1}$$

$$h_{t+1}(w) = B(n_t h_t)^\sigma E_t^\eta$$

在以上约束条件下，求解家庭人口的最优资源配置：

$$s_t = \frac{1}{\alpha_1 + \alpha_2} \left[\alpha_2 (1-\tau)(1-n_t) w_t h_t - \frac{\alpha_1 T_{t+1}}{1+\gamma_{t+1}} \right] \quad (9.2.1-5)$$

$$n_t h_t = c(\omega, t) \left[h_t + \frac{T_{t+1}}{(1-\tau) w_t (1+\gamma_{t+1})} \right], \quad c(\omega, t) = \frac{\alpha_3 \sigma}{\alpha_1 + \alpha_2 + \alpha_3 \sigma}$$

$$(9.2.1-6)$$

根据（9.2.1-1）、（9.2.1-2）式整理（9.2.1-5），代入（9.2.1-3）、（9.2.1-4）式，求解出：

$$K_{t+1} = \frac{1}{\alpha_1 + \alpha_2} \left[\alpha_2 (1-\tau)(1-n_t) w_t h_t - \frac{\alpha_1 T_{t+1}}{1+\gamma_{t+1}} \right]$$

$$= \frac{1}{\alpha_1 + \alpha_2} \left[\alpha_2 (1-\tau)(1-\delta) Y_t - \frac{\alpha_1 \tau_T (1-\delta) K_{t+1}}{\delta} \right]$$

$$K_{t+1} = \frac{\alpha_2 \delta (1-\tau)(1-\delta) Y_t}{(\alpha_1 + \alpha_2) \delta + \alpha_1 (1-\delta) \tau_T} \quad (9.2.1-7)$$

因此，求解出 $\dfrac{T_t + 1}{(1-\tau) w_t (1+\gamma_{t+1})} = \dfrac{\tau_T (1-\delta) K_{t+1}}{\delta (1-\tau) w_t}$

$$= \frac{\alpha_2 \tau_T (1-\delta) \tilde{H}_t}{(\alpha_1 + \alpha_2) \delta + \alpha_1 \tau_T (1-\delta)} \quad (9.2.1-8)$$

把（9.2.1-8）式代回（9.2.1-6）式，能得到：

$$n_t h_t = c(\omega, t) \left[h_t + \alpha(\tau_T) \tilde{H}_t \right] \quad (9.2.1-9)$$

其中

$$\alpha(\tau_T) = \frac{\alpha_2 \tau_T (1-\delta)}{(\alpha_1 + \alpha_2) \delta + \alpha_1 \tau_T (1-\delta)} \quad (9.2.1-10)$$

所以可以得到孩子的人力资本函数：

$$h_{t+1}(w) = B [c(\omega, t)]^\sigma [h_t + \alpha(\tau_T) \tilde{H}_t]^\sigma [\tau_E (1-\delta) Y_t]^\eta$$

$$(9.2.1-11)$$

利用：

$$H_{t+1} = \int h_{t+1} d\mu(\omega) \quad (9.2.1-12)$$

可得 $t+1$ 期整个社会的人口质量表现为人均人力资本：

$$H_{t+1} = B[c(\omega,t)]^{\sigma}[\tau_E(1-\delta)Y_t]^{\eta}\int[h_t + \alpha(\tau_T)\tilde{H}_t]^{\sigma}d\mu(\omega) \quad (9.2.1-13)$$

从表达式（9.2.1-9）$n_t h_t = c(\omega,t)[h_t + \alpha(\tau_T)\tilde{H}_t]$ 可以看出有效教育时间投入是人口自身人力资本的增函数，从式（9.2.1-10）$\alpha(\tau_T) = \dfrac{\alpha_2\tau_T(1-\delta)}{(\alpha_1+\alpha_2)\delta+\alpha_1\tau_T(1-\delta)}$ 可以看出 $\alpha(\tau_T)$ 受社会保障支出影响，而从式（9.2.1-11）中的 $h_t + \alpha(\tau_T)\tilde{H}_t$ 可以看出 $\alpha(\tau_T)$ 又作用于有效家庭教育时间 $n_t h_t$，因此式（9.2.1-13）中 $h_t + \alpha(\tau_T)\tilde{H}_t$ 表明社会保障支出的变化会通过作用于有效家庭教育时间从而影响收入，这也显示增加社会保障支出会有潜在的累进的收入分配效应，$\tau_E(1-\delta)Y_t$ 表示公共教育的投资，式（9.2.1-13）表明：

命题 9.1：教育投资和社会保障提升带来的有效教育时间是生产人力资本最重要的两种要素，也是形成人口质量提升、均衡人口适度的关键路径。

但是，由于社会保障和社会服务支出作为准公共物品，容易产生资源的外部性问题，其结果体现为社会保障和社会服务支出的不足或过度使用与浪费。而研究公共产品外部性的经典模型就是牧场的过度利用模型（蒲勇健，2001）。本研究将借鉴牧场的过度利用模型，研究人口对社会保障和社会服务资源的过度利用。

现假定某地区有 n 个家庭，$g_i \in [0,\infty)$ 是第 i 个家庭的人口数量，$i=1,\cdots,n$。$G = \sum_{i=1}^{n} g_i$ 是总的人口数量，v 表示每个人带来的效用或收益。在社会保障和社会服务支出一定的情况下，人口数量越多，每个人得到的社会保障和社会服务就越少，其效用也就越低，故 n 个家庭能获得的总价值 $V = V(G)$。每个人至少得到一定的社会保障和社会服务才能健康生活，因此存在一个最大可存活的人口数量 $G_{\max}$，存在下列关系：

当 $G < G_{\max}$，$V(G) > 0$；

当 $G \geqslant G_{\max}$，$V(G) < 0$。

因为人口数量越多，V 就越小，因此 $\dfrac{\partial V}{\partial G} < 0$；当人口数量很少时，人口数量增加导致人口在社会保障和社会服务上的竞争不太激烈，因此 $\dfrac{\partial V}{\partial G}$ 的绝对值较小；但当总人口数量 G 较大时，人口竞争会导致社会资源激烈竞争，$\dfrac{\partial V}{\partial G}$ 的绝对值就较大，因此 $\dfrac{\partial^2 V}{\partial G^2} < 0$，即社会保障和社会服务对人口效用的边际产出递减，如图 9-1 所示。

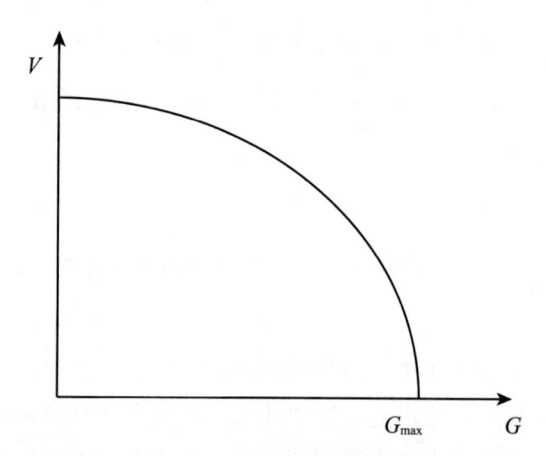

$$\text{[图示:V-G坐标系,曲线从V轴递减至}G_{max}\text{]}$$

图 9-1 社会支出效用与人口数量关系图

家庭 i 的战略空间为 $S_i = \{g_i | g_i \in [0, \infty)\}$，设养育一个孩子的成本为 c，则每个家庭的收益函数为 $\pi_i(g_1, \cdots, g_n) = g_i V(G) - g_i c, i = 1, \cdots, n$，一阶条件为：

$$\frac{\partial \pi_i}{\partial g_i} = V(G) + g_i V'(G) - c, \quad i = 1, \cdots, n$$

n 个方程可以解出 n 个未知数 $g_i^* (i = 1, \cdots, n)$，它们就是纳什均衡。不难证明该均衡是低效率的，即每个家庭的人口数量过多，这也是一种囚徒困境。将一阶条件中的 n 个方程相加，得到：$nV(G^*) + G^* V'(G^*) - nc, i = 1, \cdots, n$

两端除以 n，得到：$V(G^*) + \frac{G^*}{n} V'(G^*) - c, i = 1, \cdots, n$，其中 $G^* = \sum_{i=1}^{n} g_i^*$。

如果最大化社会总效用 $\pi = GV(G) - Gc$，则需要求解下述帕累托最优问题：$\max[GV(G) - Gc]$，一阶条件为：$V(G^{**}) + G^{**} V'(G^{**}) = c$，两式联立可得：

$$V(G^*) - V(G^{**}) = G^{**} V'(G^{**}) - \frac{G^*}{n} V'(G^*)$$

先假设 $G^* \leq G^{**}$，因为 $\frac{\partial V}{\partial G} < 0$，所以，$V(G^*) - V(G^{**}) \geq 0$。

又因为 $\frac{\partial^2 V}{\partial G^2} < 0$，所以，$V'(G^{**}) \leq V'(G^*) < 0$。

则 $G^{**} V'(G^{**}) < G^* V'(G^*) < 0$，又因为 $n > 1$，所以

$$G^{**} V'(G^{**}) < \frac{G^*}{n} V'(G^*) < 0$$

即 $G^{**} V'(G^{**}) - \frac{G^*}{n} V'(G^*) < 0$，与 $V(G^*) - V(G^{**}) \geq 0$ 不相等。因此假设 $G^* \leq G^{**}$ 不成立。则必有 $G^* \geq G^{**}$，即以每个家庭效用最大化为目标达到的人口

数量要多于以社会效用最大化为目标而达到的人口数量，社会保障和社会服务资源被过度利用了。

命题9.2：个人效用与社会效用的差异决定了公共投资的边际贡献差异，缩小地区之间的教育投资、社会保障支出差距的关键在于地区之间的边际效应比较，因此，向资源稀缺地区的投资更能提升人口质量的边际效应。

3. 路径解释

通过影响人口适度的理论机理分析，本研究进一步发现：

第一，本研究通过理论机理的推断揭示出公共教育可以通过教育投资的流向而改变人力资本的结构，而社会保障可以提高一个家庭的可支配收入，同时，通过收入与闲暇的替代效应减少该家庭劳动力供给，从而可以增加该家庭有效家庭教育时间，两者共同作用的结果将影响人力资本积累进而影响收入水平，同时影响人口适度的水平。

第二，本研究通过教育投资、社会保障的联合分析发现，在目前区域差距以及城乡二元体制不能消除的前提下，教育投资、社会保障支出在区域间以及城乡间的流动差异将对区域及城乡人力资本的形成产生重要影响，因此，缩小我国区域及城乡人均教育投资和社会保障支出的差距将对缩小区域间人口适度水平差距有重要意义。

二、人口结构优化的路径传导

从人口结构的表现及形成因子来看，人口结构也同样受到经济增长、社会保障水平及制度供给的影响，考虑到影响这些因子的主要变量是经济发展水平、老年抚养比、少儿抚养比、人口城镇化等，为了使模型更能够说明问题的关键，本研究将模型进行抽象与简化如下：

1. 代表性人口个体的理论假设与逻辑推理

基于对戴蒙德世代交叠模型的扩展，把代表性个体的生命周期由两期进一步划分为三期：少年期、成年期和老年期，用 i 表示代表性个体三个不同的阶段，$i=\{1,2,3\}$，$i=1$ 时期为少年期，$i=2$ 时期为成年期，$i=3$ 时期为老年期，并对代表性个体作以下基本假定：

（1）代表性个体的存活率趋向于1，代表性个体死亡意味着老龄阶段结束。

（2）代表性个体只会在第二阶段即成年期进行生育，每位成年期劳动者需要抚养 yd^t 名处于少年期的子女，即少年抚养比为 yd^t。抚养每个子女需要花费的时间精力为 q 单位。

（3）当代表性个体处于少年期，消费完全来源于父母即第二阶段的成年劳动力，不做任何实质性的决策。

（4）当代表性个体处于成年期，他被赋予 1 单位的劳动，除了一部分时间精力用于抚养子女，其余时间均用于工作，单位劳动可获得的收入为 ω^t，税率为 τ。其收入一部分用于家庭的消费支出 c^t，剩下的作为退休养老而进行的储蓄 s^t，r^{t+1} 是储蓄的毛利息。

（5）步入老年期之后，代表性个体将对自己的健康状况进行投资。用 h^{t+1} 表示老年人的健康状况，x^{t+1} 表示老年人用于提高身体健康方面的支出，那么一个老年人的健康状况可以表示为：

$$h^{t+1} = H(x^{t+1})^{\delta \varepsilon^{t+1}}, \quad H > 0, \delta \in (0, 1) \quad (9.2.2-1)$$

其中，
$$\varepsilon^{t+1} = Z(p^{t+1}) \quad (9.2.2-2)$$
$$p^{t+1} = g^{t+1}/N^t \quad (9.2.2-3)$$

$Z(p^{t+1})$ 函数满足 $Z(0) = 1$，$Z(\infty) = \bar{\varepsilon} > 1$，$Z' > 0$，$Z'' < 0$，$Z'(0) = \phi > 0$，$Z'(\infty) = 0$。根据 $Z(p^{t+1})$ 函数的性质假设可得：$Z(p^{t+1}) > Z'(p^{t+1})p^{t+1}$。$g^{t+1}$ 代表为健康服务的公共资本存量，N^t 代表在 t 期处于成年期的代表性个体，也就是在 $t+1$ 期成为老年人的代表性个体。我们假定，对于给定的 g^{t+1}，代表性个体的数量与个体收益成反比。老年人对自己的健康进行投资之后剩余的储蓄作为其消费支出 c^{t+1}。由式（9.2.2-1）、式（9.2.2-2）和式（9.2.2-3）可得：

$$\frac{\mathrm{d}h^{t+1}/h^{t+1}}{\mathrm{d}x^{t+1}/x^{t+1}} = \frac{\mathrm{d}h^{t+1}}{\mathrm{d}x^{t+1}} \frac{x^{t+1}}{h^{t+1}} = \delta \varepsilon^{t+1} = \delta Z\left(\frac{g^{t+1}}{N^t}\right) \quad (9.2.2-4)$$

（6）为简单起见，我们不考虑财富在代际间的转移，所以代表性个体去世时其储蓄为 0。

由对代表性个体的基本假设（1）~（2）可知：

代表性个体的第一期预算约束为：

$$c_t = (1-\tau)(1-q \cdot yd^t)\omega^t - s^t, \quad q > 0, \tau \in (0, 1) \quad (9.2.2-5)$$

代表性个体的第二期预算约束为：

$$c^{t+1} = r^{t+1}s^t - x^{t+1} \quad (9.2.2-6)$$

鉴于中国人深受利他性文化传统的影响，本研究假设处于成年期的代表性个体可以从抚养子女中获得效用。因此，本研究构造的效用函数为：

$$u^t = \ln(c^t) + \gamma\ln(yd^t) + \beta\ln(h^{t+1}c^{t+1}), \quad \gamma > 0, \beta \in (0, 1) \quad (9.2.2-7)$$

或者 $u^t = \ln(c^t) + \gamma\ln(yd^t) + \beta[\ln(h^{t+1}) + \ln(c^{t+1})]$

其中 β 表示时间的折现因子；γ 表示处于成年期的代表性个体从抚养子女的消费中获取效用的贴现率。

在给定约束条件下求解代表性个体的效用最大化，即：

$$u^t = \ln(c^t) + \gamma\ln(yd^t) + \beta[\ln(h^{t+1}) + \ln(c^{t+1})]$$

$$\text{s.t.} \ c_t = (1-\tau)(1-q \cdot yd^t)\omega^t - s^t, \ q > 0, \ \tau \in (0,1)$$

$$c^{t+1} = r^{t+1}s^t - x^{t+1}$$

$$h^{t+1} = H(x^{t+1})^{\delta\varepsilon^{t+1}}, \ H > 0, \ \delta \in (0,1)$$

把 ω^t、r^{t+1} 和 ε^{t+1} 看作已知的，利用一阶条件可以求得：

$$s^t = \frac{\beta(1+\delta\varepsilon^{t+1})}{1+\beta(1+\delta\varepsilon^{t+1})}(1-\tau)\omega^t(1-q \cdot yd^t) \quad (9.2.2-8)$$

$$yd^t = \frac{\gamma/q}{1+\beta(1+\delta\varepsilon^{t+1})+\gamma} \quad (9.2.2-9)$$

$$x^{t+1} = \frac{\beta\delta\varepsilon^{t+1}}{1+\beta(1+\delta\varepsilon^{t+1})}r^{t+1}s^t \quad (9.2.2-10)$$

2. 代表性人口个体所在国家的理论假设与逻辑推理

（1）该国为经济开放、自由贸易的国家，资本和商品可以自由流动。

（2）整个社会的生产函数即柯布－道格拉斯（Cobb－Douglas）生产函数：$Y^t = F(K^t, L_w^t) = A(K^t)^\alpha \cdot (L_w^t)^{1-\alpha}$，$0 < \alpha < 1$。$L_w$ 代表处于劳动年龄阶段（成年期）并参加工作的人口数。

（3）劳动力市场处于均衡状态，即劳动力需求等于劳动力供给。因此，$L_w^t = (1-q \cdot yd^t)N^t$。

（4）国内 t 期的资本回报率为 r^t，劳动回报率为 ω^t，企业所得利润为 π^t。

由对代表性个体所在国家的基本假设（1）~（4）可知：

该国企业所得利润的表达式为：

$$\pi^t = F(K^t, L_w^t) - r^t \cdot K^t - \omega^t \cdot L_w^t = A \cdot (K^t)^\alpha \cdot (L_w^t)^{1-\alpha} - r^t \cdot K^t - \omega^t \cdot L_w^t$$
$$(9.2.2-11)$$

求得企业利润最大化时各要素的价格为：

$$r^t = \frac{\partial Y^t}{\partial K^t} = \alpha A \left(\frac{K^t}{L_w^t}\right)^{\alpha-1} = \alpha A \left[\frac{K^t}{(1-q \cdot yd^t)N^t}\right]^{\alpha-1} = \alpha A \left[\frac{K^t}{N^t}\right]^{\alpha-1}(1-q \cdot yd^t)^{1-\alpha}$$

$$= \alpha A(k^t)^{\alpha-1}(1-q \cdot yd^t)^{1-\alpha}, \ \text{其中} \ k^t = K^t/N^t。 \quad (9.2.2-12)$$

$$\omega^t = \frac{\partial Y^t}{\partial L_w^t} = (1-\alpha)A\left(\frac{K^t}{L_w^t}\right)^\alpha = (1-\alpha)A\left[\frac{K^t}{(1-q \cdot yd^t)N^t}\right]^\alpha = (1-\alpha)A\left[\frac{K^t}{N^t}\right]^\alpha(1-q \cdot yd^t)^{-\alpha}$$

$$= (1-\alpha)A(k^t)^\alpha(1-q \cdot yd^t)^{-\alpha}, \ \text{其中} \ k^t = K^t/N^t。 \quad (9.2.2-13)$$

（5）为保证财政收支平衡，政府在 t 期的财政收入将全部用于 $t+1$ 期的公共健康投资。

因此，$g^{t+1} = \tau L_w^t \omega^t = \tau(1-q \cdot yd^t)N^t \omega^t$。 $\quad (9.2.2-14)$

把式（9.2.2-3）、式（9.2.2-12）和式（9.2.2-14）代入式（9.2.2-2）可得：

$$\varepsilon^{t+1} = Z[\tau(1-\alpha)A(k^t)^\alpha(1-q \cdot yd^t)^{1-\alpha}] \quad (9.2.2-15)$$

将式 (9.2.2-15) 和式 (9.2.2-13) 代入式 (9.2.2-8) 和式 (9.2.2-9) 可得:

$$s^t = \frac{\beta[1+\delta Z(\tau(1-\alpha)A(k^t)^\alpha(1-q \cdot yd^t)^{1-\alpha})]}{1+\beta[1+\delta Z(\tau(1-\alpha)A(k^t)^\alpha(1-q \cdot yd^t)^{1-\alpha})]} \times (1-\tau)(1-\alpha)A(k^t)^\alpha(1-q \cdot yd^t)^{1-\alpha} \quad (9.2.2-16)$$

$$yd^t = \frac{\gamma/q}{1+\beta[1+\delta Z(\tau(1-\alpha)A(k^t)^\alpha(1-q \cdot yd^t)^{1-\alpha})]+\gamma} \quad (9.2.2-17)$$

基于式 (9.2.2-17), 我们可以定义:

$$J(qyd^t, k^t) = qyd^t - \frac{\gamma}{1+\beta[1+\delta Z(\tau(1-\alpha)A(k^t)^\alpha(1-q \cdot yd^t)^{1-\alpha})]+\gamma} \quad (9.2.2-18)$$

利用式 (9.2.2-3)、式 (9.2.2-13) 和式 (9.2.2-14) 可得:

$$p^{t+1} = \tau(1-\alpha)A(k^t)^\alpha(1-q \cdot yd^t)^{1-\alpha} \quad (9.2.2-19)$$

将式 (9.2.2-18) 两边同时对 k^t 求导可得:

$$\frac{dJ(qyd^t, k^t)}{dk^t} = \frac{\gamma\beta\delta Z'[\tau(1-\alpha)A(k^t)^\alpha(1-q \cdot yd^t)^{1-\alpha}]\tau(1-\alpha)A\alpha(k^t)^{\alpha-1}(1-q \cdot yd^t)^{1-\alpha}}{\{1+\beta[1+\delta Z(\tau(1-\alpha)A(k^t)^\alpha(1-q \cdot yd^t)^{1-\alpha})]+\gamma\}^2} > 0 \quad (9.2.2-20)$$

将式 (9.2.2-19) 代入式 (9.2.2-20) 得:

$$\frac{dJ(qyd^t, k^t)}{dk^t} = \frac{\gamma\beta\delta\alpha Z'(p^{t+1})p^{t+1}}{\{1+\beta[1+\delta Z(p^{t+1})]+\gamma\}^2 k^t} > 0 \quad (9.2.2-21)$$

将式 (9.2.2-18) 两边同时对 qyd^t 求导可得:

$$\frac{dJ(qyd^t, k^t)}{dqyd^t} = 1 - \frac{\gamma\beta\delta Z'[\tau(1-\alpha)A(k^t)^\alpha(1-q \cdot yd^t)^{1-\alpha}]\tau(1-\alpha)^2 A(k^t)^\alpha(1-q \cdot yd^t)^{-\alpha}}{\{1+\beta[1+\delta Z(\tau(1-\alpha)A(k^t)^\alpha(1-q \cdot yd^t)^{1-\alpha})]+\gamma\}^2} \quad (9.2.2-22)$$

把式 (9.2.2-19) 代入式 (9.2.2-22) 得:

$$\frac{dJ(qyd^t, k^t)}{dqyd^t} = 1 - \frac{\gamma\beta\delta(1-\alpha)Z'(p^{t+1})p^{t+1}}{\{1+\beta[1+\delta Z(p^{t+1})]+\gamma\}^2(1-q \cdot yd^t)} \quad (9.2.2-23)$$

把式 (9.2.2-17) 和式 (9.2.2-19) 代入式 (9.2.2-23) 可得:

$$\frac{dJ(qyd^t, k^t)}{dqyd^t} = 1 - \frac{\gamma}{1+\beta[1+\delta Z(p^{t+1})]+\gamma} \times \frac{(1-\alpha)\beta\delta Z'(p^{t+1})p^{t+1}}{1+\beta[1+\delta Z(p^{t+1})]} > 0 \quad (9.2.2-24)$$

因为 $Z'(p^{t+1})p^{t+1} < Z(p^{t+1})$。

联立式（9.2.2 - 20）和式（9.2.2 - 24），并对式（9.2.2 - 18）使用隐函数存在定理可得：

$$\frac{\mathrm{d}qyd^t}{\mathrm{d}k^t} = -\frac{\mathrm{d}J(qyd^t, k^t)}{\mathrm{d}k^t}\bigg/\frac{\mathrm{d}J(qyd^t, k^t)}{\mathrm{d}qyd^t}$$

$$= -\frac{\dfrac{\gamma\beta\delta\alpha Z'(p^{t+1})p^{t+1}}{\{1+\beta[1+\delta Z(p^{t+1})]+\gamma\}^2 k^t}}{1-\dfrac{\gamma}{1+\beta[1+\delta Z(p^{t+1})]+\gamma}\times\dfrac{(1-\alpha)\beta\delta Z'(p^{t+1})p^{t+1}}{1+\beta[1+\delta Z(p^{t+1})]}} < 0$$

(9.2.2 - 25)

由于 q 是常数，所以可以进一步化简为：

$$\frac{\mathrm{d}yd^t}{\mathrm{d}k^t} = -\frac{\mathrm{d}J(qyd^t, k^t)}{\mathrm{d}k^t}\bigg/\frac{\mathrm{d}J(qyd^t, k^t)}{\mathrm{d}qyd^t}$$

$$= -\frac{1}{q}\cdot\frac{\dfrac{\gamma\beta\delta\alpha Z'(p^{t+1})p^{t+1}}{\{1+\beta[1+\delta Z(p^{t+1})]+\gamma\}^2 k^t}}{1-\dfrac{\gamma}{1+\beta[1+\delta Z(p^{t+1})]+\gamma}\times\dfrac{(1-\alpha)\beta\delta Z'(p^{t+1})p^{t+1}}{1+\beta[1+\delta Z(p^{t+1})]}} < 0$$

(9.2.2 - 26)

由 $y^t = f(k^t)$ 且 $f'(k^t) > 0$，$f''(k^t) > 0$ 可知：$\dfrac{\mathrm{d}y^t}{\mathrm{d}k^t} = f'(k^t) > 0$ (9.2.2 - 27)

联立式（9.2.2 - 26）和式（9.2.2 - 27）可知：

$$\frac{\mathrm{d}yd^t}{\mathrm{d}y^t} = \frac{\dfrac{\mathrm{d}yd^t}{\mathrm{d}k^t}}{\dfrac{\mathrm{d}y^t}{\mathrm{d}k^t}} = \left(-\frac{1}{q}\right)\times\frac{\dfrac{\gamma\beta\delta\alpha Z'(p^{t+1})p^{t+1}}{\{1+\beta[1+\delta Z(p^{t+1})]+\gamma\}^2 k^t}}{1-\dfrac{\gamma}{1+\beta[1+\delta Z(p^{t+1})]+\gamma}\times\dfrac{(1-\alpha)\beta\delta Z'(p^{t+1})p^{t+1}}{1+\beta[1+\delta Z(p^{t+1})]}}$$

$$\times\frac{1}{f'(k^t)} < 0 \quad (9.2.2 - 28)$$

由式（9.2.2 - 28）可得经济增长对人口结构变化的正效应：经济增长可以降低少儿抚养比，从而优化人口结构。

将式（9.2.2 - 16）两边对 k^t 求导可得：$\dfrac{\mathrm{d}s^t}{\mathrm{d}k^t} > 0$ (9.2.2 - 29)

同理可得：$\dfrac{\mathrm{d}s^t}{\mathrm{d}y^t} > 0$ (9.2.2 - 30)

由式（9.2.2 - 30）、式（9.2.2 - 10）和式（9.2.2 - 1）发现经济增长对人口结构变化的负效应：经济增长会增加养老储蓄，进而增加代表性个体在老年阶段的健康投资，从而改善其在老年阶段的健康状况，老年人口健康状况的相对提高会在一定程度上增加老年抚养比。总之，经济增长与保障制度对人口结构的影响通过少儿抚养比与老年抚养比的共同变动来确定，具有一定的不确定性，如图9-2所示。

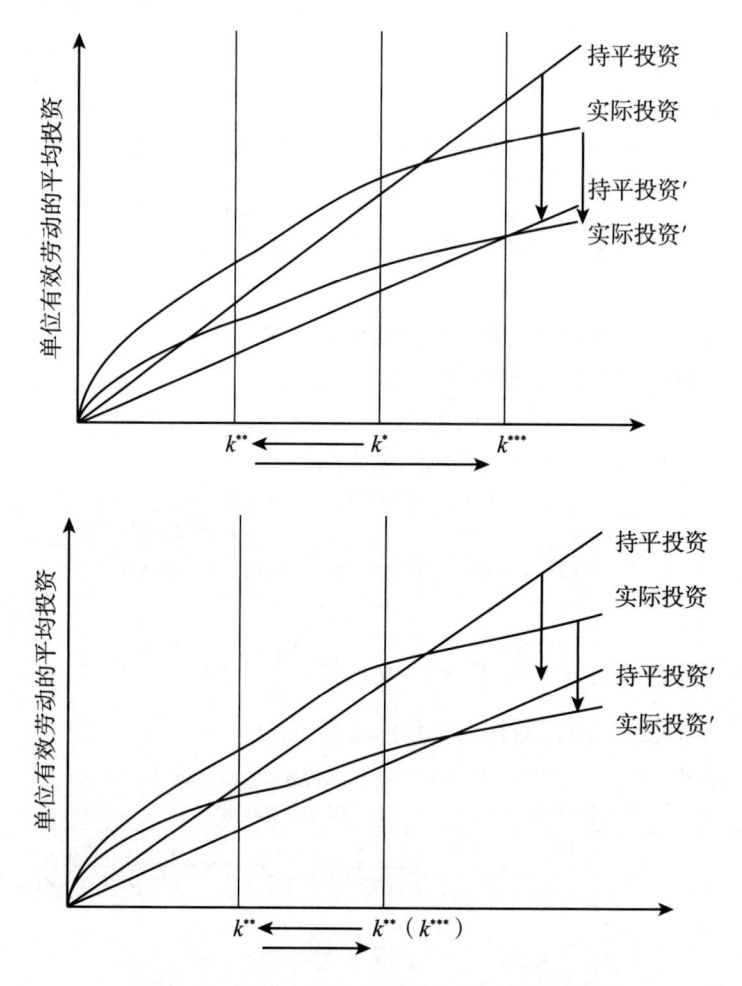

图9-2　人口结构与经济增长的均衡路径

命题9.3：无论是少年抚养比的增加还是老年抚养比的增加，一方面通过减少实际投资对经济平衡增长路径水平产生负向影响；另一方面又通过较少持平投资对经济平衡增长路径水平产生正向影响。因此，经济平衡增长路径最终会向哪个方向移动具有不确定性，对此，权衡正负效应的平衡路径取决于人口年龄结构自身的均衡。

3. 路径解释

第一，通过以上机理分析可知：经济增长一方面通过降低少儿抚养比对人口结构变化产生正效应；另一方面又通过增加老年抚养比对人口结构产生负效应。

因此，人口结构变化最终会向哪个方向移动，取决于正负效应的强弱对比。

第二，当社会保障进一步加强时，健康服务的公共资本存量 g^{t+1} 进一步增加所带来的 ε^{t+1} 的增大，会导致少儿抚养比的相对下降，从而对人口结构产生正向效应。因此，社会保障的进一步增强，一方面通过降低少儿抚养比对人口结构变化产生正效应；另一方面又通过增加老年抚养比对人口结构产生负效应。因此，人口结构变化最终会向哪个方向移动，也取决于社会保障与老年抚养比、少儿抚养比正负效应的强弱对比。

命题9.4：增大社会保障、公共服务的投入对人口结构优化有显著影响。

三、人口分布优化的路径传导

从人口分布的表现及形成因子来看，人口分布主要受到人口存量与人口流动的影响，也同样受到经济增长、社会保障水平、资源环境及制度供给的影响，考虑到影响这些因子的主要变量是人口净迁移率、适龄人口就业率及产业承载力等，为了使模型更能够说明问题的关键，本研究将模型进行抽象与简化如下：

1. 理论假设

一个国家的两个地区 A 和 B，经济发展水平、人民生活水平在最初时期都相似，由于政策、地理位置等外部原因，地区 B 发展速度低于地区 A，两地的经济差距逐渐增大，A 地区对劳动力的需求逐渐增大，A 地区的工资也会上升，地区间人口流动能够有效地达到资源合理配置。发达地区和落后地区的收入和生活水平的差别会使劳动力在不同地区间流动，如图9-3所示。

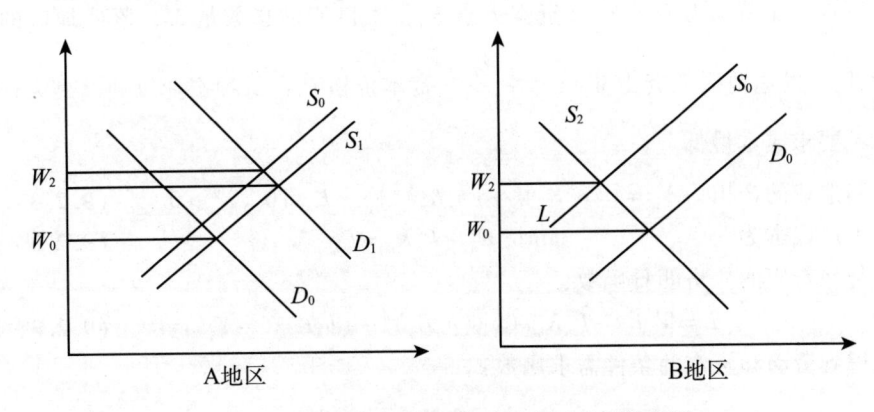

图9-3 发达地区和落后地区人口流动图

劳动力需求曲线从 D_0 移动到 D_1，因此工资水平从 W_0 上升到 W_2。A 地区与 B 地区的工资水平之差将吸引更多劳动力从 B 地区流入 A 地区。此时 A 地区劳动力供给数量增加,供给曲线从 S_0 移动到 S_1,而 B 地区劳动力供给数量下降,供给曲线从 S_0 移动到 S_2。这使 A 地区和 B 地区的均衡工资水平向 W_2 靠近,直至 A、B 地区的工资水平重新逐渐趋同时,两个地区间的劳动力流动才逐渐停止。

2. 逻辑推理

本研究构建模型是基于由阿罗和索洛提出的不变替代弹性生产函数(CES),以下为其基本形式:$Y = (\delta K^{-\rho} + \mu L^{-\rho})^{-\frac{1}{\rho}}$

其中,δ 为资本分配率,表示技术的资本集约程度,μ 为劳动分配率,表示技术的劳动集约程度,$\delta + \mu = 1$;ρ 为替代弹性,$\rho = \frac{1-\delta}{\delta}$。CES 生产函数具有以下特点:

(1)当 $\rho \to -1$ 时,$\delta \to \infty$,CES 生产函数为:$Y = A_t[\delta_1 L + \delta_2 K]$ 这是替代弹性为无穷的生产函数模型。

(2)当 $\rho \to \infty$ 时,$\delta \to 0$,此时劳动和资金之间的替代消失,CES 生产函数趋于投入产出生产函数模型;$Y = \min\left(\frac{L}{a}, \frac{K}{b}\right)$,式中参数 a、b 都大于 0,分别表示每一个单位产出所需的劳动投入和资金投入,投入和产出间的固定比例为技术系数。

(3)当 $\rho \to 0$ 时,$\delta \to 1$,CES 生产函数变为 CD 生产函数:
$$Y = A_t K^{\delta_2} L^{\delta_1} (\delta_1 + \delta_2 = 1)$$

以上形式可以看出,CES 生产函数可以根据不同的弹性替代变成不同的生产函数,本研究将使用该函数研究劳动力跨区域流动问题,探寻影响人口流动的区域因素。

假设发达地区有 n 种产业,每种产业的 CES 生产函数为:
$$Y_n = [(a_n E_n)^\rho + (b_n K_n)^\rho]^{\frac{1}{\rho}} \quad P < 1, a_i > 0, b_i > 0$$

每种产业劳动力需求 E_n,资本需求 K_n,人口流动总数量 M,落后地区的工资为 W_0,发达地区工资为 $W_1 = \frac{\sum W_n}{n}$,资本价格 P_i,每种产业以利润最大化为目标,要求成本最低。

制造业的产出为 $Y_n = [(a_n E_n)^\rho + (b_n K_n)^\rho]^{\frac{1}{\rho}} \quad E_n > 0, K_n > 0$ (9.2.3-1)

生产成本为 $\min W_n E_n + P_n K_n = C_n$ (9.2.3-2)

与之对应的拉格朗日函数:
$$L = W_n E_n + P_n K_n - \lambda[(a_n E_n)^\rho + (b_n K_n)^\rho - Y_n^\rho] \quad (9.2.3-3)$$

得到劳动和资本的条件需求函数:

$$E_n = \frac{Y_n \left(\frac{W_n}{\alpha_n}\right)^{\frac{1}{\rho-1}}}{a_n \left[\left(\frac{W_n}{a_n}\right)^{\frac{\rho}{\rho-1}} + \left(\frac{P_n}{b_n}\right)^{\frac{\rho}{\rho-1}}\right]^{\frac{1}{\rho}}}$$

$$K_n = \frac{Y_n \left(\frac{P_n}{b_n}\right)^{\frac{1}{\rho-1}}}{b_n \left[\left(\frac{W_n}{a_n}\right)^{\frac{\rho}{\rho-1}} + \left(\frac{P_n}{b_n}\right)^{\frac{\rho}{\rho-1}}\right]^{\frac{1}{\rho}}} \qquad (9.2.3-4)$$

发达地区总的劳动力需求为 $\sum E_n$，F 是发达地区已有的劳动力数量，则发达地区总的劳动力数量为 $M + F$，发达地区可提供的就业岗位为 $\sum E_n$，若流入发达地区的劳动力在该地区找不到工作，则其收入为 0，T 是转移成本，包含在发达地区生存的费用、心理成本等。

劳动力在发达地区找到工作的概率为 $\frac{\sum E_n}{M+F}$，找不到工作的概率为 $\frac{M+F-\sum E_n}{M+F}$，则从落后地区到发达地区的劳动者在发达地区的预期收入为

$$\left[\sum E_n / (M+F)\right] \cdot W_1 + \left[M + F - \sum E_n / (M+F)\right] \cdot 0 - T,$$

则落后地区与发达地区的均衡前提为

$$W_0 = \frac{\sum E_n}{M+F} \cdot W_1 - T, \quad 即\ W_0 = \frac{\sum E_n}{M+F} \cdot \frac{\sum W_n}{n} - T \qquad (9.2.3-5)$$

将劳动条件需求函数式（9.2.3-3）代入均衡条件式（9.2.3-5），可得人口流动数量 M 的方程。

$$M = \frac{W_1}{W_0 + T} \cdot \frac{\sum Y_n \cdot \left(\frac{W_n}{a_n}\right)^{\frac{\rho}{\rho-1}}}{\sum \left[\left(\frac{W_n}{a_n}\right)^{\frac{\rho}{\rho-1}} + \left(\frac{P_n}{b_n}\right)^{\frac{\rho}{\rho-1}}\right]^{\frac{1}{\rho}}} - F \qquad (9.2.3-6)$$

则，根据式（9.2.3-6）将其化为线性形式如下：

$$\ln M = \ln W_1 + \frac{\rho}{\rho-1} \ln \sum Y_n \cdot \left(\frac{W_n}{a_n}\right) - \ln(W_0 + T) - \frac{1}{\rho} \ln \left(\frac{W_n}{a_n}\right)^{\frac{\rho}{\rho-1}} + \left(\frac{P_n}{b_n}\right)^{\frac{\rho}{\rho-1}}$$

$$(9.2.3-7)$$

由以上的公式可以看出：人口迁移数量由发达地区的工资、产业产出、落后地区的期望工资、迁移成本、城市已有劳动力数量所决定的。

推论1：人口流动数量受地区产出的正向影响，地区某产业产值越高，经济增长速度越快，劳动力流入量越大。

$$\frac{dM}{dY_n} = \frac{W_1}{W_0 + T} \cdot \frac{\left(\frac{W_n}{a_n}\right)^{\frac{\rho}{\rho-1}}}{\left[\left(\frac{W_n}{a_n}\right)^{\frac{\rho}{\rho-1}} + \left(\frac{P_n}{b_n}\right)^{\frac{\rho}{\rho-1}}\right]^{\frac{1}{\rho}}} > 0 \qquad (9.2.3-8)$$

推论 2：人口流动数量受落后地区预期工资的负向影响，落后地区预期收入越高，经济发展水平趋于好转，人口的流动需求越低。

$$\frac{dM}{dW_0} = \frac{-W_1}{(W_0+T)^2} \cdot \frac{\sum Y_n \left(\frac{W_n}{a_n}\right)^{\frac{\rho}{\rho-1}}}{\sum \left[\left(\frac{W_n}{a_n}\right)^{\frac{\rho}{\rho-1}} + \left(\frac{P_n}{b_n}\right)^{\frac{\rho}{\rho-1}}\right]^{\frac{1}{\rho}}} < 0 \quad (9.2.3-9)$$

推论 3：人口流动数量受到迁移成本的负向影响，制度障碍越严重，迁移成本越高，地区人口向发达地区流动的数量越少。

$$\frac{dM}{dT} = \frac{-W_1}{(W_0+T)^2} \cdot \frac{\sum Y_n \left(\frac{W_n}{a_n}\right)^{\frac{\rho}{\rho-1}}}{\sum \left[\left(\frac{W_n}{a_n}\right)^{\frac{\rho}{\rho-1}} + \left(\frac{P_n}{b_n}\right)^{\frac{\rho}{\rho-1}}\right]^{\frac{1}{\rho}}} < 0 \quad (9.2.3-10)$$

推论 4：人口流动数量受发达地区工资收入的正向影响，发达地区的收入水平越高，吸引的流入人口数量越多。

$$\frac{dM}{dW_1} = \frac{1}{W_0+T} \cdot \frac{\sum Y_n \left(\frac{W_n}{a_n}\right)^{\frac{\rho}{\rho-1}}}{\sum \left[\left(\frac{W_n}{a_n}\right)^{\frac{\rho}{\rho-1}} + \left(\frac{P_n}{b_n}\right)^{\frac{\rho}{\rho-1}}\right]^{\frac{1}{\rho}}} > 0 \quad (9.2.3-11)$$

命题 9.4：地区经济差距、人口流动成本与预期收入是影响人口分布的主要原因，户籍制度约束导致人口预期效用降低，加重了人口分布的不均衡。

3. 路径解释

第一，人口流动数量受产业产值的正向影响，地区某产业产值越高，劳动力流入量越大。

第二，人口流动数量受落后地区预期工资的负向影响，落后地区预期收入越高，劳动力的流动需求越低。

第三，人口流动数量受发达地区工资的正向影响，发达地区的工资越高，吸引的劳动力流入数量越多。

四、人口发展优化的路径传导

本研究认为人口发展均衡主要源于人口适度、人口结构与人口分布三者之间的协调发展，具体表达为经济资源禀赋的供给与政府及市场配置资源的制度调节，即用以反映人口质量的公共与私人投资、人口抚养比的保障制度调节及人口流动的经济资源拉动等形成的人口发展的路径依赖，对此，假设经济资源禀赋的差异决定了人口发展的差异。因此，如何针对人口发展均衡的影响因素设计优化路径不仅是人口适度、人口结构与人口分布的内部均衡的内容表达，同时也是促进经济、社会、资源环境协调发展的重要途径。考虑到人口发展涉及因素的复杂性，为了使模型更能够说明问题的本质，本研究将模型进行抽象与简化如下：

1. 理论假设

假设反映人口适度、人口结构与人口分布的人口发展均衡共同来源于地区经济社会水平差异、资源禀赋差异与制度差异的综合影响。

假设经济资源禀赋分为资本 K、劳动力 L（包括人口数量和人口质量）和技术及制度禀赋 H 三种，而相应的要素收益回报率分别为：人均资本收益 π，劳动力工资 ω。总收入等于总产出，为资源禀赋、生产要素 K，L 的函数，可表示为：

$$Y = F(K, L) = \frac{\partial F(K, L)}{\partial K} K + \frac{\partial F(K, L)}{\partial L} L \quad (9.2.4-1)$$

人均资本收益：$\pi = \frac{\partial F(K, L)}{\partial K} \cdot \frac{K}{L}$；工资：$\omega = \frac{\partial F(K, L)}{\partial L}$

人均资源禀赋：$y = \pi + \omega$

$$y = \frac{\partial F(K, L)}{\partial K} \cdot \frac{K}{L} + \frac{\partial F(K, L)}{\partial L} = \frac{1}{L} F(K, L) = f(k) \quad (9.2.4-2)$$

其中，k 为人均资本存量。

为分析问题的方便，本研究假设一国分为 E 和 W 两个地区。如图 9-4 所示，且 E 地的生产力水平高于 W 地。E 地区拥有资源禀赋及制度、技术等要素 H[①]，且 H 不可移动，资本和劳动力要素使用量为 K_E 和 L_E；K_W 和 L_W 为 W 地区的资本和劳动力因素使用量，假定 $K_E > K_W$ 且 $L_E < L_W$，有：$K_W + K_E = K$，$L_W + L_E = L$。

E 地区的总收入为：$Y_E = F(K_E, L_E, H) = F(AK_E, L_E), A > 0$；

E 地区的人均收入为：$y_E = \frac{1}{L_E} F(AK_E, L_E) = F\left(A\frac{K_E}{L_E}, 1\right) = Af(k_E)$

$$(9.2.4-3)$$

W 地区的总收入为：$Y_W = F(K_W, L_W)$；

W 地区的人均收入为：$y_W = \frac{1}{L_W} F(K_W, L_W) = f(k_W) \quad (9.2.4-4)$

地区间人均资本收益差距：$\Delta \pi = \pi_E - \pi_W$，地区间工资差距：$\Delta \omega = \omega_E - \omega_W$；

---

① 其中将两地区的生产力结构差异归入技术要素 H 中。

这时地区间收入差距为：$\Delta y = y_E - y_W = \Delta \pi + \Delta \omega = Af(k_E) - f(k_W)$ （9.2.4-5）

2. 逻辑推理

首先，关于资本、劳动的存量与流量的讨论：

情况1. 考虑人口适度与人口结构的变化。资本投入不可移动时：在收入等于产出的前提下，由于制度约束（如户籍制度限制）使两地区市场分割，人均收入差距由地区人均资本存量差异 Δk 决定，$\Delta k = k_E - k_W$。

本研究暂不考虑储蓄率和人口增长率的影响（由于人口增长率影响的人口数量恒定变化），假设 W 和 E 地区储蓄率、人口增长率、初始的人均资本存量不变。

根据 Solow 方程可知：$\dfrac{\mathrm{d}k(t)}{\mathrm{d}t} = sf(k) - nk(t)$，则两地区的人均资本存量增长率分别为：E 地区：$\gamma_E = \dfrac{\mathrm{d}k_E/\mathrm{d}t}{k_E} = sAf(k)/k - n$；W 地区：$\gamma_W = \dfrac{\mathrm{d}k_W/\mathrm{d}t}{k_W} = sf(k)/k - n$。

得到 $\gamma_E > \gamma_W$，则 $\dfrac{\mathrm{d}\Delta k(t)}{\mathrm{d}t} > 0$，所以两地区间人均资本积累差距 Δk 随经济发展不断扩大。由于资本不可移动，可以把人均收入差距看成是两地区人均资本积累差距 Δk 的函数：

$$\Delta y = y_E - y_W = Af(k_E) - f(k_W) = \delta f(\Delta k),\ f' > 0,\ f'' < 0 \quad (9.2.4-6)$$

如图 9-5 所示，由于 Δk 边际产出率递减，经济差距继续呈增长趋势，但增长率逐步减小，致使地区人口适度水平的绝对差异加大。

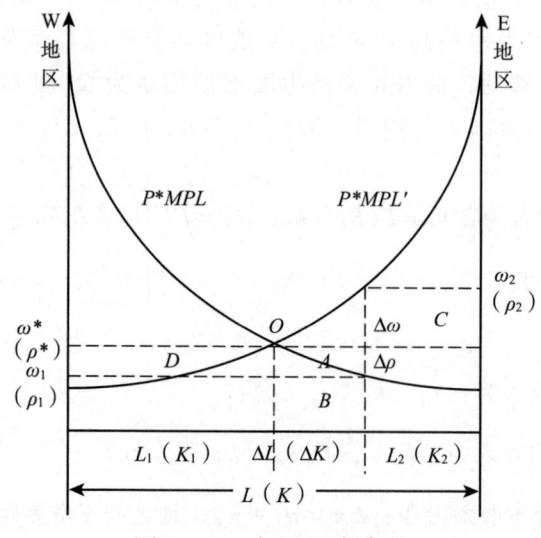

图 9-4 人口适度变动

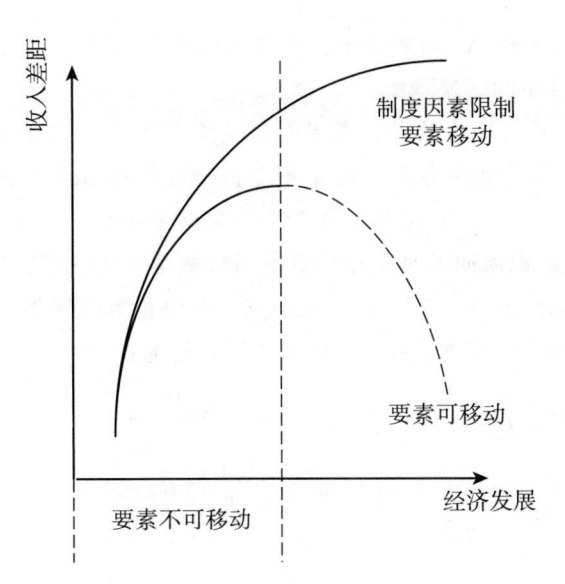

图 9-5　人口分布与人口结构变动

情况 2. 考虑人口结构与人口分布的情况，劳动力要素可流动时：由于 $\Delta y = \Delta \pi + \Delta \omega$，现分别从 $\Delta \pi$ 和 $\Delta \omega$ 的变化来考察地区人均收入差距 Δy 的变化趋势。设单位资本收益率为 ρ，ΔL 为全国劳动力移动量，则人均资本收益 $\Delta \pi$ 可表示为：$\Delta \pi = \dfrac{\rho_E K_E}{L_E + \Delta L} - \dfrac{\rho_W K_W}{L_W - \Delta L}$

由于资本不可移动，各地区单位资本收益 ρ_E 和 ρ_W，以及各地资本使用量 K_E 和 K_W 均为常数。由于 $L_W > L_E$，劳动力资源由 W 地区移向 E 地区，固定的地区间资本收益差额被进入 E 地市场的移动人口分享，人均资本回报率降低：$\Delta L \uparrow \Rightarrow \Delta \pi \downarrow$。

劳动力移动时，工资率差异会降低，即 $\Delta \omega \to 0$。对于劳动力要素而言，L_E 和 L_W 的大小比例是由各地区的要素回报率决定，即回报率差额 $\Delta \omega = \omega_E - \omega_W$ 来决定。结合"特定要素"① 模型的思想，假设边际劳动产品价值等于工资。如图 9-4 所示，由于各地区历史发展、劳动力要素边际产出率以及生产力结构差异等原因，不可移动时 W 地区的平均劳动力要素收入即工资为 ω_1，E 地区的工资为 ω_2。随着劳动力要素在区域间的移动，劳动力必然会向工资率较高的地区流动，两地区的工资差距将逐步减小直至为零，在 $\omega^* = \omega_E = \omega_W$ 时达到均衡。

在这种理想状态下，因为 $\Delta y = \Delta \pi \downarrow + \Delta \omega \downarrow \Rightarrow \Delta y \downarrow$，所以当劳动力要素 L 可

---

① 特定要素是指在一定时间内不能在地区或部门间自由移动的生产要素。

移动时，人均收入差距 Δy 随之缩小，不仅可以缩小人口适度的区域差异，而且也可以实现人口分布的区域均衡。

情况 3. 资本要素可移动时，考虑人口适度与人口结构的变化：根据 $\Delta y = \Delta \pi + \Delta \omega$，由于劳动力地区使用量固定不变，工资收益 $\Delta \omega$ 不变。同劳动力要素移动时的情况相似，资本 K 会涌向回报率更高的地区分享收益，根据假设 $\rho_E > \rho_W$，所以 K 会由 W 地流向 E 地。单位资本回报率差异 $\Delta \rho$ 会随着资本 K 的自由流动而减小。在达到均衡 $\Delta \pi_0$ 时，$\rho^* = \rho_E = \rho_W$，K 停止地区间移动且移动量为 ΔK。资本移动所带来的人均资本收益 $\Delta \pi$ 的变化可表达为：

$$\Delta \pi_0 - \Delta \pi = \rho^* \left[\frac{1}{L_E}(K_E + \Delta K) - \frac{1}{L_W}(K_W - \Delta K) \right] - \Delta \pi$$

$$= \frac{1}{L_E}\left[\Delta K \rho^* - K_E(\rho_E - \rho^*) \right] - \frac{1}{L_W}\left[(K_W - \Delta K)(\rho^* - \rho_W) - \Delta K \rho_W \right]$$

$$(9.2.4-7)$$

地区分享收益的人数确定不变，则影响人均资本收益差距取决于总资本收益的变化。参考图 9-4，总资本收益变化为图中的面积 $(A+B-C)+(D-B)$，其受到地区生产函数差异和原始地区资本拥有差异的影响。一般情况下，当地区生产力结构差距相当的时候，资本 K 移动带来总资本收益变化为正，地区人均资本收益差距变小；而当地区生产力结构差异较大时，资本 K 的移动反而会带来人均资本收益差距的拉大。所以当资本要素 K 可移动时，人均资本收益差异 $\Delta \pi$ 的变化方向不确定，人均收入差距的变化具有不确定性。

情况 4. 劳动力与资本要素均可移动时：

劳动力与资本要素移动的动力来源于地区间各要素单位回报率的差异，只要存在人均工资收入差距 $\Delta \omega \neq 0$ 或单位资本收益差距 $\Delta \rho \neq 0$，要素就会通过移动来分享利润，最后在要素移动不能带来收益增加时达到均衡。所以在市场充分自由的情况下，各地区要素的最优配置即为均衡时要素的地区使用量，由各地区的生产函数决定。

在各地区生产结构相同时，全国人均资本存量相同，$k = k_E = k_W$。此时收入差距为 $\Delta y = y_E - y_W = (A-1)f(k)$，其大小只有取决于 A 值的大小，受各地区技术等不可移动要素的差异影响。当各地区生产结构不相同时，$\Delta k = k_E - k_W$ 为固定值，收入差异也由 A 值决定。所以当劳动力和资本要素可自由移动时，收入差距由地区生产函数决定，只要地区生产力差异存在，人均收入差距就不会消失，人口适度与人口分布的地区差异也将不会消失。

综合以上要素分析得出以下结论：

第一，要素不可移动时，资本 H 要素直接影响生产函数、经济增长率和资本积累，反映生产力结构水平差异，所以地区间收入差距大小由不可移动要素技术 H 决定，收入水平的高低决定了地区人口适度与人口结构的差异。

第二,劳动力要素 L 移动,人均资本收益差异 $\Delta\pi$ 和工资差异 $\Delta\omega$ 都会缩小,使地区间人均收入差距缩小,影响了人口分布的变化。

第三,资本要素 K 移动,地区间人均收入差距变化不确定,受到地区生产力结构和资本移动量影响。

第四,适应经济发展的合理收入差距是由不可移动要素 H 和各地区的生产函数决定。它源于制度约束所带来的地区人口发展的非均衡发展。

以上表达的 Δy 不仅可以看成是地区间的收入分配差距,也可以是城市间或者城乡之间的收入分配差距。所以对于我国总的收入分配差距问题,可看作是不可移动要素下的市场作用问题。

命题 9.5:收入差距是影响人口内部均衡的主要原因,生产要素的市场化流动是均衡收入水平的关键,主导市场公平配置资源的制度设计是引导人口适度、人口结构、人口分布的优化路径。

其次关于技术、资源禀赋是否可以移动的讨论:

这里的不可移动要素主要指高新技术、资源禀赋与制度约束,如果不可移动要素的增加,必将会减少资本和劳动力等要素的使用率。此时由于 H 的生产效率高于 K 和 L 的生产效率,不可移动要素数量 H 的增加,使可移动要素的使用量 K 和 L 总量下降,使收入差距 Δy 趋于下降。如图 9-5 所示,在要素自身可移动性增大以及替代效用这两方面因素的影响下,收入差距呈现出与倒"U"形假说相似的变化轨迹,以此反映出人口发展的非均衡变化。

但是在我国当前经济社会发展的现实中,市场经济的发展还不完善,经济发展中有很多方面受政策力量的影响,国家的宏观调控力度很强,政府的市场参与度较高。在制度因素的干扰下,没有实现市场的自发均衡,原本应该逐步增强的要素流动性受到一定限制,不能实现 K 和 L 的自由移动,导致了地区收益率之间的差额过高,而地区生产力差异的存在,伴随地区收入差距的拉大而使地区人口发展的失衡加剧,如图 9-5 所示。

对于抑制我国资本 K 和劳动力 L 自由流动的因素有以下制度约束,如表 9-8 所示。

表 9-8　　　　　　　影响我国人口发展差异的因素

$K(\Delta\pi>0)$	$L(\Delta\omega>0)$	H
未能完全达到自由流动		人力资本、土地矿藏资源、能源、技术、企业组织制度、地理文化环境等政策或制度因素
资本存量:区域经济水平	户籍制度	
资本流量:政策倾斜度	用工编制	

第一，资本总量 K 分为资本存量与资本流量，资本流动会选择收益较高的地区或者部门进行投资。国内资本的可移动性受到国内经济发展水平的制约，以及各地区资本存量与经济开放程度的影响；资本投资在选择投资区域时，会根据各地区的收益回报率决定投资的方向①，当各地区的税收、补贴和生产力水平等因素差异不大的时候，资本投资会均衡地分布于各地区。由于我国实行的是先发展东部后开发西部的区域倾斜发展模式，地区生产力水平差异明显，虽然西部大开发战略的实施有助于实现东西部的平衡发展，但西部地区的先天不足及制度缺陷的后天失调，不能实现投资收益回报率的区域均衡化。

第二，劳动力 L 的移动，除了受到人口数量与人口质量自身因素和交通便利程度的影响外，二元体制（户籍制度）导致人口流动受到制约，人为地将同质劳动进行了分割，增大了劳动力要素移动的成本，也增大了劳动力要素收益回报率的差异。在现行户籍制度下，地区之间以及农村居民和城市居民之间在社会保障等福利制度方面存在很大差异，也阻碍了人口适度与人口结构的均衡过程；过大的城乡收入差距在一定程度上导致了我国的社会保障和社会服务呈现出明显的二元化特征，从而阻碍了人口发展的均衡程度。

命题 9.6：由于户籍制度的约束，我国的城镇化在很大程度上是土地的城镇化，而不是人口的城镇化，对此，导致农村人口获取资源的边际贡献降低。推进人口适度与人口结构优化的关键在于公平资源配置与机会均等的制度供给。

第三，对于技术、资源禀赋及制度等要素的不可移动性，包含了制度、人力资本差异、高新技术等多种经济或社会等多维变量。但随着经济和技术的进一步发展以及社会制度的改革，可以使原本的不可移动要素转化为可移动要素。所以这部分不可移动要素是区域收入差距产生的根本，采用制度手段降低区域收入差距，人口发展的均衡对社会保障制度的公平和效率将会提出新的要求。

再次，关于制度差异的解释：

人口发展差异源于人口内部均衡与外部均衡的共同影响，如果说经济、社会资源环境影响人口的内部均衡，那么，制度设计②将影响人口内部均衡与外部均衡的实现。

在制度设计中，本研究将国家制度安排归纳为三个主要方面：税收、社会保障和政府投资。政府采用的手段不同，影响效果也不同。税收通过对企业在经济活动中的生产领域、流通领域等阶段进行征税，调整各企业及地区的利润收益平

---

① 影响人口发展的因素很多，本研究暂且撇开地理因素等自然条件的制约，关注于经济社会因素及政策导向。

② 本研究中的收入再分配制度指政府部门通过税收、政府投资、转移支付、社会保障、社会福利等手段进行的收入分配调整。

衡，引导企业及地区的生产和分配结构的改变，从而影响地区财政收入再分配效果直接且显著。社会保障则是对居民人均既得收入的直接调节，运用社保基金或国家财政对社会特定群体的利益进行支持或补贴，但不会对各地区经济的再生产过程产生直接影响，但对人口内部均衡产生直接影响。政府投资通过作用资本要素，进行转移控制，间接影响个体收入差距变化，以求达到经济均衡增长和缩小收入差距的目的，从而影响人口适度、人口结构以及人口分布等人口内部均衡的目的。

社会保障的调节作用直接，当地区人均收入差距拉大时，可以通过加大对低收入地区的人均社保投入力度来实现收入差距缩小的再分配调节作用。由于对经济生产关系不直接产生影响，所以其作用途径相对简单且实施效果较易控制，但社会保障手段对收入的调节力度受到社保经费投入的限制。而税收手段，除了个人所得税是直接调整收入分配关系之外，其他税种与政府投资对收入分配关系调节作用均属间接影响。收入分配关系是对生产关系的体现，只有通过对国民经济再生产关系进行调节的再分配手段，才是有助于实现收入分配关系均衡的治本之法。所以需要对税收、政府投资与收入分配差异的影响作用关系进行研究。本研究以 t 表示税率①，r 表示人均税收，g 表示人均享受的政府投资或补贴，q 表示转移至 W 地区的人均政府投资占全国总税收的比例，通过表 9-9 可以得到一个清晰的由收入变化影响的人口发展的实现过程。

表 9-9　　　　　制度推动的人口内部均衡的实现过程

		地区	
		W	E
人口分布		L_W	L_E
人口适度		$y_W = \pi_W + \omega_W$	$y_E = \pi_E + \omega_E$
人口结构		$\Delta y = \Delta \pi + \Delta \omega$	
制度约束	人均税收 r	$t \times y_W$	$t \times y_E$
	政府投资 g	$q \times \dfrac{t(y_W L_W + y^E L_E)}{L_W}$	$(1-q) \times \dfrac{t(y_W L_W + y_E L_E)}{L_E}$
人口发展		$D_W = y_W - r_W + g_W$	$D_E = y_E - r_E + g_E$
人口发展均衡		$\Delta D = D_E - D_W$	

---

① 假设全国税率相同，将税收优惠、地区政策优惠等视为政府投资或补贴的一部分。

经表 9-9 整理得到总体人均收入差距为：

$$\Delta D = (1-t)\Delta y + tY\left(\frac{1}{L_E} - q\frac{L}{L_E L_W}\right) \quad (9.2.4-8)$$

其中，$(1-t)\Delta y$ 反映市场要素价格对人口发展的影响，$tY\left(\frac{1}{L_E} - q\frac{L}{L_E L_W}\right)$ 反映社会保障、国家税收制度对人口发展优化的影响。

由于一个地区 k 的增加等于另一个地区 k 的减少。收入调整后的人均资本存量为：$k = sD = s(y - r + g)$，可知 $\frac{dk_E}{dq} < 0$，$\frac{dk_W}{dq} > 0$。

如果总产出为：$Y = Y_W + Y_E = y_W L_W + y_E L_E$

$$Y = f(k_W)L_W + Af(k_E)L_E, \quad Af(k) > f(k)$$

可得：$\frac{dY}{dk_E} > 0$，$\frac{dY}{dk_W} < 0$

对此可知，$\frac{dY}{dq} < 0$，q 越小，政策投资地区差异越大，总产出 Y 就越大。E 地区的生产率高于 W 地区的生产率，所以更多的资本应投入至 E 地区，国家社会保障再分配政策优惠越倾向于 E 地区，全国总体产出 Y 更多，经济增长率更高。具体而言：

第一，当生产要素受到制度障碍的约束，要素不能市场化配置时，税收和政府投资的地区倾斜政策，人为使资本 K 发生移动。为实现更高经济增长率的需要，资本投向回报率高的 E 地区，更加大了落后地区对经济发展的制约，拉大了这些地区人口适度与人口结构的失衡程度。另外，由于资本使用量 K_E 增大必将使单位资本收益 ρ_E 降低，则同前面要素 K 可移动情况分析，地区间人均资本收益差距 $\Delta\pi$ 变化不确定；同时人口适度水平 L 不变，$\Delta\omega$ 不变；Δy 不确定。此时地区收入差距 ΔD 变化不确定。

第二，当生产要素可移动时，要素的移动会抵消掉政策性资本转移所带来的要素收益变化，由于资本要素的可移动，政府投资会对地区的市场资本有挤出效应，而人口要素的工资收入不受其直接影响。所以 $\Delta\omega$ 和 $\Delta\pi$ 不变，则 Δy 也不变。参见公式 (9.2.4-8)，政府对生产率较高地区的投资越大，q 越小，经济增长越快，Y 越大，则 ΔD 越大。相反，为调节过高的收入分配差异或控制地区经济的不平衡发展，政府加大对落后地区的投资，q 增大，总产出 Y 减小，收入差距则缩小，这时，政策的调节手段有助于人口适度、人口结构优化以及人口分布区域差距的缩小。

3. 路径解释

综上所述，可以得到以下结论：

第一，无论生产要素是否流动，转移支付和社会保障等制度对人口发展有直接影响，所以为缩小区域之间、城乡之间收入差距以及改善地区之间的经济不平衡，应该充分利用与优化社会保障、公共财政支出等再分配的有效调节方式。

第二，当要素不可移动时，会降低政府投资等再分配手段的调节力度，甚至失效。只有在要素得到充分自由移动的市场环境下，政府的政策制定及制度的调节手段才能更好地发挥作用。

第三，人口发展均衡的关键在于生产要素初次分配与再分配的制度均衡与供给；由于户籍制度的限制及二元体制对要素流动的制约，人口发展将会由于地区和城乡收入差距的影响而导致人口适度、结构与分布的失衡，如果针对不可移动要素的特点采用有效的税收、政策性补贴等手段，城镇化的推进将有可能对人口发展提供均衡演进路径。

第三节　建设人口均衡型社会优化政策的模拟分析

一、人口适度优化政策的模拟分析

根据人口适度优化路径的分析，本研究发现人口数量与人口质量的均衡发展主要受制于教育水平、健康保障等收入水平及财政投向的影响。本部分将揭示公共教育与社会保障支出变动时，整个社会的人口适度将会发生怎样的变化。

1. 参数设定

人口适度中的人口质量以人力资本表示。假设人力资本积累函数中的 B 表示孩子的学习能力，本研究假设孩子的学习能力无差异[①]，都取 B 等于 1。参数 η 代表教育投资产出弹性，根据 Card 和 Krueger 的研究将它设定为 0.12。σ 代表有效家庭（父母）教育时间产出弹性，表示的是父母对子女收入的影响系数，由 Leibowitz 可知在不同年龄阶段此系数是变化的，在子女年龄 39 岁时达到最大 0.655，本研究采用这一值。δ 代表资本收入占总产出的比例，大部分资料将其值设为 1/3，因此本研究设定 $\delta = 1/3$。对于模型中 α_1、α_2、α_3 系数取值，本研究设定 $\alpha_1 = 1.0$，$\alpha_2 = \alpha_3 = 0.8$。

2. 模拟结果

假定成年人的人力资本服从对数正态分布，即 $h_t \sim \ln(\mu_t, \Delta_t^2)$。本研究产生一

[①] 本研究重点讨论公共教育和社会保障对人力资本积累的影响，因此这里取孩子的学习能力均等化。

个符合对数正态分布且其期望 $\mu_t = 1.0$，方差 $\Delta_0 = 0.8$ 的家庭样本数据如 0.4083，1.1221，0.5153，0.3308，0.7233，1.3265，0.9230 等 100 000 个作为整个社会的代表，代入模型计算出这个样本中的平均教育投资、平均家庭有效时间以及下一期的平均人力资本随公共教育税率 τ_E、社会保障税率 τ_T 变化的三维曲面分别如图 9-6、图 9-7、图 9-8 所示。

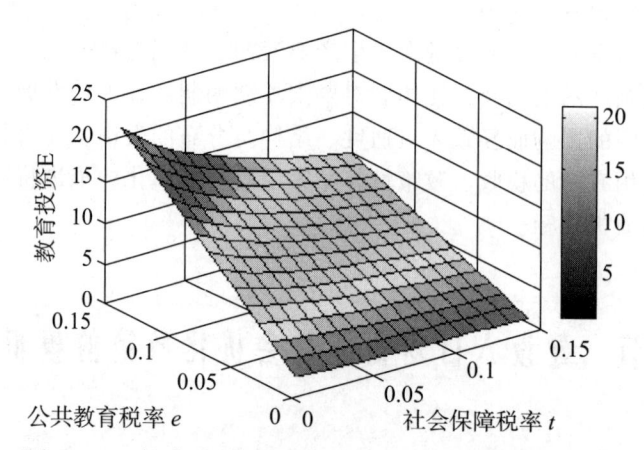

图 9-6 教育投资随公共教育和社会保障变化曲面

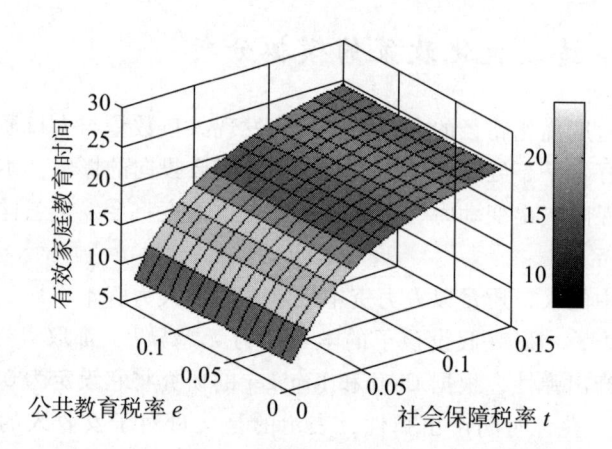

图 9-7 有效家庭教育时间随公共教育和社会保障变化曲面

从图 9-6 可以看出，平均教育投资曲面沿公共教育税率 τ_E 增加的方向倾斜，而该曲面沿社会保障税率 τ_T 增加方向倾斜的程度则相当平缓，这表明公共教育对教育投资影响极大，而社会保障影响平均教育投资曲面的能力很弱。

从图 9-7 可以看出，平均家庭有效教育时间曲面沿社会保障税率 τ_T 上升而变化明显，但是该曲面沿公共教育税率 τ_E 增加，方向几乎与水平轴平行，这表明社会保障对有效家庭教育时间的影响相当大，而公共教育对有效家庭教育时间的影响能力非常弱。

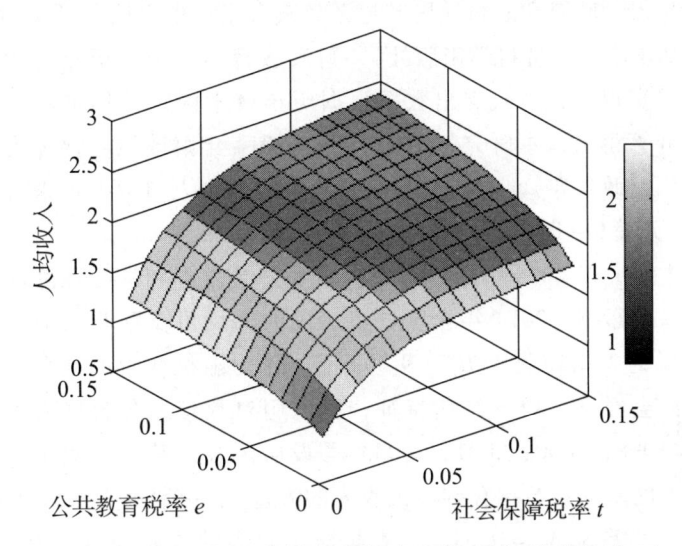

图9-8　人均收入随着公共教育和社会保障变化曲面

由图9-6和图9-7曲面随公共教育税率 τ_E 和社会保障税率 τ_T 变化的趋势可知，公共教育主要通过影响教育投资水平来影响人力资本水平从而调节收入分布，而社会保障主要通过作用于有效家庭教育时间影响人力资本水平从而影响收入分布。

图9-8中，整个社会的平均收入曲面随公共教育税率 τ_E 上升的幅度大于沿社会保障税 τ_T 上升非常缓慢，这表明公共教育和社会保障对整个社会的收入有显著影响，其中，公共教育的增加会显著地增加整个社会的收入，社会保障对整个社会的收入的影响小于公共教育对其的影响程度。

3. 数据考证

由于公共教育支出和社会保障支出对整个社会的收入及人口质量的提升有显著的影响，从数值分析结果也清楚地表明，随着公共教育和社会保障的增加，整个社会的家庭收入也是增加的，这有利于人口质量的投资。因此，把城乡看成两个独立的部门，结合城乡现实数据来分析我国城乡教育和社会保障公共品供给的不同对城乡居民收入差距的影响。我国自计划经济时期建立起以城乡户籍制度、城乡两种不同的资源配置制度为标志的城乡二元结构体制，在教育和社会保障上也存在非常明显的"二元"特征，为了揭示城乡教育和社会保障的"二元"体制与城乡收入差距的关系，本研究将采用世代交叠的理论模型，运用数值分析方法，代入城乡各个变量，推算出城乡教育和社会保障公共品供给的不同对城乡收入差距的影响。

数据采集中的城镇、农村人均居民收入分别代表城镇居民人均可支配收入和农村居民纯收入，城镇和农村居民基尼系数来自张东生主编的《中国居民收入分配年度报告2015》（经济科学出版社），财政教育经费根据历年《中国教育经费统计年鉴》计算得出，财政支出数据根据历年《中国统计年鉴》与《中国农村统计年鉴》计算得出，本研究使用的1999~2014年财政社会保障支出数据来源于历年《中国财政年鉴》。本研究利用到的中国城乡人口数据也来自历年《中国统计年鉴》，见表9-10。

首先，本研究以2014年的数据分析城乡公共教育和社会保障的不同对城乡收入差距的联合影响。2014年全国城镇居民的人均可支配收入 H_{t_1} = 29 381 元，同年农村居民的人均纯收入 H_{t_2} = 9 892 元。作为随机变量的社会经济指标的分布，反映了社会经济系统的结构特征，可以用对数正态分布来描述，有关研究（成邦文等，1998；2000；2001；2003）假设居民收入符合对数正态分布，我们采用居民收入的基尼系数推算到居民收入的方差①，由数值方法计算到2014年城镇居民收入的方差为 Δ_1 = 0.6426，农村居民收入的方差为 Δ_2 = 0.5648。为此，本研究产生一组服从对数正态分布且取期望等于城镇居民人均可支配收入 μ_{t_1} = H_{t_1} = 29 381，方差 Δ_1 = 0.6426 的家庭样本数据如 29 381.1，29 380.5，29 378.7，29 382.5 等 N_1 = 1 000 000 个作为全国城镇居民的代表，同理，产生一组服从对数正态分布且取其期望和方差分别为 μ_{t_2} = H_{t_2} = 9 892 和 Δ_2 = 0.5648 的家庭样本数据如 9 892.3，9 889.1，9 893.6，984.5 等 N_2 = 1 000 000 个家庭的样本作为全国农村居民的代表。据统计2014年全国城镇人口为 M_1 = 7.4916 亿人，农村人口 M_2 = 6.1866 亿人，模型中城镇和农村的教育投资、社会保障投资以及财政支出均按实际人口与模型人口之比缩小，即城镇的教育投资 E_{t_1} = $\frac{E_1 N_1}{M_1}$ = 2.503 × 10⁹ 元，同理可得农村教育投资 E_{t_2}，城镇和农村的社会保障 T_{t_1}、T_{t_2}，从而得到城镇和农村的社会保障税率 τ_{T_1}、τ_{T_2}，确定了这些参数后，可通过模型来分析城乡居民教育和社会保障差异对收入差距的影响。

由式（9.2.1-13）可以看出，下一期的人均人力资本 H_{t+1} 是由公共教育的投资 E_t 和社会保障税率 τ_T 共同决定的。城镇和农村社会保障税率差距 $\Delta \tau_T$ 可以用城镇社会保障税率 τ_{T_1} 减去农村社会保障税率 τ_{T_2} 来表达，即 $\Delta \tau_T = \tau_{T_1} - \tau_{T_2}$。人均教育投资差距表示为 $\Delta \tilde{E}_t = (E_{t_1}/N_1 - E_{t_2}/N_2)$。为了消除一些参数取值的随机

---

① 关于基尼系数与方差间关系的具体内容：参见基于对数正态分布的洛伦兹曲线与基尼系数［J］.《数量经济技术经济研究》，2005，以及 Beach. And R. Davidson，1983. Distribution-free statistical inference with Lorenz curves and income shares［J］. Review of Economic Studies，723-735.

表9-10 中国城乡居民收入、公共教育和社会保障水平

年份	人均收入/元 城镇	人均收入/元 农村	基尼系数 城镇	基尼系数 农村	财政教育经费①/亿元 城镇	财政教育经费①/亿元 农村	社会保障②/亿元 城镇	社会保障②/亿元 农村	财政支出/亿元 城镇	财政支出/亿元 农村
1999	5 854	2 210.3	0.3	0.34	1 613.419	673.757	1 157.52	39.91	12 101.91	1 085.76
2000	6 279.9	2 253.42	0.32	0.35	1 835.840	726.765	1 466.98	50.59	14 654.96	1 231.54
2001	6 859.6	2 366.4	0.32	0.36	2 174.852	882.158	1 921.15	66.25	17 445.85	1 456.73
2002	7 702.8	2 475.6	0.32	0.37	2 483.412	1 007.993	2 599.46	89.64	20 472.39	1 580.76
2003	8 472.2	2 622.2	0.33	0.37	2 770.054	1 080.569	2 621.83	90.41	22 895.50	1 754.45
2004	9 421.6	2 936.4	0.33	0.37	3 176.084	1 289.773	3 079.38	106.19	26 149.29	2 337.6
2005	10 493	3 254.9	0.34	0.38	3 175.067	1 986.009	3 660.87	126.24	31 479.98	2 450.3
2006	11 759	3 587	0.34	0.37	4 561.051	1 787.314	4 247.64	146.47	37 249.73	3 173.0
2007	13 785	4 140.4	0.37	0.34	6 400.456	1 879.759	5 265.59	181.57	45 463.35	4 318.0
2008	15 780	4 760.6	0.38	0.34	6 799.045	3 650.585	6 577.48	226.81	56 637.16	5 955.5
2009	17 174.7	5 153.2	0.37	0.33	8 522.077	3 709.013	7 353.124	253.5564	69 046.83	7 253.1
2010	19 109.4	5 919	0.36	0.33	10 245.07	4 424.988	8 826.266	304.3544	81 294.46	8 579.7
2011	21 809.8	6 977.3	0.36	0.32	13 522.03	5 064.667	10 739.09	370.3139	98 750.09	10 497.7
2012	24 564.7	7 916.6	0.36	0.32	16 947.91	6 193.659	12 166	419.5179	113 565.4	12 387.6
2013	26 955	8 896	0.35	0.31	17 437.39	7 050.821	14 007.52	483.0187	126 501.6	13 710.5
2014	29 381	9 892	0.35	0.31	18 005.23	7 907.983	15 436.55	532.2958	137 396.5	14 389.1

① 本研究通过加总小学农村财政教育经费和中学农村财政教育经费计算出农村合计财政教育经费，然后利用全国财政教育经费，计算城市财政教育经费。
② 我国社会保障制度建设起步晚，特别是农村的社会保障体系建设滞后，社会保障统计项目不全，数据缺失，因此本书采用了数据估算的方法，根据高平：《城乡一体化与农村社会保障制度》估算我国农村和城市社会保障支出。

性，本研究用城镇居民可支配收入与农村居民人均纯收入之比来表示城乡人均收入差距，即 H_{t_1+1}/H_{t_2+1} 表示城乡下一期人均收入差距。城镇社会保障税率 τ_{T_1} 和教育投资 E_{t_1} 均取 2014 年城镇的数据，计算可知 2014 年，我国城乡人均教育投资差距 $\Delta \bar{E}_t$ 为 1 125 元，社会保障税率差距 $\Delta \tau_T$ 为 0.0754，据此可以得到城乡下一期的人均收入差距 H_{t_1+1}/H_{t_2+1} 随城乡人均教育投资差距 $\Delta \bar{E}_t$、城乡社会保障税率差距 $\Delta \tau_T$ 变化的三维曲面如图 9-9 所示。

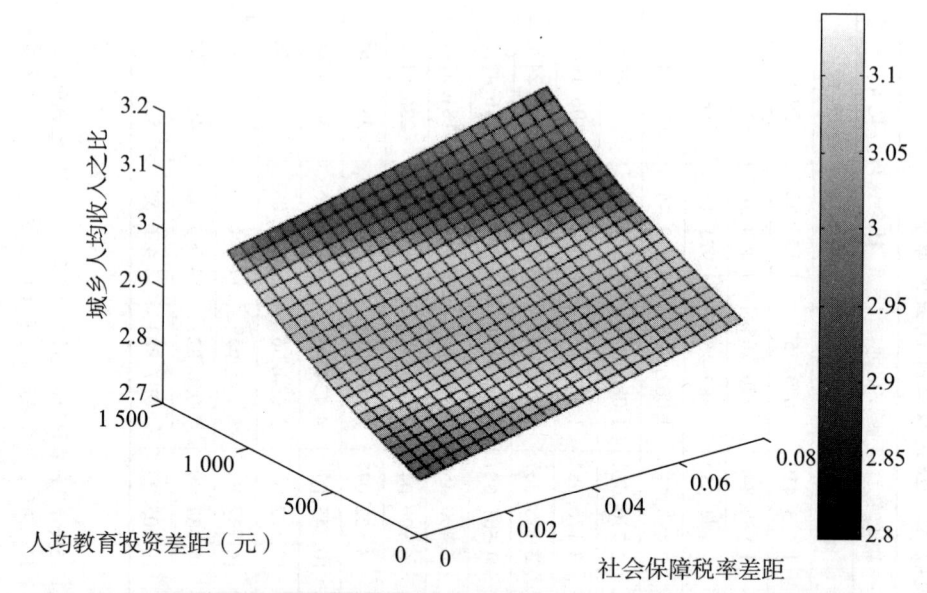

图 9-9　社会保障差距和人均教育投资差距对城乡收入差距的联合影响

图 9-9 给出当人均教育投资差距 $\Delta \bar{E}_t$ 在 0~1 125 变化、社会保障税率差距 $\Delta \tau_T$ 在 0~0.0754 变化时，城乡人均收入差距 ΔH_{t+1} 相应发生的变化。同时从表 9-11 的计算结果也可以定量地比较城乡教育投资差距与社会保障税率差距对城乡收入差距方面的联合影响。

表 9-11　　　　　公共教育和社会保障不同对城乡收入差距的影响

ΔH_{t+1} \ $\Delta \tau_T$ \ $\Delta \bar{E}_t$	0	0.01	0.02	0.03	0.04	0.05	0.06	0.07	0.0754
0	2.7976	2.8108	2.8246	2.8389	2.8537	2.869	2.885	2.9016	2.9108
50	2.8046	2.8179	2.8317	2.846	2.8609	2.8763	2.8923	2.9089	2.9183
100	2.8119	2.8252	2.839	2.8534	2.8683	2.8837	2.8997	2.9164	2.926

续表

$\Delta \bar{E}_t$ \ ΔH_{t+1} \ $\Delta \tau_T$	0	0.01	0.02	0.03	0.04	0.05	0.06	0.07	0.0754
150	2.8193	2.8327	2.8465	2.8609	2.8758	2.8913	2.9074	2.9241	2.9339
200	2.8269	2.8403	2.8542	2.8686	2.8836	2.8991	2.9152	2.932	2.942
250	2.8347	2.8481	2.8621	2.8765	2.8915	2.9071	2.9233	2.9401	2.9504
300	2.8427	2.8562	2.8702	2.8847	2.8997	2.9153	2.9315	2.9484	2.9589
350	2.8509	2.8644	2.8785	2.893	2.9081	2.9237	2.94	2.9569	2.9677
400	2.8593	2.8729	2.887	2.9016	2.9167	2.9324	2.9487	2.9657	2.9767
450	2.868	2.8816	2.8958	2.9104	2.9256	2.9413	2.9577	2.9747	2.986
500	2.877	2.8906	2.9048	2.9195	2.9347	2.9505	2.9669	2.9839	2.9956
550	2.8862	2.8999	2.9141	2.9288	2.9441	2.9599	2.9764	2.9935	3.0055
600	2.8957	2.9094	2.9237	2.9384	2.9537	2.9696	2.9861	3.0033	3.0156
650	2.9054	2.9192	2.9335	2.9484	2.9637	2.9797	2.9962	3.0135	3.0261
700	2.9155	2.9294	2.9437	2.9586	2.974	2.99	3.0067	3.0239	3.037
750	2.926	2.9399	2.9543	2.9692	2.9847	3.0007	3.0174	3.0348	3.0482
800	2.9368	2.9507	2.9652	2.9802	2.9957	3.0118	3.0286	3.046	3.0599
850	2.948	2.962	2.9765	2.9915	3.0071	3.0233	3.0401	3.0576	3.072
900	2.9596	2.9736	2.9882	3.0033	3.0189	3.0352	3.0521	3.0696	3.0845
950	2.9716	2.9857	3.0003	3.0155	3.0312	3.0475	3.0645	3.0821	3.0975
1 000	2.9841	2.9983	3.013	3.0282	3.044	3.0604	3.0774	3.0951	3.111
1 050	2.9971	3.0114	3.0261	3.0414	3.0573	3.0737	3.0908	3.1086	3.1252
1 100	3.0107	3.025	3.0398	3.0552	3.0711	3.0876	3.1048	3.1226	3.1398
1 125	3.0177	3.0332	3.0492	3.0659	3.0833	3.1014	3.1202	3.1398	3.1399

从图9-9和表9-11看出，下一期城乡居民收入差距相较于城乡人均教育投资差距 $\Delta \bar{E}_t$、城乡社会保障税率差距 $\Delta \tau_T$ 的增加，其上升的趋势更加明显，而且下一期城乡居民收入差距比曲面沿城乡人均教育投资差距 $\Delta \bar{E}_t$ 增加方向倾斜的幅度大于该曲面沿城乡社会保障税率差距 $\Delta \tau_T$ 增加的程度。这表明城乡居民收入差距会随着城乡社会保障税率差距与人均教育投资差距的增大而增大，而且相对于城乡社会保障，城乡人均教育投资对城乡收入差距的作用更强。在此基础上，本研究认为缩小我国城乡人均教育投资和社会保障差距将对缩小城乡人口适

度差距有重要的现实意义。

为了进一步进行深入剖析，本研究将使用 1999～2014 年的数据，实证分析城乡公共教育和社会保障的差距对城乡收入差距的影响。由表 9-10 各年的数据代入模型，本书分解和比较公共教育和社会保障的不同对城乡收入差距的影响，结果见表 9-12。表 9-12 第②列表示城乡现在的收入之比，第③列表示城乡下一期的收入之比。第④列表示假定农村当年的社会保障税率和城镇相同的情况下，城乡下一期的收入之比，第⑤列表示假定农村当年的人均公共教育投资和城镇相同情况下，城乡下一期的收入之比，第⑥列表示，假定农村社会保障税率和人均公共教育投资都和城市相同情况下，城乡下一期的收入之比。

表 9-12　　公共教育和社会保障不同对城乡收入差距的影响的分解

年份 ①	现在的城乡收入之比 ②	下一期城乡收入之比 ③	假定社会保障率相同城乡收入比 ④	假定公共教育相同城乡收入比 ⑤	假定社会保障和公共教育投资相同城乡收入比 ⑥
1999	2.6485	3.1033	3.0062	2.5915	2.5104
2000	2.7869	3.2514	3.1508	2.7182	2.6341
2001	2.8987	3.3473	3.2365	2.8275	2.7339
2002	3.1115	3.5577	3.4353	3.0273	2.9232
2003	3.2310	3.6674	3.5511	3.1284	3.0291
2004	3.2086	3.6219	3.4895	3.1234	3.0093
2005	3.2237	3.4192	3.3080	3.1244	3.0227
2006	3.2783	3.6655	3.5391	3.1807	3.0711
2007	3.3296	3.8435	3.6991	3.2381	3.1165
2008	3.3149	3.5561	3.4141	3.2325	3.1034
2009	3.3328	3.6093	3.4743	3.2405	3.1193
2010	3.2285	3.4810	3.3486	3.1467	3.0269
2011	3.1258	3.4135	3.2830	3.0526	2.9359
2012	3.1029	3.3790	3.2496	3.0317	2.9156
2013	3.0300	3.2487	3.1215	2.9670	2.8508
2014	2.9702	3.1398	3.0178	2.9107	2.7976

由表 9-12 可以看出，从 1999～2014 年城乡收入差距逐年增大，虽然 2014 年城乡收入差距有所减小，但城乡收入差距比从 1999 年的 2.6485 倍扩大到 2013 年的 3.03 倍。结合表 9-12 中第③列来看，城乡下一期收入差距进一步拉大，

2014 年城乡收入差距比从 2.9702 倍扩大至 3.1398 倍，但是如果农村的社会保障率与城市持平，城乡下一期收入差距比虽然有所扩大，从 2.9702 倍扩大至 3.0178 倍，但小于未在这一假设条件下的下一期城乡收入差距比 3.1398；如果使农村的人均教育投资与城市持平，城乡收入差距比不仅没有扩大，反而能由 2.9702 倍缩小到 2.9107 倍；进一步地，如果使农村社会保障率和公共教育投资与城市持平，城乡下一期收入差距比进一步缩小到 2.7976，缩小城乡收入差距的效果非常明显，能够发挥社会保障和公共教育投资调节城乡收入差距的作用。

本研究的模拟表明：城市偏向的二元教育、社会保障公共品供给体制扩大了我国地区及城乡收入差距，并且它在相当程度上是影响地区及城乡收入差距今后动态变化的因素，影响了人口质量在地区、城乡间的差异化表现及长期均衡结果。因此，为了缩小地区及城乡收入差距，均衡人口适度水平，政府应调整教育和社会保障支出结构，建立起有利于公共服务均等化的财政模式，尽可能地消除区域间、城乡间的公共资源的供给差异，提升人口质量的总体水平，才能从根本上改善人口适度结构，提升人口适度的总体水平。

二、人口结构优化政策的模拟分析

在我国进入老龄化社会的时候，必将受到人口结构调整的巨大冲击（见图 9 - 10、图 9 - 11），在此情况下要保证人口均衡型社会的实现，保障过渡时期这代人的社会福利水平，只有三个途径，即提高退休年龄，降低养老金替代率，或者增加社会养老保险缴费比率（Ceorges Casamatta et al.，2001）。鉴于目前我国的高就业压力与较低的养老保险水平，除了延迟退休制度以外，本书认为更能直

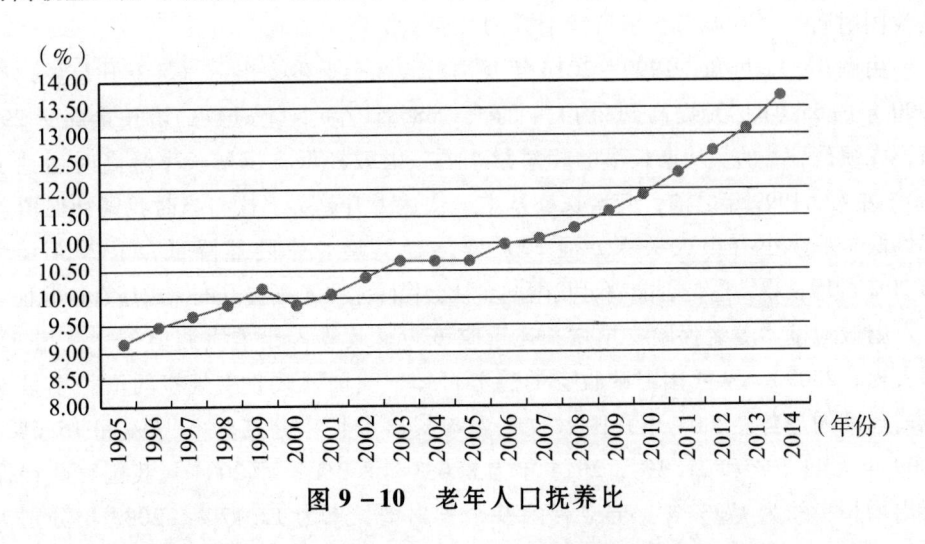

图 9 - 10　老年人口抚养比

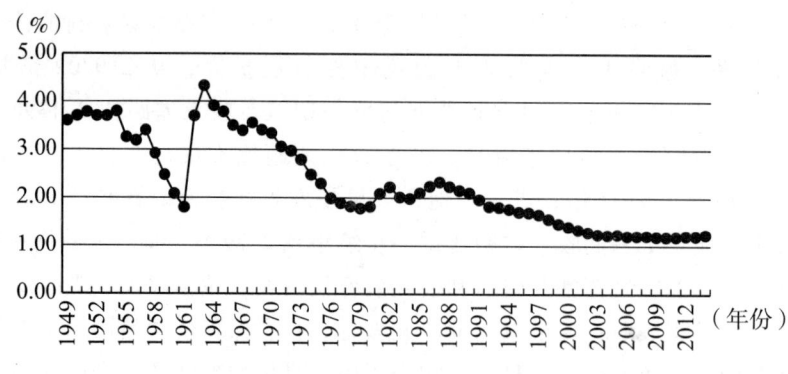

图 9-11 人口出生率

接见效的做法是选择增加社会养老保险基金的资金量，这就需要政府在此承担更多的社会服务职能，通过增加财政对社会保障的投入来优化养老保险制度，确保人口老龄化下的人口结构矛盾的缓解。

社会养老保险能实现"代际间"和"代际内"收入再分配，退休人口占总人口的比例越高，社会养老保险的规模也越大（Guido Tabellini，2000）。1995 年我国老年人口抚养比为 9.2%，2006 年上升为 11%，2014 年达到 13.7%，呈不断上升趋势，而我国 20 世纪 60~70 年代属于人口高出生率阶段，这一部分人将在"10 后"进入退休阶段，而 2000 年之后出生率明显降低，这将产生比现在更大的养老保险金支出压力。人口结构矛盾的突出对现行养老保障制度提出了挑战。在目前现收现付制与部分累积制并存的情况下，是否可以通过加大财政支出在养老基金上的比重以保证养老保险制度的可持续发展与人口结构的逐渐优化。

如果增加财政社保支出对提高养老保险整体水平是必要的，那么面对的问题是我国财政是否有能力负担持续上升的社保支出资金需求？

由图 9-12 可知，1990~2014 年我国财政社会保障支出一直呈上升趋势，从 1990 年的 55.04 亿元提高到 2014 年的 15 968.85 亿元，绝对数的增长量高达 290 倍，成绩是显著的。从增长率的相对量来看，财政社保支出增长率最高时达到了 100% 左右，1999 年之前，其增长率基本呈快速上升趋势，这与当时我国社保覆盖率偏低、基数小有很大关系，但 2000 年之后其增长率陡然降低，至 2014 年为 10.20% 的增长率，这是否能满足我国城乡社会保障水平不断提升的需求还有待验证。

财政对基本养老保险支出增长比重应该与财政收入比重协调增长（王增文、邓大松，2009）。从我国财政收支的趋势可知，我国财政收支规模的增长率呈现先增后减的趋势。2004 年我国财政收入与支出增长率分别为 21.6% 和 15.6%，2009 年为 11.7% 和 21.9%，2014 年为 8.6% 和 8.3%；而 2004 年我国财政社保支出增长率约为 17.33%，养老保险基金支出增长率为 12.17%，2009 年分别为

21.55%和20.36%,2012年分别为13.29%和21.91%,2014年分别为10.20%和17.70%。说明近年来我国财政社保支出增长率低于财政收支增长率水平,只是自2012年起开始有所改善(见图9-12与图9-13)。而在大部分的工业化国家,社会保障支出超过了政府总财政支出的1/3(Guido Tabellini,2000),1998年我国财政社保支出585.63亿元,占财政支出的5.5%,2014年财政社保支出增加至15 968.85亿元,仅占我国财政支出的10.52%(如图9-14所示)。所以增大我国财政社会保障支出并不会在近期给我国财政造成过大压力。

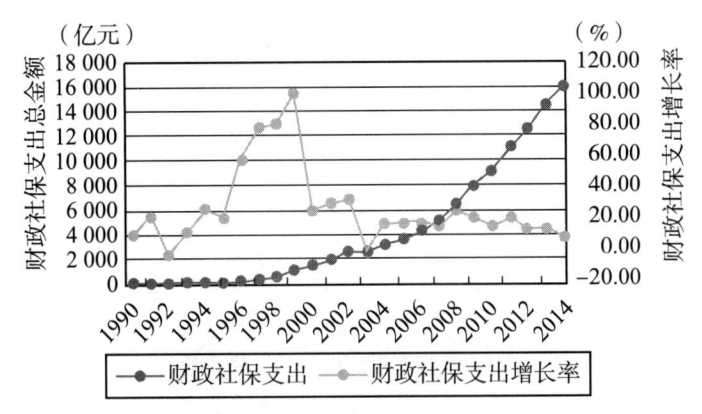

图9-12 财政社保支出及增长率趋势

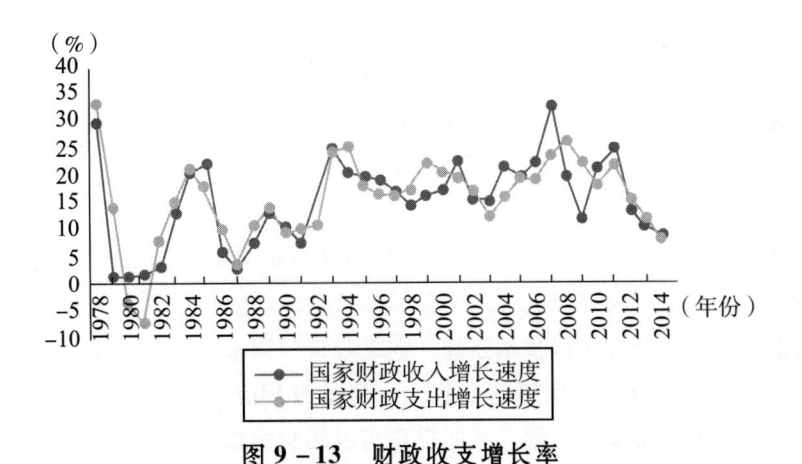

图9-13 财政收支增长率

1. 参数设定

在我国经济转型背景下,增大财政社保支出不仅是优化公共养老保险制度的有效方式,而且我国财政有能力承担起这样的责任。在此基础上,本研究通过变参数计量模型,对我国养老保险、人口结构与政府财政支出之间的关系进行相关的模拟检验,根据模型构建情况,指标选择如表9-13所示。

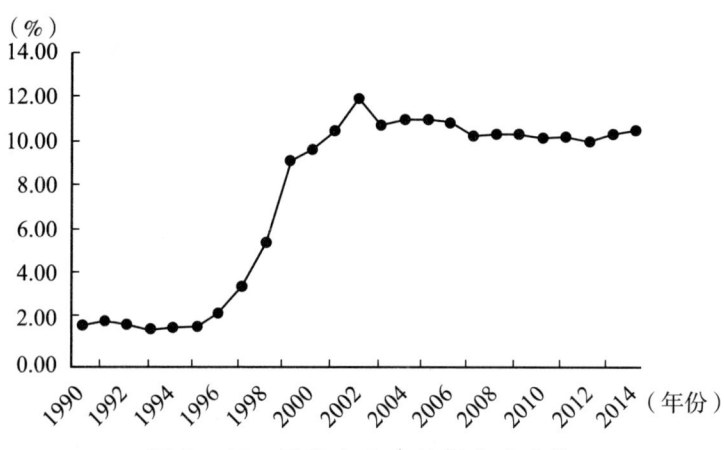

图 9-14 财政支出中社保支出占比

表 9-13　　　　　　　　　　指标选择

指标	变量名	含义
社保财政支出	GS	国家财政支出中社会保障支出（单位：亿元）
通胀率	INF	城市居民消费价格指数（上年 = 100）
养老金收入	PI	基本养老保险基金收入（单位：万元）
养老金支出	PO	基本养老保险基金支出（单位：万元）
社保金收入	SSI	社会保险基金收入（单位：亿元）
社保金支出	SSO	社会保险基金支出（单位：亿元）
人均收入	DI	城镇居民家庭人均可支配收入（单位：元）
人均工资	W	城镇单位在岗职工平均工资（单位：元）
就业人口	WN	就业人员合计（单位：万人）
老年人口	ON	65 岁及以上人口数（单位：万人）

根据社会保障资金运行基本原理，在现收现付制基础上，当期社会保障支出来源于本期或前一期社会保障基金收入，资金管理受投资率与通货膨胀率的影响，因社会保障基金投资稳健，其回报率与市场利率相当，所以重点考虑通货膨胀率对社保基金的影响，方程式表示如下：

$SSO_t = SSI_t(1-r)$；r 代表部分积累部分的比率；t 代表时间变量，一般以年或以月计算；表明在通常情况下社会保障基金会有部分结余以备保障基金安全之用，预防市场风险。

$SSO_{t+1} = INF_{t+1} \times SSO_t$，受通货膨胀的影响，当期账面计算的社会保障支出并不能满足实际下期支付时的客观需求，社会保障支出应当按通货膨胀率等基本经济指标进行相应折算调整。

所以有：$SSO_t = INF_t \times SSI_{t-1}(1-r)$。

由于社会保障基金收支增长率会受到通货膨胀率或者经济增长率变化的影响，所以本研究选用变参数计量模型进行实证检验，以反映被解释变量与解释变量之间随时间、政策、通胀率等因素变化而变化的动态影响关系。

2. 模拟结果

在此基础上建立关于社会保障基金的变参数模型（9.3.2-1）为：

测量方程：$SSO_t = c_0 + \alpha_t \times SSI_{t-1} + \mu_t$ （9.3.2-1）

状态方程：$\alpha_t = \lambda_0 \alpha_{t-1} + \varepsilon_t$

c_0 为固定参数；α_t 为可变参数，表示社会保障支出指数，即当期社保支出较前一期社保支出增长率水平；μ_t 为扰动项。

同理建立关于养老保险基金的变参数模型（9.3.2-2）为：

测量方程：$PO_t = \beta_t \times PI_{t-1} + \mu_t$ （9.3.2-2）

状态方程：$\beta_t = \lambda_1 \beta_{t-1} + \varepsilon_t$

c_0^* 为固定参数；β_t 为可变参数，表示养老保险基金支出指数，即当期养老保险基金支出较前一期支出的增长率水平；μ_t 为扰动项。

表9-14　模型（9.3.2-1）和模型（9.3.2-2）估计结果

样本：1990~2014	参数估计值	标准差	Z统计量	最终状态向量预测值
c_0	15.72481	0.000785	20 033.23***	
e_1	0.077803	2.45E-06	31 820.89***	
α_{t+1}			55 717.76***	0.939464
c_0^*	NA	NA	NA	
e_2	3.75E-14	1.76E-23	2.14E+09***	
β_{t+1}			4.14E+08***	0.950121

注：***、**、*分别表示在1%、5%和10%水平上显著；e_1 和 e_2 分别为测量方程1和测量方程2的残差；以下相同。

估计得出 α 和 β 的拟合序列如图9-15和图9-16所示。1991~2009年，α值变化很大，呈先增后减趋势，1991~1996年α值由85.77%增大至113.08%，而我国城市居民消费价格指数1991年为105.1，1996年为108.8，其间1993~1995年的通胀率为近20年以来的最高值，分别为16.1%，25%和16.8%，此时的α值增量远远低于当时的通胀水平，说明即使在社保覆盖面没有太大变化的情况下，实际社保基金支出的购买力水平要远远小于同等单位量社保基金收入的购买力水平，实际的社保力度是有所贬值的。这种情况下社保基金的支出增长率应当等于或高于通货膨胀水平，以符合经济发展进程的现实。2006 年以后，α 值为 92%～97%，2014 年为 93.95%，说明社会保障支出指数 α 一直小于我国通胀水平（参见图 9-15），社会保障收支增长率有待进一步提高。

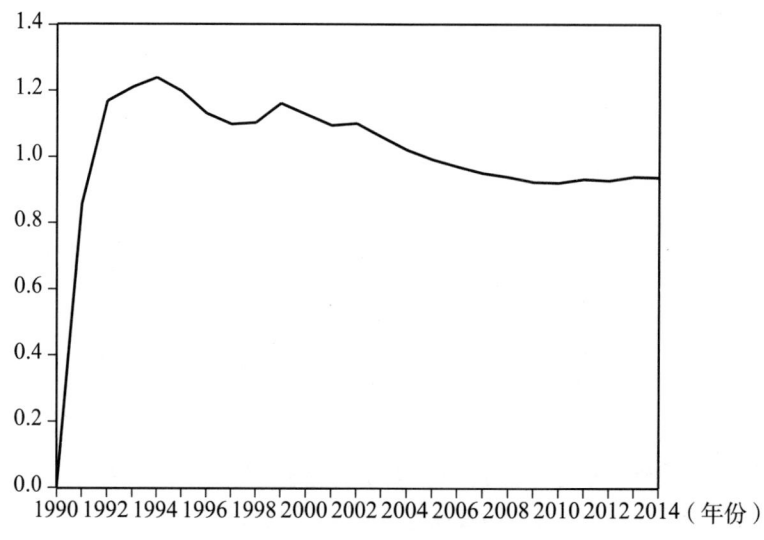

图 9-15　α_t 序列

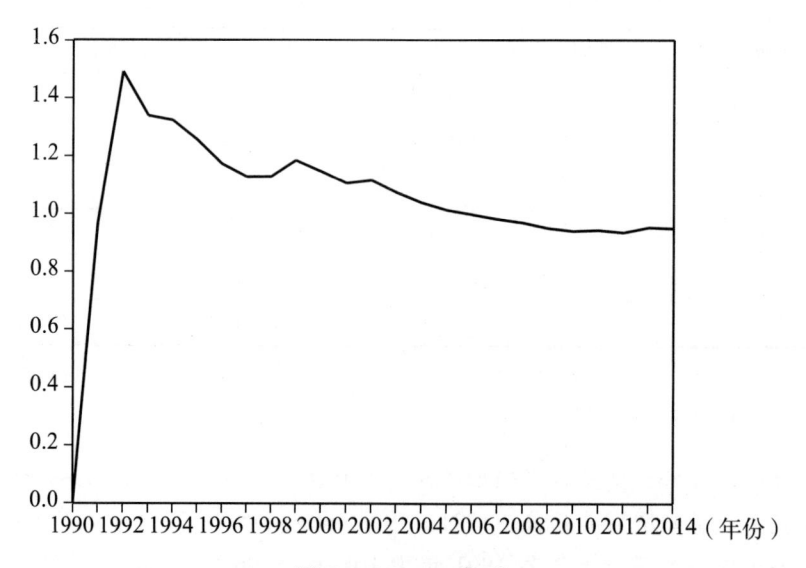

图 9-16　β_t 序列

对养老保险基金支出的检验而言，β 序列由高走低，1993 年为 133.95%，2006 年降为 99.84%，2014～95.01% 仍在下降，说明养老保险基金支出指数 β 在近年来也是低于通胀率，并有进一步减小的趋势，这与我国加强养老保障制度建设的目标有所背离，养老保险支出水平的增加不能抵消通货膨胀所带来的负面影响，养老金实际支出水平有略减趋势，换言之，退休人员实际享有的养老保障福利水平没有得到充分保证。

另外，我国财政社保支出增长率的变化又受到哪些约束，我国的养老保障水平对财政支出又有怎样的要求？养老保险基金收入包含个人缴费、企业缴费和政府转移支付，可表达为下式：

$$PI^* = WN \times 8\% \times DI + WN \times 20\% \times DI + \gamma \times GS$$

根据我国的养老金制度，个人缴纳工资8%的养老保险金，企业缴纳职员工资总量20%养老保险金（肖金萍，2007），γ 表示政府财政中养老保险支出占财政中社会保障支出的比例。养老基金支出包含个人账户部分与社会统筹部分，即积累基金与当期所需支付的退休工资的总和，可表述为下式：$PO^* = C + v \times ON \times W$。

其中 C 表示养老基金的累积部分，不用于社会统筹支付；v 表示养老金替代率，即退休工资与社会平均工资（或退休前平均工资水平）的比值。

如前所述，养老金的支出应该按照当期通货膨胀率甚至是经济增长率进行适当的调整，则此时有：$PO^* = INF \times PI^*$。

则：
$$GS = \frac{1}{\gamma} \left[\frac{1}{INF}(C + v \times ON \times W) - 28\% \times WN \times DI \right]$$

结合养老金收支表达式关系，建立变参数模型（9.3.2-3）为：

测量方程：$\log(GS_t) = c_1 + c_2 \times \log(WN_t \times DI_t) + \rho_t \times \log(ON_t \times W_t) + \mu_t$

$$(9.3.2-3)$$

状态方程：$\rho_t = \lambda_2 \times \rho_{t-1} + \varepsilon_t$

其中，c_1 和 c_2 为固定参数；ρ_t 为可变参数，表示养老金需求变化对于财政社保支出的影响；μ_t 为扰动项。$WN \times DI$ 表示就业者的收入总量，在等式中反映就业人员缴纳养老金的计算基数；$ON \times W$ 表示养老金支出负担。

表9-15   模型（9.3.2-3）估计结果

样本：1990~2014年	参数估计值	标准差	Z统计量	最终状态向量预测值
c_1	-33.44371	6.619317	-5.052440***	
c_2	1.851729	0.917767	2.017645**	
e_3	-1.423856	0.444193	-3.205485***	
ρ_{t+1}			47.83629***	0.171254

估计结果 c_2 为正，就业者收入水平越高，相应缴纳的养老金就越多，同时政府财政社保支出也随之增加，$WN \times DI$ 增长率与 GS 增长率之间是正相关关系。

在市场经济条件下,就业率越高,或者居民可支配收入越高,财政社保支出增长率为什么还应增加呢?而目前中国的现实是收入分配差异不断拉大,我国城镇居民基尼系数 1991 年为 0.313,2000 年达 0.433,2006 年为 0.475,2014 年为 0.469,已经超过国际警戒线。收入分配差异越大,社会保障支出规模也越大(Roman Arjona et al.,2003;Guido Tabellini,2000)。

3. 数据考证

较大的地区收入差异和人口结构差距使我国养老金制度在地区间的供给不均衡,导致欠发达地区养老保险制度对提升人口质量的作用有限;即使目前就业人员的养老保险金缴纳部分的增长也不能满足我国财政社保支出增长的客观需求。因此,依靠财政力量加大对落后地区养老金投入的比重,对人口结构的改善有重大意义。

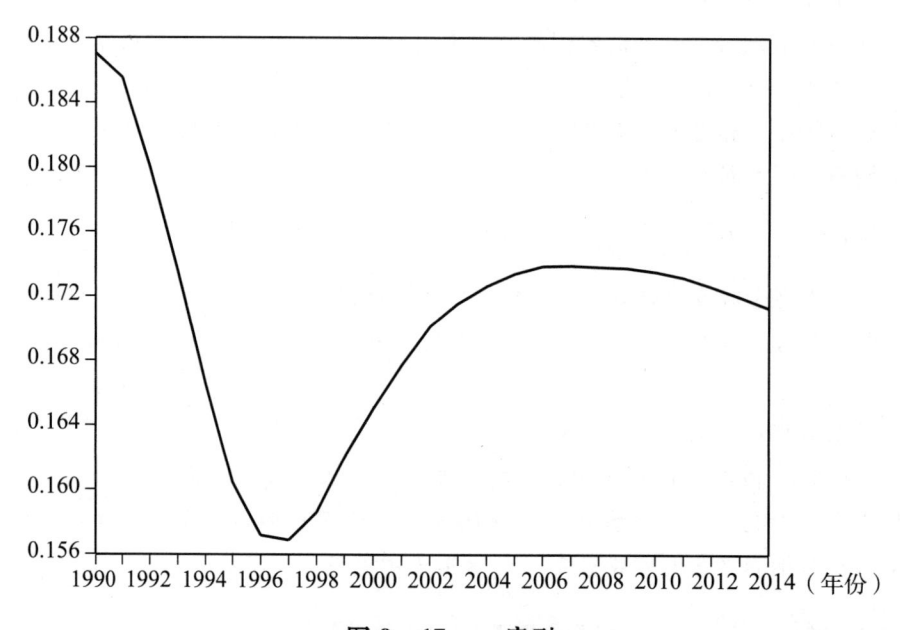

图 9-17 ρ_t 序列

ρ 估计值处于 0.15~0.18,说明我国老年人口数和社会平均工资水平增长 1 单位,会产生对财政社会保障支出增长率提高 0.15%~0.18% 的新资金需求。当退休的人数增多,以及退休工资的期望越来越高,养老保险基金运转对于政府财政支出的要求也就越来越高,显然我国正面临人口结构老龄化的现实,通过实证检验证实了我国财政需要肩负起社保支出的责任。同时养老金支出应在经济增长和通货膨胀之间有一个合理的自然增长率,假设按照 4% 的通胀率计算,财政养老金需求增长率将需达 4.2% 左右,所以我国有必要进一步加大财政社保的投入。

目前我国财政社保支出对于养老基金收支的影响度由以下两个变参数模型估计得出：

财政社保支出与养老金收入的测量方程：
$$\log(PI_t) = c_3 + \varphi_t \log(GS) + \mu_t \quad (9.3.2-4)$$

状态方程：$\varphi_t = \lambda_3 \times \varphi_{t-1} + \varepsilon_t$

财政社保支出与养老金支出的测量方程：
$$\log(PO_t) = c_4 + \phi_t \log(GS) + \mu_t \quad (9.3.2-5)$$

状态方程：$\phi_t = \lambda_4 \times \phi_{t-1} + \varepsilon_t$

其中，c_3 和 c_4 为固定参数，φ_t 和 ϕ_t 为变参数，μ_t 为扰动项。φ_t 表示财政社保支出增长率对于养老保险金收入增长率的影响力，ϕ_t 表示财政社保支出增长率对于养老保险金支出增长率的影响力。

表9-16 模型（9.3.2-4）和模型（9.3.2-5）估计结果

样本：1990~2014	参数估计值	标准差	Z统计量	最终状态向量预测值
c_3	-1.361481	1.028311	-1.323997	
e_4	-2.137568	0.458069	-4.666471***	
φ_{t+1}			270.9714***	0.725230
c_4	-0.895544	1.161118	-0.771277	
e_5	-2.123980	0.391985	-5.418524***	
ϕ_{t+1}			260.0471***	0.700736

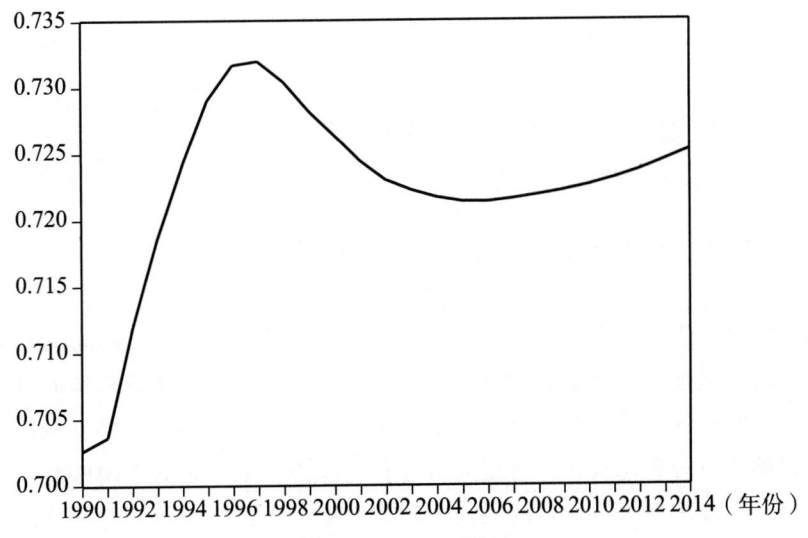

图9-18 φ_t 序列

图 9-19　ϕ_t 序列

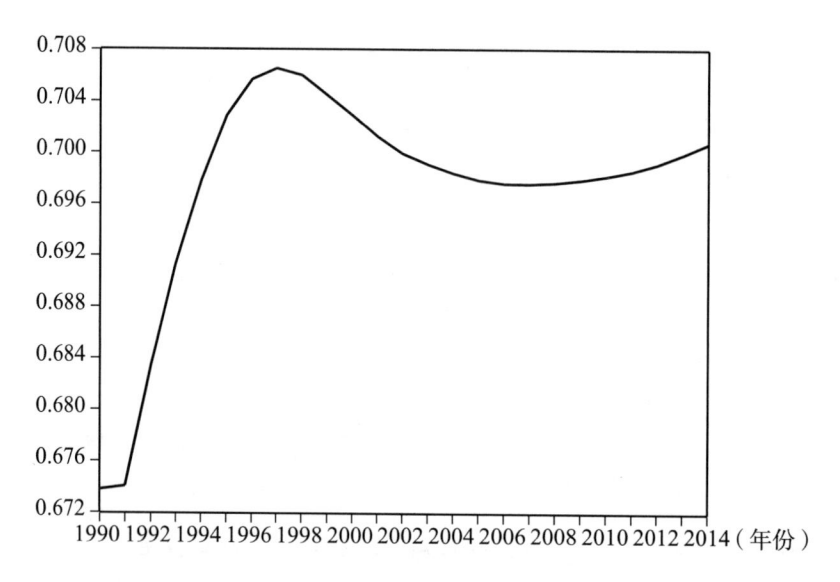

状态变量实证结果如图 9-18 和图 9-19 所示：φ_t 和 ϕ_t 序列都经历了 1990~1999 年的显著上升，与 2000 年之后持续平稳的两阶段发展状态。φ_t 的模拟估计值均为 0.7%~0.73%；ϕ_t 的模拟估计值均为 0.67%~0.71%，说明我国财政社保支出增长率对于养老基金的影响是较小的，财政对养老保险金的转移支付有待进一步提高。我国社会保障制度建设还在成长阶段，养老保险是我国社保建设的重点，但即使是如此，财政投入仍显不足。特别是 2000 年之后，财政社保支出增长率是需要进一步提高的。

模拟结果显示：我国财政社保支出增长率对于养老基金的投入力度还可以进一步提升，这在一定程度上可以缓解目前老龄化加大的人口结构压力，同时，也可以促进保障制度的不断完善，为人口结构优化提供可持续的财务支持。

三、人口分布优化政策的模拟分析

从优化路径中可以看出，人口流动主要受制于经济收入水平的制约而影响到人口分布的区域差异。从一般意义上说，人口分布均衡可以理解为是人口分布与地理空间或其他因素（如生态环境承载容量、经济发展等）分布情况的匹配。本研究探讨的人口分布均衡，是特指人口分布与经济环境分布的空间匹配，即以同期经济分布情况为基准来衡量的人口分布的均衡程度，因此本研究所分析的人口分布均衡也隐含了区域经济发展的均衡问题。

1. 参数设定

根据本研究的目的，我们拟选取部分地级行政单元作为节点，将中国大陆31个省区市范围按地理经纬度坐标进行人口与经济密度的网格化插值，然后可以通过全部网格化的数据来比较每个插值点上的人口与经济密度情况。当我们模拟出研究期内各年的人口与经济分布情况之后，通过两者的比较就可以知道整个中国大陆在研究期内，相对于经济分布情况而言，人口的分布是否逐渐变得均衡。

现有的实证研究和理论研究几乎都表明人口或经济密度的距离衰减并不是线性的，因此需要在相关理论的指导下构建出一个关于人口或经济密度的新替代变量，该替代变量随距离增减呈线性变化。于是本研究在模拟中把原始密度指标值首先换算成这个新替代变量，再代入 Matlab 软件中进行线性插值运算，而运算出来的结果则需要反过来重新换算成原始的密度指标变量才能进行人口与经济分布的分析。

现有相关研究中采用的距离衰减函数有多种，并且很多是地理学界提出的，比较常用的有 Clark 模型、Gauss 模型等。在此基础上，本研究基于引力模型提出经济中心的吸引强度对人口分布影响的表达式为：

$$E = kQ^{\alpha}/d^{b} \quad (9.3.3-1)$$

其中，E 为经济中心在某区位的吸引强度，Q 为经济中心的"质量"（可用人口规模或生产总值等来体现），d 为该区位与经济中心间的距离，k、α 为大于 0 的常数，b 为距离衰减指数。对此，通过经济学角度进行了理论推导和分析，得出了距离衰减指数 b 的表达式：

$$b = 2/3\mu \quad (9.3.3-2)$$

这个表达式具有明确的经济学含义，即以人口为研究对象，推导出式（9.3.3-2）中参数 μ 为城镇化率（城镇常住人口占总人口比重）。显然，随着城镇化率提高，指数 b 将趋于降低，也即经济中心的吸引强度衰减会趋缓，这是一个符合日常观察和经验的结论。以此为基础进行类似分析，以经济总量为研究对象，也可以知道参数 μ 即指经济非农化比例（第二三产业的增加值占地区生产总值 GRP 的比重）。

人口或经济密度的距离衰减本身就是经济中心吸引强度随距离衰减的重要体现，因此人口或经济密度值 ρ 应该是关于经济中心吸引强度的增函数，不妨假定其具体函数形式为：

$$f(\rho) = \lambda\rho^{\beta} = E \quad (9.3.3-3)$$

其中，λ 和 β 都是大于 0 的参数，至于具体取值后面再讨论。

根据式（9.3.3-1）至式（9.3.3-3）可以得到两个待插值点 i 和 j 的人口

或经济密度的关系为：

$$\frac{\lambda \rho_i^\beta}{\lambda \rho_j^\beta} = \frac{kQ^\alpha / d_i^{2/3\mu}}{kQ^\alpha / d_j^{2/3\mu}} = \frac{d_i^{-2/3\mu}}{d_j^{-2/3\mu}} \quad (9.3.3-4)$$

通过系列简单变换之后可以得到一个新的替代变量 $\rho^{-3\mu\beta/2}$（是关于密度 ρ 的一个函数），这个新的替代变量满足按距离呈线性变化的规律，可以作为替代原始密度变量代入 Matlab 进行线性插值运算的新变量，见式（9.3.3-5）。

$$\frac{\rho_i^{-3\mu\beta/2}}{\rho_j^{-3\mu\beta/2}} = \frac{d_i}{d_j} \quad (9.3.3-5)$$

至此，我们得到了密度距离衰减函数中参数 b 的取值依据，也构建出了满足随距离增减而呈线性变化规律的新替代变量（关于密度的函数），为空间模拟找到了基本理论依据。

再回过头来对式（9.3.3-3）中的两个参数取值进行讨论。由于参数 λ 在构建的线性关系当中已经消掉，因此不是我们关心的重点，那么不妨假设 λ 为常数，再来探讨 β 的取值。

由式（9.3.3-1）和式（9.3.3-3），并根据经济中心的"质量"（人口规模或生产总值）Q 等于经济中心的人口或经济密度 ρ_0 与经济中心面积 s（没有行政区划调整时可以把 s 作为常数处理）的乘积，容易得到如下关系：

$$\beta \ln(\rho) = \ln(k/\lambda) + \alpha \ln(\rho_0 s) - b\ln(d) \quad (9.3.3-6)$$

令式（9.3.3-6）中的全部常数项之和等于常数 c，则式（9.3.3-6）可化为以下形式：

$$\ln(\rho) = \frac{1}{\beta}[c + \alpha \ln(\rho_0) - b\ln(d)] \quad (9.3.3-7)$$

随着经济不断发展，b 将不断减小，而 c、α 均是常数，ρ、ρ_0 两者是否同向变化以及如果同向变化时谁又会变化得更快却是不确定的，这取决于经济中心是处于偏向以集聚化为主要特征的极化状态还是偏向以扩散化为主要特征的辐射状态。倪鹏飞等（2014）的研究表明人口或经济重心很可能是围绕中心城市（如省会）呈聚集和扩张交错进行的脉动性状。因此要一般性地判断 ρ、ρ_0 两者的变化关系是难以做到的。根据其他参数的取值情况，即使在 d 不变的前提下，我们仍不能知道 β 是否为常数以及如果不是常数的话它的变化趋势又是如何。但根据经验判断，β 的取值很可能在 1 附近（有待下面模拟结果的检验）。鉴于此，在模拟过程中，我们首先将按照 $\beta=1$ 来进行初步计算，再根据模拟计算的结果与实际统计值之间的差距，将 β 值作为对初步模拟结果进行微调修正的工具参数来使用。

2. 模拟结果

本研究选择的关键节点分为两类：第一类是中国大陆最重要的 36 个城市，

其中包括直辖市（4个）、省会（自治区首府）城市（27个）、非省会的副省级城市（5个），它们对全国的人口与经济分布具有非常重大的影响。第二类关键节点主要用于加大关键节点密度、提高模拟精度，在重点考虑空间分布等因素的前提下，从全国的地级行政单元中选取了53个地级市（地区、州、盟），保证除北京、上海、天津3个直辖市及宁夏回族自治区之外的其他省份中至少有2个及以上的关键节点，对于辖区面积大、内部地区差异大的省份适当增加关键节点数量，两类关键节点的总量为89个，兼顾了空间分布因素以及相对比较密集地在空间的分布（全部关键节点见表9-17）。

除了关键节点之外，我们还设定了相关控制节点作为辅助。控制节点分两类：第一类是插值区域的四角，按照中国版图所处经纬度，我们设定东经70度至140度、赤道至北纬60度之间的区域作为插值区域；第二类是看作人口与经济密度为0的点。根据经验，主要是从辽宁丹东出发沿反时针方向到广西西南部的内陆国界线，这一段国界线沿线区域地广人稀，近似设定为"无人区"参与辅助插值应该是大致符合现实的，此外在川藏交界处、藏疆青交界处基本也可以近似认为是"无人区"，两处各选择1个控制点。对所有的控制点，人口密度和经济密度原则上都可以设为0，但考虑到将使用负指数形式的密度替代变量参与计算，所以实际模拟时的密度值设定为10^{-10}，可以认为其近似等于0。

表9-17　　　　　　　　模拟插值中选取的关键节点

省份	关键节点	省份	关键节点
北京	北京	湖北	武汉、襄阳
天津	天津	湖南	长沙、张家界、郴州
河北	石家庄、秦皇岛	广东	广州、深圳
山西	太原、朔州	广西	南宁、桂林、北海、贵港
内蒙古	呼和浩特、呼伦贝尔、赤峰、锡林郭勒、巴彦淖尔	海南	海口、三亚
辽宁	沈阳、大连、丹东	重庆	重庆①、万州、黔江
吉林	长春、四平、松原	四川	成都、广元、宜宾、达州、雅安、阿坝、凉山
黑龙江	哈尔滨、齐齐哈尔、大庆、佳木斯	贵州	贵阳、遵义
上海	上海	云南	昆明、曲靖、丽江、红河、大理

① 重庆直辖市面积相当于一个中等省，选取的3个关键节点中，重庆节点按直辖前的老重庆口径处理以便与其他关键节点匹配，万州、黔江为市辖区。

续表

省份	关键节点	省份	关键节点
江苏	南京、连云港、盐城	西藏	拉萨、昌都、日喀则
浙江	杭州、宁波、温州	陕西	西安、安康
安徽	合肥、黄山	甘肃	兰州、嘉峪关、金昌、庆阳
福建	福州、厦门	青海	西宁、玉树、海西
江西	南昌、赣州	宁夏	银川
山东	济南、青岛、东营、烟台	新疆	乌鲁木齐、吐鲁番、哈密、巴音郭楞、和田
河南	郑州、安阳、信阳		

研究目标决定了我们希望使用的人口基础数据是常住人口数据，而非户籍人口数据。研究期选择从2005年开始，是因为2005年后全国的常住人口统计体系更加健全，即使不能直接获取地级行政单元的常住人口，但基于常住人口口径的其他相关指标（如人均地区生产总值等）也会更加符合我们研究的需要。

依据提出的指标尽量简单的原则，用于插值计算的指标主要是各节点的人口密度（每平方公里人口数）和经济密度（每平方公里增加值），用各年度《中国区域经济统计年鉴》中89个关键节点的常住人口和地区生产总值（GRP）数据除以其辖区面积得到人口密度与经济密度值。研究期各年的全国城镇化率指标、经济非农化（二三产业增加值比重）指标等可以通过各年的《中国统计年鉴》或国家统计局的"国家数据"网站（http://data.stats.gov.cn）获得。但需要说明的是，由于地方的人口数据加总并不等于全国人口总数，地方的GDP加总也不等于全国的国内生产总值（GDP），而我们使用的关键节点数据都是地方数据，所以这里的全国城镇化率指标、经济非农化指标使用的是中国大陆31个省区市相应指标直接加总计算的数值，以便与89个关键节点的数据口径更加匹配。

所有89个关键节点的经纬度数据通过国家测绘地理信息局的"天地图"网站（http://www.tianditu.cn）对相应节点进行手工取点获取。控制节点（主要是边界线）的经纬度坐标通过Matlab软件读入包含中国国界线信息的shp文件提取边界点经纬度坐标。

进一步的数据模拟可以通过插值区域及网格化精度设定。研究的对象区域设定为中国大陆的31个省区市（不含中国港澳台地区），因此将东经70度至140度、赤道至北纬60度之间的整个区域，按每1度经度及每1度纬度都等分为10个网格点的插值精度进行插值，网格化为700（东西方向）×600（南北方向）的数据点矩阵。

对插值结果，拟通过回算全国人口总量和经济总量并与实际统计值进行对比的方式进行正确性的验证。以此为基础，如果以赤道与北纬 5 度之间每个数据点所代表的 1 个小方格面积当量作为 1，可以计算出每 5 度之间的单个小方格的面积当量值（见表 9-15），并可以计算出 1 当量的面积大约相当于 125.99993 平方公里。

表 9-18　　　　　插值区域不同纬度东西距离及面积当量

西界点坐标		东界点坐标		纬线段长度/公里	长度平均/公里	面积当量
东经/度	北纬/度	东经/度	北纬/度			
70	60	140	60	3 710.45	3 993.39	0.51
70	55	140	55	4 276.34	4 546.53	0.58
70	50	140	50	4 816.73	5 071.96	0.65
70	45	140	45	5 327.19	5 565.10	0.72
70	40	140	40	5 803.01	6 021.16	0.77
70	35	140	35	6 239.31	6 435.20	0.83
70	30	140	30	6 631.08	6 802.22	0.87
70	25	140	25	6 973.35	7 117.32	0.92
70	20	140	20	7 261.29	7 375.89	0.95
70	15	140	15	7 490.49	7 573.83	0.97
70	10	140	10	7 657.17	7 707.79	0.99
70	5	140	5	7 758.41	7 775.39	1.00
70	0	140	0	7 792.37		

注："纬线段长度"根据球面距离算法计算，"长度平均"为每隔 5 个纬度的两条纬线段长度的平均值。

3. 数据考证

将选取的关键节点及控制节点的经纬度、人口密度、经济密度数据，按照上面设定的方法用 Matlab 软件的 griddata 函数分别进行人口与经济分布的线性插值运算（假定 $\beta = 1$），并根据模拟结果回算出全国总人口和 GDP 数据，与实际统计值进行对比。需要说明的是，由于口径和误差等因素影响，各地区数据之和与全国统计值并不完全相等，而关键节点数据都是地区数据，所以这里全国统计值（包括人口和 GDP）使用的是中国大陆 31 个省区市相应指标的直接加总值[①]。

从表 9-19、表 9-20 中可以看到模拟效果较好，通过 89 个关键节点数据在未对人口和生产总值进行其他限定的情况下，完全依据理论推导结论便可以得到

---

① 由于 2012 年后，特别是近三年中国各省地级市的行政地级关系变化较大，因此，为了数据的稳定性，年份选择了 2005～2012 年的样本数据。

与实际统计值总体吻合度非常高的结果。这表明本研究选择的节点以及模拟的方法设计总体上是较为符合中国大陆现实的。

这个初步模拟结果是在假定 $\beta=1$ 时得到的,因此也印证了本研究对 β 值可能在 1 附近的经验判断。并且无论是人口还是 GDP,模拟值与统计值的比率总体上似乎都呈递增的趋势(逐年的结果并非严格满足这一点,但从总体趋势上看是这样的)。其中,2009 年的人口与经济初步模拟结果基本上可以认为与统计值是完全相等的。

表 9-19　　　　　　全国人口模拟值与统计值比较

年份	人口统计值/亿元	人口模拟值/亿元	模拟值/统计值/%
2005	128 604.00	127 344.95	99.02
2006	129 523.00	128 015.72	98.84
2007	130 393.00	129 734.28	99.49
2008	131 434.00	131 403.36	99.98
2009	132 443.00	132 472.73	100.02
2010	133 385.00	139 069.16	104.26
2011	134 042.00	138 362.16	103.22
2012	134 789.00	140 032.01	103.89

注:表中人口统计值为 31 个省区市加总数据。

表 9-20　　　　　　全国 GDP 模拟值与统计值比较

年份	GDP 统计值/亿元	GDP 模拟值/亿元	模拟值/统计值/%
2005	199 228.10	191 482.47	96.11
2006	232 836.74	223 624.48	96.04
2007	279 737.86	268 393.44	95.94
2008	333 313.96	322 776.90	96.84
2009	365 303.69	365 806.97	100.14
2010	437 041.99	438 235.08	100.27
2011	521 441.11	514 320.38	98.63
2012	576 551.84	579 433.48	100.50

注:表中 GDP 统计值为 31 个省区市加总数据。

虽然初步模拟值与统计值之间吻合度较高,但两者之间仍有正负几个百分点的差距,且人口模拟值与统计值的比率相对经济(GDP)模拟值的该比率而言略高。为了更加准确地分析人口与经济分布情况，本研究认为仍有必要引入 β 值对初步模拟结果进行微调和修正，使模拟值与实际统计值的差距缩小到更充分的程度（可以认为二者完全相等），这里设定的标准是模拟值与统计值的比率在保留两位小数时为 100.00%。

由于没有 β 值的确切表达式，只能采取"摸着石头过河"的方式逐渐试验来得到使模拟值与统计值近似相等的 β 值，所幸初步模拟结果表明 β 确实处于 1 附近，使试验有大致范围可循。得到的结果如表 9 - 21 所示，β 值总体呈递增趋势。

根据式（9.3.3 - 3）可知，当控制住经济中心在某区位的吸引强度 E 不变（那么经济中心的密度 ρ_0 也就不变）且 λ 被设定为常数时，β 值递增意味着该区位的密度 ρ 值是递减的，即 ρ 相对于 ρ_0 在减小。也就是说，经济中心相对于受它影响的区域更呈集聚化趋势，这说明中国大陆在研究期内总体上是处在进一步集聚发展的趋势中。

表 9 - 21　　　　　　使模拟值与统计值完全相等的 β 值

年份	人口模拟 β 值	经济模拟 β 值
2005	0.9035	0.8748
2006	0.8882	0.8722
2007	0.9545	0.8683
2008	0.9975	0.8940
2009	1.0018	1.0005
2010	1.3135	1.0050
2011	1.2270	0.9520
2012	1.2730	1.0122

经过加入参数 β 微调后的模拟值已经可以视为与实际统计值完全一致。限于篇幅，这里不能一一给出研究期内每年的人口与经济分布图，其中，"胡焕庸线"（瑷珲—腾冲线）还是比较明显的，该线的东南面人口与经济相对密集分布，而其西北面则人口与经济密度都较低。还可以发现，经济的集聚程度总体上更大于人口集聚的程度，两者集聚程度的不一致意味着，相对于经济分布情况而言人口分布并不是完全均衡的。

按照上面提出的"人口分布均衡度"指标及估算方法，得到中国大陆2005~2012 年的人口分布均衡度见表 9 - 22。研究期内，经济分布基准下的人口分布均衡度提高了 5% 以上，从整体上看，正在持续变得更加均衡，这一结果回答了本研究提出的中国人口分布是否均衡的问题。

表 9 - 22　　　　　经济分布基准下的人口分布均衡度

年份	2005	2006	2007	2008	2009	2010	2011	2012
均衡度/%	76.06	76.04	77.45	77.85	77.66	80.41	81.64	81.41

但这个变化趋势是怎么产生的呢，是人口分布在不断向经济分布靠拢，或是相反？研究中单纯使用重心分析法有时可能会误导我们，但基于细化分布情况得到结论之后，用重心分析法从整体趋势上进行旁证却未尝不可，因为细化分布情况已经可以在很大程度上排除掉可能形成误导的因素。模拟得到的人口与经济分布情况，计算了 2005~2012 年中国大陆的人口重心和经济重心。重心点经、纬度计算方法分别见式（9.3.3-8）中的两个公式。

$$Lon_G = \sum_{i=1}^{n} Z_i Lon_i \bigg/ \sum_{i=1}^{n} Z_i ,\ Lat_G = \sum_{i=1}^{n} Z_i Lat_i \bigg/ \sum_{i=1}^{n} Z_i \qquad (9.3.3-8)$$

其中，Lon 代表经度，Lat 代表纬度，G 代表重心点，i 代表插值点，n 为插值点数量，Z 为插值点的人口数量或比重（计算人口重心时）、GRP 值或比重（计算经济重心时）。

模拟结果表明，人口重心大致位于湖北省东北部，在 2005~2010 年期间总体呈自西向东移动的趋势，但 2010 年以后开始反转向西移动（见图 9-20 及表 9-23）。而经济重心大致位于河南省东南部与湖北省交界地带，其中 2005~2009 年期间是向西北移动，2009 年后向西南移动（见图 9-21 及表 9-23）。人口重心和经济重心总体是相向移动的，两重心之间的距离变化呈缩小的趋势（见表 9-20），这也是相对经济分布而言人口分布正在趋于更加均衡的一个表征，对本研究认为的人口分布主要受经济集聚的影响而致使人口集聚的结果有趋于一致的佐证。

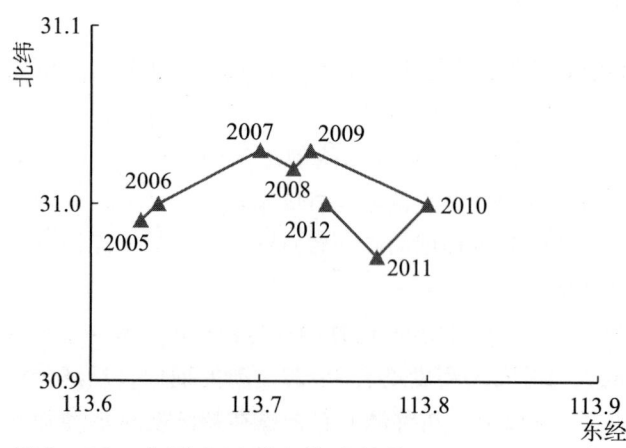

图 9-20　全国人口重心移动趋势（2005~2012 年）

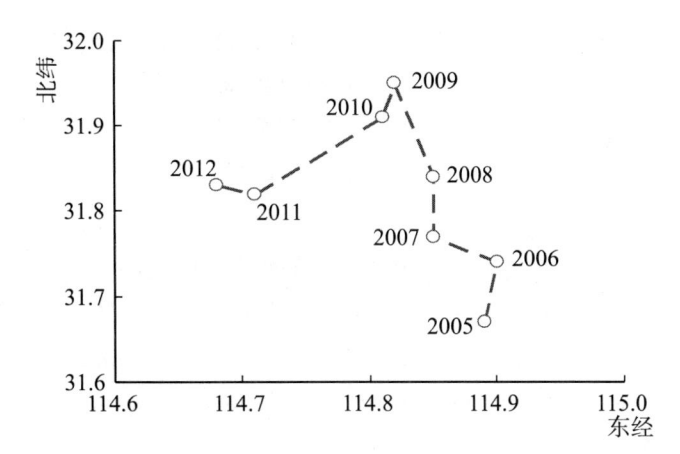

图 9-21　全国经济重心移动趋势（2005~2012 年）

表 9-23　　　　全国人口—经济重心距离变化（2005~2012 年）

年份	人口重心坐标		经济重心坐标		人口与经济重心距离/公里
	东经/度	北纬/度	东经/度	北纬/度	
2005	113.63	30.99	114.89	31.67	141.86
2006	113.64	31.00	114.90	31.74	145.39
2007	113.70	31.03	114.85	31.77	137.32
2008	113.72	31.02	114.85	31.84	140.58
2009	113.73	31.03	114.82	31.95	145.82
2010	113.80	31.00	114.81	31.91	139.03
2011	113.77	30.97	114.71	31.82	129.69
2012	113.74	31.00	114.68	31.83	128.28

注：人口与经济重心的距离根据球面距离算法计算。

模拟结果显示：

（1）β 值的变化特征表明研究期内中国大陆人口与经济都正处在集聚发展的趋势中，那么在集聚趋势没改变之前，应该通过不断完善交通等重大基础设施建设来降低物流时间和成本，按照全国主体功能区规划促进人口与经济向相对适宜地区集聚发展。

（2）促进人口与经济的集聚发展，总体方向上应该是引导欠发达地区的富余人口在市场力量的作用下自愿向临近经济集聚以引导人口流动的方向。

（3）表明中西部内陆地区的部分重点中心城市应成为未来集聚发展的承载区域，应结合新时期国家"一带一路"（*丝绸之路经济带和 21 世纪海上丝绸之路*）和长江经济带发展等倡议实施，适度扶持内陆部分重点中心城市及其周边的城市群,以此带动中西部地区协调发展和沿海—内陆对外开放联动格局的加快形成。

四、人口发展优化政策的模拟分析

以人口适度、人口结构、人口分布决定的人口发展的优化路径,聚焦于前三者由经济发展、收入分配及资源配置的制度供给的共同影响。受制于这些因素变化的地区,城乡收入差距导致人口发展在地区、城乡间的不均衡表现。以城镇化带动地区经济发展、人均收入变化及制度供给演变的人口发展载体,将综合了人口适度、人口结构、人口分布的动态变化特征及人口发展的均衡演进。

1. 参数设定

以 1978~2014 年(共 37 年)作为现实对照区间,设定一个 37 期(第 1~37 期)的数值模拟过程,以便与现实城市化演进进行对比。同时,大致以改革初期的人口城市化率、国内生产总值(GDP)、三次产业结构、城乡收入关系等实际统计数据为参照,进行相关变量和固定参数的赋值,使模拟的初始状态与改革初期现实经济的主要特征保持基本一致(配准)。其中,对 $t(n)$、$\rho_2(n)$ 和 $\rho_3(n)$ 等外生变量的赋值并不完全等同于这些变量所代表的理论含义在现实中的对应情况[①],这是由于理论模型具有高度抽象性,现实中很多没纳入模型的因素实际都在数值配准时融入相关外生变量的赋值中,但这不会对主体结论产生方向性的实质影响。其他各相关变量和固定参数的具体赋值详见表 9-24。按照前面模型的结论进行逐期推演,到第 37 期结束。为了使变化趋势具有连续性,模拟中允许工业企业数量 $N(n)$ 为非整数。

表 9-24　　　　改革至今(1978~2014 年)城市化演进
模拟中的固定参数和变量赋值

固定参数	赋值	固定参数	赋值	变量	赋值
F	200.0000	w_U	2.7000	$t_{(n)}$, $1 \leq n \leq 37$	$t_{(n)} = 1.15 - 0.02n$
A_M	10.0000	p_A	1.0000	$L_{3(0)}$	0.0000
σ	2.5000	L	22 000.0000	$e_{2(0)}$	1.0000
A_S	6.0000	L_2	4 000.0000	$\rho_{2(n)}$, $1 \leq n \leq 37$	0.0230
Q	350.0000	λ	80.0000	$\rho_{3(n)}$, $1 \leq n \leq 37$	0.0300
β	14.0000				

---

① 见《数量经济技术经济研究》2016.5"改革开放依赖的'中国式'城市化演进路径",尹虹潘、刘渝琳。

在固定参数和变量赋值上,第 1~37 期同表 9-25,从第 38 期开始对部分外生变量赋值进行调整(见表 9-25,未调整的不列出),以便更好呈现两种长期均衡的演进路径。

表 9-25　　　　　未来城市化演进(第 38 期及以后)
情景模拟中的外生变量赋值

外生变量	未来情景一赋值	未来情景二赋值
$\rho_{2(n)}$, $n \geqslant 38$	0.0010	0.0010
$\rho_{3(n)}$, $n \geqslant 38$	0.0300	$\rho_{3(n)} = \begin{cases} 0.2 + 0.06(n-38), & \text{当 } 0.2 + 0.06(n-38) < 1 \text{ 时} \\ 1.0000, & \text{当 } 0.2 + 0.06(n-38) \geqslant 1 \text{ 时} \end{cases}$
$t_{(n)} = t_{(37)}$, $n \geqslant 38$	0.4100	0.4100

在过程设定上,未来情景一(对应长期均衡一)的模拟,到农民工回流条件出现时终止;未来情景二(对应长期均衡二)的模拟,到市民工资/农民工初始个体工资(图中标记为"市民/农民工初始")、农民工初始个体工资/农民工资(图中标记为"农民工初始/农民")两个比值首次双双低于 1.05 时终止。

2. 模拟结果

主要指标的模拟结果与统计数据对比见图 9-22~图 9-25,每个图中的(a)根据统计数据绘制,(b)为模拟结果图。统计数据显示出较多波动,模拟结果较为平滑,两者具体数值并不一定完全相等,但长期变化趋势高度吻合。总体来看,模拟结果更像是统计数据滤除周期波动和短期影响因素后的长期趋势线,可以认为本研究模型和理论分析对改革至今的城市化演进推进人口均衡发展具有较好解释力。

(1)人口城市化率与产业非农化率差距逐渐缩小。到 2014 年全国城市化率已上升为 54.77%,图 9-22 中模拟结果与统计数据的变化趋势一致。改革之初的产业非农化率远高于城市化率,这是由改革以前长期的重化工业优先发展战略与城乡人口流动限制共同决定的,但这在改革之后逐步得到改变,产业非农化率仍在提高,但提高的速度低于城市化率,二者逐渐趋于收敛。背后隐藏的深层次规律是人口分布与经济分布的内在匹配机制,人口城市化率体现人口的城乡分布,产业非农化率体现经济的城乡分布,当两个分布格局出现较大偏离时意味着城乡之间在人均意义上差距较大,这种发展差距成为农村富余人口由乡到城转移就业的原因,由此对相互偏离的人口与经济分布进行纠偏,并构成了改革以来中国城市化推动人口发展演进的重要动力来源。

(a) 现实发展

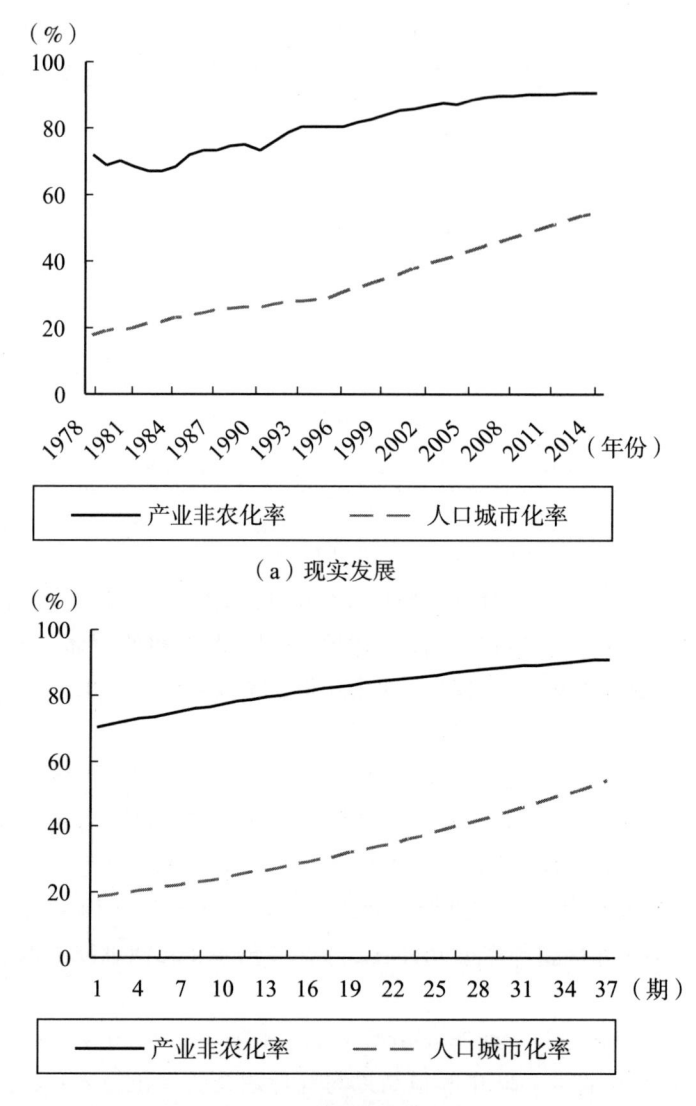

(b) 模型模拟

图 9-22 产业非农化率与人口城市化率变化（改革至今）

资料来源：(a) 图数据来自国家统计局"国家数据"数据库（网址为 http://data.stats.gov.cn，下同）；(b) 图为本研究对改革至今的数值模拟结果。

（2）伴随城市化进程的经济增长。在对比统计数据和模拟结果时，以模型中的农业、工业、服务业分别对应现实经济中第一产业、第二产业、第三产业（相关各图中分别简化标记为"一产""二产""三产"）。由于现实中的国内生产总值（GDP）计量单位与本研究模型不同，并且为了简化分析而设定农产品产量和价格都长期不变，这里选择以模型中的农业增加值 22 000 为基准，对统计数据进行了标准化计算,以便与模拟结果具有可比性。具体标准化计算方式为,首先将 1978~2014 年各年第一产业增加值的相对值均设定为 22 000,再用各年 GDP 统计值除以第一产业增加值得到相应的倍率,然后用该倍率乘以 22 000 得到各年 GDP 的相对值。这个 GDP 相对值是无量纲的,且计价基准与模型中的设定相同,因此可以进行比较(见图 9-23)。

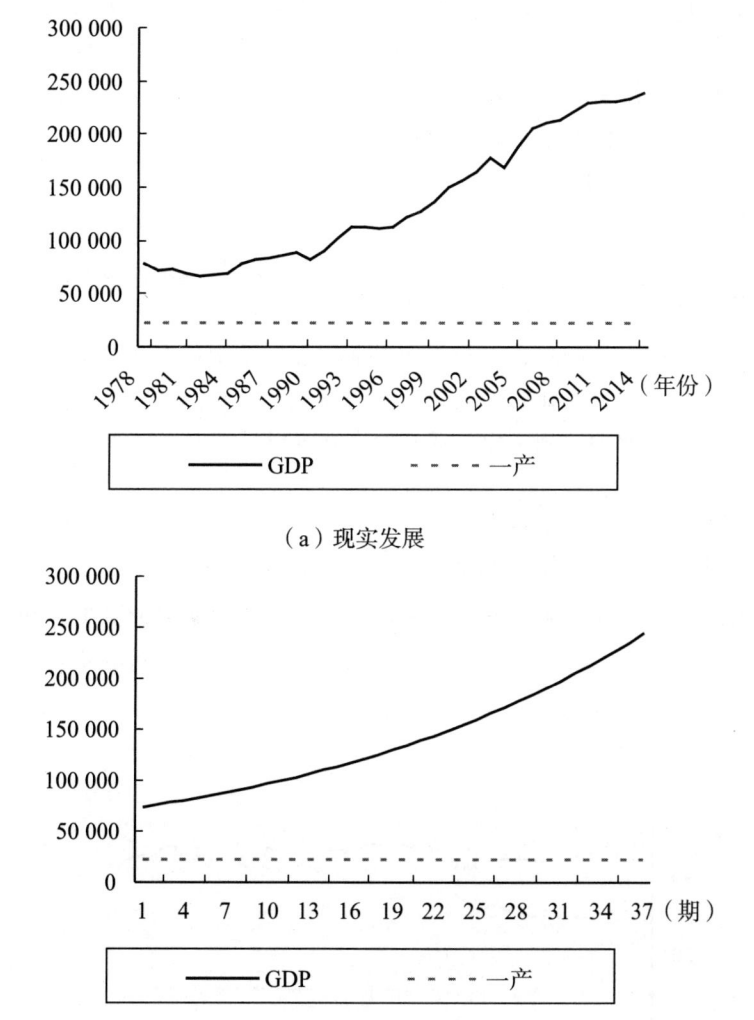

(a)现实发展

(b)模型模拟

图 9-23 经济总量变化(改革至今)

资料来源:(a)图数据根据国家统计局"国家数据"整理计算;(b)图为本研究对改革至今的数值模拟结果。

正如众多现有研究成果指出的那样,城市化直接或间接地促进了中国经济增长，统计数据和本研究的模拟结果都一致地显示了这一点，经济总量随着城市化演进不断增加。模型中的经济增长动力主要有两方面：一是人口结构变化，城乡就业结构的变化带来非农就业人口增长，从而带动人口适度与人口分布的演进；就业结构变化引致农村户籍人口（包括农民工和农民）工资增长，对人口质量的提升有积极效应。二是技术进步，特别是生产效率提高增加了劳动力有效当量，从而提升了人口适度的水平；而生产效率提高带来的劳动力工资增长又为提升人口适度水平提高了可能。上述两方面因素中，人口适度、人口结构以及人口分布的变化是城市化直接引致的，农民工生产效率提高也是伴随城市化演进出现的，市民生产效率提高在模型中是外生给定的。

（3）三次产业结构演变。统计数据和模拟结果均一致地显示了改革至今的全国产业结构变迁历程（见图9-24）。改革开放后不久（20世纪80年代前半期），在第二产业快速发展的带动下，成就了改革以来工业化与城市化相互促进的一个快速发展期。在此基础上，随着第二产业发展到一定阶段，经济系统对第三产业形成越来越大的需求，而与三次产业增加值结构演变相呼应，就业结构也呈现出类似变化特征，农业就业人口一直趋于减少，在非农产业中，首先是第二产业就业人口持续增加，到一定阶段后第三产业就业人口超过第二产业，提升人口适度水平的同时，也推动了人口分布向经济集聚的演进过程。

（4）城乡收入及总体福利差距变化。这里采用城乡收入比（市民收入/农民收入）作为衡量城乡收入差距的指标，主要体现城乡相对收入差距。模拟结果反映出改革以来很长一个时期城乡收入比持续扩大，直到近年来才开始出现下降迹

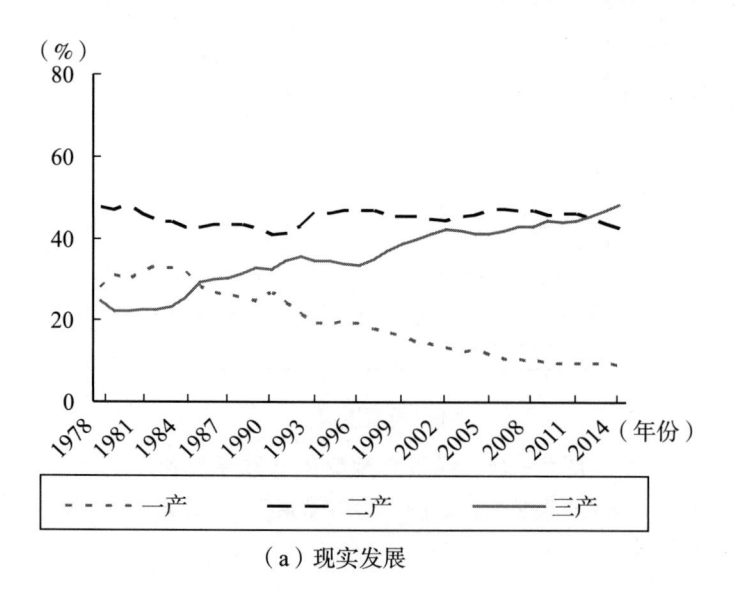

(a) 现实发展

（%）
80

60

40

20

0
　1　　4　　7　　10　13　16　19　22　25　28　31　34　37（期）

------ 一产　　　—— 二产　　　——— 三产

（b）模型模拟

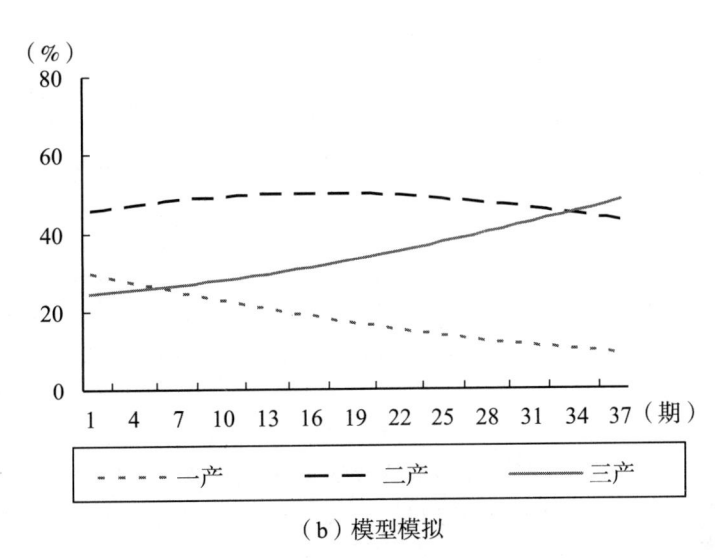

图9-24　产业结构变化（改革至今）

资料来源：（a）图数据来自国家统计局"国家数据"数据库；（b）图为本研究对改革至今的数值模拟结果。

象。这意味着城乡收入比在城市化进程中整体呈倒"U"形变化趋势。本研究对其的理论解释是，政府在财力有限的情况下选择了根据城乡的不同收入水平（代表了所处的不同需求层次）进行差异化的公共产品供给，这些在效用函数中作为重要组成部分的元素都是与收入水平挂钩的。那么，倒"U"形城乡收入比的变化趋势表明，以效用来衡量的城乡人口总体福利差距同样会随着城乡收入差距的缩小而缩小。事实上，伴随着改革以来的城市化水平不断提高，农村恩格尔系数不断降低；而政府在财力不断增强的同时，也为农民和农民工提供了越来越多的基本公共服务、基本社会保障等各种公共产品。

（a）现实发展

（b）模型模拟

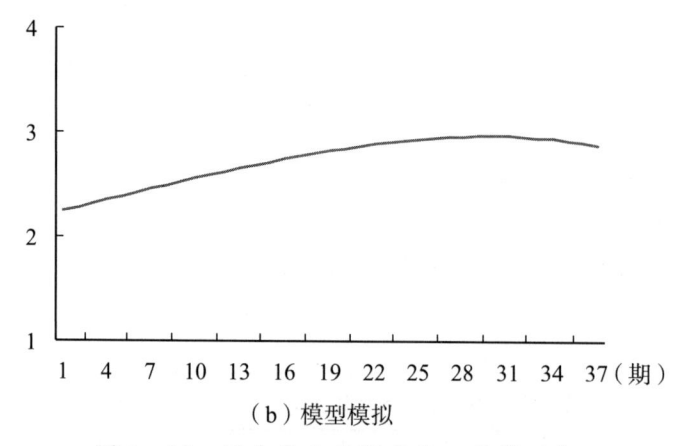

图 9-25　城乡收入差距变化（改革至今）

资料来源：（a）图数据根据国家统计局"国家数据"整理计算；（b）图为本研究对改革至今的数值模拟结果。

3. 数据考证

Genuine 第 38 期的两种情景模拟的对比见图 9-26～图 9-29，每个图中（a）为未来情景一的模拟，（b）为未来情景二的模拟，每条曲线上小圆圈标记出了第 37 期（对应 2014 年）的位置。本研究已对两种长期均衡进行了理论分析，这里只对模拟结果进行简要介绍。图 9-26 清晰显示了两种长期均衡状态的不同实现条件，当农民工初始个体工资—农民工资更快形成交叉时将走向长期均衡一，而当市民工资—农民工初始个体工资更快收敛时则走向长期均衡二。

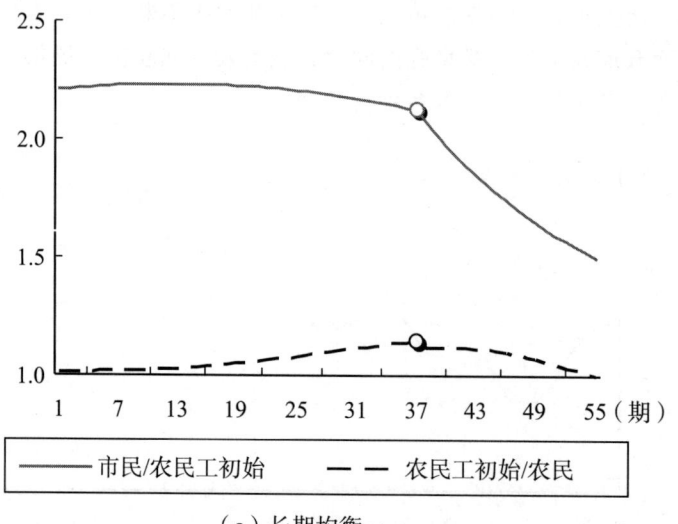

（a）长期均衡一

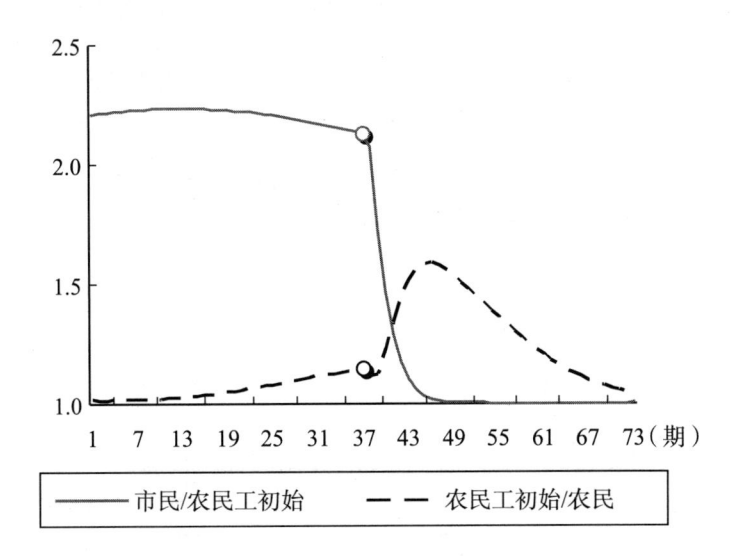

（b）长期均衡二

图 9-26　实现不同长期均衡的条件（未来情景）

资料来源：（a）图为本研究对未来情景一的数值模拟结果；（b）图为对未来情景二的数值模拟结果。

图 9-27～图 9-29 分别显示了两条演进路径带来的各种发展绩效差异，其中通往长期均衡二的演进路径可以实现各方面的更大发展。（1）图 9-27 显示出长期均衡二的人口城市化水平将会更高，与产业非农化率更加接近（此时二者的差距是由于模型中设定只向非农产业部门征税引起的），表明城乡的经济分布与人口分布更加协调，非农产业发展与城市发展水平更加匹配。（2）图 9-28 显示出长期均衡二的经济总量更大，意味着更高发展水平，虽然经济总量均呈"S"形变化轨迹（计算增长速度可知均呈倒"U"形趋势），但无疑沿着长期均衡状态二的路径在"S"形轨迹中段的增长绩效更好。（3）图 9-29 显示出长期均衡二的最终产业结构更加高级，第三产业增加值在 GDP 中所占比重更高，并且这是在经济总量更大前提下的结构高级化，第二产业增加值的绝对体量也仍然是很大的，以此标志着人口数量向人口质量的演进过程，人口适度的提升得到推进。

本研究按照将城市化普遍规律与中国特殊因素相结合的思路，在部分借鉴新经济地理分析框架基础上，建立了一个城市化发展为支撑的人口发展路径，按照"农村富余人口向城市转移就业→农民工收入提高→农地流转促进农业规模经营→农民收入提高→缩小与市民收入差距→增加人口质量的投资→推进人口生育市场化的进程→优化人口结构→引导农村就近城镇化→调整经济集聚的人口分布的集聚过程"的动力链进行传导，模拟了传导过程的可行性及路径依赖关系。

(a) 长期均衡一

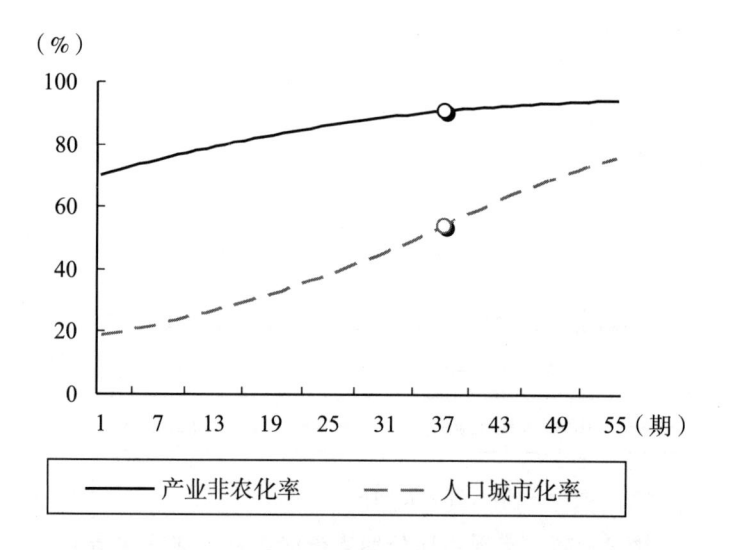

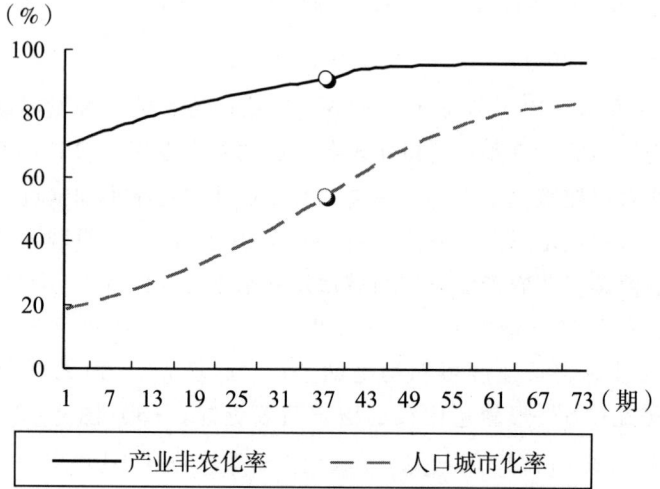

(b) 长期均衡二

图 9-27 产业非农化率与人口城市化率变化（未来情景）

资料来源：(a) 图为本研究对未来情景一的数值模拟结果；(b) 图为对未来情景二的数值模拟结果。

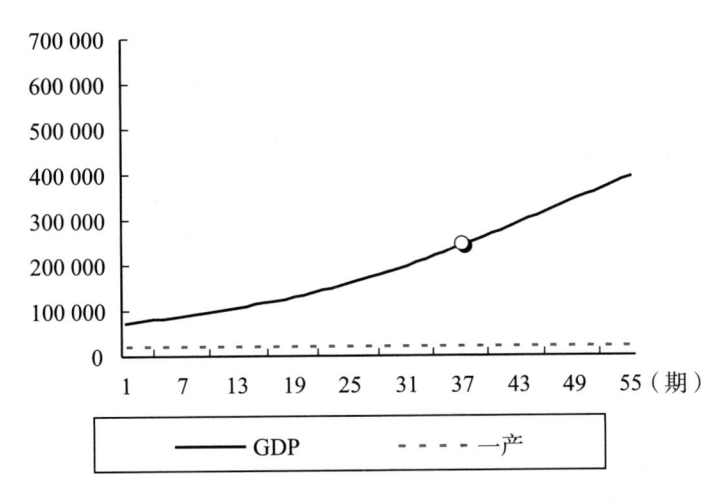

(a）长期均衡一

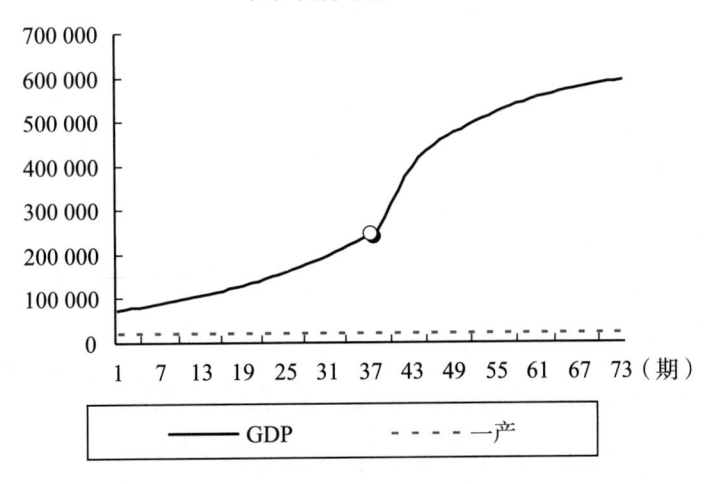

(b）长期均衡二

图 9-28　经济总量变化（未来情景）

资料来源：（a）图为本研究对未来情景一的数值模拟结果；（b）图为对未来情景二的数值模拟结果。

模拟结果表明：（1）城市化直接或间接促进了中国经济总量增长和产业结构演变；（2）当前中国正处于城市化和经济增长各自的"S"形轨迹中段，城市化依然是维持一定经济增速和推动人口发展均衡的有效动力；（3）农村就近城镇化过程对人口集聚的合理分布有较大影响；演进动力是城乡差距下为追求更高收入水平而发生的城乡人口转移，演进轨迹符合城市化"S"形曲线的普遍趋势性特征；发展绩效包括促进经济增长和产业结构次第演变以推动人口发展的演进路径等。

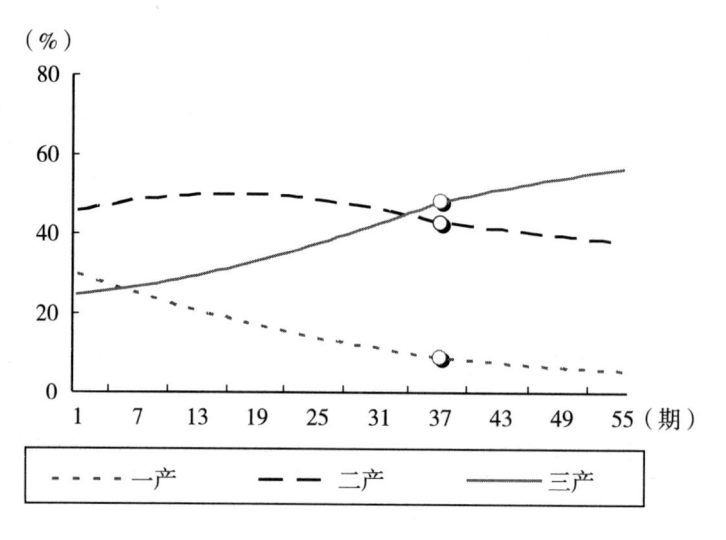

（a）长期均衡一

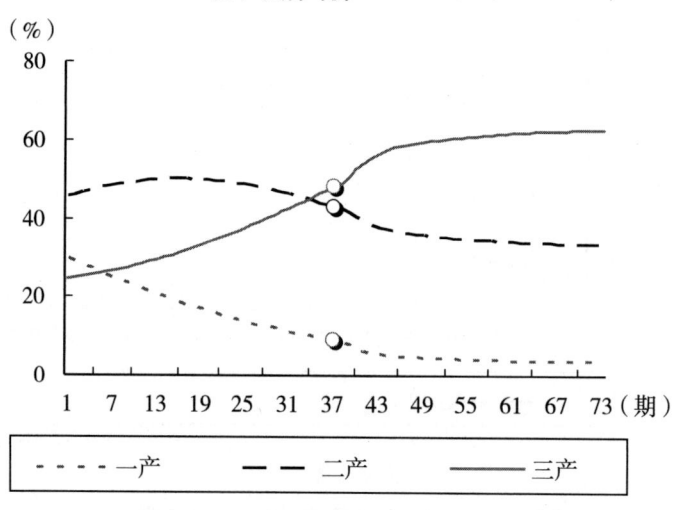

（b）长期均衡二

图 9-29　三次产业结构变化（未来情景）

资料来源：(a) 图为本研究对未来情景一的数值模拟结果；(b) 图为对未来情景二的数值模拟结果。

第四节　本章小结

本章在总结第八章实证检验基础上，基于人口适度、人口结构、人口分布失衡的表现及原因，在内生经济增长模型、博弈理论等基础上构建人口均衡的路径传导与优化机制，研究发现：人口内部均衡与人口外部均衡的有机结合与协调发展主要受制于经济发展、收入水平、制度因素的供给及效率，基于此，通过影响人口适度、人口结构、人口分布、人口发展的诸多因素，提炼出经济发展、收入分配、制度供给在优化模拟中的数据考证，不仅验证了优化路径的可行性，更佐证了人口内外均衡的互动依赖关系。

第十章

建设人口均衡型社会的政策梳理与政策设计

本章基于人口均衡型社会的理论机理与实证检验，梳理人口均衡型社会相关制度、文件的基础上，将经济、社会、资源、环境与制度外生变量下的约束条件引入人口内部均衡的政策体系中。政策的核心是制度，实施的关键是政府。因此，政策的制定在本质上就是通过制度设计使人口与经济、社会、资源、环境的关系达到均衡状态。因此，本章以现有的相关政策为依据，以建立激励与约束条件为基础，以政策建议为根本，以强化政策路径依赖为突破口，构建支撑人口均衡型社会的政策思路与设计路径。

第一节 建设人口均衡型社会的政策设计思路

本研究在总结了现有人口均衡相关政策的基础上，基于人口均衡综合评价指标体系构建和分析，针对人口内部均衡与人口外部均衡两大板块不协调的原因，以提升人口均衡水平的可持续发展为目标，构建了"激励+约束"的政策体系和优化路径。根据国家转型时期的人口、经济、社会的指导思想，以人口均衡综合评价指标体系为依据，在人口质量提升、人口规模适度、人口结构改善、人口分布合理与产业结构调整、社会保障制度完善、生态环境优化互动发展思路基础上，与"促增长、调结构、保民生、重质量"结合起来导向其人口均衡条件及政策制定，构建人口均衡型社会的政策支持体系。

一、弹性政策的定位与定义

政策的制定在本质上就是通过制度设计使人口均衡的关系和功能达到理想状态。为此，本研究将针对第九章所揭示的问题及原因，以提升人口均衡水平的可持续发展为目标，以政府、企业、个人行为为重点，以制度设计为手段，从人口、市场、边际、制度四个方面，结合人口均衡优化路径，以保障制度为支撑，以建立激励与约束条件为基础，以强化动态与激励双重功能为突破口的人口均衡政策路径，展开本研究形成的研究思路。

弹性政策是以动态约束为前提的，动态预算约束是根据折中硬预算约束[①]与软预算约束提出的（Justin Yifu Lin，2002）。所谓的"软预算约束"（Soft Budget Constraint），是指当一个经济实体遇到财务上的困境时，获得外部资助得以继续生存的一种经济现象[②]。但是软预算约束具有明显的两面性。一方面可以通过向弱势群体贷款或补偿的方式，增强个体对投资导向、人口结构、就业结构、产业结构调整、环境变化的抵御能力；另一方面软预算约束必然导致其公共政策的道德风险问题（Moral Hazard），从而导致资源的配置不合理以及严重的浪费（国锋，2004）。为了有效避免硬预算约束与软预算约束产生的弊端，针对东、中、西部的区域差异性，本研究设计动态预算约束的弹性制度思想，即在不同区域国家政策变量（指国家在投资政策、税收政策、产业政策、社会保障制度等方面的投资或补贴）随着市场因素、人口结构差异、边际贡献因素、制度因素等变化而变化，政策设计力图兼顾公平性、效率性、避免外部性（Kazuo，Nishimura，1995）。同时，本研究认为建设人口均衡型社会弹性政策设计应该具备四大特点：动态性、激励性、外部性和可持续性。

二、建设人口均衡型社会的弹性政策设计的特征

1. 动态性分析

目前，中国经济转型时期对人口均衡型社会提出了新的要求。人口外部均衡

[①] 所谓"硬预算约束"是指经济实体的一切活动都以自身拥有的资源约束为限，不存在补贴与优惠。
[②] 这一概念是科尔奈（Kornai）于1979年提出的，是相对于传统意义上的"硬预算约束"。软预算约束的形成至少有两个主体：一个是预算约束体，是指那些以自有资源为限的前提下，如果收不抵支，产生赤字，在没有外部资助的情况下不能继续存在的实体；另一个是支持体，是指那些可以直接转嫁资源来救助陷入困境的预算约束体的实体（Justin Yifu Lin & Zhiyun Li，2003）（Li, Daikui，1992）。

带来的生产要素、产业结构、收入分配、环境变化、社会保障等相关变量的边际产出弹性变化,从而导致对人口均衡型社会综合评价的差异。一方面,根据对优化路径的研究,基于人口适度、人口结构、人口分布等指标参数与产业结构、环境变化、社会保障、收入分配变化等人口外部结构偏离的视角,揭示了人口内部均衡与人口外部均衡动态变化的重要性;另一方面,原有人口均衡政策大都是静态的,难以适应新形势下人口均衡型社会的动态变化。因此设计具有动态性特征的政策体系将有可能保证对经济变化的适应性,如表 10-1 所示。

表 10-1　　　　　　　人口均衡政策设计的动态性特征

影响因素	动态机理	具体措施
人口因素	经济增长水平与经济结构变化在区域表现上的差异性及不同时期的变化凸显对人口适度、人口结构与人口分布影响在时空的不同表现与动态趋势特征	厘清政府的产业政策、公共财政政策、社会保障政策等对人口均衡区域影响的贡献
市场因素	地区经济发展水平、生产要素以及资源禀赋、资源消耗与环境治理效率的地区差异表现出市场壁垒的制度障碍,资源与生产要素的市场配置将对人口适度、人口分布与人口结构在地区间的变化,反映了人口外部均衡促进人口内部均衡的路径表达	强化产业政策、环境保护政策、新型城镇化投资政策等对人口内部均衡的合理引导
边际因素	社会保障、社会服务、公共投入在地区间的不同边际贡献表现出对人口适度与人口分布在时空上的差异性以及对人口数量、人口质量与人口流动影响具有不一致性	强调社会保障政策、生育政策、户籍制度改革对人口均衡效应的数量表现与质量提升的均衡影响
制度因素	政府投资政策、收入分配政策以及公共财政支出在区域与时间上的差异性特征,体现了人口内部均衡在时间上和空间上的不平衡,形成非均衡发展模式下的自我强化力量	完善产业政策、社会保障政策、要素分配政策、教育投资政策等对建设人口均衡型社会的推进,公平人口均衡的制度供给

从表 10-1 中看出,每项因素的影响都是在动态变动趋势基础上,不拘泥于时点结论,为我国人口均衡的长远发展提出了思考方向。

2. 激励性分析

目前我国对建设人口均衡型社会实施的是"一刀切"政策,即在投资、税收、产业政策、门槛准入、生育政策等方面的无区域差异性,虽然体现了政策形式上的公平性，但由于地区之间在经济、社会、资源与环境表现上的时空差异，导致政策实施的效率与政策实施的初衷偏离，甚至扭曲政策的实施而带来负面效应。因此，在经济转型时期，对不同地区注入一定弹性的政策投入，可能对区域间的人口均衡产生一定的激励作用。本研究所建立的优化路径的分析结果为当前调整生育政策、户籍制度改革、社会保障政策完善等提供了可以参考的依据。对不同地区实施影响人口外部均衡的政策差异将对人口内部均衡变化产生不同的影响，因此采用"激励+弹性政策"取代"一刀切"政策，该政策的基本含义是指对影响人口外部均衡的产业政策、户籍制度、社会保障、公共投资政策等实施东部人口向西部流动的激励导向，激励人口质量投资的医疗保险政策、教育投资政策的区域弹性导向，激励人口生育政策的市场化导向等构建系列政策体系，如图10-1所示。

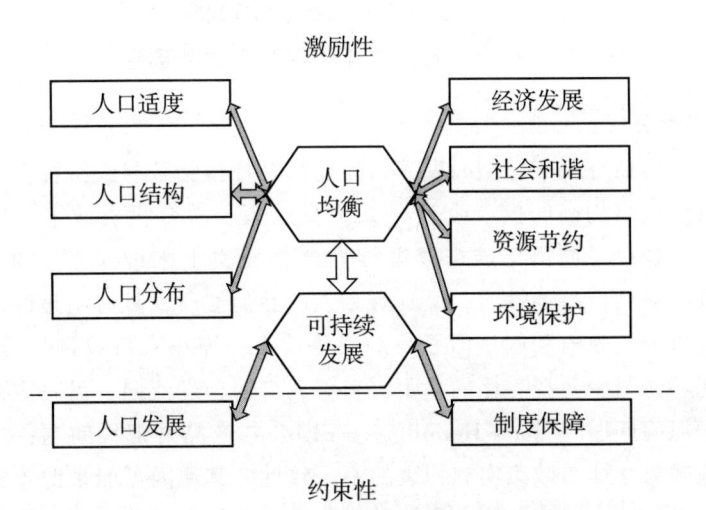

图10-1 人口均衡弹性政策激励性

根据总体的设计路径，其具体框架为：

基于人口内部均衡与人口外部均衡的不一致性，人口数量的扩张与人口质量提升的矛盾、老年抚养比与少儿抚养比的结构失衡、东中西部人口分布的集聚差异特征是我国在经济社会发展、资源环境改变、政策导向扭曲过程中的内生结果，导致反映综合效应概念的人口均衡水平在时间与空间上的不平衡回报。在此基本判断下，经济转型时期要采取激励性与约束性结合的政策引导以平衡人口均衡在区域间的表现，政府必须把激励效率摆在头等重要的地位。因为这个时期经济发展水平不高和法制的不完善决定了单靠政府的强制执行很难促使地区、企业积极遵循政府导向。人口均衡弹性政策体系正是秉承了现实基础与客观条件的特点，其四项影响因素均以人口均衡为核心，以人口内外均衡协调发展为目标，以人口外部均衡为途径实施的激励行为与约束行为的政策路径设计如图 10-2 所示。

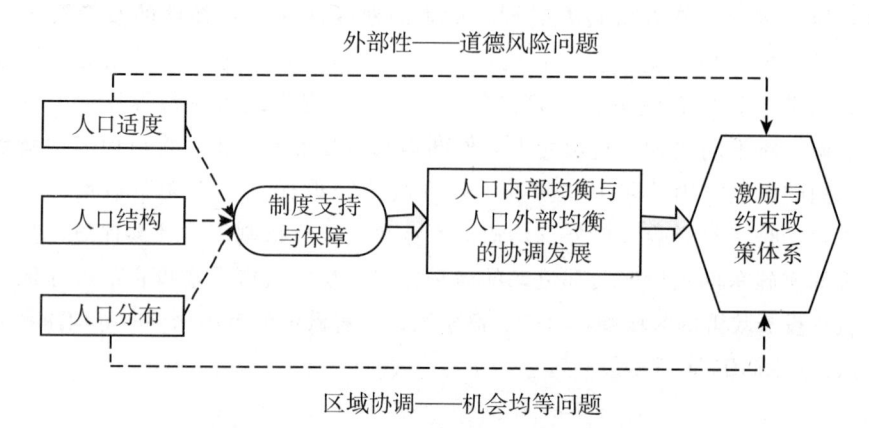

图 10-2 人口均衡弹性政策的外部性

3. 外部性分析

本书将着力研究基于转型时期人口均衡综合评价指数与经济社会可持续发展的理论机理；人口均衡的投入政策（如生育政策、教育投资政策、社会保障政策、基础设施建设、城镇化推进政策等）严格意义上来说属于"准公共产品"范畴，既具有公共产品的性质，又具有私人产品的性质，具有明显的两面性。一方面，它可以通过政府和区域激励、约束等政策，缩小人口数量与质量的矛盾；改善老年抚养比与少儿抚养比的差距；引导人口的合理流向；另一方面，政策实施中的道德风险问题（Moral Hazard）——即公共产品外部性问题：这就是为什么政策实施效果往往与政策实施初衷的不一致性。其原因可能来源于推动人口均衡型社会建设的社会保障政策、户籍政策、产业政策、公共投资政策与政府绩效考评体制之间关系的严重扭曲，由于以上人口均衡政策选择的绩效评价趋向在产业结构和就业结构、城镇化与城乡结构间的严重失衡，使其人口内部均衡变化与人口外部均衡不能匹配，可能带来人口失衡。特别是急功近利的考评体制使地方政府在产业发展、城镇化建设、环境改善的同时还普遍倾向于短期利益获得而忽视了人口均衡的长期影响，不可避免地导致社会资源配置不合理以及严重的浪费；缩小地区之间的教育投资、社会保障支出差距的关键在于考虑地区之间的边际效应贡献差异才能提高制度效率，也才能减少政策投入产生的外部负效应。

如何防范外部性的道德危机？正如提到的"激励+约束政策"的实施过程中，必须解决两个关键性问题：一是如何选择，本研究构建的评价指标体系对人口均衡的各种效应进行综合评价的方式，已经为相关部门推进人口均衡提供了参考；二是激励与约束的方式，本研究出于分析问题的简便性，在建立优化机制的过程中为了鼓励或限制人口流动有许多政策工具可以使用，除了补贴和税收以外，衔接区域社会保障制度、公平市场准入等都可以直接对人口均衡的推进产生积极效应。另外，正如命题9.4指出的地区经济差距、人口流动成本与预期收入是影响人口分布的主要原因，对落后地区采取激励政策促进就近城镇化的实现无疑是一个可行的选择。

如图10-2可以看到，单靠国家政府提供税收补贴优惠政策，将导致外部性，引发道德风险；单靠地方政府支付优惠成本，又将面临市场出清问题，导致地区间的不公平；因此，需要考虑人口适度、人口结构、人口分布的协调与互动才能推进人口均衡型社会的建设，从而完成激励与约束为导向的弹性政策体系的优化路径。

4. 可持续分析

对影响我国人口均衡型社会建设的政策分析，目的是揭示影响人口均衡的深层次原因以更好地推动人口均衡型社会的建设。对此，本研究将分别从人口因素、市场因素、边际因素、制度因素四个方面进行政策设计，为政策制度创新做一些尝试性的工作。因此，本研究设计的建设人口均衡型社会的弹性制度模式不仅具有动态性、激励性、外部性，而且更加注重其可持续发展，如图10-3所示。

（1）正如命题9.5提出的收入差距是影响人口内部均衡的主要原因，主导市场公平配置资源的制度设计是引导人口均衡的路径依赖。因此，人口均衡型社会建设拟通过经济、社会、资源、环境约束下的人口适度、人口结构、人口分布、人口发展分析人口内部均衡与人口外部均衡的差异，确定了以人口内部均衡为核心，人口外部均衡为约束条件的路径依赖，激励地方政府预防人口均衡政策中的外部负效应的产生；因此，该政策体系强调"激励+约束"的行为与人口均衡综合效应评价的初衷是一致的。

（2）人口均衡弹性政策体系将通过理论分析与实证检验，摒弃"一刀切"的政策模式，考虑国家、地方、个人三方的利益关系，真正使人口均衡的国家导向与地方实际需求结合起来。

（3）人口均衡选择所考虑的人口因素、市场因素、边际因素、制度因素的最优配置，不仅考虑了各地区经济发展水平、产业结构现状、生产要素变化等现实问题，更设计了国家的产业导向、区域可持续发展的人口均衡选择问题。

（4）人口均衡将通过动态规划下的弹性分析，在"调结构、重动态、加激励、促公平、均人口"的路径指引下，构建人口均衡的动态性、激励性以及防止外部性特征的政策体系，促进人口内部均衡与人口外部均衡的协调发展，为推进人口均衡型社会的建设提供政策思考（如图10-3所示）。

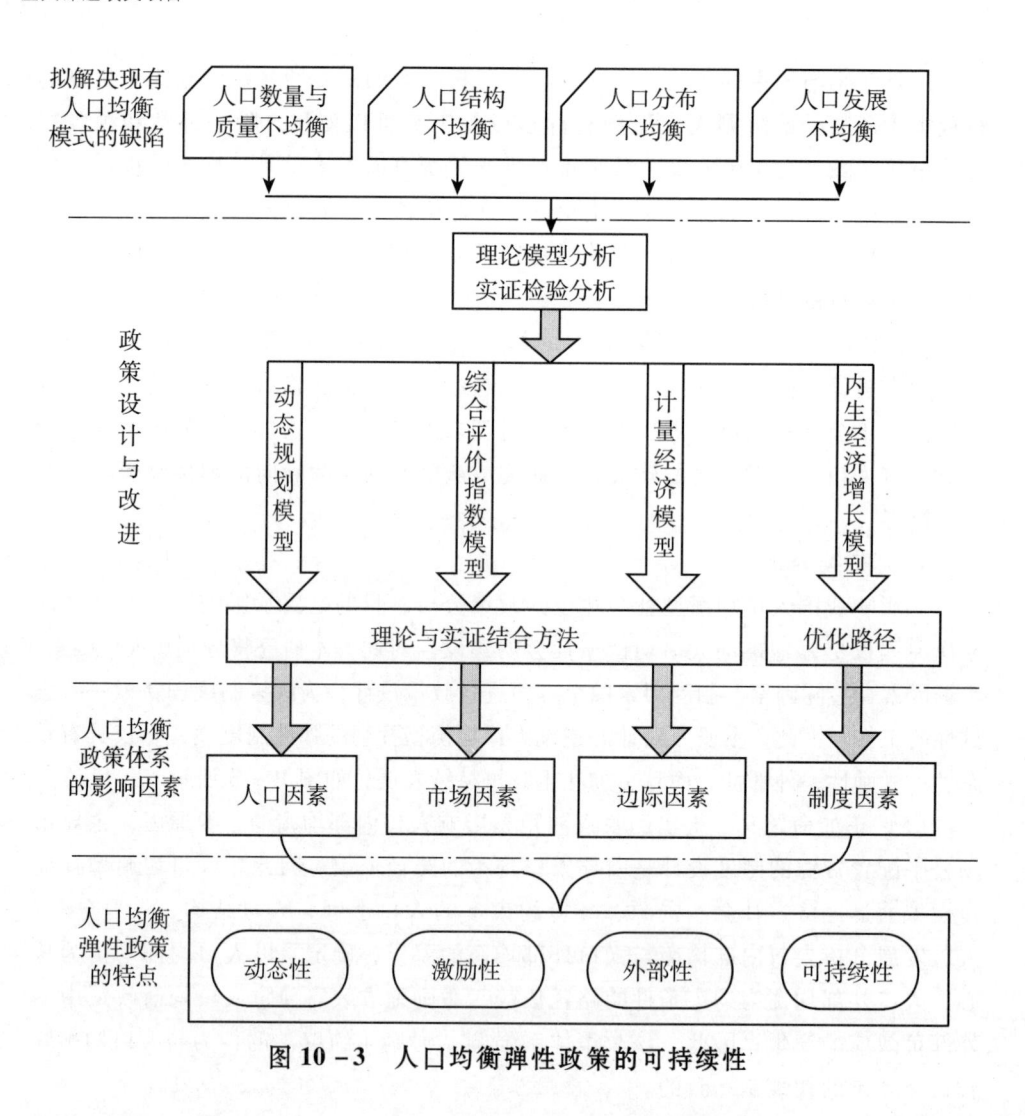

图 10-3 人口均衡弹性政策的可持续性

第二节 建设人口均衡型社会弹性政策体系的设想

政策是指标体系评价的实现形式和外在表现，政策的有效性取决于指标体系的合理性。转型时期设计我国人口均衡型社会弹性政策体系，不仅应该遵循以命题 9.6 提出的推进人口发展的关键在于公平资源配置与机会均等的制度供给为参考依据，使人口内部均衡与人口外部均衡的有机结合能够实现最佳的政策意图，最重要的就是建立科学合理的优化路径与实施政策。依据本研究优化路径的理论框架，建设人口均衡型社会弹性政策设计将遵循以下基本原则。

（1）为适应本研究以"调结构、重动态、加激励、促公平、均人口"为建设人口均衡型社会的指导原则，满足国家经济社会可持续发展的需要，将人口内部均衡与人口外部均衡纳入政策体系。通过调整产业政策、完善社会保障政策、实施环境保护政策、优化生育政策、公平社会福利政策等推进二者之间的协调发展，只有协调二者之间的关系才能推进人口均衡型社会的建设。

（2）转型时期针对人口数量与人口质量的不协调，坚持人口数量向人口质量的转变，设计人口质量提升的投入条件，实施弹性原则。一方面，考虑地区差异基础上的教育、公共投资的边际贡献；另一方面，坚持有所为、有所不为的思想，使不"一刀切"的政策体系更具有针对性。

（3）针对人口结构与分布的不合理性，人口均衡的弹性政策必须考虑国家产业政策、就业政策、环境保护政策、社会保障政策的前瞻性与可行性。一方面，实施人口均衡政策的多层次性；另一方面，促进人口均衡政策实施的可行性。

因此，本研究人口均衡弹性政策体系基于以下两个基本前提。

（1）建立全国统一的人口均衡型社会评价指标体系作为判断国家人口均衡与区域人口均衡的标准及程度。以人口适度替代传统的适度人口作为判断人口数量与人口质量统一的标准。

（2）转型时期建立"动态性、激励性、外部性、可持续性"特征的人口均衡型社会弹性政策体系。现行政策的无针对性、静态性、统一性特征显然不符合区域差异对推进人口均衡的需求。本研究对人口均衡型社会弹性制度的设计旨在使人口均衡具有针对性、政策体现激励与约束的有机结合以防范政策的外部性，使人口均衡的导向政策能够真正落到实处。

一是按照"调结构、重动态、加激励、促公平、均人口"的原则，制定实施人口均衡型社会的评价指标体系。人口内部均衡与人口外部均衡政策存在互动功能。研究结果体现了建设人口均衡型社会应该有的正确态度，即一种"激励＋约束"的弹性思维，以人口内外均衡的互动发展作为人口均衡的依据；

二是根据东、中、西部地区的经济水平与现实基础，设计有针对性的区域人口均衡政策并逐渐实施全国统一的政策体系；对人口均衡建设中所产生的外部负效应不能完全归于地方政府的急功近利，主要原因是缺乏针对区域人口均衡建设的优化路径。制度经济学的研究表明，制度的供给是受到约束的，几乎任何能带来预期收益的制度变迁都需要支付转制成本。事实上由于转型时期人口均衡型社会建设所体现的"动态性、激励性、外部性、可持续性"特征，人口均衡建设必须在人口因素、市场因素、边际因素、制度因素的综合考虑基础上，在人口内部均衡与人口外部均衡的协调中做出优化判断，在此基础上进行制度安排与政策选择，因此在总的政策体系引导下，人口均衡政策不能"一刀切"，必须因时因地设计人口均衡区域差异的弹性政策，以保证人口均衡的区域性与国家整体性的协调发展。

三是在人口均衡优化路径下，结合人口均衡评价指标体系及理论机理与优化路径，构建人口内部均衡与人口外部均衡协调发展的政策体系，推动建设人口均衡型社会的进程。

正是在中国目前处于经济转型、结构调整、人口变迁、区域差异的背景下，本研究通过对以往人口均衡实施政策的梳理与分析，结合新时期下的人口均衡的政策需求，本研究提出了"调结构、重动态、加激励、促公平、均人口"的弹性政策体系。总体而言：

1. 政策取向目标应该是系统化推进人口内部与人口外部全局均衡

本研究认为人口均衡分为内部均衡与外部均衡，其中人口内部均衡包括人口适度（人口数量与人口质量）、人口结构与人口分布均衡，人口外部均衡包括经济、社会、资源、环境与制度等外部因素与人口发展之间的均衡关系。实证分析表明，人口内部各种均衡之间、外部各种均衡之间、内部均衡与外部均衡之间都是相互关联、相互影响、相互依赖的，存在错综复杂的相互影响网络机制。因此人口长期均衡发展的目标，应该是内外各个方面的全局均衡，而不能只是部分领域的局部均衡，否则某一方面的失衡将会继续影响、改变甚至重新打破已经形成的各方面局部均衡。

基于上述的整体研究判断，本研究认为如果按照"头痛医头、脚痛医脚"的方式，孤立推动某些单一方面的均衡发展，可能会存在政策实施成本较高、效果不佳、难以持续等一系列的问题，甚至不同方面的政策之间还可能存在相互抵消的矛盾，无法从根本上完全解决人口发展中的各种不均衡的问题。因此，本研究主张从系统化的视角出发，联动实施促进内外各领域均衡的政策，从而协同实现内部与外部各个方面的全局均衡。只有全局均衡，才是真正意义上的人口长期均衡发展。

2. 政策切入路径应该调控人口外部因素与人口内在规律的协同发展

在遵循系统化推进全局均衡的思路下，可以有不同的政策切入路径选择，既可以从内部均衡入手关联带动外部均衡，也可以从外部均衡入手影响内部均衡，或者同时从内部外部两端着力，具体选择什么样的政策切入路径需要立足现实。根据实证分析的相关结论，我国人口发展的现实是，从长期来看所有人口发展指数的变动在相当大的程度上是由其自身影响和决定的，表明人口内部发展存在自身的内在规律；同时，实证分析也发现人口发展指数对经济、社会、资源、环境、制度等因素的影响都有不同程度的响应和反馈机制。

适宜的政策切入路径是在遵循人口发展自身内在规律的同时，加强对外部因素影响的科学调节，从而形成内外协调发展机制。具体来说，遵循内在规律意味着政策取向是减少不合理的干预和人为扭曲，让内在规律在引导人口发展中发挥重要的基础性作用；调控外部因素意味着政策取向是积极作为，对人口发展的外部环境进行改造和优化，将不适应内部规律的外部因素改变过来，形成内外协同的局面。

3. 政策顶层设计应该基于各个领域关联传导机制网络

系统化推进人口发展的全局均衡，涉及内部和外部等不同领域的人口均衡发展政策，因此必须进行科学的政策顶层设计，目的在于保证政策体系覆盖领域的完整性、增强各领域具体政策之间的协同性，使相关政策能够发挥出"1+1>2"的系统合力。因此，政策顶层设计的基础是厘清人口内部均衡、外部均衡各个领域之间的关联传导机制网络。根据本研究对人口均衡的传导路径分析得出的结论，相关政策设计应包含以下的机制。

首先，外部因素调控机制。资源和环境构成了人口发展的基本载体条件。人口不能生活在恶劣的自然环境中，也离不开对资源的合理利用，人口发展既要依赖于资源和环境的支持，也可以改造载体条件，但不能超过资源和环境的承载能力，否则人口发展就会受到资源和环境的限制。因此，人口活动强度与资源环境的承载能力必须匹配，并且这种匹配不应该是抽象的，更应该在人口具体活动的每个区域上得到体现，因此这关系到人口活动区域和人口活动强度的科学选择。

经济发展是人口发展中满足自身需求的手段。在基本载体条件下，人口凭借自身能力参与到经济发展中，并通过发展经济来满足自身需求，改善自身福利水平，具有生产者与消费者的双重身份。经济增长通过减少物质短缺促进人口适度增长，又会在发展到一定水平后通过较高的生活成本来抑制人口过快增长。经济结构升级能更好地满足人口的更高层次需求，也倒逼人口质量的不断提高以适应经济结构升级的需要。

社会发展为人口发展提供了完善的保障体系。经济发展创造的财富为社会发展奠定了基础，社会服务又为人口发展提供了健康服务、能力培养、基础设施等配套支撑，提高了人口的质量，增强了人口作为经济发展中生产者的能力。同时，社会保障立足公平正义，缩小发展差距，降低基尼系数，特别是促进了发展机会的公平，使人口内部发展更加和谐。

在政策取向上，总体应该是资源环境领域政策的制定立足于尊重自然与科学；经济发展领域的政策主要通过效率优先的刺激机制发挥作用，社会发展领域的政策应该通过兼顾公平的共享机制来促进人口均衡发展目标的实现。

其次，内在均衡调节机制。人口发展存在自身的内部调节机制。在一定的资源环境条件和经济社会发展水平下，人口发展有着内生的决定机制，不同的出生率、新生人口性别的自然演化决定机制、人口寿命因素等不仅决定了人口数量与质量的人口结构，也通过世代更替内生地决定了人口的年龄与性别等人口结构。与此同时，相应的人口数量和质量也决定了人类生产力水平，从而间接决定了生产关系和生产组织形式（包括分工），而这些因素又反过来影响人口的数量和质量。

人口流动及其带来的人口分布变化是对外部约束的一种适应性调节机制。资源和环境的发展促进经济社会发展与人口发展相互影响和制约，对此必须遵循相关规律，但不是完全被动接受，人口通过流动及再分布来对外部制约因素进行主动的适应性调节。某些区域的资源环境条件更好、经济社会发展水平更高，人口就会流入并集聚在这些区域，反之人口就会离开这些区域。在此过程中将形成一种人均意义上的资源环境条件与经济社会发展水平的均衡。

在政策取向上，对人口发展的内部均衡规律应该积极遵循人口发展的自然规律，减少不合理的人为干预和扭曲，对人口流动及其再分布应该扫清障碍、完善保障以便更好发挥其对外部约束的适应性调节作用，从内外两个方面共同促进人口内部外部的全局均衡发展。

第三节　本章小结

本章在人口均衡评价指标体系的基础上，基于人口均衡优化路径的选择与模拟对政策体系设计提供启示：人口均衡型社会的政策体系思路以"调结构、重动态、加激励、促公平、均人口"为指导原则，使人口外部均衡约束下的人口内部均衡的实现与人口内外均衡协调发展的思想相吻合，基于此，构建"激励+约束政策"替代原有的"'一刀切'政策"的政策体系是具有"动态性、激励性、外部性、可持续性"特征的人口均衡弹性政策的主要思路，是区域人口均衡与总体人口均衡协调发展的路径选择。

第十一章

研究结论与政策运用

人口均衡型社会的建设是一个庞大而复杂的系统,本研究从多维视角进行该问题的研究,不仅从"可持续发展"理论与内生经济增长理论中得到启示,还通过建立"人口均衡型社会"指标体系,对我国"人口外部均衡"和"人口内部均衡"以及"人口均衡型社会"进行评价,揭示出基于经济社会资源环境与人口适度、人口结构、人口分布及以此决定的人口发展的时空检验对推进人口均衡型社会有着重要的理论与现实意义。在总结整个研究基础上,得到实现人口均衡型社会应该遵循的制度安排与政策运用。

第一节 研究结论

(1)以 TF-IDF 建模技术、OOA 提起指标方法和组合赋权法为基础构建的人口均衡型社会评价指标体系,包括人口发展水平、经济发展水平、社会和谐程度、资源节约程度、环境友好程度、制度保障力度六个方面的内容。

①人口均衡型社会评价指标体系应能充分反映人口内部均衡和人口外部均衡的程度和相互依赖的路径关系。

②人口内部均衡的衡量指数必须反映人口适度(包括人口数量、人口质量两个方面)、人口结构、人口分布等不同权重对人口发展内部均衡的影响。人口外部均衡的衡量指数通过经济发展水平、社会和谐程度、资源节约程度、环境友好

程度、制度支持力度等不同权重对人口外部均衡的影响。

③借助 TF-IDF 建模方法进行指标的筛选,利用 OOA 分析方法进行指标的提取,建立主观和客观相结合的人口均衡型社会评价指标体系,避免指标选择的随意性,使其能够反映人口均衡型社会六个方面的研究内容。

(2) 以层次分析、独立权系数法、变异系数法结合的组合赋权法构造的人口均衡型社会评价指数反映了人口内部均衡与人口外部均衡不同权重对人口均衡型社会的影响。

①指标权重的确定几乎都有一定主观随意性,使其研究结论的科学性受到质疑。如果采用规范的权重设置方法以及科学的技术手段的综合应用,加之不同方法的比较选取,可能会使研究结论更加让人信服。

②通过层次分析法、独立权系数法、变异系数法三种方法结合进行指标权重的组合赋权,刻画出一个无量纲的反映人口均衡型社会的综合评价指数。同时,本书借鉴灰色关联序与综合指数结果的排序平均误差长度进行指标体系的有效性检验,验证所建立指标体系的合理性,为评价我国的人口均衡型社会提供科学依据。

(3) 以综合指数作为判断人口均衡型社会的标准既有理论依据又有实证支持。

①实证结果显示只注重人口内部均衡或人口外部均衡的观念是片面的,人口发展对人口均衡的影响并非最显著,因此从两方面的角度全面考察人口均衡型社会的综合评价是十分必要的。

②根据内生经济增长理论与多目标动态规划的理论分析,结果揭示了通过六种基本效应来建设人口均衡型社会是可行的;人口不均衡的根本原因是人口适度、人口结构与人口分布的地区差异性与人口外部均衡的不一致性。要判断人口是否均衡就必须将人口内部均衡与人口外部均衡产生的各种效应综合起来加以评价。

③基于人口外部均衡约束下的人口内部均衡或单方面反映"人口均衡"的一般思路,将其拓展为人口外部均衡与人口内部均衡互为依赖与约束的人口均衡型社会综合指数的新路径是从制度安排角度分析人口均衡型社会的一个新的切入点,运用多种效应综合的综合评价指数较之一般的依靠单方面评价人口均衡的范式更具有现实性与科学性。

(4) 人口均衡型社会建设过程中六个方面的有机协调必须以科学的指标体系、评价方法和保障制度为条件。

①借助 TF-IDF 建模方法进行指标的筛选以及 OOA 进行指标的提取,建立主观和客观相结合的避免指标选择随意性的指标体系,反映人口均衡型社会六个方面的研究内容,克服了指标设计中的随意性与主观性,为科学合理地评价人口

均衡型社会奠定了基础。

②以人口均衡型社会评价指标体系作为人口均衡型社会评价的载体，在层次分析法、独立权系数法、变异系数法三种方法结合进行组合赋权确定的指标权重基础上构造的综合指标指数，不仅能凸显人口内部均衡与外部均衡的相互依赖关系，而且使之能客观合理地衡量人口均衡型社会水平，从而设计行之有效的政策，推进人口均衡型社会的建设。

③在人口均衡型社会评价指标体系构建的基础上，制度保障的建立为人口均衡型社会的建设提供了制度保证。制度设计既是影响人口均衡型社会的逻辑起点，同时又是推进人口均衡型社会建设的实现基础。当然，保障制度会随着宏观形势的变化而变化，但无论怎样变化，评价指标体系的衡量与保障制度对人口均衡型社会建设过程中六个方面的有机协调都将起到十分重要的作用。

④在人口均衡型社会建设各个方面的有机协调发展过程中，制度完善是政府职能、市场机制以及利益集团共同作用的结果。

（5）人口均衡型社会的建设是人口发展、经济发展、社会和谐、资源节约、环境友好、制度完善等协调的理想状态及其实现过程。

①建设人口均衡型社会应该是人口发展、经济、社会、资源、环境等方面的结合和协调。在衡量人口均衡型社会的过程中，起重要作用的制度设计贯穿在对人口内部均衡与人口外部均衡的衡量中，其性质与功能决定了应该采取的保障机制与制度模式。

②人口均衡型社会建设的六个方面的有机协调发展，从"理想状态"上看是开放系统中的保障制度与人口发展在人口均衡模式下，经济、社会、资源、环境配合适当的良性循环态势。在逻辑上，客观存在一个受经济发展、社会和谐要求、资源环境约束以及制度、效应、结构变化影响的人口内部均衡与外部均衡配置的理想状态比例。在社会要求、经济约束、资源、环境优化给定条件下，协调发展的实现取决于保障制度、政策设计的有效性与科学性。

③建设人口均衡型社会的六个方面的有机协调从"实现过程"上看是一个不断受外部因素影响，内部多目标相交织、矛盾复杂、多层次相交叉、需要支付成本、多任务博弈的系统运动过程，需要从资源配置、医疗、养老保险、公共产品到制度创新管理。协调的基础是市场经济条件下，人口发展过程中的成本与收益的比较，核心在于制度与政策的有效实施，关键是政府行为与市场行为的协调。

（6）理论与实证分析揭示出人口内部均衡与人口外部均衡存在互动依赖关系。

①人口均衡分为人口内部均衡与人口外部均衡，人口内部均衡体现了人口数量、人口质量、人口结构与人口分布的内容，人口外部均衡受经济、社会、资

源、环境与制度的制约与发展。

②本研究关于人口适度的界定是对传统适度人口理论的拓展与深化。人口适度与经济增长、社会保障、社会服务、资源消耗之间有显著依赖与制约关系；人口结构的优化受制于经济结构变动、社会保障完善、资源消耗、环境治理与制度供给等外部均衡条件；经济增长、经济结构、社会服务对人口分布有显著影响，决定了人口的流动趋势。

③反映人口内部均衡的人口发展指数更加受制于经济发展、社会服务、资源环境变化的外部均衡的状态与结构，因此，人口内部均衡与人口外部均衡的相互依赖与制约关系存在理论上的逻辑性与实践上的可行性。

（7）人口内部均衡与人口外部均衡的互动与协调发展是建设人口均衡型社会过程中二者相互促进达成的最优供求均衡。

①人口适度、人口结构、人口分布决定的人口发展无不受到经济发展、社会保障、资源环境供给的人口外部均衡的支撑与约束。而经济、社会、资源、环境的可持续发展更依赖于人口发展的水平和结构均衡。

②人口均衡型社会的建设正是通过支撑人口均衡制度体系的优化以推进人口内部均衡与人口外部均衡的协调发展。制度保障体系的优化取决于经济社会的发展、资源环境的约束、利益主体的博弈等。

③制度保障体系的完善可以在一定程度上优化社会保障制度与社会服务体系，缩小区域及城乡之间的经济与资源配置的差距，为人口适度与人口分布的优化提供制度支持与物质基础；促进人口数量与人口质量的协调，合理有序地推进人口城镇化的进程与区域流动，促进人口分布的均衡。

（8）实证结果揭示了人口外部均衡和内部均衡对人口均衡型社会的影响存在区域差异。

①实证研究结果显示人口均衡指数呈现自东向西递减趋势，这主要受到人口内部均衡与人口外部均衡的影响。同时人口均衡型社会的推进也呈现出东部聚集现象。中西部地区在人口适度、人口结构与经济、社会环境表现上的劣势以及资源配置中的政策制度不完善导致了人口均衡的区域差异性，更加剧了地区人口发展的不平衡性。

②反映人口内部均衡的人口适度指数东部要高于中部和西部地区；人口结构指数呈东北向西南递减趋势；而人口分布指数由东西向中部地区逐渐降低。同时，我国各省的人口发展指数从东部沿海向中西部地区逐渐降低，表明其人口内部均衡主要还是受到人口适度、人口结构与人口分布的影响，呈现出一定的区域性特征。

③反映人口外部均衡的经济增长指数呈现东、中、西部递减态势；而社会和

谐指数却刚好相反；资源与环境指数对人口均衡的贡献呈现区域不确定性特征，而制度完善指数对人口均衡贡献最佳的仍属于东部地区。

（9）影响人口内部均衡的人口适度、人口结构、人口分布与经济、社会、资源、环境及制度体系的外部均衡存在区域上的差异性和时间上的不一致性。

①人口内部均衡与人口外部均衡不一致并不是偶然的现象，其原因在于人口数量与人口质量的背离，以及人口结构与经济发展水平的不一致，少儿抚养比下降与老年抚养比上升的这一特征是我国在政策扭曲、经济数量扩张过程中的内生结果，导致反映人口均衡型社会的综合指数在人口内部均衡与人口外部均衡间的不平衡，因此要以衡量标准的改变为突破口，从理论上拓展人口均衡的内涵与外延。

②经济发展水平的提高为什么没有伴随相应的社会和谐的提升？同样可能来源于推动经济增长的社会保障制度与社会服务的失衡，人口流动与人口结构的变迁无不伴随着教育、医疗、公共财政支出等社会保障的投入与公共服务与基础设施的完善，在区域间的差异导致的严重失衡，使其人口内部结构变化与人口外部均衡约束不能匹配可能带来的人口的不均衡发展。

③与经济结构变迁相比，社会保障制度与社会服务水平变迁不仅在影响人口适度、人口结构与人口分布的主体、路径和动机不同，区域之间不相协调，而且在时间上滞后，在主体结构、供求结构和分配结构上失衡，相互影响上不对称。

（10）人口内部均衡与人口外部均衡关系不相协调源于人口适度失衡与经济增长、社会保障、资源消耗和制度扭曲的共同制约。

①人口自然增长率、人口受教育程度以及人口健康医疗保障水平的共同作用决定了人口适度的水平与结构。

②人口数量与人口质量的失衡具有时间上的不一致性与空间上的区域差异性。户籍制度、生育政策效果以及社会保障制度的区域差异导致的人口生育数量与经济发展水平相背离，使人口质量与人口数量的不协调，不仅体现在对人口质量提升的教育、医疗卫生保健等的投入呈东中西部递减的差异性特征，而且更体现在城乡人口数量与人口质量的不均衡。

③地区之间的经济发展水平、资源配置程度以及生育政策与保障制度的约束对人口适度的影响存在区域差异，从而导致人口适度在区域之间的不均衡分布。

④人口适度的失衡与我国二元经济条件下所决定的二元社会结构及二元制度结构是分不开的。我国教育、医疗、养老等社会保障制度的构建是一个在不健全的保障制度的初始条件下，受制于我国经济资源失衡与城乡差距的特殊性，以及准公共产品制度不成熟制约和利益集团驱动下的路径依赖过程。

（11）人口内部均衡与人口外部均衡关系不相协调也源于人口结构失衡与经济社会不均衡发展和制度扭曲的共同制约。

①少儿抚养比、老年抚养比、人口城镇化率等多个指标变量的共同作用与影响决定了人口结构的水平与均衡。

②经济增长在东部地区的突出表现提升了东部地区的人口城镇化率，同时增加的人力资本投资在一定程度上降低了少儿抚养比，但老年抚养比的上升加剧了东部地区人口结构失衡，致使人口结构不均呈现东中西部递减。

③经济发展水平、社会保障以及资源消耗与生育政策等制度供给的约束对人口结构的影响具有时间与空间上的差异性而导致人口结构在时间与区域之间的不均衡分布。

④人口结构的失衡与我国社会保障制度、生育政策引导下所决定的少儿抚养比与老年抚养比结构失衡是分不开的。增大社会保障、公共服务的投入对人口结构优化有显著影响。

（12）人口内部均衡与人口外部均衡关系不相协调也源于人口分布失衡与经济发展水平、社会服务、资源消耗和制度扭曲的共同制约。

①人口净迁移率、适龄人口就业率以及人口产业承载力程度的共同作用与影响决定了人口分布的水平与均衡。

②地区之间的经济发展与社会服务水平、资源配置程度以及城乡户籍制度的约束使人口集聚存在空间分布的差异性特征而导致人口分布在区域之间的失衡。

③二元劳动力市场的存在，加剧了农村人口与城镇居民在职业和所有制上的分割，表现出城乡收入占比、人口产业承载力以及失业率等方面的二元性特征。目前大量剩余劳动力向城市的迁移以及相应的社会保障制度的缺失是人口分布不均的原因所在。

④地区经济差距、人口流动成本与预期收入是影响人口分布的主要原因，户籍制度约束导致人口预期收益降低也加重了人口分布的不均衡。

（13）我国人口内部均衡与人口外部均衡协调发展模式具有实现机理一致性和实现形态多样性的特点。

①人口均衡在人口适度、人口结构、人口分布以及经济发展、社会和谐、资源节约、环境友好、制度保障等方面的表现体现了人口内部均衡与人口外部均衡的具体内容。而人口均衡型社会的建设正是通过人口内部均衡与人口外部均衡的有机配合，才能实现人口均衡型社会供求关系的均衡。

②人口内部均衡的提升可以在一定程度上增加国民产出与收入、拉动就业、改善资源配置、优化生态环境等；人口外部均衡对提升人口适度、改善人口结构、合理分布人口等有积极作用。人口内部均衡指数与人口外部均衡指数的提升

有利于人口均衡型社会的推进。

③人口内部均衡与人口外部均衡协调发展的内容包括：提升人口适度水平、优化人口结构、合理引导人口分布、完善保障制度的目标、原则、手段、前提和要求。

④人口内部均衡与人口外部均衡协调发展模式的总体框架受协调发展机理决定，具有一致性，其形态取决于具体目标、约束条件、激励手段的最优组合。

⑤人口内部均衡与人口外部均衡协调发展机制的构造或探索过程具有一致性，有特殊性但也有规律可循。

第二节　政策运用

（1）重视我国人口均衡型社会评价指标体系的完善与应用。

①构建人口均衡型社会指标评价体系的落脚点在于对其的应用与推广。政府权威部门和专家对指标体系的内容及评价进行充分论证，能保持指标体系的相对稳定性和持续性，有利于对我国人口均衡型社会的总体把握和动态评价。

②保证人口均衡型社会评价指标体系符合人口内部均衡与人口外部均衡的总体思想，同时也符合国际指标体系的评价标准。人口均衡型社会指标体系的设置应该具有人口、资源、环境可持续发展的共性和人口内外均衡相结合的特点，并力求与国际上可持续指标体系的评价内容一致以有利于人口均衡的横向比较。

③构筑的人口均衡型指标体系的内容应体现经济、资源、环境的可持续发展和"以人为本"相结合的科学发展观思想。人口内部均衡的提升，有利于社会整体福祉的改善。

（2）加强TF-IDF自动提取关键词OOA建模技术、组合赋权与灰色关联序方法在人口均衡评价中的应用与操作。

①借助软件开发中面向对象的建模方法，把特别复杂而困难的问题细化分解后找出原始数据背后的规律，并能有效地将系统需求映射到模型结构上去。指标体系需要描述的是通过各项指标来反映人口内部均衡与人口外部均衡的现状及其变化，这正符合建设人口均衡型社会复杂体系的目的。

②人口均衡型社会的评价主要体现在指标体系的选择与权重的确定两方面。采用TF-IDF自动提取关键词与OOA提取指标类方法主要是为了克服传统指标选择随意性的弊端；采用层次分析法、独立权系数法、变异系数法结合的组合赋

权法主要是对指标体系评价中的主观与客观权重的处理。这两大难题的突破不仅在本研究中有所尝试,更需要不断的完善与应用。

③通过灰色关联序与综合指数结果的排序平均误差长度进行指标体系的验证,保障了人口均衡型社会指标体系的合理性与可操作性。

④为了弱化人为因素,采用TF-IDF自动提取关键词对各指标间未知关系进行系统辨识,这不仅是本研究的一次尝试,也是使研究结果能够得到的技术支持,并希望得到进一步推广与完善。

(3) 构建人口管理大部制,强化我国人口内部均衡与人口外部均衡互动发展的制度功能。

①强化人口内部均衡的保障制度功能,确立现代保障制度观念与意识,以现代制度意识指导人口内部均衡的实现过程。在反映人口内部均衡的保障制度中,由于社会保障制度、户籍制度、教育卫生医疗制度、生育制度等是人口内部均衡提升的空间载体和物质保证,社会保障作为影响人口适度、人口结构、人口分布的重要因子,既是手段,又是目的。因此,加大对社会保障准公共产品的投入及社会统筹,既可以促使社会、经济与环境的可持续发展,又可以为人口内部均衡的建设营造良好的社会环境。

②解除阻碍人口均衡的外部约束。第一,前提约束:制定强有力的措施,根据各地区经济社会发展程度、社会保障体系建设进程差异,采取异质性政策推进社会保障全覆盖,避免公共产品外部性,克服统一保障体系简单复制的障碍及西部一些地区保障体系的供给缺口等问题,促进公共福利资源在不同群体和不同项目之间合理分配,使社会保障制度真正与区域人口生活水平实际结合;第二,市场约束:推进生育政策行政化向市场化的转变,以市场的成本与收益决定社会的人口供求水平,探索人口生育符合人口周期规律的人口适度的发展;第三,机制约束:无论是社会服务与资源的公共产品性质,还是社会保障制度等系列制度体系的运行机构一定是以人口内部均衡的提升为目标、符合市场运行规律、能够按照市场机制运行的代表政府职能的管理机构。构建人口管理大部制,统筹解决人口问题,将"人口计生委"改组为"人口委员会",增加"统筹协调和解决人口问题"职责,强化人口委员会在统筹解决人口数量、素质、结构、分布问题,统筹人口与经济、社会协调发展,统筹人口与资源、环境可持续发展,统筹人口相关政策以及制度的建立和完善等方面的作用,从根本上改变目前处理人口发展问题决策分散、措施无力、执行难以到位的被动局面。

③营造人口内部均衡与人口外部均衡协调发展的宏观制度环境。第一,以提高人口素质、改善人口结构、优化人口分布为最终目标,推进现行由传统的计划

生育政策为基础的人口政策向以社会政策和社会福利制度为基础的新型人口政策框架转变，统筹城乡经济社会发展，构建和谐社会；第二，以完善市场经济体制为目标，制定和完善法律法规，进一步规范和健全保险市场与公共服务市场；第三，以环境系统的承载力为依据的环境治理的投入与产业结构调整相一致，根据不同污染程度产业布局对环境治理资金采取差别投入机制。建立城乡一体的生态建设和环境保护体制，完善资源节约和环境保护的激励约束政策，促进城乡生态环境资源的科学利用和有效保护。

（4）解除追求以人口数量为基础的人口红利的思想限制，构建人口数量与人口质量动态均衡下的人口适度的边际贡献激励机制。

①建立健全由政府、企业、个人共同参与的教育、健康、医疗、公共环境等投资的成本分担机制，厘清政府、企业、个人在人口质量提升中的成本分摊责任；强化政府对义务教育、劳动就业、基本养老和医疗卫生以及市政设施等方面的支出，为人口质量的提升提供基本物质保障；建立员工监督机制，给予企业税收优惠，从压力和激励两方面促进企业依法按时缴纳养老、医疗、失业、生育等社保费用；针对不同经济状况居民，设计不同层次的保险项目，采取教育/培训与就业相结合方式，鼓励个人积极参加城镇社会保险、职业教育和技能培训等，提升融入社会的竞争能力。

②在人口数量与人口质量的均衡框架内存在教育、医疗、社会保障等资源的不均衡投资问题，它是导致许多具有良好初衷的政策无法实施的一个重要原因。为了推进人口适度的进程，必须在区域经济发展水平差异性约束下分析公共资源与财政支出在不同地区的福利效用，建立地区均等化的公共服务保障体制，有效平衡地区差异，提高地区公共投资效率。

③依赖于教育、健康投资的人口质量水平的地区差异决定了政府公共投资的边际贡献差异，缩小地区之间的教育投资、社会保障支出差距的关键在于地区之间的边际效应比较，因此，应向欠发达地区倾斜更多的公共资源，改进地方政府政绩考察制度，加入公共事业发展因素，促进欠发达地区地方政府财政支出更多投向教育、社保事业，同时鼓励发达地区与落后地区进行一对一帮扶，以缩小地区间差异，提升人口质量的边际效应。

④科学制定并尽快出台延迟法定退休年龄的相关政策。在政策实施步调节奏上需要考虑全国整体的就业市场需求容量，充分配合新增劳动力数量的变化趋势，同时考虑延迟退休政策与养老保障政策的衔接，并对延迟退休的人口予以合理补偿。

（5）解除人口生育政策行政化硬约束的限制，构建动态激励与约束下的"生育市场化调节"的人口结构优化政策。

①人口结构均衡的推进必须克服现行生育政策行政化约束的缺陷。老年抚养比与少儿抚养比的失调是生育政策实施的滞后效应产生的结果。我国从 2013 年的"单独二孩"到 2016 年的"全面二孩"政策的出台实施，其目的在于应对老龄化趋势、促进人口均衡发展，由于二孩政策难以在短期内扭转我国老龄化的趋势，迫切需要进一步放开生育政策，并做好生育、医疗、教育、就业等配套保障，辅以税收优惠政策。对选择生育二胎夫妇予以税收优惠，如对于需要缴纳个人所得税并且选择生育二胎的个人减免未来 5 年一定比例个人应缴税额，对于未达到个人所得税最低收入并且选择生育二孩的个人给予相应补贴，从而降低少儿抚养成本，通过生育的成本收益比较以反映人口的供求规律并达到对人口结构改善的目的。

②生育政策的市场化调节以社会保障制度的健全为基础，加快养老保障制度的建设也是解决老年抚养比与少儿抚养比失调的前提。进一步地，在加快缩小区域养老保险差异的前提下，通过实行统一登记、统一管理制度，实现中国养老保障制度的区域衔接与全国统筹，并在此基础上推进养老保险制度的全覆盖，才能真正推进人口生育市场化的进程。

③消除性别歧视，均衡性别比，从法律上禁止性别选择。我国 2001 年 11 月颁布了《中华人民共和国人口与计划生育法》，严禁非医学需要的选择性别的人工终止妊娠。

④完善利益导向机制，推进社会保障体系全面覆盖，削弱"养儿防老"观念，逐步平衡出生人口性别比；从制度规范上保障女性享有平等的受教育和参与劳动的权利，为女性提供良好的发展环境，减轻家庭负担，提高养育女孩的边际报酬率。

⑤人口结构的优化还取决于经济的发展水平与增长方式。人口结构优化的过程归根结底是产业结构优化调整的过程，大力发展高新技术产业、战略性新兴产业和现代化服务业，加快运用高新技术改造传统产业，实现从人口规模向人力资源的转变。

（6）避免农业转移人口市民化政策的简单复制，构造激励人口就近城镇化流动的人口分布优化的动态调整机制，均衡人口城乡结构。

①解除户籍制度对享受社会服务与公共资源的限制，加快落实医疗保险关系转移衔接办法和异地就医结算办法，强化经济发达地区为农业转移人口提供与当地户籍人口同等基本公共服务的职责，扩大城乡基本公共服务覆盖面，逐步把农业人口完全纳入城镇社会保障体系，享受平等待遇，同时，充分考虑向持有居住证人口提供基本公共服务的支出需求，对农业转移人口市民化的城市提供财政支持与激励。

②推动新型城镇化,促进人口在城乡之间合理分布。在推进户籍制度改革的同时,还要建立与统一城乡户口登记制度相适应的城乡一体化制度,建立转移人口劳动档案登记制度;以劳动档案制度取代劳动合同,只要在劳动部门登记建立了个人劳动档案的转移人口都享有参保权利。这一举措将大大激励农业转移人口市民化进程,并通过农村系列产权改革增加农民及农业转移人口的财产性收入,使农业转移人口在城市有更好的经济保障能力。

③特别支持农业转移人口就近城镇化流动,尽快建立实施财政转移支付与农业转移市民化挂钩;城镇建设用地新增指标与转移人口落户数挂钩;中央基建投资安排与农业转移市民化挂钩的"三挂钩"政策。

④统筹推进新型城镇化综合配套改革,构建城乡一体的社会管理制度。促进就近市民化,需要紧紧抓住"人的城镇化"这一核心,避免传统的"土地城镇化"和"房地产城镇化"等现象,取消城乡分治的社会管理体制,形成城乡一体的社会管理制度,逐步剥离附加在户籍制度上不合理的社会管理功能,消除农民转变为城镇居民的制度障碍,保障其合法的经济政治权利。建立覆盖城乡的就业和社会保障机制。促进城乡劳动力就业平等、机会均等。

(7) 根据人口密度导向促进人口流动在区域之间合理分布,是促进我国人口分布与区域经济平衡发展的有效途径。

①实证分析中指出,人口分布在我国东、中、西部的不平衡,进一步加剧了我国地区经济的差距。而造成这种现象的原因主要是人口在我国空间分布上的不平衡。因此,在加大人口适度的同时,应注重人口分布的路径选择。以人口密度作为重要依据,结合国家都市圈、城市群建设规划,引导人口在区域之间形成合理的空间分布格局。

②积极引导公共资本投资在区域上的分配合理化,推动公共资源向内陆三、四线中小城市、城镇配置,促进不发达地区基础设施、公共服务等配套发展,引导、鼓励企业向这些地方布局,吸引人口流入,减轻大城市、特大城市人口拥堵,扩大中小城市人口规模,从而实现人口区域均衡分布。

③深化户籍制度改革,破除二元体制,加快新型城镇化建设是消除城乡二元结构的又一关键。推行户籍制度改革只是打破城乡二元体制后续序列改革的逻辑源头,主要为允许并保证居民在城乡之间的自由流动提供了制度保障,而消除挂钩福利、均衡资源配置、促进城乡人口均等享受基本公共服务才是户籍制度改革的宗旨和主要内容。因此,建立与统一城乡户口登记制度相适应的教育、卫生、就业、社保、住房、土地及人口统计制度,这对优化区域人口分布有重要作用。

④收入差距是影响人口内部均衡的主要原因,生产要素的市场化流动是均衡

收入水平的关键，主导市场公平原则与配置资源边际贡献结合的制度设计是引导人口适度、人口结构、人口分布的优化路径。

（8）解除公共资源配置"一刀切"的弊端，构建与区域经济、社会协调的人口发展优化的"激励+约束"的边际弹性支持政策，完善利益导向机制。

①现行公共资源在社会服务支出上采取"一刀切"的方法——西部地区对东部地区公共城镇建设与投入模式进行简单复制，忽视了西部地区经济社会的特殊性，致使公共资源消耗对人口均衡型社会的建设缺乏效率，因此应建立弹性约束下的区域经济差异性政策，促进东中西部的人口均衡发展。

②弹性约束下的区域经济差异性政策的建立，使东中西部人口发展达到均衡最大化成为可能。实现区域福利最大化的条件更多地表现在政府所制定的保障制度、收入分配制度、机会公平环境政策与区域产业、要素、投资环境变化的关系，这可以说是激励约束下的区域政策差异相对于统一政策体系的一个重要改进。

③社会保障作为准公共品，是市场经济运行的一个重要补充。在目前社会保障制度不完善、资源配置失衡的情况下，城乡收入差距与基尼系数的区域差异决定了人口发展的先天不足及后天失调的现实。合理配置社会公共资源，采取与地区差异结合的边际贡献政策，引导人口流动的路径依赖于社会保障制度改革以及资源配置政策的公平。

④建立城乡均等化的公共服务保障体制，并在此基础上实现公共服务在地区之间和城乡之间的均衡分配。努力缩小直至消除在城乡、地区之间公共财政投入的制度性不均等。实现基本公共服务均等化原则下的人口政策从以选择型福利为主的社会政策模式向适度普惠型社会政策模式转化。形成围绕人口适度、人口结构、人口分布优化这个中心环节而与之适应的公共资源动态配置新机制，为促进人口均衡发展提供有力保障。

（9）依赖于经济发展的人口发展路径，构建供给侧结构性改革的区域产业结构优化的政策机制。

①实行全国统一的供给侧改革是国家最终要达到的目标，但在目前经济水平、投资环境差距较大的情况下不利于供给侧改革的步调一致，实施与各区域产业结构、就业结构匹配的区域差异性改革是现阶段的明智选择。

②支持不同地区产业结构优化的格局。对于生产成本较高的沿海发达地区，利用财政、税收、金融杠杆，支持劳动密集型产业在改进技术工艺的基础上有序向内陆相对优势区域转移，结合人口区域分布优化政策，让部分远距离跨区域就业的农民工回到离家乡更近的内陆重点区域就业生活，并吸引更多的就地或就近城镇化人口聚集。

③大力发展第三产业,增加多层次就业岗位供给。第三产业内部各行业间"异质性"特征突出,就业吸纳弹性差异较大。大力发展以生产性服务为核心的现代服务业,全面把握信息化、金融化、知识化的产业特征,通过高端专门人才培养形成一支科技含量高、劳动生产率高的高级专业服务人才队伍,既提升了整体就业层次,又实现了现代服务业发展水平的整体跃升。

(10) 尽快实现社会保障制度全国统筹,建立方便合理的社会保险跨省区转移机制,为人口均衡发展提供托底支撑。

①目前实行的社会保险地区统筹政策严重阻碍了人口的自由流动,不利于人口分布的合理化与人口结构的改善。为了实现社会保障制度全国统筹的最终目标,应整合城乡居民基本养老保险和基本医疗保险制度,把新农保和城镇居民养老保险整合为城乡居民基本养老保险制度,把新农合和城镇居民基本医疗保险整合为城乡居民基本医疗保险制度,实现城乡居民在这两项基本制度上的平等和管理资源上的共享。坚持养老保险社会统筹和个人账户相结合的制度模式,实现基础养老金全国统筹以更好地发挥社会统筹的调节互济作用,逐步做实个人账户。具体步骤包括:首先,在建立和规范省级统筹的基础上加快全国保险制度的统筹步伐;其次,实行国内微机联网;最后,建立省际间社保机构协调机制,省与省社保机构需通过协商签订省际之间保险关系转移协议书,协调解决省际之间劳动力流动、地区人口保险关系转移中的问题,建立起正常的协调机制。

②社会保障是人口与社会和谐发展的基本"托底"保障,构筑了社会稳定的最后一道屏障,其重要意义不言而喻。因此,随着经济发展水平提高、人民需求层次提高,基本社会保障能力也必须适时提高,特别要突出基本养老保险等重点领域的保障能力提升,坚持和健全"多缴多得、长缴多得"的机制。

③在解决社会保障问题的过程中面临的不单单是一个制度设计问题,而是关系到人口发展与社会经济、资源约束、制度保障等方方面面。只有将地区人口个人账户与统筹账户在动态水平下考虑并逐步实行全国统筹才是可行之策。

(11) 削弱政府以经济绩效考评的硬约束,构造优化资源环境的以循环和低碳为特征的绿色经济发展模式是促进人口发展的路径依赖。

①政府的经济数量绩效考评存在严重的道德风险问题,它是导致许多具有良好初衷的政策无法实施的一个重要原因。为了推进人口均衡型社会的进程,必须对人口发展约束下政府考评绩效进行分析,从而找到一种能够化解急功近利、提高人口发展水平的有效途径。

②大力发展循环经济有利于人口质量的提升与发展。构建循环经济产业链,促进资源循环利用技术的研发和推广使用,使单位资源消耗的附加值得到有效提升;同时,建立完善资源回收利用的长效机制,推动工业废渣、废气、废液和余

热资源化利用，推进资源利用效率的提升。

③大力推动低碳发展以有利于人口分布的合理集聚。在供给侧方面，加强低碳环保技术的研发与引进利用，显著减少主要污染物排放总量；在需求侧方面形成低碳生活和消费方式，引导城乡人口形成低碳发展观念，大力推广低碳建筑、低碳公共交通、节能电器等，减少生活性碳排放以有利于人口健康质量的提升。

④循环和低碳为特征的绿色经济发展模式的构造有可能保证人口内部均衡提升的真正实现。它强调了政府在制定绩效考评时采用以人口发展为核心的人口外部均衡指数，从单一的经济绩效转变为反映人口外部均衡的综合评价。这种综合效应评价的考评体制更符合人口发展的需要，有利于推进人口均衡型社会的建设。

（12）建设人口均衡型社会的关键是基于内生经济增长的制度调整、优化机制的构建与政策实施。

①建设人口均衡型社会的前提是确定影响人口内部均衡与人口外部均衡的因子，即将人口内部均衡的三大因子与人口外部均衡的五大因子的内容确定作为建设人口均衡型社会的主要内容与推进路径的基础。

②内生经济增长理论以人口发展为内生变量，推动经济、社会、资源环境协调发展的路径成为本研究构建人口均衡型社会优化机制的工具选择。通过多目标规划与相互制约关系导出的优化模型作为评判人口均衡型社会的基本分析框架，使从理论上构建人口均衡型社会的研究成为可能。

③人口生育政策的进一步放宽、农村人口的市民化迁移、社会保障制度的公平性推进等制度的优化与完善将有可能是建设人口均衡型社会的路径依赖。

④考虑到人口内部均衡与人口外部均衡在时间与空间上的不一致性，建立在内生经济增长理论基础上的、纳入人口、经济、社会、资源环境相关的制度依赖是建设人口均衡型社会的关键所在。

⑤以"激励＋约束"取代以往的"'一刀切'政策"作为我国人口内外均衡政策的基调。对于能够促进我国人口质量提升、人口结构改善、人口分布合理的资源配置效率的政策应用应该给予激励补偿，而对恶化我国人口内外均衡的失衡政策予以税收、惩罚甚至市场准入等方面的约束。该政策设计不仅实现了以往所提倡的从"激励"到"约束"的结合，而且在客观上也促进了统一、规范、公开的投资准入制度的建立。

（13）人口内部均衡与人口外部均衡协调发展的关键在于降低地区、群体收入与资源的基尼系数，促进机会公平下的人口发展优化路径的实现。

①表现差异程度的基尼系数不仅取决于人口收入的初次分配，也取决于人口收入的再分配，体现了收入水平的高低、教育资源的获取、社会保障制度的福利效用等。

②促进城乡和区域教育资源的公平分配，以教育公平保障不同人口群体更好获得发展能力，充分考虑基础教育带来的人力资本提升具有显著溢出效应特征，加大中央财政对基础教育的投入比例，避免农村地区、欠发达地区地方财力保障不足对人口质量的制约。

③提高城乡最低收入人群的收入水平，重点帮助农民增收和农业转移人口市民化，为城乡居民提供追求自身发展和能力提升的平等机会和制度条件，促进人口发展的社会分享机制的健全与完善。

（14）正确认识特定阶段下的公共产品供给差距，以保证建设人口均衡型社会制度供给的相对公平。

①模拟研究发现城乡收入差距（乃至整体福利水平差距）呈现出先扩大后缩小的倒"U"形变化趋势，因此改革以来很长一个时期的城乡收入差距扩大有其内在的规律性。而特定时期下政府对城乡公共产品（基本公共服务、基本社会保障等）的差异化供给政策，应该是一个理性的选择。

②从政府的出发点来看，差异性的城乡公共产品供给政策，并非完全如传统认为的出于对农村户籍人口的身份歧视，而是因为特定时期下经济发展的整体水平不高，政府的财力也极为有限，难以做到较高供给水平上的绝对公平。

③基于城乡收入差距所对应的需求层次差异进行现实考量和权衡，把"有客观差距而主观满足度大致相当"作为这一时期的阶段性次优政策目标选择应该是可以接受的。未来随着城乡户籍性质区分逐步打破，推进城乡基本公共服务均等化将更加顺畅。

（15）避免政策体系的庞杂与零碎，构建以围绕就近城镇化建设为载体的人口发展均衡的政策优化体系。

①优化路径与模拟分析发现，影响人口适度、人口结构、人口分布的因素诸多，但受制于共同外生变量的地区、城乡经济发展水平、收入差距与制度支持无不集聚在城镇化建设为载体的人口集聚与发展的均衡过程之中。

②城市化在"新常态"下仍是经济健康发展的重要动力。模拟结果表明中国当前正同时处于经济增长和城市化演进各自的"S"形轨迹中段，但城市化依然是维持一定经济增速和推动人口发展均衡的有效动力。

③城市化政策的重心不应再单纯追求提高城市化率，应更注重城市化质量提升，其关键在于满足作为新型城市化核心的"人"的需求，并顺应其需求层次不断提高的内在规律。公共产品（含教育）的供给，无论对农业户籍人口还是市民，都同时具有满足当期需求和未来提高生产效率的双重功效，可以把短期增长和长期发展的政策目标很好地结合起来。

④源于户籍制度约束的我国城镇化在很大程度上是土地的城镇化，而不是人

口的城镇化，推进人口发展的关键在于公平资源配置与机会均等的制度供给以提升区域人口获取资源的边际贡献的最大化。

（16）避免人口政策的非一致性，推进城乡二元化人口政策转变为城乡一体化人口政策的进程。

①把"统筹解决人口问题"贯穿于统筹城乡发展的实践中，并把这一战略思想作为统筹城乡发展的基础。

②加快实施城乡生育政策一体化；加快实施人口户籍政策一体化；加快实施流动人口政策一体化；加快实施人口就业政策一体化；加快实施人口社会保障政策城乡一体化；加快实施人口教育政策城乡一体化等。在统筹城乡发展中通过实施"六个一体化"，实现统筹解决人口问题的目标。

③人口政策目标由单纯的严格控制人口增长和人口迁移逐渐转变为包括人口数量控制和人口分布控制两个大类及其相关的优生、就业、福利等公共服务的社会政策体系。这不仅反映了人口形势的巨大变化，而且体现了人口政策在改革开放近四十年所取得的巨大进步。

（17）加强人口均衡型社会建设的法律法规管理体系的建设。

①在工业化、城镇化、城乡一体化的大背景下，城乡人口一体化是必然的趋势，在人口政策的管理体系方面，目前基本上沿用过去计划经济时代的管理体制，条块分割的情况很明显，不利于人口均衡型社会的建设。

②从管理的角度看，人口政策各个领域都有其主管部门，缺乏一个跨领域的人口政策统一管理机构，不利于有效发挥人口政策的综合效益。教育、就业、医疗、社会保障、住房、社会福利以及针对各类特殊人群的人口政策等方面有着内在的联系，各项政策应该相互协调、相互配合。积极探寻与加快建立有效覆盖所有人口、覆盖全社会的社会管理体制和公共服务体系至关重要。

③按属地原则建立依托城乡社区的新型基层社会管理和服务体制；加快建立城乡统一的社会保险制度，建立可以异地衔接的社会保障机制，促进人口的正常流动发展；通过户籍制度改革建立新型的人口管理制度，把户籍管理变成人口登记，用现代化手段形成有效的管理和服务网络。

第三节 研究展望

1. 本书研究工作的局限性

《建设人口均衡型社会研究》是一个与中国国情紧密相关的选题，其研究内容是一个十分庞大且复杂的体系,涉及面的广博性,层次的多样性,使课题组虽采用了较为科学与可行的方法进行研究,但限于自身能力,研究报告仍存在不足之处,主要体现在:

(1) 在研究视角上,本研究主要通过三大内生因子、五大外生因子对人口均衡型社会影响的内外均衡进行分析,揭示了人口内部均衡与人口外部均衡的协调发展对建设人口均衡型社会综合效应提升的重要意义。但本研究没有针对中国与其他国家的可持续发展指数进行衡量与比较;对于本研究得出的结论与政策建议有一定时域性特征,虽然不会影响整个研究结论,但如果在以后的研究中能够获取世界范围内各国经济社会可持续发展的不同样本数据,这将极大地丰富与完善本项目的研究结论。

(2) 在研究方案上,虽然建立了人口均衡的综合评价指标体系方案,但只着重对现有指标的具体情况进行了现状分析和评价,而没有对建设人口均衡型社会不足的指标专门筛选出来,若进行进一步的完善,将模拟指标变动是否能够提升人口均衡型水平做出更加合理的判断。为方便计算,对主观指标加以简化,假定该方案在其他变量不变的情况下存在。但事实上,许多参数是变化的。成果的简化研究虽然不影响基本结论,但在机制设计时,如果考虑未来获益是参数的函数的情形将可能使得选择范围更精确。

(3) 在研究方法上,本研究主要采用 TF-IDF、OOA 建模技术、内生经济增长理论和制度经济学相关研究方法,但有些问题结合其他研究方法可能更合适,如关于人口均衡优化机制的博弈框架构造,如果结合委托代理的信息经济学分析方法以及建立动态博弈模型,或许能够更好地对制度设计加以描述和分析。

(4) 在研究结论上,关于人口均衡型社会政策支持的选择,本书虽然沿用了人口内部均衡与人口外部均衡各自均衡与相互均衡的内生经济增长路径展开,保证了研究整体的逻辑性与一致性,但进一步的实证还需要修正指标体系中的政策参数,譬如,政府的导向意见可能影响甚至修改指标体系的构造。本书这些工作还没到位,有待于在后续研究中加以完善。

2. 需要进一步研究的工作

本书只涉及人口均衡型社会评价指标体系中的一部分,有待进一步开展的研究工作还有很多,也很复杂,需要我们在后续研究中逐步加以完善。

(1) 完善人口均衡型社会评价指标体系的实证研究。本书的区域性实证研究为评价我国人口均衡型社会的进程及解决部分问题提供了可参考的依据。但是若能获得世界主要国家的样本数据,将能更好地佐证和修正研究结论。因此,世界主要国家样本指标的采集为更加科学合理地全面评价人口均衡型社会提出了今后进一步以此作为研究方向的必要性。

（2）基于人口内部均衡与保障制度互动行为的政策实验和政策效应研究。本书理论的研究只是为人口均衡的提升对保障制度的实践提供理论视角，但关于保障制度如何制定与规范等在本书中均没有专门论述，还需要完善基于这些博弈互动行为基础上的政策效应研究，检验理论结果能否指导实践，判断理论研究是否需要进一步修正，以审视现有政策的完备性、有效性，以及产生的正负面效应。

（3）本书对建设人口均衡型社会的理论拓展做了精致的描述，并提出了构建人口均衡型社会综合指数的理论依据，对以此划分的人口内部均衡指数与人口外部均衡指数的优化机制做了内生增长路径分析，但对二者影响人口均衡型社会综合效应的具体政策变量没有进行专门的优化路径设计研究，这是本项目后续研究中的一个重要理论与现实问题。

（4）建设人口均衡型社会保障制度的运作机制还可能包括基于其他局中人互动博弈的一些机制，课题关于政府对制度的激励约束机制进行了精致的描述，但还可以建立包含其他外生变量影响的信息经济学模型进行分析。本书没有对这些问题一一展开，有待于在后续的研究中进行完善。

第四节 本章小结

"建设人口均衡型社会研究"具有极其深刻的内涵和宽广的外延。本研究为系统而深入地研究这一问题做了"抛砖引玉"的工作，但研究还仅侧重于宏观与制度层面，研究的结果又进一步提出了向微观以及制度和技术操作层面深化的要求。

随着统计理论的发展，统计口径的规范化以及统计资料的完善，上述不足之处，将由目前的不可行变为可行；此外，由于笔者能力有限，未能将多学科融合起来研究这一问题，相信随着学科边界的日益模糊，学科交叉趋势的进一步加强，将为多学科的综合研究提供可行性和研究基础，因此，这将又是一个新大陆的发现之途，待有能者尽快发现这一宝藏，笔者拭目以待。

参考文献

[1] 包正君，赵和生．基于生态足迹模型的城市适度人口规模研究——以南京为例．华中科技大学学报（城市科学版），2009（2）．

[2] 鲍常勇．我国286个地级及以上城市流动人口分布特征分析．人口研究，2007（6）．

[3] 毕其格，宝音，李百岁．内蒙古人口结构与区域经济耦合的关联分析．地理研究，2007（5）．

[4] 蔡建明，王国霞，杨振山．我国人口迁移趋势及空间格局演变．人口研究，2007（5）．

[5] 蔡莉，穆光宗．人口承载力指标系的建立及量化．人口学刊，2008（5）．

[6] 曹明奎．中国农业生态系统的生产潜力和人口承载力．生态学报，1993（1）．

[7] 陈斌开，徐帆，谭力．人口结构转变与中国住房需求：1999～2025——基于人口普查数据的微观实证研究．金融研究，2012（1）．

[8] 陈冲．人口结构变动与农村居民消费——基于生命周期假说理论．农业技术经济，2011（4）．

[9] 陈俊华，陈功，庞丽华．从分层模型视角看出生人口质量的影响因素——以江苏省无锡市为例．中国人口科学，2006（3）．

[10] 陈友华．人口现代化评价指标体系研究．中国人口科学，2003（3）．

[11] 陈仲常，张翠姣，章翔．中国人口发展监测评价模型研究——基于全国31个省份人口发展的实证分析．中国人口科学，2007（5）．

[12] 董丽霞，赵文哲．人口结构与储蓄率：基于内生人口结构的研究．金融研究，2011（3）．

[13] 杜两省，刘发跃．人力资本存量难以解释西部地区低投资效率的原因分析．中国人口科学，2014（4）．

[14] 杜小敏, 陈建宝. 人口迁移与流动对我国各地区经济影响的实证分析. 人口研究, 2010 (3).

[15] 杜元溆. 加速实现四个现代化进一步降低人口自然增长率. 人口学刊, 1981 (1).

[16] 段成荣, 孙玉晶. 我国流动人口统计口径的历史变动. 人口研究, 2006 (4).

[17] 段平忠. 中国省际间人口迁移对经济增长动态收敛的影响. 中国人口·资源与环境, 2011 (12).

[18] 段平忠, 刘传江. 中国省际人口迁移对地区差距的影响. 中国人口·资源与环境, 2012 (1).

[19] 封进. 人口结构变动的福利效应——一个包含社会保险的模型及解释. 经济科学, 2004 (1).

[20] 冯守平. 中国人口发展预测模型的构建与应用. 统计与决策, 2010 (15).

[21] 冯晓英. 城市人口规模调控政策的回顾与反思——以北京市为例. 人口研究, 2005 (5).

[22] 傅苏, 王晓璐.《人口学导论》评介. 人口学刊, 2006 (4).

[23] 高体健. 必须努力建设人口均衡型社会. 前进论坛, 2014 (4).

[24] 龚文海. 中原经济区人口长期均衡发展评价模型及实证研究. 地域研究与开发, 2014 (2).

[25] 侯亚非. 人口城市化与构建人口均衡型社会. 人口研究, 2010 (6).

[26] 胡伟略. 市场经济与均衡人口. 人口研究, 1994 (3).

[27] 贾小玫, 张喆, 郑坤拾. 全要素背景下人口迁移对我国省际间经济差距影响的分析. 中央财经大学学报, 2013 (9).

[28] 兰徐民, 温勇, 潘金洪. 人口安全预警指标体系及其量化探讨. 西北人口, 2006 (6).

[29] 李博, 金淑婷, 陈兴鹏, 石培基, 庞家幸, 达福文. 改革开放以来中国人口空间分布特征——基于1982~2010年全国四次人口普查资料的分析. 经济地理, 2016 (7).

[30] 李春琦, 张杰平. 中国人口结构变动对农村居民消费的影响研究. 中国人口科学, 2009 (4).

[31] 李德煌, 夏恩君. 人力资本对中国经济增长的影响——基于扩展Solow模型的研究. 中国人口·资源与环境, 2013 (8).

[32] 李菲雅, 蒋若凡. 建设人口均衡城市视角下的人口规模预测——以成

都市为例. 技术经济与管理研究, 2014 (6).

[33] 李辉, 刘云德. 论人口均衡型社会的必然选择——基于历史的视角. 北华大学学报（社会科学版）, 2013 (1).

[34] 李建民. 中国的人口新常态与经济新常态. 人口研究, 2015 (1).

[35] 李江涛. 建设人口均衡型社会推进国家人口发展战略转型. 国家行政学院学报, 2011 (6).

[36] 李楠, 邵凯, 王前进. 中国人口结构对碳排放量影响研究. 中国人口·资源与环境, 2011 (6).

[37] 李松柏. 用人口质量指数分析人口质量的缺陷. 西北农林科技大学学报（社会科学版）, 2006 (1).

[38] 李松臣, 张世英. 基于逐步回归法的人口出生率影响因素分析. 统计与决策, 2008 (4).

[39] 李涌平. 决策的困惑和人口均衡政策——中国未来人口发展问题的探讨. 北京大学学报（哲学社会科学版）, 1996 (1).

[40] 李永胜. 人口预测中的模型选择与参数认定. 财经科学, 2004 (2).

[41] 李振, 周春山. 从人口受教育程度看我国东西部地区人口文化素质差异. 西北人口, 2003 (2).

[42] 刘宴伶, 冯健. 中国人口迁移特征及其影响因素——基于第六次人口普查数据的分析. 人文地理, 2014 (2).

[43] 刘永平, 陆铭. 从家庭养老角度看老龄化的中国经济能否持续增长. 世界经济, 2008 (1).

[44] 刘渝琳. 中国可持续发展的适度人口规模研究. 重庆大学学报（社会科学版）, 2000 (1).

[45] 卢继宏. 人口均衡城市化的基本问题与路径选择研究. 西南财经大学, 2012.

[46] 陆杰华, 朱荟. 建设人口均衡型社会的现实困境与出路. 人口研究, 2010 (4).

[47] 陆杰华, 黄匡时. 人口均衡型社会建设：理论思考与政策建议——兼论"人口均衡型社会、环境友好型社会、资源节约型社会"的关系. 科技部, 山东省人民政府. 中国可持续发展研究会, 2010.

[48] 逯进, 周惠民. 中国省域人力资本与经济增长耦合关系的实证分析. 数量经济技术经济研究, 2013 (9).

[49] 马红旗, 陈仲常. 我国省际流动人口的特征——基于全国第六次人口普查数据. 人口研究, 2012 (6).

［50］毛新雅，王桂新．试论教育投资能力与适度人口规模——一个人口质量经济学的视角．西北人口，2005（2）．

［51］毛中根，孙武福，洪涛．中国人口年龄结构与居民消费关系的比较分析．人口研究，2013（3）．

［52］茆长宝，陈勇．人口内部均衡发展研究——以西部地区为例．人口研究，2011（1）．

［53］米红，李晶．人口文化素质对人口数量安全和结构安全的影响．人口学刊，2009（5）．

［54］穆光宗．构筑人口均衡发展型社会．北京大学学报（哲学社会科学版），2011（3）．

［55］穆怀中，张文晓．中国耕地资源人口生存系数研究．人口研究，2014（3）．

［56］齐明珠．世界人口发展健康指数构建研究．人口与经济，2010（3）．

［57］人口长期均衡发展课题组，马力，桂江丰．以科学发展为主导 构建人口均衡型社会．人口研究，2010（5）．

［58］任强，侯大道．人口预测的随机方法：基于 Leslie 矩阵和 ARMA 模型．人口研究，2011（2）．

［59］世界各国人口与环境指标．人口研究，1997（3）．

［60］孙爱军，刘生龙．人口结构变迁的经济增长效应分析．人口与经济，2014（1）．

［61］孙峰华，李世泰，杨爱荣，黄丽萍．2005年中国流动人口分布的空间格局及其对区域经济发展的影响．经济地理，2006（6）．

［62］汪小英，周艺．关于中国人口质量制度引导机制的思考．西北人口，2011（1）．

［63］汪伟．经济增长、人口结构变化与中国高储蓄．经济学（季刊），2010（1）．

［64］王桂新，黄颖钰．中国省际人口迁移与东部地带的经济发展：1995～2000．人口研究，2005（1）．

［65］王锋，吴丽华，杨超．中国经济发展中碳排放增长的驱动因素研究．经济研究，2010（2）．

［66］王浩名．人口均衡是解决区域协调发展的关键．经济论坛，2011（5）．

［67］王金营，戈艳霞．建设"资源节约型社会"和"环境友好型社会"必然需要建设"人口均衡型社会"．中国环境科学学会．2011中国环境科学学会学术年会论文集（第三卷）．中国环境科学学会，2011（5）．

[68] 王金营，梁俊香. 未来人口发展失衡引发社会保障制度的战略思考. 河北大学学报（哲学社会科学版），2008（6）.

[69] 王静懿. 生态适度人口规模与国家长远发展的人口总量战略. 复旦大学，2008.

[70] 王可. 中国区域人口的均衡分布. 西安交通大学学报（社会科学版），2011（3）.

[71] 王军平. 中国人口发展指数研究. 人口学刊，2010（2）.

[72] 王钦池. 促进人口均衡发展建设人口均衡型社会——中国人口与发展咨询会（2010）观点综述. 人口与计划生育，2010（7）.

[73] 王鑫鑫. 中国人口结构变迁对收入分配的作用效应研究. 浙江大学，2013.

[74] 王学义. 人口现代化的测度指标体系构建问题研究. 人口学刊，2006（4）.

[75] 王阳. 我国人口结构变化对经济社会发展的影响研究综述. 西北人口，2012（5）.

[76] 王颖，黄进，赵娟莹. 多目标决策视角下中国适度人口规模预测. 人口学刊，2011（4）.

[77] 肖子华. 建设"人口均衡型社会"统筹解决人口问题——人口学会年会暨"人口均衡型社会"建设研讨会综述. 人口与计划生育，2010（9）.

[78] 许召元，李善同. 区域间劳动力迁移对经济增长和地区差距的影响. 数量经济技术经济研究，2008（2）.

[79] 闫维，杨黎. 基于水资源承载力的昆明市适度人口规模研究. 资源环境与发展，2007（3）.

[80] 杨帆，孔令峰. 从人口数量经济理论到人口质量经济理论的演进——对西方学者关于人口与经济关系认识的回顾与评述. 人口学刊，2003（1）.

[81] 杨建芳，龚六堂，张庆华. 人力资本形成及其对经济增长的影响——一个包含教育和健康投入的内生增长模型及其检验. 管理世界，2006（5）.

[82] 杨文庄，苏杨，包凤云，杨蕊. 构建和谐社会中的政策协调问题——以计划生育为例. 人口研究，2007（5）.

[83] 杨晓猛. 人口压力与经济增长：理论与中国的经验检验. 中国人口科学，2004（6）.

[84] 尹文耀. 论城市人口规模适度分布与最佳分布. 中国人口科学，1988（4）.

[85] 于学军，翟振武，杨凡，李建民，穆光宗. 为什么要建设"人口均衡

型社会"？．人口研究，2010（3）．

[86] 袁建华，庄岩，许屹．应用离散型年龄性别升学递进模型预测中国未来人口．中国人口科学，1996（4）．

[87] 曾嵘，魏一鸣，范英，李之杰，徐伟宣．人口、资源、环境与经济协调发展系统分析．系统工程理论与实践，2000（12）．

[88] 翟振武．建设人口均衡型社会．求是，2013（23）．

[89] 张车伟．树立新的人口观实现人口均衡协调发展．人口与计划生育，2010（5）．

[90] 张丹．可持续发展背景下城市适度人口规模研究．西南交通大学，2011．

[91] 张建清，张燕华．中国人力资本总效应被低估了吗？．中国人口·资源与环境，2014（7）．

[92] 张俊良，郭显超．人口长期均衡发展的理论与实证模型研究．人口研究，2013（5）．

[93] 章文彪．促进人口均衡发展 加快生态文明建设．人口与计划生育，2011（1）．

[94] 张效莉，王成璋，何伦志．人口增长与经济发展相互作用机制及实证分析——基于水平VAR的Granger因果分析方法和协整技术．南方人口，2006（1）．

[95] 张勋，刘晓，樊纲．农业劳动力转移与家户储蓄率上升．经济研究，2014（4）．

[96] 张翼．人口结构调整与人口均衡型社会的建设．人口研究，2010（5）．

[97] 郑晓瑛．中国出生人口质量的现状与干预途径．中国人口科学，2000（6）．

[98] 周炎炎，王学义．中国人口发展监测指标体系构建及应用研究．北京社会科学，2014（5）．

[99] 周毅．人口与环境可持续发展．武汉科技大学学报（社会科学版），2003（1）．

[100] 朱超，周晔．储蓄率、经常项目顺差与人口结构变迁．财经研究，2011（1）．

[101] 朱海龙，刘晓凤．从人口结构谈湖南人口均衡型社会建设研究．湖南社会科学，2012（1）．

[102] 庄亚儿，李伯华．流动人口调查抽样的实践与思考．人口研究，2014（1）．

［103］Aghion, P., Howitt, P. and Murtin, F.. *The Relationship between Health and Growth: When Lucas Meets Nelson – Phelps.* National Bureau of Economic Research, 2010.

［104］An, C. B., and Jeon, S. H.. *Demographic Change and Economic Growth: An Inverted – U Shape Relationship.* Economics Letters, 2006, 92, 447 – 454.

［105］Ashraf, Q. H., Weil, D. N. and Wilde, J.. *The Effect of Fertility Reduction on Economic Growth.* Population and Development Review, 2013, 39, 97 – 130.

［106］Baldwin, N. and Borrelli, S. A.. *Education and Economic Growth in the United States: Cross-national Applications for an Intra-national Path Analysis.* Policy Sciences, 2008, 41, 183 – 204.

［107］Bloom, D. E., Canning, D. and Finlay, J. E.. *Population Aging and Economic Growth in Asia.* University of Chicago Press, 2010.

［108］Bloom, D. E. and Finlay, J. E.. *Demographic Change and Economic Growth in Asia.* Asian Economic Policy Review, 2009, 4, 45 – 64.

［109］Breton, T. R.. *The Role of Education in Economic Growth: Theory, History and Current Returns.* Educational Research, 2013, 55, 121 – 138.

［110］Chani, M. I., Jan, S. A. and Pervaiz, Z.. *Human Capital Inequality and Income Inequality: Testing for Causality.* Quality & Quantity, 2014, 48, 149 – 156.

［111］Coale, A. and Hoover, E.. *Population Growth and Economic Development in Low-income Countries: A Case Study of India's Prospects:* Princeton University Press, Princeton, 1958.

［112］Dalton, M., O'Neill, B. and Prskawetz, A.. *Population Aging and Future Carbon Emissions in the United States.* Energy economics, 2008, 30, 642 – 675.

［113］Dao, M. Q.. *Population and Economic Growth in Developing Countries.* International Journal of Academic Research in Business and Social Sciences, 2012, 2, 6 – 17.

［114］Dauda, R. O.. *Investment in Education and Economic Growth in Nigeria: A Cointegration Approach.* Global Conference on Business and Economics, 2009, 16 – 17.

［115］Delgado, M. S., Henderson, D. J. and Parmeter, C. F.. *Does Education Matter for Economic Growth?* Oxford Bulletin of Economics and Statistics, 2014, 76, 334 – 359.

［116］Faruqee, H. and Mühleisen, M.. *Population Aging in Japan: Demographic Shock and Fiscal Sustainability.* Japan and the World Economy, 2003, 15, 185 – 210.

[117] Feldstein, M. S. . *The Effects of the Ageing European Population on Economic Growth and Budgets: Implications for Immigration and other Policies.* National Bureau of Economic Research, 2006.

[118] Fleisher, B. , Li, H. and Zhao, M. Q. . *Human Capital, Economic Growth, and Regional Inequality in China.* Journal of Development Economics, 2010, 92, 215 - 231.

[119] Fougère, M. and Mérette, M. . *Population Ageing and Economic Growth in Seven OECD Countries.* Economic Modelling, 1999, 16, 411 - 427.

[120] Furuoka, F. . *Population Growth and Economic Development - New Empirical Evidence from Thailand.* Economics Bulletin, 2009, 29, 1 - 14.

[121] Galor, O. . *The Demographic Transition and The Emergence of Sustained Economic Growth.* Journal of the European Economic Association, 2005, 3, 494 - 504.

[122] Giesecke, J. Meagher, G. A. . *Economic Impacts of Migration and Population Growth.* Research Reports, 2006, 47, 419 - 433.

[123] Headey, D. D. and Hodge, A. . *The Effect of Population Growth on Economic Growth: A Meta - Regression Analysis of the Macroeconomic Literature.* Population and Development Review, 2009, 35, 221 - 248.

[124] Jiang, L. and Hardee. K. . *How Do Recent Population Trends Matter to Climate Change.* Population Research and Policy Review, 2011, 30, 287 - 312.

[125] Jobert, T. and Karanfil. F. . *Sectoral Energy Consumption by Source and Economic Growth in Turkey.* Energy Policy, 2007, 35, 5447 - 5456.

[126] Johnson, D. G. . *Population and Economic Development.* China Economic Review, 1999, 10, 1 - 16.

[127] Jorgenson, A. K. and Clark, B. . *Assessing the Temporal Stability of the Population/Environment Relationship in Comparative Perspective: a Cross-national Panel Study of Carbon Dioxide Emissions, 1960 - 2005.* Population and Environment, 2010, 32, 27 - 41.

[128] Jorgenson, A. K. and Clark, B. . *The Relationship Between National-level Carbon Dioxide Emissions and Population Size: an Assessment of Regional and Temporal Variation, 1960 - 2005.* Plos One, 2013.

[129] Kasarda, J. D. and Johnson, J. H. . *The Economic Impact of the Hispanic Population on the State of North Carolina:* Frank Hawkins Kenan Institute of Private Enterprise, 2006.

[130] Khattak, N. U. . *The Contribution of Education to Economic Growth: Evi-*

dence from Pakistan. Mpra Paper, 2012.

［131］Kimenyi, M. S.. Contribution of Higher Education to Economic Development: A Survey of International Evidence. Journal of African Economies, 2011, 20, 14 – 49.

［132］Kindleberger, C. P.. Emigration and Economic growth. PSL Quarterly Review, 2014, 18.

［133］Klasen, S. and Lawson, D.. The Impact of Population Growth on Economic Growth and Poverty Reduction in Uganda. Diskussionsbeiträge aus dem Volkswirtschaftlichen Seminar der Universittä Göttingen, 2007.

［134］Kronenberg, T.. The Impact of Demographic Change on Energy Use and Greenhouse Gas Emissions in Germany. Ecological Economics, 2009, 68, 2637 – 2645.

［135］Lantz, V. and Feng, Q.. Assessing Income, Iopulation, and Technology Impacts on CO_2 Emissions in Canada: Where's the EKC. Ecological Economics, 2006, 57, 229 – 238.

［136］Lee, R. and Mason, A.. Fertility, Human Capital, and Economic Growth over the Demographic Transition. European Journal of Population/Revue Européenne de Démographie, 2010, 26, 159 – 182.

［137］Lee, S. H. and Mason, A.. Who Gains from the Demographic Dividend? Forecasting Income by Age. International Journal of Forecasting, 2007, 23, 603 – 619.

［138］Liddle, B.. Impact of Population, Age Structure, and Urbanization on Carbon Emissions/Energy Consumption: Evidence from Macro-level, Cross-country Analyses. Population and Environment, 2014, 35, 286 – 304.

［139］Limburg, K. E., Hughes, R. M. and Jackson, D. C.. Human Population Increase, Economic Growth, and Fish Conservation: Collision Course or Savvy Stewardship. Fisheries, 2011, 36, 27 – 35.

［140］Mahmood, S. Noor, Z. M. and Law, S. H.. The Effect of Human Capital Inequality on Income Inequality in Developing Countries, 2012.

［141］Mamingi, N. and Perch, J.. Population Growth and Economic Growth/Development: An Empirical Investigation for Barbados. Journal of Economics and Sustainable Development, 2013, 4, 93 – 105.

［142］Menz, T. and Welsch, H.. Population Aging and Carbon Emissions in OECD Countries: Accounting for Life-cycle and Cohort Effects. Energy Economics, 2012, 34, 842 – 849.

［143］Mishalani, R. G. , Goel, P. K. and Westra, A. M. . *Modeling the Relationships among Urban Passenger Travel Carbon Dioxide Emissions, Transportation Demand and Supply, Population Density, and Proxy Policy Variables. Transportation Research Part D: Transport and Environment*, 2014, 33, 146 – 154.

［144］Nakajima, T. and Futagami, K. . *Population Aging and Economic Growth. Journal of Macroeconomics*, 2001, 23.

［145］O' Neill, B. C. , Dalton, M. and Fuchs, R. . *Global Demographic Trends and Future Carbon Emissions. Proceedings of the National Academy of Sciences*, 2010, 107, 17521 – 17526.

［146］O' Neill, B. C. , Liddle, B. and Jiang, L. . *Demographic Change and Carbon Dioxide Emissions. The Lancet*, 2012, 380, 157 – 164.

［147］O' Neill, B. C. Ren, X. and Jiang, L. . *The Effect of Urbanization on Energy Use in India and China in the IPETS Model. Energy Economics*, 2012, 34, 339 – 345.

［148］Onozaki, K. . *Population is a Critical Factor for Global Carbon Dioxide Increase. Journal of Health Science*, 2009, 55, 125 – 127.

［149］Prettner, K. , Bloom, D. E. and Strulik, H. . *Declining Fertility and Economic Well-being: Do Education and Health Ride to the Rescue. Labour Economics*, 2013, 22, 70 – 79.

［150］Prettner, K. . *Population Aging and Endogenous Economic Growth. Journal of Population Economics*, 2013, 26, 811 – 834.

［151］Rehme, G. . *Education, Economic Growth and Measured Income Inequality. Economica*, 2007, 74, 493 – 514.

［152］Satterthwaite, D. . *The Implications of Population Growth and Urbanization for Climate Change. Environment and Urbanization*, 2009, 21, 545 – 567.

［153］Savaş, B. . *The Relationship Between Population and Economic Growth: Empirical Evidence From the Central Asian Economies. OrtaAsyave Kafkasya Araştırmaları*, 2008, 6, 135 – 153.

［154］Shi, A. . *The Impact of Population Pressure on Global Carbon Dioxide Emissions, 1975 – 1996: Evidence From Pooled Cross-country Data. Ecological Economics*, 2003, 44, 29 – 42.

［155］Simon, J. L. . *On Aggregate Empirical Studies Relating Population Variables to Economic Development. Population and Development Review*, 1989, 323 – 332.

［156］Strulik, H. . *The Role of Human Capital and Population Growth in R&D-*

based Models of Economic Growth. *Review of International Economics*, 2005, 13, 129 – 145.

[157] Tosun, M. S.. *Population Aging and Economic Growth: Political Economy and Open Economy Effects. Economics Letters*, 2003, 81, 291 – 296.

[158] Tsamadias, C. and Prontzas P.. *The Effect of Education on Economic Growth in Greece over the 1960 – 2000 Period. Education Economics*, 2012, 20, 522 – 537.

[159] Tsen, W. H. and Furuoka, F.. *The Relationship between Population and Economic Growth in Asian Economies. ASEAN Economic Bulletin*, 2005, 314 – 330.

[160] Weil, D. N.. *Population Aging. National Bureau of Economic Research*, 2006.

[161] Whalley, J. and Zhao X.. *The Contribution of Human Capital to China's Economic Growth. China Economic Policy Review*, 2013, 2, 21 – 27.

[162] Willis, K., Scarpa R., Gilroy R. and Hamza N.. *Renewable Energy Adoption in an Ageing Population: Heterogeneity in Preferences for Micro-generation Technology Adoption. Energy Policy*, 2011, 39, 6021 – 6029.

[163] York, R.. *Demographic Trends and Energy Consumption in European Union Nations, 1960 – 2025. Social Science Research*, 2007, 36, 855 – 872.

[164] Yoo S. H. and Lee J. S.. *Electricity Consumption and Economic Growth: a Cross-country Analysis. Energy Policy*, 2010, 38, 622 – 625.

[165] Zagheni, E.. *The Leverage of Demographic Dynamics on Carbon Dioxide Emissions: Does Age Structure Matter. Demography*, 2011, 48, 371 – 399.

[166] Zeira J.. *Why and How Education Affects Economic Growth. Review of International Economics*, 2009, 17, 602 – 614.

[167] Zivengwa, T., Hazvina, F., Ndedzu, D. and Mavesere, I. M.. *Investigating the Causal Relationship between Education and Economic Growth in Zimbabwe. Lawrence Berkeley National Laboratory*, 2013, 31, 565 – 567.

后 记

《建设人口均衡型社会研究》是教育部哲学社会科学研究重大课题攻关项目（13JZD023）的重要研究成果。该研究成果主要由重庆大学、昆明学院、重庆市人口发展研究院、西南财经大学合作完成。研究成果的作者主要是重庆大学课题负责人刘渝琳教授、子项目负责人昆明学院的刘渝妍教授；重庆大学的杨俊教授；重庆市人口和计划生育科学技术研究院的刘国辉研究员；西南财经大学人口所的杨成钢教授；也包括参与课题重要问题讨论和研究的重庆大学的黎智慧博士、尹兴民博士和张敏博士以及四川外国语大学的李舟老师。他们围绕项目的研究主题及思路，深入分析及广泛收集文献，可以说，研究成果凝聚了课题组成员的心血和汗水。

在此，我首先要对支持帮助课题研究的相关部门及参加课题研究的成员们表示由衷的感谢。特别是昆明学院的刘渝妍教授、邱莎副教授；他们在指标体系的构建、权重确定等方面做了大量的工作，为本课题的完成奠定了重要的基础，在此向他们表示感谢。在研究成果出版之际，我还要感谢积极参与本项目研究的尹虹潘、刘俊茗、刘凯豪、陈书、陈玲等同学，他们辛勤而默默无闻的工作是本研究能够成功问世的重要保证。

必须指出，本研究成果属于学术研究，书中对人口均衡型社会的评价及观点，只是本课题组研究之成果，不妥之处还有望各位专家学者批评指正。

刘渝琳

2017 年 5 月于重庆大学

教育部哲学社会科学研究重大课题攻关项目成果出版列表

序号	书　名	首席专家
1	《马克思主义基础理论若干重大问题研究》	陈先达
2	《马克思主义理论学科体系建构与建设研究》	张雷声
3	《马克思主义整体性研究》	逄锦聚
4	《改革开放以来马克思主义在中国的发展》	顾钰民
5	《新时期　新探索　新征程——当代资本主义国家共产党的理论与实践研究》	聂运麟
6	《坚持马克思主义在意识形态领域指导地位研究》	陈先达
7	《当代资本主义新变化的批判性解读》	唐正东
8	《当代中国人精神生活研究》	童世骏
9	《弘扬与培育民族精神研究》	杨叔子
10	《当代科学哲学的发展趋势》	郭贵春
11	《服务型政府建设规律研究》	朱光磊
12	《地方政府改革与深化行政管理体制改革研究》	沈荣华
13	《面向知识表示与推理的自然语言逻辑》	鞠实儿
14	《当代宗教冲突与对话研究》	张志刚
15	《马克思主义文艺理论中国化研究》	朱立元
16	《历史题材文学创作重大问题研究》	童庆炳
17	《现代中西高校公共艺术教育比较研究》	曾繁仁
18	《西方文论中国化与中国文论建设》	王一川
19	《中华民族音乐文化的国际传播与推广》	王耀华
20	《楚地出土戰國簡册［十四種］》	陈　伟
21	《近代中国的知识与制度转型》	桑　兵
22	《中国抗战在世界反法西斯战争中的历史地位》	胡德坤
23	《近代以来日本对华认识及其行动选择研究》	杨栋梁
24	《京津冀都市圈的崛起与中国经济发展》	周立群
25	《金融市场全球化下的中国监管体系研究》	曹凤岐
26	《中国市场经济发展研究》	刘　伟
27	《全球经济调整中的中国经济增长与宏观调控体系研究》	黄　达
28	《中国特大都市圈与世界制造业中心研究》	李廉水

序号	书　名	首席专家
29	《中国产业竞争力研究》	赵彦云
30	《东北老工业基地资源型城市发展可持续产业问题研究》	宋冬林
31	《转型时期消费需求升级与产业发展研究》	臧旭恒
32	《中国金融国际化中的风险防范与金融安全研究》	刘锡良
33	《全球新型金融危机与中国的外汇储备战略》	陈雨露
34	《全球金融危机与新常态下的中国产业发展》	段文斌
35	《中国民营经济制度创新与发展》	李维安
36	《中国现代服务经济理论与发展战略研究》	陈宪
37	《中国转型期的社会风险及公共危机管理研究》	丁烈云
38	《人文社会科学研究成果评价体系研究》	刘大椿
39	《中国工业化、城镇化进程中的农村土地问题研究》	曲福田
40	《中国农村社区建设研究》	项继权
41	《东北老工业基地改造与振兴研究》	程伟
42	《全面建设小康社会进程中的我国就业发展战略研究》	曾湘泉
43	《自主创新战略与国际竞争力研究》	吴贵生
44	《转轨经济中的反行政性垄断与促进竞争政策研究》	于良春
45	《面向公共服务的电子政务管理体系研究》	孙宝文
46	《产权理论比较与中国产权制度变革》	黄少安
47	《中国企业集团成长与重组研究》	蓝海林
48	《我国资源、环境、人口与经济承载能力研究》	邱东
49	《"病有所医"——目标、路径与战略选择》	高建民
50	《税收对国民收入分配调控作用研究》	郭庆旺
51	《多党合作与中国共产党执政能力建设研究》	周淑真
52	《规范收入分配秩序研究》	杨灿明
53	《中国社会转型中的政府治理模式研究》	娄成武
54	《中国加入区域经济一体化研究》	黄卫平
55	《金融体制改革和货币问题研究》	王广谦
56	《人民币均衡汇率问题研究》	姜波克
57	《我国土地制度与社会经济协调发展研究》	黄祖辉
58	《南水北调工程与中部地区经济社会可持续发展研究》	杨云彦
59	《产业集聚与区域经济协调发展研究》	王珺

序号	书名	首席专家
60	《我国货币政策体系与传导机制研究》	刘 伟
61	《我国民法典体系问题研究》	王利明
62	《中国司法制度的基础理论问题研究》	陈光中
63	《多元化纠纷解决机制与和谐社会的构建》	范 愉
64	《中国和平发展的重大前沿国际法律问题研究》	曾令良
65	《中国法制现代化的理论与实践》	徐显明
66	《农村土地问题立法研究》	陈小君
67	《知识产权制度变革与发展研究》	吴汉东
68	《中国能源安全若干法律与政策问题研究》	黄 进
69	《城乡统筹视角下我国城乡双向商贸流通体系研究》	任保平
70	《产权强度、土地流转与农民权益保护》	罗必良
71	《我国建设用地总量控制与差别化管理政策研究》	欧名豪
72	《矿产资源有偿使用制度与生态补偿机制》	李国平
73	《巨灾风险管理制度创新研究》	卓 志
74	《国有资产法律保护机制研究》	李曙光
75	《中国与全球油气资源重点区域合作研究》	王 震
76	《可持续发展的中国新型农村社会养老保险制度研究》	邓大松
77	《农民工权益保护理论与实践研究》	刘林平
78	《大学生就业创业教育研究》	杨晓慧
79	《新能源与可再生能源法律与政策研究》	李艳芳
80	《中国海外投资的风险防范与管控体系研究》	陈菲琼
81	《生活质量的指标构建与现状评价》	周长城
82	《中国公民人文素质研究》	石亚军
83	《城市化进程中的重大社会问题及其对策研究》	李 强
84	《中国农村与农民问题前沿研究》	徐 勇
85	《西部开发中的人口流动与族际交往研究》	马 戎
86	《现代农业发展战略研究》	周应恒
87	《综合交通运输体系研究——认知与建构》	荣朝和
88	《中国独生子女问题研究》	风笑天
89	《我国粮食安全保障体系研究》	胡小平
90	《我国食品安全风险防控研究》	王 硕

序号	书名	首席专家
91	《城市新移民问题及其对策研究》	周大鸣
92	《新农村建设与城镇化推进中农村教育布局调整研究》	史宁中
93	《农村公共产品供给与农村和谐社会建设》	王国华
94	《中国大城市户籍制度改革研究》	彭希哲
95	《国家惠农政策的成效评价与完善研究》	邓大才
96	《以民主促进和谐——和谐社会构建中的基层民主政治建设研究》	徐 勇
97	《城市文化与国家治理——当代中国城市建设理论内涵与发展模式建构》	皇甫晓涛
98	《中国边疆治理研究》	周 平
99	《边疆多民族地区构建社会主义和谐社会研究》	张先亮
100	《新疆民族文化、民族心理与社会长治久安》	高静文
101	《中国大众媒介的传播效果与公信力研究》	喻国明
102	《媒介素养：理念、认知、参与》	陆 晔
103	《创新型国家的知识信息服务体系研究》	胡昌平
104	《数字信息资源规划、管理与利用研究》	马费成
105	《新闻传媒发展与建构和谐社会关系研究》	罗以澄
106	《数字传播技术与媒体产业发展研究》	黄升民
107	《互联网等新媒体对社会舆论影响与利用研究》	谢新洲
108	《网络舆论监测与安全研究》	黄永林
109	《中国文化产业发展战略论》	胡惠林
110	《20世纪中国古代文化经典在域外的传播与影响研究》	张西平
111	《国际传播的理论、现状和发展趋势研究》	吴 飞
112	《教育投入、资源配置与人力资本收益》	闵维方
113	《创新人才与教育创新研究》	林崇德
114	《中国农村教育发展指标体系研究》	袁桂林
115	《高校思想政治理论课程建设研究》	顾海良
116	《网络思想政治教育研究》	张再兴
117	《高校招生考试制度改革研究》	刘海峰
118	《基础教育改革与中国教育学理论重建研究》	叶 澜
119	《我国研究生教育结构调整问题研究》	袁本涛 王传毅
120	《公共财政框架下公共教育财政制度研究》	王善迈

序号	书名	首席专家
121	《农民工子女问题研究》	袁振国
122	《当代大学生诚信制度建设及加强大学生思想政治工作研究》	黄蓉生
123	《从失衡走向平衡：素质教育课程评价体系研究》	钟启泉 崔允漷
124	《构建城乡一体化的教育体制机制研究》	李 玲
125	《高校思想政治理论课教育教学质量监测体系研究》	张耀灿
126	《处境不利儿童的心理发展现状与教育对策研究》	申继亮
127	《学习过程与机制研究》	莫 雷
128	《青少年心理健康素质调查研究》	沈德立
129	《灾后中小学生心理疏导研究》	林崇德
130	《民族地区教育优先发展研究》	张诗亚
131	《WTO主要成员贸易政策体系与对策研究》	张汉林
132	《中国和平发展的国际环境分析》	叶自成
133	《冷战时期美国重大外交政策案例研究》	沈志华
134	《新时期中非合作关系研究》	刘鸿武
135	《我国的地缘政治及其战略研究》	倪世雄
136	《中国海洋发展战略研究》	徐祥民
137	《深化医药卫生体制改革研究》	孟庆跃
138	《华侨华人在中国软实力建设中的作用研究》	黄 平
139	《我国地方法制建设理论与实践研究》	葛洪义
140	《城市化理论重构与城市化战略研究》	张鸿雁
141	《境外宗教渗透论》	段德智
142	《中部崛起过程中的新型工业化研究》	陈晓红
143	《农村社会保障制度研究》	赵 曼
144	《中国艺术学学科体系建设研究》	黄会林
145	《人工耳蜗术后儿童康复教育的原理与方法》	黄昭鸣
146	《我国少数民族音乐资源的保护与开发研究》	樊祖荫
147	《中国道德文化的传统理念与现代践行研究》	李建华
148	《低碳经济转型下的中国排放权交易体系》	齐绍洲
149	《中国东北亚战略与政策研究》	刘清才
150	《促进经济发展方式转变的地方财税体制改革研究》	钟晓敏
151	《中国—东盟区域经济一体化》	范祚军

序号	书名	首席专家
152	《非传统安全合作与中俄关系》	冯绍雷
153	《外资并购与我国产业安全研究》	李善民
154	《近代汉字术语的生成演变与中西日文化互动研究》	冯天瑜
155	《新时期加强社会组织建设研究》	李友梅
156	《民办学校分类管理政策研究》	周海涛
157	《我国城市住房制度改革研究》	高 波
158	《新媒体环境下的危机传播及舆论引导研究》	喻国明
159	《法治国家建设中的司法判例制度研究》	何家弘
160	《中国女性高层次人才发展规律及发展对策研究》	佟 新
161	《国际金融中心法制环境研究》	周仲飞
162	《居民收入占国民收入比重统计指标体系研究》	刘 扬
163	《中国历代边疆治理研究》	程妮娜
164	《性别视角下的中国文学与文化》	乔以钢
165	《我国公共财政风险评估及其防范对策研究》	吴俊培
166	《中国历代民歌史论》	陈书录
167	《大学生村官成长成才机制研究》	马抗美
168	《完善学校突发事件应急管理机制研究》	马怀德
169	《秦简牍整理与研究》	陈 伟
170	《出土简帛与古史再建》	李学勤
171	《民间借贷与非法集资风险防范的法律机制研究》	岳彩申
172	《新时期社会治安防控体系建设研究》	宫志刚
173	《加快发展我国生产服务业研究》	李江帆
174	《基本公共服务均等化研究》	张贤明
175	《职业教育质量评价体系研究》	周志刚
176	《中国大学校长管理专业化研究》	宣 勇
177	《"两型社会"建设标准及指标体系研究》	陈晓红
178	《中国与中亚地区国家关系研究》	潘志平
179	《保障我国海上通道安全研究》	吕 靖
180	《世界主要国家安全体制机制研究》	刘胜湘
181	《中国流动人口的城市逐梦》	杨菊华
182	《建设人口均衡型社会研究》	刘渝琳
	……	